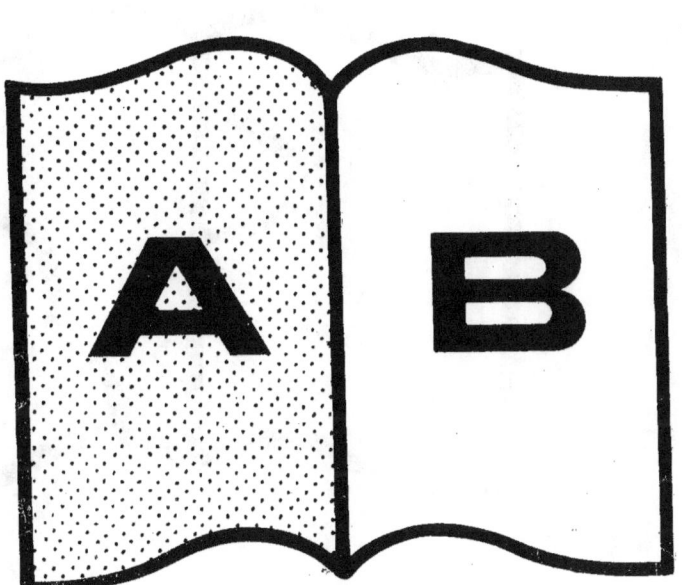

Contraste insuffisant
NF Z 43-120-14

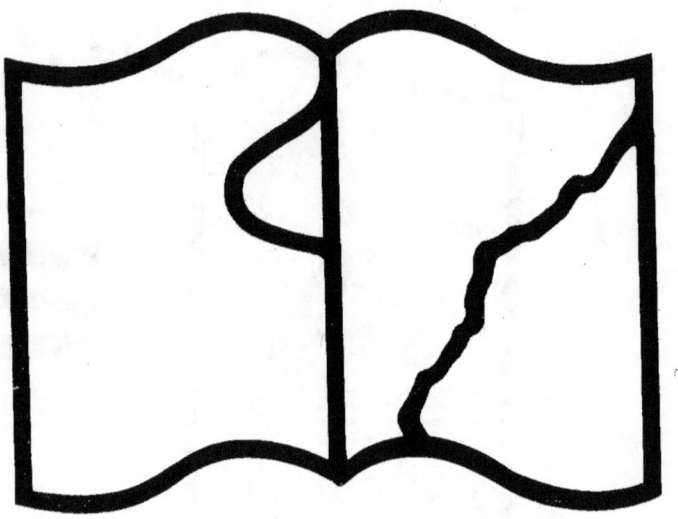

Texte détérioré — reliure défectueuse
NF Z 43-120-11

FASCICULE N° 1.   60 CENTIMES.

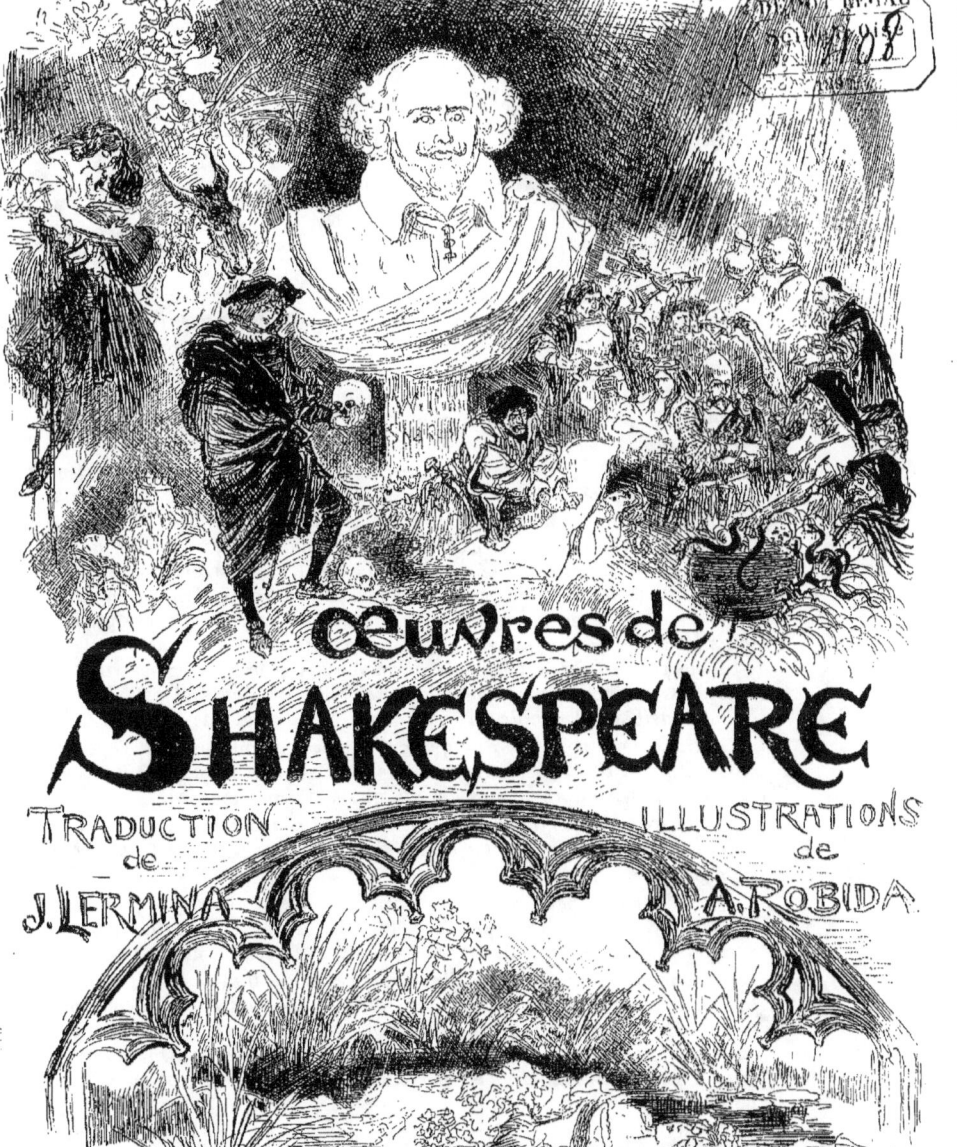

Œuvres de
SHAKESPEARE

Traduction de J. LERMINA   Illustrations de A. ROBIDA

L. BOULANGER, ÉDITEUR, 90, BOULEVARD MONTPARNASSE, PARIS

ŒUVRES
DE
WILLIAM SHAKESPEARE
TRADUCTION NOUVELLE DE
JULES LERMINA

L'auteur de cette traduction — faite non point sur les traductions existantes, mais sur le texte lui-même — n'a d'autre prétention que de donner au lecteur la sensation exacte et précise de l'œuvre de Shakespeare. Il estime que, derrière l'œuvre interprétée, la personnalité du traducteur doit s'effacer. Il faut qu'à travers lui — qui n'est rien — transparaisse nettement le génie de l'auteur, avec ses qualités et ses défauts, avec sa couleur propre, avec ses beautés et ses difformités.

Il s'agit pour les lecteurs français non de retrouver en un auteur étranger les caractères du théâtre français, mais au contraire de saisir ceux qui sont spéciaux à une autre nation. Il convient de leur montrer non ce qu'eut été Shakespeare, s'il était né de ce côté du détroit, mais de les initier à ce qu'il est, et de leur donner la faculté d'apprécier, par l'intermédiaire de la langue française, les particularités de la langue anglaise. Qu'on ne cherche donc pas en cette traduction les équivalences plus ou moins ingénieuses auxquelles se sont complu jusqu'ici les transformateurs de Shakespeare. Ici il est lui-même, en toute sincérité, avec ses rudesses natives et ses incohérences géniales, très clair d'ailleurs et parfaitement compréhensible, à l'aide de quelques notes aussi rares que possible.

Le traducteur voudrait que grâce à son travail on éprouvât cette impression qu'on lit Shakespeare, dans le texte anglais et que, par une sorte de prodige, on comprend une langue qu'on n'a pas apprise.

En ce mot à mot mis au point, il s'est peu soucié à l'occasion de quelques incorrections syntaxiques, du moment qu'elles restituaient exactement la forme de son modèle.

Quant aux termes violents, excessifs même dont usait souvent Shakespeare, il ne s'est pas reconnu le droit de les atténuer. Que Shakespeare soit comme il est ou qu'il ne soit pas. Sit ut est aut not sit.

Seulement, pour faciliter l'intelligence de ce théâtre admirable, il a jugé utile de multiplier les indications de mise en scène, qui font, dans le texte primitif, presque complètement défaut. C'est la seule initiative qu'il ait cru devoir prendre, estimant que cet éclaircissement nécessaire laisse l'œuvre intacte. Ce n'est pas être vrai que de rester volontairement obscur.

Le traducteur avoue donc franchement son ambition : il ne redoute que de n'en avoir pas rempli l'objet.

J. L.

OEuvres de William Shakespeare

TRADUCTION DE JULES LERMINA

ILLUSTRATIONS DE A. ROBIDA

TOME PREMIER

Tome I. Hamlet — Roméo et Juliette — Macbeth — Le Songe d'une Nuit d'Été — Othello — Les Joyeuses Commères de Windsor.

Tome II. Le Roi Lear — Jules César — La Tempête — Richard III — Antoine et Cléopatre — Mesure pour Mesure.

Tome III. Le Marchand de Venise — Richard II — Timon d'Athènes — Le Roi Henri IV — Cymbeline — La Comédie des Erreurs.

Tome IV. La Mégère apprivoisée — Beaucoup de Bruit pour rien — Henri V — Henri VI — Les Deux Gentilshommes de Vérone.

Tome V. Le Roi Jean — Coriolan — Conte d'Hiver — Tout est bien qui finit bien — Henri VIII — Troïlus et Cressida.

Tome VI. Peines d'Amour perdues — Titus Andronicus — La Douzième Nuit — Comme il vous plaira — Périclès.

Vie de Shakespeare — Étude Générale — Anthologie, Glossaire et Index.

OEuvres

DE
William Shakespeare

TRADUCTION NOUVELLE, AVEC BIOGRAPHIE, NOTES ET GLOSSAIRE

PAR

JULES LERMINA

PRÉCÉDÉE D'UNE LETTRE DE

VICTORIEN SARDOU, de l'Académie Française

Illustrations de A. ROBIDA

TOME PREMIER

L. BOULANGER, ÉDITEUR, 90, BOULEVARD MONTPARNASSE

— 1898 —

PRÉFACE DU TRADUCTEUR

L'auteur de cette traduction, faite non point sur les traductions existantes, mais sur le texte lui-même, n'a d'autre prétention que de donner au lecteur la sensation exacte et précise de l'œuvre de Shakespeare. Il estime que, derrière l'œuvre interprétée, la personnalité du traducteur doit complètement s'effacer. Il faut qu'à travers lui, qui n'est rien, transparaisse nettement le génie national de l'auteur, avec sa couleur propre et sans retouches fantaisistes ou menteuses.

Il s'agit pour les lecteurs français non de retrouver en un auteur étranger les caractères du théâtre français, mais au contraire de saisir ceux qui sont spéciaux à une autre nation. Il convient de leur montrer non ce qu'eut été Shakespeare s'il était né de ce côté du détroit, mais de les initier à ce qu'il est et de leur donner la faculté d'apprécier, par l'intermédiaire de la langue française, les particularités du théâtre anglais. Le traducteur voudrait que, grâce à son travail, on éprouvât cette impression qu'on lit Shakespeare dans le texte original et que, par une sorte de prodige, on comprend une langue qu'on n'a pas apprise. Qu'on ne cherche pas en cette traduction les équivalences plus ou moins ingénieuses auxquelles se sont complu jusqu'ici les élégants transformateurs de Shakespeare. Ici il est lui-même, en toute sincérité, avec ses rudesses natives et géniales, très clair d'ailleurs et très intelligible, grâce à quelques indications aussi simple que possible, voire même au prix de quelques incorrections syntaxiques, parfois nécessaires pour restituer exactement la forme du modèle.

Quant aux termes violents, excessifs même dont usait souvent Shakespeare, ils n'ont été ni supprimés ni atténués. Que Shakespeare soit comme il est ou qu'il ne soit pas. *Sit ut est aut non sit.*

Seulement, pour faciliter la compréhension de ce théâtre admirable, ont été ajoutées des indications de mise en scène, trop négligées par les commentateurs. Dans le même but, des notes élucident les passages obscurs ou de sens douteux ; des observations philologiques démontrent, par des comparaisons avec les langues anciennes, celtiques, romanes, bretonnes et avec les patois des provinces de l'Ouest et du centre, l'influence que les deux langues française et anglaise ont exercée l'une sur l'autre depuis des siècles et plus d'un texte déclaré inintelligible s'est trouvé ainsi singulièrement éclairci.

Contrairement aux usages établis, c'est à la fin de l'œuvre que se trouvent et la vie de Shakespeare et une étude complète sur ses œuvres. Vie et étude ne sont intéressantes, selon nous, que lorsqu'on s'est imprégné de l'œuvre et qu'on a le réel désir de connaître l'auteur. C'est par la même raison qu'ont été réservées pour le sixième et dernier volume le *Glossaire*, l'*Index général* et l'*Anthologie*.

Faire lire et aimer Shakespeare — et non plus tout admirer *comme une bête*, selon l'expression excessive de Victor Hugo — inspirer aux Français la volonté de comprendre, d'analyser cette œuvre, la plus grande et la plus suggestive qui soit sortie d'un cœur et d'un cerveau humains, et d'y puiser, en connaissance de cause, des enseignements d'art éternel, telle a été l'ambition du traducteur qui l'avoue franchement — et redoute seulement de n'en avoir pas rempli l'objet.

J. L.

Paris, 15 Novembre 1897.

Mon cher Lermina,

J'ai reçu vos fascicules, je les ai lus, et je vous écris sous l'impression toute chaude encore de cette lecture, pour vous dire le plaisir que j'y ai pris.

On ne manquera pas de vous objecter qu'il n'y avait pas lieu à une traduction nouvelle de Shakespeare et que nous n'en manquons pas. Laissez dire.

Guizot, avec sa connaissance parfaite de l'anglais, a refondu, corrigé et complété Letourneur. Montégut est très exact. Nous devons à François Hugo une traduction littérale, accompagnée d'une étude excellente sur les sources du théâtre de Shakespeare et sur l'art dramatique de son temps.

Mais que tout cela laisse encore à désirer.

Guizot est trop français. Montégut a peur de n'être pas compris et traduit trois mots par trois lignes. Quant à François Hugo, son terrible mot à mot n'est plus ni anglais ni français. — Ce n'est d'aucune langue.

Le tort de tous ces écrivains plus ou moins classiques ou romantiques, est de vouloir adapter l'œuvre de Shakespeare, pour le fond et la forme, à leur idéal littéraire. Ils s'appliquent à nous faire oublier qu'il est anglais; d'une autre race, d'une autre époque et surtout d'une autre complexion cérébrale que la nôtre. Sous prétexte de le rendre accessible à « l'esprit français » ils mettent en relief ce qui flatte leur goût ou le goût de leur temps. Ils dissimulent ou omettent — ce qui est un abus de confiance littéraire — l'exubérance prodigieuse, l'âpreté de la forme, la prodigalité des métaphores, les soubresauts, et les chocs de pensées et de mots qui sont un des caractères les plus saillants de son génie.

Leurs préjugés se refusent à nous présenter le grand Will, dans la mode de son temps. Et ils ne prennent pas garde qu'en l'affublant à la nôtre, ils se font tout doucement ses collaborateurs, — à son grand dommage.

Ainsi Shakespeare prête à chacun de ses personnages le langage qui convient à son état social, à sa situation morale, à son caractère général ou occasionnel. Nos traducteurs coulent tout dans le même moule. Roi, soldat, monstre, fée, ministre ou valet, ce sont toujours les mêmes

*formules, sur la même musique. Tous les angles sont limés, rabotés —
c'est rond, lisse et mou. De même pour les caractères : Hamlet leur paraît
trop halluciné, Macbeth trop sauvage, Juliette trop amoureuse. Ils les
polissent et les récurent de façon à les produire sans scandale dans notre
monde. D'une délicieuse opérette —* Le Songe d'une Nuit d'été *— d'une
égrillade bouffonnerie :* Les Joyeuses Commères *— ils font des comédies
prétentieuses et gourmées. Un Shakespeare jovial, faiseur de calembourgs
et de coqs à l'âne, fi donc ! C'est aussi choquant que Molière avec les
seringues de ses matassins. Peut-on admettre que le génie ait ses heures
de détente, où il se déboutonne et se délasse aux copieuses gaietés de la
Farce !*

*En réalité, ce qui leur manque à tous, c'est le sens intime du théâtre.
— Il faut traduire Shakespeare en auteur dramatique et en comédien. Ils
le traduisent en professeurs ! — Le mouvement scénique leur échappe. Avec
eux, tout s'arrête et se glace. Ça existe, ça ne vit plus ! De chaque réplique
ils font une version à part, isolée de ce qui précède et de ce qui suit.
Et rien ne subsiste de cette intensité du dialogue Shakespearien où tout
se lie et s'entraîne. Le lecteur désorienté sent bien que cela est fait
pour être lu ; mais non pour être joué et en conclut « que ce n'est pas
du théâtre ! »*

*Et quel auteur dramatique fut plus « homme de théâtre » dans toute
l'acception du terme, que Shakespeare auteur, interprète, régisseur de
ses œuvres ?... et du vrai théâtre ; celui du parterre, du peuple, de la
foule ? — Il l'était à ce point « homme de théâtre » qu'il voyait en
imagination tout ce qu'il n'a jamais pu réaliser sur une scène primitive,
où la décoration se bornait à des changements d'écriteaux : — et qu'il le
faisait voir à ses spectateurs !*

On l'a donc bien trahi.

*Ce qu'il nous faut, et votre mérite, mon cher Lermina, est de l'avoir
compris — c'est Shakespeare tel qu'il est — « en bloc ». Je ne suis pas
de ceux qui admirent tout en lui — « comme des brutes » — mais je ne
veux pas que l'on se fasse juge de ce que je dois admirer : que l'on me serve,
sous son nom, de l'excellent Guizot ou du bon Montégut ; en un mot, que
le traducteur s'interpose entre Shakespeare et moi, comme un lorgnon
qui pour le rectifier, le déforme.*

*Mais si, dans le livre, je considère, avec vous, toute suppression et tout
déguisement de l'original comme un sacrilège, je ne suis pas précisément de
votre avis pour le transport de la traduction sur la scène. La représentation
d'un drame de Shakespeare, dans son intégrité, me semble une utopie. La
durée même du spectacle s'y refuse. Les fréquents changements de localité
qu'il indique sont impraticables. Il y a aussi tel développement — la*

scène des comédiens d'Hamlet par exemple — qui charme le lecteur; mais par qui l'action est attardée et refroidie. Nous autres professionnels, nous appelons cela « des longueurs ». Les idolâtres exaltés, qui nous raillent volontiers, affectent de s'extasier devant ces longueurs là. Je ne les déteste pas dans leurs œuvres; mais, dans Hamlet, c'est une autre affaire! Il n'a rien à perdre à des suppressions respectueuses. Loin de là. — Il faut être le dévôt de Shakespeare. Il ne faut pas être son bigot.

Cette réserve faite, sur un point qui d'ailleurs ne touche qu'indirectement à votre œuvre, je ne saurais trop vous féliciter, mon cher Lermina, pour une entreprise si louable et si vaillante. Vous serez critiqué, apprécié par de plus compétents que moi et il faut réserver le jugement définitif à l'achèvement de ce gros travail : mais je serais bien surpris si vous n'étiez pas encouragé dans une voie que Mézières avait signalée déjà et qui doit être la bonne.

Mille amitiés.

Victorien SARDOU.

HAMLET

PRINCE DE DANEMARK

— 1597 —

Hamlet — Acte I, Scène II.

PERSONNAGES

CLAUDIUS, roi de Danemark.
LE SPECTRE D'HAMLET, précédent roi.
HAMLET, fils du feu roi, neveu de Claudius.
POLONIUS, lord Chambellan.
LAERTES, fils de Polonius.
HORATIO, ami d'Hamlet.
FORTINBRAS, prince de Norwège.
REYNALDO, secrétaire de Polonius.

MARCELLUS, officier.
BERNARDO, id.
FRANCISCO, soldat.
VOLTIMAND, \
CORNELIUS, \
ROSENCRANTZ, } Courtisans
GUILDENSTERN, /

GERTRUDE, reine, veuve de feu Hamlet, femme de Claudius.
OPHÉLIA, fille de Polonius.

SEIGNEURS, DAMES, OFFICIERS, SOLDATS, COURTISANS, COMÉDIENS, FOSSOYEURS, MATELOTS, ETC.

La scène se passe à Elseneur.

AVERTISSEMENT

Le drame d'Hamlet est de contexture simple. Hamlet, roi de Danemark, est mort subitement. Son fils, nommé Hamlet comme lui, apprend par une révélation surnaturelle — l'apparition du spectre de son père — qu'un crime horrible a été commis. Le roi a été assassiné par son frère Claudius qui convoitait à la fois son trône et sa femme et qui, en effet, lui a succédé et a épousé sa veuve, très peu de temps après sa mort.

Le spectre adjure son fils Hamlet de le venger, et le jeune homme obéit à cet ordre. Le caractère d'Hamlet est complexe : à la fois raisonnable et de cerveau troublé, résolu et hésitant, l'esprit oscillant entre la raison et la folie, et cependant marchant à son but avec une implacable volonté, Hamlet représente la faiblesse humaine aux prises avec la fatalité, l'angoisse de l'honnêteté en face du crime. Il vivait heureux, gai, amoureux. La mort inattendue de son père, puis la voix sortie de la tombe ont déséquilibré son cerveau. Il sent peser sur lui le poids d'une coercition supérieure et il lui obéit, en chancelant. Mais il frappe, et quand il tombe lui-même, assassiné, la vengeance — dont il a dû être l'instrument — est accomplie.

Il y a loin, on le voit, de la création Shakespearienne au personnage héroïco-romantique, admis sur la scène française. Hamlet s'est métamorphosé en une sorte d'Hernani, mâtiné de René et de Werther. Peut-être cette traduction contribuera-t-elle à remettre au point le type si réellement humain dont M. Catulle Mendès a, dans un excellent article critique, restitué la véritable physionomie.

Voir la note, à la fin du drame.

HAMLET
PRINCE DE DANEMARK

ACTE PREMIER [1]

SCÈNE PREMIÈRE

La plate-forme du château d'Elseneur. — La nuit.
FRANCISCO *en sentinelle*, BERNARDO, *puis* HORATIO *et* MARCELLUS.

BERNARDO, *entrant, enveloppé dans son manteau.*
Qui vive ?...
FRANCISCO.
Hé ! à vous de répondre ! Halte ! Découvrez-vous !...
BERNARDO, *ouvrant son manteau.*
Longue vie au Roi !
FRANCISCO.
Bernardo ?...
BERNARDO.
Lui-même...
FRANCISCO.
Vous venez exactement à l'heure...
BERNARDO.
Il a juste frappé minuit. Va-t'en au lit, Francisco.
FRANCISCO.
Un vrai soulagement ! Merci ! Il fait un rude froid, j'en ai mal jusqu'au cœur...
BERNARDO.
Avez-vous eu tranquille garde ?...
FRANCISCO.
Pas une souris qui bouge...
BERNARDO.
Bien. Bonne nuit ! Si vous rencontrez Horatio et Marcellus, mes compagnons de garde, dites-leur de se hâter. (*Il s'éloigne le long du rempart. — Entrent Horatio et Marcellus.*)

[1] Les indications d'actes n'appartiennent pas à Shakespeare. Elles ont été établies par l'usage.

FRANCISCO, *au moment de sortir.*
Je crois les entendre... Halte! Ho! Qui vive ?...
HORATIO.
Amis de ce pays.
MARCELLUS.
Et hommes-lige du Danemark...
FRANCISCO.
Je vous souhaite bonne nuit.
MARCELLUS.
Adieu, brave soldat. Qui vous a relevé ?
FRANCISCO.
Bernardo a pris ma place... Bonne nuit! (*Il sort.*)
MARCELLUS, *appelant.*
Holà! Bernardo!
BERNARDO, *s'approchant.*
Hein? Est-ce Horatio?
HORATIO.
En voilà un morceau! (*Il lui tend la main.*)
BERNARDO.
Bienvenu, Horatio! Bienvenu, mon bon Marcellus!...
MARCELLUS, *à mi voix.*
Est-ce que... la chose est encore apparue cette nuit?
BERNARDO.
Je n'ai rien vu.
MARCELLUS.
Horatio dit que c'est seulement une illusion et ne veut pas que croyance s'impose à lui au sujet de cette effroyable vision, deux fois vue de nous. Aussi l'ai-je engagé à venir avec nous compter les minutes de cette veille... si l'apparition vient encore, il faudra qu'il contrôle nos yeux et qu'il lui parle...
HORATIO.
Peuh! Elle n'apparaîtra pas...
BERNARDO, *lui désignant un banc de pierre.*
Asseyez-vous un instant, et laissez-nous encore une fois donner assaut à vos oreilles, si bien fortifiées contre le récit de ce que, deux nuits, nous avons vu...
HORATIO.
Soit. Asseyons-nous et écoutons Bernardo. (*Ils s'assoient.*)
BERNARDO.
Donc, la toute dernière nuit, quand cette même étoile, qui va du pôle à l'ouest, en était arrivée à illuminer cette partie du ciel où elle brille maintenant, Marcellus et moi-même, la cloche de l'horloge battant une heure...
MARCELLUS, *l'interrompant.*
Paix! Brise là! Regarde, le voilà qui vient encore... (*Entre le spectre, couvert d'une armure. Les trois hommes se lèvent.*)
BERNARDO, *à voix basse.*
Figure toute pareille à celle du Roi mort!...

MARCELLUS, à Horatio.

Tu sors des écoles, Horatio, parle lui...

BERNARDO.

Ne semble-t-il pas tout pareil au roi... remarquez cela, Horatio.

HORATIO.

Tout pareil !... cela me herse de peur et de surprise [1]... (*Le spectre s'avance.*)

BERNARDO.

Il voudrait qu'on lui parlât...

MARCELLUS.

Questionne-le, Horatio.

HORATIO, *très ému, mais faisant bonne contenance.*

Qui es-tu, toi qui usurpes cette heure nocturne et en même temps la forme superbe et guerrière sous laquelle marchait naguère la Majesté, aujourd'hui ensevelie, du Danemark ? Par le ciel, je te somme, parle ! (*Le spectre traverse et s'éloigne.*)

MARCELLUS.

Il est offensé !

BERNARDO.

Vois, il s'en va !...

HORATIO.

Arrête ! parle ! parle ! je te somme de parler ! (*Le spectre sort.*)

MARCELLUS.

Le voilà parti, il ne répondra pas...

BERNARDO.

Hé mais ! Horatio ? Vous tremblez, vous êtes tout pâle ! N'y a-t-il pas là quelque chose de plus qu'une illusion ? Qu'en pensez-vous ?...

HORATIO.

Devant mon Dieu, je ne pourrais y croire, sans le sincère et réel témoignage de mes propres yeux.

MARCELLUS.

N'est-il pas pareil au Roi ?

HORATIO.

Comme tu l'es à toi-même ! Telle était justement l'armure qu'il portait, quand il combattit l'orgueilleux Norvégien... et ainsi, il fronça le sourcil quand, dans une furieuse querelle[2], il précipita le Polonais de son traîneau sur la glace... c'est étrange !...

MARCELLUS.

Ainsi deux fois déjà et juste à cette heure morte, de cette allure martiale il est venu pendant notre garde...

HORATIO.

A quelle idée spéciale s'arrêter, je n'en sais rien. Mais dans ma première pensée, en gros, cela annonce quelque étrange éruption contre notre pays.

[1] *It harrows me,* cela me herse... me déchire comme avec une herse... On trouve dans Rabelais — *herper* — dans le sens d'horripiler et de herser.

[2] *Parle.* On dit encore en français — avoir des paroles, des mots — pour se quereller.

MARCELLUS.

Bien ! maintenant asseyez-vous et dites-moi — celui qui le sait — pourquoi ainsi ces factions strictes et sévères chaque nuit fatiguent les sujets de ce royaume... et pourquoi chaque jour ces fontes de canons de bronze, pourquoi ces achats à l'étranger de munitions de guerre ? Pourquoi ces réquisitions de charpentiers de marine, dont le dur travail ne distingue pas le dimanche des jours de la semaine ? Que signifie cette suante hâte qui fait la nuit travailleuse se joindre au jour... qui peut me renseigner ?

HORATIO.

Je le puis. Du moins, voici la rumeur. Notre dernier roi — dont l'image vient de nous apparaître — avait été, vous le savez, défié au combat par Fortinbras de Norvège, qu'emportait une rivalité d'orgueil ; et dans ce combat, notre vaillant Hamlet — car ainsi l'estimait toute cette partie du monde à nous connue — tua ce Fortinbras qui, par un traité scellé, bien ratifié par la loi et les chancelleries, livrait à son vainqueur, avec sa vie, toutes les terres dont il était possesseur. En échange de ce traité, un engagement équivalent avait été remis par notre roi et eût profité au patrimoine de Fortinbras — s'il eût été vainqueur — si bien qu'en vertu de cet arrangement et de l'article en question, le sien tomba aux mains d'Hamlet. Mais voici que le jeune Fortinbras, tout chaud d'une invincible fougue, a levé çà et là, sur les frontières de Norvège, un ramassis de vagabonds résolus, pour le manger et le boire, à une entreprise où il y a de l'estomac [1] et qui n'est autre, ainsi qu'il semble bien à notre gouvernement, que de reconquérir sur nous, à main armée et par tous moyens de force, les dites provinces ainsi perdues par son père. Et voilà, je le déclare, la raison de nos préparatifs, la cause de nos factions et le vrai motif de ce branle-bas et remue-ménage dans tout le pays...

Hamlet.

BERNARDO.

Pas autre chose, je le crois. C'est bien ça. Il se pourrait aussi que cela se rapportât à la venue — pendant notre garde — de cette formidable figure, armée et si semblable au roi qui a été — et qui est — la raison d'être de ces guerres.

HORATIO.

Voilà une paille à troubler l'œil de l'esprit ! Dans la très haute et très glorieuse Rome, un peu avant que tombât le tout-puissant Julius, les sépulcres lâchaient leurs hôtes et les morts en linceul braillaient et baragouinaient à travers les rues de Rome... il y eut des étoiles à traînes de flammes, des rosées de sang, des cataclysmes dans

---

[1] Une entreprise *that hath a stomach in it*, qui a un estomac en elle. L'estomac étant pris comme siège de la rancune pour un affront mal digéré. Nous disons en français familier : — Il a de l'estomac — pour de l'aplomb et surtout de la persévérance.

le soleil et l'astre humide dont l'influence domine l'empire de Neptune fut malade d'une éclipse, presque comme au Jugement dernier. Et même, pareils symptômes d'événements terribles, comme fourriers précédant le Destin et prologues des malheurs à venir, le ciel et la terre à la fois en ont aussi révélé sous nos climats à nos compatriotes... (*Rentre le spectre.*) Mais tout doux! Attention! Le voilà qui revient... je vais lui couper le chemin, dût-il me pulvériser! (*Il va au spectre, résolument.*) Halte, illusion! Si tu as quelque son, une voix à ton usage, parle-moi! S'il y a quelque bonne chose à faire qui puisse donner aise à toi et grâce à moi, oh! parle !... Ou si, durant ta vie, tu as enfoui quelque trésor volé dans le sein de la terre — ce pour quoi, dit-on, souvent vous autres esprits errez dans la mort — dis-le! Arrête et parle ! (*Le coq chante. Le spectre s'éloigne lentement.*)

BERNARDO.

Marcellus, arrête-le !...

MARCELLUS.

Faut-il que je le frappe d'un coup de pertuisane ?

BERNARDO.

Fais-le, s'il ne s'arrête pas. (*Le spectre s'efface peu à peu, ils le cherchent.*)

MARCELLUS.

Il est ici...

BERNARDO.

Il est là... (*Le spectre disparaît.*)

HORATIO.

Il est parti. Nous avons eu tort, étant si majestueux, de le menacer d'un air de violence. Car il est invulnérable et nos vains coups ne seraient que ridicules moqueries.

BERNARDO.

Il allait parler quand le coq a chanté...

HORATIO.

Et alors il a tressailli, comme un coupable à une effrayante assignation... J'ai entendu dire que le coq qui est la trompette du matin, de son gosier aigu et perçant, réveille le dieu du jour et, à son signal, dans la mer comme dans le feu, dans la terre comme dans l'air, les vagabonds et errants Esprits se hâtent vers leurs refuges... et de cette vérité, voilà présentement la preuve.

MARCELLUS.

Il s'est évanoui au chant du coq. On dit aussi que, lorsque vient l'époque où est célébrée la naissance de Notre Sauveur, cet oiseau du point du jour chante toute la nuit, et alors — dit-on — pas un Esprit n'ose sortir. Les nuits sont sûres, pas de planète [1] qui vous frappe, pas de fée qui vous emporte, pas de sorcière qui ait pouvoir d'incantation, tant ce moment est saint et plein de grâce!

HORATIO.

Ainsi ai-je entendu dire, et je crois en partie à cela. Mais regarde, le matin, de son roux manteau vêtu, foule la rosée de cette haute colline, à l'est. Cessons notre garde, et, à mon avis, allons faire part de ce que nous avons vu cette nuit, à notre jeune ami Hamlet. Car, sur ma vie, cet Esprit, muet pour nous, lui parlera. Consen-

[1] Dans le sens astrologique.

tez-vous à ce que nous l'informions de ceci, comme action nécessaire à notre affection et conforme à notre devoir ?

MARCELLUS.

Faisons cela, je vous prie; et je sais où ce matin, nous le trouverons, le plus à propos. (*Ils sortent.*)

Halte-là, qui vive !

SCÈNE II

Une salle d'État dans le château d'Elseneur. — Un trône, à estrade. — LE ROI, LA REINE, sur leur trône. — Devant eux, CORNELIUS et VOLTIMAND. — Autour, seigneurs parmi lesquels le chambellan POLONIUS et LAERTES, son fils. — HAMLET, sombre, à l'écart. — Seigneurs et courtisans.

LE ROI[1], *parlant à sa cour.*

Quoique de la mort de notre cher frère Hamlet la mémoire soit encore fraîche et qu'il nous siérait de garder nos cœurs en douleur, quoique notre royaume tout entier soit encore contracté dans un spasme de désespoir, cependant si bien la raison a

[1] Le roi Claudius, il ne faut pas l'oublier, est l'assassin de son frère qu'il dit pleurer : ce discours est un type d'hypocrisie emphatique.

Hamlet — Acte I, Scène IV.

lutté contre la nature qu'avec la plus sage tristesse nous pensons à lui et en même temps avec un ressouvenir de nous-mêmes. C'est pourquoi celle qui était naguère notre sœur, aujourd'hui notre Reine et impériale associée en ce belliqueux Etat, nous l'avons, avec une joie douloureuse, un de nos yeux riant et l'autre pleurant, avec plaisir funéraire et chagrin matrimonial, pesant en égale balance le délice et la peine, nous l'avons prise pour épouse. Nous n'avons pu en cela résister à vos meilleurs conseils qui se sont librement donné cours en cette affaire. A vous tous, merci !

« Maintenant il s'ensuit — comme vous le savez — que le jeune Fortinbras, se faisant une faible idée de notre valeur, croyant sans doute que, par la mort de notre défunt et cher frère, notre Etat était détraqué et hors de son cadre, et aussi entraîné par le rêve de sa propre force, ce Fortinbras, dis-je, n'a point failli à nous empester de messages, réclamant la restitution des territoires perdus par son père, avec toutes les sanctions des lois, au profit de notre très vaillant frère. Voilà pour lui.

« Maintenant pour nous-même et pour l'objet de cette réunion, voilà ce qu'est l'affaire. Nous avons écrit à Norway, oncle du jeune Fortinbras — qui, impotent et grabataire, entend à peine parler des projets de son neveu — pour qu'il ait à lui interdire d'aller plus avant. Car les levées et les enrôlements se font en grosses proportions parmi ses sujets.

« C'est pourquoi nous vous dépêchons, vous, bon Cornelius, et vous Voltimand, comme porteurs de ces compliments au vieux Norway, sans vous donner d'ailleurs mandat personnel plus étendu pour besogner avec le Roi que de vous en tenir aux limites exactes des articles ci-détaillés. Adieu et faites que votre hâte recommande vos services.

CORNELIUS *et* VOLTIMAND.

En ceci comme en toutes choses, nous ferons notre devoir...

LE ROI.

Nous n'en doutons nullement. Du fond du cœur, bon voyage !... (*Voltimand et Cornelius saluent profondément et se retirent.*)

LE ROI, *continuant, à Laertes.*

Et maintenant, Laertes, quelles sont vos nouvelles ? Vous nous avez parlé d'une requête. Qu'est-ce, Laertes ? Vous ne pouvez parler raison au Roi de Danemark et perdre vos paroles. Que pourrais-tu réclamer, Laertes, qui ne fut, même avant ta demande, une offre de ma part ? La tête n'est pas plus la sujette du cœur, la main n'est pas plus la servante de la bouche que le roi de Danemark n'est lié à ton père. Que désires-tu, Laertes ?

LAERTES.

Redouté Seigneur, votre congé et faveur pour retourner en France. Si volontiers que je sois venu en Danemark pour montrer mon dévouement lors de votre couronnement, autant maintenant, je le dois confesser, mon devoir rempli, mes pensées et mes vœux se tournent de nouveau vers la France... Je les incline devant votre gracieux congé et pardon...

LE ROI.

Avez-vous congé de votre père ? Que dit Polonius ?

HAMLET

POLONIUS [1].

Il m'a, Monseigneur, arraché lentement son congé, par d'importunes prières et à la fin, j'ai, sur son vœu, apposé le sceau de mon pénible consentement... Je vous supplie, donnez-lui congé de partir.

LE ROI.

Prends ta belle heure, Laertes : que le temps soit tien et dépense-le, à tes meilleurs caprices et volontés. (*Polonius et Laertes s'écartent. Hamlet est toujours immobile et sombre. Le roi s'adresse à lui.*) Et maintenant, Hamlet, mon cousin, mon fils...

HAMLET, *entre ses dents.*

Un peu plus que cousin, un peu moins que fils.

LE ROI.

Comment se fait-il que ces nuages pèsent encore sur vous ?

HAMLET.

Mais non, Seigneur... je suis trop dans le soleil...

LA REINE, *à Hamlet.*

Bon Hamlet, écarte ces teintes de nuit : laisse tes yeux se poser sur le roi de Danemark comme sur un ami. Ne cherche pas toujours ainsi, de tes paupières voilées, ton noble père dans la poussière... Tu le sais, c'est commun, tout ce qui vit doit mourir, passant à travers la nature vers l'Eternité !

HAMLET, *impassible.*

Oui, madame... c'est commun...

LA REINE.

Si cela est, pourquoi cela te semble-t-il si particulier ?...

HAMLET.

Cela semble ?... Non, madame, cela est. Je ne connais pas : semble. Ce n'est pas seulement, bonne mère, mon vêtement couleur d'encre, ni les habits ordinaires d'un noir solennel, ce n'est pas le souffle sifflant d'une respiration difficile, non, ce n'est pas le fécond ruisseau coulant de mes yeux, ce n'est pas la dépression hâve du visage qui me révèlent moi-même, en toute vérité. Ces façons-là... semblent, en effet, car ce sont là actions qu'un homme peut jouer... Mais j'ai au dedans de moi ce qui dépasse l'apparence... le reste n'est que harnais et costume de douleur...

LE ROI.

C'est chose douce et recommandable dans votre nature, Hamlet, que de rendre ces devoirs de deuil à votre père. Mais, vous devez le savoir, votre père a perdu son père, ce père a perdu le sien ; et le survivant dut, en obligation filiale et pour quelque temps, garder une tristesse funéraire. Mais persévérer dans ces doléances obstinées, c'est un entêtement impie, une douleur malséante à un homme. Cela montre une volonté très incorrecte contre le ciel, un cœur sans énergie, un esprit insoumis, un intellect naïf et sans éducation. Car pour ce que nous savons devoir arriver, pour ce qui est aussi commun que la chose la plus vulgaire du monde, à quoi bon irions-nous, dans notre opposition maussade, prendre cela tant à cœur ? Fi ! c'est une faute contre le ciel, une faute contre les morts, une faute contre la nature, une absurdité contre la raison, dont le thème commun est la mort des pères et qui nous crie depuis le pre-

---

[1] Polonius, père de Laertes et d'Ophélia, est un vieux conseiller grotesque, radoteur, au langage ridicule.

mier cadavre jusqu'à celui d'aujourd'hui : — Cela doit être! — Nous vous en prions, rejetez à terre cette inutile douleur et pensez à nous comme à un père. Car, que le monde en prenne note, vous êtes le plus proche du trône, et avec pas moins de noblesse et d'amour que n'en porte à son fils le plus cher des pères, je remplis mon rôle envers vous. Car votre intention de retourner à l'Ecole de Wittenberg est absolument l'opposé de notre désir. Et nous vous supplions, résignez-vous à rester ici, dans la joie et le réconfort de nos yeux, vous, le premier dans notre cour, notre cousin et notre fils...

LA REINE.

Ne laisse pas ta mère perdre ses prières, Hamlet. Je t'en prie, reste avec nous. Ne va pas à Wittenberg.

HAMLET.

Je vous obéirai de mon mieux, madame.

LE ROI.

Ha! voilà une aimable et belle réponse! Soyez comme nous-même, en Danemark. (*A la Reine*.) Venez, madame. Ce gentil et spontané consentement d'Hamlet se pose souriant sur mon cœur. Aussi bien, en signe de grâces, pas une joyeuse santé ne boira Danemark aujourd'hui, sans que le puissant canon aille le dire aux nuages, sans que le ciel répète encore le toast du Roi, en redisant le terrestre tonnerre... Sortons! (*Sortent le Roi, la Reine, les Lords, Polonius et Laertes.*)

HAMLET, *seul, pâle, immobile.*

Oh! que cette trop, trop solide chair se dissolve, se fonde et se résolve en eau! Ou alors que l'Éternel n'ait pas dirigé ses commandements contre le meurtre de soi-même! O Dieu! O Dieu! que lourds, décrépits, plats et sans profit me paraissent tous les usages de ce monde! Fi de lui!... Fi! c'est un jardin mal sarclé qui pousse en graine; des choses pullulantes et grossières l'encombrent...

« Qu'on dût en venir là! De deux mois seulement... mort! Non, pas même autant! Pas deux! Un si excellent roi qui était à celui-ci ce qu'est Hypérion [1] à un Satyre!... et si amoureux de ma mère qu'il ne permettait pas aux vents du ciel de visiter son visage trop rudement!

« Ciel et terre! Dois-je me souvenir? Elle se pendait à lui, comme si son désir grandissait d'avoir été rassasié! Et puis... en un mois!... Oh! ne pensons pas à cela! Fragilité, ton nom est femme!... un petit mois! A peine si avaient vieilli les souliers avec lesquels elle avait suivi le corps de mon pauvre père! toute pleurs, comme Niobé! Et c'est elle, elle-même!... O Dieu! une bête qui manque de discernement et de raison, aurait gardé plus long deuil... c'est elle qui s'est mariée à mon oncle, au frère de mon père, mais pas plus pareil à mon père que moi à Hercule! Un mois! avant même que le sel de ses pleurs non sincères eût quitté le sillon de ses yeux rougis... elle s'est mariée! O très infâme passion... courir avec telle dextérité à des draps incestueux! Ce n'est pas bien, cela ne peut venir à bien. (*Entrent Horatio, Bernardo et Marcellus.*) Mais brise-toi, mon cœur, car il faut que je tienne ma langue!...

---

[1] Personnage mythologique, un des Titans.

HORATIO.

Salut à Votre Seigneurie!

HAMLET.

Heureux de vous voir bien!... Horatio? — ou je m'oublie moi-même!

HORATIO.

Lui-même, My Lord, et toujours votre humble serviteur...

HAMLET.

Mon bon ami, monsieur. J'échangerai ce nom avec vous. Et que faites-vous hors de Wittenberg, Horatio?... Ah! Marcellus!...

Le château d'Elseneur.

MARCELLUS.

Mon bon Seigneur!

HAMLET.

Je suis très joyeux de vous voir. (A *Bernardo*.) Et vous aussi, monsieur. Mais, de bonne foi, que faites-vous hors de Wittenberg?

HORATIO.

Caprice de truand, monseigneur.

HAMLET.

Je ne voudrais pas entendre votre ennemi parler ainsi... ne faites pas à mon oreille cette violence de l'obliger à croire à ce rapport de vous-même contre vous-même! Je sais que vous n'êtes pas un truand... mais quelles sont vos affaires à Elseneur? Nous vous apprendrons à boire profond, avant que vous partiez...

HORATIO.

My Lord, je suis venu pour voir les funérailles de votre père...

HAMLET.

Je t'en prie, ne te moque pas de moi, condisciple ! Je crois que c'était pour voir les noces de ma mère...

HORATIO, *embarrassé.*

En effet, My Lord, elles suivirent de près...

HAMLET.

Économie, économie, Horatio ! Les funéraires victuailles ont servi froides aux tables du mariage... (*Il rit. Puis soudain, sombre, hagard.*) Je voudrais avoir rencontré dans le ciel mon plus cher ennemi avant d'avoir jamais vu ce jour-là, Horatio !... mon père !... il me semble... je vois mon père !...

HORATIO.

Où donc, My Lord ?

HAMLET, *revenant à lui.*

Dans l'œil de mon âme, Horatio !

HORATIO[1].

Je l'ai vu une fois, c'était un noble roi !

HAMLET.

C'était un homme, prenez-le en tout et pour tout, je ne reverrai jamais son pareil !...

HORATIO, *avec embarras.*

Seigneur, je crois bien... que je l'ai vu... cette nuit !...

HAMLET, *tressaillant.*

Vu ?... qui ?...

HORATIO.

My Lord, le Roi votre père !...

HAMLET.

Le Roi... mon père !...

HORATIO.

Pour un instant, ajoutez [2] à votre surprise l'attention de votre oreille, pendant que je vais, sous le témoignage de ces messieurs, vous révéler cette merveille.

HAMLET.

Pour l'amour de Dieu, laisse-moi t'entendre...

HORATIO.

Deux nuits de suite, ces gentilshommes, Marcellus et Bernardo, pendant leur garde, dans la morte solitude, au milieu de la nuit, ont eu cette rencontre : Une figure pareille à votre père, exactement armée à point, de pied en cap, apparaît devant eux et d'une marche solennelle va lentement et majestueusement auprès d'eux... trois fois il est passé sous leurs yeux troublés de surprise et de peur, à la distance de son bâton... tandis qu'eux, presque figés par la terreur, restaient muets et ne lui parlaient pas. Ils me firent part de cette chose effroyable, en secret, et moi, avec eux, la troisième nuit, j'ai monté la garde... alors comme ils me l'avaient

---

[1] Depuis le commencement de la scène, les amis d'Hamlet sont embarrassés, hésitant à venir au réel sujet de leur visite.

[2] Le texte dit : *Season your admiration with an intent ear.* — Assaisonnez votre surprise avec une oreille attentive.

raconté, l'heure, la forme de la chose, chaque mot était vrai et exact... et je reconnus votre père... ces deux mains ne sont pas plus pareilles...

HAMLET.

Mais où cela?

MARCELLUS.

Seigneur, sur la plate-forme où nous veillions...

HAMLET.

Vous ne lui parlâtes point?

HORATIO.

My Lord, je l'ai fait... mais aucune réponse... pourtant, une fois, je crois, il a levé la tête et il a fait un mouvement, comme s'il voulait parler. Mais à ce moment même, le coq du matin a chanté haut... et à ce bruit, il s'est contracté en hâte et s'est évanoui à notre vue...

HAMLET.

C'est très étrange!

HORATIO.

Comme je vis, mon honoré seigneur, c'est vrai!... nous avons cru qu'il était écrit dans notre devoir de vous faire connaître cela...

HAMLET.

Certes, certes, messieurs. Mais cela me trouble. Êtes-vous de garde, cette nuit?

TOUS.

Oui, My Lord.

HAMLET.

Vous dites qu'il était armé?

TOUS.

Oui, My Lord, armé...

HAMLET.

De pied en cap?

TOUS.

De la tête aux pieds.

HAMLET.

N'avez-vous pas vu son visage?

HORATIO.

Si fait... il portait sa visière levée...

HAMLET.

Et avait-il l'air irrité?

HORATIO.

Une contenance... plus de chagrin que de colère...

HAMLET.

Pâle ou rouge?

HORATIO.

Oh! très pâle!

HAMLET.

Et a-t-il fixé ses yeux sur vous?

HORATIO.

Avec insistance.

HAMLET.

J'aurais voulu être là.

HORATIO.

Cela vous aurait stupéfié.

HAMLET.

Probablement, probablement! Est-il resté longtemps ?

HORATIO.

Le temps moyen qu'il faut pour compter jusqu'à cent.

MARCELLUS et BERNARDO.

Plus longtemps, plus longtemps !

HORATIO.

Pas quand je l'ai vu.

HAMLET.

Sa barbe était-elle grisonnante? Non ?

HORATIO.

Elle était comme je l'ai vue pendant sa vie, sable [1] et argent...

HAMLET.

Je veillerai cette nuit... peut-être reviendra-t-il ?

HORATIO.

Je le garantirais...

HAMLET.

Si Cela assume la forme de mon noble père, je lui parlerai, quand même l'enfer lui-même béerait et m'ordonnerait de me tenir en paix. Je vous prie tous, si jusqu'ici vous avez caché cette vision, tenez-la encore en silence : et quelque autre chose qui puisse arriver cette nuit, laissez agir votre intelligence, mais non votre langue... je vous rendrai ces preuves d'affection[2]. Ainsi, adieu. Sur la plate-forme, entre onze et douze heures... vous aurez ma visite...

TOUS.

Nos hommages à votre Seigneurie...

HAMLET.

Vos amitiés... comme la mienne à vous. Adieu. (*Ils sortent. Hamlet seul.*) L'Esprit de mon père tout armé! Tout n'est pas bien. Je soupçonne quelque horrible drame. Je voudrais que la nuit fut venue! Jusque-là reste calme, mon âme! De sinistres actions vont surgir, toute la terre les recouvrit-elle, aux yeux des hommes. (*Il sort.*)

SCÈNE III

Une chambre dans la maison de POLONIUS. — Entrent LAERTES et OPHÉLIA.

LAERTES.

Mes bagages sont embarqués. Adieu, ma sœur, et quand le vent sera favorable et qu'un navire sera prêt, ne vous endormez pas et envoyez-moi de vos nouvelles.

---

[1] *Sable*, en blason, signifie noir.
[2] *I will requite your loves.* C'est le sens de : — A charge de revanche.

HAMLET

OPHÉLIA.

En doutez-vous?

LAERTES.

Quant à Hamlet, et à la frivolité de sa recherche, tenez cela pour une fantaisie et un jeu dans le sang, une violette dans la jeunesse de la prime nature, précoce, mais

Craignez cela, Ophélia...

non permanente, douce, mais sans durée, le parfum et la distraction d'une minute. Rien de plus!

OPHÉLIA, *tristement.*

Rien de plus?

LAERTES.

Croyez-le, rien de plus! Car la nature, en croissant, ne grandit pas seulement en os

¹ *Bulk,* charpente, carcasse.

LIV. 3.

et en muscles... Mais, comme se modifie ce temple[1], ainsi s'élargit le service intérieur de l'esprit et de l'âme. Peut-être, il vous aime maintenant et maintenant pas de souillure, pas de cautèle ne gâtent la vertu de sa volonté. Mais il vous faut craindre que, sa grandeur entrant en balance, sa volonté ne lui appartienne pas. Car il est lui-même le sujet de son origine. Il ne peut pas, comme personne sans valeur, tailler sa propre destinée. Car de son choix dépendent la sûreté et la santé de l'État tout entier : et par conséquent son choix doit être circonscrit par la voix et l'assentiment de ce corps dont il est la tête. Donc s'il vous dit qu'il vous aime, il sied à votre sagesse de ne le croire qu'autant qu'il peut, en ses actions et situations particulières, donner à ses paroles une réalité. Ce qui ne peut franchir la limite fixée par la voix toute puissante du roi de Danemark. Donc pesez quelle perte subirait votre honneur si d'une oreille trop crédule vous écoutiez ses chansons ; ou perdre votre cœur ou bien ouvrir votre chaste trésor à des sollicitations sans frein, craignez cela, Ophélia, craignez cela, ma chère sœur, et gardez-vous en deçà de votre affection, hors du trait dangereux du désir. La plus chaste vierge est assez prodigue si elle dévoile ses beautés à la Lune. La vertu elle-même n'échappe pas aux coups de la calomnie. La mouche[2] pique les enfants du printemps trop souvent avant que les boutons soient déclos, et au matin, à la limpide rosée de la jeunesse, les souillures contagieuses sont les plus menaçantes. Soyez donc prudente. La meilleure sûreté gît dans la crainte. La jeunesse se rebelle contre elle-même, alors même que personne n'est proche.[3]

OPHÉLIA.

Je conserverai l'effet de cette bonne leçon comme le gardien de mon cœur. Mais, mon cher frère, ne venez pas, comme certains disgracieux pasteurs, me montrer le rude et épineux chemin vers le ciel, pendant que, libertins insoucieux et gras, ils foulent les primeroses du sentier de l'inconduite et ne se soucient pas de leur propre leçon.

LAERTES.

Oh ! ne crains rien pour moi !... Mais je m'attarde... voici mon père ! (*Entre Polonius. S'inclinant devant lui.*) Une double bénédiction est une double grâce. L'occasion sourit à un second adieu !...

POLONIUS.

Eh quoi ! encore ici, Laertes ! A bord, à bord, par pudeur ! Le vent se pose sur l'épaule de votre navire et vous êtes attendu. Là, ma bénédiction sur vous ! (*Posant sa main sur la tête de Laertes.*) Et inscris dans ta mémoire ces quelques préceptes : Ne donne pas de langue à ta pensée ni l'action à une pensée mal bâtie. Sois familier, mais jamais vulgaire. Les amis que tu as, une fois leur affection éprouvée, accroche-les à ton âme avec des crampons d'acier. Mais n'engourdis pas ta main à l'accueil de tout camarade frais éclos et sans plumes... Garde-toi d'une entrée en querelle : mais, y étant, soutiens-la si bien que l'adversaire se garde de toi. Donne à tout homme ton

---

[1] La structure extérieure, à moins que *Temple* ne doive être pris dans un tout autre sens, celui de *tempe*, crâne, boîte osseuse de la tête.

[2] *The cauker galls the infants of the spring.* On appelle *cauker fly* une mouche qui pique les fruits. Il convient de remarquer le verbe *to gall*, piquer, qui donne l'étymologie de la noix de galle, produite, on le sait, par la piqûre d'un insecte. Cette étymologie a échappé à Littré.

[3] Vers très obscur qui signifie sans doute que la jeunesse doit être d'autant plus prudente qu'elle porte en elle-même le germe du danger.

oreille, mais à très peu ta voix. Prends étude de tout homme, mais réserve ton jugement. Achète ton habit aussi cher que le peut ta bourse, mais pas de fantaisie trop visible : riche, non pas fastueux. Car l'extérieur souvent proclame l'homme et ceux de France, de meilleur rang et poste, ont en cela très bon choix et bon genre[1]... Ne sois ni emprunteur ni prêteur, car souvent le prêt perd et soi-même et l'ami... l'emprunt émousse la pointe de l'économie [2]. Ceci surtout : envers toi-même sois vrai, et il s'ensuivra, comme la nuit suit le jour, que tu ne pourras plus être faux pour personne. Adieu ! que ma bénédiction assaisonne tout cela en toi !...

LAERTES.
Très humblement je prends congé de vous, monseigneur.

POLONIUS.
Le temps vous presse. Allez, vos serviteurs attendent.

LAERTES.
Adieu, Ophélia. Souvenez-vous bien de ce que je vous ai dit.

OPHÉLIA.
C'est enfermé dans ma mémoire et vous-même en garderez la clef...

LAERTES.
Adieu. (Il sort).

POLONIUS.
Ophélia, qu'est-ce qu'il vous a dit ?

OPHÉLIA.
S'il vous plaît, quelque chose touchant le seigneur Hamlet...

POLONIUS.
Pardieu, bien pensé !... On m'a dit qu'en ces derniers temps il vous a très souvent donné son temps, en particulier : Et vous-même avez été de vos audiences très libérale et généreuse. S'il en est ainsi (et ainsi a-t-il été mis en moi et cela par manière de précaution) je dois vous dire que vous ne vous comprenez pas vous-même aussi clairement qu'il le conviendrait à ma fille et à mon honneur. Qu'y a-t-il entre vous ? Livrez-moi toute la vérité !

OPHÉLIA.
Il m'a fait récemment, My Lord, maintes offres de son affection.

POLONIUS.
Affection !... Peuh ! vous parlez comme une fille pas mûre, pas encore éprouvée à ces périlleuses circonstances... et croyez-vous à ces... offres, comme vous les appelez !

OPHÉLIA.
Je ne sais pas, Seigneur, ce que je croirais...

POLONIUS.
Parbleu ! je vais vous instruire. Croyez... que vous êtes un bébé et que vous avez pris pour argent comptant ces offres qui ne sont point *sterlings* [3]... Offrez-vous vous-

---

[1] *Select and generous.* Il est à remarquer que le mot *select* a pénétré dans notre langue. Quant à *generous*, c'est exactement l'adjectif du mot *genre* (gender, race) et dans l'argot boulevardier, nous en avons fait *genreux*.

[2] *Husbandry*, mot dans lequel se trouve *house*, maison, — comme *oikos*, maison, dans *économie*.

[3] *Sterling* signifie *de bon aloi*. La livre sterling est ce que nous appelions autrefois la livre avoir-du-poids.

même pour plus cher ou (pour ne pas briser le souffle de cette pauvre phrase, et aller de l'avant) vous m'*offrirez* pour un imbécile!...

OPHÉLIA.

My Lord, il m'a... importunée de son amour de très honorable façon.

POLONIUS.

Ouais... vous appelez cela des façons! Allez, allez!

OPHÉLIA.

Et il a donné pour appui à ses discours, My Lord, presque tous les serments sacrés du ciel!...

POLONIUS.

Ouais! pièges à attraper des bécasses! Je sais, quand le sang brûle, combien l'âme prodigue les serments à la langue : ces flammes-là, ma fille, donnant plus de lumière que de chaleur, et bientôt éteintes des deux façons, en leur promesse même, comme ce n'est que fabrique, il ne faut pas les prendre pour du feu. Dès ce moment, soyez quelque peu chiche de votre virginale présence : mettez votre conversation à plus haut prix qu'un ordre de parler. Quant à lord Hamlet, croyez ceci de lui, c'est qu'il est jeune et qu'il peut marcher à plus longue bride qu'il ne peut vous l'être accordé. En deux mots, Ophélia, ne croyez pas à ses serments : car ce sont des entremetteurs, non de cette couleur que montrent leurs habits, mais bien des suppliants d'actes sacrilèges, qu'ils soufflent comme devoirs [1] sanctifiés et pieux... pour mieux tromper. Ceci pour conclure : en termes nets, à partir de ce moment, je ne veux plus vous voir ainsi contaminer vos moments de loisir à causer et bavarder avec le seigneur Hamlet. Voyez à cela, je vous l'ordonne, et allez votre chemin...

Seigneur, je crois bien...

OPHÉLIA.

J'obéirai, seigneur!

SCÈNE IV

La plate-forme. — Comme à la première scène. — Entrent HAMLET, HORATIO *et* MARCELLUS.

HAMLET.

L'air mord méchamment. Il fait très froid.

HORATIO.

C'est un air piquant et aigre...

HAMLET.

Quelle heure?

---

[1] Il y a ici deux versions, *Bonds*, devoirs, et *Bawds*, nom ignoble des entremetteurs. Le texte primitif porte *Bonds* et est adopté par Schmidt dont le Lexique fait autorité. Nous n'admettons pas une modification — d'ailleurs inutile — qui met un mot obscène dans la bouche d'un père parlant à sa fille. *Bawds* se retrouvera à sa place dans *le Roi Jean*.

HORATIO.

Je crois qu'il va être minuit...

MARCELLUS.

Non ! c'est sonné...

HORATIO.

En vérité ! Je n'ai pas entendu. Alors cela tire au moment où l'Esprit eut l'habitude de se promener. (*On entend des fanfares de trompettes et des décharges d'artillerie.*) Que signifie cela, My Lord ?

HAMLET.

Le roi veille cette nuit et fait fête, il tient grande beuverie et mène le branle-bas des danses et du bruit, et quand il vide ses coupes de vin du Rhin, timbales et trompettes braillent son triomphant exploit...

HORATIO.

Est-ce une coutume ?

HAMLET.

Oui, pardieu, c'en est une. Mais à mon sens, bien que je sois né ici et fait à ces façons, c'est une coutume plus honorable à enfreindre qu'à observer. Ces bombances [1] à têtes lourdes, nous font de l'est à l'ouest, diffamer et insulter par les autres nations : elles nous traitent d'ivrognes et du mot de pourceau salissant notre nom. Et de fait, de nos exploits, si hautement accomplis, cela ôte toute sève et toute moelle. Ainsi en est-il souvent de certains hommes, alors qu'ils ont en eux quelque tare vicieuse de nature : car, dès leur naissance (dont ils ne sont pas coupables, puisque la créature ne choisit pas son origine) par la surcroissance de quelque disposition, souvent sont jetés bas les remparts et bastions de la raison. Ou bien c'est quelque habitude qui fait si fort fermenter le germe des louables instincts que chez ces hommes, portant — dis-je ? — l'empreinte d'un défaut unique — stigmate de nature ou de mauvaise étoile — leurs vertus — fussent-elles pures comme la grâce, si infinies qu'on les puisse développer — subissent, dans la critique générale, la corruption de ce défaut particulier : la goutte de mal souvent étouffe toute noble substance sous son propre maléfice... (*Entre le Spectre.*)

HORATIO.

Regardez, My Lord... il vient !

HAMLET.

Anges et ministres de grâce, défendez-nous ! (*Il va au spectre.*) Que tu sois un esprit de pureté ou un gobelin [2] damné, que tu apportes avec toi les souffles du ciel ou les vents de l'enfer, que tes desseins soient pervers ou charitables... tu viens sous une forme si interrogeable que je veux te parler... Je t'appelle Hamlet, Roi, Père ! Royal Danois, oh ! réponds-moi ! Ne me laisse pas déchiré par l'ignorance ! Mais dis pourquoi tes os canonisés, enfermés dans la mort, ont déchiré leur linceul ; pourquoi le sépulcre, où nous t'avons vu paisiblement inhumé, a ouvert ses lourdes mâchoires de marbre pour te rejeter ? Que signifie cela, que toi, corps mort, de nouveau, en complet acier, tu revisites ainsi les rayons de la lune, rendant la nuit hideuse, et, en nous, débiles de nature, si horriblement secoues notre organisme avec des

---

[1] *Revels*, d'où *réveillon*.
[2] Le mot gobelin, lutin, démon, se retrouve dans tous les pays, *kobold* en Allemagne, *cobel* chez les grecs, *cobol* chez les sarmates, *gob* en Écosse. *Gob*, d'après Wieris, est le roi des gnômes.

pensées, hors des atteintes de nos âmes ? Dis, pourquoi cela ? Dans quel but ? Que devons-nous faire ?...

HORATIO, *sur un signe du spectre.*

Il vous fait signe de vous en aller avec lui... Comme s'il désirait quelque aparté avec vous seul...

MARCELLUS.

Regardez combien courtoisement il vous appelle en un lieu plus éloigné... mais n'allez pas avec lui...

HORATIO.

Non, à aucun prix !

HAMLET.

Il ne parlerait pas... donc je le suivrai !...

HORATIO.

Ne le faites pas, My Lord !

HAMLET.

Quoi ? Qu'y a-t-il à craindre ? Je n'estime pas ma vie au prix d'une épingle !... Et pour mon âme, que peut-il lui faire, étant comme lui une chose immortelle ? Il m'appelle encore... je le suivrai !

HORATIO.

Mais s'il vous entraîne dans les flots, My Lord, ou vers l'effrayante cime de la falaise, qui surplombe sur sa base dans la mer, si là il prenait quelque autre horrible forme qui vous privât de la souveraineté de votre raison et vous plongeât en démence !... Pensez à cela... Cet endroit même met des lubies de désespoir, sans autre motif, dans toute cervelle qui voit tant de brasses jusqu'à la mer et qui l'entend mugir au dessous.

Polonius.

HAMLET.

Il m'appelle encore... allons, je te suivrai !

MARCELLUS.

Vous n'irez pas, My Lord. (*Ils s'efforcent de le retenir.*)

HAMLET, *se débattant,*

Otez vos mains¹ !

HORATIO.

Soyez raisonnable ! Vous n'irez pas !

HAMLET.

Mon destin m'appelle et fait chaque faible artère de ce corps aussi forte que les muscles du lion de Némée. (*Le spectre lui fait signe.*) Il m'appelle encore. Lâchez-moi, messieurs... (*Se dégageant de leur étreinte.*) Par le Ciel ! messieurs, je

¹ *Hold off your hands.* F.-V. Hugo a traduit par — Lâchez ma main — Lapsus évident.

fais un spectre de celui qui m'arrête ! Arrière, vous dis-je ! Va... je te suis !... (*Sortent le spectre et Hamlet.*)

HORATIO.

Sa fureur grandit avec ses imaginations...

MARCELLUS.

Suivons-le ! Il ne nous siérait pas d'obéir...

HORATIO.

Suivons-le... A quelle issue aboutira ceci ?

MARCELLUS.

Quelque chose est pourri dans l'État de Danemark...

HORATIO.

Le ciel règlera cela...

MARCELLUS.

Hé bien ! suivons-le !

SCÈNE V

Une partie écartée de la plate-forme. — *Entrent* LE SPECTRE *et* HAMLET.

HAMLET.

Où veux-tu me conduire ? Parle ! Je n'irai pas plus loin !...

LE SPECTRE, *s'arrêtant.*

Regarde-moi...

HAMLET.

Je le veux.

LE SPECTRE.

Mon heure est presque venue où je dois, aux sulfureuses et torturantes flammes, me restituer moi-même...

HAMLET.

Hélas ! pauvre spectre !...

LE SPECTRE.

Ne me plains pas, mais prête ta sérieuse attention à ce que je vais te dévoiler.

HAMLET.

Parle, je suis tenu d'entendre...

LE SPECTRE.

Et tu le seras de me venger, quand tu auras entendu...

HAMLET.

Quoi ?

LE SPECTRE.

Je suis l'Esprit de ton père, condamné pour un certain délai à errer la nuit, et pendant le jour à jeûner dans les flammes, jusqu'à ce que les crimes impurs, commis en mes jours d'existence, soient brûlés et purifiés. S'il ne m'était interdit de dire les secrets de ma prison, je pourrais te dévoiler un récit, dont le moindre mot herserait ton âme, glacerait ton jeune sang, ferait tes deux yeux, comme des étoiles, jaillir de leurs sphères, tes boucles nouées et tressées se séparer et chacun de tes cheveux se tenir droit, comme les piquants sur un porc-épic épouvanté! Mais ce tableau de l'éternité n'est point pour des oreilles de chair et de sang... Écoute, écoute... oh! écoute! Si jamais tu aimas ton père...

HAMLET.

Oh! Dieu!

LE SPECTRE.

Alors... venge son meurtre infâme et très dénaturé!...

HAMLET.

Un meurtre!

Un meurtre!

LE SPECTRE.

Meurtre très infâme : comme l'est le plus juste, mais celui-ci le plus infâme, étrange et dénaturé.

HAMLET.

Hâte que je sache et que, d'une aile aussi rapide que la méditation[1] ou les pensées d'amour, je puisse voler à ma vengeance!

LE SPECTRE.

Je te trouve prêt : et tu serais plus engourdi que l'herbe grasse qui se pourrit lentement sur les bords du Léthé, si tu n'étais remué par ceci. Maintenant, Hamlet, écoute! Il a été proclamé que, dormant dans mon jardin, un serpent m'avait piqué ; ainsi toute oreille du Danemark a été grossièrement abusée par un récit inventé de

[1] Le texte dit *méditation*. Mais la méditation est lente. Faut-il prendre le mot dans son sens étymologique? — Med — racine celtique qui signifie conception; savoir, science, d'où *med-icus*, médecin, le savant par excellence. Mieux vaut admettre que Shak. a employé une expression impropre.

ma mort. Mais sache-le, toi, noble enfant, le serpent qui a piqué la vie de ton père, aujourd'hui porte sa couronne.

Oh! Horrible! très horrible!

HAMLET.

O! mon âme prophétique! Mon oncle...

LE SPECTRE.

Oui, cet incestueux, cette brute adultère, par les sorcelleries de son esprit, par ses dons de traître — oh! esprit et dons pervers qui ont tel pouvoir de séduire! — a gagné à sa honteuse luxure la volonté de ma très apparemment vertueuse

Reine. O Hamlet, quelle chute ce fut là ! De moi dont l'amour était de telle dignité qu'il marchait, main à main, avec les serments que je lui avais faits en mariage, descendre à un misérable, dont les dons naturels étaient si pauvres auprès des miens. Mais de même que la Vertu ne sera jamais ébranlée, quand même la Luxure la courtiserait sous une forme céleste, ainsi l'impudicité, bien qu'accouplée à un ange rayonnnant, aurait satiété du lit céleste et irait piller de la tripe ¹ !... Mais tout doux, je crois sentir l'air du matin... laisse-moi abréger. Comme je dormais dans mon jardin, mon habitude toujours dans l'après-midi, dans cette heure de sécurité ton oncle se glissa, avec, dans une fiole, le suc de la jusquiame maudite, et, dans les orifices de mes oreilles, versa la distillation lépreuse, dont l'effet a telle hostilité au sang de l'homme, rapide comme le vif argent, elle court à travers les issues et détours naturels du corps — et avec une soudaine vigueur, elle fige et caille, comme fait une goutte acide dans le lait, le sang limpide et pur... Ainsi en fut-il du mien. En un instant, sur tout mon corps net et poli, une dartre s'étendit, tout à fait comme la lèpre ², avec des croûtes ignobles et répugnantes. Ainsi je fus, dormant, dépouillé à la fois par la main d'un frère, de ma vie, de ma couronne, de ma Reine, moissonné en pleine floraison de mes péchés, chassé, détrôné, sans sacrements, sans confession, mais envoyé, pour rendre mes comptes, avec toutes mes imperfections sur ma tête...

HAMLET.

Oh ! Horrible, horrible... très horrible !...

LE SPECTRE.

Si la nature parle en toi, ne supporte pas cela. Ne permets pas que le royal lit de Danemark soit une couche de luxure et d'inceste damné ! Pourtant de quelque façon que tu pousses ton action, ne souille pas ta conscience, ne permets pas que ton âme complote contre ta mère... livre-la au ciel, à ces aiguillons qui logent dans son sein pour la piquer et la déchirer... et maintenant, adieu ! le ver luisant indique que le matin est proche et commence à pâlir ses feux sans effet... Adieu, adieu, Hamlet, souviens-toi de moi ! (*Il sort.*)

HAMLET, *seul*.

O vous toutes, légions du ciel ! O terre ! Quoi encore ? Dois-je y joindre l'enfer ? Malheur ! Ferme, mon cœur, ferme ! Et vous, mes nerfs, ne vieillissez pas en un instant et tenez-moi inflexiblement debout !... Me souvenir de toi ! Oui, pauvre spectre ! tant que la mémoire aura sa place dans ce crâne affolé ! Me souvenir de toi ! Oui, du tableau de ma mémoire j'effacerai toutes les vaines et triviales remembrances, tous les adages des livres, toutes formes, toutes impressions du passé, tout ce qu'y copièrent la jeunesse et l'observation... et seul, ton commandement vivra dans le livre et volume de mon cerveau, sans mélange de basse matière ! Oui, par le ciel ! O très funeste femme ! O scélérat, scélérat ! souriant et damné scélérat ! (*Tirant ses tablettes.*) Mes tablettes ! il faut que j'inscrive ceci qu'un homme peut sourire, sourire et être un scélérat !... tout au moins suis-je sûr qu'il peut en être ainsi en Danemark...

---

¹ *Prey on garbage*. Le mot est resté dans le *slang* (argot) de bas étage en anglais pour indiquer l'acte de prostitution.

² La plupart des traducteurs ont traduit *lazar like* par pareil à *Lazare*, le mendiant de l'Évangile. Noter d'abord que Sh. a écrit *lazar* sans majuscule. De plus *lazarus*, en latin, *lazre*, en vieux français, *ladre* aujourd'hui signifient le malade atteint de lèpre ou d'éléphantiasis. D'où *Lazaret*. Le nom de Lazare dans l'Évangile n'est pas un nom propre, il signifie *un lépreux*. Enfin en anglais lazar = lèpre.

(*Il écrit.*) Là, oncle, vous y êtes!... Maintenant, mon mot d'ordre... le voici : — Adieu, adieu! Souviens-toi de moi! — Je l'ai juré!...

HORATIO, *dans le lointain, appelant.*

Seigneur! Seigneur!

MARCELLUS, *de même.*

Seigneur Hamlet!

HORATIO.

Que le ciel le protège!

HAMLET, *bas.*

Ainsi soit-il!

MARCELLUS, *imitant le cri du fauconnier.*

Ho! Hillo! Ho!... Seigneur!

HAMLET, *répondant par le même cri.*

Hillo! Ho! Ho!... mon gars! Viens, l'oiseau, viens!... (*Entrent Horatio et Marcellus.*)

MARCELLUS.

Que se passe-t-il, noble seigneur?

HORATIO.

Quelles nouvelles, Seigneur?

HAMLET.

Ho! stupéfiantes!

HORATIO.

Bon seigneur, dites...

HAMLET.

Non! vous les révéleriez!...

HORATIO.

Pas moi, Seigneur... par le ciel!

MARCELLUS.

Ni moi, Seigneur!

HAMLET, *égaré.*

Qu'en dites-vous?... Un cœur d'homme peut-il concevoir cela?... Mais vous serez discrets!

HORATIO *et* MARCELLUS.

Oui, par le ciel, Seigneur...

HAMLET.

Il n'y a jamais eu un scélérat, habitant dans tout le Danemark... (*il s'interrompt, puis reprend*) qui ne soit un fieffé fripon[1].

HORATIO.

Pas besoin, Seigneur, qu'un spectre sorte de la tombe pour nous dire cela...

HAMLET.

Oui, juste... vous dites juste!... Aussi, sans plus d'ambages, je trouve bon que nous nous serrions les mains et que nous nous séparions... vous, là où vous pousseront vos affaires et vos désirs... car tout homme a des affaires ou des désirs... moi, pour ma pauvre part... tenez, j'irai prier!...

[1] Il allait dire : *pareil à mon oncle!* Il se reprend et termine sa phrase par une banalité.

HORATIO.
Mais, Seigneur, ce sont là des mots incohérents... de délire !..
HAMLET.
Je suis fâché de vous offenser... de tout mon cœur ! oui, sur ma foi, de tout mon cœur !
HORATIO.
Il n'y a pas d'offense, My Lord !...
HAMLET, *que le mot : offense, a frappé.*
Ah ? si fait !... par saint Patrick... il y a une offense, Horatio, et une grave !... Quant à la vision d'ici, c'est un honnête fantôme, laissez-moi vous le dire. Pour votre désir de savoir ce qu'il y a entre nous, surmontez-le comme vous pourrez. Et maintenant, mes bons amis — car vous êtes des amis, des condisciples, des soldats — accordez-moi une pauvre requête...
HORATIO.
Laquelle, My Lord. Nous promettons...
HAMLET.
Jamais ne révélez ce que vous avez vu cette nuit...
HORATIO *et* MARCELLUS.
Jamais, Seigneur !
HAMLET.
Bon !... mais jurez-le !
HORATIO.
Sur ma foi, Seigneur, ni moi !...
MARCELLUS.
Ni moi, Seigneur, sur ma foi !...
HAMLET.
Sur mon épée !...
MARCELLUS.
Seigneur, nous avons déjà juré...
HAMLET.
N'importe ! N'importe ! Sur mon épée !...
LE SPECTRE, *sous terre.*
Jurez !...
HAMLET, *terrifié, mais riant pour cacher son horreur.*
Ha ! ha ! mon gars ! En dis-tu autant ? Tu es là, bonne pièce [1] ! Allons, vous entendez le compagnon dans sa cave ! Consentez à jurer !... (*Ils changent de place.*)
HORATIO.
Proposez le serment, My Lord.
HAMLET.
Ne jamais parler de ce que vous avez vu... jurez par mon épée !...
LE SPECTRE, *qui les a suivis, sous terre.*
Jurez par son épée !...

---

[1] Certains comprennent si mal Shakespeare que ces expressions — dont s'augmente le tragique de la situation leur paraissent insupportables. C'est ainsi que Charles Mackay, dans son glossaire des *obscurités*, propose de changer *true penny*, vrai sou, bonne pièce — en *truagh-pain*, mots celtiques qui signifient : malheureuse torture ! — Comment alors remplacer — vieille taupe !

HAMLET.

Bien dit, vieille taupe ! Peux-tu donc travailler si vite sous terre... fameux terrassier ! Éloignons-nous encore une fois, mes bons amis...

HORATIO.

Par la nuit et le jour, voilà un étrange prodige !

HAMLET.

C'est pourquoi comme à un étranger il faut lui dire bienvenue... il y a plus de choses, dans le ciel et la terre, Horatio, que dans toute votre philosophie... mais venez... ici comme auparavant, jamais, sur votre salut, si étrange, si bizarre que soit ma conduite — car il peut me plaire de prendre des allures de bouffon — que jamais, me voyant ainsi, vous ne veniez, soit par un geste des bras, par un hochement de tête, soit en prononçant quelque phrase douteuse comme celle-ci : — *Bien, bien, nous savons !* — ou bien : — *Nous pourrions si nous voulions !* — ou bien : — *S'il nous plaisait de parler...* — ou encore : — *Il ne tiendrait qu'à nous !...* — ou tout autre signe ambigu — indiquer que vous sachiez rien de moi... Jurez cela !... et qu'en nécessité grâce et merci vous aident !...

LE SPECTRE, *sous terre*.

Jurez !

HAMLET.

Repose, repose, âme en peine ! Ainsi, messieurs, de toute mon affection je me recommande à vous — et tout ce que pourra faire pour vous le pauvre homme qu'est Hamlet, pour vous prouver amitié et fidélité, Dieu le voulant, ne vous manquera pas... Rentrons, et, je vous en prie, le doigt sur les lèvres !... les temps sont hors d'équerre... oh ! perversité maudite ! que je sois jamais né pour les remettre d'aplomb !... Allons !... partons ensemble ! (*Ils sortent.*)

Vous lui donnerez cet argent...

ACTE DEUXIÈME

SCÈNE PREMIÈRE

Une chambre dans la maison de Polonius.
Entrent POLONIUS, des papiers et une bourse à la main, et REYNALDO.

POLONIUS.
Vous lui donnerez cet argent et ces billets, Reynaldo.

REYNALDO.
Je le ferai, monseigneur.

POLONIUS.
Vous agirez avec une merveilleuse sagesse, bon Reynaldo, en faisant, avant de lui rendre visite, une enquête sur sa conduite.

REYNALDO.
Monseigneur, j'en avais l'intention.

POLONIUS.
Bien dit, oui-dà, très bien dit! Voyez-vous, monsieur, demandez-moi d'abord quels Danois sont à Paris, et comment et qui — quelles ressources, où ils logent, quelle société, quelles dépenses. Et ayant trouvé, par ces circonlocutions et détours, qu'ils connaissent mon fils, serrez la question de plus près que ne l'auront touchée vos demandes particulières. Tenez-vous comme si c'était quelque connaissance éloignée, comme ceci : — Je connais son père, et ses amis, et, un peu, lui-même... vous remarquez bien, Reynaldo?

REYNALDO.
Oui, très bien, monseigneur.

POLONIUS.

... Et un peu lui-même — mais vous pourrez dire : — Pas bien. Mais s'il est celui que je veux dire, il est très extravagant, adonné à ceci, à cela. — Et placez là telles faussetés qu'il vous plaira. Hé! pourtant, rien d'excessif qui puisse le déshonorer... prenez garde à cela. Mais, monsieur, telles extravagances et ordinaires glissades qui sont compagnons notés et bien connus de la jeunesse et de la liberté...

REYNALDO.

Comme le jeu, monseigneur.

POLONIUS.

Oui, ou la boisson, le duel, le juron, les querelles, les catins [1]... vous pouvez aller jusque-là...

REYNALDO.

My Lord, cela le déshonorerait...

POLONIUS [2].

Non, sur ma foi! si vous savez assaisonner tout cela dans l'accusation. Il ne faut pas mettre d'autre scandale sur lui, comme d'être sujet à l'incontinence. Ce n'est pas ce que je veux dire. Mais soufflez ses fautes à l'oreille assez gentiment pour qu'elles semblent les taches de la liberté, la flamme, l'explosion d'un esprit en feu, la sauvagerie d'un sang indompté, en totale éruption...

REYNALDO.

Mais, monseigneur...

POLONIUS, *d'un air malin.*

Et pourquoi devrez-vous faire cela?...

REYNALDO.

Oui, monseigneur, je voudrais le savoir...

POLONIUS.

Eh bien, monsieur, voici mon plan. Et c'est, je le crois, un tour de toute garantie. Ayant jeté sur mon fils ces légères ordures, comme s'il était une chose un peu souillée à l'usage — suivez bien! — votre partner de causerie, celui que vous voulez sonder, aurait-il jamais vu — en les crimes précités — le jeune homme que vous soufflez être coupable, que, soyez-en sûr, il se joindra à vous, en cette conclusion : — Bon monsieur! — ou — Mon ami! — ou — Mon gentilhomme! — selon le langage et les façons de l'homme et du pays...

REYNALDO, *de plus en plus agacé.*

Très bien, My Lord.

POLONIUS.

Et alors, monsieur, il fait ceci... il fait... (*S'arrêtant.*) Qu'est-ce que j'allais dire? Par la messe! j'étais sur le point de dire quelque chose... Où en suis-je resté?

REYNALDO.

A... se joindre à vous... en cette conclusion...

POLONIUS.

Oui — en cette conclusion... Ah! très bien! il se joindra à vous en ces termes.

---

[1] *Drabbling*, du celtique *drab*, saleté, *drabag*, une sale femme.
[2] Qu'on se souvienne du type de Polonius, une sorte de Géronte et de Monsieur Prud'homme. A noter aussi l'ennui qu'il impose à celui qui doit écouter ses divagations.

— Je connais le gentilhomme, je l'ai vu hier — ou tel autre jour, ou tel ou tel... avec tel ou tel... et comme vous dites, il était à jouer — ou — je l'ai surpris en noce — ou — se disputant au tennis — ou peut-être, je l'ai vu entrer dans une maison de vente, comme qui dirait un bordel... et cœtera! Voyez-vous bien. L'hameçon du mensonge prend la carpe de la vérité... (*S'épanouissant dans sa sottise.*) Et c'est ainsi que nous autres hommes de sagesse et de finesse, avec nos tourniquets et nos attaques de biais, par indirections trouvons les directions. Ainsi, selon mes préalables leçons et avis, vous agirez avec mon fils. Me saisissez-vous, ne me saisissez-vous pas?...

REYNALDO.

Je saisis, monseigneur.

POLONIUS.

Que Dieu soit avec vous! Portez-vous bien...

REYNALDO.

Mon bon seigneur...

POLONIUS.

Observez ses inclinations sur vous-même...

REYNALDO.

Je le ferai, monseigneur...

POLONIUS.

Et laissez-le jouer sa musique...

REYNALDO.

Bien, My Lord.

POLONIUS.

Adieu!

(*Sort Reynaldo.* OPHÉLIA *entre effrayée, en larmes.*)

POLONIUS.

Vous, maintenant, Ophélia? Qu'est-ce qu'il y a?

OPHÉLIA.

Oh! My Lord, My Lord, j'ai été si fort effrayée!...

POLONIUS.

De quoi... au nom de Dieu.

OPHÉLIA.

Mon père, comme j'étais à coudre dans ma chambre, lord Hamlet, avec son pourpoint tout déchiré, sans chapeau sur la tête, ses bas salis, sans jarretières et tombant sur ses chevilles, pâle comme sa chemise et ses genoux s'entrechoquant — et le regard d'une expression aussi pitoyable que s'il eût été lâché des Enfers pour en dire les horreurs — il est venu devant moi...

POLONIUS.

Fou d'amour pour toi?...

OPHÉLIA.

Mon seigneur, je ne sais... mais, vrai, j'en ai peur!...

POLONIUS.

Qu'a-t-il dit?...

Il m'a prise par le poignet... (p. 34)

OPHÉLIA.

Il m'a prise par le poignet et m'a tenue fortement... puis il s'éloigne de la longueur de son bras et, son autre main au-dessus de ses sourcils, il tombe en contemplation de mon visage, comme s'il voulait le dessiner. Longtemps il est resté ainsi. Enfin après une légère secousse à ma main et sa tête trois fois hochée de haut en bas, il poussa un soupir si pitoyable et si profond qu'il sembla faire éclater tout son être et achever sa vie... cela fait, il me laisse aller, et, la tête tournée sur son épaule, il semble trouver son chemin sans ses yeux : car, hors de la porte il alla sans leur aide et, jusqu'à la fin, dirigea leur lumière sur moi.

POLONIUS.

Allons, viens avec moi. Je veux aller trouver le roi. C'est la vraie extase d'un amour que ses violentes propriétés détruisent elles-mêmes et qui conduit la volonté à des entreprises désespérées, aussi souvent que toutes passions qui sous le ciel affligent notre nature... Je suis fâché... voyons, lui avez-vous adressé en dernier lieu quelques mots durs...

OPHÉLIA.

Non, mon bon seigneur, mais, comme vous l'avez commandé, j'ai repoussé ses lettres, et lui ai refusé tout accès près de moi.

POLONIUS.

Cela l'a rendu fou ! Je suis fâché de ne l'avoir pas coté d'un meilleur soin et jugement. Je craignais qu'il ne fît que plaisanter et ne prétendît que te naufrager. Mais, peste de ma défiance ! Par le ciel, il semble aussi propre à notre âge d'exagérer nos opinions qu'il est commun dans la gent plus jeune de manquer de mesure... Viens, allons au Roi. Cela doit être connu : car, dissimulé, cet amour pourrait soulever plus de peines à le cacher que de haines à le révéler... (*Ils sortent.*)

SCÈNE II

Une galerie[1] ouverte devant les appartements du château.

Entrent LE ROI, LA REINE, ROSENCRANTZ, GUILDENSTERN
et la suite.

LE ROI.

Bienvenus, chers Rosencrantz et Guildenstern ! Outre que nous languissions de vous voir, le besoin que nous avons de votre service a provoqué notre hâtive convocation. Avez-vous entendu parler de la métamorphose d'Hamlet ? Je l'appelle ainsi, car de l'homme, ni l'intérieur, ni l'extérieur ne ressemblent plus à ce qu'ils étaient. Que serait-ce donc, en surcroît de la mort de son père, qui l'a mis ainsi hors de son intellect, je ne puis l'imaginer. Je vous conjure, vous deux qui, ayant été élevés avec lui dès vos jeunes années et depuis lors avez voisiné avec sa jeunesse et son carac-

---

[1] *A Lobby.* Les commentateurs et traducteurs de Shakespeare ont jusqu'ici placé cette scène dans un appartement. Or, le texte même est absolument clair, ainsi que nous l'indiquerons dans quelques notes, et certains détails seraient inexplicables dans un appartement. Il s'agit d'une galerie ouverte ou terrasse.

tère, de me faire la grâce de rester quelque temps à notre cour ; puis, en votre compagnie, de l'entraîner au plaisir et de rechercher par tout ce que vous pourriez glaner à l'occasion, si le mal, à nous inconnu, qui l'afflige, étant découvert, est dans les limites de nos remèdes...

LA REINE.

Bons gentilshommes, il a beaucoup parlé de vous, et je suis sûre qu'il n'est pas deux hommes vivants auxquels il soit plus attaché ! S'il vous plaisait nous montrer tant de gentillesse et de bon vouloir que de nous sacrifier quelque temps, pour le bien et profit de notre espérance, votre visite recevra tels remerciements qui conviennent à la reconnaissance d'un roi...

ROSENCRANTZ.

Vos deux Majestés pourraient par le souverain pouvoir qu'elles ont sur nous poser leur bon plaisir redouté en un ordre plutôt qu'en une prière...

GUILDENSTERN.

Mais nous obéissons tous deux et ici nous nous abandonnons nous-mêmes, en pleine prosternation, pour mettre librement nos services à vos pieds, pour être commandés [1].

LE ROI.

Merci, Rosencrantz, et vous, gentil Guildenstern...

LA REINE.

Merci, Guildenstern, et vous, gentil Rosencrantz... Je vous supplie de visiter immédiatement mon fils, mon trop changé fils... (*Aux serviteurs.*) Allez, quelques-uns et conduisez ces gentilshommes là où est Hamlet.

GUILDENSTERN.

Que les Cieux fassent notre présence et nos façons lui être plaisantes et secourables !...

LA REINE.

Oui, ainsi soit-il! (*Sortent Rosencrantz, Guildenstern et une partie de la suite. Entre Polonius.*)

POLONIUS, *allant au Roi, tandis que la Reine, pensive est à l'écart.*)

Vos ambassadeurs, mon bon seigneur, sont joyeusement revenus de Norvège.

LE ROI.

Tu es encore le père de bonnes nouvelles...

POLONIUS.

Vraiment, seigneur ! Je vous affirme, mon bon suzerain, que je voue mon devoir, comme je voue mon âme, tous deux à mon Dieu et à mon gracieux Roi et je crois — ou autrement ce cerveau qui est mien ne court plus la piste politique aussi sûrement que c'était sa coutume — je crois que j'ai trouvé la vraie cause des lunes d'Hamlet.

LE ROI.

Oh ! parle de cela... il me tarde de t'entendre...

POLONIUS.

Donnez d'abord audience aux ambassadeurs : mes nouvelles seront le service de fruits de ce grand festin...

---

[1] La courtisanerie excessive de ces deux personnages explique la défiance absolue que tout à l'heure Hamlet va leur témoigner.

LE ROI.

Fais-leur toi-même les honneurs et introduis-les... (A l'ant à la Reine.) Il me dit, ma douce Reine, qu'il a trouvé le principe et la source de tout le désarroi de votre fils.....

LA REINE.

Je doute qu'il y en ait d'autres que les deux grands, la mort de son père et notre trop hâtif mariage. (Entrent Polonius avec Voltimand et Cornélius.)

LE ROI, à la Reine.

Bien, nous le sonderons. (Aux ambassadeurs.) Bienvenus, mes bons amis ! Dis ! Voltimand, quelles nouvelles de notre frère de Norwège ?...

VOLTIMAND.

Le plus aimable retour de souhaits et de bons désirs. Dès notre premier mot, il a envoyé pour suspendre les levées de son neveu qui lui semblaient être des préparatifs de guerre contre le Polonais : mais à y mieux regarder, il a reconnu sincèrement que c'était contre Votre Hautesse. Aussi, irrité que sa maladie, son âge et ses infirmités fussent ainsi déloyalement exploités, il a envoyé ordre de s'arrêter à Fortinbras qui d'ailleurs a obéi aussitôt, a reçu les reproches de Norway et en conclusion, a fait vœu, devant son oncle, de ne jamais plus faire essai de ses armes contre Votre Majesté. Là-dessus, le vieux Roi, exultant de joie, lui a donné trois mille couronnes de revenu annuel, avec l'autorisation d'employer contre le Polonais les soldats précédemment levés, avec, de plus, une requête — que je vous remets (il présente un papier au Roi), à l'effet qu'il vous plaise accorder libre passage à travers vos domaines pour cette entreprise, sous toutes réserves de sûretés et de redevances, comme il est inscrit sur ces papiers.

LE ROI, parcourant les papiers.

Cela nous paraît bien. A loisir, nous lirons, répondrons et réfléchirons à cette affaire. Entre temps, nous vous remercions pour une tâche si bien remplie. Allez vous reposer. Ce soir, nous festoierons ensemble. Très bienvenus chez nous! (Sortent Voltimand et Cornélius.)

POLONIUS.

Cette affaire est bien terminée. (Il prend sa pose importante et prétentieuse.) Mon suzerain, madame, expostuler ce que la Majesté doit être, quel est le devoir, pourquoi le jour est le jour, la nuit la nuit et le temps le temps, ce serait perdre et le jour et la nuit et le temps. Or comme la brièveté est l'âme de l'espoir et que la prolixité en est les membres et la floraison extérieure, je serai bref. Votre noble fils est fou. Fou, je l'appelle ainsi. Car pour définir la vraie folie, qu'est-ce, sinon n'être rien autre que fou ? Mais laissons cela[1]...

LA REINE, énervée.

Moins d'art et plus de choses...

POLONIUS.

Madame, je jure que je n'use pas d'art du tout. Qu'il soit fou, ceci est vrai. Il est

---

[1] Il paraît évident que Shakespeare avait en vue de caricaturer un homme de son temps. F. V. Hugo croit qu'il s'agit de lord Burleigh, un des ministres de la reine Élisabeth, auteur d'un livre de préceptes où se retrouvent plusieurs aphorismes du grotesque Polonius. Cette opinion s'appuie sur des raisons plausibles.

vrai que c'est pitié et c'est pitié que ce soit vrai... sotte rhétorique!... mais adieu à cela, car je ne veux pas user d'art. Fou, accordons-lui cela. Reste à trouver la cause de cet effet où à mieux dire, la cause de ce méfait : car cet effet — méfectueux — vient d'une cause. Alors ceci reste et le reste est ceci... pesez bien! j'ai une fille — je l'ai, tant qu'elle est à moi — qui, dans son devoir et obéissance — remarquez! — m'a donné ceci... (*Il tire un billet de son pourpoint.*) Maintenant recueillez et résumez... (*Il lit.*)

A la céleste, à l'idole de mon âme, à la très embellie Ophélia.

Voilà une mauvaise phrase, une pauvre phrase. *Très embellie*[1] est une pauvre expression. Mais vous allez entendre. Alors...

Dans son exquis sein blanc, ces vers...

LA REINE.
Comment! Ceci a été adressé par Hamlet à votre fille!

POLONIUS.
Attendez un instant, ma Bonne Dame, je serai fidèle... (*Il lit.*)

Doute que les astres soient de feu,
Doute que le soleil se meuve,
Doute de la Vérité comme d'une menteuse,
Mais jamais ne doute de mon amour!

O chère Ophélia, je suis mal en ces rythmes. Je n'ai pas l'art de prosodier mes plaintes : mais que je t'aime le plus au monde, ô très parfaite, crois-le. Adieu. Tien toujours, très chère Dame, tant que cette machine est à lui, Hamlet.

Voilà ce que, par obéissance, ma fille m'a montré et de plus, toutes ses sollicitations, comme elles sont tombées en temps, place et moyen, elle a tout confié à mes oreilles.

LE ROI.
Mais comment a-t-elle accueilli cet amour?

POLONIUS.
Quelle opinion avez-vous de moi?

LE ROI.
Celle qu'on a d'un homme honorable et fidèle...

POLONIUS.
Et je vous prouverai qu'elle est juste. Mais que penseriez-vous si, quand j'ai vu ce chaud amour pousser ses ailes (je l'ai deviné, dois-je dire, avant que ma fille me l'eût dit), que pourriez-vous penser, vous, ma chère Majesté, ma Reine, ici présente, si j'avais joué le rôle de pupitre ou de carnet ou donné mon cœur pour un témoin sourd et muet ou contemplé cet amour d'un œil indifférent... que pourriez-vous penser? Non, je me suis mis rondement à l'ouvrage et à ma jeune madame, j'ai dit :

---

[1] Le texte est précis. — *Beautified.* Nous dirions : — A la toujours plus belle... Dans le patois normand, *abélir* signifie plaire, être agréable.

— Lord Hamlet est un prince hors de ton étoile... cela ne peut pas être ! — et alors je lui ai donné ces prescriptions qu'elle voulût bien s'enfermer hors de sa portée, qu'elle n'accueillît pas de messagers, qu'elle ne reçût pas de présents. Ainsi fait, elle a cueilli les fruits de mes avis et lui, repoussé (pour abréger le récit), est tombé en tristesse... de là en jeûne... de là en insomnie... de là en faiblesse... de là en délire... et par cette dégringolade... de là en cette folie où maintenant il déraisonne et dont nous gémissons tous !

LE ROI.

Croyez-vous que ce soit cela ?

LA REINE.

Cela doit être, très probablement...

POLONIUS, *très solennel.*

Fut-il jamais un temps (je le voudrais savoir) où j'aie positivement dit : — Ceci est ! — et où il en ait été prouvé autrement ?

LE ROI.

Pas que je sache.

POLONIUS, *montrant sa tête et ses épaules.*

Séparez ceci de cela, s'il en était autrement ! Si les circonstances me guident, je trouverais où la vérité est cachée, fût-elle cachée au centre de la terre...

LE ROI.

Comment éprouver cela plus avant ?

POLONIUS.

Vous savez, quelquefois il se promène, quatre heures durant, ici, dans cette galerie [1]...

LA REINE.

Ainsi fait-il, c'est exact.

POLONIUS.

A un de ces moments-là, je lâcherai ma fille sur lui : Nous serons, vous et moi, derrière un Arras [2]. Remarquez la rencontre. S'il ne l'aime pas, si ce n'est pas pour cela qu'il est déchu de sa raison, que je ne sois plus conseiller d'État et que j'aille garder une ferme et des charretiers !

LE ROI.

Nous ferons cette tentative... (*Entre Hamlet, lisant, semblant ne voir personne* [3].)

LA REINE.

Mais voyez, comme tristement le pauvre malheureux vient, en lisant !...

POLONIUS, *bas.*

Allez-vous en, je vous en prie, tous les deux ! Je vais l'aborder. Laissez-moi faire ! (*Le Roi, la Reine et leur suite se retirent.*)

POLONIUS, *à Hamlet.*

Comment va mon bon seigneur Hamlet ?

[1] *In this lobby*, l'indication est précise.
[2] Tapisserie d'Arras. Les Hautelisse se fabriquaient alors dans cette ville de France. On disait — un Arras — comme on dit un Aubusson ou un Gobelin.
[3] On passe dans cette galerie. Point de portes qui s'ouvrent ou se ferment.

HAMLET *levant la tête et le regardant.*

Bien, Dieu merci !

POLONIUS.

Me connaissez-vous, My Lord !

HAMLET.

Parfaitement bien... vous êtes un marchand de poissons...

POLONIUS.

Moi ! pas du tout !

HAMLET.

Alors je voudrais que vous fussiez un aussi honnête homme.

POLONIUS.

Honnête, My Lord ?

HAMLET.

Oui, monsieur. Être honnête, comme va le monde, c'est être un homme trié sur dix mille.

POLONIUS.

Ceci est très vrai, My Lord.

HAMLET.

Car si le Soleil, tout Dieu qu'il est, engendre des asticots dans un chien mort en baisant une charogne... (*S'interrompant, puis, d'un autre ton.*) Avez-vous une fille ?

POLONIUS.

Oui, monseigneur.

HAMLET.

Ne la laissez pas se promener au soleil. Conception est bénédiction : mais comme votre fille peut concevoir, mon ami, veillez à cela !

POLONIUS.

Qu'est-ce que vous voulez dire ? (*A part.*) Toujours en pinçant [1] pour ma fille ! Pourtant il ne m'a pas reconnu d'abord. Il a dit que j'étais un marchand de poissons. Il est loin, bien loin, et vraiment, dans ma jeunesse, j'ai souffert moi-même par amour de dures extrémités... bien près de cet état. Je vais lui parler encore... (*Haut, à Hamlet.*) Qu'est-ce que vous lisez, My Lord ?

HAMLET.

Des mots, des mots, des mots !

POLONIUS, *montrant le livre.*

De quoi est-il question, My Lord ?

HAMLET.

Entre qui ?

POLONIUS.

Je veux dire la question... que vous lisez...

HAMLET.

Des calomnies, monsieur. Ce gredin de satiriste dit ici que les vieux hommes ont grises barbes, que leurs faces sont ridées, que leurs yeux se purgent d'un ambre épais et d'une gomme de prunier... et qu'ils ont un copieux manque d'esprit... [2] et en

---

[1] *Harping*, jouant de la harpe.
[2] *A plentiful lack of wit.* De même on dit dans l'argot parisien : — Il a beaucoup d'esprit à la manque ; — ce qui équivaut à : — Il n'a pas de...

même temps les jarrets très faibles. Et tout cela, monsieur, si puissamment et si fortement que je le pense, pourtant je ne trouve pas honnête de le coucher là... car vous-même, monsieur, vous auriez le même âge que moi si, comme une écrevisse, vous pouviez marcher à reculons.

POLONIUS, à part.

Quoique ceci soit folie, il y a encore de la méthode. (Haut.) Voulez-vous venir à l'abri de l'air [1] ?

HAMLET.

Pour aller dans ma tombe ?

POLONIUS.

Le fait est... que c'est à l'abri de l'air... (A part.) Que subtiles sont parfois ses réponses ! Un bonheur que souvent rencontre la folie et que ne procureraient pas aussi heureusement la raison et la santé d'esprit. Je vais le laisser et organiser tout de suite les moyens de rencontre entre lui et ma fille... (Haut.) Mon honoré seigneur, je prends humblement congé de vous.

HAMLET.

Vous ne pouvez, monsieur, rien prendre de moi dont je sois plus consentant à me séparer... excepté ma vie, excepté ma vie, excepté ma vie !

POLONIUS.

Adieu, My Lord !

HAMLET, à part, avec impatience.

Assommants, ces vieux imbéciles ! (Entrent Rosencrantz et Guildenstern.)

POLONIUS, aux arrivants.

Vous cherchez le seigneur Hamlet, le voici...

ROSENCRANTZ.

Dieu vous garde, monsieur. (Polonius sort.)

GUILDENSTERN, s'approchant d'Hamlet.

Mon honoré seigneur !

ROSENCRANTZ [2].

Mon très cher seigneur !

HAMLET.

Mes excellents bons [3] amis ! Comment va, Guildenstern ! Ha, Rosencrantz, bons camarades, comment allez-vous tous deux ?

ROSENCRANTZ.

Comme des enfants quelconques de la terre.

GUILDENSTERN.

Heureux en ce que nous ne sommes pas... hyper-heureux. Du chapeau de la fortune, nous ne sommes pas le haut, haut [4] bouton...

---

[1] Si on était dans un appartement, la proposition de Polonius n'aurait aucun sens. Il lui propose de rentrer à l'intérieur du château, *out of the air*.

[2] Types de seigneurs de cour, phraseurs, prétentieux et hypocrites et dont Hamlet n'est pas dupe un seul instant.

[3] Nos élégants disent de même : — Mon excellent bon !

[4] Question de mode. Aujourd'hui on dirait le plumet. On portait alors des chapeaux de castor auxquels on attachait un bijou de prix. Dans le costume de Roméo, dessiné par Inigo Jones, le chapeau porte à la partie supérieure un bouton.

HAMLET.

Non plus la semelle de son soulier...

ROSENCRANTZ.

Ni l'un ni l'autre, My Lord...

HAMLET.

Alors vous vivez vers sa ceinture, c'est-à-dire au centre même de ses faveurs...

Cela nous paraît bien... (p. 36)

GUILDENSTERN.

Sur ma foi, dans son intimité...

HAMLET.

Dans les parties secrètes de la Fortune!... de vrai, c'est une catin!... quelles nouvelles?

ROSENCRANTZ.

Aucune, My Lord, sinon que le monde est devenu honnête...

HAMLET.

Alors le jour du jugement est proche. Mais vos nouvelles ne sont pas vraies. Laissez-moi vous interroger plus en détail. Qu'avez-vous, mes amis, mérité des mains de la Fortune pour qu'elle vous envoie ici en prison!...

GUILDENSTERN.

En prison... My Lord ?...

HAMLET.

Le Danemark est une prison!

ROSENCRANTZ.

Alors le monde en est une...

HAMLET.

Une charmante prison dans laquelle il y a maintes cellules, geôles et tours... le Danemark est une des pires...

ROSENCRANTZ, *protestant*.

Nous ne pensons pas ainsi, My Lord.

HAMLET.

C'est qu'il n'en est pas une pour vous... car rien n'est en soi bon ni mauvais... c'est la croyance qui le rend tel. Pour moi, c'est une prison.

ROSENCRANTZ.

Alors, c'est votre ambition qui vous en fait une. Le Danemark est trop étroit pour votre esprit.

HAMLET.

O Dieu! serais-je enchaîné dans une coquille de noix que je me tiendrais pour le roi d'un espace infini... si ce n'était pourtant que j'ai de mauvais rêves!

GUILDENSTERN.

Lesquels rêves, évidemment, sont d'ambition... car la vraie substance de l'ambitieux est presque l'ombre d'un rêve!

HAMLET.

Un rêve n'est lui-même qu'une ombre.

ROSENCRANTZ.

Très vrai! et je tiens l'ambition pour si aériforme et légère qu'elle n'est que l'ombre d'une ombre.

HAMLET.

Ainsi nos mendiants sont des corps... nos monarques et héros boursouflés[1] sont des ombres de mendiants... (*Changeant brusquement de ton.*) Allons-nous à la cour... car, sur ma foi, je ne puis raisonner...

ROSENCRANTZ *et* GUILDENSTERN.

Nous vous escorterons.

HAMLET.

Point de cela! Je ne veux point vous associer au reste de mes serviteurs. Car, à vous parler en honnête homme, je suis atrocement servi. Mais, pour en revenir au sentier battu de l'amitié, que faites-vous à Elseneur ?

ROSENCRANTZ.

Nous vous rendons visite, My Lord, pas d'autre but.

HAMLET.

Mendiant que je suis, je suis même pauvre en remerciements. Mais je vous remercie et, sûr, chers amis, mes remerciements sont cotés trop cher, cotés à un

---

[1] *Out stretched;* étirés outre mesure.

sou... (*avec intention.*) Ne vous a-t-on pas envoyé chercher? Êtes-vous venus de votre propre dessein ? Est-ce une libre visite ? Allons, agissez loyalement avec moi... allons, allons !... Hé ! parlez !

GUILDENSTERN, *embarrassé.*

Mais... que vous dirions-nous, My Lord ?

HAMLET.

Hé, n'importe quoi, mais sur le fait précis. Vous avez été appelés et il y a dans votre regard une sorte de confession que votre timidité n'a pas la force de dissimuler... je sais, le bon Roi et la Reine vous ont envoyé chercher...

ROSENCRANTZ.

A quelles fins, My Lord ?

HAMLET.

Voilà ce qu'il faut m'apprendre... mais laissez-moi vous conjurer, par les droits de la camaraderie, par l'accord de notre jeunesse, par les devoirs de votre toujours constante affection, par les invocations les plus chères qu'un meilleur que moi vous pourrait proposer... soyez droits et francs ! Vous a-t-on envoyé chercher, oui ou non ?...

ROSENCRANTZ, *bas à* Guildenstern.

Qu'en dites-vous ?

HAMLET.

(A *part.*) Ouais... j'ai l'œil sur vous ! (*Haut.*) Si vous m'aimez ne vous dérobez pas !...

GUILDENSTERN.

My Lord, on nous a envoyé chercher.

HAMLET.

Et je vais vous dire pourquoi. Ainsi mes conjectures préviendront vos révélations et votre discrétion envers le Roi et la Reine ne perdra pas une plume. J'ai dernièrement (mais à quel propos, je n'en sais rien) perdu toute ma gaieté, abandonné toutes mes habitudes d'exercices, et, en vérité, il s'en va si lourdement avec mes dispositions que cette jolie machine, la terre me paraît être un stérile promontoire. Ce très excellent dais, le ciel, voyez-vous, ce brave firmament là-haut suspendu, ce toit majestueux tout piqué de feux d'or ; eh bien ! tout cela me paraît n'être pas autre chose qu'une laide et pestilente agrégation de vapeurs ! Et l'homme ! quel chef-d'œuvre ! Que noble est sa raison ! Que ses facultés sont infinies ! En formes et en mouvements, qu'il est expressif et admirable ! En action, un ange ! En pensées, un Dieu ! Beauté du monde ! parangon des animaux ! et pourtant, pour moi ! que vaut cette quintessence de poussière !... l'homme ne me plaît pas... non, ni la femme non plus !... quoique, par votre sourire, vous sembliez dire que si...

ROSENCRANTZ.

My Lord, il n'y a point pareille doublure [1] à mes pensées.

HAMLET.

Alors pourquoi avez-vous ri, quand j'ai dit : — L'homme ne me plaît pas !

[1] *Stuff,* ce qui remplit, ce qui rembourre.

ROSENCRANTZ.

Je pensais à ceci, My Lord. C'est que, si l'homme ne vous plaît pas, quel accueil de carême recevraient de vous les comédiens que nous avons dépassés sur la route et qui viennent ici, pour vous offrir leurs services ?

HAMLET.

Celui qui joue le Roi sera bienvenu : Sa Majesté recevra tribut de moi, le chevalier d'aventures pourra user son bouclier et son fleuret, l'amoureux ne soupirera pas gratis... le pître finira son rôle en paix, le clown fera rire ceux dont les poumons sont chatouilleux de la peau [1]... et la dame dira son âme librement, dût le vers blanc en clocher... quels comédiens sont ceux-là ?

ROSENCRANTZ.

Ceux-là même en qui vous trouviez tant de plaisir, les tragédiens de la Cité.

HAMLET.

Par quelle chance voyagent-ils ? La vie sédentaire était meilleure à deux points de vue, la réputation et le profit.

ROSENCRANTZ.

Je crois que la difficulté est venue de la dernière innovation [2].

HAMLET.

Ont-ils gardé même valeur, comme au temps où j'étais à la ville ? Sont-ils aussi suivis ?

ROSENCRANTZ.

Non, certes.

HAMLET.

D'où vient cela ? Se sont-ils rouillés ?

ROSENCRANTZ.

Non, leurs efforts sont au pas accoutumé : mais il y a, seigneur, une nichée d'enfants, de petits fauconneaux qui piaillent en haut de la gamme et sont pour cela tyranniquement applaudis. Ils sont maintenant à la mode et bafouent si fort les théâtres du commun (comme ils les appellent) que beaucoup de gens portant rapière ont peur de ces plumes d'oie et osent à peine s'aventurer là.

HAMLET.

Quoi ! sont-ce des enfants ? Qui les garde ? qui paie leur écot ? Ne garderont-ils leur métier qu'aussi longtemps qu'ils pourront chanter ? Ne diront-ils pas ensuite, alors qu'ils voudront se hausser jusqu'à ces artistes du commun — ce qui est très probable si leurs ressources ne sont pas meilleures — que leurs écrivains leur font du tort, en les faisant déclamer ainsi contre leur propre avenir ?

ROSENCRANTZ.

Ma foi, il y a beaucoup à faire des deux côtés, et les naturels ne tiennent pas à

---

[1] *Tickle o' the sere.* Passage obscur. Cependant *sere* est généralement employé, dans *le livre de Fauconnerie* de Tuberville dans le sens de *skin*, peau. Et la même idée se retrouve dans *la Tempête* : Ceux dont les poumons sont sensibles rient pour rien. Un troisième sens donne — en parlant d'une arme à feu — chatouilleuse, trop facile à la détente.

[2] Toute cette partie de la scène fait allusion à des décisions locales qui, en suscitant aux comédiens établis, notamment au Théâtre du Globe que dirigeait Shakespeare, la concurrence des Enfants de l'Église Saint-Paul, les contraignirent à devenir ambulants : une ordonnance les traite de *truands*, mot répété par Hamlet, sans doute par même motif, dans une scène du premier acte.

péché de les exciter à controverse. Il y eut un moment où point d'argent ne venait à une pièce, à moins que le poète et l'acteur n'en vinssent aux taloches...

HAMLET.

Est-ce possible ?

GUILDENSTERN.

Oh ! il y eut maints horions sur les crânes...

HAMLET.

Et les gamins l'emportent-ils ?...

ROSENCRANTZ.

Oui, My Lord... ils emportent Hercule et son fardeau avec [1]...

HAMLET.

Cela n'a rien de bien étrange... Car mon oncle est Roi de Danemark, et ceux qui lui eussent fait la moue du temps que mon père vivait, donnent vingt, quarante, cinquante, cent ducats de ses portraits en petit. Par le sang ! il y a là quelque chose de plus que naturel, si la philosophie pouvait le découvrir... (*Fanfares au dehors.*)

GUILDENSTERN.

Voici les comédiens !

HAMLET, *aux deux courtisans.*

Messieurs, vous êtes les bienvenus à Elseneur. Vos mains ! Venez ! Les attributs d'une bienvenue sont les bonnes façons et les cérémonies. Permettez que j'en use avec vous selon cette coutume, sinon mes égards pour les comédiens (qui, je vous le dis, doivent être bellement extérieurs) pourraient apparaître comme meilleur accueil à eux qu'à vous. Vous êtes les bienvenus... (*Changeant brusquement de ton.*) Mais mon oncle-père et ma tante-mère se sont trompés [2]...

GUILDENSTERN.

En quoi, cher seigneur ?...

HAMLET, *ironie contenue.*

Je ne suis fou que par le vent de Nord-Nord-Ouest ! Quand le vent est au Sud, je distingue un faucon... d'une scie [3].

POLONIUS, *entrant.*

Bien soit avec vous, messieurs !

HAMLET, *bas aux courtisans.*

Écoutez, Guildenstern... et vous aussi. A chaque oreille un écouteur. Ce grand enfant que vous voyez là n'est pas encore hors de ses langes.

ROSENCRANTZ, *riant.*

Heureusement, il y est entré pour la seconde fois. Car on dit qu'un vieillard est deux fois un enfant.

---

[1] Le Théâtre du *G'obe* avait pour enseigne un Hercule portant le globe terrestre.

[2] Avoir toujours présente à la mémoire la phrase d'Hamlet : — *Si étrange, si bizarre que soit ma conduite — car il pourra me plaire de prendre des allures de bouffon...* — Dans cette scène, pour dérouter ceux qu'il considère comme des espions, il parle de banalités, divague même, tout en laissant percer par des allusions qu'il n'est la dupe de personne. Dans la scène qui suit, il va lentement à son but qui est de dicter aux comédiens le sujet de certaine pièce dont il attend un effet décisif pour la découverte de la vérité.

[3] *Hand-Saw,* scie à main. — Nom du Héron de mer ou Espadon. Ou plutôt du dangereux cétacé qui s'appelle la Scie. Car l'Espadon s'appelle plutôt *Hand-Sword* ou épée à main.

HAMLET.

Je vous prédirais qu'il vient me parler des comédiens... Attention ! (A *haute voix, comme achevant une conversation.*) Vous dites vrai, monsieur. Lundi matin, c'était bien alors !

POLONIUS.

My Lord, j'ai des nouvelles à vous apprendre...

HAMLET, *le contrefaisant.*

My Lord, j'ai des nouvelles à vous apprendre... quand Roscius était acteur à Rome...

POLONIUS.

Les acteurs sont ici, My Lord.

HAMLET.

Bah ! bah !

POLONIUS.

Sur mon honneur !,..

HAMLET, *fredonnant.*

Lors vint chaque acteur sur son âne...

POLONIUS, *voulant être entendu et criant.*

Les meilleurs acteurs du monde, pour tragédie, comédie, drame historique, pastoral, pastoralo-comique, comico-pastoral, tragico-historique, tragico-comico-historico-pastoral, scènes indivisibles ou poèmes illimités... Sénèque ne peut pas être trop lourd ni Plaute trop léger. Pour la loi de l'écriture et pour la liberté, ce sont les seuls [1].

HAMLET, *qui ne l'a pas écouté.*

O Jephté, juge d'Israël, quel trésor tu avais !...

POLONIUS, *ahuri.*

Quel trésor avait-il, My Lord ?...

HAMLET.

Hé !

Une belle fille et pas plus
Qu'il aimait à l'excès...

POLONIUS, *à part, prenant le change.*

Encore ma fille !...

HAMLET.

Et n'ai-je pas raison, vieux Jephté ?

POLONIUS.

Si vous m'appelez Jephté, My Lord, j'ai en effet, une fille que j'aime à l'excès...

HAMLET, *cherchant dans sa mémoire.*

Non, cela ne se suit pas...

POLONIUS.

Qu'est-ce qui suit, My Lord ?

[1] En Angleterre, le rôle de Polonius, absolument grotesque, provoque le rire de toute la salle. En France, nous tiendrions à sacrilège de rire à une représentation d'*Hamlet*.

HAMLET.

Hé bien...

Comme par hasard, Dieu le sait !...

Et puis, vous savez...

Ceci vint à passer, comme c'était très probable...[1]

Le premier couplet de la pieuse chanson vous en montrera plus : car, voyez, messieurs, voici l'interruption qui vient... (*Entrent quatre ou cinq comédiens.*)

HAMLET, *aux comédiens.*

Vous êtes les bienvenus, maîtres, bienvenus tous ! (*Parlant à l'un et à l'autre.*) Je suis aise de te voir en bonne santé ! — O mon vieil ami, ton visage s'est frangé [2], depuis la dernière fois que je t'ai vu... viens-tu en Danemark pour me barbifier ! [3] (*A une actrice.*) Quoi ! ma jeune dame et maîtresse, par Notre-Dame ! Votre Seigneurie est, depuis la dernière fois que je vous vis, plus près du ciel de la hauteur d'un brodequin. Je prie Dieu que votre voix n'ait pas craqué, comme une pièce d'or sans cours, en dedans de la tranche... Mes maîtres, vous êtes tous les bienvenus. En avant ! Comme fauconniers de France, volons à tout ce que nous voyons ! Ayons tout de suite une tirade !

Les Comédiens...

Allons ! donnez nous le goût de votre valeur ! Allons, une tirade passionnée !

PREMIER COMÉDIEN.

Quelle tirade, My Lord ?

HAMLET.

Je t'ai entendu me dire une fois une tirade... mais elle n'avait jamais été jouée... ou, si elle l'avait été, pas plus d'une fois. Car la pièce, je m'en souviens, ne plaisait pas au million [4]. C'était du caviar [5] pour la masse. Mais c'était — comme je l'ai apprécié et aussi d'autres, dont les jugements, en ces matières, criaient bien au-dessus des miens — une excellente pièce, avec des scènes bien digérées, établie avec autant de modération que d'habileté. Je me souviens, quelqu'un disait qu'il n'y avait pas de sel dans les lignes pour leur donner saveur, ni rien dans les phrases qui pût convaincre l'auteur d'affectation... mais que c'était là une honnête méthode, aussi

---

[1] S'il était permis d'ajouter un aparté, il serait dans ce goût : — Vieux Polonius, va maintenant répéter au roi ce que tu as entendu !

[2] Le mot employé est *Valenced*, parce qu'à Valence (Espagne), se fabriquaient les franges de soie.

[3] Nous dirions familièrement : — *Pour me raser.*

[4] *The million*, expression tout anglaise qui signifie tout le monde. On en use beaucoup dans les annonces et réclames. — *Newspaper for the million, Cornbeef for the million !*

[5] Du caviar, un mets exotique et inconnu du vulgaire.

saine qu'agréable, et réellement plus belle que jolie[1]... Une tirade surtout me plut. C'était le récit d'Œneas à Dido, et entre tous, le passage où il parle du meurtre de Priam... s'il vit encore dans votre mémoire, commencez à cette ligne... attendez, attendez...

> Et l'hirsute Pyrrhus, vraie brute d'Hyrcanie !...

Ce n'est pas cela, cela commence par Pyrrhus...

> Et l'hirsute Pyrrhus, dont les armes de sable,
> Noires comme ses desseins, ressemblent à la nuit,
> Quand il était couché dans le cheval fatal
> A maintenant souillé son dur et noir visage
> D'un blason plus horrible, et, de la tête aux pieds,
> Maintenant tout de gueule, horriblement rougi
> Du sang des pères, des mères, des filles, des fils,
> Cuit et empâté par les rues incendiées
> Qui mettent des lueurs tyranniques et damnées
> Sur les meurtres de leur Seigneur... rôti de rage et de feu,
> Ainsi enveloppé de caillots coagulés,
> Les yeux en escarboucles, l'infernal Pyrrhus
> Cherche le vieux Priam, le grand aïeul...[2]

Là, continuez !

POLONIUS.
Pardieu, My Lord, bien dit ! bon accent et bonne retenue...

PREMIER COMÉDIEN, *continuant la tirade.*

> Enfin il le trouve,
> Frappant de trop court les Grecs. Son antique épée
> Rebelle à son bras, gît où elle tombe,
> Répugnant à son ordre. Inégal combat...
> Pyrrhus pousse à Priam... en rage, il frappe à côté...
> Mais par le sifflement et vent de sa cruelle épée
> Le père énervé tombe. L'insensible Ilion
> Semble sentir le coup... de son faîte en flammes,
> Qui s'écroule sur sa base... avec un hideux craquement
> Fait prisonnière l'oreille de Pyrrhus... Lors son épée
> Qui s'abaissait sur la tête laiteuse
> Du révérend Priam, semble fichée dans l'air.
> Comme un tyran en peinture, Pyrrhus se tient...
> Et, comme neutre à sa volonté et à son dessein,
> Il ne fait rien...
> Mais comme nous voyons, tout contre quelque orage,
> Un silence dans les cieux, la nuée s'arrêtant net,
> Les fiers vents sans voix et l'orbe d'en bas
> Aussi muet que la mort... soudain l'affreux tonnerre
> Déchire l'espace... ainsi, après la pause de Pyrrhus,
> La vengeance redressée le remet à l'œuvre...
> Et jamais ne tombèrent les marteaux des Cyclopes
> Sur l'armure de Mars, forgée pour d'éternelles épreuves,
> Avec moins de remords que la sanglante épée de Pyrrhus

---

[1] Inutile de dire — comme le prouvent les tirades prochaines — que Shakespeare se moque ici de quelque auteur redondant et grandiloquent dont il va parodier le style ampoulé !

[2] Et ces vers ridicules, Hamlet les déclame avec une fureur concentrée, Pyrrhus étant pour lui Claudius et Priam son père.

Dehors! Dehors! toi, catin, Fortune! (p. 50)

Ne tombe sur Priam...
Dehors, dehors, toi, catin, Fortune! Et vous tous, dieux!
En général synode, enlevez-lui son pouvoir...
Brisez tous les rayons et jantes de ses roues...
Roulez le rond moyeu en bas des monts du ciel,
Aussi bas que chez les démons !

POLONIUS.

Cela est trop long !

HAMLET.

Cela ira au barbier, avec votre barbe ! (*Au comédien.*) Je t'en prie, dis encore !...
Celui-là est pour les gigues ou les contes d'ordures... dis encore... arrive à Hécube !

PREMIER COMÉDIEN.

Mais celui, ô celui qui aura vu la reine encornettée... [1]

HAMLET, *étonné malgré lui du ridicule de l'expression.*

Encornettée !

POLONIUS.

C'est bon !... encornettée est bon !

PREMIER COMÉDIEN.

Courir pieds nus, en haut, en bas, menaçant les flammes
De ses larmes aveuglantes... un chiffon sur la tête
Où naguère se tenait le diadème... et pour robe,
Autour de ses flancs vides, épuisés d'enfantement,
Une couverture, agrippée dans l'alarme de la peur !
Qui aurait vu cela, d'une langue trempée dans le venin,
Aurait contre la Fortune prononcé trahison.
Mais si les dieux eux-mêmes la virent alors,
Quand elle vit Pyrrhus jouer malicieusement
A hacher de son épée les membres de son époux...
Le subit éclatement de clameur qu'elle fit...
(A moins que choses mortelles ne les émeuvent pas du tout)
Aurait trait les yeux brûlants du ciel
Et la passion dans les dieux !... [2]

POLONIUS, *l'interrompant et montrant Hamlet.*

Voyez, s'il n'a pas changé de couleur !... il a des larmes dans les yeux ! par grâce, assez !

HAMLET, *se contenant.*

C'est bien... je te ferai dire le reste... bientôt ! (A *Polonius.*) Mon bon seigneur, vous veillerez à ce que les comédiens soient bien traités ! Vous entendez, qu'ils soient bien soignés ! Car ils sont comme des extraits, de brèves chroniques des temps. Après votre mort, mieux vaudrait pour vous une mauvaise épitaphe que, pendant votre vie, leurs mauvais récits...

POLONIUS.

My Lord, je les traiterai selon leur mérite !...

[1] *Mobled*, de mob, cornette.
[2] Absurde, ridicule : mais affreusement poignant, par ce grotesque même qui arrache des larmes aux yeux d'Hamlet, pensant à son père.

HAMLET.

Cordieu ! l'homme, beaucoup mieux ! Traitez chacun d'après son mérite et qui donc échappera au fouet ? Traitez-les conformément à nos propres honneur et dignité. Moins ils méritent, plus il y a de mérite en votre bonté. Faites-les entrer[1]...

POLONIUS.

Venez, messieurs...

HAMLET.

Suivez-le, amis. Nous entendrons une pièce demain. (*Sort Polonius avec les comédiens, à l'exception du premier qu'Hamlet appelle à l'écart.*) Écoute-moi, mon vieil ami... Peux-tu jouer le *Meurtre de Gonzague ?*

PREMIER COMÉDIEN.

Oui, My Lord !

HAMLET.

Nous aurons cela demain soir. Pourriez-vous, au besoin, apprendre une tirade de quelques douze ou vingt lignes que j'écrirais et insérerais dans cette pièce ? Ne le pourriez-vous pas ?

PREMIER COMÉDIEN.

Si fait !

HAMLET.

Très bien ! Suivez ce seigneur et voyez à ne vous pas moquer de lui. (*Sort le premier comédien. — Hamlet, à Rosencrantz et à Guildenstern.*) Mes bons amis, je vous donne congé jusqu'au soir... Vous êtes bienvenus à Elseneur !

ROSENCRANTZ.

Mon bon Seigneur ! (*Les courtisans saluent et se retirent.*)

HAMLET, *seul*.

Oui, oui, que Dieu soit avec vous !... maintenant, je suis seul... oh ! misérable manant et esclave que je suis ! N'est-ce pas monstrueux que ce comédien, ici, seulement dans une fiction, dans un rêve de passion, puisse forcer son âme à son propre concept, si bien que, par son effort, des flammes sur son visage, des larmes dans ses yeux, de l'égarement dans ses traits, la voix brisée, tout en lui se conforme au type de son esprit ! Et cela pour rien, pour Hécube ! Qu'est Hécube pour lui, qu'est-il à Hécube ?... qu'il pleure pour elle ! Que ferait-il donc s'il avait, pour sa passion, le mobile et le but que j'ai, moi ? Il noierait la scène sous ses larmes et déchirerait les oreilles de tous de ses horribles paroles... il affolerait le coupable et blêmirait l'innocent... il confondrait l'ignorant et stupéfierait, en vérité, les facultés des yeux et des oreilles... Et moi, stupide et chétif gredin, pétri de boue, espèce de Jean-Rêve, propre à rien dans ma cause et ne pouvant rien dire !... non, pas même pour un Roi sur les biens, sur la très chère vie de qui un damné désastre est venu !... Suis-je un lâche ! (*Comme halluciné.*) Qui m'appelle misérable ? Qui me casse la mâchoire [2] en travers ? Qui m'arrache la barbe pour me la jeter à la face ! Qui me tire par le nez,

---

[1] *Take them in.* — Il faut donc qu'on soit dehors, dans une galerie extérieure.

[2] Guizot, le plus exact traducteur de Shakespeare, n'a pas compris... *Who breaks my pate across ?* qui signifie en réalité — *qui me casse la gu...?* — et il a cru devoir changer le texte en *my path* — qui se jette dans mon chemin ? — Quant à la violence de l'expression, elle cadre avec le reste de la tirade.

m'enfonce le démenti dans la gorge jusqu'aux profondeurs des poumons... qui me fait cela ?... En pâmoison, j'accepterais... car, le fait, c'est que j'ai un foie de pigeon... et pas de fiel pour rendre l'insulte amère !... Sinon, n'aurais-je pas déjà gavé tous les milans de l'air avec les déchets de ce plat coquin ! Sanglant et obscène bandit ! Sans-remords, traî.re, paillard, mauvaise canaille ! O Vengeance !

« Quoi ! Quel âne je suis ! C'est très brave que moi, le fils du cher assassiné, poussé à la revanche par le Ciel et l'Enfer, je doive, comme une catin, dégorger mon cœur avec des mots et tomber en blasphème, comme une salope ou un laveur de vaisselle ! Fi ! Honte ! Oh ! alerte, mon cerveau ! J'ai entendu dire que de coupables créatures, assistant à une pièce, ont été, par l'art même de la scène, ainsi frappés dans l'âme que tout à coup elles ont crié leurs forfaits... car le meurtre, quoiqu'il n'ait pas de langue, parlera avec un organe de miracle. J'aurai ces comédiens jouant quelque chose comme le meurtre de mon père... devant mon oncle. J'examinerai sa physionomie, je le sonderai jusqu'au vif... qu'il pâlisse seulement... je connais mon devoir !

« L'Esprit que j'ai vu peut être le diable... car le diable a le pouvoir de prendre une forme qui plaise. Oui, et peut-être, de ma faiblesse et de ma mélancolie — car il a toute puissance sur de tels esprits — abuse-t-il pour me damner !... j'aurai des preuves plus précises que celle-là... Et la pièce est la chose ¹ où j'attraperai la conscience du Roi !...

---

¹ Il est évident que nous dirions *le piège*. Mais Shakespeare a écrit *la chose*. Donc c'est *la chose*.

ACTE TROISIÈME

SCÈNE PREMIÈRE

Une chambre dans le château. — Entrent le ROI, *la* REINE, POLONIUS OPHÉLIA, ROSENCRANTZ *et* GUILDENSTERN.

LE ROI, *à Rosencrantz et à Guildenstern.*
Et ne pouvez-vous, par la conduite de la conversation, tirer de lui pourquoi il se met en ce désordre, tourmentant tous ses jours de repos par turbulence et dangereuse démence ?

ROSENCRANTZ.
Il le confesse : il se sent lui-même détraqué ! Mais pour quelle cause ?... Par aucun moyen il ne veut parler.

GUILDENSTERN.
Et nous ne le trouvons pas disposé à être sondé : avec une astucieuse folie, il se dérobe, dès que nous voulons l'amener à quelque confession sur son réel état.

LA REINE.
Vous a-t-il bien reçus ?

ROSENCRANTZ.
Tout à fait en gentilhomme.

GUILDENSTERN.
Mais avec grande contrainte d'allures...

ROSENCRANTZ.
Avare de questions, mais, sur nos demandes, très libre dans ses réponses.

LA REINE.
L'avez-vous tenté par quelques distractions ?...

ROSENCRANTZ.
Madame, il est juste tombé que nous avions attrapé sur le chemin des comédiens

dont nous lui avons parlé, et cela lui sembla une sorte de joie de l'apprendre. Ils sont à la cour, et, à ce que je crois, ils ont déjà ordre de jouer ce soir devant lui.....

POLONIUS.

C'est très vrai ! et il m'a supplié d'engager Vos Majestés à écouter et à voir la chose.

LE ROI.

De tout mon cœur ! Cela me contente fort de le savoir ainsi disposé. Bons gentilshommes, aiguillonnez-le plus avant et entraînez ses goûts vers ces plaisirs-là.

ROSENCRANTZ.

Nous le ferons, Seigneur. (*Sortent Rosencrantz et Guildenstern.*)

LE ROI.

Douce Gertrude, laissez-nous aussi. Car nous avons secrètement envoyé chercher Hamlet, de telle sorte que, comme par hasard, il puisse ici rencontrer Ophélia. Son père et moi-même, espions légitimes, nous nous arrangerons pour que, voyant, mais non vus, nous puissions sainement juger de leur rencontre et inférer de ses allures si c'est ou non une affliction d'amour qui le fait souffrir.

LA REINE.

Je vous obéis... (*Se tournant vers Ophélia.*) Et pour votre part, Ophélia, je souhaite que vos bonnes beautés soient l'heureuse cause de la sauvagerie d'Hamlet. Aussi j'espérerai que vos vertus le ramèneront en sa voie accoutumée, pour l'honneur de vous deux.

OPHÉLIA.

Madame, je souhaite que cela soit possible. (*La Reine sort.*)

POLONIUS, *à sa fille.*

Ophélia, promenez-vous ici. (*Au Roi.*) Votre Grâce, nous allons nous installer. (*A Ophélia.*) Lisez dans ce livre, que l'apparence de pareil exercice puisse colorer¹ votre solitude. Nous sommes souvent à blâmer en ceci — c'est trop bien prouvé ! — que par visage dévotieux et pieuse action, nous poudrons de sucre le diable lui-même !

LE ROI, *à part.*

Oui, cela est trop vrai ! Quel rude coup de fouet ces paroles donnent à ma conscience ! La joue de la courtisane, embellie par l'artifice du plâtre, n'est pas plus laide, sous la matière dont elle s'aide, que mon crime sous la peinture des mes paroles. O lourd fardeau !

POLONIUS, *l'attirant à l'écart.*

Je l'entends qui vient. Retirons-nous, Seigneur. (*Sortent le roi et Polonius. Ophélia feint de se promener et de ne pas voir Hamlet qui entre, absorbé dans ses pensées.*)

HAMLET, *se parlant à lui-même.*

Être ou ne pas être, voilà la question. Est-il plus noble pour la conscience de souffrir les coups de fronde et les traits de l'outrageante fortune — ou de prendre les armes contre une mer de troubles et en leur résistant, d'y mettre fin ?² Mourir,

¹ Servir de prétexte à...
² L'irrésolution d'Hamlet est telle que, plutôt que d'agir, il songe au suicide.

dormir, pas plus ! et, par un sommeil, se dire que nous en finissons avec les peines du cœur et les mille blessures naturelles dont la chair est héritière ! C'est une conclusion à désirer ! Mourir !.. dormir !... (*avec effroi.*) rêver, peut-être !... c'est là le dur ! [1] Car dans ce sommeil de mort, quels rêves peuvent survenir, quand nous nous sommes échappés de cette mortelle entrave... [2] voilà qui doit nous arrêter !... C'est là l'angoisse qui fait la calamité d'une si longue vie !... Car qui donc voudrait supporter les fouettements et insultes du temps, les injustices de l'oppresseur, les outrages de l'arrogant, les tortures de l'amour méprisé, les lenteurs de la loi, l'insolence des bureaux et les coups de pied que reçoit des indignes le mérite patient — alors qu'il pourrait se faire tranquille avec une simple petite pointe ! [3] Qui voudrait porter des fardeaux, grogner et suer sous une vie de dégoûts ?... Mais la crainte de quelque chose après la mort — cette indécouverte contrée dont pas un voyageur ne refranchit la borne... — cela déconcerte la volonté et nous fait supporter les maux que nous avons, plutôt que de fuir vers d'autres dont nous ne savons rien. Ainsi la conscience fait de nous tous des couards. Ainsi les pures couleurs de la résolution sont mises à mal [4] par les pâles reflets de la pensée : des entreprises de grande énergie et opportunité, sous ces considérations, tournent de travers leurs courants. (*Voyant Ophélia. — A part.*) Tout doux, maintenant ! la belle Ophélia ! (*A Ophélia.*) Nymphe, que dans tes oraisons soient remémorées toutes mes fautes !...

OPHÉLIA.

Mon bon Seigneur, comment va Votre Honneur depuis ces jours-ci ?...

HAMLET.

Humblement, je vous remercie... bien.

OPHÉLIA.

My Lord, j'ai de vous des souvenirs que j'ai longtemps tardé à vous restituer. Je vous en prie, maintenant, recevez-les.

HAMLET.

Non !... pas moi !... je ne vous ai jamais rien donné.

OPHÉLIA.

Mon honoré Seigneur, vous savez très bien que vous l'avez fait... et avec ces choses, des mots d'un souffle si doux qui les font plus riches. Leur parfum étant perdu, reprenez-les, car pour un noble esprit, les riches présents deviennent pauvres, quand les donateurs se montrent méchants. Voici, Seigneur...

HAMLET [5].

Ha !... (*Riant.*) Êtes-vous honnête ?

OPHÉLIA.

My Lord !...

---

[1] *That is the rub*, c'est là ce qui brosse, ce qui écorche, le hic !

[2] *Coil*, Shak. emploie ce mot dans divers sens, celui de nœud ou celui de *tumulte, bruit*. Cependant une troisième signification se présente, tirée du celtique *cokhuill*, enveloppe, cocon dans lequel est renfermé une larve.

[3] *Bodkin*, bod, pointe — kin, diminutif.

[4] *Sicklied*, rendues malades.

[5] Hamlet se sent pénétré par l'émotion d'Ophélia. Mais, se souvenant de son rôle et devinant en même temps qu'elle agit en ce moment comme instrument du Roi et de Polonius, il rompt brusquement le dialogue par des brutalités ironiques.

HAMLET.

Êtes-vous belle ?

OPHÉLIA.

Que veut dire Votre Seigneurie ?

HAMLET.

Que si vous étiez honnête et belle, vous n'admettriez pas de propos à votre beauté.

OPHÉLIA.

La beauté, My Lord, peut-elle avoir meilleur commerce qu'avec l'honnêteté ?

HAMLET.

Oui, vraiment !... Car le pouvoir de la beauté peut plus vite transformer l'honnêteté, de ce qu'elle est, en maquerellage, que la force de l'honnêteté ne peut traduire la beauté à sa propre ressemblance. Cela fut naguère un paradoxe, mais maintenant le temps en donne la preuve. Je vous ai aimée, une fois...

OPHÉLIA.

Certes, My Lord, vous me l'avez fait croire.

HAMLET.

Vous ne devez pas me croire. Car la vertu ne peut pas se greffer sur notre vieille souche que nous n'en gardions le relent... je ne vous ai pas aimée...

OPHÉLIA.

Je n'en ai été que plus déçue...

HAMLET.

Va-t-en en une nonnerie. Pourquoi voudrais-tu être une couveuse de pécheurs ?[1] Je suis moi-même d'une honnêteté quelconque : mais encore pourrais-je m'accuser de choses telles que mieux vaudrait que ma mère ne m'eût pas enfanté. Je suis très arrogant, vindicatif, ambitieux, avec plus de vices à mes ordres que je n'ai de pensées pour les contenir, d'imagination pour leur donner une forme ou de temps pour les mettre en actes ! Faut-il que compagnons tels que moi travaillent entre terre et ciel ! Nous sommes tous de fieffés misérables ! Ne crois aucun de nous ! Va ton chemin... à une nonnerie ?... Où est votre père ?

OPHÉLIA.

A la maison, seigneur.

HAMLET.

Laisse les portes se refermer sur lui ! Qu'il ne joue pas à l'imbécile ailleurs que dans sa propre maison !... Adieu !

OPHÉLIA, à part.

O doux ciel ! venez à son aide !

HAMLET.

Si tu te maries, je te donne cette imprécation comme dot : Sois aussi chaste que la glace, aussi pure que la neige, tu n'échapperas pas à la calomnie !... Va-t-en à une nonnerie... adieu... ou bien si tu veux absolument te marier, épouse un imbécile ! car les hommes sages savent assez bien quels monstres vous faites d'eux... Va à une nonnerie ! et vite !... Adieu !

[1] Et non *nourrice*. *To breed* signifie exactement tenir chaud, dans l'ancien anglo-saxon, *Bredan*. En allemand *Brüten*, couver.

HAMLET

OPHÉLIA.

Célestes puissances ! Guérissez-le !

HAMLET.

J'ai entendu parler aussi de vos peintures... et bien assez [1] ! Dieu vous a donné un visage et vous vous en faites un autre. Vous gigottez, vous trottinez, vous grasseyez, vous sobriquettez les créatures de Dieu../ et de votre impudicité faites de l'ignorance..,

A une nonnerie! Va! va!

au diable ! Je ne veux plus de tout cela... cela m'a rendu fou ! Je le dis, nous n'aurons plus de mariages. De tous ceux qui sont déjà mariés, tous sauf un vivront. Les autres resteront comme ils sont. A une nonnerie ! va, va ! (*Il sort comme un fou.*)

OPHÉLIA.

Oh ! quel noble esprit est ici bouleversé ! Homme de cœur, soldat, savant... l'œil, la langue, l'épée et la rose de ce bel État... le miroir de la fashion, le moule de la forme, l'observé de tous ceux qui observent... tout à fait, tout à fait à bas ! Et moi des

---

[1] Cette scène, toute de nuances, doit être relue et étudiée de près. Hamlet est combattu entre l'affection qu'il porte à Ophélia et le mépris que lui inspire Polonius, qu'il devine s'être caché pour l'épier. Il lui donne même un avis détourné : — Qu'il ne fasse pas l'imbécile ailleurs que dans sa propre maison ! — Puis toutes ses diatribes contre les femmes, s'adressent, par dessus la tête d'Ophélia, à sa mère criminelle. Pour la pauvre Ophélia, il ne fait que divaguer. Est-ce donc là l'homme qui lui disait des mots « d'un souffle si doux » ?

Liv. 8.

femmes la plus déjetée et la plus misérable, moi qui suçai le miel de ses musicales prières, maintenant je vois que cette raison noble et très souveraine, comme douces cloches après fêlure — est hors de ton et rauque. Cette forme sans rivale, cette allure de robuste et saine[1] jeunesse... foudroyée par la folie ! Oh ! malheur sur moi ! Avoir vu ce que j'ai vu et voir ce que je vois !... (*Le Roi et Polonius reparaissent, sortant de la pièce voisine d'où ils ont épié Hamlet, Ophélia reste à l'écart, absorbée dans sa douleur.*)

LE ROI, *à Polonius.*

De l'amour ! non, ses sentiments ne suivent pas cette voie. Et ce qu'il a dit, quoique sous une forme un peu décousue, ne semble pas de la folie[2]. Il y a dans son âme quelque chose sur quoi sa mélancolie se tient à couver. Et je soupçonne que le couvage et l'éclosion seront quelque danger. Aussi, pour tout prévenir, j'ai, en rapide résolution, décidé ceci. Il s'en ira immédiatement en Angleterre, pour réclamer nos tributs négligés. Probablement la mer et la différence des pays, avec spectacle variés, chasseront ce quelque chose qui s'est installé dans son cœur et contre quoi son cerveau, se heurtant, le met ainsi hors de lui-même. Qu'en pensez-vous ?

POLONIUS.

Cela fera bien. Mais encore je crois que l'origine et le commencement de son mal ont jailli d'un amour dédaigné. (*A Ophélia.*) Eh bien, Ophélia, vous n'avez pas besoin de nous raconter ce que le Seigneur Hamlet a dit, nous avons tout entendu. (*Au Roi.*) My Lord, faites comme il vous plaît : mais si vous le tenez pour convenable, après le spectacle, que sa mère et Reine, toute seule avec lui l'engage à lui révéler ses chagrins ; qu'elle soit ronde[3] avec lui, et, s'il vous plaît, je serai placé à l'oreille de toute cette conférence. Si elle ne le pénètre pas, envoyez le en Angleterre ou confinez le là où votre sagesse jugera le mieux[4].

LE ROI.

Il en sera ainsi : la folie chez les grands ne doit pas aller sans surveillance. (*Ils sortent.*)

SCÈNE II

Une salle du palais. — Au fond une estrade dressée pour une représentation improvisée. — D'un côté, sièges pour le Roi, la Reine. — En face, sièges pour la cour. — Entrent HAMLET *et des* COMÉDIENS.

HAMLET, *donnant ses instructions.*

Parlez ce discours, je vous prie, comme je vous l'ai prononcé, la langue vive et claire. Si vous le criez, comme font beaucoup de nos acteurs, j'aimerais autant que

---

[1] *Blown youth.* — Jeunesse grasse, saine. Hamlet à le visage rond et rose des jeunes gens du nord.

[2] Si Hamlet jouait seulement une comédie, il pourrait donner le change au Roi. Mais à de certains moments, il lui échappe des mots de profonde et cruelle raison qui frappent le Roi et le mettent en défiance. La folie réelle d'Hamlet trahit sa folie simulée.

[3] *Let her be round with him.* Le sens est très clair et convient bien au langage de Polonius, d'autant qu'au début de la scène IV, il répète le mot : — *Be round with him.* Cependant certains commentateurs ont prétendu qu'il fallait lire *rown'd*, de la racine celtique *rùn*, secret. Qu'elle l'entretienne secrètement ! Cette interprétation ne se justifie pas.

[4] Polonius, courtisan dans l'âme, semble très bien comprendre et approuver que son maître veuille se débarrasser d'Hamlet et il conseille — peut-être par humanité — la séquestration.

le crieur de ville parlât mon texte. Puis ne sciez pas trop l'air de votre main, ainsi. Mais faites tout cela modérément. Car au milieu des torrents, des tempêtes, je dirais même des tourbillons de votre passion, il vous faut posséder et conserver une modération qui lui donnera de l'élégance. Oh! cela me blesse jusqu'à l'âme d'entendre un robuste gars emperruqué mettre une passion en capilotade, en vrais chiffons, pour fendre les oreilles des gens du parterre [1], gens qui pour la plupart ne sont accessibles à rien, sinon à du bruit ou à d'inexplicables pantomimes. Je voudrais qu'un gars pareil fut fouetté pour dépasser Termagant et outre-héroder Hérode [2]. Je vous en prie, évitez cela.

UN COMÉDIEN.

Je garantis à Votre Honneur...

HAMLET.

Non plus, ne soyez pas trop mou [3]. Mais que votre propre circonspection soit votre tutrice. Accommodez l'action à la parole, la parole à l'action, avec cette observation spéciale que vous ne dépassiez pas la modération de la nature. Car tout ce qui est ainsi surfait est hors de l'objet même du théâtre dont le but — et aux premiers temps et aujourd'hui — fût et est de tenir haut, pour ainsi dire, le miroir de la nature, de montrer à la vertu sa propre physionomie, à l'infamie sa propre image en même temps que l'âge juste [4], le corps même de l'époque, sa forme et son cachet.

« Et maintenant, tout cela, outrance ou mollesse, quoique faisant rire l'ignorant, ne peut que blesser l'homme de goût, dont la critique, si vous le permettez, doit être pesée plus lourd qu'un plein théâtre d'autres gens. Oh! il y a des comédiens que j'ai vu jouer et que j'ai entendu louer et très hautement, pour ne pas dire sacrilègement, qui n'ayant ni l'accent de chrétiens ni l'allure de chrétiens, païens ni même humains, piaffaient et beuglaient tellement que je pensais que quelques bricoleurs de la nature avaient fait des hommes et ne les avaient pas bien faits, tant ils imitaient abominablement la nature.

LE COMÉDIEN.

J'espère que nous avons réformé cela quelque peu chez nous.

HAMLET.

Oh! réformez cela tout à fait. Et ne laissez pas ceux qui jouent vos clowns [5] en

---

[1] *Groundling*. F. V. Hugo traduit par *galerie*. Lapsus évident, le *ground* étant le sol même. *Ground floor*, rez-de-chaussée.

[2] *Termagant*, dieu des tempêtes, du gaélique *Toirm*, orage, tourmente. Quant à Hérode, il représentait dans le drame de la Passion le traître furieux et braillard, ordonnant le massacre des Innocents.

[3] *Tame*. On traduit généralement par *apprivoisé*. Mais ce sens n'est qu'un dérivé de la signification radicale, saxon *Tam*, doux, mou, sans consistance. Shakespeare a encore employé le mot *Tame* pour qualifier l'inefficacité d'un remède.

[4] Guizot a modifié ici le texte. Au lieu de : *the very age*, qu'il déclare dénué de sens, quoique *very* dans le sens d'*exact* soit d'usage tout à fait courant (*he is the very man*, il est exactement l'homme qu'il faut), il y a substitué *every age*, chaque âge. Ces modifications, proposées par certains commentateurs, sont d'autant plus inadmissibles que le texte anglais est parfaitement clair.

[5] Le *Clown*, *colonus*, est le paysan bénêt, le Jeannot comique, devenu plus tard le *clown* que l'on connaît aujourd'hui. Voir la scène des Fossoyeurs. Quant à la dissertation d'Hamlet sur l'habitude qu'ont certains acteurs d'ajouter de leur crû au texte de leur auteur, on comprend que Shakespeare comme auteur et comme directeur se substitue à son personnage et profite de l'occasion pour dire leur fait à ces artistes qui — en argot de théâtre — tirent la *couverture* à eux et coupent, par vanité personnelle, les effets de leurs camarades et jusqu'à la marche même de la pièce.

dire plus qu'on ne leur en a écrit : car il y en a qui riront eux-mêmes, pour amener à rire aussi une certaine quantité de propres à rien [1], alors qu'au même instant il y a lieu de prêter attention à quelque point nécessaire de la pièce. Cela est vilain et montre chez l'imbécile qui le fait une très pitoyable ambition. Allez et tenez-vous prêts. (*Sortent les comédiens. Entrent Polonius, Rosencrantz et Guildenstern*).

HAMLET, *à Polonius.*

Eh bien, Seigneur, le Roi écoutera-t-il ce chef-d'œuvre.

POLONIUS.

Et la Reine aussi, et cela, tout de suite.

HAMLET.

Dites aux comédiens de se hâter. (A *ses deux courtisans*). Voulez-vous l'aider à les presser.

ROSENCRANTZ.

Volontiers, My Lord. (*Sortent Polonius, Rosencrantz et Guildenstern*).

HAMLET, *après s'être assuré qu'il est seul, appe'ant.*

Horatio !

HORATIO, *entrant.*

Me voici, mon doux Seigneur, à votre service.

HAMLET [2].

Horatio, tu es l'homme le plus juste avec lequel ma causerie se soit jamais rencontrée [3].

HORATIO.

Oh ! mon cher Seigneur...

HAMLET.

Non, ne crois pas que je te flatte. Quel bénéfice puis-je attendre de toi, qui as, non pas des revenus, mais seulement ta bonne conscience pour te nourrir et te vêtir. Pourquoi flatterait-on le pauvre ? Non, laisse les langues sucrées lécher l'absurde escarpin [4], laisse se couder les charnières toujours prêtes [5] des genoux, là où le profit

---

[1] *Barren*, littéralement, stériles, qui ne produisent rien.

[2] Remarquer que depuis le commencement de cette scène Hamlet a repris ses allures normales.

[3] *Cope with*. D'après Johnson *latter* ou *commercer*. Comp. *Kaufen*, allemand. C'est aussi le sens de la racine celtique *Cobh*, combat pour la victoire. A. Schmidt donne le sens atténué de *rencontre*, même en façon amicale. C'est ce dernier qu'il convient de choisir ici.

[4] *The absurd pomp*. Guizot et F. V. Hugo ont traduit par la *pompa stupide*. B. Laroche a écrit l'*opulence*, F. Michel les *stupides grandeurs*. Peut-être conviendrait-il de penser que le mot *lécher* appelle nécessairement l'idée de bottes, de chaussures. Or *pump*, avec changement d'une lettre, était, au temps d'Élizabeth, le nom d'une chaussure de bal, à très haut talon, sans empeigne, qui tenait mal aux pieds des danseuses et les faisait trébucher avec leurs cavaliers. D'où l'épithète *absurde*. L'expression employée par Shakespeare se justifierait donc d'elle-même. Le mot *pump* se retrouve dans *Roméo* et dans le *Songe d'une nuit d'été*, avec le même sens. Enfin on lit dans le *Journal de Paris sous Charles VI et Charles VII* : *Dans ce bal, les femmes laissèrent leurs cornes et leurs queues et grande foison de leurs pompes*. (V. Lacurne de Saint-Palaye, p. 120). Le mot *pompes* signifie là les chaussures de bal, qui ne tenaient aux pieds qu'à la seule condition d'une marche lente et *pompeuse*. D'où le nom qui leur avait été donné. Enfin voir dans Rabelais, aux *Fanfreluches antidotées*, ces deux vers :

D'aucuns disent que leicher sa pantoufle
Était meilleur que gaigner des pardons.

[5] *Pregnant* n'a pris que plus tard le sens de *fécond*, de femme *enceinte*. L'étymologie donne plutôt *prédestiné*.

peut suivre la platitude. Entends-tu, depuis que ma chère âme a été maîtresse de son choix et a pu entre les hommes distinguer sa sélection, elle t'a scellé[1] pour elle-même. Car tu as été comme celui qui, souffrant de tout, ne souffre de rien, un homme qui a pris, avec mêmes remerciements, les rebuffades ou les faveurs de la fortune. Bénis soient ceux dont le sang et le jugement sont si bien combinés qu'ils ne sont pas comme une flûte aux doigts de la fortune, dont elle fasse sonner telle clef qu'il lui plaît.

« Donnez-moi cet homme qui n'est pas l'esclave de la passion et je veux le porter dans le fond de mon cœur, oui, dans le fond de mon cœur, comme je le fais de toi. Mais assez sur cela! Il y a ce soir représentation devant le Roi. Une scène de cette pièce touche à la circonstance dont je t'ai parlé, à propos de la mort de mon père. Je te prie, quand tu verras cet acte en cours, de toute l'interprétation de ton âme, observe mon oncle. Si son crime caché ne sort pas de son trou[2] à certaine tirade, alors c'est un spectre de damné que nous avons vu et mes imaginations sont sales comme l'enclume de Vulcain. Porte sur lui ta soigneuse attention. Pour moi, mes yeux se riveront à sa face; et ensuite, nous unirons tous deux nos jugements, en contrôle de son attitude.

HORATIO.

Bien, My Lord. S'il nous dérobe rien, pendant que le jeu sera joué, et échappe à mon espionnage, je paierai le vol.

HAMLET.

Voici qu'ils viennent pour la pièce. Il faut que je sois un sot[3]. Prenez ma place. (*Marche danoise, fanfares. Entrent le Roi, la Reine, Polonius, Ophélia, Rosencrantz, Guildenstern, foule de courtisans*).

LE ROI.

Comment se porte notre cousin Hamlet?

HAMLET.

Excellemment, sur ma foi... le plat du Caméléon, je mange de l'air, farci de promesses. Vous ne pourriez nourrir ainsi des chapons...

LE ROI.

Je n'ai rien à voir en cette réponse, Hamlet. Ces mots ne sont rien pour moi.

HAMLET.

Ni pour moi maintenant, Seigneur. (A *Polonius*.) Vous avez joué une fois dans une université, à ce que vous dites?

POLONIUS.

Je l'ai fait, Seigneur, et j'étais compté pour bon acteur.

HAMLET.

Et qu'avez-vous joué ?

---

[1] Marqué, choisi.

[2] *Unkennel*, de *Kenil*, chenil, demeure du *canis*, chien. Signifie aussi le *terrier* d'un renard.

[3] *Idle*. Ce mot vise les phrases ridicules ou niaises ou inconvenantes que va prononcer Hamlet, jouant le fou. Il est difficile de comprendre pourquoi les traducteurs ont écrit : *Il faut que j'aie l'air de flâner*. Il va dire des *idle words*, des mots vides de sens. Saxon, *Idel*, vide; grec, *Eidolon*, coquille vide qui survit après la mort de l'homme.

POLONIUS.

J'ai joué Jules César. Je fus tué au Capitole... C'est Brutus qui m'a tué...

HAMLET.

C'était une action de brute que de tuer un veau aussi capital [1].. Les acteurs sont-ils prêts ?

ROSENCRANTZ.

Oui, My Lord. Ils attendent votre bon plaisir.

LA REINE.

Viens ici, mon bon Hamlet, assieds-toi près de moi.

HAMLET.

Non, bonne mère. (*Désignant Ophélia.*) Il y a là un métal plus attractif...

POLONIUS, *bas au Roi.*

Hé ! hé ! remarquez-vous cette phrase...

HAMLET, *venant à Ophélia.*

Dame, me coucherai-je dans votre giron... [2]

OPHÉLIA.

Oh ! non, mon Seigneur !

HAMLET.

Je veux dire, la tête sur votre giron.

OPHÉLIA, *sur un regard de son père.*

Oui, My Lord.

HAMLET.

Croyez-vous que je voulusse parler en façons de manant ?

OPHÉLIA [3].

Je ne crois rien, My Lord.

HAMLET.

C'est une jolie idée que de se coucher entre les jambes d'une pucelle...

OPHÉLIA.

Vous dites, My Lord ?

HAMLET, *riant.*

Rien.

OPHÉLIA.

Vous êtes gai, My Lord.

HAMLET.

Qui ? moi ?

OPHÉLIA.

Oui, My Lord.

HAMLET.

Oh ! seulement votre joueur de gigue... que ferait un homme, sinon être gai ?

---

[1] *Idle words*, calembourgs niais sur *Brutus* et *Brute*, *Capitole* et *capital*.

[2] *Lap*, exactement *giron*, l'espace qui s'étend de la ceinture aux genoux d'une personne assise. *Lap* et *giron* ont une étymologie analogue, *Læppa*, anglo-saxon, morceau d'étoffe pendant, tablier — et *giron*, tablier, pan de vêtement — formant le *ger*, fer de lance, qui rappelle exactement la forme de la robe à la place indiquée.

[3] La malheureuse Ophélia souffre horriblement. Elle aime toujours Hamlet, et lui, pour donner le change, exagère la grossièreté. Il a confiance en Horatio, mais non en sa maîtresse.

Car... voyez comme ma mère paraît enjouée... et mon père est mort il y a deux heures !

OPHÉLIA.
Non, My Lord, il y a deux fois deux mois.

HAMLET.
Si longtemps ! Alors laissez le diable porter du noir, car j'aurai un vêtement de zibeline [1]. (Riant.) O cieux ! mort depuis deux mois et pas encore oublié ! Donc il y a espoir que la mémoire d'un grand homme puisse lui survivre une demi-année. Mais, par Notre-Dame, il faut alors qu'il bâtisse des églises : autrement, il souffrira de ce qu'on ne pense pas plus à lui qu'au cheval de bois, dont l'épitaphe est :

Oh ! oh ! le cheval de bois est oublié... [2]

(*Les trompettes sonnent. — Sur le tréteau au fond de la salle, paraissent des personnages jouant une pantomime* [3].)

PANTOMIME.

(*Entrent, très amoureusement, un Roi et une Reine, la Reine embrassant le Roi et le Roi la Reine. — Elle s'agenouille et lui fait de grandes protestations. — Il la relève et penche sa tête sur son cou. — Il s'étend sur un banc fleuri. — Elle, le voyant endormi, le laisse. — Alors arrive un personnage qui lui enlève sa couronne, la baise, verse du poison dans l'oreille du Roi et sort. — La Reine revient. — Elle trouve le Roi mort et se livre à des attitudes de désespoir. — L'empoisonneur, avec deux ou trois muets, revient, semblant se lamenter avec elle. — Le cadavre est emporté. — L'empoisonneur tente la Reine avec des présents. — Elle semble montrer de la répugnance et refuser. — Mais à la fin, elle accepte son amour. — Les acteurs sortent.*)

OPHÉLIA, à *Hamlet qui est à ses pieds.*
Que signifie cela, My Lord ?

HAMLET.
Cela est une damnable impudicité [4] et signifie crime...

OPHÉLIA.
Sans doute cette pantomime forme l'argument de la pièce. (*Entre sur le tréteau un acteur seul, remplissant le rôle du Prologue.*)

HAMLET.
Nous allons le savoir par ce personnage. Les acteurs ne peuvent garder un secret. Ils nous diront tout.

---

[1] Calembourg intraduisible. Le texte dit : *a suit of sables*. — *Sable* signifie à la fois *noir* et martre zibeline.

[2] Allusion au *Hobby-Horse*, jeu dans lequel un homme s'affublait d'un cartonnage de cheval et qui fut supprimé par les puritains comme indécent.

[3] C'était comme un chœur muet, indiquant les principales péripéties de la pièce qui allait être jouée.

[4] Une grande discussion s'est élevée entre les commentateurs sur les mots *miching mallecho*, qui semblent d'un anglo-espagnol peu explicable. Nous préférons ici la version celtique *miching* — corruption de *minching* et malecho — corruption de *mallaichte* — la phrase d'Hamlet visant l'acte impudique de la Reine, séduite par les présents de l'empoisonneur.

OPHÉLIA.

Nous dira-t-il ce que signifiait ce spectacle ?

HAMLET.

Oui... et tout spectacle que vous voudrez lui montrer. N'ayez pas honte de lui montrer, il n'aura pas honte de vous dire ce que cela veut dire...

OPHÉLIA.

Vous êtes méchant, vous êtes méchant !... je regarde la pièce.

LE PROLOGUE, *sur la scène.*

Pour nous et pour notre tragédie,
Ici courbés devant votre clémence,
Nous vous prions d'écouter patiemment.

HAMLET.

Est-ce un prologue ou la devise d'une bague ?

OPHÉLIA.

C'est bien court, mon Seigneur.

HAMLET.

Comme l'amour d'une femme !

SUR LA SCÈNE. — *Entrent un Roi et une Reine.*

LE ROI.

Trente pleines fois le char de Phébus est allé autour
Du bassin salé de Neptune et de l'orbe de la Terre,
Et trente douzaines de lunes, de leur éclat d'emprunt,
Autour du monde ont été douze fois trente mois,
Depuis que l'amour a uni nos cœurs et l'Hymen nos mains.
Union mutuelle sous les liens les plus sacrés.

LA REINE.

Ainsi, maintes journées, puissent le soleil et la lune
Nous faire encore compter autant, avant que l'amour soit fini.
Mais, malheur sur moi ! Vous êtes si malade depuis longtemps,
Si loin de votre joie et de votre précédent état
Que je me méfie de vous. Pourtant, quoique je me défie,
Ceci ne doit, My Lord, en rien vous déconforter.
Car les femmes craignent trop, de même qu'elles aiment,
Et chez les femmes peur et amour gardent leurs proportions,
Soit en néant, soit en excès.
Ce qu'est mon amour, des preuves vous l'ont appris
Et la taille de mon amour est celle de ma crainte.
Où amour est grand, les petits doutes sont de la peur,
Où les grandes peurs s'accroissent, grand amour s'accroît...[1]

LE ROI.

Sur ma foi, je dois te quitter, amour, et trop promptement !
Mes puissances actives se refusent à leurs fonctions,
Et tu vas vivre, derrière moi, dans ce beau monde,

---

[1] Shakespeare dans cette pièce improvisée copie et parodie la manière affectée mise à la mode par Lyly, qui, dans son roman d'*Euphues* et ses pièces, notamment *Alexandre et Campaspe*, fit grand usage de ces parallélismes d'idées et de mots. — Voir le livre de M. Mézières : *Prédécesseurs et contemporains de Shakespeare.*

HAMLET

Honorée, aimée ! Et sans doute pour un autre époux
Aussi aimable, tu iras...

LA REINE.

Oh ! supprimez le reste !
Un tel amour serait, dans mon sein, trahison !
Un second mari ! Ah ! que je sois maudite...
Nulle n'épouse un second, si elle n'a tué le premier !...

HAMLET, *entre ses dents.*

Cela est l'absinthe.

Le Roi se lève !

LA REINE.

Les circonstances qui amènent un second mariage
Sont basses raisons d'intérêt et non d'amour.
C'est une seconde fois tuer son mari mort,
Alors qu'un second mari me baise au lit.

LE ROI.

J'ai foi, vous croyez ce que vous dites maintenant.
Mais ce que nous avons décidé, souvent nous le brisons.
Résolutions sont seulement esclaves de mémoire.
Naissance violente, mais peu de force.
D'abord comme un fruit vert elles tiennent à l'arbre
Mais tombent sans secousse, quand elles sont mûres.
Il est très nécessaire que nous oubliions
De payer à nous-mêmes ce qui est notre propre dette.
Ce que, dans la passion, nous nous proposons,
La passion finie, perd son objet.

Liv. 9.

La violence de la douleur ou de la joie
Détruit en elles leurs propres activités.
Où la joie éclate le plus fort, la douleur se lamente le plus,
La douleur s'éjouit, la joie s'endolore, au moindre accident.
Ce monde n'est pas pour toujours, et il n'est pas étrange
Que même nos amours changent avec nos destins,
Car il est une question laissée à notre examen,
Si l'amour guide la fortune ou la fortune l'amour.
Le grand homme à bas, voyez, son favori s'envole,
Le pauvre qui s'élève, d'ennemis fait des amis
Et jusqu'ici l'amour tend vers la fortune.
Car qui n'a pas de besoins jamais ne manquera d'ami.
Et celui qui manque essaie-t-il un ami creux
Qu'aussitôt il s'assaisonne un ennemi.
Mais pour régulièrement finir comme j'ai commencé
Nos volontés et nos destins courent en sens si contraires
Que nos destins sont toujours culbutés.
Nos pensées sont à nous, leurs fins ne sont pas nôtres.
Ainsi tu crois que tu n'épouserais pas un second époux,
Mais meurent tes pensées, quand ton premier seigneur est mort!

LA REINE.

Que la terre ne me donne pas de nourriture ni le ciel de lumière!
Que joie ou repos, jour et nuit, me soient fermés!
Qu'en désespoir tournent ma foi et mon espoir!
Que les joies d'un ermite en prison soient mon avenir!
Que chaque obstacle, qui pâlit la face de la joie
Se dresse devant mes désirs et les détruise!
Qu'ici et là-bas me poursuive l'éternelle torture,
Si une fois veuve, j'étais jamais épouse...

HAMLET, à *Ophélia*.

Si elle rompait cela, maintenant!

LE ROI.

C'est profondément juré. Douce, laisse-moi ici un moment,
Mes esprits s'engourdissent, et volontiers, je tromperais
(*Il s'endort.*)
Les ennuis du jour par le sommeil.

LA REINE.

Que le sommeil berce ton cerveau
Et que jamais le mal ne vienne entre nous deux!

(*Elle sort.*)

HAMLET, à *la Reine*.

Madame, aimez-vous cette pièce?

LA REINE.

La dame proteste trop fort, il me semble.

HAMLET.

Oh! seulement elle tiendra sa parole.

LE ROI, à *Hamlet*.

Avez-vous entendu le sommaire? N'y a-t-il là rien d'offensant?

HAMLET.

Non, non, ils ne font qu'un jeu... le poison est du jeu... pas la moindre offense!

LE ROI.

Comment appelez-vous la pièce?

HAMLET.

La Souricière!... Hé! Comment? Métaphoriquement, Cette pièce est la représentation d'un meurtre commis à Vienne. Gonzague est le nom du duc, Batista, celui de sa femme. Vous verrez après... C'est une œuvre infâme!... mais qu'est-ce là? Votre Majesté et nous, qui avons l'âme libre, cela ne nous touche pas... laissons ruer la rosse écorchée, notre garrot n'est pas déchiré... (*Entre sur le tréteau un nouveau personnage, Lucianus.*) Celui-ci est un certain Lucianus, neveu du Roi.

OPHÉLIA, *à Hamlet.*

Vous faites aussi bien qu'un chœur, My Lord...

HAMLET.

Je pourrais servir d'interprète entre vous et votre amant, si je pouvais voir folâtrer les poupées.

OPHÉLIA.

Vous êtes piquant, My Lord, vous êtes piquant!

HAMLET.

Cela ne vous coûterait qu'un gémissement... pour émousser ma pointe...

OPHÉLIA.

Encore mieux... ou pire!...

HAMLET.

Ainsi vous abusez vos maris... (*A l'acteur.*) Commence, meurtrier! Laisse là tes damnables grimaces et commence... va!... (*Fredonnant.*)

Le croassant corbeau
Braille après sa vengeance...

(*Sur la scène.*)

LUCIANUS.

Pensées noires, mains aptes, drogues prêtes, et moment propice, occasion complice... pas une autre créature qui voie!... et toi, mixture violente des ronces cueillies à minuit, sous l'anathème d'Hécate trois fois maudite, trois fois infectée, que ta naturelle magie et sinistre faculté, de la vie saine immédiatement triomphent. (Il verse le poison dans l'oreille du dormeur.)

HAMLET, *à haute voix.*

Il l'empoisonne dans le jardin pour son royaume. Son nom est Gonzague. L'histoire est réelle et écrite dans un italien de choix. Vous verrez tout à l'heure commen le meurtrier gagne l'amour de la femme de Gonzague. (*Brusque agitation. Le roi. Claudius se lève précipitamment.*)

OPHÉLIA.

Le Roi se lève!

HAMLET.

Quoi! effrayé d'un feu menteur?[1]

LA REINE, *au Roi.*

Comment se porte mon Seigneur?

POLONIUS.

Continuez la pièce!

[1] *False fire.* — Non pas *feu follet* comme ont écrit les traducteurs. Le *false fire* est le foyer allumé par les naufrageurs sur les côtes, pour attirer les navires.

LE ROI.
Donnez-moi de la lumière... dehors ! dehors !

POLONIUS.
Des lumières, des lumières, des lumières ! (*Le Roi sort entraînant la Reine et suivi de tous, sauf Hamlet et Horatio.*)

HAMLET, *fredonnant.*
Oui, laisse le daim frappé fuir et pleurer,
Laisse jouer la harde non blessée !
Certains doivent veiller, pendant que d'autres doivent dormir,
Ainsi s'en va le monde !
(A Horatio.)

Est-ce que ceci, avec une forêt de plumes sur la tête — si le reste de mes destins tournaient à Turc [1] — et deux roses de Provins sur mes souliers à crevés, ne me vaudrait pas un compagnonnage dans une troupe de comédiens, hé ! monsieur ! [2].

HORATIO.
A demi-part...

HAMLET.
A part entière... (*fredonnant.*)

Car tu sais, ô cher Damon,
Ce royaume démantelé était
A Jupiter lui-même... et maintenant règne ici
Un vrai, un vrai... crapaud [3].

HORATIO.
Vous auriez pu faire rimer...

HAMLET.
O bon Horatio, je prends à mille livres la parole du spectre... Comprends-tu ?

HORATIO.
Très bien, My Lord.

HAMLET.
Au mot d'empoisonnement...

HORATIO.
Je l'ai très bien remarqué.

HAMLET.
Ha ! ha ! allez la musique ! Allez, les flûtes !

Car, si le Roi n'aime pas la musique...
Pourquoi ? probablement, c'est, pardieu, qu'il ne l'aime pas !
(*Entrent Rosencrantz et Guildenstern.*)
Allez, la musique !

---

[1] Proverbe signifiant : tournaient au pire. Nous avons en français : *être traité de Turc à Maure.*
[2] Est-ce qu'un pareil succès de théâtre ne me procurerait pas un engagement immédiat ?
[3] Ce passage nécessiterait une longue dissertation. Abrégeons-la. D'abord le second vers se terminant par *was*, était, la rime, ainsi que va le faire remarquer Horatio, serait *ass*, âne. Puis on n'est pas d'accord sur le texte, les uns, à ce dernier mot, lisent *paiocke*, qui ne signifie rien et qu'on a

GUILDENSTERN.

Bon Seigneur... permettez... un mot avec vous.

HAMLET.

Monsieur, toute une histoire !...

GUILDENSTERN.

Le Roi, monsieur...

HAMLET.

Ha ! monsieur !... quoi de lui ?

GUILDENSTERN.

Il est dans son appartement, en un étonnant désordre...

HAMLET.

Par la boisson, monsieur ?

GUILDENSTERN.

Non, My Lord, par la colère...

HAMLET.

Votre Sagesse se montrerait plus riche, à signifier cela au médecin. Car pour moi, de le mettre à purgation, serait peut-être le plonger en plus de colère encore...

GUILDENSTERN.

Bon Seigneur, mettez votre discours en quelque équilibre et ne partez pas si sauvagement hors de mon affaire...

HAMLET, *se calmant*.

Me voilà dompté... racontez !

GUILDENSTERN.

La Reine, votre mère, en grande affliction d'esprit, m'a envoyé vers vous.

HAMLET, *ricanant*.

Vous êtes bienvenu !

GUILDENSTERN.

Non, mon bon Seigneur, cette courtoisie n'est pas de droite race. S'il vous plaisait me faire une saine réponse, j'exécuterais l'ordre de votre mère. Sinon, votre merci et mon départ mettront fin à ma mission.

HAMLET.

Monsieur, je ne puis pas...

GUILDENSTERN.

Quoi, My Lord ?

HAMLET.

Vous faire une saine réponse. Mon esprit est malade. Mais, monsieur, telle réponse que je doive faire, vous la commanderez vous-même... ou plutôt, comme vous dites, ma mère. Allez là-dessus, mais au sujet. Ma mère, dites-vous ?...

ROSENCRANTZ.

Donc elle dit : Votre conduite l'a frappée de stupeur et de consternation...

---

essayé de transformer en baïoque — liard italien — ce qui n'a guère plus de sens. D'autres lisent *peacock*, paon, — d'autres enfin *paddock*, crapaud. Nous avons préféré ce dernier mot, car dans une scène ultérieure, Hamlet traite le roi de *Paddock*.

HAMLET.

O fils extraordinaire ! Qui peut ainsi étonner sa mère ! Mais n'y a-t-il aucune suite... sur les talons de cette maternelle consternation ? Communiquez...

ROSENCRANTZ.

Elle désire vous parler, dans sa chambre, avant que vous alliez au lit.

HAMLET.

Nous obéirons, fût-elle dix fois notre mère. Avez-vous quelque nouvelle rubrique sur vous ?

ROSENCRANTZ.

My Lord, naguère vous m'aimiez...

HAMLET.

Et vous aime encore..... (*Montrant ses deux mains.*) Par ces mains filoutes et voleuses [1].

ROSENCRANTZ.

Mon bon Seigneur, quelle est la cause de votre désordre ? Sûrement, vous barrez la porte à votre délivrance, en refusant vos pensés à votre ami...

HAMLET.

Monsieur, je manque d'avancement... [2]

ROSENCRANTZ.

Comment cela se peut-il, puisque vous avez la voix du Roi lui-même à la succession au trône de Danemark ?

HAMLET.

Ah ! oui, monsieur. Seulement... — *tandis que l'herbe pousse !...* [3] — le proverbe est quelque peu moisi... (*Entrent des comédiens avec des flû'es.*) Ho ! les flûtes ! Laissez-m'en voir une... (*Maniant une flûte et parlant à Rosencrantz.*) M'en aller avec vous ! Pourquoi tourner autour de moi pour prendre le vent sur moi, comme si vous vouliez me pousser dans un piège ?

GUILDENSTERN.

O My Lord, si mon devoir est trop hardi, mon amitié est trop incivile.

HAMLET.

Je ne comprends pas bien cela. Voulez-vous jouer de cette flûte ?

GUILDENSTERN.

Non, My Lord, je ne puis...

HAMLET.

Je vous en prie.

GUILDENSTERN.

Croyez-moi, je ne puis pas...

HAMLET.

Je vous supplie...

GUILDENSTERN.

Je ne sais pas en toucher, My Lord...

---

[1] Allusion au catéchisme anglican qui défend aux mains de filouter et de voler.

[2] C'est-à-dire : je veux que le roi meure. — Il faut remarquer, avec une profonde admiration, cette scène où les choses les plus tragiques sont dites en *blagues* et en *concetti*. C'est d'une merveilleuse puissance dramatique.

[3] Le proverbe finit ainsi : Le cheval maigrit.

HAMLET.

C'est aussi aisé que de mentir : gouvernez ces évents avec vos doigts et le pouce, poussez-y le souffle de votre bouche, et cela va discourir en la plus éloquente musique. Voyez, voici les clefs.

GUILDENSTERN.

Mais je ne puis commander à aucune expression d'harmonie... je n'ai pas le talent...

HAMLET.

Alors regardez maintenant quelle indigne chose vous faites de moi. Vous voudriez jouer de moi. Vous sembleriez connaître mes clefs. Vous voudriez arracher le cœur de mon mystère, vous voudriez me sonner, de la plus basse note au sommet de mon registre : et il y a beaucoup de musique et voix excellente dans ce petit instrument, et vous ne pouvez le faire parler. Par le sang ! croyez-vous que je sois plus facile à jouer qu'une flûte ? Appelez-moi du nom de tel instrument que vous voudrez, vous aurez beau me tripoter, vous ne pourrez jouer de moi ! (*A Polonius qui entre.*) Dieu vous bénisse, monsieur !

POLONIUS.

My Lord, la Reine voudrait vous parler, et tout de suite.

HAMLET, *l'attirant vers la fenêtre.*

Voyez-vous ce nuage qui a à peu près la forme d'un chameau ?

POLONIUS.

Par la messe !... c'est comme un chameau... vraiment !

HAMLET.

A mon avis, c'est comme une belette.

POLONIUS.

Il a le dos comme une belette.

HAMLET.

Ou comme une baleine...

POLONIUS.

Très pareil à une baleine...

HAMLET.

Alors... j'irai tout à l'heure chez ma mère. (*A part.*) Ils tendent mon arc jusqu'à la folie... (*Haut.*) J'irai tout à l'heure.

POLONIUS.

Je vais le dire. (*Sort Polonius.*)

HAMLET.

Tout à l'heure, c'est aisément dit... Laissez-moi, mes amis. (*Tous sortent. — Seul.*) Voici maintenant l'heure sorcière de la nuit où les cimetières béent, où l'enfer lui-même souffle sa peste sur le monde. Maintenant je pourrais boire du sang chaud et faire telles choses que le jour amer tremblerait à les regarder !... du calme !... maintenant, à ma mère... ô cœur, ne perds pas ta nature, ne laisse jamais l'âme de Néron entrer dans ton faible sein... que je sois cruel, mais non dénaturé ! Je lui parlerai poignard, mais n'en userai pas. Que ma langue et mon âme en ceci soient hypocrites ! Et quoique dans mes paroles elle soit outragée, à leur donner le sceau de l'acte, jamais, ô mon âme, ne consens ! (*Il sort.*)

SCÈNE II

La chambre du Roi. — Un prie-Dieu. — Entrent le ROI, ROSENCRANTZ *et* GUILDENSTERN.

LE ROI.

Je ne l'aime pas. Il n'est pas sûr pour nous de laisser errer sa folie. Donc préparez-vous. Je vais dépêcher immédiatement votre commission et il s'en ira avec vous en Angleterre. Les intérêts de nos États ne peuvent supporter si près de nous un péril qui, par ses accès, grandit d'heure en heure.

GUILDENSTERN.

Nous allons nous préparer. C'est crainte très sainte et très religieuse que de garder en sûreté ces maints et maints corps qui vivent et se nourrissent de Votre Majesté.

ROSENCRANTZ.

La seule et particulière vie, avec toute la force et les armes de l'esprit, est tenue de se garder soi-même de nuisance[1], mais beaucoup plus encore cet esprit dont dépendent la richesse et la sûreté du grand nombre. Le décès d'une Majesté n'est pas la mort d'un seul, mais comme un golfe attire ce qui est près d'elle. C'est une roue massive, fixée au sommet d'une haute montagne, aux rayons de laquelle sont fixées et mortaisées dix millions de plus petites choses et, si elle tombe, chaque petite chose de basse importance y accrochée suit la ruine formidable. Jamais seul le Roi n'a soupiré, sinon dans un universel gémissement!

LE ROI.

Armez-vous, je vous prie, pour ce pressant voyage. Car nous voulons mettre un frein à ce danger qui va maintenant d'un pied trop libre.

ROSENCRANTZ *et* GUILDENSTERN.

Nous allons nous hâter. (*Ils sortent*).

POLONIUS, *entrant*.

My Lord, il se rend au cabinet de sa mère. Je vais me cacher derrière l'Arras pour écouter l'entretien. Je le garantirais, elle va le gronder à point, et comme vous dites — et c'était sagement dit — il est à propos qu'une audition — en plus de celle d'une mère, car la nature les fait partiales — surentende ce discours important. Bonne santé, mon Prince. Je vous viendrai voir avant que vous alliez au lit et vous dirai ce que je sais.

LE ROI.

Merci, mon cher Seigneur. (*Polonius sort, le Roi reste seul*). Oh! mon crime est infect... il empuantit jusqu'au ciel! Il a sur lui la première, la plus antique des malédictions[2]... Un meurtre de frère!... (*Il va vers le prie-Dieu, puis s'arrête*). Je ne peux pas prier, quoique mon désir soit aussi ardent que ma volonté. Mon crime plus fort triomphe de ma forte intention, et comme un homme lié à double affaire, je m'arrête,

---

[1] Amphigouri de courtisans.
[2] Celle de Caïn.

hésitant par laquelle je dois commencer et les néglige toutes deux. Ah! si cette main maudite était doublement épaissie par le sang d'un frère, est-ce qu'il n'y a pas dans le doux ciel assez de pluie pour la laver, blanche comme neige! A quoi sert la miséricorde, sinon à regarder en face le visage du crime? Et qu'y a-t-il dans la prière, sinon cette force, doublement repliée, d'être retenus avant que nous tombions... ou pardonnés, étant à bas! Je veux regarder en haut... ma faute est passée!...

Maintenant, il est en prière.

« Mais ho! quelle forme de prière peut convenir à mon cas?... (*Essayant de prier*) Pardonnez-moi le meurtre horrible!... (*S'arrêtant*). Cela ne peut pas être, car je suis encore en possession des bénéfices pour lesquels j'ai commis le meurtre... ma couronne, ma propre ambition, ma Reine! Peut-on être pardonné et retenir l'infamie? Dans les courants de corruption du monde, la main dorée du crime peut retarder la justice, et il s'est vu souvent que le gain mauvais lui-même achète la loi Mais il n'en est pas ainsi, au-dessus de nous? Là, il n'y a pas de faux-fuyants, là l'action s'étale en sa vraie nature et nous sommes forcés nous-mêmes de donner en témoignage nos fautes, jusqu'au front et aux dents! Quoi alors, qu'est-ce qui reste? Essayer ce que peut le repentir?... Que ne peut-il pas, mais encore que peut-il, quand on ne peut pas se repentir?... O misérable état, ô sein noir comme la mort, ô âme engluée qui, se débattant pour être libre, s'empêtre davantage! (*Il tombe à genoux.*) Anges, à mon aide, faites effort! Pliez, inflexibles genoux! et toi, cœur à cordes d'acier, amollistoi comme les nerfs d'un nouveau-né... tout ira bien!... »

(*A ce moment et tandis que le Roi est courbé sur le prie-Dieu, Hamlet soulève une portière. Il tient à la main une épée nue, fait un pas, puis aperçoit le Roi agenouillé et recule tout à coup.*)

HAMLET.

Maintenant que je pourrais faire cela, juste, maintenant il est en prière!... et maintenant que je le fasse... et ainsi il va droit au ciel! Et ainsi serais-je vengé? Ce serait à examiner... un bandit tue mon père, et pour cela, moi, son fils, je l'envoie au ciel!...

« Mais ce serait profit et salaire... et non vengeance! Il a pris mon père brutalement, plein de pain[1], avec tous ses péchés épanouis en fraîcheur de mai... et de celui-ci comment s'établirait le compte?... qui le sait, sauf le ciel! Certes, dans notre situation et cours de pensée, il y en a lourd sur lui!... Serai-je vengé, de le prendre au moment où il purge son âme, quand il est prêt et paré pour le passage?... non!...

« Haut, mon épée! Et sache un plus horrible coup... quand il est saoûl, endormi ou dans ses fureurs... ou dans les incestueux plaisirs de son lit... ou en blasphèmes, en quelque acte qui ne laisse pas de salut possible!... alors étripe-le, que ses talons puissent cogner le ciel et que son âme puisse être ainsi damnée, aussi noire que l'enfer où elle ira. Ma mère m'attend... (*Désignant le Roi*) Ce remède prolonge seulement tes jours malades!... (*Il laisse retomber la portière et disparaît*).

LE ROI, *se relevant.*

Mes mots volent en haut, mes pensées restent en bas... Mots, sans pensées, jamais ne vont au ciel... (*Il sort.*)

SCÈNE IV

La chambre de la Reine. — Deux portraits aux murailles. — Tentures. —
LA REINE. — POLONIUS.

POLONIUS.

Il va venir tout de suite. Voyez, parlez-lui comme chez vous[2]... Dites-lui que ses lubies sont trop grosses pour être supportées et que Votre Grâce s'est placée comme écran[3] entre lui et beaucoup de chaleur. Je m'imposerai silence, ici même. Je vous en prie, soyez ronde[4] avec lui...

---

[1] Expression biblique. En pleine vie matérielle.
[2] *Lay home to him.*
[3] *Screen*, exactement et étymologiquement *écran*, ce qui s'accorde avec l'idée de chaleur. Le mot *abri*, choisi par les traducteurs, ne rend pas cette idée.
[4] Voir la note page 58. Ici l'idée de *secret* serait encore moins admissible.

LA REINE.
Je vous garantis, n'ayez pas peur... Retirez-vous, je l'entends venir. (*Polonius se glisse derrière la tapisserie*).

HAMLET, *entrant*.
Eh bien, mère, de quoi s'agit-il?

LA REINE.
Hamlet, tu as beaucoup offensé ton père.

Mort! un ducat qu'il est mort!

HAMLET.
Mère, vous avez beaucoup offensé mon père.
LA REINE.
Allons, allons, vous me répondez d'une sotte langue.
HAMLET.
Allez, allez, vous questionnez d'une langue méchante.
LA REINE.
Hé bien! hé bien, Hamlet!...

HAMLET.

Qu'est-ce qu'il y a maintenant?

LA REINE.

Oubliez-vous que c'est moi...

HAMLET.

Non, par la Croix! non, non, vous êtes la Reine, femme du frère de votre mari et — pût cela ne pas être! — vous êtes ma mère...

LA REINE, *feignant de sortir.*

Eh bien, je vais vous mettre en face de gens qui vous pourront parler...

HAMLET, *la saisissant par le bras.*

Allons, allons, asseyez-vous. Vous ne bougerez pas, vous ne vous en irez pas, jusqu'à ce que je vous aie placé un miroir où vous pourrez voir jusqu'au fin fond de vous-même.

LA REINE, *effrayée.*

Que veux-tu faire? Tu ne veux pas m'assassiner! Ho! ho! au secours!

POLONIUS, *derrière la tapisserie.*

Qu'y a-t-il? Ho! du secours!

HAMLET.

Quoi! un rat! (*Donnant de l'épée à travers la tenture*). Mort, un ducat qu'il est mort!...

POLONIUS, *derrière.*

Ho! je suis tué! (*Il tombe et meurt*).

LA REINE.

O moi! Qu'as-tu fait!

HAMLET.

Eh! je ne sais pas... est-ce le Roi? (*Il soulève la tapisserie et tire le corps de Polonius.*)

LA REINE.

Oh! quel crime insensé et sanguinaire!

HAMLET.

Un crime sanguinaire... presque aussi mauvais, bonne mère, que de tuer un roi et d'épouser son frère...

LA REINE.

Que de tuer un roi?

HAMLET.

Oui, Madame, j'ai dit ce mot... (*Se penchant sur Polonius.*) Toi, misérable, imprudent et indiscret imbécile, adieu! je t'ai pris pour ton supérieur... attrape ton sort. Tu constates qu'à être trop affairé, il y a des risques... (*A la Reine*). Cessez donc de vous tordre les mains. La paix! asseyez-vous... laissez-moi tordre votre cœur, car ainsi ferai-je, s'il n'est pas fait d'impénétrable étoffe, si la damnée habitude ne l'a pas bronzé à ce point qu'il soit éprouvé, fortifié contre tout sentiment!

LA REINE.

Qu'ai-je donc fait que tu oses remuer ta langue en si rude fracas contre moi?

HAMLET.

Un acte tel qu'il souille la grâce et la rougeur de la modestie, qu'il traite la vertu

HAMLET

d'hypocrisie, qu'il arrache la rose du beau front d'un innocent amour et y pose un ulcère, qu'il rend les vœux du mariage aussi faux que les serments d'un joueur... oh! une action telle qu'elle enlève du corps du contrat l'âme même et fait de la douce religion une rapsodie de mots... la face du ciel s'enflamme... oui, cette solide et compacte masse, d'un visage attristé, comme en face du jugement, à cette action est malade en pensée !

LA REINE.

Ah! moi! Quelle action... qui gronde si haut et s'annonce par le tonnerre.

HAMLET, *désignant les portraits à la muraille* [1].

Regarde ici, sur ce tableau et sur cet autre... la contrefaçon de deux frères... vois, sur ce visage quelle grâce est assise... les boucles d'Hypérion, le front de Jupiter lui-même, l'œil de Mars pour menacer et commander... une stature pareille à celle du héraut Mercure, dans la lueur nouvelle, sur une colline qui baise le ciel... un ensemble et une forme vraiment où chaque dieu semble mettre son sceau pour donner au monde l'assurance que c'est un homme !...

« Et maintenant regardez ici ce qu'est votre mari, comme l'épi monté en nielle, pourrissant son frère sain... Avez-vous des yeux ? Pouviez-vous cesser de paître sur cette belle montagne et vous engraisser dans ce marais ? Ah ! avez-vous des yeux ? Vous ne pouvez appeler cela de l'amour ! Car à votre âge les transports du sang sont domptés, ils sont humbles et suivent la raison... et quelle raison voudrait aller de celui-ci à celui-là ?... Des sens, vous en avez, sûrement, sans quoi vous ne pourriez avoir le mouvement, mais sûrement, votre sens est congestionné, car la folie ne se tromperait pas ainsi, et jamais le sens ne fut asservi à ce point au délire !... il réserverait une certaine quantité d'élection pour observer en pareilles choses une différence ! Quel démon fut-ce donc, qui vous dupa à ce colin-maillard ?

« Les yeux sans le sens, le sens sans la vue, oreilles sans mains ni yeux, l'odorat tout seul, ou seulement une partie malade d'un seul sens vrai ne pourraient être aussi stupides ! O honte ! où est ta rougeur ? Enfer rebelle, si tu peux te mutiner dans les os d'une matrone, qu'en la jeunesse enflammée la vertu soit comme une cire, fondant à son propre feu ! Proclame qu'il n'y a pas de honte quand l'ardeur impulsive bat la charge, puisque la glace elle-même si activement brûle et que la raison prostitue [2] la volonté !

LA REINE.

O Hamlet, ne parle plus ! Tu tournes mes yeux au fond de mon âme même et je la vois avec telles taches noires et gangrénées qu'elles ne pourraient perdre leur teinte !...

HAMLET.

Ouais ! Seulement pour vivre dans l'ignoble sueur d'un lit graisseux... prostituée en pourriture... toute en miel et faisant l'amour sur un sale fumier !

LA REINE.

Ho ! ne me parle plus ! Ces mots, comme des poignards, entrent dans mes oreilles... pas plus, doux Hamlet !

---

[1] Rapprocher la célèbre scène d'Hernani.
[2] *Panders.*

HAMLET.

Un meurtrier ! une canaille ! un esclave qui ne vaut pas le vingtième du dixième de votre précédent seigneur... un pître [1] de Roi ! un coupe-bourse d'Empire et de Pouvoir [2], qui a volé à l'étalage [3] le précieux diadème et l'a mis dans sa poche...

LA REINE.

Assez !

HAMLET.

Un roi de baraque et d'oripeaux ! (A *ce moment, apparaît le Spectre, visible pour Hamlet, seul. — Hamlet, criant.*) Sauvez-moi et couvrez-moi de vos ailes, tous, célestes gardiens ! (*Au Spectre.*) Que veut Votre Gracieuse figure ?

LA REINE, *qui ne voit pas le Spectre.*

Hélas ! il est fou !

HAMLET, *toujours au Spectre.*

Ne venez-vous pas quereller votre fils fainéant qui, en délai d'occasion et de passion, laisse à néant l'importante exécution de vos ordres redoutés ! O dites !

LE SPECTRE.

N'oublie pas... Cette visite est seulement pour aiguiser [4] ta résolution déjà émoussée ! Mais regarde ! l'épouvante se pose sur ta mère... or marche entre elle et son âme qui lutte... l'imagination agit le plus fort dans les corps les plus faibles. Parle-lui, Hamlet !

HAMLET, *à sa mère.*

Comment en est-il avec vous, ma mère ?

LA REINE.

Hélas ! Comment en est-il avec vous-même, qui dardez ainsi votre œil dans le vide et tenez des discours à l'air incorporel ! Droit en vos yeux, sauvagement vos esprits regardent, et, comme les soldats dormant au moment de l'alarme, vos cheveux couchés, comme excrétions vivantes, se lèvent et se dressent en pointes ! O gentil fils ! sur la chaleur et la flamme de votre transport, versez la froide patience... Où regardez-vous ?

HAMLET.

Vers lui ! vers lui ! Voyez-vous comme il est lividement éclairé ! Sa forme et sa cause, unis, prêchant aux pierres, les feraient agir... (*Au Spectre.*) Ne me regardez pas, de peur que, sous l'action de cette pitié, vous ébranliez l'effet de mon énergie ! Car ce que j'ai à faire faillira à sa vraie couleur... des larmes, peut-être, pour du sang !

LA REINE.

A qui dites-vous cela ?

HAMLET, *désignant la muraille.*

Ne voyez-vous rien, là ?

LA REINE.

Rien du tout... et pourtant tout ce qui est, je le vois.

---

[1] *A Vice of Kings.* Dans les moralistes et mystères, le *vice* jouait le rôle de pître, de bouffon. Il était costumé en Arlequin et accompagnait Satan.

[2] Comment ne pas songer à quelques pages des *Châtiments* de Victor Hugo ?

[3] *From a shelf,* mot à mot, d'une planche — sur laquelle les marchands ambulants étalaient leur marchandise.

[4] *To whet.* Guizot a traduit par *rafraîchir.* Il a confondu avec *to wet.*

HAMLET.

Et vous n'avez rien entendu ?

LA REINE.

Non, rien, sinon vous-même.

HAMLET.

Quoi ! regardez-là ! regardez comme il s'en va, ma mère, dans ses habits, comme il était, vivant... regardez où il s'en va, juste maintenant, au portail !...

LA REINE.

Ceci est le vrai corps de votre cerveau ! à ces créations sans le corps le délire est subtil.

HAMLET.

Le délire ! mon pouls, comme le vôtre, garde sa mesure modérée et fait sa musique de santé... Ce n'est pas folie, ce que j'ai dit. Mettez-moi à l'épreuve... et je vais tout vous répéter. La folie s'y culbuterait. Mère, par amour de la grâce, ne laissez pas à votre âme cette flatteuse onction que c'est ma folie, et non votre faute qui parle. Cela ne serait que couvrir l'ulcère d'une pellicule, tandis que la sale corruption, tout en dedans, invisible, l'infecterait. Confessez-vous vous-même au ciel, repentez-vous de ce qui est passé, évitez ce qui est à venir, et n'épandez pas le fumier sur les mauvaises herbes, ce qui les rendrait plus fortes. Pardonnez-moi cette mienne vertu, car dans la graisse de ces temps poussifs, la vertu elle-même doit au vice demander pardon... oui, se courber et supplier, pour avoir permission de lui faire du bien...

LA REINE.

O Hamlet, tu as brisé mon cœur en deux !

HAMLET.

Bien. Jetez-en au loin la pire partie et vivez plus pure avec l'autre moitié. Bonne nuit ! mais n'allez pas au lit de mon oncle. Affectez la vertu, si vous ne l'avez pas. Ce monstre, l'habitude, qui mange toute conscience, le démon de l'habitude est pourtant un ange en ceci, que, pour l'usage de belles et bonnes actions, il donne un froc et une livrée qui parfaitement s'y adaptent... Refusez-vous cette nuit, et cela vous conduira à une sorte de facilité pour la prochaine abstinence, la prochaine étant encore plus aisée. Car l'usage peut presque changer la marque de nature et aussi bien brider, le démon que le rejeter dehors avec une merveilleuse puissance. Encore une fois, bonne nuit ! Et quand vous serez désireuse d'être bénie, je vous demanderai bénédiction. Quant à ce seigneur (*montrant Polonius*) je me repens. Car le ciel s'est plu à faire cela, pour punir... moi par cet homme et cet homme par moi, de ce qu'il me faut être son fléau et ministre... je m'arrangerai de lui et je répondrai bien de la mort que je lui ai donnée... là-dessus de nouveau bonne nuit ! Je puis être cruel, seulement pour être bon... ainsi le mal commence et le pire reste derrière. Mais un mot de plus, bonne dame ?...

LA REINE.

Que ferai-je ?[1]

---

[1] Tandis qu'Hamlet supplie sa mère de se repentir, de renoncer à l'inceste, elle ne l'interrompt pas, ne bouge pas. Elle est sans résolution pour le bien. Une passive. D'où l'explosion qui suit de la colère d'Hamlet. — Que ferai-je ? demande-t-elle ; ainsi elle n'a rien compris, rien décidé !

HAMLET.

Pas cela, certes, que je vous ai ordonné de faire. Laissez le Roi, en rut[1], vous entraîner encore au lit... qu'il vous pince lascivement la joue, qu'il vous appelle sa souris... laissez-le, pour une paire de malpropres baisers ou parce qu'il jouera de ses doigts damnés sur votre cou, vous faire révéler tout ce qui se passe... que je ne suis pas foncièrement fou, mais fou par ruse. Ce serait bien, faites-le-lui savoir. Car qui donc, excepté une reine, belle, modeste, sage pourrait à ce crapaud, à cette chauve-souris, à ce matou cacher ces chères choses qui le concernent... qui ferait cela ? Non, en dépit de sens et de discrétion, décarcassez le panier sur le toit de la maison et laissez s'envoler les oiseaux... et comme le fameux singe, pour tenter l'épreuve, glissez-vous dans la cage et cassez-vous le cou en bas !...

LA REINE.

Sois assuré que si les paroles sont faites de souffle et le souffle de vie, je n'ai pas de vie pour souffler mot de ce que tu m'as dit...

HAMLET.

Je dois aller en Angleterre ? Savez-vous cela ?

LA REINE.

Hélas ! je l'avais oublié. Il en a été décidé ainsi.

HAMLET.

Voici les lettres scellées, et mes deux condisciples — en qui je dois avoir confiance, comme en des vipères crochues — emportent leurs instructions. Ils doivent balayer mon chemin et être mes fourriers vers le guet-apens. Laissons faire : car c'est un jeu que de voir l'ingénieur sauter avec son propre pétard : et cela sera dur, mais je creuserai d'un yard au-dessous de leurs mines et les lancerai à la lune ! O, c'est trop doux quand, sur une même ligne, deux ruses se rencontrent ! (*Montrant Polonius*). Cet homme va faire de moi un empaqueteur. Je vais traîner cette bedaine dans la chambre voisine... Mère, bonne nuit ! Vrai, ce conseiller est maintenant très tranquille, très discret, très grave, lui qui, vivant, n'était qu'un coquin imbécile et bavard. (*Le tirant par les pieds*.) Venez, monsieur, pour en tirer à fin avec vous... Bonne nuit, ma mère ! (*Ils sortent, Hamlet tirant le cadavre*).

[1] *Bloat*. Grande discussion parmi les puritains, commentateurs de Shakespeare. Le mot latin équivalent est *turgescens*.

ACTE QUATRIÈME

SCÈNE PREMIÈRE

La chambre de la Reine. — Même décor qu'à la scène précédente. — LE ROI, LA REINE, ROSENCRANTZ *et* GUILDENSTERN.

LE ROI, *à la Reine.*

Il y a une cause à ces soupirs : Ces palpitations profondes, vous devez me les expliquer. Il est nécessaire que nous les comprenions. Où est votre fils ?

LA REINE, *à Rosencrantz et à Guildenstern.*

Laissez-nous un instant (*Ils sortent. Au Roi.*) Oh ! mon bon Seigneur, qu'ai-je vu cette nuit ?

LE ROI.

Quoi donc, Gertrude ? Comment va Hamlet ?

LA REINE.

Fou comme la mer et le vent, quand tous deux bataillent à qui sera le plus fort ! Dans son accès sans frein, entendant, derrière l'Arras, quelque chose remuer, il tire sa rapière, crie : — Un rat ! un rat ! — et dans sa terreur cérébrale, tue, sans l'avoir vu, le bon vieillard !

LE ROI.

O lourde action ! Il en aurait été de même de nous, si nous avions été là ! Sa liberté est pleine de menaces pour tous, pour vous-même, pour nous, pour chacun. Hélas ! à cette sanglante action comment sera-t-il riposté ? Elle nous sera imputée, à nous dont la prévoyance aurait dû tenir de court, bridé et hors de fréquentation [1], ce jeune insensé. Mais tel était notre amour que nous ne voulions pas comprendre ce qui valait le mieux. Mais comme le possesseur d'une terrible maladie, pour la

---

[1] *Out of haunt. Haunt* a ici le sens de *hanter* — *dis-moi qui tu hantes* — et non celui de *hantise*, indiqué par Guizot.

garder d'être divulguée, la laisse se nourrir, même de la moëlle de la vie... Où est-il allé?

LA REINE.

Tirer à l'écart le corps qu'il a tué : en ceci sa réelle folie, comme l'or au milieu du minerai de vils métaux, se montre innocente elle-même. Il pleure tout ce qu'il a fait !

LE ROI.

O Gertrude, allez-vous-en ! Le soleil n'aura pas plus tôt touché ces montagnes que nous l'embarquerons aussitôt : et cette vile action, il nous faut de tout notre pouvoir et habileté, à la fois la protéger et l'excuser. Ho ! Guildenstern ! (*Rentrent Guildenstern et Rosencrantz*). Mes chers amis, allez-vous joindre à quelques aides. Hamlet, en folie, a tué Polonius et, de l'appartement de la Reine, il l'a tiré dehors. Allez, cherchez-le, dites-lui de bonnes paroles et portez le corps dans la chapelle. Je vous en prie, de la hâte ! (*Ils sortent.*) Venez, Gertrude, nous appellerons nos plus sages amis et nous leur apprendrons ce que tous deux nous prétendons faire et ce qui a été fait mal à propos. Ainsi arrivera-t-il que la calomnie, dont le murmure, sur le diamètre de la terre, lance au blanc de la cible son coup empoisonné, peut-être manquera notre nom et frappera l'air qu'on ne blesse pas. Oh ! allez-vous en !... Mon âme est pleine de discordance et d'angoisse. (*Ils sortent*).

SCÈNE II

Une autre pièce dans le château.

HAMLET, *entrant.*

Sûrement déposé ! (*Dans la coulisse, Rosencrantz appelle : Hamlet ! Lord Hamlet !*) Mais tout doux, quel est ce bruit ? Qui appelle Hamlet ? Ho ! les voici ! (*Entrent Rosencrantz et Guildenstern*).

ROSENCRANTZ.

Seigneur, qu'avez-vous fait du cadavre ?

HAMLET.

Confondu avec la poussière, dont il est le parent.

ROSENCRANTZ.

Dites-nous où il est que nous puissions le prendre et le porter à la chapelle.

HAMLET.

Ne croyez pas cela...

ROSENCRANTZ.

Croire... quoi ?

HAMLET.

Que je puisse garder votre secret et non le mien propre. En outre, à être questionné par une éponge, quelle réplique serait faite par le fils d'un roi.

ROSENCRANTZ.

Me prenez-vous pour une éponge, My Lord ?

HAMLET.

Oui, monsieur... qui s'imbibe des faveurs [1] du Roi, de ses récompenses, de ses

---

[1] *Countenance*, protection. Expression empruntée au texte anglais du Psaume XXI. Guizot a traduit par *physionomie*, ce qui ne s'accorde pas avec l'idée d'*éponge*. Shakespeare emploie le même mot deux fois dans le cinquième acte d'Hamlet.

pouvoirs. Mais pareils officiers rendent à la fin le meilleur service au Roi. Il les garde, comme un singe dans le coin de sa gueule : d'abord mâchés pour être enfin avalés. Quand il a besoin de ce que vous avez glané, il n'a qu'à vous presser, et, éponges, vous redevenez secs.

ROSENCRANTZ.

Je ne vous comprends pas, My Lord.

HAMLET.

J'en suis aise. Un méchant discours dort dans une sotte oreille[1].

ROSENCRANTZ.

My Lord, il faut nous dire où est le corps et venir avec nous vers le Roi.

HAMLET.

Le corps est avec le Roi, mais le Roi n'est pas avec le corps[2]... Le Roi est une chose...

GUILDENSTERN.

Une chose !! My Lord!

HAMLET.

De rien[3]... Conduisez-moi vers lui. Cache-renard[4]!... et tous après!

SCÈNE III

Autre salle du château. — Entre le Roi avec sa suite.

LE ROI.

J'ai envoyé pour qu'on le cherche et qu'on trouve le corps. Combien il est dangereux que cet homme aille en liberté! Pourtant il ne faut pas que nous posions la rude loi sur lui. Il est aimé de l'imbécile multitude, qui n'aime point par la raison, mais par les yeux. Et où il en est ainsi, ce qui est pesé, c'est le châtiment subi par l'offenseur et jamais l'offense. Pour mener tout doucement et d'aplomb, ce subit envoi hors d'ici doit paraître d'une délibération réfléchie. Maladies, accrues à en désespérer, sont guéries par remèdes désespérés... ou pas du tout. (*A Rosencrantz qui entre*). Eh bien, maintenant que s'est-il passé ?

ROSENCRANTZ.

Où le cadavre est-il placé, Seigneur, nous ne pouvons l'obtenir de lui.

LE ROI.

Mais lui, où est-il?

ROSENCRANTZ.

Au dehors, My Lord, gardé, pour savoir votre bon plaisir.

LE ROI.

Amenez-le devant nous.

---

[1] Pourquoi Guizot a-t-il traduit *sleeps* par *doit mourir?* et F. V. H. par *se niche?*
[2] Ce qui signifie : — Le Roi est un corps, mais ce corps n'est pas le Roi, — puisque Claudius est vivant.
[3] *A thing... of nothing.*
[4] *Hide-fox.* Jeu d'enfant dont l'équivalent serait *cache-tampon*. F. V. Hugo a traduit littéralement par : Nous allons jouer à cache-cache.

ROSENCRANTZ.

Ho! Guildenstern! introduisez My Lord. (*Entrent Hamlet et Guildenstern*).

LE ROI.

Voyons, Hamlet! Où est Polónius?

HAMLET.

A souper.

LE ROI.

A souper? Où?

HAMLET.

Non où il mange, mais... où il est mangé. Une certaine assemblée de vers politiques est après lui. Votre ver est votre seul empereur [1] pour la mangeaille : Nous engraissons toutes les autres créatures pour nous engraisser et nous nous engraissons nous-mêmes pour les asticots [2]. Votre roi gras et votre maigre mendiant, ce n'est que service variable... deux plats, mais à la même table. C'est la fin.

LE ROI.

Hélas! Hélas!

HAMLET.

Un homme peut pêcher avec un ver qui a mangé d'un roi et manger du poisson qui a mangé de ce ver...

LE ROI.

Que voulez-vous dire par là?

HAMLET.

Rien, sinon vous montrer qu'un roi peut faire route à travers les boyaux d'un mendiant...

LE ROI, *avec impatience*.

Où est Polonius?

HAMLET.

Au ciel! Envoyez-y pour voir. Si votre messager ne l'y trouve pas, cherchez vous-même... dans l'autre endroit [3]. Mais en vérité, si vous ne le trouvez pas dans le délai de ce mois-ci, vous le reniflerez quand vous monterez l'escalier dans la galerie...

LE ROI, *aux serviteurs*.

Allez le chercher là!

HAMLET.

Il se tiendra tranquille, jusqu'à ce que vous veniez. (*Sortent les serviteurs*).

LE ROI.

Hamlet, pour ta sûreté spéciale, agissant par tendresse et souffrant chèrement de ce que tu as fait, cette action doit te faire partir au loin, avec une grande rapidité. Donc prépare-toi. Le vaisseau est prêt et le vent en aide, les compagnons t'attendent et toutes choses sont disposées... pour l'Angleterre.

---

[1] Le seul qui vous domine, qui vous dame le pion... Peut-être y a-t-il là, avec les mots *worms*, ver, *emperor* et *diet*, — mangeaille — un jeu de mots sur l'*Empereur* d'Allemagne et la *Diète de Worms*, mais c'est improbable. Le sens est bien clair en soi-même.

[2] *Maggots*. — Le mot *magot*, larve, ver de chair, se retrouve dans le patois guernesiais. Vient du gallois *magu*, manger.

[3] En enfer.

HAMLET.

Pour l'Angleterre ?

LE ROI.

Oui, Hamlet.

HAMLET.

Bon !

LE ROI.

Ainsi en est-il, si tu connais nos desseins.

HAMLET.

Je vois un Cherub[1] qui les voit... mais, allons, pour l'Angleterre ! Adieu, chère mère !

LE ROI.

Ton père aimant, Hamlet...

HAMLET.

Ma mère !... Père et mère sont homme et femme ; homme et femme, c'est même chair, et ainsi (*saluant le Roi*) ma mère ! Allons, en Angleterre ! (*Il sort*).

LE ROI, *à Rosencrantz et à Guildenstern*.

Suivez-le pied à pied. Entraînez-le vivement à bord. Pas de délai, je le veux loin ce soir même. Partez. Car toute chose est faite et scellée, concernant cette affaire. Je vous en prie, faites diligence. (*Ils sortent. Le Roi continue, seul*). Et toi, roi d'Angleterre, si tu tiens mon amitié pour quelque chose — comme ma grande puissance peut te donner du bon sens, alors que ta cicatrice apparaît encore vive et rouge, après l'épée danoise et que ta libre peur nous paie hommage — il ne te faut pas accueillir froidement notre souverain mandat, en ce qui importe tout à fait — d'après des lettres t'adjurant à cet effet — la mort d'Hamlet. Fais cela, Angleterre. Car, comme en la fièvre, il rage dans mon sang, et tu dois me guérir. Jusqu'à ce que je sache que c'est fait, quels que soient mes destins, mes joies ne commenceront jamais ! (*Il sort*).

SCENE IV

Une plaine en Danemark. — *Entrent* FORTINBRAS *et ses troupes, en marche*

FORTINBRAS, *à un officier*.

Allez, capitaine, remercier de ma part le roi danois. Dites-lui que, par son autorisation, Fortinbras réclame l'octroi promis d'une marche à travers son royaume. Vous savez le rendez-vous. S'il arrive que Sa Majesté veuille quelque chose de nous, nous lui exprimerons notre hommage, dans l'œil[2]. Faites-le-leur savoir !

LE CAPITAINE.

Je le ferai, My Lord.

---

[1] Le mot *Chérubin* implique une idée de grâce, d'enfance, tête rose et ailes blanches. Le *Cherub* biblique est l'ange vengeur, messager des colères de Dieu. C'est sous cette forme qu'il voit en esprit son père assassiné.

[2] *In his eye*. Il semble que cette expression ait un caractère caché de menace.

FORTINBRAS.

Allez de l'avant, doucement ! [1] (*Il sort avec ses troupes. Entrent Hamlet, Rosencrantz, Guildenstern et leurs gens*).

HAMLET, *au capitaine de Fortinbras.*

Bon monsieur, quelles sont ces troupes?

LE CAPITAINE.

Elles sont de Norvège, monsieur.

HAMLET.

Et à quelle destination, je vous prie?

LE CAPITAINE.

Contre une partie de la Pologne.

Fortinbras et son armée.

HAMLET.

Qui les commande?

LE CAPITAINE.

Le neveu du vieux roi de Norvège, Fortinbras.

HAMLET.

S'en va-t-il jusqu'au cœur de la Pologne ou vers quelque frontière?

LE CAPITAINE.

A parler vrai, monsieur, et sans rien ajouter, nous allons pour gagner un petit morceau de terre qui ne comporte d'autre profit que son nom. Pour payer cinq ducats, cinq, je ne l'affermerais pas, et il ne rapporterait plus haute rente ni au Norvégien ni au Polonais, fût-il vendu en toute propriété.

HAMLET.

Mais alors les Polonais ne le défendront jamais.

LE CAPITAINE.

Si fait, il y a déjà garnison.

[1] C'est-à-dire, pour compléter la pensée de menace : — Soyez ferme, mais prudent.

HAMLET.

Deux mille vies et vingt mille ducats ne trancheront pas la question de ce fétu. C'est là un abcès, fait de trop de repos et de richesse, qui crève à l'intérieur et dont l'homme meurt, sans que s'en montre la cause. Je vous remercie humblement, monsieur.

LE CAPITAINE.

Dieu soit avec vous, monsieur. (*Il sort*).

ROSENCRANTZ.

Vous plairait-il nous en aller, My Lord ?

HAMLET.

Je vous rejoins tout de suite. Allez un peu en avant. (*Rosencrantz et Guildenstern sortent*).

HAMLET, *seul*.

Comme toutes les circonstances requièrent contre moi et éperonnent ma paresseuse vengeance ! Qu'est-ce qu'un homme, si son bien premier, si le commerce de sa vie est seulement de dormir et de manger ? Une bête, rien de plus. Certes celui qui nous a faits avec une si large raison, qui regarde devant et derrière, ne nous a pas donné cette capacité et divine raison pour pourrir en nous, inemployées Maintenant, que ce soit un bestial oubli ou un lâche scrupule de trop précisément songer aux conséquences — une pensée qui, coupée en quatre, a seulement une part de sagesse et trois de lâcheté — je ne sais pourquoi je vis encore pour dire : — Voilà la chose à faire ! — alors que j'ai motifs, volonté, force et moyens pour la faire.

« Des exemples, gros comme la terre, m'exhortent ! Témoin, cette armée d'une telle masse et charge, conduite par un prince tendre et délicat, dont l'esprit, gonflé d'une divine ambition, fait des grimaces[1] à l'invisible avenir, exposant tout ce qui est mortel et précaire aux témérités du sort, mort et danger, pour une coquille d'œuf ! Être droitement grand c'est ne pas s'emballer sans grand motif, mais trouver grandement[2] querelle dans une paille, quand l'honneur est au poteau[3]. Alors comment m'arrêté-je, moi ! qui ai un père assassiné, une mère déshonorée, toutes les excitations de ma raison et de mon sang... et laisse tout dormir ? Tandis qu'à ma honte je vois l'imminente mort de vingt milliers d'hommes qui, pour une fantaisie, pour un tour de gloriole, vont à leurs tombes comme à leurs lits, et combattront, pour une motte de terre où leurs nombres ne pourront même essayer de gagner la cause et qui n'est pas tombe et contenant suffisants pour cacher les tués ! Oh ! que depuis ce moment-ci, mes pensées soient sanglantes... ou ne valent que le néant !... (*Il sort*).

SCÈNE V

Elseneur. — Une chambre dans le château. — LA REINE. — HORATIO.

LA REINE.

Je ne veux pas causer avec elle.

---

[1] *Make mouths*, faire des contorsions de bouche, des grimaces, narguer.
[2] *Grand, grandement*. Ces répétitions sont dans le texte.
[3] *At the shake*, au poteau de course.

HORATIO.

Elle est importune, soit! détraquée [1]... mais son état veut être pris en pitié.

LA REINE.

Que voudrait-elle avoir?

HORATIO.

Elle parle beaucoup de son père. Elle dit qu'elle entend qu'il y a des pièges dans ce monde. Elle gémit [2], elle se bat le cœur, elle piétine des brins de paille avec dépit [3]... Elle parle de choses douteuses qui comportent seulement une moitié de sens. Ses discours ne tiennent à rien et pourtant leur informe emploi pousse les auditeurs à les grouper : ils s'y essaient et recousent les mots pour les adapter à leurs propres pensées : et comme ses clignements d'yeux, ses hochements, ses gestes les aident, en vérité cela ferait croire aux gens qu'il pourrait y avoir là une pensée, imprécise, mais encore très malheureuse.

LA REINE.

Il serait bon qu'on lui parlât : car elle peut jeter de dangereuses conjectures dans les esprits malveillants. Amenez-la. (*Horatio sort. Seule*). A mon âme malade — c'est la vraie nature du péché! — chaque bagatelle [4] semble le prologue de quelque grande catastrophe ; si pleine de maladroite défiance est la culpabilité qu'elle se répand [5] elle-même par la crainte d'être répandue. (*Rentre Horatio avec Ophélia*).

OPHÉLIA.

Où est la Majesté, Beauté [6] du Danemark?

LA REINE.

Eh bien, Ophélia?

OPHÉLIA, *chantant*.

Comment pourrais-je distinguer votre vrai am.ur
D'un autre amour?
A son chapeau de coquilles, à son bâton,
A ses sandales?...

LA REINE.

Hélas! douce dame, que signifie cette chanson?

OPHÉLIA.

(*Parlé*.) Vous dites?... Non, je vous en prie, remarquez... (*Chantant*).

Il est mort et s'en est allé, madame,
Il est mort et s'en est allé.
A sa tête un tertre de gazon vert
A ses talons une pierre...

(*Sanglotant*.) Ho! Ho!

[1] *Distract*, même racine que *détraqué*, hors de trace, de chemin.
[2] *She hems!* mot intéressant formé de l'interjection *hem!* Elle fait *hem!* Gémir a la même étymologie.
[3] *Spurns enviously at straws*. Guizot et F. V. Hugo ont traduit : Elle frappe du pied pour un fétu. Or, dans un instant, Ophélia va apparaître *fantastiquement habillée de pailles et de fleurs*. Donc c'est en s'accoutrant ainsi qu'elle piétine follement.
[4] *A toy*. Un jouet. Ce mot met en relief l'insouciance égoïste de cette femme, créature passive et sensuelle, à laquelle tout à l'heure Hamlet a dit ses vérités.
[5] *It spills itself*.
[6] *Beauteous Majesty*. Belle majesté rend imparfaitement l'emphatique question qui subitement adoucit la Reine vaniteuse.

HAMLET

LA REINE.

Voyons, Ophélia !

La folie d'Ophélia.

OPHÉLIA.

(*Parlé*). Je vous en prie... remarquez... (*Elle chante*).

Blanc son linceul comme la neige de la montagne.

(*Entre le Roi*).

LA REINE, *au Roi.*

Hélas ! regardez, My Lord !

Liv. 12.

OPHÉLIA, *chantant*.

Tout piqué [1] de douces fleurs
Qui s'en sont allées au tombeau, humides
De [2] l'ondée du vrai amour.

LE ROI, *à Ophélia*.

Comment allez-vous, jolie dame ?

OPHÉLIA.

Bien ! Dieu vous bénisse ! Ils disent que la chouette était la fille du boulanger [3]. Seigneur, nous savons ce que nous sommes, mais nous ne savons pas ce que nous pouvons être. Que Dieu soit à votre table !

LE ROI.

Allusion à son père !

OPHÉLIA.

Je vous prie, n'ayons pas de paroles sur celui-là : mais quand on demande ce que cela signifie, dites ceci (*chantant*) :

Bonjour ! c'est le jour de Saint-Valentin
De bonne heure, tout au matin...
Et moi, une vierge à votre fenêtre
Pour être votre Valentine...
Alors il se leva et mit ses habits
Et ouvrit la porte de sa chambre
Fit entrer la vierge qui, vierge
N'est plus repartie.

LE ROI, *s'adressant à elle*.

Jolie Ophélia !

OPHÉLIA, *sans l'entendre*.

Certes, sans un juron, je puis mettre un bout à cela :

Par Gis [4] et par sainte Charité,
Hélas ! et fi !... quelle honte !...
Jeunes gens feront ça, s'ils y arrivent.
Par le coq ! [5] ils sont à blâmer !

---

[1] *Larded*, exactement *lardé*.

[2] F. V. Hugo traduit SANS *la pluie du vrai amour*. Il a confondu *with*, avec, et *without*, sans. *Showers*, courte pluie, exactement *ondée*. Dans Rabelais, *housée*.

[3] Allusion à une vieille légende : Une jeune fille changée en chouette pour avoir refusé du pain à Jésus.

[4] Par Jésus-Christ. — Par J.-C. contracté en Gis. Certains commentateurs blessés de cette exclamation réputée blasphématoire sont allés rechercher une étymologie celtique : *Gis*, serment. Mais cette fantaisie est insoutenable. Et si Ophélia ne disait que cela !

[5] L'expression *by the cock* est absolument obscène. F. V. Hugo a traduit littéralement : Par Priape ! — Mais ce qui est intéressant dans ce passage, c'est cette observation si juste : N'a-t-on pas cent fois entendu des jeunes filles parfaitement chastes, des enfants innocents proférer dans le délire des mots ignobles, qu'on ne pouvait croire avoir été par eux ni retenus ni compris. Qui peut prétendre connaître Shakespeare pour avoir entendu, au Théâtre-Français, Ophélia chanter :

Bel ange adoré,
Je t'épouserai... etc.

L'équivalent serait pour nous qu'une jeune fille chaste chantât, en sa folie, quelque indécent refrain de café-concert.

Elle dit : « Avant de me culbuter[1],
Vous m'avez promis le mariage. »
Il répond : « Ainsi aurais-je fait, par le haut soleil !
Si vous n'étiez venue à mon lit... »

LE ROI.

Depuis combien de temps est-elle ainsi ?

OPHÉLIA, *toujours dans le délire.*

J'espère, tout ira bien. Il nous faut être patients : mais je ne puis choisir que de pleurer, en pensant qu'ils le coucheront dans la terre froide. Mon frère saura cela et aussi je vous remercie de votre conseil... Venez, ma voiture ! Bonne nuit, mesdames ! Bonne nuit, douces dames... bonne nuit... bonne nuit ! (*Elle sort.*)

LE ROI, à Horatio.

Suivez-la de près. Donnez-lui bonne garde, je vous prie. (*Horatio sort.* — A la Reine.) O ! ceci est le poison d'une profonde douleur ! Il jaillit, tout, de la mort de son père. Et maintenant, voyez, ô Gertrude ! quand viennent les chagrins, ils ne viennent pas en éclaireurs isolés, mais en bataillons ! D'abord son père tué ! Puis votre fils parti ! Et lui, le plus violent auteur de son propre et juste exil ! La fange populaire troublée, malsaine en pensées et en murmures, pour la mort du bon Polonius !... et nous avons sottement agi en le faisant enterrer à la dérobée — la pauvre Ophélia, hors d'elle-même et de sa pure raison, sans laquelle nous ne sommes que des choses peintes ou de simples animaux !... Et, enfin, ce qui est d'autant de conséquence que tout le reste — son frère est secrètement revenu de France, il se repaît de sa stupeur ! il se confine dans les ténèbres et ne manque pas de frelons pour infecter son oreille de pestilents discours sur la mort de son père — où, pour les besoins de la cause, à défaut de motif, on ne reculera pas à accuser notre personne d'oreille à oreille... O ma chère Gertrude, ceci, comme un engin meurtrier, en maintes places me donne trop de morts ! (*On entend au dehors du tumulte, des cris.*)

LA REINE.

Holà ! quel est ce bruit ?

LE ROI.

A moi ! (*Entre un gentilhomme.*) Où sont mes Suisses ? Qu'ils gardent la porte ! Que se passe-t-il ?

LE GENTILHOMME.

Mettez-vous en sûreté, My Lord ! L'Océan, surmontant ses grèves, ne dévore pas les plaines avec une hâte plus impétueuse que le jeune Laertes, à la tête de l'émeute, ne culbute vos officiers ! La canaille l'appelle Seigneur, et comme si le monde allait seulement commencer — l'antiquité, l'usage, ces ratificateurs et soutiens de toute parole, étant oubliés et méconnus — ils crient : — Choisissons ! Laertes sera Roi ! — Chapeaux, têtes, langues acclament jusqu'aux nues : Que Laertes soit Roi ! Laertes Roi !

LA REINE.

Avec quelle hâte ils crient sur une fausse piste ! Ah ! vous êtes à contre-voie, faux chiens danois ! [2] (*Le fracas augmente.*)

---

[1] F. V. H. a traduit par *chiffonner*. *To tumble* implique renversement et violence.
[2] Comme cette femme, orgueilleuse et impudique, ferait massacrer son peuple !

LE ROI.

Les portes sont brisées !...

Entre LAERTES, *armé, ses Danois derrière lui.*

LAERTES.

Où est le Roi ? (*Aux Danois.*) Messieurs, restez tous dehors !...

LES DANOIS.

Non ! non ! entrons !

LAERTES.

Je vous en prie, laissez-moi faire !

LES DANOIS.

Oui ! oui ! (*Ils se retirent en dehors de la porte.*)

LAERTES.

Merci. Gardez la porte. (*Au Roi.*) Et toi, misérable Roi, rends-moi mon père !

LA REINE.

Du calme, bon Laertes !

LAERTES, *avec fureur*.

Une goutte de mon sang, restant calme, me proclame bâtard ! crie : Cocu ! à mon père et brûle ici même le mot : Putain ! [1] entre les sourcils chastes et immaculés de ma vertueuse mère !

LE ROI [2].

Pour quelle cause, Laertes, ta rébellion se montre-t-elle aussi gigantesque ?... Laisse-le, Gertrude, ne crains rien pour notre personne. Il est une telle divinité, faisant haie devant le Roi, que la trahison peut seulement voir ce qu'elle voudrait, mais exécute peu de ses desseins... Dis-moi, Laertes, pourquoi es-tu aussi enflammé ?... Laissez-le, Gertrude... parle, homme !

LAERTES.

Où est mon père ?

LE ROI.

Mort !

LA REINE, *montrant le Roi*.

Mais non par lui !

LE ROI.

Laissez-le questionner son plein...

LAERTES.

Comment est-il mort ? On ne jonglera pas avec moi ! A l'enfer, la vassalité ! Au plus noir des diables, les serments ! Conscience et respect, au trou le plus profond ! Je risque la damnation ! J'en suis à ce point que je me moque des deux mondes ! Arrive ce qui arrive ! Seulement, je serai vengé, pour mon père, jusqu'au bout !

LE ROI.

Qui vous arrêtera ?

---

[1] *Brands the harlot between the brow* — marque au fer rouge le mot de *Harlot*. Arlot en roman, coquin, souteneur, se retrouve dans le patois normand *Marlou* qui a pris place dans l'argot français.
[2] Cette scène est, avant *Tartufe*, un chef-d'œuvre de tartuferie.

HAMLET

LAERTES.

Ma volonté ! non celle de l'univers ! Et pour mes ressources, je les économiserai si bien qu'elles iront loin, avec peu !

LE ROI.

Bon Laertes, si vous désirez savoir la vérité sur la mort de votre père, est-il écrit dans votre vengeance que, d'un coup de râfle, vous agripperez à la fois ami et ennemi, gagnant et perdant ? [1]

LAERTES.

Nul, sinon ses ennemis !

LE ROI.

Alors voulez-vous les connaître ?

LAERTES.

A ses bons amis, larges, j'ouvrirai mes bras. Et comme le généreux pélican qui restitue sa vie, je les repaîtrai de mon sang.

LE ROI.

Bien ! maintenant vous parlez en bon fils et en vrai gentilhomme. Or, je suis innocent de la mort de votre père et en suis très sincèrement en douleur. Ceci apparaîtra droit à votre jugement comme le jour à vos yeux.

LES DANOIS, *en dehors*.

Laissez-la entrer !

LAERTES.

Hé ! Quoi ? Quel est ce bruit ?

Entre Ophélia, fantastiquement vêtue de paille et de fleurs.

LAERTES.

O chaleur, dessèche mon cerveau ! Larmes, sept fois salées, consume la sensation et le pouvoir de mon œil ! Par le ciel, ta folie sera payée à son poids, jusqu'à ce que notre plateau torde le fléau ! O rose de mai ! Chère vierge, aimable sœur, douce Ophélia ! O cieux, est-ce possible que l'esprit d'une jeune vierge soit aussi mortel que la vie d'un vieil homme. La nature a sa fin dans l'amour, et où est la fin, elle envoie quelque précieux spécimen d'elle-même, après la chose qu'elle aime [2].

OPHÉLIA, *chantant*.

Ils l'ont porté, face nue, dans la bière.
Hey ho nonny, nonny hey nonny !
Et dans son tombeau a plu mainte larme.

(*Parlé.* — *A Laertes.*) Adieu, ma colombe !

---

[1] *Winner and loser.* C'est trop corriger Shakespeare que de traduire comme F.-V. Hugo, *ceux qui perdent ou ceux qui gagnent* A CETTE MORT — ou, encore plus étrangement, comme Guizot : *les coupables et les innocents.*

[2] La phrase est absolument obscure. — Elle débute par : *Nature is fine in love.* Faut-il prendre le mot *fine* dans le sens de *beau* ou le considérer comme le substantif *fine, finis,* fin. Guizot a traduit : « La nature *s'affine* dans l'amour, et ainsi affinée, elle envoie, en témoignage d'elle-même, vers l'objet tant aimé, quelque chose de sa précieuse essence. » Pour alambiquée qu'elle soit, la phrase n'apparaît pas plus claire. Les autres traducteurs ont suivi la même voie. Le mot à mot, avec le mot *fine* interprété dans le sens de fin, semble mieux se rapporter à l'idée de mort. Mais il est bon d'avouer franchement que Shakespeare ici a manqué absolument de netteté.

LAERTES.

Tu aurais tes esprits et tu me conseillerais la vengeance, que cela ne pourrait autant m'exaspérer !

OPHÉLIA.

Il faut chanter — *Downa, downa*, vous l'appelez un *downa* !... [1] Comme le rouet va bien avec cela ! C'est le traître intendant qui a volé la fille de son maître...

LAERTES.

Ce rien est plus que quelque chose !... [2]

OPHÉLIA, *distribuant des fleurs.*

Voici du romarin, c'est pour le souvenir !... je vous en prie, amour, souvenez-vous ! et voici des pensées !... ceci est pour les pensées... [3]

LAERTES.

Une indication dans la folie... pensées et souvenirs réunis !

OPHÉLIA.

Voici du fenouil pour vous... et des colombines... (*à la Reine*) et de la rue pour vous... en voilà un peu pour moi. Nous pouvons l'appeler l'herbe de grâce du dimanche. Vous pouvez porter votre rue avec une différence... [4] (*Elle passe à d'autres.*) Voici une marguerite... je vous donnerais bien aussi quelques violettes, mais elles se sont toutes fanées, quand mon père est mort... on dit qu'il a fait une bonne fin.

Car bon doux Robin est toute ma joie !

LAERTES.

Pensée et affliction, colère, enfer même... elle tourne tout en charme et en grâce...

OPHÉLIA.

Et ne reviendra-t-il pas ?
Et ne reviendra-t-il pas ?
Non, non, il est mort !
Va-t'en à ton lit de mort,
Jamais il ne reviendra.
Sa barbe était blanche comme neige,
Toute de lin était sa tête.
Il est parti, il est parti,
Et nous gémissons en vain.
Dieu ait pitié de son âme !

[1] Refrain qui comme le précédent — *Nonny, hey nonny !* — semble n'avoir aucun sens. Cependant colombe se dit en écossais *dow. Na* est la négation. Ce qui donnerait : *Pas Colombe ! Pas Colombe ! Ne l'appelez pas colombe !* — et se rapporterait à la précédente réplique d'Ophélia. Quant à *Hey nonny*, c'est une corruption de *Hail to the noon*, salut au midi ! ancien chant druidique. Au solstice, le jour commençant à trois heures, midi se trouve à la neuvième heure — *Noon*.

[2] C'est-à-dire, comme suite à sa réplique antérieure : *m'irrite plus que si elle exposait des griefs positifs.*

[3] Ce peu de mots occasionnel ne se trouve pas dans Shakespeare. *Pancy*, pensée, fleur. *Thought*, pensée, idée.

[4] Passage incompris. On traduit : *Avec un sentiment différent du mien.* Or on appelle *différence* en art héraldique une barre analogue à celle de la bâtardise. Ophélia dirait dans sa folie ce qu'elle n'eût jamais avoué, à l'état normal — c'est que la Reine est incestueuse et peut porter ses fleurs à la façon des irréguliers.

Une autre explication se présente. — *Marks and differences of Sovereignty* — signifie les marques et attributs de la souveraineté. Dans ce sens, Ophélia dirait : « Vous pouvez porter cette fleur comme un emblème royal, une sorte de décoration.

(*Parlé.*) Et de toutes les chrétiennes âmes ! Je prie Dieu ! Dieu soit avec vous !
(*Elle sort.*)

LAERTES.

Vois-tu cela, ô Dieu !

LE ROI.

Laertes, je dois communier avec votre douleur ou vous me refusez un droit. Venez... mais à part. Faites choix des plus sages amis qu'il vous plaira, et ils entendront et jugeront entre vous et moi. Si par main directe ou collatérale, ils nous trouvent touché, nous donnerons notre royaume, notre couronne, notre vie et tout ce que nous appelons nôtre, à vous, en satisfaction ! Mais, sinon, soyez content de nous prêter patience et nous irons ensemble travailler avec votre âme, pour lui donner due réparation.

LAERTES.

Qu'il en soit ainsi. Le mode de sa mort, ses obscures funérailles — pas de trophée, pas d'épée, pas de harnois sur ses os, pas de noble cérémonie, pas de formelle solennité — tout cela crie, à se faire entendre, comme si c'était du ciel à la terre — qu'il me faut appeler cela en discussion !...

LE ROI.

Ainsi ferez-vous, et, où est l'offense, que la grande hache tombe... je vous prie, venez avec moi. (*Ils sortent.*)

SCENE VI

Une autre pièce dans le château. — *Entre* HORATIO, *avec un serviteur.*

HORATIO.

Quelles sont ces gens qui veulent me parler ?

LE SERVITEUR.

Des matelots, Seigneur. Ils disent qu'ils ont des lettres pour vous.

HORATIO.

Introduisez-les. (*Le serviteur sort.*) Je ne sais de quelle partie du monde je pourrais être salué, sinon par le Seigneur Hamlet. (*Entrent des matelots.*)

UN MATELOT.

Dieu vous bénisse, monsieur.

HORATIO.

Qu'il te bénisse aussi.

LE MATELOT.

Il le fera, Seigneur, s'il lui plaît. Voici une lettre pour vous. Elle vient de l'ambassadeur qui était en route pour l'Angleterre. Si votre nom est Horatio, comme on me l'a fait savoir... (*Il lui tend le message.*)

HORATIO, *lisant.*

« Horatio, quand tu auras examiné ceci, fournis à ces compagnons quelque moyen d'arriver au Roi. Ils ont des lettres pour lui. Avant que nous ne fussions deux jours en mer, un pirate, de très guerrier équipage, nous a donné la chasse. Nous trouvant trop lents de voiles, nous lui avons opposé un courage forcé, et avec les grappins, je l'ai abordé. A l'instant, ils se sont dégagés de notre navire, si bien que je suis demeuré seul prisonnier. Ils en ont usé avec moi comme voleurs de miséricorde. Mais ils savaient ce qu'ils faisaient. Je devais être pour eux une bonne affaire. Que le Roi ait les lettres que j'ai envoyées; et toi, viens me rejoindre avec autant de hâte que si tu voulais fuir la mort. J'ai des mots à dire à ton oreille qui te rendront muet, encore seront-ils beaucoup trop légers pour le calibre de la chose. Ces bons compagnons te conduiront où je suis. Rosencrantz et Guildenstern suivent leur chemin pour l'Angleterre. Sur eux, j'ai beaucoup à te raconter. Adieu. Celui que tu sais être tien. — HAMLET. »

(Aux matelots.) Venez, je vais vous fournir le moyen de remettre vos lettres, et faites rapidement pour pouvoir me conduire à celui de qui vous les avez apportées.

SCÈNE VII

Une autre chambre dans le château. — Entrent le ROI *et* LAERTES.

LE ROI.

Maintenant il faut que votre conscience scelle mon acquittement, et que vous me placiez dans votre cœur comme un ami, puisque vous avez entendu — et d'une oreille qui sait — que celui qui a tué votre noble père a menacé ma vie.

LAERTES.

Il en semble bien ainsi. Mais, dites-moi, pourquoi n'avez-vous pas procédé contre ces actes, de nature capitale et si criminelle, alors que, par votre sûreté, votre grandeur, votre sagesse et bien d'autres choses, vous y étiez grandement entraîné?

LE ROI.

Oh! pour deux raisons spéciales, qui vous paraîtront être sans muscle, mais qui pour moi sont fortes. La Reine, sa mère, vit presque par ses regards : et pour moi-même — vertu ou vice, que ce soit l'un ou l'autre — elle est si conjointe à ma vie et à mon âme que, de même que les étoiles ne se meuvent pas hors de leurs sphères — je ne pourrais rien que par elle. L'autre motif — par lequel je ne pouvais aller à une révélation publique — c'est le grand amour que la multitude lui porte : amour qui, plongeant toutes ses fautes dans l'affection, agirait comme cette source qui change le bois en pierre et convertirait ses fers en instruments de grâce ; si bien que mes flèches, de bois trop léger pour un vent aussi fort, seraient revenues vers mon arc et non où je les aurais dirigées... [1]

LAERTES.

Et ainsi j'ai perdu un noble père, j'ai une sœur entraînée à une situation désespérée, une sœur dont la valeur — si ses qualités lui pouvaient revenir — se tiendrait en champion, au sommet de toute notre époque, pour ses perfections... mais ma vengeance viendra!

LE ROI.

Ne brisez pas pour cela vos sommeils. Il ne faut pas croire que nous soyons faits d'étoffe si plate et si molle que nous puissions laisser notre barbe être secouée par le

---

[1] Guizot, ne pouvant admettre une ellipse incorrecte dans Shakespeare, a corrigé cette phrase en écrivant : *Au lieu d'aller à leur but.* Shakespeare n'écrivait pas pour l'Académie française.

danger et prendre cela pour un passe-temps. Bientôt vous en entendrez plus. J'aimais votre père et nous nous aimons nous-mêmes, et ceci, je l'espère, vous apprendra à imaginer... (*Entre un messager.*) Qu'y a-t-il ? Quelles nouvelles ?

LE MESSAGER.

Des lettres, My Lord, d'Hamlet... Celle-ci à Votre Majesté... celle-là à la Reine.

Laertes : — *Misérable roi! rends-moi mon père.*

LE ROI.

D'Hamlet ? Qui les a apportées ?

LE MESSAGER.

Des matelots, dit-on, My Lord. Je ne les ai pas vus. Elles me furent données par Claudio, qui les a reçues de celui qui les a apportées.

LE ROI.

Laertes, il faut que vous entendiez cela. (*Au messager.*) Laissez-nous. (*Il lit.*)

« Haut et puissant, vous saurez que je suis jeté nu sur votre royaume. Demain, je me permettrai de voir vos yeux royaux[1], et, demandant d'abord mon pardon, je vous exposerai les raisons de mon soudain et plus étrange retour. — HAMLET. » — Que signifie cela ? Sont-ils tous revenus ? Où est-ce quelque tromperie... et non une chose réelle ?...

LAERTES.

Reconnaissez-vous la main ?

LE ROI.

C'est l'écriture d'Hamlet — Nu ! — et dans un post-scriptum, il se dit seul. Pouvez-vous me donner un avis ?

LAERTES.

Je m'y perds, My Lord. Mais qu'il vienne ! cela réchauffe la faiblesse de mon cœur... que je puisse vivre et lui dire aux dents : — Tu as fait cela !

LE ROI.

S'il en est ainsi, Laertes... (*Hésitant.*) Comment en serait-il ainsi ?... et comment autrement ?... (*Avec décision.*) Voulez-vous être conduit par moi ?

LAERTES.

Oui, My Lord... mais vous ne me conduirez pas à la paix ?

LE ROI.

A ta propre paix... S'il est maintenant revenu, comme faisant échec[2] à son voyage et parce qu'il prétend ne plus l'entreprendre, je veux l'amener à un piège — maintenant mûri dans ma pensée — et dans lequel il ne manquera pas de tomber. Mais pour sa mort, pas un vent de blâme ne soufflera. Même sa mère devra absoudre le moyen et l'appeler accident.

LAERTES.

My Lord, je veux bien être conduit, mais surtout si vous pouviez arranger cela de façon que je pusse être l'instrument...

LE ROI.

Cela tombe bien. On a beaucoup parlé de vous depuis votre voyage et cela, à entendre Hamlet, pour une qualité en laquelle vous brillez, dit-on. La somme de tous vos succès n'a pas excité son envie autant que ne l'a fait celui-là seul, et pourtant, à mon estime, c'est le moindre de tous...

LAERTES.

Quel succès est-ce donc, My Lord ?

LE ROI.

Rien qu'un ruban au chapeau de la jeunesse, et cependant utile. Car la jeunesse, ne s'accommode pas moins d'une livrée de légèreté et d'insouciance que l'âge rassis de vêtements noirs et de fourrures, comportant santé et gravité. Il y a deux mois était ici un gentilhomme de Normandie. J'ai vu moi-même les Français et ai servi contre eux, ils montent bien à cheval. Mais ce galant était sorcier en cela. Il s'enracinait sur la selle et amenait son cheval à de si merveilleux exercices qu'il semblait incorporé — à demi-nature — avec le brave animal. Et de si loin il dépas-

---

[1] Évidemment les traducteurs suivent le sens, quand ils écrivent, comme F.-V. Hugo : *Je demanderai la permission de voir votre royale personne.* Mais est-ce du Shakespeare ?

[2] Est-ce traduire que d'écrire : *Reculant devant ce voyage ?* C'est justement l'idée contraire.

sait mes idées que, pour moi, en inventions de formes et de tours, j'arrivais de bien court à ce qu'il faisait.

LAERTES.

Un Normand, n'est-ce pas ?

LE ROI.

Un Normand.

LAERTES.

Sur ma vie, c'était Lamord !

LE ROI.

Lui-même...

LAERTES.

Je le connais bien, il est le bijou, certes et la gemme de toute sa nation.

LE ROI.

Il fit confession de vous et donna de vous un si magistral rapport, pour art et exercice dans votre défense et particulièrement pour votre rapière, qu'il criait que ce serait un vrai spectacle, si quelqu'un pouvait vous combattre. Les escrimeurs de leur nation, jurait-il, n'auraient ni mouvement, ni garde, ni œil, si vous étiez en face d'eux ! Ces rapports rendirent Hamlet si envenimé d'envie qu'il ne put faire autrement que de désirer et requérir votre arrivée, pour faire le jeu avec vous. Maintenant, en dehors de cela...

LAERTES.

Quoi ? en dehors de cela, My Lord ?...

LE ROI.

Laertes, votre père vous était-il cher ? Ou n'êtes-vous qu'un simulacre de douleur, une face sans un cœur ?...

Le Roi et Laertes.

LAERTES.

Pourquoi demandez-vous cela ?

LE ROI.

Non que je croie que vous n'aimiez pas votre père. Mais ce que je sais, c'est que l'amour est commencé par le temps — et, à ce que je vois, par passages et épreuves le temps en modère l'éclat et le feu... il vit, même dans la vraie flamme d'amour, une sorte de suie ou de champignon qui l'abattra — et rien n'est toujours à même bonté. Car la bonté, grandissant en pleurésie [1], meurt de son propre trop plein. Ce que nous voulions faire, nous devions le faire, quand nous le voulions. Car ce — voulions — change et a des déduits et des délais, aussi nombreux que sont les langues, les mains, les accidents. Et alors ce — devrions — est comme un soupir épuisant qui blesse en soulageant...[2] Mais au vif de l'ulcère !... Hamlet revient. Qu'entreprendrez-vous pour vous montrer fils de votre père, réellement, autrement qu'en paroles ?

---

[1] La pleurésie a en effet, comme caractéristique, l'épanchement.
[2] Le Roi entasse phrases sur phrases, disant des banalités redondantes, tournant autour du crime qu'il va proposer.

LAERTES.

De lui couper la gorge dans une église !...

LE ROI.

En effet, pas de lieu qui soit sanctuaire contre le meurtre ! Vengeance n'a pas de limites !... Mais... mon bon Laertes, voulez-vous faire ceci; gardez-vous clos dans votre chambre. Hamlet, de retour saura que vous êtes revenu. Nous en mettrons en avant qui exalteront votre supériorité et poseront un double vernis sur la réputation que le Français vous a donnée, et enfin vous amèneront face à face et parieront sur vos têtes. Lui, étant confiant, très généreux et libre de toute machination, n'essaiera pas les fleurets, si bien qu'avec aise ou un peu d'artifice, vous pourrez choisir une épée non mouchetée et dans une passe de praticien, le payer pour votre père...

LAERTES.

Je ferai cela : et pour ce cas j'empoisonnerai mon épée, J'ai acheté d'un banquiste [1] un onguent si mortel que d'y seulement tremper un couteau, quand il tire du sang, pas de cataplasme si rare, mixture de tous les simples qui ont vertu sous la lune, ne peut sauver de la mort celui qui en a été seulement égratigné. Je toucherai ma pointe de cette peste, de sorte que si je le pique légèrement, ce doit être la mort !

LE ROI.

Réfléchissons à cela : pesons ce qui convient à la fois en temps et en moyens pour l'adapter à notre moule : si ceci manquait et que notre dessein transparût à travers l'exécution manquée, mieux vaudrait n'avoir point essayé. Aussi le projet doit avoir un revers, qui pût se tenir de seconde façon si celui-ci craquait à l'épreuve... doucement !... laissez-moi voir !... Nous ferons un solennel pari sur vos talents... j'ai la chose !... quand, en vos mouvements, vous serez chauds et secs — et poussez dans ce but des bottes plus violentes — s'il demande à boire, j'aurai préparé pour lui une coupe tout exprès, si bien que s'il y trempe seulement les lèvres, si par aventure il échappe à votre pointe vénéneuse, notre projet s'exécutera. Mais assez ! Quel est ce bruit ? (Entre la Reine.) Qu'y a-t-il, chère Reine ?

LA REINE.

Un malheur court sur les talons d'un autre, si vite, ils se suivent ! Votre sœur est noyée, Laertes !

LAERTES.

Noyée ! oh ! où cela ?..

LA REINE.

Il y a un saule qui pousse au travers du ruisseau, montrant ses feuilles grises sur le courant de cristal... là, elle avait fait de fantastiques guirlandes de renoncules, d'orties, de marguerites et de ces longues pourpres que les libres bergers appellent d'un nom plus grossier, mais que nos chastes vierges appellent Doigts-de-Morts [2] — là, grimpant sur les pendants rameaux pour suspendre ses couronnes d'herbes... une jalouse branche se rompit, et, en bas, ses trophées d'herbes et elle-même tombèrent dans le ruisseau pleurant... ses vêtements se gonflèrent, et comme une syrène, un instant la soutinrent en haut. Et pendant ce temps, elle chantait des

---

[1] *A mountebank*, un monte-banc, saltimbanque ou plutôt charlatan.

[2] Reconnaissons que, quoique appartenant à Shakespeare, cette observation de la Reine est tout au moins singulièrement placée. C'est une orchidée mâle appelée *testiculus canis*.

bribes de vieilles chansons comme une créature insouciante de sa propre détresse ou naturellement douée pour cet élément. Mais cela ne pouvait durer longtemps, jusqu'à ce que ses vêtements, alourdis par l'eau bue, aient entraîné la pauvre malheureuse et son lai mélodieux dans la mort fangeuse...

LAERTES.

Hélas ! ainsi elle est noyée !

LA REINE.

Noyée ! noyée !

LAERTES.

Trop d'eau tu as eu, pauvre Ophélia. Aussi je retiens mes larmes ! mais encore c'est une tricherie de nous¹ !... (*Il pleure*) La nature à ses habitudes, que l'amour-propre dise ce qu'il veut ! Quand ces larmes s'en seront allées, la femme² sera dehors !... Adieu, My Lord ! j'ai des mots de feu, prêts à flamboyer... mais que cette folie noie !... (*Il sort*).

LE ROI.

Suivons-le, Gertrude. Combien j'ai eu à faire pour calmer sa rage ! Maintenant j'ai peur que ceci ne le fasse partir à nouveau : Donc suivons-le !

(*Ils sortent*)

¹ *It is our trick*. Laertes ne veut pas pleurer : il essaye d'y échapper par une mauvaise plaisanterie — *tu as eu trop d'eau !* — Mais la nature l'emporte, et il se met à sangloter. Ce sens est simple et plus acceptable que : C'est un tic chez nous ! (F. V. H) ou — C'est notre train courant ! (Guizot.)

² Ce qu'il y a de féminin en moi...

ACTE CINQUIÈME

SCÈNE PREMIÈRE

Un Cimetière. — Deux Paysans[1] *avec des bêches, occupés à creuser une fosse.*

PREMIER PAYSAN.

Est-elle pour être enterrée en terre chrétienne, celle qui volontairement cherche son propre salut ?

DEUXIÈME PAYSAN.

Je te dis, elle l'est... donc fais sa fosse tout de suite. Le coroner a statué sur elle et trouve que c'est sépulture chrétienne...

PREMIER PAYSAN.

Comment cela se peut-il, à moins qu'elle ne se soit noyée à son corps défendant ?

DEUXIÈME PAYSAN.

Eh bien, c'est ce qu'on a trouvé.

PREMIER PAYSAN.

Cela a dû être *se offendendo*[2] cela ne peut être autrement. Car là gît le point. Si je me noie volontairement, cela accuse un acte, et un acte à trois branches, c'est agir, faire et exécuter... *ergo*, elle s'est noyée volontairement.

DEUXIÈME PAYSAN.

Non... mais écoute ceci, bonhomme creuseur...

---

[1] *Two Clowns* — Nous ne connaissons le mot *clown* qu'avec le sens de pitre et saltimbanque. Il vient du mot latin *colonus*, de *colere*, cultiver. Plus tard, la scène en a fait le paysan ridicule, benêt, le Jeannot. Et comme sur la scène anglaise, pas un comique ne s'en tire sans culbutes, le Jeannot devint acrobate. Intéressante genèse d'un mot.

[2] Non pas en se défendant, mais en s'offensant, en se perdant elle-même.

PREMIER PAYSAN.

Permets... (*faisant la démonstration avec sa bêche.*) Ici est l'eau, bon ! Là se trouve l'homme... bon ! Si l'homme va à l'eau et se noie, c'est — qu'il ne le veuille ou ne le veuille pas. — qu'il y va. Remarque ça. Mais si l'eau vient à lui et le noie, il ne se noie pas lui-même. *Ergo*, celui qui n'est pas coupable de sa propre mort, ne raccourcit pas sa propre vie...

DEUXIÈME PAYSAN.

Mais est-ce la loi ?

PREMIER PAYSAN.

Hé, pardi, ce l'est... l'enquête du coroner, c'est la loi [1].

DEUXIÈME PAYSAN.

Veux-tu avoir la vérité ? Si celle-ci n'avait pas été femme noble, elle n'aurait pas été enterrée en sépulture chrétienne.

PREMIER PAYSAN.

Ouais, tu l'as dit, et c'est grande pitié que les grandes gens aient pouvoir en ce monde de se noyer ou de se pendre eux-mêmes, plus que leurs égaux chrétiens. Viens, ma pioche ! Il n'y a d'anciens gentilshommes que les jardiniers, les terrassiers et les fossoyeurs, car ils continuent le métier d'Adam...

DEUXIÈME PAYSAN.

Il était gentilhomme ?

PREMIER PAYSAN.

Il fut le premier qui jamais porta des armes.

DEUXIÈME PAYSAN.

Hé ! il n'en avait pas ?

PREMIER PAYSAN.

Hein ? Es-tu un payen ? Comment comprends-tu l'Ecriture ? L'Ecriture dit : — Adam creusait... Pouvait-il creuser sans bras [2] ?... Je te pose une autre question. Si tu ne réponds pas à souhait, confesse que tu...

DEUXIÈME PAYSAN.

Vas y.

PREMIER PAYSAN.

Qui bâtit plus solidement qu'un maçon, un constructeur de navires ou un charpentier ?

DEUXIÈME PAYSAN.

Le fabricant de potences. Car son bâtis survit à un millier de locataires.

---

[1] *Coroner's quest law*. Le sens est absolument clair, et pourtant les uns traduisent : — c'est la loi touchant l'enquête du coroner — les autres, c'est la loi de l'enquête par le coroner. Ce mot à mot suffit.

[2] Il y a là un calembourg bien simple. *Arms* signifie en même temps *armes* et *bras*. Il serait même intéressant de rechercher si cette identité d'expression ne doit pas être attribuée à ce fait que la première *arme* de l'homme fut son *bras*.

Mais voici qui doit attirer l'attention sur les fantaisies des traducteurs français. Guizot, d'esprit léger, a cherché à reconstituer un calembourg analogue et il a inventé ceci :
— Adam est le premier qui ait porté de sable et de vair.
— Bah ! il n'avait aucun blason.
— Comment aurait-il cultivé sans porter du sable et du vert.

N'est-ce pas un défi au bon sens ? Quant à F.-V. Hugo, il traduit les deux fois par *armes* ce qui n'a plus aucune signification.

PREMIER PAYSAN.

Ma foi, j'aime bien ton esprit... la potence va bien. Mais comment va-t-elle bien ? Elle va bien à ceux qui font mal. Or, tu fais mal en disant que la potence est bâtie plus solidement que l'Eglise. Donc la potence ferait bien pour toi... Encore ! va !

DEUXIÈME PAYSAN.

Qui bâtit plus solidement qu'un maçon, un constructeur de navires ou un charpentier ?

PREMIER PAYSAN.

Oui, dis-moi ça et détèle !

DEUXIÈME PAYSAN.

Ma foi... je puis le dire...

PREMIER PAYSAN.

Allons !

DEUXIÈME PAYSAN.

Messe ! je ne peux pas le dire... (*Entrent Hamlet et Horatio, dans le fond, écoutant et regardant.*)

PREMIER PAYSAN.

Ne te crosse pas davantage la cervelle là-dessus ! Car votre fainéant d'âne, à être battu, ne changera pas son pas. Et, la prochaine fois qu'on vous adressera cette question, dites : — Un fossoyeur. Les maisons qu'il fait durent jusqu'au jugement dernier. Là-dessus, va-t-en chez Yaughan [1] et apporte-moi une pinte de liquide... (*Sort le deuxième paysan. Le premier chante :*),

En jeunesse quand j'aimais, j'aimais.
Me semblait qu'était très doux...
Pour abréger... oh ! le Temps !... pour... Ha ! ma convenance...
Ho ! me semblait qu'il n'y avait rien de bon [2]...

HAMLET, *au fond, à Horatio.*

Ce compagnon n'a-t-il donc aucun sentiment de son travail ? Il chante en fossoyant !...

HORATIO.

L'habitude a fait de cela en lui une insouciante faculté.

HAMLET.

C'est ainsi... La main qui s'emploie peu a le sens plus délicat.

PREMIER PAYSAN, *chantant.*

Mais l'âge, à pas de voleur,
M'a agrippé dans ses griffes,
Et m'a chaviré dans la terre,
Comme si je n'avais jamais été...
(*Il rejette un crâne*).

[1] On a beaucoup discuté sur ce nom *Yaughan*, plus ou moins lisible dans le manuscrit primitif. Ce sont là problèmes sans intérêt. Mais il est à remarquer que le paysan, ainsi envoyé en mission sérieuse, ne reparaît plus.

[2] Le fossoyeur chantonne des bribes d'une vieille chanson de Lord Vaux, mâchant les mots en les coupant par des exclamations dont il s'aide en travaillant. Ainsi un terrassier chantant :

Quand vous verrez... han ! tomber... han !... euilles mortes !

Pour :

Quand vous verrez tomber, tomber les feuilles mortes

Outre le sel que peut donner à ce jeu de scène l'habileté de l'acteur, il est d'une excellente observation.

HAMLET.

Ce crâne eût lui aussi une langue et il pouvait chanter. Le gredin le cogne par terre, comme si c'était la mâchoire de Caïn qui commit le premier meurtre. Ceci pourrait être une caboche de politicien, sur quoi cet âne maintenant met le pied... un qui aurait voulu circonvenir Dieu, ne se pourrait-il pas?

HORATIO.

Il se pourrait, My Lord.

HAMLET.

Ou d'un courtisan qui pouvait dire : — Bonjour, doux seigneur! Comment vas-tu, bon seigneur? — Cet autre pourrait être Mylord Tel ou Tel, qui flagornait le cheval de Mylord Tel ou Tel, quand il songeait à le lui mendier... ne se pourrait-il pas?

HORATIO.

Certes, My Lord.

HAMLET.

Oui, ainsi... et maintenant à mylady Charogne, sans lèvres et cognée sur la boule [1] par une pioche de fossoyeur. Voilà une jolie évolution et nous avons eu la chance de la voir. Ces os n'ont-ils pas coûté trop cher à sustenter pour qu'on joue aux quilles avec? A y songer les miens me font mal!

PREMIER PAYSAN, *chantant*.

Une pioche et une bêche, une bêche
Pour... et un drap pour couvrir...
Ho!... un trou à faire en glaise...
Pour un tel hôte, c'est bien...

(*Il rejette un crâne hors de la fosse*).

HAMLET.

En voici un autre. Pourquoi ne serait-ce pas le crâne d'un légiste? Où sont ses pointilleries, ses chicanes, ses fonds et ses tréfonds [2] et ses tours de coquin! Pourquoi souffre-t-il que ce rude drôle le cogne à travers le bobéchon [3] avec sa sale pelle et ne lui intente-t-il pas une action pour coups? Hum! Ce gaillard-là était peut-être en son temps un grand acheteur de terrains, avec obligations, reconnaissances, amendes, doubles garanties et revendications. Est-ce pour lui l'amende de ses amendes et la revendication de ses revendications que d'avoir sa belle caboche pleine de belle boue! Ses garanties, si doubles soient-elles, lui assureront-elles, de toutes ses acquisitions, plus que la longueur et la largeur d'une paire de sous-seings privés [4]... Malaisément ses seuls titres de propriété pourraient tenir dans cette boite... et faut-il que l'héritier lui-même n'ait pas davantage, ha! ha!

[1] *Mazzard*, de *mazer*, qui signifie un flacon pansu. C'est ainsi qu'en italien *succa* signifie *gourde*, puis crâne. L'argot français a le mot *fiole*.
[2] *His tenures*, tout ce qui a trait aux chicanes de la propriété.
[3] Ce mot d'*argot* — tête — répond exactement au mot anglais *sconse* qui, entr'autres sens, a celui de *bobéche* garnissant un candélabre. V. Ogilvie.
[4] *Indentures*, mot dont la racine est *dent*, parce que jadis un acte sous seing privé devait être fait en double sur une seule feuille de papier qu'on déchirait par le milieu. Les deux parties devaient toujours pouvoir se réadapter par les *dents* de la déchirure. C'est le système actuel des livres à souches.

HORATIO.

Pas un iota de plus, My Lord [1].

HAMLET.

Le parchemin n'est-il pas fait de peau de mouton ?

HORATIO.

Oui, My Lord, et aussi de peau de veau.

HAMLET.

Ce ne sont que moutons et veaux qui cherchent des garanties là-dedans. Je veux parler à ce compagnon... (*Au fossoyeur*.) Hé, mon gars, à qui cette fosse ?

PREMIER PAYSAN.

A moi, Seigneur.

Ho! un trou à faire en glaise
Pour un tel hôte est bon!

HAMLET.

Je crois en effet qu'elle est à toi, puisque tu es dedans.

PREMIER PAYSAN.

Vous en êtes dehors, donc elle n'est pas à vous. Pour moi, je ne suis pas dedans et pourtant elle est à moi.

HAMLET.

Tu t'es mis dedans pour y être et dire qu'elle est à toi [2]. Elle est pour le mort et non pour le vif, donc tu me mets dedans...

LE PAYSAN.

C'est une vive mise dedans, et cela peut repartir, de moi à vous.

HAMLET.

Pour quel homme creuses-tu cela ?

LE PAYSAN.

Pas pour un homme, Seigneur.

HAMLET.

Pour quelle femme, alors ?

LE PAYSAN.

Pour aucune non plus.

HAMLET.

Qui doit être enterré là-dedans ?

LE PAYSAN.

Une qui était une femme... mais, repos à son âme ! elle est morte...

HAMLET.

Que le drôle est précis ! Il nous faut parler à la boussole [3] ou bien ses équivoques nous dériveront. Pardieu ! Horatio, en ces trois ans j'ai pris note de ceci : Ce temps est devenu si pointu que l'orteil du paysan vient assez près du talon de

---

[1] *Not a jot more*. On a traduit par — pas un pouce ou ligne de plus. — Or *jot* est le *iod* hébraïque et le *w-a* grec.

[2] Il y a la une suite d'équivoques entre *to lie*, être dedans, et *to lie*, mentir. Inutile d'essayer de les rendre par des à peu près.

[3] Et non *cartes sur table*. *By the card* signifie d'après la carte ou rose des vents qui se trouve sous l'aiguille de la boussole.

l'homme de cour pour lui piquer ses cors. Depuis combien de temps es-tu fossoyeur[1] ?

LE PAYSAN.

De tous les jours de l'année, j'y suis venu le jour où notre dernier roi Hamlet vainquit Fortinbras.

HAMLET.

Combien y a-t-il de cela ?

LE PAYSAN.

Ne pouvez-vous le dire ? Tout imbécile peut le dire. C'est juste le jour où est né le jeune Hamlet, celui qui est fou et a été envoyé en Angleterre.

HAMLET.

Ah ! vraiment... Et pourquoi a-t-il été envoyé en Angleterre ?

LE PAYSAN.

Hé ! parce qu'il est fou ! il recouvrera ses esprits là-bas : ou s'il ne le fait pas là-bas, ça n'est pas de grande importance.

HAMLET.

Pourquoi ?

LE PAYSAN.

Là-bas ça ne se verra pas. Là-bas les hommes sont aussi fous que lui.

HAMLET.

Comment est-il devenu fou ?

LE PAYSAN.

Très étrangement, dit-on.

HAMLET.

Comment, étrangement ?

LE PAYSAN.

Ma foi, c'est en perdant l'esprit.

HAMLET.

Sur quel terrain ?

LE PAYSAN.

Hé ! ici, en Danemark ! J'ai été fossoyeur, ici, enfant et homme, depuis trente ans !...

HAMLET.

Combien de temps un homme reste-t-il dans la terre avant de pourrir ?

LE PAYSAN.

Ma foi, s'il n'est pas pourri avant de mourir — comme nous avons aujourd'hui un tas de corps variolés qui valent à peine l'inhumation — il peut vous durer des huit ou neuf ans. Un tanneur vous durera neuf ans.

HAMLET.

Pourquoi lui plutôt qu'un autre ?

LE PAYSAN.

Voilà, monsieur. Sa peau est tellement tannée par son métier qu'il pourra se garder pendant longtemps des atteintes de l'eau... car l'eau est un sûr détraqueur de votre corps mort, ce fils de putain ! Tenez, voici un crâne qui est maintenant resté dans la terre vingt-trois ans.

[1] *Sexton* signifie à la fois sacristain et fossoyeur, les deux emplois étant généralement cumulés.

A qui était-il?

HAMLET.

Hélas! pauvre Yorick.

LE PAYSAN.
Le compagnon était fou, un vrai fils de putain! A qui croyez-vous que ce fût?

HAMLET.
Je ne sais pas.
LE PAYSAN.
La peste de lui ! un enragé brigand ! Une fois il m'a versé sur la tête un flacon de vin du Rhin ! Ce crâne, monsieur, était celui d'Yorick, le bouffon du roi...
HAMLET.
Celui-ci ? (*Il prend le crâne.*)
LE PAYSAN.
Justement.
HAMLET.
Hélas ! pauvre Yorick. Je l'ai connu, Horatio, un compagnon d'un esprit infini et d'une fantaisie excellente. Il m'a mille fois porté sur son dos et maintenant combien il est en horreur à mon imagination ! Ma gorge s'en soulève ! Là étaient attachées ces lèvres que j'ai baisées je ne sais combien de fois. Hé ! où sont vos blagues maintenant ? vos gambades, vos chansons, vos saillies de gaieté qui, d'ordinaire, mettaient toute la table en hourvari ? Pas une maintenant pour vous moquer de vos propres grimaces ? Tout à fait bouche rentrée ! Or rendez vous à la chambre de ma Dame et dites-lui qu'elle se peigne épais d'un pied... il lui faudra en venir à ce charme-ci... je t'en prie, Horatio, dis-moi une chose.
HORATIO.
Quoi, My Lord ?
HAMLET.
Crois-tu qu'Alexandre eut mine de cette façon dans la terre ?
HORATIO.
Bien certainement !
HAMLET.
Et puât aussi ? Pouah ! (*Il jette le crâne.*)
HORATIO.
Parfaitement, Seigneur !
HAMLET.
A quels bas usages nous pouvons retourner, Horatio ! Notre imagination ne peut-elle suivre la poussière d'Alexandre jusqu'à la retrouver bouchant un trou de bonde.
HORATIO.
C'est chercher trop curieusement que chercher jusque-là.
HAMLET.
Non, sur ma foi, pas d'un iota. On n'a qu'à le suivre avec assez de discrétion pour très probablement le mener ainsi : Alexandre est mort ; Alexandre a été enterré ; Alexandre est retourné en poussière. La poussière est de la terre : de la terre nous faisons du mastic. Et pourquoi de ce ciment — en quoi il a été converti — ne pourrait-on pas fermer un baril de bière ? (*D'un ton déclamatoire.*) L'impérieux César, mort et changé en glaise, pourrait boucher un trou pour arrêter l'air. Oh ! cette terre — qui tenait le monde en terreur — calfeutrerait un mur pour repousser la rafale d'hiver !... (*S'arrêtant tout à coup.*) Mais chut !... chut !... à l'écart !... voici le Roi qui vient !...

Entre une procession de prêtres, puis le cadavre d'Ophélia. — Suivent LAERTES
et des pleureuses, LE ROI, LA REINE, *leur suite.*

HAMLET.

La Reine! les gens de cour! Qu'est-ce donc qu'ils suivent... et avec ce cérémonial estropié ? Cela indique que ce corps qu'ils suivent, a, d'une main désespérée, détruit sa propre vie. C'était personne de quelque noblesse. Cachons-nous un instant et observons. (*Il s'éloigne avec Horatio. — Le cortège s'arrête. — Les prêtres vont se retirer.*)

LAERTES.

Quelle cérémonie encore ?

HAMLET, *bas à Horatio.*

Celui-ci est Laertes, un très noble jeune homme. Attention!

UN PRÊTRE.

Ses obsèques ont été aussi largement organisées que nous avions de garanties. Sa mort était équivoque. Et sans cet ordre supérieur qui a modifié la règle, elle eût demeuré dans le sol non sanctifié jusqu'aux dernières trompettes. Au lieu de charitables prières, tessons, pierres et cailloux auraient été jetés sur elle. Ici encore ont été autorisées pour elles ces virginales couronnes, ces chastes jonchées et la clochette portée à la maison [1] et un service religieux...

LAERTES.

Rien de plus ne doit-il être fait ?

LE PRÊTRE.

Rien de plus à faire. Nous profanerions le service des morts en chantant un *Requiem* et même repos pour elle que pour les âmes parties en paix.

LAERTES.

Couchez-la dans la terre et de sa belle et impolluée chair, puissent des violettes jaillir! Je te le dis, rustaud de prêtre, un ange de protection, telle sera, ma sœur, alors que tu giras, hurlant!...

HAMLET, *à Horatio.*

Quoi! la belle Ophélia!

LA REINE, *jetant des fleurs.*

Douceurs à la si douce [2]! Adieu! J'espérais que tu aurais été l'épouse de mon Hamlet. Je croyais que je joncherais, douce vierge, ton lit nuptial et non ta tombe!

LAERTES.

Ho! qu'une triple malédiction tombe dix fois triple sur cette tête maudite dont l'acte méchant t'a privée de ta si consciente raison!... Écartez un peu la terre, jusqu'à ce que je l'aie prise encore une fois dans mes bras. (*Il saute dans la fosse.*)

---

[1] La vindicte publique et religieuse s'acharnait contre les suicidés dont les cadavres étaient traînés sur la claie. Quant au dernier détail, pour les enterrements de jeune garçon ou de vierge, un enfant de chœur marchait en avant, faisant tinter une clochette.

[2] *Sweets to the sweet.* F. V. Hugo traduit très littéralement par *Fleurs sur fleur*, ce dont M. Stapfer s'émerveille. En effet, l'équivalent est charmant, et Shakespeare, s'il était né dans le ressort de l'Université de Paris, n'eut pas failli à l'employer. Mais il parlait anglais et usait d'expressions anglaises, qui cependant ne sont pas tout à fait inintelligibles. Un jour viendra où on aura à Londres un F. V. Hugo traduit qui donnera *Flowers to the flower.*

Maintenant pilez votre poussière sur le vivant et sur la morte, jusqu'à ce que de ce sol plat vous ayez fait une montagne qui dépasse le vieux Pelion ou la tête céleste [1] de l'Olympe bleu!

HAMLET, *s'avançant.*

Quel est celui dont la douleur justifie une pareille emphase, dont les paroles de douleur conjurent les étoiles errantes et les contraint de s'arrêter, comme des auditeurs frappés d'épouvante... Celui-là, c'est moi, Hamlet le Danois! (*Il se précipite dans la fosse*).

LAERTES, *se ruant sur lui.*

Que le diable prenne ton âme! (*Il le saisit à la gorge*).

HAMLET.

Tu ne pries pas bien! [2]... je te prie, moi, ôte tes doigts de ma gorge! Car quoique je ne sois pas en folle fureur [3], encore ai-je en moi quelque chose de dangereux que doit redouter ta prudence... Ote tes mains! (*Ils luttent*).

LE ROI.

Arrachez-les l'un à l'autre!

LA REINE.

Hamlet! Hamlet!

TOUS.

Messieurs!...

HORATIO.

Mon bon Seigneur, du calme! (*On sépare les deux combattants qui sont sortis de la fosse*).

HAMLET.

Oui! je combattrai avec lui sur ce sujet, jusqu'a ce que nos paupières ne puissent plus s'abaisser!

LA REINE.

Oh! mon fils, quel thème?

HAMLET.

J'aimais Ophélia. Quarante mille frères ne pourraient pas, avec toute leur quantité d'amour, faire la somme du mien... (A *Laertes*). Que veux-tu faire pour elle?

LE ROI.

O Laertes, il est fou!

LA REINE.

Pour l'amour de Dieu, épargnez-le!

HAMLET.

Par les plaies de Dieu! montre-moi ce que tu veux faire! Veux-tu pleurer? Veux-tu te battre? Veux-tu jeûner! Veux-tu te déchirer toi-même? Veux-tu boire le

---

[1] *Skyish*, de *sky*, qui exactement signifie la profondeur infinie qui enveloppe la terre, du sanscrit *sku*, couvrir.
[2] Ton souhait est injuste.
[3] *Spleenitive and rash*. *Spleen* est la rate où l'ancienne médecine, peut-être pas autant à tort qu'on le croit, plaçait le siège de l'*hypocondrie*, mot qui d'ailleurs signifie : *sous les côtes* — et indique le même organe.

vinaigre¹... manger un crocodile! j'en ferai autant! Viens-tu ici pour te lamenter, pour m'affronter en sautant dans sa tombe! Enterre-toi vivant avec elle et ainsi je ferai! Et si tu pérores de montagnes, qu'elles jettent des millions d'acres sur nous, jusqu'à ce que notre terre, heurtant sa caboche à la zône brûlante, fasse l'Ossa comme une verrue! Certes si tu veux gueuler², je tempêterai aussi bien que toi...

LA REINE.

C'est absolument de la folie, et pendant quelque temps l'accès le travaillera. Bien-

Que le diable prenne ton âme!

tôt, aussi patient que la tourterelle, quand ses couples d'or sont éclos, son silence se posera, abattu!

HAMLET.

Entendez-vous, monsieur? Quelle est la raison pour laquelle vous en usez ainsi avec moi? Je vous ai toujours aimé... Mais n'importe, laissons Hercule lui-même faire ce qu'il peut. Le chat miaulera et le chien aura son jour! (*Il sort*).

LE ROI.

Je t'en prie, bon Horatio, accompagne-le... (*A Laertes*). Fortifiez votre patience

¹ *Drink up eisel.* — On doute du sens. Pourtant on lit dans *Chaucer Eisell strong und egre*. La racine se retrouve dans l'allemand *essig*, vinaigre.
² Pas un autre mot ne peut rendre le texte, *an thou'lt mouth.*

de notre entretien de la dernière nuit. Nous allons à présent pousser l'affaire. (*A la Reine*). Bonne Gertrude, veillez un peu sur votre fils. Ce tombeau aura un monument vivant. Nous verrons bientôt l'heure du repos ; jusque-là, agissons en patience... (*Ils sortent*).

SCÈNE II

Une salle dans le château[1]. — HAMLET, HORATIO.

HAMLET.

Assez sur ceci, monsieur. Maintenant voyons autre chose. Vous vous rappelez toutes les circonstances.

HORATIO.

Je me les rappelle, Seigneur.

HAMLET.

Monsieur, il y avait dans mon cœur une sorte de bataille qui ne voulait pas me laisser dormir. J'étais couché, je crois, plus mal que des révoltés mis aux fers[2]. Brusquement — et bénie soit cette brusquerie[3]... sachons bien que nos témérités quelquefois nous réussissent, quand échouent nos profondes combinaisons ; cela nous apprendrait qu'il y a une divinité qui, quelle que soit l'ébauche de nos desseins, leur donne leur forme.

HORATIO.

C'est très certain.

HAMLET.

Hors de ma cabine, mon manteau de mer en écharpe autour de moi, dans l'obscurité je marchais à tâtons pour les trouver. A souhait je mis les doigts sur le paquet, et enfin, revins à ma chambre. Je m'enhardis, mes craintes oubliant tout scrupule, à desceller leur grande dépêche où je trouve, Horatio, une royale infamie... un ordre positif, lardé d'un tas de raisons diverses, touchant la sécurité du Danemark et aussi de l'Angleterre, avec ho! de tels diables et cauchemars[4] attachés à ma vie! à cette fin que à vue, sans loisir ni débat, non, sans même prendre le temps d'aiguiser la hache, ma tête devait sauter!...

HORATIO.

Est-il possible ?

HAMLET.

Voici la dépêche. Lis-la à plus de loisir. Mais veux-tu entendre maintenant comment j'ai procédé ?...

[1] Cette salle est ouverte, comme le *Lobby* déjà signalé, puisque, comme dit Hamlet, c'est là qu'il vient chaque jour *pour prendre l'air*.

[2] *In the bilboes*, entraves de fer dont on voit un specimen à la tour de Londres. Remarquer qu'Hamlet continue un récit, commencé hors de la vue du spectateur. C'est une forme dramatique des plus curieuses. Il faut que le spectateur devine de quoi et de qui il parle.

[3] Il interrompt son récit pour philosopher.

[4] *Bugs and goblins*. Le mot *bug* — qui aujourd'hui signifie *punaise* — avait autrefois le nom de ces êtres sans forme, sans consistance, créées par le cauchemar, errant dans la nuit, sortes de vampires que les occultistes appellent *élémentaux*, et qui cherchent à se nourrir de forces vitales. On comprend la suite d'idées qui a appliqué ce nom à un insecte répugnant. On trouve une autre déformation dans le nom du lutin Puck.

HORATIO.

Certes, je vous le demande.

HAMLET.

Étant enveloppé de vilenies, avant que je pusse faire un prologue dans ma cervelle, ils avaient commencé la pièce... je m'assis, rédigeai une autre dépêche, l'écrivis bellement. Jadis je tenais à bassesse, comme tout homme d'État, d'avoir une belle écriture et j'ai beaucoup travaillé pour oublier ce talent. Mais alors, monsieur, il me rendit service de greffier [1]. Veux-tu savoir le sens de ce que j'écrivis?

HORATIO.

Certes, mon bon Seigneur.

HAMLET.

Une pressante adjuration du Roi... attendu que l'Angleterre était sa fidèle tributaire — attendu que l'amour devait fleurir entre eux comme une palme — attendu que la paix devait encore porter sa guirlande d'épis et se tenir en trait d'union [2] entre leurs amitiés et pas mal d'autres choses d'aussi grande importance — que, à vue et connaissance du contenu des présentes — sans plus longue discussion, ni plus ni moins, il en mit les porteurs à mort soudaine, sans leur accorder même temps de confession

HORATIO.

Mais comment cela fut-il scellé?

HAMLET.

Tiens, même à cela le ciel avait mis ordre. J'avais dans ma bourse le cachet de mon père qui était le modèle de ce sceau danois. Je pliai l'écrit à la forme de l'autre, mis la suscription, l'empreinte, et replaçai la chose en toute sécurité, le changement restant inconnu. Le lendemain eut lieu notre combat naval, et ce qui s'ensuivit, tu le sais déjà.

HORATIO.

Si bien que Rosencrantz et Guildenstern vont... là-bas?

HAMLET.

Hé, mon garçon, ils ont fait l'amour à cet emploi. Ils ne sont pas près de ma conscience. Leur perte a poussé sur leurs propres intrigues. C'est dangereux, quand de lâches natures viennent entre les passes furieuses et les pointes enflammées de puissants adversaires...

HORATIO.

Ah! quel roi est celui-là!

HAMLET.

Ceci, crois-tu, ne me met-il pas en demeure? Lui qui a tué mon roi et a prostitué ma mère, qui s'est jeté entre l'élection et mes espérances [3], qui a jeté son hameçon

---

[1] *Yeoman*, assistant de bailli.

[2] *Comma*. La plupart des commentateurs ont déclaré ce mot inintelligible, et ont prétendu qu'il y avait là une faute d'écriture, qu'il fallait lire *coment, co-mere, co-mate, cómar*, etc. Or, le *comma* est un signe d'imprimerie qui indique à la fois intervalle et jonction, depuis la virgule jusqu'au tiret. De plus ce mot *comma* est resté dans la langue musicale pour indiquer les intervalles, huitième ou neuvième de ton, qui sont presque imperceptibles à l'oreille et dont usent les violonistes. En résumé, le *comma* est un intervalle *qui joint* deux points très proches.

[3] Hamlet a dit lui-même qu'il est ambitieux. Sa haine du meurtrier de son père se complique de celle de l'usurpateur.

sur ma propre vie et avec telle effronterie !... n'y a-t-il pas parfaite conscience à le payer avec ce bras ? Et n'est-ce pas damnation que de laisser ce chancre de notre nature aller à plus de mal ?

HORATIO.

Il sera bientôt su par lui, d'Angleterre, quelle fut là l'issue de l'affaire...

HAMLET.

Ce sera court. L'intérim est à moi. Et la vie d'un homme ne tient pas à plus qu'à dire : Un ! — Mais je suis très fâché, bon Horatio, de m'être oublié vis-à-vis de Laertes. Car dans l'image de ma cause, je vois le portrait de la sienne. Je ferai fonds sur son amitié. Mais vrai ! la bravacherie de sa douleur m'avait mis en formidable colère.

HORATIO.

Silence ! qui vient là ?

Entre OSRIC, *jeune seigneur, d'une élégance et d'une prétention outrées* [1].

OSRIC, *à Hamlet, le chapeau à la main.*

Bienvenue soit Votre Seigneurie, de retour en Danemark.

HAMLET.

Humblement, je vous remercie. (*Lui tournant le dos, à Horatio.*) Connais-tu ce moustique ? [2]

HORATIO.

Non, mon bon Seigneur.

HAMLET.

C'est un état de grâce : car c'est un vice que le connaître. Il a beaucoup de terres et très fertiles. Qu'une bête soit le roi des bêtes, et sa mangeoire sera à la table du Roi. C'est un choucas [3], mais, je le dis, avec un spacieux domaine de saleté.

OSRIC, *qui n'a rien compris.*

Doux Seigneur, si Votre Seigneurie était de loisir, je lui communiquerais une chose de la part de Sa Majesté.

HAMLET.

Je la recevrai, monsieur, en toute diligence d'esprit... (*Lui montrant son chapeau.*) Mais votre bonnet a son juste usage !... il est pour la tête...

OSRIC.

Je remercie Votre Seigneurie. Il fait très chaud.

---

[1] La scène qui suit est des plus originales et caractérise admirablement le procédé de Shakespeare. Au moment où le public, angoissé, attend le tragique dénouement qui se prépare, tout à coup il interrompt l'action par une scène comique, grotesque même — prototype des *Précieuses ridicules* et des *Fâcheux* de Molière. Hamlet semble oublier toutes ses préoccupations pour se moquer du pantin qu'est Osric, et cependant l'action avance quand même, plus menaçante peut-être en cette détente de rire.

[2] *Waterfly*, mouche d'eau. — Pour traduire par *moucheron* ou *libellule*, il faut n'avoir jamais habité le bord de l'eau, Amsterdam, Copenhague ou Venise.

[3] *Chough*, oiseau du genre corbeau. — Le *Corvus monedula*. Impossible de comprendre pourquoi certains ont traduit par *perroquet* Le choucas, habitant les vieilles tours, les murs délabrés, on comrdend la suite de la pensée de Shakespeare, parlant des lieux malpropres qui forment son domaine.

HAMLET.

Non, croyez-moi, il fait très froid. Le vent est du Nord.

OSRIC.

En effet... il fait moyennement froid...

HAMLET.

Mais pourtant... il me semble !... il fait très chaud, brûlant... ou ce sont mes dispositions !

OSRIC.

Excessivement, My Lord, il fait très brûlant — comme si c'était !... je ne puis dire comment... My Lord, Sa Majesté m'envoie vous signifier qu'elle a placé sur votre tête un large pari. Voici l'affaire...

HAMLET, *lui montrant son chapeau et le poussant.*

Je vous en prie... souvenez-vous...

OSRIC, *résistant.*

Non, mon bon seigneur... pour mon aise propre, de bonne foi ! (*Reprenant son message.*) Seigneur, ici est nouvellement arrivé à la Cour Laertes, croyez-m'en, un absolu gentilhomme, plein des excellences les plus variées, de très douce société et de grande allure. Vrai, à parler sincèrement de lui, il est la carte ou calendrier de la gentry, car vous trouverez en lui le contenant de toute partie qu'un gentilhomme voudrait voir [1].

HAMLET.

Monsieur, sa définition ne subit aucune perdition de votre part : car, je le sais, le détailler en manière d'inventaire, ce serait affoler l'arithmétique de mémoire, et encore avec chance de rester en panne [2], en raison de ses rapides voiles. Mais, dans la verité de l'exaltation, je le tiens pour âme de grand débit : et son infusion pour de telle cherté et rareté que, pour faire vrai dicton de lui, son semblable, c'est son miroir ; et qui autrement voudrait le suivre à la trace serait son ombre et rien de plus...

OSRIC.

Votre Seigneurie parle très infailliblement de lui.

HAMLET, *s'impatientant.*

A l'affaire, monsieur ! Pourquoi entortillons-nous ce gentilhomme dans notre plus informe langage ?...

OSRIC.

Monsieur ?

HORATIO.

N'est-il pas possible de se comprendre dans un autre langage ? Vous le pouvez, monsieur, réellement...

HAMLET.

Que comporte d'avoir nommé ce gentilhomme ?

OSRIC.

Laertes ?

[1] Toutes ces niaiseries sont débitées d'un ton précieux, à la façon de ceux qu'on a appelés de notre temps, en France, les gommeux, petits crevés et autres imbéciles. Hamlet va lui répondre sur le même ton.
[2] *To yaw.* Un navire *yaws* quand il perd le vent et ne peut plus avancer.

HORATIO.

Sa bourse est déjà vide. Toutes paroles d'or sont dépensées...

HAMLET, *répondant à la précédente question d'Osric.*

Lui-même, monsieur.

OSRIC.

Je sais que vous n'êtes pas ignorant...

HAMLET.

Je voudrais que vous le fussiez, monsieur. Car, ma foi, si vous savez cela, cela ne me recommanderait guère... eh bien, monsieur !

OSRIC.

Vous n'êtes pas ignorant de quelle excellence est Laertes...

HAMLET.

Je n'ose confesser cela, à moins que je me compare à lui en excellence. Mais bien connaître un homme, ce serait être lui-même [1].

OSRIC.

Je veux dire pour son arme : mais dans la réputation qu'il tient d'elle, en son talent, il est insuivi...

HAMLET.

Quelle arme ?

OSRIC.

Rapière et dague.

HAMLET.

Cela fait deux de ses armes. Eh bien ?

OSRIC.

Le Roi, monsieur, a parié avec lui six chevaux de Barbarie : contre quoi il a mis en gage, à ce que j'estime, six rapières et poignards de France, avec leurs garnitures, comme ceinturons, baudriers[2], etc. Ma foi, trois des attelages sont très chers en fantaisie, très responsables aux poignées, de très délicats attelages et de très libéral concept.

HAMLET.

Qu'appelez-vous les attelages ?

HORATIO, *à Hamlet.*

Je savais, avant que vous les demandiez, qu'il vous faudrait des notes en marge.

OSRIC.

Les attelages, monsieur, sont les baudriers.

HAMLET.

La phrase serait plus cousine de la matière, si nous portions un canon au côté. Jusque-là je voudrais que cela restât des baudriers. Donc, six chevaux de Barbarie contre six épées de France, leur garniture et trois attelages — de libéral concept. Cela fait français contre Danois. Comment cela est-il mis en gage[3], comme vous dites ?

---

[1] Certains textes portent — *to Know* — au lieu de — *to be* — c'est-à-dire : bien connaître un homme, c'est se connaître soi-même. La présente version est plus logique.

[2] *Hangers*, qui servent à suspendre.

[3] *Empawned.* On sait que le prêteur sur gages s'appelle Pawnbroker : Ce mot — *pawn* — signifie exactement morceau de vêtement, pan d'habit. On donnait en nantissement un pan de son habit, d'où *awn* a pris le sens de gage.

OSRIC.

Le Roi, monsieur, a parié que, dans une douzaine de passes entre vous et lui, il ne vous surpasserait pas de trois touchés : Laertes a parié pour douze contre neuf : et ceci viendrait à immédiate épreuve, si Votre Seigneurie consentait à donner la riposte...

HAMLET.

Et si je riposte non ?

OSRIC.

Je veux parler, monsieur, de l'opposition de votre personne dans l'épreuve.

HAMLET, *coupant court.*

Monsieur, je vais me promener dans cette galerie : S'il plaît à Sa Majesté, c'est le moment de la journée où je prends l'air. Que les fleurets soient apportés, au bon plaisir de ce gentilhomme, que le Roi suive son projet et je gagnerai pour lui, si je puis. Sinon je ne gagnerai que ma honte et les mauvais coups.

OSRIC[1].

Devrai-je vous délivrer ainsi ?

HAMLET.

En ce sens, monsieur. Après quoi, fleurissez au vœu de votre nature.

OSRIC.

Je recommande mon devoir à Votre Seigneurie !

HAMLET.

Bien vôtre... bien vôtre (*Osric sort*). Il fait bien de se recommander lui-même. Il n'y a pas beaucoup de langues pour s'en charger.

HORATIO.

Ce vanneau s'enfuit avec sa coquille sur sa tête...

HAMLET.

Il a dû complimenter le téton avant de le sucer. Encore a-t-il seulement pris — comme beaucoup de la même couvée dont, je sais, ce temps d'écume radote — le ton de l'époque et ses externes habitudes de bavardage : une sorte de mousseux mélange qui les ballotte de ci de là à travers les expressions les plus folles et les plus éventées[2]. Soufflez seulement, pour essayer ; les bulles crèvent.

UN SEIGNEUR, *entrant.*

My Lord, Sa Majesté vous a envoyé ses compliments par le jeune Osric qui lui rapporte que vous l'attendez dans cette galerie. Il envoie savoir si votre bon plaisir est de joûter avec Laertes ou de prendre plus long délai.

HAMLET.

Je suis constant dans mes desseins, ils suivent le bon plaisir du Roi. Si ses convenances parlent, les miennes sont prêtes : maintenant ou n'importe quand, pourvu que je sois aussi dispos que maintenant.

---

[1] Osric ne dit pas un seul mot naturellement. Ici c'est : — Devrai-je délivrer votre réponse ainsi ?
[2] *Winnowed* a pour racine *wind*, vent, et a donné plus tard *van*, *vanner*, séparer par l'action du vent. Milton emploie *Winnow* dans le sens d'éventer, avec un éventail. F. V. Hugo a trouvé ici : *l'opinion ardente et agitée*, on ignore pourquoi. Ce passage ne vise-t-il pas nos pseudo-stylistes, fin de siècle ?

LE SEIGNEUR.

Le Roi, la Reine et tous descendent.

HAMLET.

En heureux temps.

LE SEIGNEUR.

La Reine désire que vous usiez d'aimables paroles avec Laertes, avant que vous en veniez à l'assaut.

HAMLET.

Elle me donne bon conseil. (*Le seigneur sort*).

HORATIO.

Vous perdrez votre gage, Seigneur.

HAMLET.

Je ne crois pas. Depuis qu'il est allé en France, j'ai pris continuel exercice. Je gagnerai, à ses conditions. Mais tu ne saurais croire combien tout ici est malade autour de mon cœur... Mais ce n'est pas l'affaire !

HORATIO.

Pourtant, mon bon Seigneur...

HAMLET.

C'est une folie... mais c'est une sorte de pressentiment — qui peut-être troublerait une femme !...

HORATIO.

Si votre âme repousse quelque chose, obéissez-lui. Je vais contremander le rendez-vous et dire que vous n'êtes pas disposé !

HAMLET.

Pas du tout, nous défions l'augure. Il y a une Providence spéciale dans la chute d'un moineau. Si cela est maintenant, cela n'est pas à venir : si ce n'est pas à venir, ce sera maintenant : si ce n'est pas maintenant, cela viendra. Être prêt, c'est tout. Puisque nul homme ne sait rien de ce qu'il quitte, qu'est-ce que le quitter de bonne heure ?

Entrent le ROI, *la* REINE, LAERTES, OSRIC, Seigneurs, Serviteurs *avec des fleurets.*

LE ROI, *mettant la main de Laertes dans celle d'Hamlet.*

Venez, Hamlet, et de ma main prenez cette main.

HAMLET, *tenant la main de Laertes, gravement.*

Pardonnez-moi, monsieur, j'ai mal agi envers vous. Mais pardonnez, car vous êtes un gentilhomme. Cette assistance sait et vous devez avoir appris comment j'ai été frappé d'un cruel égarement. Ce que j'ai fait — ce qui à vos sentiments naturels, à votre honneur, à votre censure a méchamment donné éveil — je proclame ici que c'était folie. Est-ce Hamlet qui a offensé Laertes ? Jamais Hamlet. Hamlet était hors de lui-même et, n'étant pas lui-même, a offensé Laertes. Alors ce n'est pas Hamlet qui a fait cela, Hamlet renie [1]. Qui donc a fait cela ? Sa folie. Et s'il en est ainsi,

---

[1] Cette amende honorable, si dignement faite par Hamlet, est d'autant plus poignante — et c'est en ces combinaisons qu'éclate l'inqualifiable génie de Shakespeare — que Laertes agit en traître et en déloyal adversaire.

Hamlet est du côté qui a été offensé. Sa folie est l'ennemie du pauvre Hamlet. Monsieur, devant cette assistance, laissez-moi, en désavouant tout mauvais dessein, me libérer en vos plus généreuses pensées comme si j'avais lancé ma flèche par-dessus la maison et qu'elle eût blessé mon frère.

LAERTES.

Je reçois satisfaction en les sentiments naturels qui, au cas présent, devaient m'entraîner à la vengeance : mais, dans mes sentiments d'honneur, je reste en réserve et ne veux pas de réconciliation, jusqu'à ce que, d'arbitres âgés et d'honneur reconnu, j'aie reçu avant tout la parole de paix qui garde mon nom intact. Mais, jusque-là, je reçois votre amitié offerte comme amitié et je ne l'offenserai pas.

HAMLET.

Je l'embrasse sincèrement et jouerai franchement cet assaut de frère. Donnez-nous les fleurets. Allons !

LAERTES.

Allons, un pour moi !

HAMLET.

Je serai votre plastron[1], Laertes. En mon ignorance, votre talent, comme une étoile dans la nuit profonde, va resplendir.

LAERTES.

Vous vous moquez, monsieur.

HAMLET.

Non, par cette main !

LE ROI.

Donnez-donc les fleurets, jeune Osric. Cousin Hamlet, vous connaissez le pari ?

HAMLET.

Très bien, My Lord. Votre Grâce a mis ses enjeux du côté le plus faible.

LE ROI.

Je ne crains pas cela. Je vous ai vus tous deux. Mais comme il est devenu plus fort, par contre, nous avons des avantages.

LAERTES, *refusant un fleuret*.

Celui-ci est trop lourd. Permettez que j'en voie un autre.

HAMLET.

Celui-là me va bien. Ces fleurets sont tous de longueur ?

OSRIC.

Oui, mon bon Seigneur. (*Ils se mettent en garde.*)

LE ROI.

Placez-moi les coupes de vin sur cette table. Si Hamlet porte le premier ou le second coup — ou riposte à la troisième passe — que toutes les batteries fassent feu à la fois. Le Roi boira à la bonne respiration d'Hamlet[2] — et dans la coupe sera une perle plus riche que toutes celles qu'ont portées sur la couronne de Danemark quatre

---

[1] Ici un jeu de mots. *Foil*, fleuret, signifie en même temps ce qui sert à mettre en relief, à faire briller une pierre précieuse. Hamlet dit donc à la fois — Je serai votre fleuret — et — Je vais vous servir de plastron.

[2] Voir plus loin l'explication de cette phrase dans un mot de la Reine sur la *courte haleine* d'Hamlet.

rois successifs. Donnez-moi les coupes, et que la timbale dise à la trompette, la trompette aux canons, les canons aux cieux et les cieux à la terre : — Maintenant le Roi boit à Hamlet ! — Allez, commencez, et vous, les juges, ayez l'œil subtil !

HAMLET.

Allons, monsieur.

Le duel.

LAERTES.

Allons, My Lord. (*Assaut.*)

HAMLET.

Un !

LAERTES.

Non !

HAMLET.

Jugement !

OSRIC.

Un coup... un coup très palpable.

LAERTES.

Bien, recommençons !

LE ROI.

Un instant ! donnez-moi à boire ! Hamlet, cette perle est à toi ! (*Il jette la perle empoisonnée*). Voici, à ta santé !... donnez-lui cette coupe ! (*Les trompettes sonnent. — Coups de canon.*)

HAMLET, *à celui qui lui présente la coupe*.

Je veux d'abord pousser cette botte. Mettez cela un instant de côté. Allons ! (*L'assaut recommence.*) Un coup ! qu'en dites-vous ?

LAERTES.

Touché ! Touché ! Je l'avoue.

LE ROI, *à la Reine*.

Votre fils va gagner.

LA REINE, *s'approchant d'Hamlet*.

Il est gros et a l'haleine courte [1]... Là, Hamlet, prends mon mouchoir et essuie ton front. (*Elle saisit la coupe empoisonnée.*) La Reine vide [2] cette coupe à ta santé, Hamlet !...

HAMLET.

Ma bonne mère !

LE ROI.

Gertrude, ne buvez pas !

LA REINE.

Si fait, My Lord, je vous demande pardon ! (*Elle vide la coupe.*)

LE ROI, *qui a essayé en vain de la lui arracher. A part*.

Trop tard ! c'est la coupe empoisonnée !

HAMLET, *à la Reine*.

Je n'ose pas encore boire, madame. Tout à l'heure !

LA REINE.

Viens, laisse-moi essuyer ton visage.

LAERTES, *au Roi*.

My Lord, maintenant je vais le toucher.

LE ROI.

Je ne crois pas !

LAERTES, *qui a en main le fleuret empoisonné, à part*.

Et pourtant c'est presque contre ma conscience !

HAMLET.

Allons, au troisième, Laertes. Vous allez mollement. Je vous en prie, allez-y de votre meilleure violence. J'ai peur que vous me traitiez en enfant !

---

[1] Les adaptateurs français auraient tenu à sacrilège de noter ces indications. Hamlet qui est un gros garçon, saxon blond, a été transformé en un semi-italien maigre et nerveux.

[2] *Carouse*, vider jusqu'au fond, vieux français ; *carousser*, qui vient de l'allemand *Gar aus !* cri poussé par le buveur qui retourne son verre sans qu'une seule goutte en tombe.

LAERTES.
Dites-vous cela !... Allons ! (*Assaut. — Pause.*)
OSRIC.
Rien de part ni d'autre !
LAERTES.
A vous maintenant ! (*Laertes blesse Hamlet. Nouvelle passe plus violente. Les deux adversaires s'exaspèrent. Corps à corps dans lesquels ils échangent leurs armes, de telle sorte que le fleuret empoisonné passe dans la main d'Hamlet qui à son tour blesse Laertes.*)
LE ROI.
Séparez-les ! ils sont furieux !
HAMLET.
Non ! non ! encore ! (*La Reine chancelle et tombe.*)
OSRIC.
Oh ! voyez à la Reine ! Là !...
HORATIO.
Ils saignent tous les deux. (*A Hamlet.*) Qu'y a-t-il, My Lord !
OSRIC, *à Laertes.*
Qu'y a-t-il, Laertes ?
LAERTES.
Ce qu'il y a... comme une bécasse à mon propre piège... Osric, je suis justement tué par ma propre trahison...
HAMLET.
Qu'a donc la Reine !
LE ROI, *essayant de donner le change.*
Elle s'est évanouie à la vue du sang.
LA REINE, *revenant à elle.*
Non ! non !... la coupe ! la coupe !... ô mon cher Hamlet !... la coupe ! la coupe !... Je suis empoisonnée !...
HAMLET.
Infamie !... Ho ! qu'on ferme les portes !... Trahison !... qu'on la découvre !
LAERTES, *tombant à son tour.*
Elle est ici, Hamlet. Hamlet, tu es tué, toi aussi. Nulle médecine au monde ne peut te faire de bien et en toi, il n'y a pas une demi-heure de vie. L'instrument de trahison est dans ta main, démoucheté et empoisonné. Ces infâmes pratiques se sont tournées contre moi. Le Roi... le Roi est à accuser !...
HAMLET, *regardant le fleuret.*
Cette pointe aussi est empoisonnée ! (*Il se jette sur le Roi et le frappe.*) Alors... poison, à ton œuvre !
OSRIC *et les* SEIGNEURS.
Trahison ! Trahison !
LE ROI.
O mes amis... défendez-moi... je ne suis que blessé !...
HAMLET, *le saisissant et le forçant à boire le reste de la coupe.*
Ici, toi, incestueux, meurtrier, Danois damné, avale ce breuvage ! La perle y est-elle ? Suis ma mère !

LAERTES.

Il a ce qu'il mérite ! Ce poison a été préparé par lui-même !... Noble Hamlet, échange pardon avec moi ! Ma mort et celle de mon père ne retombent pas sur toi... ni la tienne sur moi. (*Il meurt.*)

HAMLET.

Que le Ciel te tienne libre de cela ! Je te suis... je suis mort, Horatio ! (*A sa mère.*) Misérable Reine ! adieu !... Quand à vous tous qui, à cette catastrophe, pâlissez et tremblez, vous qui n'êtes en ceci que des muets spectateurs... Ah ! si j'avais le temps !... Mais le cruel gendarme, la Mort, est strict à vous arrêter !... Oh ! pourrais-je vous dire !... Mais laissons cela !... Horatio, je suis mort... toi, vis ! et explique justement et ma cause et moi-même aux mal informés !...

HORATIO.

Ne croyez pas cela... (*S'emparant de la coupe empoisonnée.*) Je suis un vieux Romain plutôt qu'un Danois ! Il y a encore là un reste de liqueur.

HAMLET.

Alors, poison, à ton œuvre !

Si tu es un homme, donne-moi cette coupe ! (*Cherchant à la lui arracher.*) Laisse !... par le ciel, je l'aurai ! O Dieu ! Horatio, quel nom blessé — toutes ces choses demeurant inconnues — laisserai-je derrière moi ?... Si jamais tu m'as porté dans ton cœur, reste encore absent de la félicité éternelle, et dans ce dur monde épuise ton souffle de douleur pour dire mon histoire !... (*On entend au dehors une marche guerrière, mêlée de salves d'artillerie.*) Quel est ce bruit guerrier ?...

OSRIC.

Le jeune Fortinbras, revenu triomphant de Pologne, donne aux ambassadeurs d'Angleterre cette salve guerrière !...

HAMLET.

Ho ! je meurs, Horatio !... le puissant poison tout à fait triomphe de ma volonté ! je ne puis vivre pour entendre les nouvelles d'Angleterre... Mais je le prophétise, l'élection va briller sur Fortinbras !... Il a ma voix mourante ! Ainsi dis-lui plus ou moins les circonstances qui ont amené... le reste, c'est le silence ! (*Il meurt.*)

HORATIO.

Quel noble cœur se brise !... Bonne nuit, doux prince, et que des vols d'anges chantent sur ton repos ! (*On entend une marche.*) Mais pourquoi ces tambours viennent-ils ici ?

Entrent FORTINBRAS, les ambassadeurs *d'Angleterre et la foule.*

FORTINBRAS.

Où est ce spectacle ?

HORATIO.

Ce qu'il est, vous le voudriez voir. Cessez de chercher si c'est malheur ou miracle !

FORTINBRAS.

Cette curée sonne l'hallali! O vaniteuse mort, quel festin donnes-tu donc dans ton éternelle caverne, que si sanguinairement, d'un seul coup, tu aies frappé tant de princes ?

UN AMBASSADEUR.

Ce spectacle est horrible! Nos affaires d'Angleterre arrivent trop tard. Insensibles sont les oreilles de celui qui devait entendre de nous que ses ordres étaient exécutés, que Rosencrantz et Guildenstern sont morts. De qui donc aurons-nous maintenant nos remerciements ?

HORATIO.

Pas de sa bouche, eût-il le pouvoir vital de vous remercier. Il n'a jamais donné d'ordres pour leur mort. C'est pour frissonner à ces choses de sang que vous êtes venus ici, vous, d'Angleterre, vous, des guerres polonaises! Donnez ordre que tous ces corps soient exposés à la vue sur une haute estrade, et laissez-moi dire, à ce monde encore ignorant, comment toutes choses sont allées. Ainsi vous entendrez parler d'actes de chair, sanguinaires et dénaturés, de jugements par accidents, de meurtres par hasard, de morts dues à la trahison et à des causes préméditées — et dans cette catastrophe de complots retombés par méprise sur la tête de leurs fauteurs !... toutes choses que je puis en vérité expliquer...

FORTINBRAS.

Faisons hâte pour entendre tout cela et, à cette audience, appelons les plus nobles. Pour moi, avec chagrin j'embrasse ma destinée !... — J'ai en souvenance quelques droits sur ce royaume que maintenant mon intérêt m'ordonne de réclamer.

HORATIO.

De tout cela, j'aurai aussi mandat de parler et de la bouche même dont la voix ne résonnera plus ; mais que cela soit accompli immédiatement avant que les esprits des hommes soient soulevés, de peur que n'arrivent plus de malechances, de complots et d'erreurs.

FORTINBRAS.

Que quatre capitaines portent Hamlet, comme un soldat, sur l'estrade. Car il y eût été très probablement mis de son vivant, et il se serait royalement montré, A son passage, que la musique des soldats et les rites de guerre parlent hautement pour lui.

Enlevez les corps : un tel spectacle appartient aux champs de bataille, mais ici cela est très inopportun. Allez, ordonnez aux soldats de faire feu !... (*Marche funèbre.* — *Sortie.* — *On emporte les cadavres : Salves d'artillerie.*)

FIN D'HAMLET

NOTE. — De toutes les pièces de Shakespeare, Hamlet est celle qui a le plus fréquemment fait vibrer la fibre commerciale de nos marchands de spectacle : c'est qu'en effet elle prête à un certain développement de mise en scène, la fable en est dramatique, l'évolution scénique, toutes considérations qui sont de particulière puissance sur l'intellect spéculateur des négociants d'art. La valeur propre de l'œuvre les a certes moins touchés que la possibilité d'attirer le public par des trucs de féerie. Pas un n'aurait eu la pensée d'offrir aux spectateurs un *Hamlet* simple, dénué d'oripeaux suggestifs et de lumières éblouissantes.

Naturellement, il s'est trouvé pour ce travail nombre de complices, les uns, acteurs en quête de vedette, les autres, auteurs dramatiques à court de sujets personnels. Or jusqu'ici, chez nous, il est d'axiome — indiscuté, solide, fixe — que l'art dramatique est soumis à des règles spéciales, à un canon formulé, on ne sait où ni par qui, et qui imposent leur tyrannie, sans que révolte soit possible. Ce qui est hors de ce moule ne peut être admis à l'honneur d'apparaître devant des Français que sous toutes réserves de remaniements et de châtrages : et en même temps les artistes ne tiennent un personnage pour possible qu'à cette condition expresse — non qu'ils se métamorphoseront en lui — mais bien qu'ils le transformeront en leur propre personnalité.

En vertu de ces principes, l'œuvre trop large pour le concept d'un adaptateur, le rôle de trop vaste envergure pour la nullité d'un paradiste quelconque doivent être passés au laminoir, afin d'être aplatis à la minceur de ces compréhensions folotes.

Ces gens-là — si on a l'audace de discuter avec eux — vous assomment d'un argument de fer :
— Ainsi le veut le goût du public !...
Pour tout dire d'un mot : « Votre Shakespeare, en son intégrité, est impossible à la scène ». Et de s'armer de ciseaux, de pinces, de gouttières, de bandages, pour exercer sur ce sauvage des opérations orthopédiques, jusqu'à ce que sa réduction puisse tenir dans la petite botte où on prétend l'enfermer.

Ainsi ce pauvre Hamlet. Ce Scandinave blond, aux yeux bleus, à la panse un peu lourde et à l'haleine courte, devient — maquillé sous le cold-cream et la patte de lapin — un beau brun du Midi, à yeux creux cerclés de noir. Le goût du public exige, paraît-il, qu'il soit musculeux de biceps et de cuisses. Au personnage humain, insoucieux de sa plastique, se substitue un bellâtre pour avant-scènes, ronflant des r et roulant des boules de loto.

Quant à la pièce elle-même... heureusement encore intervient le goût du public.

Il n'est pas un de nos adaptateurs qui ne se croie créé et mis au monde pour réformer les pièces de Shakespeare, auquel, en l'admirant tout haut, ils appliquent tout bas les épithètes de *barbare* et de *sauvage ivre*, dont naguère le gratifiait Voltaire. Eux seuls connaissent exactement les limites auxquelles doit s'arrêter l'élan du génie : ils le surveillent, et quand il s'élève trop haut, ils lui cassent les ailes, pour qu'il retombe dans leur poussière.

C'est en vérité un singulier aplomb que celui de Ducis et d'autres qu'on voudrait ne point nommer d'avoir prétendu rapetisser à leur taille ce colosse que fut Shakespeare [1] : et on rirait volontiers, si on ne s'irritait, à songer que, dans leur jugeotte, ils ont cru rendre service à l'art éternel en accoutrant de leurs oripeaux les personnages du tragique anglais. Le pis, c'est que sincèrement et de bonne foi, ils s'imaginent que, sans eux, sans leur besogne d'émasculateurs, Shakespeare n'aurait jamais pu prétendre à l'honneur d'escalader nos scènes de théâtre.

Ainsi Shakespeare — le niais ! — a donné pour père à Ophélia une sorte d'homme d'État fantoche, de ministre Guignol, pontifiant et radotant, dont la bêtise, doublée d'une active canaillerie, est l'outil stupide et criminel de la mort de sa fille, de l'infamie de Laertes, de la mort d'Hamlet. Ce gredin inconscient, plat courtisan et royal valet, prêt aux plus basses besognes qu'il couvre de son infatuation grotesque, est le propre portrait de plus d'un homme d'État dont la suffisance et l'absence de scrupules furent grosses de catastrophes. On a jugé — pourquoi ? — que le goût français répugne à pareille évocation : dans les versions acceptées, Polonius reste à la cantonade ou, si on le tolère quelques instants sur la scène, ce sera à titre de Géronte, non sans quelque dignité, de père noble, rôle non compris, non achevé. On supprime la scène typique dans laquelle, père maladroit, il donne au sujet de son fils des instructions dont M. Prudhomme aurait sujet de se montrer fier, en ajoutant à la niaiserie bourgeoise la gredinerie d'un pseudo-machiavélisme qui pue l'homme de cour, le chambellan prêt à seconder, sinon à conseiller toutes mesures malhonnêtes, à se cacher en espion derrière les tentures, à mentir impudemment pour flatter la sottise d'autrui. On écarte encore, comme indigne de la scène française, cet exposé malourd d'un code de civilité bourgeoise, débité par Polonius à Laertes, et si intéressant cependant en ce qu'il prouve combien peu les imbéciles changent de siècle en siècle.

Ophélia n'est certes pas mieux traitée, au nom de ce prétendu goût français. Shakespeare l'a

---

[1] Voir la Préface générale et l'Étude sur Shakespeare, en tête de l'ouvrage.

dessinée fille très simple, très naïve, obéissante, plus admiratrice qu'amoureuse d'Hamlet. Et combien touchante cependant, quand, à la parole brutale d'Hamlet : — Je ne vous ai jamais aimée — elle répond par ce mot si peu théâtral, et par cela même si douloureux : — Je n'en fus que plus déçue ! — c'est comme un soupir. Pour le goût français, il a fallu qu'elle passât par la petite porte de Scribe et qu'elle fût — la demoiselle à marier. Seulette un instant, on lui fait roucouler un : — Il m'aime ! — qui a traîné sur tous les pétales de marguerite ; et enfin, sacrilège plus fâcheux encore, on l'oblige à mâchonner des platitudes :

L'aurore croit au jour,
Et l'âme au paradis et la femme à l'amour !

Que dire encore de cette petite révolte de pensionnaire en face de son frère :

Oh ! monsieur parle en maître,
Il me semble !...

En cette monomanie de corrections, d'ajoutages, on en arrive à de véritables non-sens. La reine Gertrude lui dit — en France :

Si tu lui rends l'esprit par ton doux abandon (?)
Je serai bien heureuse.

Et Ophélia, bébête et bêlante, de répliquer :

Oh ! madame... et moi donc !

Puis, en aparté, elle miaule, en chatte amoureuse :

Aveugle de clarté (!!!), ne me verra-t-il pas ?
Son rêve plane en haut, mon amour est en bas.

Tandis qu'Hamlet, en ténor des Batignolles, ronronne à part :

Ophélie ! ô jadis ma vie et ma lumière,
Parle de mes péchés, ange, dans ta prière !...

Or c'est ironiquement, et après avoir murmuré — A nous deux, belle Ophélia ! — qu'Hamlet lui adresse ces mots volontairement ampoulés :
— Nymphe, que dans tes oraisons soient remémorées mes fautes !...

Le — ô jadis ma vie ! — le — ange, dans ta prière — sont des ignorances ou des trahisons.

Il faudrait reprendre par vers, mot par mot, et on prouverait que jamais un spectateur de la Comédie-Française n'eut ni ne put avoir la moindre idée de ce qu'est l'Hamlet de Shakespeare.

Ainsi jamais caractère n'a été plus méconnu par des adaptateurs que celui de la reine Gertrude.

Shakespeare l'a montrée sensuelle, avare, séduite par des présents et des vigueurs d'amour. Son premier époux était noble, grand, vaillant et bon. Elle a glissé de ce héros à l'abject personnage qu'est Claudius. Mais ici encore le goût français — ce que Schiller appelait le *decorum* — vient à la rescousse. Un roi est un roi, quand même il a assassiné et volé : ce ne peut être un vil pourceau qu'on volontiers barbouillerait de fange. Mais surtout une reine est une reine, et la scène terrible, superbe de sauvagerie et de brutalité, dans laquelle Hamlet insulte et maudit sa mère, s'édulcore de marivaudage :

La Reine. O Hamlet, tu as brisé mon cœur en deux.

Hamlet. Bien. Jetez-en au loin la pire partie et vivez plus pure avec l'autre moitié...

Ceci est de Shakespeare, c'est précis, c'est fort.

Les adaptateurs trouvent :

Tu déchires mon cœur...
Jetez-en donc la fange
Et n'en gardez que l'or... *plus de démon dans l'ange*!

Où ce démon ! où cet ange dans Shakespeare ! Hamlet ajoute crûment : — Bonne nuit, mais n'allez pas au lit de mon oncle. — Ho ! ho ! le goût ! le goût !...

Jamais, plus qu'en ces comparaisons d'un texte plein, fort, métallique, avec les traductions françaises, jamais n'apparaît plus désolément la nullité de notre vers français, quand il est manié par des ouvriers et non par des artistes. L'idée, la pensée, la moelle sont emmeringuées sous les sucreries, les chevilles et les rodomontades. Partout où se hérisse, en Shakespeare, quelque angle fruste déchirant l'âme du personnage pour en montrer la profondeur, nos versificateurs liment, lèchent, coupent pour, sur la rondeur ainsi obtenue, plaquer la crème de leurs banalités. Une fausse grandeur, boursoufflée, *outstretched*, se colle, obèse, sur cette littérature toute de muscles. On cache le fer sous du sucre d'orge.

Au nom du goût français ! serait-il vrai que nous en fussions à ce bas degré de cérébralité ? Qui d'ailleurs rend ces arrêts ? Qui délimite ces bornes de nos facultés esthétiques ? Qui a le droit de dire : Ceci est acceptable et ceci ne l'est pas... Seul, le public, et pas autre.

Or quand donc l'*Hamlet* de Shakespeare, pour ne parler que de ce chef-d'œuvre, a-t-il été offert, tel qu'il est, à l'appréciation du public ? Quand donc Polonius a-t-il débité ses âneries de courtisan bélître ? Quand donc les deux ambassadeurs, Rosencrantz et Guildenstern, se sont-ils montrés en leur pleine vilenie ? Quand donc Ophélia, folle, a-t-elle chanté ses chansons de rue ? Quand donc le roi Claudius est-il apparu en butor couronné, belître assassin ? Quand donc la Reine a-t-elle traité ses sujets rebelles de chiens, a-t-elle refusé de recevoir Ophélia, a-t-elle, après l'anathème d'Hamlet, couru à la trahison et à l'inceste ?...

Le public — j'entends celui du théâtre — connaît-il cette scène stupéfiante de la lutte entre Laertes et Hamlet dans la fosse d'Ophélia ? Bonne ou mauvaise, pourquoi n'avez-vous pas permis aux spectateurs de la juger ? Et les fameuses tirades d'Hamlet, dont à la Comédie nos snobs se pâment, ont-elles un rapport même lointain avec les géniales, humaines et souvent formidables inspirations du poète ?... Quand on songe que Laertes, dans la scène du Cimetière, insulte le prêtre qui marchande ses prières... c'est alors que le decorum a beau jeu ! pourtant il nous plairait connaître les impressions, non des loges, mais du parterre.

En fait, tout ce qui dépasse le niveau de nos conceptions médiocres est rogné sans conteste. Les romantiques qui se réclamaient si fort de la liberté furent et sont encore plus intolérants que les purs classiques. Seulement les barrières qu'ils posèrent sont à panaches. Ce n'en sont pas moins barrières au progrès et à la vérité. Ne réagirons-nous pas ? L'art dramatique français sera-t-il définitivement condamné à l'impuissance par ces empêcheurs de parler, de penser et d'agir ? Et pour rentrer dans notre sujet, l'*Hamlet* de Shakespeare est-il réellement injouable ? Devra-t-on s'en tenir à ces abus de confiance et se résigner à ce que jamais notre public ne connaisse Shakespeare, superbe et presque surhumain ?

Celui-là rendra à l'art un service réel, qui osera mettre en scène *Hamlet*, entier, vrai, qui, sans souci des ambitions plastiques de tel ou tel histrion, le montrera en sa nature un peu lourde, avec sa tristesse native de Scandinave et ses colères de gros Danois, avec son bon sens, sa philosophie et aussi ses hésitations d'enfant !... Mais comment lutter contre notre monomanie de noblesse, contre notre vice du pseudo-sublime !...

M. Catulle Mendès naguère se posait cette question :

« Quelle serait l'attitude du public devant cet
« *Hamlet* imprévu ? Comment accepterait-il cette
« désorientation de ses habitudes admiratrices de
« Rouvière, de Salvini, de Rossi, du nègre, de
« même de M. Faure ? Il faudrait prévenir la cla-
« que de ne plus se réserver pour les roulements
« frénétiques sur le parquet, qui s'achèvent en
« une longue immobilité rythmique, l'œil entre
« les branches de l'éventail, ni pour les coups de
« gueule — ces coups de poitrine des tragédiens —
« au point d'orgue final des tirades. Croyez que,
« peu à peu détournée, vers le vrai, de ses admi-
« rations du faux, la foule s'accorderait à com-
« prendre qu'elle se méprit et s'enthousiasmerait
« à plus juste titre de la véritable œuvre toute
« offerte. »

Pour nous, comme pour Mendès, la réponse n'est pas douteuse :

— Le public français acclamerait l'*Hamlet* de Shakespeare et à ce foyer de vie, s'allumeraient, dans l'âme des jeunes, les lueurs d'un génie nouveau.

Pour terminer cette trop longue note, et pour aider au travail mental de ceux qui voudront comprendre la création d'*Hamlet*, nous inscrivons ici quelques lignes presque inconnues, mais très suggestives, d'Edgard Poë, les seules d'ailleurs que le génial américain ait consacrées à Shakespeare :

« Dans tous les commentaires sur Shakespeare, il est une erreur radicale non encore signalée : c'est la tentative injustifiable d'exposer ses types en leur demandant compte de leurs actions, en conciliant leurs incohérences, non comme s'ils étaient la création d'un cerveau humain, mais comme s'ils avaient été des créatures existant actuellement sur terre.

« Nous parlons d'Hamlet — l'homme — au lieu d'Hamlet — personnage de drame — d'Hamlet que Dieu, au lieu de l'Hamlet que Shakespeare aurait créé.

« Si Hamlet avait réellement vécu et si la tragédie était un attentif résumé de ses actes, grâce à ce résumé, avec quelque peine, nous pourrions, il est vrai, concilier ses incohérences et établir, à notre satisfaction, son véritable caractère.

« Mais la tâche devient une pure absurdité, quand nous discutons seulement avec un fantôme. Ce n'est pas alors les actes incohérents de de l'homme agissant qui sont matière à discussion (quoique nous procédions comme s'ils étaient en jeu et par suite commettions une inévitable erreur) mais bien les fantaisies et les vacillations, nées du conflit des énergies ou des indolences du poète. Il nous paraît presque miraculeux que ce point spécial ait été oublié !

« Puisque nous sommes sur ce sujet, nous pouvons aussi bien offrir une opinion de notre propre fonds *sur les intentions du poète* dans le dessein de son Danois. Il devait être bien connu de Shakespeare qu'un caractère principal, dans certaines catégories d'intoxication intense — sourire ultime de sa magique influence sur les hommes. Il a écrit d'Hamlet comme s'il était Hamlet, et ayant, au premier moment, imaginé son héros surexcité à une insanité partielle par les révélations du spectre, lui, le poète, a senti qu'il était naturel qu'Hamlet fût entraîné à exagérer cette insanité... »

ROMÉO ET JULIETTE
— 1593 —

Roméo et Juliette. — Acte II, Scène I.

PERSONNAGES

ESCALUS, prince de Vérone.
PARIS, noble gentleman, parent du prince.
MONTAIGU, }
CAPULET, } chefs des deux maisons rivales.
Un Viellard, ami de Capulet.
ROMÉO, fils de Montaigu.
MERCUTIO, parent du prince, ami de Roméo.
BENVOLIO, neveu de Montaigu, ami de Roméo.
TYBALT, neveu de Lady Capulet.
Frère LAURENCE, franciscain.
Frère JEAN, du même Ordre.

LADY MONTAIGU.
LADY CAPULET.
JULIETTE, fille de Capulet.
La Nourrice de Juliette.
BALTHAZAR, valet de Roméo.
SAMPSON, }
GRÉGORY, } valets de Capulet.
ABRAHAM, valet de Montaigu.
Un Apothicaire.
Le Page de Paris.
Péter.

Citoyens, Gens du Peuple, Gardes, Veilleurs, Serviteurs, etc.

AVERTISSEMENT

Nul n'ignore que le thème de *Roméo et Juliette* a été emprunté par Shakespeare à une nouvelle de Luigi da Porta, connue par lui en original ou en traduction. L'auteur italien raconte, évidemment d'après des faits réels, la triste aventure de ces deux amants, appartenant à deux familles ennemies, et morts à la suite d'une effrayante méprise.

A vrai dire, il n'y a là aucun plagiat, à quelque point de vue qu'on se place. Un fait plus ou moins historique appartient à tout le monde et chacun a le droit de l'habiller en la forme qui lui convient : mais ici, moins que jamais, reproche ne saurait être adressé à Shakespeare qui a créé de toutes pièces le drame, avec ses péripéties et ses développements.

Du reste, ce sont là détails qui relèvent d'une critique étroite et peu intéressante.

Ce qui nous touche, c'est la surabondance de poésie, de fantaisie, d'énergie, de force dramatique, dont l'exubérant Shakespeare a entouré cette aventure, au fond presque banale.

Les deux amants se marient secrètement : mais au moment où ils vont jouir de leur bonheur, le hasard met Tybalt, Capulet, en face de Roméo, Montaigu. Duel et mort de Tybalt. Roméo est banni par le prince. Puis Juliette, désespérée, menacée d'être contrainte à un odieux mariage avec le comte Pâris, accepte du franciscain Laurence un stratagème — d'ailleurs fort dangereux — qui consiste à absorber un poison qui la mette en léthargie et à jouer la comédie de la mort. Roméo, averti à temps, viendra l'enlever de sa tombe. Un accident empêche qu'il soit avisé : il croit sa maîtresse morte, se tue sur son corps. Elle s'éveille, voit Roméo mort et se tue à son tour.

C'est en somme du mélodrame assez gros : mais où l'œuvre prend un caractère étonnant, c'est quand autour de ces deux amants apparaissent des personnages inventés par Shakespeare — Mercutio, le joyeux et vaillant gentilhomme, à la parole salée et à l'épée prompte — Benvolio, délicieux, avec sa pseudo-raison — puis frère Laurence, le moine, en réalité intrigant, prêcheur et prêt à toute besogne — et surtout la nourrice, à la fois maternelle et proxénète. Et à chacun de ces types, Shakespeare adapte le style vrai, vivant, topique. A signaler encore la silhouette de l'apothicaire, dessinée d'un trait à la Rembrandt.

Nous réservons un plus attentif examen pour la note qui suit le drame.

PROLOGUE [1]

Deux maisons, égales en dignité, dans la belle Vérone où nous plaçons notre scène, par ancienne haine évoquent nouvelle querelle, où le sang citoyen souille les mains citoyennes.

Des entrailles funestes de ces deux ennemis, un couple d'amants, aux étoiles qui se rencontrent, a reçu la vie. Leurs pitoyables mésaventures ensevelissent, de par leur mort, le conflit de leurs parents.

L'effrayant passage de leur amour marqué de mort et la persistance de la rage de leurs parents que rien — sauf la fin de leurs enfants — ne pourrait écarter, seront, pendant deux heures l'occupation de notre scène.

Et si vous nous prêtez patiente oreille, ce qui laissera ici à désirer, nos efforts tenteront de l'amender.

ACTE PREMIER

SCÈNE PREMIÈRE

Une place publique. — Entrent SAMPSON *et* GRÉGORY [2], *laquais des Capulets, armés d'épées et de boucliers.*

SAMPSON.

Grégory, sur ma parole, nous ne porterons plus le charbon [3] !

---

[1] Par réminiscence du théâtre antique et des Moralités, un personnage, pareil au Chœur ancien, vient expliquer en quelques vers le sujet de la pièce qui va être représentée. Ainsi dans *Hamlet*, avant la représentation du *Meurtre de Gonzague*.

[2] Cette scène est absolument intraduisible : car elle consiste en un échange de jeux de mots, de calembourgs, ayant leur source dans des onomatopées de langue anglaise qui naturellement n'existent pas dans la langue française. Ainsi les quatre premières répliques roulent sur les mots *coal*, charbon, *colliers*, porteurs, *choler*, colère, et *collar*, collier de chanvre. Guizot, esprit joyeux, essayait de forger des équivalents français. Nous croyons préférable d'avouer notre impuissance.

Ces laquais sont deux grotesques, chargés, tout en échangeant des lazzis, d'engager l'action.

[3] *Carry coals*, phrase proverbiale qui signifie — subir des avanies, être le dindon de la farce, le souffre-douleur. On a beaucoup discuté sur le sens exact du mot *coals*. Un auteur a fait remarquer que le charbon de terre était presque inconnu à l'époque de Shakespeare, et il voit dans *coal* un mot signifiant fardeau, et rappelant notre forme *colis*. C'est ingénieux. Mais le charbon de bois était connu au XVIe siècle et même avant. Et Shakespeare n'a pas spécifié qu'il s'agit de houille.

Walter Scott a employé la même expression — *carry coals* — dans le sens de tout supporter sans se plaindre.

GRÉGORY.
Non. Car alors nous serions des charbonniers.
SAMPSON.
Je veux dire que, si nous sommes en colère, nous tirerons l'épée.
GRÉGORY.
Ouais! tant que vous vivrez, tirez... votre cou du collier de chanvre!
SAMPSON.
Je frappe vite; quand je suis remué.
GRÉGORY.
Mais tu ne te remues pas vite pour frapper.
SAMPSON.
Ce qui me remue, c'est un chien de la maison de Montaigu!
GRÉGORY.
Se remuer... c'est filer! et être vaillant, c'est rester en place! Donc si tu es remué, tu t'enfuis...
SAMPSON.
Un chien de cette maison meremue[1]... à rester en place. Je prendrai le côté du mur contre tout gars ou fille des Montaigu.
GRÉGORY.
Cela te montrera esclave et faible, car ce sont les plus faibles qui sont mis au mur.
SAMPSON.
Vrai! donc les femmes — étant la plus faible vaisselle — sont toujours jetées au mur. Donc je repousserai du mur les gars des Montaigu et pousserai leurs filles au mur.

Une place de Vérone.

GRÉGORY.
La querelle est entre nos maîtres — entre nous et leurs hommes.
SAMPSON.
C'est tout un. Je veux me montrer tyran. Quand j'aurai bataillé avec leurs hommes, je serai cruel avec leurs filles... je leur couperai la tête...
GRÉGORY.
La tête aux filles.
SAMPSON.
Oui, la tête aux filles..... ou leur pucelage [2]..... prends ça dans le sens que tu voudras.

[1] Suite de jeux de mots sur *to move*, remuer — *To be moved*, être ému — *To move on*, s'enfuir.
[2] *Maidenhead*, le mot a ce double sens.

GRÉGORY.
Elles prendront ça dans le sens où elles le sentiront.
SAMPSON.
Elles me sentiront tant que je serai capable de me tenir recte... c'est connu, je suis un joli morceau de viande.
GRÉGORY.
C'est bien que tu ne sois pas un poisson, si tu l'étais, tu ne serais que merluche [1]. Tire ton outil ! En voici venir de la maison des Montaigu [2]...

Entrent ABRAHAM *et* BALTHAZAR, *valets des Montaigus.*

SAMPSON.
Mon outil est tout nu, dehors. Querelle, je serai dans ton dos...
GRÉGORY.
Hein !... pour tourner le dos et filer [3] !...
GRÉGORY.
Quand ils vont passer, je vais froncer le sourcil... qu'ils prennent cela comme ils voudront !...
SAMPSON.
Non ! Comme ils l'oseront ! Je vais leur mordre mon pouce [4]... honte pour eux s'ils le supportent...
ABRAHAM, *à Sampson.*
Est-ce pour nous que vous mordez votre pouce, monsieur ?
SAMPSON.
Je mords mon pouce, monsieur !
ABRAHAM, *insistant.*
Est-ce pour nous que vous mordez votre pouce, monsieur ?
SAMPSON, *bas à Grégory.*
La loi est-elle de notre côté, si je dis oui ?
GRÉGORY.
Non !
SAMPSON, *à Abraham.*
Non, monsieur, je ne mords pas mon pouce... pour vous, monsieur ! Mais je mords mon pouce, monsieur !
GRÉGORY, *à Abraham.*
Querellez-vous, monsieur ?

---

[1] *Poor John*, un Pauvre Jean, nom populaire d'un morceau de morue salée, valant un farthing, deux liards. Ainsi nous appelons un *hareng saur* un gendarme.

[2] Cette scène entre laquais grossiers et brutaux répond, au point de vue du procédé dramatique, aux conversations entre domestiques par lesquelles s'ouvrent, pendant l'entrée bruyante des spectateurs, maints vaudevilles ou comédies de notre théâtre.
Quant aux plaisanteries plus que salées qui sont céans, elle ne peuvent être bien comprises que dans le texte.

[3] L'action s'engage, les calembourgs cessent, preuve nouvelle que ce n'est là qu'une sorte de parade pour occuper le théâtre jusqu'à ce que les spectateurs soient disposés à écouter.

[4] C'est, d'après Cotgrave, le signe d'insulte qui consiste à faire claquer l'ongle du pouce entre ses dents.

ABRAHAM.

Quereller, monsieur ?... Non, monsieur !

SAMPSON.

Si vous le faites, monsieur, je suis à vous !..... Je sers un aussi bon maître que vous !...

Entre au fond BENVOLIO, des Montaigus.

ABRAHAM, *apercevant Benvolio.*

Mais non meilleur !

Querellez-vous, monsieur ?

SAMPSON.

Bien, monsieur.

Entre au fond TYBALT[1], *des Capulets.*

GRÉGORY, *apercevant Tybalt, bas à Sampson.*

Dis meilleur... voilà un des parents du maître.

SAMPSON, *se redressant, à Abraham.*

Si, monsieur ! meilleur !

ABRAHAM.

Vous mentez !

SAMPSON.

Dégaînez, si vous êtes des hommes ! (*Bas.*) Grégory, souviens-toi de ton coup d'épate[2]. (*Ils se battent. — Benvolio accourt, tirant l'épée pour les séparer.*)

---

[1] Tybalt, Thibaut. — Le chat s'appelait, depuis longtemps, maître Thibaut, ce qui explique des plaisanteries à venir sur le *prince des chats*. Ce nom vient probablement du maître Tybert ou Dieprecht, le chat — adversaire de maître Ysengrin, dans le roman du *Renard*.

[2] Ce mot d'argot rend exactement *Swashing blow*, le coup qui fait du tapage, de l'esbrouffe. En allemand, *deinen Schwadronen hieb* — ton coup d'escadron. *Epate* vient d'ailleurs de *spada*, épée, — en roman, *Spata*, épée longue et sans pointe.

BENVOLIO.

Séparez-vous, imbéciles! Haut les épées! Vous ne savez pas ce que vous faites!...
TYBALT, *accourant à son tour.*

Quoi! Benvolio, as-tu dégaîné contre ces valets sans cœur! Tourne-toi par ici... et vois ta mort!

BENVOLIO.

Je ne fais ici que préserver la paix. Rengaîne ton épée ou uses-en avec moi pour séparer ces hommes.

TYBALT.

Quoi! avoir dégaîné et parler de paix! Je hais le mot comme je hais l'enfer, tous les Montaigus et toi-même!... A toi, couard! (*Ils se battent. Au bruit accourent des partisans des deux maisons qui se jettent dans la mêlée. Puis des citoyens avec leurs bâtons.*)[1]

LES VOIX, *se croisant.*

Des bâtons! des cannes! des pertuisanes! Cognez! Assommez-les! A bas les Capulets! A bas les Montaigus!

Entre le vieux CAPULET, *en robe de chambre, avec* LADY CAPULET.

CAPULET.

Quel bruit est-ce là? Ho! donnez-moi ma longue épée!
LADY CAPULET, *le retenant.*

Une béquille! une béquille! Pourquoi demandez-vous une épée!
CAPULET, *exaspéré.*

Mon épée, ai-je dit! Le vieux Montaigu arrive et fait des fioritures[2] avec sa lame en nargue de moi!

Entrent le vieux MONTAIGU *et* LADY MONTAIGU.

MONTAIGU.

Toi, scélérat de Capulet! (*A Lady Montaigu.*) Ne me tenez pas! Laissez-moi aller!

LADY MONTAIGU, *le tenant.*

Tu ne remueras pas un pied pour chercher un ennemi!

Entre le PRINCE, *avec sa cour.*

LE PRINCE, *s'écriant :*

Rebelles sujets ennemis de la paix, profanateurs de cet acier, teint du sang de vos voisins[3]... n'écouteront-ils pas? Hé! Holà! Vous, hommes, brutes! qui éteignez le feu de votre pernicieuse rage dans la pourpre fontaine, issue de vos veines! Sous peine de torture, de ces mains sanglantes jetez sur le sol vos armes furieuses et écou-

---

[1] *Clubs.* Ces gourdins ont donné leur nom aux assemblées populaires. Le patois normand a conservé *clave*, gros bâton court, *claveau*, massue.
[2] *Flourishes.*
[3] *Neighbour-stained*, voisinement ensanglanté.

tez la sentence de votre prince irrité... Ces querelles civiles nées d'un mot, bulle d'air — par toi, vieux Capulet, et par toi, Montaigu — ont trois fois troublé le repos de nos rues et fait rejeter aux anciens citoyens de Vérone les graves attributs qui leur conviennent, pour manier, en des mains aussi vieilles, de vieilles pertuisanes, décrépites par la paix, pour séparer vos haines décrépites !

« Si jamais vous troublez encore nos rues, vos vies paieront caution pour la paix. Pour l'instant, que tout le monde s'en aille. Vous, Capulet, viendrez avec moi. Vous, Montaigu, venez cet après-midi pour connaître notre bon plaisir en cette affaire, à la vieille Franche-Ville, lieu ordinaire de nos jugements. Encore une fois, sous peine de mort, que tous les hommes partent ! (*Sort le Prince avec sa suite, Capulet, Lady Capulet, les citoyens et les laquais. Montaigu reste avec Benvolio.*)

La mêlée.

MONTAIGU.

Qui a remis en perce¹ cette ancienne querelle ? Parlez, neveu. Étiez-vous là, quand cela commença ?

BENVOLIO.

Ici étaient les laquais de votre adversaire et les vôtres, bataillant de près avant que je me sois approché. Je dégaînai pour les séparer : à cet instant vint le furieux Tybalt, avec son épée prête, que, tout en soufflant un défi à mes oreilles, il tournaillait au-dessus de sa tête, coupant le vent, qui, point blessé, le sifflait en mépris ! Comme nous échangions des coups de pointe et de lame, il en vint plus et plus qui bataillèrent des deux côtés, jusqu'à ce que vint le prince qui les sépara.

LADY MONTAIGU.

Mais où est Roméo ? L'avez-vous vu aujourd'hui ? Je suis bien aise qu'il ne fut pas à cette bagarre.

¹ *To set abroach*, ouvrir un tonneau. C'est le sens généralement admis. Cependant *abroach* signifie le plus souvent *à la broche*. Il semble que le mot implique aussi ouvrage fait vite et mal, sens conservé dans le français *brocher* et dans le patois rouchi *abloquer*.

Toi, scélérat de Montaigu!

BENVOLIO.

Madame, une heure avant que l'adoré soleil regardât à la fenêtre d'or de l'Orient[1], un trouble d'esprit m'entraîna à me promener dehors, et sous le bois de sycomores, qui s'enracine à l'ouest de la Cité, je vis votre fils, se promenant aussi tôt que moi. J'allai vers lui. Mais il s'avisa de moi et se déroba sous le couvert du bois. Moi, mesurant ses sentiments par les miens propres qui sont d'autant plus actifs qu'ils sont plus solitaires, je poursuivis mon humeur, ne poursuivant pas la sienne et à plaisir évitai qui à plaisir m'évitait.

MONTAIGU.

Depuis plusieurs matins, il a été vu là, de ses larmes augmentant la fraîche rosée du matin, ajoutant aux nuages les nuages de ses profonds soupirs. Mais aussitôt que le joyeux soleil, au plus lointain Orient, commence à tirer les rideaux du lit ombreux de l'aurore, loin de la lumière, s'enfuit chez lui mon fils alourdi et, en privé, il s'encage dans sa chambre, ferme ses fenêtres, consigne au dehors la clarté du jour et se fait à lui-même une artificielle nuit. Noire et de mauvaise augure se révèle ainsi son humeur, à moins que bon conseil puisse éloigner la cause.

BENVOLIO.

Mon noble oncle, connaissez-vous cette cause ?

MONTAIGU.

Je ne la connais ni ne peux l'apprendre de lui.

BENVOLIO.

L'avez-vous sollicité par tous moyens ?

MONTAIGU.

A la fois par moi-même et par maints autres amis. Mais lui, confident de ses propres sentiments, est pour lui-même — je ne dirai pas combien sincère — mais pour lui-même si secret et si clos, aussi loin de se laisser sonder et découvrir que l'est le bourgeon mordu par le ver envieux, avant que de pouvoir épandre ses douces feuilles dans l'air ou dédier sa beauté au soleil. Que nous puissions seulement apprendre d'où germent ses chagrins, nous voudrions aussi délibérément les guérir que les connaître.

Entre ROMÉO, *au fond de la scène.*

BENVOLIO.

Voyez, il vient. S'il vous plaît, tenez-vous à l'écart. Je connaîtrai ses chagrins ou serai bien rebuté !

MONTAIGU.

Je voudrais que tu fusses assez heureux, en restant, pour entendre sa vraie confession. (*A Lady Montaigu.*) Venez, madame. Retirons-nous. (*Ils sortent tous deux.*)

BENVOLIO, *allant à Roméo.*

Bon matin, cousin.

---

[1] Benvolio et tout à l'heure Mercutio, comme Roméo lui-même parlent le style fleuri mis à la mode par John Lily, dans son roman d'*Euphues*. En France, plus tard, mademoiselle de Scudéri dictera aux raffinés leurs mièvreries et leurs préciosités. Dans les deux pays, ces formes de langage impliquaient une réaction contre les brutalités du vocabulaire soldatesque. De plus, Shakespeare était passionné de Pétrarque et de la littérature italienne, aux formes d'une excessive recherche et délicatesse.

ROMÉO, *d'un air triste et langoureux.*

Le jour est-il donc si jeune ?

BENVOLIO.

Il sonne seulement neuf heures.

ROMÉO.

Ah moi !¹ Tristes heures semblent longues ! Est-ce mon père qui s'est retiré si vite ?

BENVOLIO.

C'était lui. Quelle tristesse allonge ainsi les heures de Roméo ?

ROMÉO.

De n'avoir pas ce qui, si on l'a, les fait courtes.

BENVOLIO.

En amour ?

ROMÉO.

Sans...

BENVOLIO.

Sans l'amour ?

ROMÉO.

Sans la faveur de celle pour qui je suis en amour.

BENVOLIO.

Hélas ! cet amour, si gentil en perspective, serait-il si rigoureux et rebelle aux preuves ?

ROMÉO.

Hélas ! cet amour, dont la vue est encore voilée, suivrait, sans yeux, les sentiers de son vouloir !... (*Changeant de ton.*) Où dînerons-nous ?... O moi ! quel tumulte y eut-il ici ?... Ne me le dis pas, car j'ai tout entendu. Il y a ici beaucoup à faire avec la haine, mais plus encore avec l'amour. Hélas ! ô querelleur amour ! O amoureuse haine ! O toute chose de rien d'abord créée ! O lourde légèreté ! O sérieuse vanité ! Chaos mal formé de choses bien semblantes ! Plume de plomb, brillante fumée, feu froid, maladive santé ! Éveillé sommeil ! Tout ce qui est ce qu'il n'est pas ? Cet amour, je le ressens et ne jouis pas de l'amour ! Cela ne te fait-il pas rire !²

BENVOLIO.

Non, cousin, je pleurerais plutôt.

ROMÉO.

Bonne âme, à quoi donc ?

BENVOLIO.

A l'oppression de ton bon cœur.

ROMÉO.

Oui, tel est le crime de l'amitié ! Mes propres pensées gisent lourdes en mon

---

¹ *Ah me!* Cette exclamation, très fréquente en anglais, se retrouve dans beaucoup de provinces françaises. C'est pourquoi elle est conservée ici.

² Ces jeux d'expressions, ces calembredaines prétendues poétiques, seraient aussi fatigantes en anglais qu'en français, si on n'y sentait, de la part de Shakespeare, une volonté de raillerie contre le style à la mode. A les entendre, le public anglais rit, ce que nous ne nous permettrions pas, tant nous méconnaissons le procédé shakespearien — conduire au tragique par le comique.

cœur : et tu les veux augmenter pour les allourdir encore du poids des tiennes. — Cette amitié que tu m'as montrée ajoute plus de peine au trop plein de la mienne. Amour est fumée, élevée par la vapeur des soupirs. Purifié, c'est un feu, étincelant dans les yeux de l'amant. Combattu, c'est une mer, nourrie des larmes de l'amant. Qu'est-il encore ? Une très discrète folie, une rudesse qui déchire et une douceur qui guérit. Adieu, mon cousin. (*Il va pour sortir.*)

BENVOLIO.

Doucement, je vais avec vous. Et si vous me laissez ainsi, vous me faites tort.

ROMÉO.

Bah ! [1] je me suis perdu moi-même. Je ne suis pas ici. (*Se désignant.*) Celui-ci n'est pas Roméo, c'est quelque autre !

BENVOLIO.

Dis-moi — en tristesse [2] — qui tu aimes ?

ROMÉO.

Quoi ! faut-il gémir... et te le dire ?

BENVOLIO.

Gémir ! pourquoi, non ! Dis-moi qui, tristement, voilà tout !

ROMÉO.

Ordonnez à un malade en tristesse de faire son testament ! Mot mal suggéré à qui est si mal ! En tristesse, cousin, j'aime une femme !

BENVOLIO.

Avais-je visé juste, en supposant que vous aimiez ?

ROMÉO.

Un vrai bon cibleur !... Et elle est belle, celle que j'aime !

BENVOLIO.

Une vraie belle cible, beau cousin, est plutôt touchée.

ROMÉO.

Mais en cette touche vous manquez. Elle n'est pas touchée par la flèche de Cupidon : elle a l'âme de Diane, et en la forte épreuve de chasteté, bien armée, du trait faible et enfantin de l'Amour elle vit imblessée. Elle ne veut pas soutenir le siège des mots amoureux, ni subir l'assaut des yeux attaqueurs ni ouvrir son giron à l'or qui séduit les saints. Oh ! elle est riche en beauté, pauvre seulement si, quand elle meurt, avec sa beauté meurt son trésor.

BENVOLIO.

Est-ce qu'elle a juré que toujours elle vivrait chaste ?

ROMÉO.

Elle a juré et en cette épargne fait immense préjudice. Car la beauté, affamée par sa sévérité, coupe la beauté de toute postérité. Elle est trop belle, trop sage : sage-

---

[1] L'exclamation *Tut!* se retrouve dans notre *Turlututu*.

[2] *In sadness*. On a beaucoup discuté sur ce mot *sadness*, en remontant au sens premier qui implique plutôt *sérieux*. On va même jusqu'à la racine celtique qui donne *solide, pesant*. Le sens est beaucoup plus simple. Benvolio, qui conçoit gaîment l'amour, dit à Roméo : — Voyons, puisque tu tiens à être triste, dis-moi tristement le nom de ta maîtresse !

ment trop belle, pour mériter la béatitude en me faisant désespérer. Elle a abjuré l'amour : et par ce vœu, je meurs tout en vivant, puisque je vis pour te le dire ! [1]

BENVOLIO.

Laisse toi guider par moi. Oublie de penser à elle.

ROMÉO.

Oh ! apprends-moi comment j'oublierai de penser.

BENVOLIO.

En donnant la liberté à tes yeux. Regarde d'autres beautés !

ROMÉO.

C'est le moyen d'appeler, par comparaison, sa beauté plus exquise ! Ces heureux masques qui baisent les joues des belles dames, étant noirs, nous mettent en l'idée qu'ils cachent la beauté. Celui qui est frappé de cécité ne peut oublier le précieux trésor de sa vue perdue. Montre-moi une maîtresse d'une prime beauté, à quoi servira sa beauté, sinon comme une note où je pourrai lire... qui prime cette prime beauté ! Adieu, tu ne peux m'apprendre à oublier.

BENVOLIO.

Je me paierai cet enseignement-là... ou je mourrai en dette ! (*Ils sortent.*)

SCÈNE II

Une rue. — Devant la maison de Capulet. — Entrent CAPULET, PARIS
et UN SERVITEUR.

CAPULET.

Et Montaigu est lié, aussi bien que moi, sous les mêmes pénalités : ce n'est pas dur, je suppose, pour des vieillards comme nous, de garder la paix.

PARIS.

D'honorable réputation vous êtes tous deux : Et c'est pitié que vous viviez si longtemps en querelle. Mais maintenant, Seigneur, que dites-vous de ma proposition ?

CAPULET.

Mais je répète ce que j'ai dit auparavant. Mon enfant est encore étrangère au monde. Elle n'a pas encore vu la crise de quatorze ans [2]. Laissons de deux étés de plus se faner l'éclat, avant que nous la jugions mûre à être fiancée.

PARIS.

De plus jeunes qu'elles ont fait d'heureuses mères.

---

[1] Toutes ces phrases ont ceci de particulier qu'elles s'adressent — non pas à Juliette qu'il ne connaît pas encore — mais à une certaine Rosaline à laquelle il ne pensera plus tout à l'heure. En vérité, comme Chérubin, Roméo aime la femme avant d'aimer une femme.

> Je gravais sur un frêne...
> Que mon cœur, que mon cœur a de peine !

Shakespeare a admirablement compris le besoin de passion qui est dans l'âme de l'adolescent.

[2] Parmi les folies des adaptateurs, il faut placer en bon rang l'édition de Garrick, l'inepte comédien qui a dénaturé tout Shakespeare. L'âge de Juliette est modifié. Elle a dix-huit ans. Pour n'y plus revenir, quiconque a le respect des choses littéraires devrait brûler, toutes les fois qu'elle lui tombe sous la main, l'édition de *John Bell* (1774). Neuf volumes, dont le texte tronqué est aussi ridicule que les notes sont niaises. Ainsi jouait-on alors Shakespeare à Drury-Lane.

CAPULET.

Et trop tôt sont flétries celles si tôt rendues mères. La terre a englouti toutes mes espérances, sauf elle. Elle est en espérance la maîtresse de mon domaine. Mais courtise-la, gentil Pâris : aie son cœur, ma volonté n'est qu'une part de son consentement. Si elle t'agrée, dans les limites de son choix gît mon consentement, ma voix bellement accordante.

Ce soir, je donne une fête, anciennement accoutumée, où j'ai invité de nombreux hôtes, de ceux que j'aime. Et vous, dans le lot, très bienvenu, faites dans mon nombre un de plus [1]. En ma pauvre maison, voyez à contempler cette nuit, foulant la terre, des étoiles qui feront noir le ciel clair. De cette joie, dont jouissent les joyeux garçons, quand Avril bien appareillé marche sur les talons du boiteux Hiver, de ce plaisir, au milieu des frais bourgeons féminins, vous recevrez ce soir votre part à ma maison. Écoutez tout, voyez tout, et aimez le plus celle qui aura le plus de mérite. En cette nombreuse perspective, ma fille, étant une, figurera dans le nombre, quoique ne comptant pas. Allons, venez avec moi. (*A son valet.*) Allez, maraud, trotter à travers la belle Vérone : Découvrez les personnes dont les noms sont écrits là (*il lui donne une liste*) et dites-leur que ma maison et ma bienvenue sont à leur discrétion. (*Il sort avec Pâris.*)

LE VALET.

Découvrir ceux dont les noms sont écrits là ! Il est écrit que le cordonnier doit se mêler de son aune et le tailleur de sa forme, le pêcheur de son pinceau et le peintre de son filet [2]. Mais je suis envoyé pour découvrir les personnes dont le nom est écrit là et ne puis découvrir quels noms la personne qui a écrit a écrits... J'ai besoin de savants. (*Voyant entrer Benvolio et Roméo.*) Au bon moment !...

BENVOLIO, *à Roméo.*

Tut ! Tut ! mon garçon, un feu brûle la brûlure d'un autre feu. Une pensée se diminue de l'angoisse d'une autre. Tourne à t'étourdir et guéris-toi en tournant à l'envers. Un chagrin désespéré se guérit de la langueur d'un autre. Prends par ton œil quelque nouvelle contagion et le poison ranci de l'ancienne mourra..

ROMÉO.

Votre feuille de plantain est excellente pour cela.

BENVOLIO.

Pour quoi, je te prie ?

ROMÉO.

Pour ton tibia cassé ! [3]

BENVOLIO.

Hein ! es-tu fou ?

ROMÉO.

Non, pas fou ! mais plus enchaîné que ne l'est un fou ! Enfermé en prison, gardé

---

[1] Est-ce reproduire Shakespeare que d'écrire : — Vous serez le très bienvenu, si vous voulez être du nombre (F.-V. Hugo).

[2] Il embrouille les mots, attribuant à un métier ce qui appartient à un autre.

[3] Ceci doit être compris dans le sens du dicton français : — *un cataplasme sur une jambe de bois*, soit — remède inutile.

ROMÉO ET JULIETTE

sans nourriture, fouetté et torturé et... (*Le valet s'approche de lui le papier à la main.*) Bonjour, mon garçon.

LE VALET.

Bonjour!... je vous prie, monsieur, pouvez-vous lire?

ROMÉO.

Hélas! ma propre destinée dans ma misère!...

LE VALET.

Peut-être avez vous appris cela sans livre. Mais je vous prie, pouvez-vous lire toute chose que vous voyez?

ROMÉO.

Oui, si je connais les lettres et la langue.

LE VALET.

C'est honnêtement parlé... (*Il va pour s'éloigner.*) Tenez-vous en joie!

ROMÉO, *le rappelant*.

Reste, compagnon, je sais lire [1]. (*Il prend la liste et lit.*) — Signor Martino, sa femme et ses filles. Comte Anselme et ses charmantes sœurs. La dame veuve de Vitruvio. Le signor Placentio et ses aimables nièces. Mercutio et son frère Valentin. Mon oncle Capulet, sa femme et ses filles. Ma belle nièce Rosaline. Livia. Le seigneur Valentio et son cousin Tybalt. Lucco et la gaie Elena. — (*Lui rendant le papier.*) Une belle assemblée et où doit-on se rendre?

LE VALET.

Là-haut!

ROMÉO.

Où, là-haut?...

LE VALET.

Un souper... à notre maison.

ROMÉO.

Quelle maison?

LE VALET.

De mon maître.

ROMÉO.

En vérité, j'aurais dû vous demander cela d'abord.

LE VALET.

Maintenant, je vais vous le dire sans questions. Mon maître est le grand et riche Capulet. Si vous n'êtes pas de la maison de Montaigu, je vous prie, venez étouffer [2] un verre de vin! Tenez-vous en joie! (*Il sort.*)

BENVOLIO.

A cette même antique fête des Capulet, soupe la belle Rosaline que tu aimes tant. Avec les beautés admirées de Vérone. Allons-y. Et d'un œil non prévenu, com-

---

[1] Avec cette manie d'épiloguer, Roméo n'a pu répondre nettement, jusqu'à ce que le valet lui donne en somme une petite leçon, qu'il renouvelle un peu plus loin en ne répondant pas lui-même avec précision.

[2] *To crush*. — Le mot existe dans notre langue familière. On dit *écraser un grain* ou bien *étrangler un perroquet*, pour boire un verre d'absinthe. On a traduit généralement par *faire sauter* ou *avaler*. Le patois normand de Guernesey donne *cruchier* ou *cruquer*, qui nous ramène à la forme française *croquer*, écraser.

pare¹ son visage à quelque autre que je te montrerai et je te ferai croire que ton cygne est un corbeau.

ROMÉO.

Si la dévote religion de mes yeux maintenait pareille fausseté, alors que mes pleurs tournent en flammes et que les transparents hérétiques — si souvent noyés et ne pouvant jamais mourir — soient brûlés comme calomniateurs ! Une plus belle que mon aimée ! Le soleil qui voit tout n'a jamais vu sa pareille, depuis que le monde a commencé ².

BENVOLIO.

Peuh ! Vous l'avez vue belle, nulle autre n'étant à côté : elle se faisait contre-poids à elle-même dans vos deux yeux. Mais que dans cette cristalline balance soit pesée votre aimée Dame contre quelque autre vierge que je vous montrerai, brillant à cette fête, et elle paraîtra à peine bien, celle qui maintenant paraît le mieux !

ROMÉO.

J'irai, non pour que pareille vue me soit montrée, mais pour me réjouir de la splendeur de celle qui est mienne !

SCÈNE III

Une chambre dans la maison des Capulets. — Entrent LADY³ CAPULET *et* LA NOURRICE.

LADY CAPULET.

Nourrice ! où est ma fille ? Appelez-la vers moi !

LA NOURRICE.

Tout de suite, par mon pucelage — à mes douze ans ! — je lui ai dit de venir. Hé ! mon agneau ! Hé ! mon oiselle !⁴... Dieu maudisse !⁵... où est cette demoiselle ? Juliette ! Juliette !

JULIETTE, *entrant.*

Hé ! qui appelle ?

LA NOURRICE.

Votre mère.

JULIETTE.

Me voici, madame. Quelle est votre volonté ?

LADY CAPULET.

Voici la chose. (*A la nourrice.*) Nourrice, laisse-nous. Il nous faut causer en

---

¹ Les deux amis emploient tantôt le *tu* et tantôt le *vous*.
² M. Stapfer compare cet amour à celui de Werther ou de René, et le qualifie de mélancolie noire : c'est bien plutôt la passion inconsciente et quasi anonyme des adolescents, qui désirent toutes les femmes en une seule.
³ Quelques-uns ont cru devoir écrire *la signora*. Ne soignons pas la couleur locale plus que ne l'a fait Shakespeare. Fr. Michel a imaginé *madonna Capulet !*
⁴ *Lady-bird.* Oiseau femelle. Où Guizot a-t-il trouvé mon *oiseau du bon Dieu !* — F. Michel qui a bien compris, a, on ne sait pourquoi, remplacé le mot juste par *mademoiselle Papillon !*
⁵ *God forbid !... Forbid* ne signifie pas ici préserver. Que Dieu la préserve... de quoi ? Dans l'ancien anglais, *God forbid* équivaut exactement à *que le diable l'emporte !*

secret. (*La nourrice s'éloigne.*) Nourrice, reviens. Je me rappelle que tu dois entendre notre entretien. Tu sais que ma fille a un joli âge.

LA NOURRICE.

Ma foi, je puis dire son âge à une heure près.

LADY CAPULET.

Elle n'a pas quatorze ans.

LA NOURRICE.

Je parierais quatorze de mes dents — et pourtant, pour le dire à mon chagrin, je

C'est ça, c'est une fleur!

n'en ai que quatre [1] — elle n'a pas quatorze ans. Combien y a-t-il d'ici à la Messe-aux-Pains ? [2]

LADY CAPULET.

Une quinzaine et quelques jours d'appoint [3]...

LA NOURRICE.

Que ce soit pair ou impair, de tous les jours de l'année vienne la Messe-aux-Pains, au soir, elle aura quatorze ans. Suzanne et elle — Dieu mette en repos toutes chrétiennes âmes ! — étaient du même âge. Bon, Suzanne est avec Dieu. Elle était

[1] Détail comique, dans l'édition déjà citée, contrôlée sur les manuscrits de Drury Lane, Juliette ayant dix-huit ans, la nourrice a huit dents!

[2] *Lammas-tide*. Des vieux mots saxons *hlam*, pain, et *tide*, temps. Le premier août, se célébrait autrefois avec les prémices de la saison. Guizot, Hugo, etc., ont traduit par la *Saint-Pierre-aux-Liens*, dont il n'est question ni dans le texte, ni parmi les saints fêtés le premier août.

[3] *Odd* signifie à la fois *appoint* et *impair*. D'où le calembour qui suit.

LIV. 19.

trop bonne pour moi. Mais, que je dis, à la Messe-aux-Pains au soir, elle aura ses quatorze ans. Qu'elle les aura, pardi! je m'en souviens bien. Il y a depuis le tremblement de terre maintenant onze ans. Et elle fut sevrée, de tous les jours de l'année, ce jour-là. Car j'avais mis de l'amer à mon téton, assise au soleil contre le mur du colombier. My Lord et vous étiez à Mantoue... Oh! j'ai de la cervelle!... Mais, que je dis, quand elle goûta l'absinthe au bout de mon téton et le sentit amer, la petite folle!... la voir se mettre en colère et tomber sur le téton. Tremblement! dit le colombier... pas besoin, je vous jure, de me dire de trotter. Et depuis ce temps-là, il y a onze ans. Car alors elle pouvait se tenir seule. Oui, par la croix, elle aurait couru comme un canard[1] tout partout... même que le jour d'avant, elle s'était cassé le nez et que mon mari — Dieu ait son âme, c'était un joyeux compère — releva l'enfant : — Ouais! dit-il, tu tombes sur la figure! Quand tu auras plus d'esprit, tu tomberas sur le dos! Pas vrai, Juliette? — Et, par ma Sainte Dame, la jolie gredine cessa de crier et dit : — Oui! — A voir maintenant comment une gaudriole tournera!... je garantis, si je vivais mille ans, je ne pourrais oublier cela : — Pas vrai, Juliette? — et la gentille folle de se calmer et de dire oui![2]

LADY CAPULET.

Assez de cela! je t'en prie... tiens-toi en paix!

LA NOURRICE.

Oui, madame. Encore je ne peux m'empêcher de rire en pensant comme elle cessa de crier et dit : — Oui! — Et encore, je garantis, elle avait sur le nez une bosse aussi grosse qu'une baloche de petit poulet... un rude coup! et elle criait amèrement! — Ouais! dit mon mari, tu tombes sur la figure... tu tomberas sur le dos, quand tu seras en âge : — Pas vrai, Juliette!... et de s'arrêter et de dire : — Oui!

JULIETTE.

Et arrête-toi aussi, je t'en prie, nourrice... je te dis...

LA NOURRICE.

Paix, j'ai fini! Dieu te marque de sa grâce! tu étais le plus joli bébé que j'aie jamais nourri : et si j'avais mon souhait, je vivrais pour te voir un jour mariée.

LADY CAPULET.

Juste! c'est juste le vrai thème dont je venais parler. Dis-moi, ma fille Juliette, quelles sont tes dispositions pour le mariage?

JULIETTE.

C'est un honneur auquel je n'ai pas rêvé.

LA NOURRICE.

Un honneur! Si je n'étais pas seulement ta nourrice, je dirais que tu as tété la sagesse.

LADY CAPULET.

Eh bien, pensez au mariage maintenant. De plus jeunes que vous, à Vérone, des dames de condition, sont déjà mères. Pour ma part, j'étais mère bien avant cet âge

---

[1] *Waddle* signifie exactement marcher en se balançant comme les petits enfants. Le patois normand a conservé l'expression *se vadeler*.
[2] Cette tirade, dans son mot à mot, n'est-elle pas une merveille de naturel et quel contraste d'un art étonnant avec les préciosités des autres!

où vous êtes encore vierge. Bref donc... le vaillant Pâris vous recherche pour son amour.

LA NOURRICE.

Un homme, jeune dame! Madame... un homme... tel que le monde entier!... vrai! un homme en cire!...

LADY CAPULET.

L'été de Vérone n'a pas pareille fleur!...

LA NOURRICE.

C'est ça, c'est une fleur!.. ma fi, une vraie fleur.

LADY CAPULET, *à Juliette.*

Que dites-vous? Pouvez-vous aimer ce gentilhomme? Ce soir, vous allez le rencontrer à notre fête. Lisez dans le livre du visage du jeune Pâris, vous y trouverez le charme écrit avec la plume de la beauté. Examinez les lignes couplées et voyez combien l'une prête agrément à l'autre. Et ce qui est obscur dans ce beau volume se trouve à la marge de ses yeux. Ce précieux livre d'amour, cet amoureux non relié, réclame seulement une couverture pour s'embellir![1] Le poisson vit dans la mer et c'est grande gloire pour la beauté du dehors d'envelopper la beauté du dedans. Ce livre, aux yeux de beaucoup, partage la gloire qui, sous ses agrafes d'or, enferme une histoire dorée. Ainsi vous aurez part à tout ce qu'il possède, en l'ayant, sans vous diminuer vous-même.

LA NOURRICE.

Diminuée!... Hé! grossie! les femmes grossissent par les hommes [2]!

LADY CAPULET.

Parlez bref. Pouvez-vous accueillir l'amour de Pâris?

JULIETTE.

Je verrai à l'accueillir, si la vue amène l'accueil : Mais pas plus profondément je ne darderai mes yeux que votre consentement ne me donne de force pour les lancer [3]... (*Entre un valet.*)

LE VALET.

Madame, les hôtes sont arrivés, le souper est servi. Vous êtes appelée, ma jeune lady est réclamée, la nourrice est maudite à la paneterie et toute chose est à extrémité. Il faut que j'aille servir. Je vous en prie, suivez-moi tout de suite!...

LADY CAPULET.

Nous te suivons. Juliette, le comte est là.

LA NOURRICE.

Va, fille, chercher d'heureuses nuits pour tes heureux jours... (*Ils sortent.*)

---

[1] C'est méconnaître absolument Shakespeare que de s'efforcer de pallier, en les travestissant en français, les ridicules de ces tirades. Ils sont voulus et concourent à l'effet, en mettant en relief la naïveté de Juliette et la rondeur de la nourrice. Guizot a supprimé *la reliure* comme incompréhensible.

[2] Le pudibond Philarète Charles, qui a écrit la plus comique des traductions, arrange ainsi ce passage : — Elle y gagnera, madame, elle y gagnera! c'est ce qui arrive toujours aux femmes qui se marient!

[3] F. V. Hugo commente et ne traduit pas : — Mon attention à son égard ne dépassera pas la portée que lui donneront vos enseignements.

SCÈNE IV

Une rue. — Entrent ROMÉO, MERCUTIO, BENVOLIO, *avec cinq ou six masques, des porteurs de torches et autres.*

ROMÉO.

Quoi, ce discours sera-t-il prononcé pour notre excuse ou allons-nous sans apologie?

BENVOLIO.

Le temps est fini de ces prolixités. Nous n'aurons pas de Cupidon[1], aveuglé d'une écharpe, portant un arc de Tartare, fait d'une latte peinte, écartant les dames comme un parc-à-corbeaux[2]... non plus un prologue, dit sans texte écrit, mollement débité après le souffleur, pour notre entrée. Mais qu'ils nous mesurent à leur gré, nous leur mesurerons une mesure de danse et filerons...

ROMÉO.

Donnez-moi une torche... je ne suis pas pour ces danses à l'amble[3]... étant trop lourd! Étant lourd, je porterai la lumière[4]...

MERCUTIO.

Non, gentil Roméo, il faut que vous dansiez.

ROMÉO.

Pas moi, croyez-m'en! Vous avez des souliers de bal, à semelles lestes. J'ai une âme de plomb, qui me cloue au sol à ce point que je ne puis me mouvoir.

MERCUTIO.

Vous êtes un amoureux. Empruntez les ailes de Cupidon et avec elles, volez au-dessus des bonds ordinaires.

ROMÉO.

Je suis trop cruellement percé de cette flèche pour voler avec ces ailes légères. Et si enchaîné que je ne puis bondir d'un degré au-dessus de ma tristesse : sous le lourd fardeau de l'amour, je plonge!

MERCUTIO.

Et à plonger en l'amour, vous écraseriez votre amour. Trop grande lourdeur pour chose tendre.

ROMÉO.

Amour est-il chose tendre? Il est trop dur, trop rude, trop accablant, et il pique comme l'épine.

MERCUTIO.

Si l'amour est dur pour vous, soyez dur pour lui. Piqûre pour piqûre et piquant l'amour, vous le mettrez à bas. Donnez-moi une boîte pour mon visage. (*Il met un*

---

[1] Les invités s'annonçaient, à leur entrée, par un compliment de bienvenue que débitait un personnage bizarrement accoutré et qui, le plus souvent, récitait fort mal son boniment.

[2] *Crow keeper*, garde-corbeaux, dans les champs, épouvantail. *Crow* est une onomatopée plus significative que le mot français. Nous l'avons reprise pour imiter le cri du corbeau *croasser*.

[3] *Ambling*. Roméo vise ces danses où on marche d'une façon prétentieuse, comme des chevaux marquant l'amble. Comparer notre mot *déambuler*. Dans le vieux normand, *ambleor* signifie *haquenée*.

[4] Jeu de mots entre *heavy*, lourd, et *light*, qui signifie *léger*, et *lumière*.

ROMEO ET JULIETTE

L'entrée du bal.

masque.) Un masque sur un masque! Que m'importe qu'un curieux regard cote mes difformités! Voici les sourcils saillants qui rougiront pour moi.

BENVOLIO.

Allons, frappons et entrons. Et pas plus tôt dedans, que tout homme s'en prenne à ses jambes.

ROMÉO.

Une torche pour moi! Que les sans-souci, au cœur léger, chatouillent de leurs talons les joncs insensibles [1]... Car, pour moi, comme dit un proverbe de nos grands-pères, je tiendrai la chandelle et je regarderai. Jamais la chasse n'a été si belle et je suis fini!

MERCUTIO.

Bah! à bas la souris [2], c'est le propre mot du constable. Si tu es à bas, nous te tirerons, révérence parler, de la mare de cet amour où tu t'enfonces jusqu'aux oreilles. Viens, nous brûlons la lumière du jour.

ROMÉO.

Mais non! cela n'est pas!

MERCUTIO.

Je veux dire, monsieur, qu'en ces délais nous brûlons nos lumières en vain, comme nos lampes en plein jour. Prenez notre intention en bien. Car notre jugement s'assied cinq fois sur l'intention avant une seule fois sur nos cinq facultés [3].

ROMÉO.

C'est ainsi que nous avons l'intention d'aller à cette mascarade, mais qu'il n'est pas sage d'y aller.

MERCUTIO.

Pourquoi? Peut-on le demander?

ROMÉO.

J'ai fait un rêve cette nuit.

MERCUTIO.

Et moi aussi.

ROMÉO.

Et quel est le vôtre?

MERCUTIO.

Les rêveurs mentent souvent.

ROMÉO.

Au lit, endormis, tout en rêvant de choses vraies.

MERCUTIO.

Oh! alors, je vois... la reine Mab a été avec vous. Elle est l'accoucheuse des

---

[1] Le plancher était couvert de nattes de jonc.

[2] *Dun's the mouse. Dun* est une forme populaire de *Down*. Montégut a très bien compris qu'il s'agit là d'un jeu de campagne où, ainsi que dans notre Guignol, le constable — le commissaire — a son rôle. Ce jeu s'appelle *Dun in the mire*, en bas dans la mare, et consiste à jeter un morceau de bois, souris ou cheval, dans l'eau.
Il faut savoir encore que le dernier mot de la précédente réplique de Roméo — je suis fini — est en anglais *I am done*, ce qui amène à l'esprit de Mercutio l'homophonie de *Dun's the mouse*.

[3] *The five wits.* Les cinq facultés, en scholastique — sens commun, imagination, fantaisie, raisonnement, mémoire.

féeries[1]... elle vient en forme pas plus grosse qu'une pierre d'agate à l'index d'un alderman, traînée par un attelage de légers atomes, à travers le nez des hommes, pendant qu'ils sont endormis. Les rais de ses roues, faites de longues jambes de faucheux, la capote d'ailes de sauterelles, les rênes de la plus petite toile d'araignée, les harnais d'un humide rayon de lune; son fouet, d'un os de grillon, la mèche d'un fil ténu. Son cocher, un petit moucheron gris-vêtu, pas moitié si gros qu'un petit ver rond enlevé du doigt paresseux d'une vierge. Son char est une noisette vide, faite par le menuisier écureuil ou le vieux ver blanc, de temps immémorial, carrossier des fées.

Et en cet équipage, elle galope, nuits sur nuits, à travers les cervelles des amoureux, et alors ils rêvent d'amour — sur les genoux des courtisans, et alors ils rêvent soudain de cérémonies.— sur les doigts des légistes qui soudain rêvent d'honoraires — sur les lèvres des dames qui soudain rêvent de baisers et que souvent Mab en colère souille de boutons, parce que leurs haleines sont gâtées par les confiseries.

Quelquefois elle galope sur le nez d'un homme de cour et alors il rêve qu'il flaire une place. Quelquefois, elle vient avec une queue de cochon dîmé[2], chatouiller le nez d'un chanoine, et alors il rêve d'un autre bénéfice.

Parfois elle conduit sur le cou d'un soldat et il rêve de tranche-gorges d'étrangers, de brèches, d'embuscades, de dagues espagnoles, de santés profondes de cinq toises. Alors tout à coup elle tambourine à son oreille : il saute, il s'éveille et, épouvanté, il sacre une prière ou deux et se rendort.

C'est la vraie Mab qui entortille les crinières des chevaux dans la nuit et cuisine ces nœuds de lutins aux vilaines sales perruques qui, une fois démêlées, présagent grande malfortune. Elle est la magicienne qui, lorsque les filles sont sur le dos, pèse sur elles et la première leur apprend à porter, les faisant femmes de bon charroi... c'est elle, c'est elle...

ROMÉO.

Paix, paix, Mercutio ! tu parles de riens.

MERCUTIO.

C'est vrai, je parle de rêves qui sont enfants de cervelles vides, nés de rien que de vide fantaisie, aussi fins en substance que l'air et plus inconstants que le vent qui, juste maintenant, baise le sein glacé du Nord, puis, encoléré, pouffe loin de là, tournant sa face vers le Sud ruisselant de rosée !

BENVOLIO.

Ce vent, dont tu parles, nous met hors de nous-mêmes! Le souper est fini et nous arriverons trop tard.

ROMÉO, à part.

Trop tôt, je le crains : car mon esprit pressent quelque événement qui, encore suspendu dans les étoiles prendra date amère et effrayante aux fêtes de cette nuit et

---

[1] On traduit ordinairement par — la sage femme des fées — or *fairy* signifie ici illusions, enchantements. Comme le dit fort bien Guizot, jamais on n'a parlé d'une accoucheuse des fées. Le sens est d'ailleurs fort clair.
Le mot *mab* signifie, au pays de Galles, *enfant*.
[2] Le cochon, pris sur dix, donné en dîme au curé de la paroisse.

marquera le terme de cette méprisable vie, enclose dans mon cœur, par quelque vile trahison de mort prématurée. Mais que Celui qui a le gouvernail de ma course dirige mon vaisseau! (*Haut.*) En avant, gais gentilshommes!

BENVOLIO.

Battez, tambours! (*Ils sortent.*)

La reine Mab.

SCÈNE V

Une salle dans la maison des Capulet. — Des musiciens attendant. — Entrent des valets.

PREMIER VALET, *donnant des ordres, en grande agitation.*

Où est Potpan, qu'il n'aide pas à recevoir? Lui, changer un tranchoir! frotter un tranchoir!...

DEUXIÈME VALET.

Quand les bonnes manières giront toutes dans les mains d'un ou deux hommes et qu'ils ne se laveront pas, ce sera une sale chose.

PREMIER VALET.

Enlevez les doubles tabourets, écartez le buffet, voyez à l'argenterie. Toi, mon bon, mets-moi de côté un morceau de massepain et, si tu m'aimes, fais que le portier laisse entrer Suzanne Grundstone et Nelly... (*Appelant.*) Antoine! Potpan!

Permets aux lèvres, ce que font les mains...

DEUXIÈME VALET.

Oui, mon garçon... voilà!

PREMIER VALET.

On vous cherche, on vous appelle, on vous demande, on vous réclame dans la grande chambre...

DEUXIÈME VALET.

Nous ne pouvons pas être ici et là à la fois... Vivement, les gars ! qu'on soit un peu leste et que le plus long-vivant emporte tout ! (*Ils se retirent.*)

Entrent CAPULET *avec ses hôtes et les masques.*

CAPULET [1].

Gentilshommes, bienvenue ! Dames qui ont les orteils non blessés de cors feront un tour avec vous. Ha ! Ha ! mes commères, qui de vous toutes se refusera à danser ? Celle-ci qui fait la dédaigneuse, je parie qu'elle a des cors... Suis-je venu près de vous, maintenant ?... Vous êtes bienvenus, messieurs ! J'ai vu les jours où je portais un masque et pouvais murmurer un conte à l'oreille d'une jolie femme — et qui lui plaisait ! Fini ! Fini ! Fini !... Vous êtes les bienvenus, messieurs !... Allez, les musiciens !... En cercle ! En cercle ! Faites de la place, et les pieds en avant, mesdames... (*Musique, danses.*) Hé ! marauds, plus de lumières, et enlevez-moi ces tables et éteignez le feu. La pièce est devenue trop chaude... Ah ! mon garçon, cet exercice non prévu marche bien ! Là, asseyez-vous, asseyez-vous, bon cousin Capulet ; car vous et moi, avons passé les jours de danse. Combien y a-t-il de temps depuis la dernière fois que vous et moi étions en masques...

SECOND CAPULET.

Par Notre-Dame, trente ans.

CAPULET.

Eh non, ami ! il n'y a pas tant, pas tant ! C'est depuis les noces de Lucentio vienne la Pentecôte si vite qu'elle le veuille... quelques vingt-cinq ans... et nous étions masqués.

SECOND CAPULET.

Bien plus, bien plus ! Son fils est plus âgé que cela, monsieur. Son fils a trente ans !...

CAPULET.

Voulez-vous m'en conter ? Son fils était encore en tutelle, il y a deux ans. (*Ils continuent à causer. — Roméo parcourt la salle, regardant les danseuses.*)

ROMÉO, *à un valet.*

Qui est cette dame qui enrichit la main de ce cavalier, là-bas ?

LE VALET.

Je ne sais pas, monsieur.

ROMÉO.

Ho ! elle apprend aux flambeaux à briller plus splendidement ! Sa beauté se suspend à la joue de la nuit, comme un riche joyau à l'oreille d'une Éthiopienne. Beauté trop riche pour moi, pour la terre trop chère ! Ainsi qu'une neigeuse colombe au milieu de corbeaux, ainsi apparaît cette femme, là-bas, entre ses compagnes ! La danse achevée, je surveillerai où elle se tient, et la touchant, je rendrai heureuse ma rude main... Mon cœur a-t-il aimé jusqu'ici ? Renie cela, mon regard ! Car jamais je n'ai vu vraie beauté, jusqu'à cette nuit ! (*Il a parlé à haute voix. Tybalt l'a entendu.*)

---

[1] Il va de ci, de là, parlant aux uns et aux autres.

TYBALT.

Celui-ci, à sa voix, doit être un Montaigu. (*A un page.*) Va me chercher ma rapière, garçon ! (*A lui-même.*) Quoi ! cet esclave ose venir ici, caché sous une face de bouffon, pour railler et bafouer notre fête ! Ah ! par la souche et l'honneur de ma race, de le frapper à mort je ne tiens pas à péché !

CAPULET, *voyant son agitation.*

Voyons, voyons, cousin, d'où vient cet orage ?

TYBALT.

Oncle, c'est un Montaigu, notre ennemi... un misérable qui est venu ici, méchamment, cette nuit, pour insulter à notre fête...

CAPULET.

Est-ce le jeune Roméo ?

TYBALT.

Oui, c'est ce misérable Roméo !

CAPULET.

Contiens-toi, gentil cousin, laisse-le en paix. Il se tient en gentilhomme bien élevé. Vérone se targue de lui comme d'un jeune homme vertueux et de bonne gouverne. Je ne voudrais pas, pour la richesse de toute cette ville, ici, dans ma maison, lui faire disgrâce. Donc, sois patient, ne t'occupe pas de lui, c'est ma volonté. Si tu la respectes, montre une aimable physionomie et efface ces froncements qui sont de mauvaise apparence dans une fête...

TYBALT.

J'ai l'air qui convient quand un pareil misérable est votre hôte... je ne le tolérerai pas !

CAPULET, *avec fermeté.*

Il sera toléré... Hé ?... quoi ?... Je dis, il sera !... Allez !... suis-je le maître ici... ou vous ? Allez ! Vous ne le tolérerez pas ! Que Dieu amende mon âme... vous ameuterez mes hôtes ! Vous ferez le coq à la houpe [1]... Vous seriez bien l'homme !

TYBALT.

Mais, mon oncle, c'est une honte !...

CAPULET.

Allons, allons ! Vous êtes un insolent garçon !... Est-ce ainsi vraiment ?... Cette algarade a chance de vous faire du tort... je sais en quoi ! Il faut que vous me contrecarriez ! mordieu ! c'est le moment ! (*S'interrompant pour parler à un autre groupe.*) Bien dit, petits cœurs ! (*Reprenant.*) Vous êtes un fat, allez ! restez tranquille, sinon... (*Aux valets.*) Plus de lumières, plus de lumières, par pudeur ! (*Reprenant.*) Je vous mettrai au repos ! Hein ? (*Aux danseurs.*) Hardi, mes cœurs !

TYBALT, *à part.*

Patience se rencontrant par force avec colère voulue fait trembler ma chair, en ce combat. Je vais m'en aller. Mais son intrusion, qui semble douce maintenant, se changera en fiel amer... (*Il sort. — Pendant ce dialogue, Roméo s'est approché de Juliette et lui a pris la main.*)

[1] *Cock-a-hoop.* Guizot a trouvé : — *Un coq sur un cerceau !* — et F.-V. Hugo : — *Vous voulez mettre le vin en perce !!!* — *Hoop* signifie tout simplement — Houppe, crête. — Ne pas oublier Riquet à la Houpe ! — Du reste, Schmidt, Coles et *tutti quanti* ont ainsi compris et Shakespeare aussi.

ROMÉO, *à Juliette.*

Si de mon indigne main je profane cette sainte châsse, la gentille amende est celle-ci : mes lèvres, deux rougissantes pèlerines, sont prêtes à effacer ce rude toucher avec un tendre baiser.

JULIETTE.

Bon pèlerin[1], vous faites trop injure à votre main qui en ceci montre courtoise dévotion. Car les saintes ont des mains que touchent les mains des pèlerins et paume à paume est le saint baiser des pèlerins porte-palmes[2].

ROMÉO.

Les saintes n'ont-elles pas des lèvres... et les pèlerins aussi ?

JULIETTE.

Oui, pèlerin, des lèvres qu'elles doivent user en prières.

ROMÉO.

Oh! alors, chère sainte, permets aux lèvres ce que font les mains. Elles prient, exauce-les de peur que la foi ne tourne à désespoir.

JULIETTE.

Les saintes ne bougent pas, quoiqu'elles exaucent les prières.

ROMÉO.

Donc ne bougez pas, pourvu que j'obtienne l'effet de ma prière. Et voici que de mes lèvres, par les vôtres, mon péché est purifié. (*Il lui donne un baiser.*)

JULIETTE.

Et voici que mes lèvres ont ce péché qu'elles ont pris.

ROMÉO.

Le péché de mes lèvres ! ô faute doucement punie ! Rendez-moi mon péché !...

JULIETTE.

Vous baisez d'après le livre[3]...

LA NOURRICE, *s'approchant.*

Ma Dame, votre mère veut vous dire un mot.

ROMÉO, *à la nourrice.*

Quelle est sa mère ?

LA NOURRICE.

Eh! mais, jeune homme, sa mère est la dame de la maison... et une bonne Dame, et sage, et vertueuse. J'ai nourri sa fille à qui vous avez parlé, et, je vous le dis, celui qui mettra la main sur elle aura de l'argent sonnant[4]...

ROMÉO.

Est-elle une Capulet ? O compte coûteux ! Ma vie est la dette de mon ennemi !

BENVOLIO, *à Roméo.*

Allons, partons. La fête est à son mieux...

---

[1] M. Montégut a cru trouver un rapprochement voulu entre le nom de *Roméo* et le costume de pèlerin dont il s'est revêtu, parce que *Roméo* en italien signifiait pèlerin. C'est peut-être attribuer trop de subtilité au poète.

[2] Jeu de mot sur *palm*, paume, et *palm*, palme.

[3] S'agit-il de quelque *Guide des Amoureux* ou du livre de Vincenzio Saviolo — *Traité de l'honneur et des honorables querelles* — dont il est parlé, en les mêmes termes dans *Comme il vous plaira!*

[4] Ici un jeu de mots. *Chinks* signifie à la fois argent tintant, sonnant, et pucelage. Le second sens de *chink* se traduirait en latin par *angusta rima*.

ROMÉO.

Oui, je le crains ! et le plus, c'est mon tourment !...

CAPULET, *aux invités.*

Non, messieurs, ne vous préparez pas à partir ! Nous avons encore un modeste et gai banquet ?... Est-ce ainsi ?... Je vous remercie tous !... Je vous remercie, honnêtes gentilshommes... Bonne nuit !.,. Des torches par ici !... Allons, au lit alors ! Ah ! cousin, par ma foi, il se fait tard ! Je vais me reposer. (*Tous sortent excepté Juliette et la nourrice.*)

JULIETTE, *lui montrant les invités qui s'en vont.*

Viens, nourrice !... quel est ce gentilhomme ?

LA NOURRICE.

Le fils et l'héritier du vieux Tibera.

JULIETTE.

Et celui-ci qui sort maintenant de la porte ?

LA NOURRICE.

Eh ! je crois que c'est le jeune Petrucchio.

JULIETTE.

Et celui... qui le suit... qui ne voulait pas danser?

LA NOURRICE.

Je ne sais pas.

JULIETTE.

Va, demande son nom ! (*Pendant que la nourrice s'éloigne.*) S'il est marié, mon tombeau sera mon lit de noces...

LA NOURRICE, *revenant.*

Son nom est Roméo, c'est un Montaigu ! le fils unique de votre grand ennemi !

JULIETTE.

Mon seul amour a jailli de ma seule haine ! Trop tôt vu sans le connaître et connu trop tard ! C'est en moi une merveilleuse naissance d'amour qu'il me faille aimer un ennemi détesté !

LA NOURRICE.

Qu'est-ce qu'il y a ? Qu'est-ce qu'il y a ?

JULIETTE.

Des vers que je viens d'apprendre de celui avec qui j'ai dansé.

UNE VOIX, *de l'intérieur.*

Juliette !

LA NOURRICE.

Oui, oui, viens, partons ! les étrangers s'en sont tous allés. (*Elles sortent.*)

Entre le CHŒUR.

Maintenant le vieux désir [1] gît sur son lit de mort et la jeune affection aspire à être son héritière.

Cette beauté pour qui l'amour gémissait et voulait mourir, comparée à la tendre Juliette n'est plus la beauté.

[1] Pour Rosaline.

Maintenant Roméo est aimé et aime de nouveau, comme ensorcelé par le charme des regards.

Mais à cette ennemie supposée il faut qu'il dise ses plaintes et elle dérobe à de terribles hameçons la douce amorce de l'amour.

Étant tenu pour ennemi, il ne peut avoir accès pour soupirer tels vœux que les amants jurent d'ordinaire.

Et elle, autant amoureuse, ses moyens sont moindres pour rencontrer quelque part son nouvellement aimé.

Mais la passion leur prête pouvoir, le temps moyens de se rencontrer, tempérant ces extrémités par d'extrêmes douceurs.

(Le Chœur sort.)

ACTE DEUXIÈME

SCÈNE PREMIÈRE

Une place, touchant aux jardins de Capulet, fermés de murs.
ROMÉO, *seul, s'approchant du mur.*

Puis-je aller plus avant, quand mon cœur est ici. Arrière, triste chose terrestre, et va chercher ton centre ! [1] (*Il gravit le mur et disparaît derrière. Benvolio, avançant, le voit et l'appelle.*)

BENVOLIO.
Roméo ! mon cousin Roméo !

MERCUTIO, *arrivant derrière lui.*
Il est sage, et sur ma vie, il s'est dérobé chez lui, au lit.

ROMÉO.
Il a couru par ici et a franchi le mur de ce jardin. Appelle-le, bon Mercutio !

MERCUTIO.
Certes, je vais aussi le conjurer. Roméo !... emportements... folie... passion... amour !... apparais en portrait de soupir, dis seulement un vers, et je suis satisfait... Crie seulement : Hélas ! accouple seulement amours avec toujours ! [2] Dis seulement à ma commère Vénus un joli mot, un sobriquet à son très aveugle fils et héritier, le jeune Abraham [3] de Cupidon, celui qui tira si juste, quand le roi Cophe-

---

[1] *Turn back, dull earth, and find thy centre out.* — Très obscur. Cependant se doit interpréter, croyons-nous, par ce passage d'un sonnet de Shakespeare : *Poor soul, the center of my sinful earth, pauvre âme, le centre de ma pécheresse terre !* On peut supposer aussi qu'il y a un jeu d'idées, Roméo, frappant la terre du pied pour sauter sur le mur, et disant : — *Arrière, triste terre, et va retrouver ton centre.* Sans intérêt, d'ailleurs.

[2] Le texte dit : — Fais rimer *Dove*, colombe, avec *Love*, amour.

[3] Le rôle de Mercutio, gentilhomme viveur, jeune, joyeux et brave, est un tissu de plaisanteries aussi difficiles à comprendre que le seront pour nos descendants les pointes de nos boulevardiers. Aussi les commentateurs ont-ils beau jeu. Quand ils ne saisissent pas le sens, ils modifient le texte. C'est ainsi que dans la version primitive, Cupidon est taxé d'*Abraham*. Ne voyant aucun rapport

tua¹ avisa la vierge-mendiante... Il n'entend pas ! il ne fait pas de bruit, il ne bouge pas. Ce singe-là² est mort et il faut que je l'évoque !... Par les yeux brillants de Rosaline, je te conjure, par son front si haut, par ses lèvres écarlates, par son joli pied, par sa jambe bien tendue, par sa cuisse frissonnante, par les domaines y attenants, je t'adjure de nous apparaître, au moins en effigie.

BENVOLIO.

S'il t'entend, tu vas le fâcher.

MERCUTIO.

Cela ne peut le fâcher : ce qui le fâcherait, ce serait que quelqu'un dressât dans le cercle de sa maîtresse un diablotin de quelque étrange nature et l'y laissât tout droit, jusqu'à ce qu'elle l'eût abattu par ses conjurations. Cela serait de quelque dépit : mon invocation est belle et honnête et, au nom de sa maîtresse, je le conjure seulement de se dresser.

BENVOLIO.

Viens, il s'est caché parmi ces arbres pour tenir compagnie à la nuit morte. Aveugle est son amour et mieux lui plaît le noir.

MERCUTIO.

Si l'amour est aveugle, il ne peut pas toucher la cible. Maintenant va-t-il s'asseoir sous un néflier et vouloir que sa maîtresse soit ce genre de fruit que les demoiselles appellent nèfle, quand elles rient toutes seules. O Roméo, que n'est-elle un néflier et toi une poire ³... Roméo, bonne nuit, je vais à mon lit à roulettes. Ce lit de terre est trop froid pour que j'y dorme. Viens, allons-nous ?...

BENVOLIO.

Allons donc ! Car c'est chose vaine que de le chercher alors qu'il ne veut pas être trouvé.

SCÈNE II

Le jardin des Capulet, au pied de la maison.
ROMÉO, *dans le jardin,* puis JULIETTE, *à sa fenêtre.*

ROMÉO.

Se rit des plaies, celui qui jamais ne sentit blessure ! (*Une fenêtre s'ouvre, Juliette y apparaît.*) Doux ! doux ! Quelle lumière brille à travers cette fenêtre ! C'est l'Orient

---

entre le patriarche hébreu et le fils de Vénus, ils ont substitué à cette appellation, celle d'Adam, en souvenir d'un certain Adam Bell, qui fut un adroit archer. Or il suffit de connaître la langue populaire de Londres pour savoir qu'un filou, un mendiant, s'appelle un *Abraham*. Cette appellation vient très probablement de ce qu'on avait donné le surnom d'Abraham aux fous de Bedlam qu'on autorisait à mendier, et cela, à cause du nom d'Abraham porté par un gardien. Ou encore cela veut-il dire tout simplement mendiant, comme un Juif. Enfin, d'après Ch. Mackay, on pourrait en référer à une origine celtique, sans parler du roman, qui donne Abramas, singe. Voilà bien du bruit pour un mot qui est d'argot, et comme le plus souvent, expressif et inexplicable.

¹ Héros d'une vieille légende.
² Nous dirions : — Cet animal est mort...
³ Impossible à expliquer. Il y a un jeu de mots entre *open arse* qui est à la fois le nom vulgaire du néflier et l'équivalent de l'allemand *arschloch*. Le mot poire — *propin pear* — prête également à une équivoque obscène. La poire se greffe sur le néflier. *Pear* et *Pair* ont le même son.

et Juliette est le soleil ! Lève-toi, mon soleil, et tue la lune envieuse qui déjà est malade de chagrin de ce que toi, sa suivante [1] tu es bien plus belle qu'elle. Ne sois pas sa suivante, puisqu'elle est envieuse de toi. Son costume de vestale n'est que gris et triste et nulle sauf les folles ne le portent. Rejette-le... C'est ma dame ! Ho ! c'est mon amour ! puisse-t-elle savoir qu'elle l'est !... Elle parle, quoiqu'elle ne dise rien ! Qu'importe ? Ses yeux discoureurs, je leur veux répondre... je suis trop audacieux, ce n'est pas à moi qu'elle parle. Deux des plus belles étoiles de tout le ciel, ayant quelques affaires, ont prié ses yeux de briller dans leurs sphères, jusqu'à ce qu'elles reviennent. Que serait-ce si ces yeux étaient là-haut et elles dans sa tête ! L'éclat de sa joue humilierait ces étoiles comme le jour fait d'une lampe. Son œil, dans le ciel, à travers les régions de l'air, rayonnerait si étincelant que les oiseaux chanteraient, croyant que ce n'est plus la nuit... Vois, comme elle appuie sa joue sur sa main !... Ah ! si j'étais le gant de cette main et que je pusse toucher cette joue !

JULIETTE, *soupirant.*

Hélas !

ROMÉO.

Elle parle ! Ah ! parle encore, ange brillant ! Car tu es aussi glorieuse que cette nuit, toi qui es sur ma tête, comme est le messager ailé du ciel sous les admirateurs regards des mortels, blancs de se tourner en haut, et qui retombent en arrière pour le regarder quand il traverse les nuages au pas paresseux et navigue sur le sein de l'air.

JULIETTE, *à part.*

O Roméo ! Roméo ! Pourquoi es-tu Roméo ? Renie ton père et refuse ton nom ! ou, si tu ne le veux, que seulement soit consacré mon amour et pas plus longtemps je ne serai une Capulet !

ROMÉO, *à part.*

En écouterai-je plus ou lui parlerai-je ?

JULIETTE, *se croyant toujours seule.*

C'est seulement ton nom qui est mon ennemi... tu es quand même toi ! Tu n'es pas un Montaigu. Qu'est-ce qu'un Montaigu ? Ce n'est ni pied ni main, ni bras ni visage, ni quelque autre partie appartenant à un homme. O ! sois quelque autre nom ! Qu'y a-t-il dans un nom ? Ce que nous appelons une rose, sous un autre nom, fleurerait aussi doux. Ainsi Roméo, s'il ne s'appelait Roméo, posséderait cette chère perfection qui est sienne, sans cette appellation. Roméo, rejette ton nom et pour ce nom qui n'est point partie de toi, prends aussi toute moi-même !

ROMÉO, *s'avançant dans la nuit.*

Je te prends au mot : Appelle-moi seulement ton amour et je serai rebaptisé ! Et dès lors, jamais plus ne serai Roméo !

JULIETTE.

Quel homme es-tu, toi qui, ainsi caché dans la nuit, viens troubler ma rêverie !...

ROMÉO.

Par un nom, je ne sais comment te dire qui je suis : Mon nom, chère sainte, est haïssable à moi-même, parce qu'il est un ennemi pour toi. L'aurais-je écrit, ce mot que je le voudrais anéantir.

[1] Suivante de la Lune, de Phœbé, de *Diane.*

JULIETTE.

Mon oreille n'a pas encore bu cent mots prononcés par cette langue, et déjà j'en reconnais le son. N'es-tu pas Roméo... et un Montaigu ?

ROMÉO.

Ni l'un ni l'autre, chère sainte, si l'un ou l'autre te déplaît.

JULIETTE.

Comment vins-tu ici, dis-moi ! Et pourquoi ? Les murs du jardin sont hauts et difficiles à franchir, et c'est lieu de mort, considérant qui tu es, si quelqu'un de mes parents te trouve ici...

ROMÉO.

Avec les légères ailes de l'amour j'ai franchi ces murs : Car limites de pierre ne peuvent arrêter l'amour. Et ce que l'amour peut, l'amour l'ose entreprendre. Donc tes parents ne sont pas un obstacle.

JULIETTE.

S'ils te voient, ils te tueront.

ROMÉO.

Ah! il y a plus de péril dans ton œil que dans vingt de leurs épées. Aie seulement un doux regard et je serai à l'épreuve de leur inimitié.

JULIETTE.

Je ne voudrais pas, pour le monde entier, qu'ils te vissent ici.

ROMÉO.

J'ai le manteau de la nuit pour me cacher à leur vue; et pourvu que tu m'aimes, qu'ils me trouvent ici... Ma vie serait mieux finie par leur haine que ma mort ne serait retardée, si me manquait ton amour !

JULIETTE.

Qui te guida, pour que tu aies trouvé cet endroit ?

ROMÉO.

L'Amour, qui d'abord m'a poussé à m'enquérir. Il m'a prêté conseil et je lui ai prêté mes yeux. Je ne suis pas un pilote : et pourtant, serais-tu aussi lointaine que la plus vaste rive lavée par la plus lointaine mer, je courrais l'aventure pour un tel butin !

JULIETTE.

Tu sais que le masque de la nuit est sur mon visage : autrement une vierge rougeur colorerait ma joue, pour ce que tu m'as entendu dire cette nuit. Je voudrais rester dans les formes, je voudrais, je voudrais nier ce que j'ai dit. Mais adieu les cérémonies... M'aimes-tu ?... Je sais que tu vas dire oui !... et je prendrai ta parole. Encore, si tu fais serment, tu peux tromper... Aux parjures des amoureux, on dit que Jupiter rit. O gentil Roméo, si tu aimes, prononce cela avec foi... ou si tu penses que je suis trop vitement gagnée, je froncerai le sourcil, je serai mauvaise et je te dirai : Non ! pour que tu me supplies... Sinon, pas pour un monde ! en vérité, beau Montaigu... je suis trop amoureuse, et pour cela, tu peux trouver ma conduite légère !... Aie confiance en moi, gentilhomme, je me prouverai plus vraie que celles qui sont plus habiles aux réserves. J'aurais été plus réservée, il me faut le confesser... mais de ce que tu as entendu, avant que je l'aie su, la passion de mon sincère amour, alors pardonne-moi. Et n'impute pas cette reddition à un léger amour que la sombre nuit ainsi révéla !

ROMÉO.

Dame, par la lune bénie de là-haut qui fait pointer [1] d'argent toutes les cimes de ces arbres fruitiers, je jure...

JULIETTE.

Ne jure point par la lune, l'inconstante lune qui chaque mois change en son orbe circulaire, de peur que ton amour se montre aussi variable.

ROMÉO.

Par quoi jurerai-je ?

JULIETTE.

Ne jure pas du tout. Ou si tu le veux, jure par le gracieux toi-même qui est le dieu de mon idolâtrie... et je te croirai.

ROMÉO.

Si le cher amour de mon cœur...

JULIETTE.

Bien. Ne jure pas! Quoique j'aie joie en toi, je n'ai pas de joie à cet engagement, cette nuit. Il est trop prompt, trop inconsidéré, trop soudain... trop comme l'éclair qui cesse d'être avant que quelqu'un ait dit : — C'est l'éclair!... Mon doux, bonne nuit. Ce bouton d'amour, fleurissant au souffle de l'été, pourra montrer une fleur de beauté, à notre prochaine rencontre. Bonne nuit, bonne nuit... Que doux calme et repos viennent à ton cœur, comme ils sont dans ma poitrine !

ROMÉO.

Oh ! me laisseras-tu ainsi insatisfait ?

JULIETTE.

Quelle satisfaction peux-tu avoir cette nuit ?

ROMÉO.

L'échange du vœu de ton fidèle amour pour le mien.

JULIETTE.

Je t'ai donné le mien avant que tu l'aies requis. Et je voudrais qu'il fut encore à te donner !...

ROMÉO.

Voudrais-tu me le reprendre? Pour quel dessein, amour ?

JULIETTE.

Mais pour être libre et te le donner encore! Et pourtant je souhaite seulement la chose que j'ai. Ma générosité est sans limites [2] comme la mer, mon amour aussi profond! Plus je te donne et plus je possède moi-même, car des deux parts, c'est l'infini! (*La nourrice l'appelle de l'intérieur.*) Mais, j'entends du bruit. Cher amour, adieu! (*A la nourrice.*) Tout à l'heure, nourrice! (*A Roméo.*) Doux Montaigu, sois fidèle ! Attends un petit moment, je vais revenir. (*Elle disparaît.*)

ROMÉO, seul.

O bénie, nuit bénie ! J'ai peur, étant dans la nuit, que tout cela soit seulement un rêve, trop doux et flatteur pour être matériel !... (*Juliette reparaît.*)

---

[1] La lune qui — *tips the tops*. — Même en l'exaltation de l'amour, Roméo ne néglige pas un jeu de mots.

[2] *My bounty is bountless*, calembourg.

JULIETTE.

Trois mots, cher Roméo! Et bonne nuit réellement! Si le but de ton amour est honorable, si ton dessein est le mariage, adresse-moi un mot demain par quelqu'un que je trouverai à envoyer vers toi, pour me dire où et à quelle heure tu veux accomplir la cérémonie... et je mettrai toutes mes destinées à tes pieds et te suivrai, mon Seigneur, à travers le monde.

ROMÉO, *de l'intérieur.*

Madame!

JULIETTE.

Mais si tu ne voulais pas dire cela, je te conjure...

LA NOURRICE.

Madame!

JULIETTE.

Oui, oui, je viens!... (*reprenant*) de cesser ta poursuite et de m'abandonner à ma douleur. Devrai-je envoyer demain?

ROMÉO.

Qu'ainsi mon âme prospère!...

JULIETTE.

Un millier de fois, bonne nuit. (*Elle disparait.*)

ROMÉO.

Mille fois pire, de manquer de ta lumière! Amour va vers amour, comme les écoliers quittent leurs livres! Mais amour va loin de l'amour, comme vont écoliers vers l'école, avec de lourdes mines!... (*Il se retire lentement.*)

JULIETTE, *reparaissant.*

Psst! Roméo! Psst! O, une voix de fauconnier pour leurrer [1] encore ce gentil tiercelet... l'esclavage a la voix enrouée et ne peut parler haut... autrement je voudrais mettre en pièces les cavernes où gît l'écho et rendre leur voix aérienne plus enrouée que la mienne, en répétant le nom de mon Roméo.

ROMÉO, *s'arrêtant.*

C'est mon âme qui appelle mon nom! Combien sont d'une argentine douceur les langues des amants, par la nuit, comme la musique la plus suave aux oreilles attentives...

JULIETTE.

Roméo!

ROMÉO.

Ma douce!

JULIETTE.

A quelle heure demain enverrai-je vers toi?

ROMÉO.

A neuf heures.

JULIETTE.

Je ne manquerai pas! C'est vingt ans jusque-là!... J'ai oublié pour quoi je t'ai rappelé.

[1] *To lure.* Appeler le mâle (tiercelet) du faucon en imitant le cri de sa femelle.

ROMÉO.
Laisse-moi rester là, jusqu'à ce que t'en souviennes.
JULIETTE.
J'oublierai, pour t'avoir encore restant là, me souvenant combien j'aime ta compagnie.
ROMÉO.
Et je resterai encore, pour que tu oublies encore, oubliant toute autre demeure que celle-ci.
JULIETTE.
Il est presque matin! Je te voudrais parti, et encore pas plus loin que l'oiseau

Frère Laurence.

d'un enfant gâté qui le laisse sautiller un peu hors de sa main, ainsi qu'un pauvre prisonnier dans ses fers emmêlés, puis avec un fil de soie le retire en arrière, si jaloux — par amour — de sa liberté!
ROMÉO.
Je voudrais être ton oiseau!
JULIETTE.
Doux ami, aussi le voudrais-je? Alors je te tuerais à force de te cajoler! Bonne nuit, bonne nuit! La séparation est si douce tristesse que je dirais : — Bonne nuit! — jusqu'à ce qu'il fût demain. (*Elle disparaît.*)
ROMÉO.
Que le sommeil demeure sur tes yeux, la paix dans ton sein! Ah! que ne suis-je le sommeil et la paix, pour reposer si doucement! D'ici j'irai à la cellule de mon père spirituel pour implorer son aide et lui dire ma chère aventure!... (*Il sort.*)

SCÈNE III

La cellule du Frère Laurence.

FRÈRE LAURENCE, *entrant avec un panier.*

Les yeux qui fuient[1] sourient sur la nuit renfrognée, marquetant les nuages de l'est de rais de lumière, et l'obscurité mouchetée titube comme un ivrogne, hors du chemin du jour, et des roues de feu de Titan. Maintenant, avant que le soleil avance son œil brûlant pour saluer le jour et de la nuit sécher l'humide rosée, il me faut remplir cette mienne corbeille d'osier d'herbes de mort[2] et de fleurs au jus précieux. La terre, qui est mère de Nature, est aussi son tombeau. Ce qui est son sépulcre est aussi sa matrice, et, hors de sa matrice, nous trouvons enfants de races diverses suçant son sein naturel, beaucoup excellant en beaucoup de vertus, pas un sans quelques-unes — et encore tous différents. Oh! nombreuses sont les puissantes grâces qui gisent dans les plantes, les herbes, les pierres et leurs riches qualités. Car nulle n'est si vile, qui vive sur terre sans donner à la terre quelque bien spécial, et nulle n'est si bonne qui, détournée de son pur usage, ne se révolte contre sa vraie origine, trébuchant dans le mal. Dans l'infantile pelure de cette petite fleur, le poison a sa demeure — et aussi le pouvoir de guérir; car, étant respirée, en cette partie d'elle-même, elle réjouit toute partie de nous; étant goûtée, elle tue tous les sens avec le cœur. Deux ennemis aussi opposés campent encore en l'homme ainsi qu'en les herbes — grâce et rude vouloir; et là où le pire est prédominant, bien vite le chancre de la mort a rongé la plante. (*Entre Roméo.*)

ROMÉO.

Bon matin, père!

FRÈRE LAURENCE.

Benedicite! Quelle langue matinale si doucement me salue?... Jeune fils, cela accuse une tête en désarroi que de souhaiter si tôt bon matin à ton lit. Le souci tient veillée dans les deux yeux du vieillard, et où loge le souci, jamais ne gît le sommeil. Mais où la jeunesse, non épuisée, et cerveau non chargé, couche ses reins, là règne le sommeil d'or. C'est pourquoi ce lève-tôt m'affirme que tu as été réveillé par quelque désarroi. Ou sinon... alors je touche juste, notre Roméo n'a pas été au lit cette nuit...

ROMÉO.

Ce dernier mot est vrai, un plus doux repos fut mien.

FRÈRE LAURENCE.

Dieu pardonne le péché! étais-tu avec Rosaline?

---

[1] *Runaways eyes*, passage obscur que les commentateurs ont remplacé par *grey-eyed morn*, le matin aux yeux gris. Mais remplacement n'est pas raison. Quel est le sens de la version de Shakespeare? Ne peut-on supposer que *eyes* signifie *étoiles*, les étoiles étant les yeux de la nuit et s'enfuyant au matin. Enfin nous hasardons une hypothèse. Le mot *rhinwedd*, en gallois moderne, signifie mystérieux. La racine *run*, mystère, se retrouve en irlandais et dans les langues scandinaves. *Runaway* ne serait-il pas une déformation de *rhynwedd, runwed?*

[2] *Baleful*, du celte *Beala*, mourir.

ROMÉO.

Avec Rosaline, père spirituel!... Non, j'ai oublié ce nom et la calamité de ce nom!...

FRÈRE LAURENCE.

Voilà mon bon fils... mais où as-tu été alors ?

ROMÉO.

Je te le dirai avant que tu me le redemandes. J'étais à festoyer avec mon ennemi... quand soudain quelqu'un m'a blessé qui par moi fut blessé. A tous deux notre guérison dépend de ton aide et de ta sainte médecine. Je n'apporte pas de haine, homme béni, car, vois, mon intercession assiste ainsi mon ennemi...

FRÈRE LAURENCE.

Sois clair, bon fils, et parle sans cérémonies. Confession équivoque trouve seulement équivoque absolution.

ROMÉO.

Alors, clairement, sache que le cher amour de mon cœur s'est posé sur la charmante fille du riche Capulet. Comme sur elle le mien, sur moi le sien s'est posé, et tout est combiné, sauf ce qu'il te faut combiner par saint mariage. Quand, où et comment nous nous sommes rencontrés, nous nous sommes voués et avons fait échange de vœux, je te le dirai en marchant. Mais je te prie de consentir à nous marier aujourd'hui.

FRÈRE LAURENCE.

Béat saint François! Quel changement est-ce là ? Rosaline, que tu aimais si chèrement, est-elle si vite délaissée ? Mais alors les amours de jeunes hommes ne siègent pas vraiment dans leur cœur, mais dans leurs yeux. Jésus-Maria! Quelle quantité de saumure a lavé tes yeux blêmis pour Rosaline ? Combien d'eau salée en vain répandue pour assaisonner l'amour... qui n'en garde pas même le goût ? Le soleil n'a pas encore balayé du ciel tes soupirs, tes lamentations d'antan sonnent à mes vieilles oreilles... vois, ici sur ta joue, existe la trace d'une vieille larme qui n'est pas encore lavée. Si jamais tu fus toi-même, si ces chagrins furent tiens, toi-même et tes chagrins furent pour Rosaline ? Es-tu donc changé ? Prononce la sentence. Femmes peuvent faiblir, quand il n'y a pas de force chez les hommes.

ROMÉO.

Tu m'as souvent querellé d'aimer Rosaline...

FRÈRE LAURENCE.

D'en raffoler, non de l'admirer, mon pupille!...

ROMÉO.

Tu m'ordonnais d'enterrer cet amour...

FRÈRE LAURENCE.

Non pas dans une tombe, d'où, pour en coucher un, tu en lèves un autre!...

ROMÉO.

Je t'en prie, ne me querelle pas! Celle que j'aime maintenant rend grâce pour grâce et amour pour amour. L'autre n'en fit pas ainsi.

FRÈRE LAURENCE.

Oh! elle savait bien... ton amour récitait une leçon et ne pouvait pas épeler. Mais viens, jeune inconstant, viens avec moi. Pour un motif, je serai ton assistant, c'est que cette alliance peut se révéler assez heureuse pour changer en pur amour les rancœurs de vos maisons.

ROMÉO.

Oh! partons! Je suis en violente hâte...

FRÈRE LAURENCE.

Sagement et lentement... qui court vite trébuche... (*Ils sortent.*)

SCÈNE IV

Une rue.

BENVOLIO, MERCUTIO

MERCUTIO.

Où diable serait ce Roméo? Il n'est pas rentré chez lui cette nuit?

BENVOLIO.

Pas chez son père, je lui ai parlé.

MERCUTIO.

Ah! cette pâle donzelle au cœur dur, cette Rosaline, le tourmente à ce point que sûrement il courra à la folie.

BENVOLIO.

Tybalt, le neveu du vieux Capulet, a envoyé une lettre à la maison de son père.

MERCUTIO.

Une provocation, sur ma vie!

BENVOLIO.

Roméo y répondra.

MERCUTIO.

Tout homme qui peut écrire peut répondre à une lettre.

Benvolio et Mercutio.

BENVOLIO.

Hé, il répondra au maître de la lettre comment, étant défié, il défie...

MERCUTIO.

Hélas! pauvre Roméo, le voilà déjà mort! Poignardé par l'œil noir d'une blanche donzelle, l'oreille fusillée d'une chanson d'amour, la juste pointe de son cœur crevée par l'adroite flèche de l'aveugle petit archer... Est-il homme à faire la partie de Tybalt?

BENVOLIO.

Peuh! Qu'est-ce que Tybalt?...

MERCUTIO.

Plus que le prince des chats[1], je puis le dire. Oh! c'est un courageux capitaine de compliments! Il se bat comme vous chantez le contrepoint, gardant la mesure, la distance et la proportion. Il vous prend le temps le plus petit... une, deux... et le

---

[1] Dans le roman du *Renard*, le roi des chats s'appelle Tybert, Tybalt.

troisième dans votre poitrine. Le vrai boucher des boutons de soie [1], un duelliste !
un duelliste ! Un gentilhomme de la toute première maison... de prime et de seconde...
Ah ! l'immortelle passade ! Ah ! le *punto reverso !* Ah ! le Hé ! [2]

BENVOLIO.

Le quoi ?

Une rue de Vérone.

MERCUTIO.

La vérole soit de pareils grotesques, grasseyeurs et poseurs fantastiques, de ces
nouveaux joueurs de prononciation ! (*Imitant le parler prétentieux.*) Par Jésus, une
très bonne lame !... un très bel homme !... une très belle catin !... (*Du ton naturel.*)
Ouais ! n'est-ce pas une lamentable chose, grand-papa [3], que nous soyons ainsi affligés de ces mouches étrangères, de ces fabricants de modes, de ces... Pardonnez-

[1] Les fleurets étaient garnis de boutons de soie.
[2] Cri de l'escrimeur qui a touché.
[3] Nous disons : — Mon vieux !

moi![1], de ces gens qui s'étalent si fort sur les nouvelles chaises longues qu'ils ne peuvent plus s'asseoir sur les vieux bancs!... O mes bons! mes bons![2] (*Entre Roméo.*)

BENVOLIO.

Voilà Roméo! Voilà Roméo!

MERCUTIO.

Sans sa laitance, comme un hareng sec! O chair, chair! comment es-tu poissonnifiée ?...[3] Maintenant le voilà en cette pleine poésie où flottait Pétrarque... Laura, près de sa dame, n'était plus qu'une fille de cuisine... mais elle avait un meilleur amant pour la rimer... Didon, une dondon! Cléopâtre, une gipsy, Hélène et Héro, gourgandines et fillasses, Thisbé, un œil-gris[4] ou à peu près, mais bonne à rien!... Signor Roméo, *bonjour!* Voilà une salutation française pour votre culotte française! Vous nous avez joliment donné le change la nuit dernière.

ROMÉO.

Bonjour à vous deux. Quel change ?...

MERCUTIO.

Votre fugue, monsieur, votre fugue! ne comprenez-vous pas ?

ROMÉO.

Pardon, bon Mercutio. Mais j'avais beaucoup à faire; et en tel cas que le mien, un homme peut violer la courtoisie...

MERCUTIO.

Autant dire qu'un cas tel que le vôtre porte un homme à saluer des cuisses...

ROMÉO.

En sens de révérence...

MERCUTIO.

Tu as très galamment tourné cela...

ROMÉO.

C'est du moins une explication courtoise.

MERCUTIO.

Hé! je suis le vrai œillet de la courtoisie...

ROMÉO.

Œillet pour fleur?[5]

MERCUTIO.

Justement.

ROMÉO.

Alors mon escarpin[6] est bien fleuri...

---

[1] En français dans le texte. Les Anglais n'ont jamais exagéré la courtoisie et trouvent fort niais le — pardon! — des Français, quand ils passent devant quelqu'un.

[2] *Mon bon, mes bons*, l'expression est encore employée par nos élégants imbéciles. Ici, il y a un jeu de mots. — *Bons* se prononçant comme *Bones*, os.

[3] *Fishified.*

[4] Il est évident que — *œil gris* — avait une signification spéciale. Mais elle est perdue.

[5] Tout ce dialogue est émaillé de calembourgs. L'impuissance à les rendre n'autorise pas en substituer de son crû.

[6] Voici de nouveau le mot *pumps* déjà signalé dans *Hamlet*. Cette réplique veut être expliquée. Le mot *pink* signifie à la fois *rouge* et *œillet*. Si œillet et rouge sont synonymes, alors l'escarpin de

MERCUTIO.

Bien dit. Alors suis-moi, jusqu'à ce que tu aies tout à fait usé ton escarpin, de telle sorte que, si la simple semelle est usée, le badinage puisse durer, après usage, seulement [1] singulier...

ROMÉO.

O badinage à simple semelle, singulier seulement pour sa simplicité!...

MERCUTIO.

Interviens, bon Benvolio. Mon esprit défaille...

ROMÉO.

Cravache, éperon! éperon, cravache! ou je réclame le gage!...

MERCUTIO.

Non! si ton esprit court à la chasse de l'oie sauvage, j'ai fini. Car tu as plus de l'oie dans une seule de tes facultés que, j'en suis sûr, je n'en ai dans mes cinq. Etais-je avec vous pour l'oie? [2]

ROMÉO.

Tu n'as jamais été avec moi pour rien, quand tu n'y étais pas pour l'oie...

MERCUTIO.

Je vais te mordre l'oreille pour cette plaisanterie.

ROMÉO.

Non, bonne oie, ne mords pas.

MERCUTIO.

Ton esprit a un très amer mordant. C'est une sauce raide...

ROMÉO.

Et n'est-elle pas bien servie avec une oie sucrée?...

MERCUTIO.

Ho, il y a là un esprit [3] de chevreuil qui s'étend de la largeur d'un pouce à celle d'une aune.

ROMÉO.

Je l'étends, dehors, pour ce mot — large — qui, ajouté à l'oie, prouve que tu es en long et en large... une large oie.

MERCUTIO.

Hé! cela ne vaut-il pas mieux que de gémir d'amour! Maintenant, es-tu sociable? Es-tu Roméo? Maintenant es-tu ce que tu es, par art autant que par nature... car ce nigaud d'amour est seulement un grand fou qui court, dodelinant haut et bas, pour cacher sa marotte dans un trou.

ROMÉO.

Halte-là, halte-là!

MERCUTIO.

Tu veux que j'arrête mon histoire [4] à contre-temps?...

Roméo, étant rouge, est œillet. Œillet est *fleur*. Donc l'escarpin est *fleur*. N'oublions pas que beaucoup de gais soupeurs disent des calembredaines qui ne valent ni mieux ni pis.

[1] Semelle, *sole*. Du mot *sole*, Mercutio tire l'adverbe *sololy*, qui veut dire *seulement* et, dans le cas présent, signifie *semellement*.

[2] Se rappeler l'expression — *petite oie* — employée jadis en sens galant.

[3] Esprit, *Wit*. Il y a là toute une série de plaisanteries plus que salées qu'on ne peut comprendre qu'avec le texte et beaucoup d'expérience.

[4] Jeu de mots sur *tale* et *tail*.

BENVOLIO.

Sinon, tu l'aurais eue trop longue...

MERCUTIO.

C'est ce qui te trompe. Je l'aurais raccourcie, car j'étais arrivé au fin fond de mon histoire et ne prétendais certes pas occuper la discussion plus longtemps.

Entrent LA NOURRICE *et* PETER. — *La nourrice porte un costume baroque, fait de deux jupes carrées, l'une plus longue que l'autre.*

ROMÉO.

Voilà un bon accoutrement !

MERCUTIO.

Une voile ! une voile ! une voile !

BENVOLIO.

Deux, deux ! Chemise d'homme et chemise de femme !...

LA NOURRICE.

Peter !...

PETER.

Quoi ?

LA NOURRICE.

Peter, mon éventail.

MERCUTIO, *s'approchant.*

Je t'en prie, bon Peter, donne-le lui pour cacher sa face... car son éventail est le plus beau des deux...

LA NOURRICE, *minaudant.*

Dieu vous donne bon jour, mes gentilshommes.

MERCUTIO.

Dieu te donne bon soir, ma belle et gente dame.

LA NOURRICE.

Est-il bon... soir ?

MERCUTIO.

Pas moins, je vous le dis. Car la main de garce [1] du cadran est maintenant sur le dard de midi.

LA NOURRICE.

Au diable avec vous ! Quel homme êtes-vous ?

ROMÉO.

Un homme, gente dame, que Dieu a fait pour s'enlaidir [2] lui-même.

LA NOURRICE.

Ma fi, c'est bien dit ! Pour s'enlaidir lui-même, qu'il dit !... Messieurs, quelqu'un de vous pourrait-il me dire où je pourrais trouver le jeune Roméo ?

ROMÉO.

Je puis vous le dire. Mais le *jeune* Roméo sera plus vieux quand vous l'aurez

---

[1] *The bawd hand.* — Le mot *bawde*, pour prostituée, est encore usité en Normandie.
[2] *To mar himself.* Le vrai mot serait — *pour se blaguer lui-même.*

trouvé, qu'il ne l'était pendant que vous le cherchiez. Je suis le plus jeune de ce nom, faute d'un pire.

LA NOURRICE.

Vous dites bien ?...

MERCUTIO.

Hé, le pire est-il bien?... très bien pris... sagement ! sagement !...

LA NOURRICE.

Si vous l'êtes, seigneur, je désire entrer en confidence avec vous.

BENVOLIO.

Elle va l'inviter à quelque souper !

MERCUTIO.

Une maquerelle ! une maquerelle ! une maquerelle ! Ohé ! Ho ![1]

ROMÉO.

Qu'est-ce que tu as trouvé ?

MERCUTIO.

Pas un lièvre, mon cher, tout au plus un paquet de cheveux dans un pâté de carême — ce qui est quelque chose de vieux et de moisi, avant qu'on ne l'ait consommé (*Il fredonne.*)

> Un vieux lièvre blanc
> Un vieux lièvre blanc
> Est très bonne viande en carême.
> Mais un lièvre qui est blanc
> Est trop pour vingt personnes
> Quand il moisit[2] avant d'être fini...

Roméo, voulez-vous venir chez votre père ? Nous y dînerons.

ROMÉO.

Je vais vous suivre.

MERCUTIO.

Adieu, antique dame !... (*Fredonnant.*) Adieu, dame, dame, dame !... (*Sortent Benvolio et Mercutio.*)

LA NOURRICE.

Oui, adieu !... (*A Roméo.*) Je vous prie, monsieur, quel effronté personnage[3] est celui-là, qui est si plein de sa coquinerie ?

ROMÉO.

Un gentilhomme, nourrice, qui aime à s'entendre parler et qui parlera plus dans une minute qu'il n'en écouterait en un mois.

LA NOURRICE.

S'il parle la moindre des choses contre moi, je le jetterai par terre, serait-il plus

---

[1] Cri du chasseur au lièvre. Or *Hare*, lierre, et *hair*, cheveux, ont le même son, ce qui amène le calembourg ci-après.

[2] Moisit. *Hoar*, blanc, moisi, a le même son que *Whore*, catin. Mercutio n'a garde de l'oublier. La chanson se peut traduire par : — Une catin à vieille tignasse, etc.

[3] *Merchant*. Ce mot employé dans le sens de personnage quelconque se retrouve en français sous une forme dont personne n'a soupçonné l'origine. *Merchant* se prononce *Meuchannt*, et en argot anglais, on en a fait *Mahchcen*, ce qui est exactement chez nous *Machin* — M. Machin, pour je ne sais qui — un machin, pour un objet dont on a oublié le nom.

gros qu'il n'est, lui et vingt Jacquots pareils ! Et si je ne peux pas, je trouverai qui le fera. Impudente teigne ! Je ne suis pas une de ses flirteuses, moi ! Je ne suis pas de ses femelles d'armes !...[1] (A *Peter*.) Et toi, il faut que tu restes là et que tu souffres que ce gredin use de moi à son plaisir !...

PETER.

Je n'ai vu personne user de vous à son plaisir !... s'il l'avait fait, mon arme serait vivement sortie, je vous le garantis. J'ose la tirer aussi vite qu'un autre, si je vois occasion d'une bonne querelle, et si la loi est de mon côté.

LA NOURRICE.

Vrai, devant Dieu, je suis si vexée que tout mon moi tremble. Impudente teigne !... (A *Roméo*.) Je vous prie, monsieur, un mot... et comme je vous ai dit, ma jeune dame m'a ordonné de chercher après vous. Ce qu'elle m'a ordonné de dire, je le garderai encore pour moi, à moins que vous ne me laissiez vous dire que si vous désirez la conduire dans un paradis de fous, comme on dit, ce serait une très méchante façon de conduite. Car la gentille dame est jeune : et par conséquent, si vous deviez lui apporter trouble, vraiment, ce serait une mauvaise chose à offrir à toute gentille dame et une très vilaine action...

ROMÉO.

Nourrice, recommande-moi à ta dame et maîtresse... je te proteste...

LA NOURRICE.

Bon cœur ! et ma foi, je lui dirai cela même et, seigneur, seigneur, elle en sera toute joyeuse.

ROMÉO.

Que veux-tu lui dire, nourrice ? Tu ne m'écoutes pas...

LA NOURRICE.

Je lui dirai, monsieur... que vous protestez, ce qui, si je comprends bien, est procédé de gentilhomme.

ROMÉO.

Dis-lui d'imaginer quelque moyen d'aller à confesse, cet après-midi [2]. Et là, elle sera, dans la cellule du frère Laurence, confessée et mariée. (*Lui donnant de l'argent.*) Voilà pour tes peines !...

LA NOURRICE, *minaudant*.

Non, sincèrement, non... pas un penny !...

ROMÉO.

Allons, prends, te dis-je...

LA NOURRICE, *empochant*.

Cet après-midi ? Bien, nous y serons...

---

[1] *Flirt Girls*, équivaut exactement à *flirteuses*, à qui on conte fleurettes. Quant à *skain-mates*, le sens est moins précis. D'ordinaire, *skain-mates* signifie compagnons d'armes. Mais *mate* a aussi le sens de femme, femelle, de compagne par opposition au mâle. L'idée est d'ailleurs parfaitement expliquée par la phrase. C'est celui de filles à soudards, à soldats. Le mot *Skain* se retrouve dans le mot normand et français *esquainter*, frapper, tuer à demi.

[2] Il paraît bien étrange que Roméo donne un rendez-vous aussi vague, et dise plus loin : — A cette heure-là... Il est probable qu'*afternoon* avait la signification précise de l'heure après midi, c'est-à-dire une heure.

ROMÉO.

Et tiens-toi, bonne nourrice, derrière le mur de l'abbaye. A cette heure-là, mon domestique sera auprès de toi et t'apportera des cordes faites en façon d'échelles tressées — qui, au haut sommet de ma joie, me conduiront dans la secrète nuit. Adieu, sois fidèle, et je récompenserai ta peine. Adieu, recommande-moi à ta maîtresse.

LA NOURRICE.

Maintenant que Dieu dans le ciel te bénisse !... Écoutez, monsieur...

ROMÉO.

Que dis-tu, chère nourrice ?

LA NOURRICE.

Votre homme est-il discret ? N'avez-vous jamais entendu dire : — Deux gardent un secret, à condition d'en renvoyer un.

ROMÉO.

Je te le garantis, il est vrai comme l'acier.

LA NOURRICE.

Bien, monsieur... ma maîtresse est la plus douce dame. — Seigneur, seigneur ! quand elle était une petite chose babillante... Oh ! il y a un noble homme, dans la ville, un Pâris, qui voudrait bien pousser sa pointe !... Mais elle, bonne âme, aimerait mieux voir un crapaud, un vrai crapaud, que de le voir. Je la gronde quelquefois et lui dis que Pâris est l'homme qu'il lui faut. Mais je vous garantis, quand je parle ainsi, elle devient aussi pâle que torchon qui soit au monde !... Est-ce que *Romarin* et *Roméo* commencent tous deux avec la même lettre ?

ROMÉO.

Oui, nourrice. Qu'est-ce là ? Tous deux avec un R.

LA NOURRICE.

Ah ! moqueur ! C'est le nom du chien... R, c'est pour le chien !...[1] Non, je sais que ça commence par une autre lettre ; et elle a la plus jolie, jolie sentence[2] sur vous et le romarin, que ça vous ferait du bien à entendre...

ROMÉO.

Recommande-moi à ta dame...

LA NOURRICE.

Oui, mille fois... (*Appelant.*) Peter !...

PETER.

Voilà !

LA NOURRICE.

Peter, prends mon éventail et marche devant... (*Ils sortent.*).

SCÈNE V

Le jardin de Capulet. — *Entre* JULIETTE.

JULIETTE.

L'horloge sonnait neuf heures, quand j'ai envoyé la nourrice. Elle a promis de

---

[1] Les Latins appelaient l'R, *littera canina*, comme rappelant par onomatopée le grognement du petit chien.
[2] Pour *stance*.

revenir dans une demi-heure. Par aventure, elle n'a pu le rencontrer... Non, ce n'est pas cela!... Oh! qu'elle est boiteuse! Les hérauts d'amour devraient être les pensées qui glissent dix fois plus vite que les rayons du soleil, écartant l'ombre des nébuleuses collines... C'est pourquoi les colombes aux ailes agiles entraînent l'amour... c'est pourquoi Cupidon, rapide comme le vent, a des ailes...

O nourrice de miel, quelles nouvelles?

Maintenant le soleil est sur la plus haute colline de son quotidien voyage. Et de neuf à douze heures, il y a trois longues heures... et elle n'est pas revenue!... Eût-elle les passions, le sang chaud de la jeunesse qu'elle serait de mouvement aussi prompt qu'une balle... mes mots l'auraient décochée à mon doux amant et les siens à moi!

Mais vieilles gens semblent faire comme s'ils étaient morts... impossibles à remuer, lents, lourds et pâles comme le plomb!...

O Dieu! elle vient! (*Entrent la nourrice et Peter.*) O nourrice de miel! Quelles nouvelles? L'as-tu rencontré?... Renvoie cet homme...

Ah! Juliette, si la mesure de ta joie...

LA NOURRICE.

Peter, tenez-vous à la porte. (*Sort Peter.*)

JULIETTE.

Maintenant, douce, bonne nourrice... ô Seigneur ! que tu as l'air triste !... Tes nouvelles fussent-elles tristes, dis-les gaiement !... Si elles sont bonnes, tu insultes à la musique des douces nouvelles en me la jouant d'un si fâcheux visage... [1]

LA NOURRICE.

Je suis éreintée... donne-moi un instant de repos. Ho ! mes os me font mal ! Quelle trotte j'ai faite !...

JULIETTE.

Je voudrais que tu eusses mes os et moi tes nouvelles. Voyons, viens, je t'en prie... bonne, bonne nourrice, parle !

LA NOURRICE.

Jésus ! Quelle hâte ! ne pouvez-vous vous tenir un moment... ne voyez-vous pas que je suis hors d'haleine...

JULIETTE.

Comment es-tu hors d'haleine, puisque tu as haleine pour me dire que tu es hors d'haleine ?... l'excuse que tu fais de ce retard est plus longue que le récit dont tu t'excuses. Tes nouvelles sont-elles bonnes ou mauvaises ? Réponds à cela. Dis l'un ou l'autre !... j'attendrai le détail... Fais-moi satisfaite... est-ce bon ou mauvais ?...

LA NOURRICE [2].

Hé ! vous avez fait un choix naïf. Vous ne savez pas comment choisir un homme... Roméo ? Non, pas lui !... quoique sa figure soit meilleure que celle d'aucun homme, que sa jambe excelle sur les jambes de tous... et pour une main... et un pied... et un corps... quoiqu'on n'en doive pas parler — encore sont-ils passé comparaison... Il n'est pas la fleur de la courtoisie... mais je le garantis aussi gentil qu'un agneau... va ton chemin, coureuse... sers Dieu !... (*S'interrompant.*) Hein ? Est-ce que vous avez dîné, à la maison ?...

JULIETTE, *perdant patience.*

Non ! non !..... mais tout cela, je le savais déjà ? que dit-il de notre mariage ?..... Quoi ?... de cela ?...

LA NOURRICE, *geignant.*

Seigneur ! que ma tête me fait mal !... Quelle tête j'ai ?... Elle bat comme si elle voulait tomber en vingt morceaux... mon dos, de l'autre côté !... ô mon dos, mon dos !!... Maudit soit votre cœur, de m'envoyer à la ronde, pour attraper ma mort à trotter de haut en bas...

JULIETTE.

Sur ma foi, je suis fâchée que tu ne sois pas bien... douce, douce nourrice, dis-moi ce que dit mon amour...

LA NOURRICE.

Votre amoureux dit, comme un honnête gentilhomme... et un courtois et un aimable et un beau... et je le garantis, un vertueux... (*S'interrompant.*) Où est votre mère ?

---

[1] Guizot traduit — *sur un air si discordant.* Shak. a écrit : *By playing with so sour a face.* Sous prétexte de compléter la pensée de l'auteur, c'est la défigurer.
[2] Toute cette scène de taquinerie est exquise.

JULIETTE.

Où est ma mère ? Eh bien, elle est à la maison... où serait-elle ? Comme tu réponds mal. (*Imitant la nourrice.*) Votre amoureux dit, comme un honnête gentilhomme... Où est votre mère ?

LA NOURRICE.

Ah! chère dame de Dieu! êtes-vous si chaude! Sapristi, vous montez, j'imagine! Est-ce là le cataplasme pour mes os malades!... Désormais faites vos commissions vous-même...

JULIETTE.

En voilà un tapage!... allons, que dit Roméo ?

LA NOURRICE.

Avez-vous la permission d'aller à confesse, aujourd'hui ?

JULIETTE.

Je l'ai...

LA NOURRICE.

Alors allez vite d'ici à la cellule de frère Laurence. Il y a là un mari pour faire de vous une épouse. Voilà que ce gamin de sang monte à vos joues! Elles seront écarlates, droit à chaque nouvelle. Vite à l'église! Moi, je dois, d'autre part, me procurer une échelle, par laquelle votre amour grimpera bientôt à un nid d'oiseau, quand il fera noir! Je suis la servante et travaille à votre plaisir. Mais vous porterez le fardeau, tôt, cette nuit. Allez, je vais dîner... vite, à la cellule!

JULIETTE.

Vite, au plus haut bonheur!... Honnête nourrice, adieu!...

SCÈNE VI

La cellule de Frère Laurence. — Entrent FRÈRE LAURENCE *et* ROMÉO.

FRÈRE LAURENCE.

Qu'ainsi sourient les cieux sur cet acte sacré. Que plus tard le chagrin ne vous punisse pas!...

ROMÉO.

Amen! Amen! Mais vienne tel chagrin possible, il ne peut valoir échange avec la joie qu'une courte minute me donne à sa vue! Fais seulement se serrer nos mains avec les saintes paroles, et alors que la mort — dévoreuse d'amour — fasse ce qu'elle ose! C'est assez que je puisse seulement l'appeler mienne!

FRÈRE LAURENCE.

Violents plaisirs ont violentes fins et meurent dans leur triomphe, comme feu et poudre qui s'embrassent s'anéantissent. Le doux miel devient répugnant par sa propre exquisité, et à le trop goûter, se fond l'appétit. Donc, aime avec modération. Ainsi font longues amours. Trop rapide arrive aussi tard que trop lent. (*Entre Juliette.*) Voici la dame. Oh! pied si léger n'usera jamais l'inaltérable silex. Un amant peut chevaucher les fils de la Vierge — errant dans l'air léger de l'été — et ne pas tomber, si légère est l'illusion!

JULIETTE.

Bon salut à mon confesseur spirituel!...

FRÈRE LAURENCE.
Roméo te remerciera pour nous deux, ma fille.
JULIETTE.
Autant pour lui, sinon ses mercis seraient en excès...
ROMÉO.
Ah! Juliette, si la mesure de ta joie est comblée comme la mienne et que ton talent soit plus grand pour la symboliser, alors adoucis de ton haleine cet air ambiant et que ta langue, riche d'harmonie, déploie les bonheurs rêvés que tous deux nous recevons de l'autre en cette chère rencontre...
JULIETTE.
Une pensée, plus riche en substance que les paroles, se glorifie de sa propre nature et non point d'ornements. Les pauvres seuls peuvent compter leur fortune, mais mon sincère amour a grandi à ce point que je ne puis évaluer, à demi, ma somme de richesse.
FRÈRE LAURENCE.
Venez, venez avec moi et nous ferons prompte besogne. Car, avec vos permissions, vous ne resterez pas seuls, jusqu'à ce que la sainte Église vous ait incorporés, deux en un.

ACTE TROISIÈME

SCÈNE PREMIÈRE

Une place publique. — *Entrent* MERCUTIO, BENVOLIO, Pages *et* Serviteurs.

BENVOLIO.

Je t'en prie, bon Mercutio, retirons-nous. Le jour est chaud, les Capulets sont dehors; et, si nous nous rencontrons, nous n'échapperons pas à un attrapage [1]. Car, par ces jours chauds, le sang est follement excité.

MERCUTIO.

Tu es comme un de ces camarades qui, quand ils franchissent le seuil d'une taverne, me claquent de leur épée sur la table en disant : — Que Dieu ne m'envoie pas besoin de toi! — puis, par l'opération d'un second verre, la tirent contre le tireur de vin, quand, vrai! il n'en est pas besoin!

BENVOLIO.

Suis-je comme un pareil camarade?

MERCUTIO.

Allons, allons! tu es un Jacquot aussi chaud dans ton genre que nul en Italie, aussi tôt emballé à être hors de toi, que hors de toi de t'être emballé!...

BENVOLIO.

Et après?

MERCUTIO.

Hé! s'il y en avait ici deux pareils, nous n'aurions bientôt plus personne : car l'un tuerait l'autre. Toi! mais tu te querellerais avec un homme qui a dans la barbe un poil de plus ou de moins que toi!... Tu te querellerais avec un homme qui casserait des noix, par cette unique raison que tu as des yeux noisette!... Quel œil, sinon pareil œil, dépisterait pareille querelle? Ta tête est aussi pleine de querelles qu'un œuf est plein de matière comestible; et encore ta tête a été battue, pour querelles,

---

[1] *Brawl* — des braillements, L'argot français — *une engueulade* — rendrait exactement l'idée.

à en être gâtée comme un œuf. Tu t'es querellé avec un homme qui toussait dans la rue, parce qu'il avait réveillé ton chien qui s'était étendu, dormant, au soleil. N'es-tu pas tombé sur un tailleur, parce qu'il portait son doublet [1] neuf avant Pâques ?... sur un autre, pour attacher ses souliers neufs avec un vieux ruban ! Et tu veux me prêcher contre les querelles !

BENVOLIO.

Si j'étais aussi prompt à quereller que tu l'es, n'importe qui pourrait acheter l'entière propriété de ma vie pour une heure un quart.

MERCUTIO.

L'entière propriété !... Oh ! naïf [2] !

Entrent TYBALT *et d'autres.*

BENVOLIO.

Par ma tête, voici les Capulets.

MERCUTIO.

Par mon talon, je m'en fiche [3] !

TYBALT, *à ses compagnons.*

Suivez-moi tout contre : car je vais leur parler. (*Aux Montaigus.*) Messieurs, bonsoir : un mot avec l'un de vous.

MERCUTIO.

Rien qu'un mot avec l'un de nous ! Doublez-le de quelque chose. Faites-en un mot et un coup.

TYBALT.

Vous m'y trouverez assez disposé, monsieur, si vous m'en voulez donner occasion.

MERCUTIO.

Ne pourriez-vous prendre quelque occasion sans que je vous la donne...

TYBALT.

Mercutio, tu es d'accord avec Roméo.

MERCUTIO.

D'accord ! Hé, fais-tu de nous des ménétriers ! Si tu fais de nous des ménétriers, attends-toi à n'entendre rien que discords. (*Tirant son épée.*) Voici mon archet, voici qui va vous faire danser... Plaies du christ !... d'accord !...

BENVOLIO.

Nous parlons ici sur un passage public : ou retirons-nous en quelque place privée, ou raisonnez froidement de vos griefs... autrement, partons. Ici tous les yeux nous dévisagent [4].

MERCUTIO.

Les yeux des hommes sont faits pour regarder... laisse-les nous dévisager : je ne bougerai pour le plaisir de personne, moi ! (*Entre Roméo.*)

[1] Pourpoint, vêtement ajusté du cou à la ceinture. Avait été importé de France en Angleterre au xive siècle.
[2] Entière propriété, *fee simple* — naïf, *simple*. Jeu de mots.
[3] *I care not.*
[4] Tous les yeux *gaze on us*. *To gaze* signifie regarder avec insistance, fixement.

TYBALT.

Bien! la paix soit avec vous, monsieur! Voici mon homme!

MERCUTIO.

Mais je veux être pendu [1], monsieur, s'il porte votre livrée! Mordieu, allez d'abord au champ clos, et il sera votre suivant! Votre seigneurie, en ce sens, peut l'appeler... son homme!

TYBALT, à Roméo.

Roméo, la haine que je te porte ne peut fournir meilleur terme que celui-ci : Tu es un vilain [2]!

ROMÉO, *se contenant*.

Tybalt, la raison que j'ai de t'aimer excuse beaucoup la rage contenue en pareille apostrophe... je ne suis pas un vilain! Donc, adieu. Je le vois, tu ne me connais pas.

TYBALT.

Gamin, ceci n'excusera pas les injures que tu m'as faites... donc, tourne-toi et dégaîne.

ROMÉO.

Je proteste... je ne t'ai jamais fait injure, mais je t'aime mieux que tu ne peux le concevoir... jusqu'à ce que tu saches la raison de mon amour. Et ainsi, bon Capulet — ce nom que j'aime autant que le mien même — reçois satisfaction...

MERCUTIO.

O calme, déshonorante et vile soumission! Une estocade pour enlever cela! (*Il dégaîne.*) Tybalt, preneur de rats, veux-tu marcher!...

TYBALT.

Que veux-tu de moi?...

MERCUTIO.

Bon roi des chats, rien... qu'une de vos neuf vies [3] avec laquelle j'entends faire joujou, et, selon que vous en userez ensuite avec moi, aplatir ensuite les huit autres! Voulez-vous tirer par les oreilles votre épée hors de son fourreau! Faites hâte... la mienne sera autour de vos oreilles avant que la vôtre soit dehors!...

TYBALT, *dégaînant*.

Je suis à vous!

ROMÉO.

Bon Mercutio, relève ta rapière.

MERCUTIO, *ferraillant*.

Allons, monsieur... votre passade!...

ROMÉO.

Dégaîne, Benvolio... abats leurs armes... Messieurs, par pudeur, point de cet outrage!... Tybalt!... Mercutio!... le prince a expressément interdit ces combats

---

[1] Il y a des nuances curieuses. — *Je veux être pendu* est la traduction littérale de *I'll be hanged*. Mais dans la forme anglaise, les mots ont une violence qu'il faudrait rendre en français par : — *Que la hart m'étrangle...*

[2] *A Villain.* — « Nous appelons ainsi, dit Ogilvie, un voleur, un meurtrier, un incendiaire... un être vil et méchant ». Le mot français est donc *une canaille*. Car notre *vilain* a perdu toute l'énergie que l'étymologie a conservée dans *vil* et dans *vilonie*.

[3] On dit que le chat, si dur à tuer, a neuf vies.

dans les rues de Vérone!... Arrête, Tybalt!... Bon Mercutio!... (*Ils ont continué à se battre. Il cherche à les séparer. Mercutio tombe. Tybalt sort avec ses partisans.*)

MERCUTIO.

Je suis blessé!... Malédiction sur les deux maisons!... Je suis expédié!... Il est parti!... et il n'a rien!

BENVOLIO.

Quoi! es-tu blessé?

MERCUTIO.

Oui... oui!... une griffade! une griffade!... mordieu, c'est assez! Où est mon page?... Va, manant, chercher un chirurgien!... (*Sort le page.*)

ROMÉO.

Courage, ami... la blessure ne peut être grave...

MERCUTIO.

Non... elle n'est pas aussi profonde qu'un puits ni si large qu'un portail d'église... mais c'est assez... ça fera l'affaire!... demande demain après moi et tu trouveras un homme grave [1]... Je suis poivré, je vous le garantis, pour ce monde-ci... Malédiction sur vos deux maisons! — Cordieu... un chien, un rat, une souris, un chat... griffer un homme à mort!.Un vantard, un insolent, un vilain qui ne se bat que d'après le livre d'arithmétique!... Du diable que vous soyez venu entre nous!... J'ai été blessé sous votre bras!...

ROMÉO.

Je croyais faire tout au mieux...

MERCUTIO.

Aide-moi jusqu'à quelque maison, Benvolio. Où je vais m'évanouir!... Malédiction sur vos deux maisons!... Elles ont fait de moi de la viande à vers!... (*Benvolio le soutient.*) Je l'ai... et je l'ai bien!... Vos maisons! (*Il sort soutenu par Benvolio.*)

ROMÉO.

Ce gentilhomme, proche allié du prince, mon vrai ami, a reçu sa mortelle blessure pour mon compte... ma réputation est souillée par l'affront de Tybalt... Tybalt, qui depuis une heure, est mon parent!... O douce Juliette! Ta beauté m'a rendu efféminé et en mon âme a amolli l'acier de la valeur!...

BENVOLIO, *revenant.*

O Roméo, Roméo! le brave Mercutio est mort!... Cette galante âme a aspiré aux nuages, âme qui trop tôt a dédaigné la terre.

ROMÉO.

Ce noir destin d'aujourd'hui pèsera sur plus de jours : ceci n'est que le début des malheurs, d'autres en seront la fin. (*Tybalt rentre, furieux, l'épée à la main.*)

BENVOLIO.

Voici que revient encore le furieux Tybalt!...

ROMÉO.

Vivant! Triomphant! et Mercutio tué!... Va-t'en au ciel, bénignité d'occasion [2],

---

[1] Mercutio, blessé à mort — et c'est la superbe caractéristique de ce rôle si original — fait encore des calembourgs. — *A grave man*, signifie un homme grave et un homme de tombeau. En vieux français, *grave*, fosse, grotte, caverne.

[2] *Respective lenity*. L'épithète vise ici la contingence qui s'impose par le mariage de Roméo avec Juliette.

et que la furie à l'œil de feu soit maintenant mon guide !... Et maintenant, Tybalt, reprends ce vilain que tu m'as donné !... Car l'âme de Mercutio est encore de bien

Allons, monsieur, votre passade !

peu au-dessus de nos têtes, attendant la tienne pour lui tenir compagnie... Ou toi, ou moi, ou tous deux, s'en iront vers lui !...

TYBALT.

Toi, misérable gamin, qui étais d'accord ici avec lui, va le rejoindre !

ROMÉO, *le chargeant.*
Ceci décidera cela ! (*Duel. Tybalt tombe.*)
BENVOLIO.
Roméo, au large !... Fuis !... Les citoyens sont en l'air et Tybalt est tué. Ne reste pas ainsi stupéfié !... Le prince va te condamner à mort, si tu es pris !... Hors d'ici ! Fuis !... au large !...
ROMÉO.
Oh ! je suis le Fou de la Fortune !...[1]
BENVOLIO, *le poussant dehors.*
Mais pourquoi restes-tu ici... (*Roméo s'enfuit.*)

Entrent des CITOYENS, *des* SERVITEURS, *etc.*

PREMIER CITOYEN.
Par où a-t-il couru ? Celui qui a tué Mercutio ? Tybalt, le meurtrier, par où a-t-il couru ?...
BENVOLIO, *montrant le cadavre.*
Voici Tybalt ici étendu !...
PREMIER CITOYEN.
Allons, monsieur, venez avec moi. Je vous arrête au nom du prince, obéissez !

Entrent LE PRINCE, *avec sa suite*, MONTAIGU, CAPULET, *leurs femmes et la foule.*

LE PRINCE.
Quels sont les vils commenceurs[2] de cette querelle ?
BENVOLIO, *s'avançant.*
O noble prince, je puis révéler toute la funeste marche de cette fatale querelle. Ici gît l'homme, tué par le jeune Roméo, et qui avait tué ton parent, le brave Mercutio...
LADY CAPULET.
Tybalt, mon neveu ![3] O enfant de mon frère ! Malheureux spectacle ! Ah ! moi !... le sang de mon cher neveu est répandu ! — Prince, si tu es juste, pour le sang des nôtres, répands le sang des Montaigus ! O neveu ! neveu !...
LE PRINCE.
Benvolio, qui a commencé cette sanglante querelle ?
BENVOLIO.
Tybalt tué ici, et que la main de Roméo a percé... Roméo, qui lui parlait bellement, le priait de considérer combien futile était la querelle et le pressait au nom de votre Haute colère... tout cela, murmuré d'un souffle aimable, visage calme, genoux humblement pliés !... Mais il ne pouvait pas obtenir trêve de la rage effrénée de

---

[1] Le jouet du hasard.
[2] *Beginners.* — Commenceur est un vieux mot français à reprendre.
[3] Ici est employé par Shak. le mot *cousin*, quatre fois répété en ces quelques lignes. Shak. use de ce terme indifféremment pour neveu, nièce, oncle (*Douzième nuit*), beau-frère (*Hamlet*), petit-fils, (*Roi Jean, Othello*).

Tybalt, sourd à la paix, jusqu'à se ruer de l'épée perçante contre la vaillante poitrine de Mercutio : Lui, tout aussi chaud, oppose pointe à pointe, à mort, et, avec un martial dédain, d'une main écarte la froide mort, tandis que de l'autre il l'envoie à Tybalt, dont la dextérité la repousse. Roméo, lui, crie à toute voix : — Arrêtez, amis ! amis, séparez-vous ! et, plus rapide que sa langue, son bras agile abat leurs fatales pointes et entre eux se précipite... sous son bras, un coup déloyal de Tybalt, frappe la vie du vaillant Mercutio... et alors Tybalt s'enfuit !... puis, bientôt, revient vers Roméo qui venait seulement de songer à la revanche, et ils y vont comme l'éclair ! Et avant que j'aie pu dégainer pour les séparer, le vaillant Tybalt était tué : et quand il est tombé, Roméo s'est détourné et a fui. Ceci est la vérité ou que Benvolio meure !

LADY CAPULET.

Il est parent des Montaigus : l'affection le rend imposteur !... il ne dit pas la vérité. Quelques vingt d'entre eux ont bataillé dans cette noire bagarre et tous ces vingt n'ont pu tuer qu'une vie !... Je demande justice, prince, il faut la donner. Roméo a tué Tybalt, Roméo ne peut pas vivre !...

LE PRINCE.

Roméo l'a tué : il a tué Mercutio. Qui maintenant paiera le prix de ce cher sang ?...

MONTAIGU.

Pas Roméo, prince. Il était l'ami de Mercutio. Sa faute n'a fait que terminer ce que la loi devait finir : la vie de Tybalt.

LE PRINCE.

Et pour cette offense, immédiatemen nous l'exilons d'ici. J'ai une part dans vos actes de haine. Mon sang, pour vos rudes provocations, est là qui coule... mais je vous frapperai d'une amende si forte que vous tous regretterez la perte qui est mienne. Je serai sourd aux plaidoyers et aux excuses : ni pleurs ni prières ne rachèteront ces méfaits. Donc n'en usez pas. Que Roméo parte en hâte, sinon quand il sera trouvé, cette heure sera sa dernière. (*Aux Capulets.*) Emportez d'ici ce corps et attendez notre volonté : La pitié n'est qu'une meurtrière, en pardonnant à qui tue ! (*Ils sortent.*)

SCÈNE II

Une chambre dans la maison des Capulets.

JULIETTE, *entrant.*

Galopez rapidement, vous, coursiers aux pieds de feu, vers la demeure de Phœbus ; un cocher tel que Phaéton vous fouetterait vers l'ouest et vous entraînerait immédiatement dans la nuit ténébreuse... Clos tes rideaux étendus, nuit, faiseuse d'amour ![1] Que les yeux du ciel s'enfuient[2] et se ferment, et que Roméo bondisse

---

[1] *Love-performing.*

[2] Nous retrouvons ici l'expression *the runaways eyes*. — Ici les yeux qui fuient sont ceux du jour, du soleil, tandis qu'au second acte, ce sont les étoiles nocturnes. On a tenté d'adapter ici un autre sens : — Que les yeux vagabonds — des noctambules, des errants de la rue — se ferment, par allusion à des rôdeurs dont l'indiscrétion est incommode. En réalité, l'expression reste incomprise.

dans ces bras, ni vu ni dénoncé. Les amants, par leurs propres beautés, peuvent voir clair, en leurs rites amoureux : ou, si l'amour est aveugle, mieux lui agrée la nuit. Viens, courtoise nuit, toi, matrone au vêtement sobre, toute en noir, et apprends-moi comment on perd en un combat vainqueur, où se jouent deux pures virginités... de ton noir manteau encapuchonne mon sang inapprivoisé, voletant[1] à mes joues : jusqu'à ce que l'amour ignorant, enhardi, croie l'acte de vrai amour acte de simple modestie. Viens, nuit! viens, Roméo ! viens, toi, le jour dans la nuit !... Car tu te coucheras sur les ailes de la nuit, plus blanc que la neige nouvelle sur le dos d'un corbeau !... viens, gentille nuit !... viens, nuit, amoureuse au front noir, donne-moi mon Roméo ; et, quand il mourra, prends-le et coupe-le en petites étoiles... et il fera si belle la face du ciel que tout le monde sera en amour avec la nuit et ne paiera plus hommage au pimpant soleil. Oh ! j'ai acheté un château d'amour, mais ne l'ai pas possédé... et quoique je sois vendue on n'a pas encore joui de moi... ce jour est aussi ennuyeux que l'est, avant quelque festival, la nuit pour un enfant impatient, qui a des robes neuves et ne peut pas les porter... ô ! voici ma nourrice ! (*Entre la nourrice avec des cordes.*) Et elle apporte des nouvelles ! Toute langue, à prononcer seulement le nom de Roméo, parle avec une céleste éloquence !... Or, nourrice, quelles nouvelles ? Qu'as-tu là ? les cordes que Roméo t'a ordonné de venir chercher ?...

LA NOURRICE, *laissant tomber les cordes.*

Oui ! oui ! les cordes !

JULIETTE.

Ah moi ! quelles nouvelles ?... pourquoi te tords-tu les mains ?...

LA NOURRICE.

Ah ! un beau jour !... il est mort, il est mort, il est mort ! Nous sommes perdues, dame, nous sommes perdues !... Jour maudit !... il s'en est allé !... il est tué, il est mort !...

JULIETTE.

Le ciel peut-il être si cruel ?...

LA NOURRICE.

Roméo le peut, si le Ciel ne ne le peut pas !... O Roméo ! Roméo !... Qui jamais aurait pensé cela ?... Roméo...

JULIETTE.

Quelle diablesse es-tu, qui me tourmentes ainsi ?... Cette torture serait rugie[2] dans l'effroyable enfer ! Roméo s'est-il tué lui-même ? Dis seulement : oui ! et ce seul mot. « Oui ! » empoisonnera plus que l'œil mortifère du basilic !... [3] Je ne suis pas moi, s'il y a un tel oui !... Ou si ces yeux sont clos qui te font répondre oui !... S'il est tué, dis oui ! sinon, dis non ! Sons brefs décideront de mon bonheur ou de mon malheur !...

---

[1] Toute cette phrase est une allusion à la fauconnerie. On encapuchonne la tête du faucon, tant qu'il est *unmanned*, inaccoutumé à l'homme.

[2] Accompagnée de rugissements.

[3] En bien singulière situation, le reste de la réplique de Juliette n'est plus que jeux de mots. *Oui* se dit *I* pour *Yes*. Et *I* signifie aussi je, moi. — Donc, *if there be such an I*, s'il y a un pareil *oui* — *I am not I*, je ne suis pas *moi*, etc. Inutile de tenter une translation exacte.

ROMÉO ET JULIETTE

LA NOURRICE.

J'ai vu la blessure, je l'ai vue de mes yeux!... Dieu pardonne la remarque!...[1] là

O Dieu! Roméo a-t-il versé le sang de Tybalt?

sur sa poitrine d'homme... un pitoyable corps, un sanglant et pitoyable corps!...

[1] Nous dirions : Sauf votre respect!

pâle, pâle comme les cendres, tout barbouillé de sang, tout dans le sang coulant !...
Je me suis pâmée...

JULIETTE.

O faillis, mon cœur !... pauvre banqueroutier, faillis [1] tout de suite ! En prison, mes yeux ! jamais plus n'espérez la liberté !... (*Se frappant la poitrine.*) Vile terre, à la terre retourne !... que le mouvement s'arrête, et que toi et que Roméo soient écrasés sous une lourde bière !...

LA NOURRICE.

O Tybalt ! Tybalt ! le meilleur ami que j'avais ! O courtois Tybalt, honnête gentilhomme ! Que jamais je vivrais pour te voir mort !...

JULIETTE.

Quel ouragan est-ce là, qui souffle si contraire... Roméo est-il assassiné ? et Tybalt est-il mort ?... mon cher cousin... et mon plus cher seigneur !... Alors, effroyables trompettes, sonnez l'universel jugement !... Car qui donc est vivant, quand ces deux-là sont morts !...

LA NOURRICE.

Tybalt est mort... et Roméo banni... Roméo qui l'a tué... il est banni !...

JULIETTE.

O Dieu ! Roméo a-t-il versé le sang de Tybalt ?...

LA NOURRICE.

Il l'a fait ! Il l'a fait ! Jour maudit ! Il l'a fait !...

JULIETTE.

O cœur de serpent, caché sous une face de fleurs ! [2] Jamais dragon garda-t-il une si belle caverne !... Beau tyran, ennemi angélique !... Corbeau à plumes de colombe !... Agneau à fureurs de loup ! Méprisée substance de la plus divine apparence !... Juste l'opposé de ce que justement tu sembles, saint damné, honorable misérable !... [3] O Nature !... qu'avais-tu donc à faire en enfer, quand tu as enclos l'esprit d'un ennemi dans le mortel paradis d'une si douce chair ?... Y eut-il jamais livre contenant si vile matière et si bellement relié ?... O ! le mensonge habiter en un si splendide palais !...

LA NOURRICE.

Il n'y a dans les hommes ni honneur, ni foi, ni honnêteté... tous parjures, tous félons, tous méchants, tous hypocrites ! Ah ! où est mon valet ?... donnez-moi un peu d'eau-de-vie !... Ces douleurs, ces malheurs, ces tristesses me font vieille ! la honte tombe sur Roméo !

JULIETTE.

Des pustules sur ta langue, pour un tel souhait ! Il n'était pas né pour la honte. Sur son front, la honte est honteuse de s'asseoir... car c'est un trône où l'honneur peut être couronné, seul monarque de l'universelle terre. O quelle bête j'étais de crier contre lui !...

LA NOURRICE.

Voulez-vous bien parler de celui qui a tué votre cousin ?

---

[1] Ce jeu de mots — faillite, banqueroute — est dans le texte !
[2] Comparer le discours de Chimène réclamant du roi le châtiment de Rodrigue.
[3] Ici encore le mot *villain*. Honorable canaille !

JULIETTE.

Parlerai-je mal de celui qui est mon mari ?... ah! mon pauvre seigneur, quelle langue caressera ton nom, quand moi, ton épouse de trois heures, je l'ai déchiré ? Mais pourquoi donc, vilain, as-tu tué mon cousin ?... Ce vilain cousin aurait tué mon mari !... Arrière, stupides pleurs ! arrière, à vos naturelles sources !... Vos gouttes appartiennent en tribut au malheur... et par méprise, vous les offrez à ma joie !... Mon mari est vivant, lui que Tybalt aurait tué... et Tybalt est mort qui aurait tué mon mari. Tout cela est bonheur ! Pourquoi pleurer alors ? (*Réfléchissant.*) Il y avait là un mot, pire que la mort de Tybalt, qui m'assassinait !... Je le voudrais oublier, mais, oh! il presse sur ma mémoire comme les crimes damnés aux âmes des pécheurs. (*Se souvenant des paroles de la nourrice.*) Tybalt est mort... et Roméo... banni... Ce — banni — ce seul mot — banni — a tué dix mille Tybalts. La mort de Tybalt n'eût été qu'un malheur, si cela en eût fini là. Ou, si notre malheur se plaît à avoir une suite — et forcément doit être accompagné d'autres douleurs — pourquoi, quand elle a dit : — Tybalt est mort! — ces mots n'ont-ils pas suivi : — ton père, ou, ta mère... ou tous les deux — ce qui eût provoqué les lamentations d'usage !... mais par une arrière-garde suivant la mort de Tybalt — *Roméo est banni !* — parler ce mot, c'est père, mère, Tybalt, Roméo, Juliette, tous tués, tous morts... *Roméo est banni!* — il n'y a plus ni fin ni limite, mesure, ni borne dans la mort[1] de ce mot... pas de mots ne peuvent sonner ce malheur !... Nourrice, où est mon père ?... où est ma mère ?...

LA NOURRICE.

Pleurant et se lamentant sur le corps de Tybalt... Voulez-vous aller vers eux! Je vous y conduirai...

JULIETTE.

Lavent-ils les blessures avec leurs larmes ? Les miennes se dépenseront encore, quand les leurs seront sèches, pour le bannissement de Roméo. Ramasse ces cordes. Pauvres cordes, vous êtes déçues, vous et moi, toutes deux... car Roméo est exilé. Il vous avait faites pour une haute route vers mon lit... mais moi, vierge, je mourrai vierge-veuve. Venez, cordes. Viens, nourrice. Je vais à mon lit de noces. Et que la mort, et non Roméo, prenne ma virginité !...

LA NOURRICE.

Vite, à votre chambre! Je trouverai Roméo pour vous consoler... Je sais bien où il est... Écoutez, votre Roméo sera ici, à la nuit. J'irai à lui. Il est caché dans la cellule de Laurence...

JULIETTE.

Oh! trouve-le! donne cette bague à mon vrai chevalier et dis-lui de venir prendre son dernier adieu ! (*Elles sortent.*)

---

[1] Dans le pouvoir mortel de...

SCÈNE III

La cellule de Frère Laurence.

FRÈRE LAURENCE, ROMÉO.

FRÈRE LAURENCE, *arrivant.*

Approche, Roméo; approche, homme effroyable! L'affliction s'est enamourée de toi et tu es fiancé au malheur...

ROMÉO.

Père, quelles nouvelles ? Quel est l'arrêt du prince ? Quelle douleur réclame acces près de moi, que je ne connaisse pas encore ?

FRÈRE LAURENCE.

Mon cher fils est trop accoutumé à si affreuse compagnie. Je t'apporte les nouvelles, le jugement du prince.

ROMÉO.

Est-ce moins que le jugement dernier, le jugement du prince ?

FRÈRE LAURENCE.

Un plus doux jugement s'est échappé de ses lèvres. Point la mort du corps, mais le bannissement du corps [1].

ROMÉO.

Ah! bannissement! Sois miséricordieux, dis la mort! Car l'exil, en son aspect, offre plus de terreur, beaucoup plus de terreur que la mort... ne dis pas bannissement!

FRÈRE LAURENCE.

D'ici, de Vérone, tu es banni : sois patient, car le monde est large et vaste !...

ROMÉO.

Il n'est pas de monde hors des murailles de Vérone, mais bien le purgatoire, la torture, l'enfer lui-même! Banni d'ici, c'est banni du monde, et l'exil du monde, c'est la mort. Alors bannissement c'est la mort mal exprimée : en appelant la mort — bannissement — tu me coupes la tête avec une hache d'or et souris au coup qui m'assassine!

FRÈRE LAURENCE.

O mortel péché! O rude ingratitude! Pour ta faute notre loi réclame la mort; mais le bon prince, prenant ton parti, a passé par-dessus la loi et a changé le mot noir de mort en bannissement. Cela est chère miséricorde et tu ne le vois pas?

ROMÉO.

C'est torture et non miséricorde. Le ciel est ici, où vit Juliette : et un chien, un chat, une petite souris, la plus indigne chose, vivent ici dans le ciel et la peuvent regarder... mais Roméo ne le peut pas! Il y a plus de force, un état plus honorable, plus de dignité dans les mouches à charogne que dans Roméo : elles peuvent se poser sur la blanche merveille de la main de Juliette et voler l'immortelle bénédiction de ses lèvres, qui — en pure et vestale modestie — rougissent encore, tenant à péchés

---

[1] Il est vraisemblable que cette répétition du mot corps — *body's death* — *body's banishment* — vise quelque nuance, par exemple : — non la mort du *cadavre*, mais le bannissement du *corps vivant.*

même leurs propres baisers. Mais Roméo ne le peut pas... il est banni! Les mouches peuvent cela, cela qu'il me faut fuir [1]. Elles sont libres, mais je suis banni. Et dis-tu encore que l'exil n'est pas la mort!... N'as-tu pas de mixture empoisonnée, de couteau bien affilé, de soudain moyen de mort... quoique jamais si vil que ce mot — banni — pour me tuer... Banni! O père, les damnés usent de ce mot dans l'enfer; des hurlements le suivent... Comment as-tu le cœur, étant si divin, un spirituel confesseur, un absolveur de péché et un ami éprouvé, de me déchirer avec ce mot... bannissement!

FRÈRE LAURENCE.

Toi, amoureux et fou, écoute-moi seulement prononcer un mot...

ROMÉO.

Oh! tu vas encore parler de bannissement!

FRÈRE LAURENCE.

Je vais te donner une armure pour repousser ce mot, la philosophie, doux lait de l'adversité, pour te reconforter, quoique tu sois banni!...

ROMÉO.

Encore... banni! La hart pour la philosophie! A moins que la philosophie puisse faire une Juliette, déplanter une ville, retourner un arrêt de prince. Elle ne sert à rien, n'est bonne à rien!... Ne parle plus!

FRÈRE LAURENCE.

Oh! je vois, les fous n'ont pas d'oreilles.

ROMÉO.

Comment en auraient-ils, quand les sages n'ont pas d'yeux?

... prenant la mesure d'une fosse à creuser...

FRÈRE LAURENCE.

Permets-moi de discuter ta situation...

ROMÉO [2].

Tu ne peux parler de ce que tu ne sais pas : si tu étais aussi jeune que je suis, avec Juliette pour amour, marié depuis une heure, avec Tybalt tué, éperdu comme moi et comme moi banni... alors tu pourrais parler, tu pourrais t'arracher les cheveux et tomber sur le sol, comme je fais, y prenant la mesure d'une fosse à creuser!... (*On frappe à la porte.*)

FRÈRE LAURENCE.

Lève-toi. On frappe. Bon Roméo, cache-toi.

ROMÉO, *à terre*.

Moi! non! à moins que les souffles gémissants de mon cœur malade, comme un

---

[1] Jeu de mots sur *flies*, mouches — et *fly*, fuir. — *Fl*, racine, se retrouve dans l'allemand *fliegen* et dans le français *flèche, flot, fleuve, vol* (vl).

[2] Pendant toute cette scène, l'exaltation de Roméo ne fait que grandir.

brouillard, ne m'enveloppent hors de la recherche des yeux!... (*On frappe de nouveau.*)

FRÈRE LAURENCE.

Ecoute, comme ils frappent!... Qui est là ?... Roméo, lève-toi!... Tu vas être pris!... dresse-toi... debout!... (*On frappe.*) Cours à mon réduit... (*On frappe de plus en plus fort.*) Voilà! voilà!... Vœu de Dieu!... Quelle rage est-ce là ?... J'y vais, j'y vais!... (*On frappe.*) Qui frappe si fort ?... D'où venez-vous ?... Que voulez-vous ?... .

LA NOURRICE, *en dehors.*

Laissez-moi entrer et vous saurez ma commission. Je viens de dame Juliette...

FRÈRE LAURENCE.

Bienvenue, alors. (*Il ouvre la porte ; entre la nourrice.*)

LA NOURRICE.

O saint frère, ô dis-moi, saint frère, où est le lord de ma lady, où est Roméo ?

FRÈRE LAURENCE.

Le voilà par terre, saoûlé de ses propres larmes.

LA NOURRICE.

Oh! il est juste dans le cas de ma maîtresse, juste dans le même cas.

FRÈRE LAURENCE.

O malheureuse sympathie! pitoyable situation!

LA NOURRICE.

Tout juste elle est étendue, larmoyant et pleurant, pleurant et larmoyant... (*A Roméo.*) Debout, debout! debout, si vous êtes un homme! Pour le salut de Juliette, pour son salut, levez-vous et dressez-vous!... Comment pouvez-vous tomber dans des Ho! Ho! si profonds!...

ROMÉO, *la reconnaissant.*

Nourrice!

LA NOURRICE.

Ah! Seigneur, seigneur! Bien, la mort est la fin de tout!...

ROMÉO.

Parles-tu de Juliette ? Comment en va-t-il avec elle ? Ne me croit-elle pas un assassin fieffé [1], maintenant que j'ai souillé la jeunesse de notre joie d'un sang, bien peu éloigné du sien ? Où est-elle ? Comment va-t-elle ? et que dit ma dame, mon épouse cachée à notre amour détruit ? [2]

LA NOURRICE.

Oh! elle ne dit rien, seigneur, mais elle pleure et pleure, puis tombe sur son lit, puis se redresse et appelle Tybalt... puis elle crie à Roméo... puis elle retombe!...

ROMÉO.

Comme si ce nom, tiré par la mortelle détente d'un fusil, l'avait tuée!... ainsi que la main maudite — de ce nom — a tué son cousin!... (*Tirant son épée.*) O dis-moi, frère, dis-moi, dans quelle vile partie de cette anatomie loge mon nom... dis-le moi, que j'en puisse saccager la haïssable demeure!...

---

[1] *An old murderer.* Un vieil habitué du meurtre.
[2] Jeu de mots. — *Concealed*, caché. — *Cancelled*, détruit.

FRÈRE LAURENCE.

Arrête ta main désespérée. Es-tu un homme? Ta forme me crie que tu en es un ! tes pleurs sont de femme, tes actes sauvages dénotent l'irraisonnable furie d'une bête... femme inapparente dans une apparence d'homme ! ou mal apparente bête, dans leur double apparence !... Tu m'as exaspéré ! par mon saint ordre, je croyais ton caractère mieux équilibré ! As-tu tué Tybalt ? Veux-tu te tuer toi-même et tuer aussi cette femme qui vit en toi, en faisant haine damnée contre toi-même ? Pourquoi clames-tu contre ta naissance, le ciel et la terre ? Puisque naissance et ciel et terre, tous trois se rencontrent en toi à la fois, tu voudrais les perdre à la fois ! Fi ! Fi ! Tu déshonores ta forme, ton amour, ton esprit. Comme un usurier, tu as tout en abondance et tu n'uses vraiment de rien en ce juste usage, qui honorerait ta forme, ton amour et ton esprit ! Ta noble forme est seulement une forme de cire, s'écartant de la valeur d'un homme.

Ton cher amour, juré, mais vide parjure, tue cet amour que tu as fait vœu de chérir... ton esprit, cet ornement de forme et d'amour, déformé en la conduite des deux, comme la poudre dans la poire d'un soldat imbécile est enflammé par sa propre ignorance, et tu te mutiles avec tes propres moyens de défense !... Hé, lève-toi, homme ! Vivante est ta Juliette, pour le cher salut de qui tu étais mort, tout à l'heure. Et là tu es heureux ! Tybalt voulait te tuer, mais tu as tué Tybalt ! Là encore tu es heureux. La loi, cette menace de mort, devient ton amie et la change en exil... là tu es heureux. Une masse de bénédictions brille sur ton dos, le bonheur te courtise en ses meilleurs atours : mais comme une donzelle mal élevée et hargneuse, tu boudes à sa fortune et à ton amour ! Gare ! gare ! car ces gens-là meurent misérables. Va, va vers ton amour, comme il était convenu, monte à sa chambre et console-la.

Mais songes-y, ne reste pas jusqu'à ce que la garde soit placée : car alors tu ne pourrais plus passer vers Mantoue, où tu vivras, jusqu'à ce que nous puissions trouver l'occasion de publier votre mariage, de réconcilier vos amis, d'obtenir le pardon du prince et de te rappeler avec vingt fois cent mille fois plus de joie que tu ne t'en es allé en lamentations !

Va devant, nourrice. Recommande-moi à ta dame : dis-lui de hâter la mise au lit de toute la maison, ce à quoi la lourde douleur les rend disposés. Roméo va venir...

LA NOURRICE.

O Seigneur, j'aurais pu stationner ici toute la nuit pour entendre de bons conseils. Oh ! que c'est instructif !... (*A Roméo.*) Mon seigneur, je dirai à ma dame que vous allez venir.

ROMÉO.

Fais ainsi, et dis à ma dame de préparer sa gronderie...

LA NOURRICE.

Voici, seigneur, une bague qu'elle m'a dit de vous donner. Dépêchez-vous, faites hâte, car il se fait très tard. (*Elle sort.*)

ROMÉO, *la bague à la main.*

Ah ! que mon courage est revivifié par ceci !

FRÈRE LAURENCE.

Va-t'en... Bonne nuit; et de ceci dépend toute la situation... ou parti avant que la garde soit placée ou au point du jour déguisé! Séjourne à Mantoue : je découvrirai votre valet et il vous signalera de temps en temps tout bon événement qui arriverait ici. Donne-moi ta main... il est tard. Adieu. Bonne nuit.

ROMÉO.

Si ce n'est qu'une joie — plus que joie — m'entraîne dehors, ce me serait une peine de si vite me séparer de toi. Adieu ! (*Ils sortent.*)

SCÈNE IV

Une chambre dans la maison des Capulets.

Entrent CAPULET, LADY CAPULET *et* PARIS

CAPULET.

Les choses sont tombées, monsieur, si malheureusement, que nous n'avons pas eu le temps d'agir sur notre fille. Voyez, elle aimait chèrement son cousin Tybalt et ainsi faisais-je. — Bien, nous sommes nés pour mourir ! — Il est très tard, elle n'est pas descendue ce soir. Je vous promets, sans votre compagnie, j'aurais été au lit il y a une heure.

PARIS.

Ces temps de malheur n'accordent pas de temps à une cour. Madame, bonne nuit. Recommandez-moi à votre fille.

LADY CAPULET.

Je le ferai, et connaîtrai ses intentions demain, de bonne heure. Ce soir, elle s'est enfermée dans sa douleur.

CAPULET.

Seigneur Pâris, je ferai à ma fille une offre décisive [1] de votre amour : je crois qu'elle sera guidée à tous égards par moi : bien plus, je n'en doute pas. Femme, allez chez elle avant de vous mettre au lit : apprenez-lui l'amour de mon fils Pâris, et dites-lui — écoutez-moi bien — pour mercredi prochain... Mais, un instant, quel jour sommes-nous ?...

PARIS.

Lundi, My Lord.

CAPULET.

Lundi, ah!... Bien, mercredi est trop tôt : Ce sera pour jeudi. (*A sa femme.*) Jeudi, dites-lui qu'elle sera mariée à ce noble comte. (*A Pâris.*) Serez-vous prêt ? Aimez-vous cette hâte ? Nous ne ferons pas grand bruit — un ami ou deux. Car vous entendez, Tybalt ayant été tué si récemment, on pourrait croire que nous prenons cela sans soucis, étant notre cousin, si nous festoyions beaucoup. Aussi aurons-nous une demi-douzaine d'amis et ce sera fini. Que dites-vous de jeudi ?

PARIS.

My Lord, je voudrais que jeudi fût demain.

---

[1] *A desperate tender of my child's love.* Le mot *tender* répond exactement à ce que nous appelons des *offres fermes.* En effet, Capulet dit plus loin : — Apprends-lui l'amour de Pâris. — L'interprétation ordinaire : — Je vous offre hardiment l'amour de ma fille — ne cadre pas avec le reste de la réplique.

C'était le rossignol et non l'alouette...

CAPULET.

Bien !... Allez-vous en !... Ce sera donc pour jeudi... (*A sa femme.*) Allez chez Juliette avant de vous mettre au lit. Préparez-la, femme, pour ce jour de noces. (*A Pâris.*) Adieu, My Lord. (*Appelant.*) Ho ! de la lumière pour aller à ma chambre !... (*Au valet.*) Marchez devant. Il est si tard que nous pouvons presque appeler cela de bonne heure... bonne nuit ! (*Ils sortent.*)

SCÈNE V

La chambre de Juliette.

JULIETTE, ROMÉO.

JULIETTE.

Veux-tu donc t'en aller ? Ce n'est pas encore près du jour... c'était le rossignol — et non l'alouette qui perçait ton oreille apeurée [1]. La nuit, il chante sur l'arbre aux grenades, là-bas. Crois-moi, amour, c'était le rossignol.

ROMÉO.

C'était l'alouette, le héraut du matin, et non le rossignol. Vois, amour, quelles envieuses lueurs dentèlent les nuages disjoints, là-bas, à l'est. Les chandelles [2] de la nuit sont brûlées, et le jour joyeux se dresse sur la pointe du pied au sommet des brumeuses montagnes. Il me faut partir et vivre — ou rester et mourir.

JULIETTE.

Cette lumière n'est pas la lumière du jour, je le sais, moi ! c'est quelque météore qu'exhale le soleil, pour être, cette nuit, un porteur de torches et t'éclairer sur ta route, vers Mantoue. Donc, reste encore, tu n'as pas besoin de partir !...

ROMÉO.

Que je sois pris ! qu'on me mette à mort ! Je suis content si tu veux qu'il en soit ainsi ! Je dirai : ce gris n'est pas l'œil du matin, c'est seulement le pâle reflet du front de Cynthia... et ce n'est pas l'alouette, dont les notes battent le ciel, en voûte, si haut sur nos têtes. J'ai plus souci de rester que volonté de partir. Viens, mort, et bienvenue ! Juliette le veut ainsi !... Comment vas-tu, mon âme ?... Causons, ce n'est pas le jour !...

JULIETTE.

C'est lui, c'est lui... fuis d'ici, va-t'en, en route ! C'est l'alouette qui chante ainsi hors de ton, lançant âpres discords et déplaisants faussets... on dit que l'alouette fait de douces divisions [3]... celle-ci ne fait pas cela, puisqu'elle nous divise... on dit que l'alouette et le turgide crapaud échangent leurs yeux. Oh ! je voudrais maintenant qu'ils échangent aussi leurs voix ! puisque cette voix nous effraie, ton bras hors de

---

[1] Textuellement — *qui perçait le trou de*...

[2] *The candles.* — Un traducteur qui se respecte doit écrire : les flambeaux. Et ainsi a-t-on fait. Il paraît préférable de respecter Shak. Que voulez-vous ? On se servait de chandelles au temps de la reine Elisabeth. Mais il est curieux de constater combien est tenace la distinction établie entre les mots nobles et ceux qui ne le sont pas.

[3] Des pauses dans son chant.

mon bras, te chassant d'ici, par ses — en chasse ! [1] — au matin ! Oh ! maintenant, va-t'en !... Il croît plus de lumière et de lumière ! [2]

ROMÉO.

Plus de lumière et de lumière !... plus sombres et sombres nos destinées !... (*Entre la nourrice.*)

LA NOURRICE.

Madame !

JULIETTE.

Nourrice !...

LA NOURRICE.

Madame votre mère vient à votre chambre. Le jour a paru. Soyez prudente... faites attention... (*Sort la nourrice.*)

JULIETTE.

Alors, fenêtre, laisse le jour entrer et la vie sortir !...

ROMÉO.

Adieu, adieu ! un baiser et je descendrai. (*Il commence à descendre.*)

JULIETTE.

Pars-tu donc ainsi ? Mon amour, mon seigneur, mon ami !... Il faut que j'entende parler de toi à chaque jour des heures — car dans une minute il y a beaucoup de jours. — Oh ! à ce compte-là, je serai chargée d'années, avant que je voie encore mon Roméo !...

ROMÉO.

Adieu. Je ne perdrai aucune occasion qui pourra t'apporter mes vœux, ô amour, à toi !...

JULIETTE.

Oh !... crois-tu que nous nous rencontrerons encore ?

ROMÉO.

Je n'en doute pas : et tous ces malheurs serviront à nos douces causeries, dans nos temps à venir.

JULIETTE, *penchée sur la fenêtre, Roméo à demi descendu.*

O Dieu ! J'ai une âme devineresse de mal ! Il me semble, je te vois, maintenant que tu es au-dessous de moi, comme un mort dans le fond d'une tombe. Est-ce ma vue qui faiblit ou toi qui sembles pâle ?

ROMÉO.

Oh ! crois-moi, amour, ainsi tu parais à mes yeux ! Secs chagrins [3] boivent notre sang ! Adieu ! Adieu ! (*Roméo disparaît.*)

JULIETTE.

O fortune ! fortune ! tous les hommes t'appellent inconstante !... Si tu es incons-

---

[1] *Hunting the... with hunts-up to the day.* Jeux de mots dissimulés par nos traducteurs, prenant en tutelle la gloire de Shakespeare. Le *Hunt-up* est la sonnerie du matin, pour éveiller les chasseurs, les *hunters*.

[2] *More light and light it grows*, originalité d'expression que ne rend nullement : — *Le jour est de plus en plus clair* — ou — *le ciel s'éclaircit de plus en plus*.

[3] *Dry sorrow drink our blood.* — Guizot dit : — *Le chagrin dévorant dessèche notre sang.* — *Drink* — boire.

tante, que fais-tu de lui qui est renommé pour sa fidélité ! Sois inconstante, fortune ! Car alors, j'espère que tu ne le garderas pas longtemps, et me le renverras !

LADY CAPULET, *au dehors.*

Ho ! ma fille, êtes-vous levée ?

JULIETTE.

Qui appelle ? C'est madame ma mère. N'est-elle pas couchée si tard... ou levée si matin ? Quelle cause inaccoutumée l'amène ici ?

LADY CAPULET, *entrant.*

Eh bien ! Juliette, comment va ?

JULIETTE.

Madame, je ne suis pas bien.

LADY CAPULET.

Toujours pleurant sur la mort de votre cousin ? Quoi, veux-tu le faire émerger[1] de la tombe avec tes larmes ! Et le pourrais-tu, que tu ne pourrais le faire vivre. Donc, aie fini. Un peu de douleur montre beaucoup d'amour, mais beaucoup de douleur montre encore quelque manque d'esprit...

JULIETTE.

Laissez-moi encore pleurer une si sensible perte.

LADY CAPULET.

Ainsi vous sentirez la perte, mais non l'ami pour qui vous pleurez.

JULIETTE.

Sentant ainsi la perte, je ne puis choisir que de pleurer l'ami.

LADY CAPULET.

Bien, ma fille, tu ne pleures pas tant pour sa mort que parce que le vilain qui l'a tué est vivant.

JULIETTE.

Quel vilain, madame ?

LADY CAPULET.

Ce même vilain, Roméo !

JULIETTE.

Vilain et lui sont à distance de beaucoup de milles ! Dieu lui pardonne ! Je le fais avec tout mon cœur, et pourtant pas un homme, comme lui, n'endolorit mon cœur !

LADY CAPULET.

Cela est, parce que le traître meurtrier est vivant !

JULIETTE.

Oui, madame, hors de prise de ces miennes mains... Je voudrais que nul que moi pût venger la mort de mon cousin...[2]

LADY CAPULET.

Nous en aurons vengeance, n'aie pas peur ! Donc, ne pleure plus. J'enverrai vers quelqu'un — à Mantoue, où vit ce rénégat banni — qui lui administrera une potion

---

[1] *Wash him from his grave with tears.* Dans le français guernesien on trouve *vachi* pour mouillé, trempé.
[2] Juliette répond par des équivoques dont il faut chercher les sous-entendus.

si sûre qu'il ira bientôt tenir compagnie à Tybalt, et alors, j'espère, tu seras satisfaite...

JULIETTE.

En vérité, je ne serai jamais satisfaite — avec Roméo — jusqu'à ce que je le voie... mort. Mon pauvre cœur est si fort navré pour un cousin! Madame, si vous pouviez

A la potence, jeune gueuse!

seulement découvrir un homme pour porter un poison, je le préparerais... si bien que Roméo, aussitôt réception, bientôt dormirait en repos... ô combien mon cœur abhorre de l'entendre nommer — et de ne pouvoir aller à lui — pour venger l'amour que je portais à mon cousin Tybalt sur ce corps qui l'a assassiné!...

LADY CAPULET.

Trouve les moyens et je trouverai l'homme : mais maintenant, fillette, je vais te dire de joyeuses nouvelles.

Liv. 26. 26

JULIETTE.

Et la joie vient bien en ce moment où elle manque. Quelles sont-elles, je supplie, Votre Seigneurie ?

LADY CAPULET.

Bien, bien, tu as un père avisé, mon enfant, qui pour te mettre hors de ton accablement, a imaginé un soudain jour de joie, que tu n'attends pas, et que je ne prévoyais pas.

JULIETTE.

Madame, quel à propos![1] quel jour est celui-là ?

LADY CAPULET.

Et voilà, mon enfant, le prochain jeudi, au matin, de bonne heure, le galant, jeune et noble gentilhomme, le comte Pâris, à l'église Saint-Pierre, fera là, heureusement, de toi une joyeuse mariée !...

JULIETTE, *protestant*.

Non, certes, par l'église de Saint-Pierre et par Pierre aussi, il ne fera pas de moi, là, une joyeuse mariée !... Je m'étonne de cette hâte ! Qu'il me faille me marier, avant que lui — qui sera mon époux — soit venu me courtiser ! Je vous prie, dites, madame, à mon seigneur et père, que je ne veux pas me marier encore ; et, quand je le ferai, je jure que ce sera... Roméo — et vous savez si je le hais ! — plutôt que Pâris... Les voilà, vos nouvelles !

LADY CAPULET.

Voici que vient votre père. Dites-lui cela vous-même, et voyez comment il prendra cela de vos mains...

Entrent CAPULET *et* LA NOURRICE.

CAPULET, *voyant Juliette qui pleure*.

Que le soleil se couche, l'air distille la rosée : mais pour le coucher de soleil du fils de mon frère, il pleut à torrents ! Voyons ! voyons ! une gouttière, fillette ! Quoi, encore en larmes ! Toujours de la pluie ! dans un petit corps vous contrefaites barque, mer et vent ! Car encore, tes yeux que je puis appeler la mer, ont flux et reflux de larmes. La barque, c'est ton corps, naviguant dans ce flot salé... le vent, tes soupirs qui, faisant rage avec tes larmes et elles avec eux, sans un calme soudain, culbuteraient ton corps naufragé... Et maintenant, femme, lui avez-vous notifié notre décision ?

LADY CAPULET.

Oui, seigneur. Mais elle ne veut pas, elle vous donne ses remerciements. Je voudrais que la folle fût mariée à son tombeau !...

CAPULET.

Doucement, expliquez-vous, expliquez-vous ![2] Comment ! Elle ne veut pas ? Elle nous donne ses remerciements ?... N'est-elle pas fière, ne se tient-elle pas pour bénie, indigne comme elle l'est, de ce que nous lui avons façonné un si digne gentilhomme pour être son fiancé !...

[1] *In happy time* locution qui répondrait exactement à cette exclamation ironique : — *Comme cela tombe bien!*
[2] *Take me with you !* — Textuellement : Prenez-moi avec vous. Phrase familière qui signifie : — Soyez plus clair, plus net. Elle se retrouve dans *Henri IV* (première partie), ACTE II.

JULIETTE.

Non pas fière de ce que vous avez fait, mais reconnaissante que vous l'ayez fait. Puis-je jamais être fière de ce que je hais ? Mais reconnaissante même pour de la haine, quand elle signifie l'amour...

CAPULET.

Comment ! Comment ! troqueuse de logique ! [1] Qu'est-ce que c'est que cela ? Fière... et je vous remercie... et je ne vous remercie pas... et encore pas fière... Madame mignonne, vous, remerciez-moi sans remerciements ou fiérotez sans fierté... mais disposez vos jolies jambes — pour jeudi prochain — à aller avec Pâris à l'église Saint-Pierre... ou je t'y traînerais sur une claie ! Dehors, vous, carogne à la maladie verte ! [2] dehors, vous, gueuse ! Vous, face malade !

LADY CAPULET, *à son mari.*

Fi ! Fi ! Est-ce que vous êtes fou ?

JULIETTE.

Bon père, je vous supplie, sur mes genoux : écoutez-moi avec patience... seulement prononcer un mot !

CAPULET.

A la potence, jeune gueuse ! désobéissante gredine ! Je te dis ceci : — Va à l'église jeudi — ou jamais après ne me regarde au visage... ne parle pas, ne réplique pas, ne me réponds pas ! Mes doigts me démangent... Femme, nous nous croyions peu heureux de ce que Dieu nous avait envoyé seulement cet unique enfant... mais je vois maintenant que cette une est une de trop et que nous avons eu malédiction en l'ayant !... Arrière, catin !...

LA NOURRICE, *s'écriant.*

Dieu la bénisse dans le ciel ! Vous êtes à blâmer, mon maître, pour la traiter ainsi !...

LADY CAPULET.

Hé bien !... madame Sagesse ! tenez votre langue par bonne prudence ; bavardez avec vos cancanières, allez !

LA NOURRICE.

Je ne dis pas de trahison...

CAPULET.

Bon dieu ! Bonsoir !

LA NOURRICE.

On ne peut pas parler ?...

CAPULET.

Paix, stupide grognonne ! débitez votre expérience sur le bol d'une commère, mais ici nous n'en avons pas besoin...

LA NOURRICE.

Vous êtes trop bouillant...

CAPULET.

Pain de dieu ! On me rend fou. Jour, nuit, tard, de bonne heure, dedans, dehors, seul, en compagnie, veillant ou dormant, toujours mon souci a été de la voir pourvue : et ayant maintenant fourni un gentilhomme de princier parentage, de beaux domaines,

---

[1] *Chop-logic* — qui échange des raisonnements, qui fait assaut de logique.
[2] La chlorose. Grec, *chloros*, vert-jaune.

jeune et noblement élevé — rembourré, comme on dit, d'honorables qualités, proportionné comme quelqu'un de cœur désirerait un homme — et alors avoir une mauvaise pleurnicheuse folle, une pleurarde poupée, qui, à l'offre de sa fortune, répond — *je ne me marierai pas — je ne puis aimer — je suis trop jeune — je vous prie de me pardonner!*... — Mais si vous ne vous mariez pas, je vous pardonnerai, oui!... Allez paître où vous voudrez, vous ne demeurerez plus avec moi!... Voyez à cela, réfléchissez, je ne plaisante pas... jeudi est proche. Mettez la main sur votre cœur, avisez. Si vous êtes à moi, je vous donnerai à mon ami... Si vous ne l'êtes pas, pendez-vous, mendiez, crevez de faim, mourez dans les rues... car sur mon âme, je ne te reconnaîtrai jamais et ce qui est à moi jamais ne te fera de bien!... Comptez là-dessus, réfléchissez, je ne me parjurerai pas! (*Il sort.*)

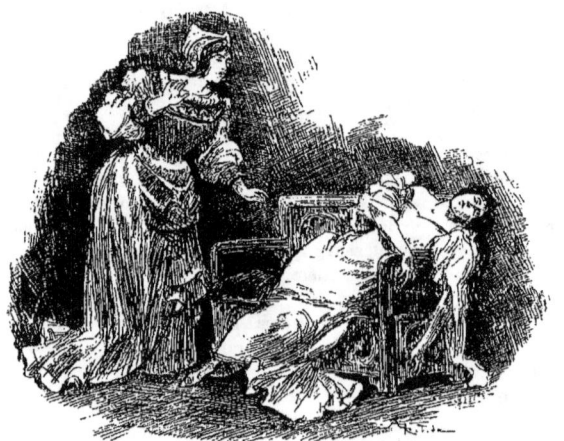

Ne me parle pas.

JULIETTE.

N'est-il donc pas de pitié, assise sur les nuages, qui voie jusqu'au fond de ma douleur? O, ma douce mère, ne me rejettez pas! Retardez ce mariage d'un mois, d'une semaine! ou, si vous ne le faites pas, préparez mon lit nuptial dans le sombre monument où gît Tybalt!...

LADY CAPULET.

Ne me parle pas, car je ne dirai pas un mot. Fais comme tu veux, car j'en ai fini avec toi... (*Elle sort.*)

JULIETTE.

O Dieu!... O nourrice! Comment cela sera-t-il empêché! Mon mari est sur terre, ma foi dans le ciel... Comment cette foi retournera-t-elle à la terre, à moins que mon mari ne me l'envoie du ciel, en quittant la terre? Réconforte-moi, conseille-moi... hélas! hélas! que le ciel tende des pièges à si frêle créature que moi! Que dis-tu? N'as-tu pas un mot de joie?... un peu de consolation, nourrice!

LA NOURRICE.

Ma foi, voilà... Roméo est banni... et je parierais le monde entier contre rien qu'il n'osera jamais revenir pour vous réclamer. Ou, s'il le fait, il faut que ce soit à la dérobée. Alors, le cas se présentant ainsi qu'il le fait, je crois que le mieux est d'épouser le comte... Oh! c'est un charmant gentilhomme! Roméo est un torchon près de lui... un aigle, madame, n'a pas un œil si vert, si vif, si beau, comme l'a Pâris. J'en jure mon vrai cœur, vous serez heureuse à cette seconde partie, car elle dépasse votre première... et si non, votre premier est mort — ou il serait aussi bon qu'il le fût, que d'être vivant et que vous ne vous en serviez pas!...

JULIETTE.

Parles-tu d'après ton cœur?

LA NOURRICE.

Et d'après mon âme, aussi!... ou autrement, malédiction sur tous deux!

JULIETTE.

Amen

LA NOURRICE.

A quoi?

JULIETTE.

Bien! tu m'as merveilleusement réconfortée!... Rentre. Et dis à ma Dame que je suis allée, ayant déplu à mon père, à la cellule de Laurence, pour faire confession et pour être absoute!...

LA NOURRICE.

Pardieu, je le ferai!... et cela est sagement fait... (*Elle sort.*)

JULIETTE.

Vieille damnation! ô très méchante ennemie! Y a-t-il plus de péché — à me souhaiter ainsi parjure — ou à déprécier mon Seigneur de cette même langue dont elle l'avait prisée, hors de pair, tant de milliers de fois!... Va, conseillère! Toi et mon cœur désormais seront deux. J'irai vers le Frère, pour connaître son remède. Si tout me manque, j'ai moi-même pouvoir de mourir! (*Elle sort.*)

ACTE QUATRIÈME

SCÈNE PREMIÈRE

La cellule du Frère Laurence.

FRÈRE LAURENCE, PARIS.

FRÈRE LAURENCE.
Jeudi, monsieur ? le temps est très court.

PARIS.
Mon père Capulet veut l'avoir ainsi et je ne mettrai pas de lenteurs pour retarder sa hâte.

FRÈRE LAURENCE.
Vous dites que vous ne connaissez pas les intentions de la dame. Anormale [1] est cette marche, je ne l'aime pas.

PARIS.
Elle pleure immodérément sur la mort de Tybalt, c'est pourquoi j'ai peu parlé d'amour. Car Vénus ne sourit pas dans une maison de larmes. Maintenant, monsieur, son père estime dangereux, qu'elle donne à sa tristesse tant d'empire, et dans sa sagesse il hâte notre mariage pour arrêter cette inondation de pleurs, qui, trop entretenue en sa solitude, peut être arrêtée par... de la société. Maintenant, vous concevez la raison de cette hâte ?...

FRÈRE LAURENCE, *à part.*
Je voudrais ne pas savoir pourquoi il faudrait ralentir !... (*Haut.*) Voyez, monsieur, ici vient la dame, vers ma cellule.

Entre JULIETTE.

PARIS.
Heureusement rencontrée, ma dame et ma femme !...

---

[1] *Uneven*, pas de niveau — mal équilibrée — le mot *anormal* rend exactement l'idée. En dehors de la norme, de la règle logique.

JULIETTE.
Cela pourra être, monsieur, quand je pourrai être une femme...
PARIS.
Cela pourra être — devra être — jeudi prochain.
JULIETTE.
Ce qui doit être sera.
FRÈRE LAURENCE.
Cela est un texte certain.
PARIS.
Venez-vous pour faire confession à ce Père?
JULIETTE.
Répondre serait me confesser à vous.
PARIS.
Ne lui niez pas que vous m'aimez.
JULIETTE.
Je lui confesserai que... je l'aime.
PARIS.
Et aussi, j'en suis sûr, que vous m'aimez...
JULIETTE.
Si je fais ainsi, cela sera de plus de prix, étant dit derrière votre dos qu'à votre visage...
PARIS.
Pauvre âme! votre figure est toute abîmée de pleurs.
JULIETTE.
Les pleurs ont en ceci gagné petite victoire: car il était assez mal, avant leur attaque.
PARIS.
Tu lui fais tort, plus que les larmes, par cette réplique...
JULIETTE.
Ceci n'est pas mensonge, monsieur, c'est une vérité [1] : et ce que j'ai dit, je l'ai dit à mon visage.
PARIS.
Ton visage est à moi, et tu l'as calomnié...
JULIETTE.
Cela peut être, monsieur, car il ne m'appartient pas. (A *Frère Laurence*.) Êtes-vous de loisir, maintenant, saint père ou devrai-je venir chez vous à la messe du soir [2] ?
FRÈRE LAURENCE.
Mon loisir m'obéit maintenant, ma pensive enfant. (*A Paris*.) My Lord, il nous faut réclamer un moment de solitude.
PARIS.
Dieu me garde, je troublerais la dévotion! Juliette, jeudi, de bonne heure, je vous

[1] Cette courte scène est intéressante, Juliette dissimulant et se trouvant contrainte d'user d'un langage prétentieux et tarabiscoté.
[2] On a beaucoup discuté à propos de cette messe du soir, si peu catholique. Peut-être est-ce tout simplement le lapsus d'un homme qui pratiquait peu.

éveillerai. Jusque-là, adieu... et gardez ce saint baiser. (*Il sort, après lui avoir envoyé un baiser.*)

JULIETTE.

Oh! fermez la porte [1]! et quand vous l'aurez fait, venez pleurer avec moi. Plus d'espérance, plus de guérison, plus de secours!

FRÈRE LAURENCE.

Ah! Juliette, je connais déjà ton angoisse : cela me tend l'esprit, au delà de sa mesure; j'apprends qu'il te faut — et sans prorogation possible — être mariée à ce comte jeudi prochain.

JULIETTE.

Ne me dis pas, frère, ce que tu as appris de cela, à moins que tu ne me dises comment l'empêcher. Si, dans ta sagesse, tu ne peux me donner aide, appelle seulement sage ma résolution et avec ce couteau, je me donnerai aide. Dieu a joint mon cœur et celui de Roméo, tu as joint nos mains; et avant que cette main, par toi scellée à Roméo, soit le seing d'un autre contrat ou que mon cœur sincère, en traîtresse révolte, se tourne vers un autre, ceci les percera tous deux. C'est pourquoi, du fond de ta vie, de ta longue expérience, donne-moi un immédiat conseil : entre ces extrémités et moi, ce couteau sanglant jouera le rôle d'arbitre, décidant de ce que le jugement de tes années et de ton art n'aura pas amené à issue de vrai honneur. Ne sois pas si long à parler! Je languis de mourir, si ce que tu vas dire ne parle pas de remède!...

Ce couteau sanglant...

FRÈRE LAURENCE.

Arrête, ma fille : je guette une espèce d'espérance qui demande une exécution aussi désespérée qu'est désespéré ce qu'elle veut empêcher. Si, plutôt que d'épouser le comte Pâris, tu as la force de volonté de te tuer toi-même, alors il est probable que tu veux bien entreprendre une chose pareille à la mort pour repousser au loin cette honte, puisque tu vas au devant de la mort elle-même pour t'en évader... et si tu oses, je te donne le remède...

JULIETTE.

O, ordonne-moi de me jeter, plutôt que d'épouser Pâris, du haut des remparts de la tour, là-bas, ou de marcher dans des chemins de voleurs... ordonne-moi de m'étendre là où il y a des serpents, enchaîne-moi avec des ours rugissants, ou enferme-moi la nuit dans un charnier [2], couverte tout entière d'os claquetant d'hommes morts, de tibias fétides ou de crânes jaunes et sans mâchoires, ou ordonne-moi d'aller dans une fosse nouvellement creusée et cache-moi avec un mort sous son linceul... toutes choses qui, à les entendre dire, m'ont fait trembler... et je le ferai sans crainte et sans hésitation... pour vivre épouse non souillée de mon doux amour!...

[1] Et ici elle reprend le langage de la passion exaltée.
[2] *Charnel house.* C'était dans les anciennes églises une pièce dans laquelle on conservait les os des morts après que la chair était consumée.

FRÈRE LAURENCE.

Écoute alors. Va à la maison, sois gaie, donne ton consentement à épouser Pâris. Demain est mercredi. Demain soir, veille à coucher seule. Ne laisse pas ta nourrice coucher dans ta chambre. Prends cette fiole, étant dans ton lit et bois cette liqueur distillée... Alors, aussitôt, à travers toutes les veines, courra une froide et engourdissante humeur, qui saisira les esprits vitaux : car pas un pouls ne gardera son naturel mouvement, mais ils cesseront de battre. Pas de chaleur, pas de souffle n'attesteront que tu vis : les roses sur tes lèvres et sur tes joues s'évanouiront en pâles cendres ; les fenêtres de tes yeux tomberont, comme la Mort quand elle ferme le jour de la vie. Toute partie du corps, privée de souple activité, raide, rigide et froide, apparaîtra comme morte, et en cette ressemblance empruntée à la mort contractée, tu resteras pleinement quarante-deux heures, et alors tu t'éveilleras comme d'un plaisant sommeil.

« Alors quand le fiancé, au matin, viendra pour t'éveiller en ton lit, là tu seras morte, et, comme c'est la coutume dans notre pays, en tes plus belles robes, non recouverte, dans ta bière, tu seras portée en ce même ancien caveau où toute la famille des Capulets repose.

« Pendant ce temps, alors tu t'éveilleras, Roméo, par mes lettres, connaîtra notre plan et viendra là : lui et moi guetterons ton réveil, et cette même nuit Roméo t'emportera à Mantoue... et ceci te fera libre de cette présente honte, si pas un inconstant caprice, si pas une peur de femme n'abattent ton courage, en exécutant cela.

JULIETTE.

Donne, ô donne-moi !... ne me parle pas de peur !...

FRÈRE LAURENCE.

Prends. Retire-toi, sois forte et heureuse en cette résolution : j'enverrai en hâte un Frère à Mantoue, avec mes lettres à ton Seigneur.

JULIETTE.

Amour, donne-moi de la force ! Et la force m'apportera le salut !... Adieu, cher frère !... (*Ils sortent.*)

SCÈNE II

Une chambre dans la maison des Capulets.

Entrent CAPULET, LADY CAPULET, La Nourrice *et des* Serviteurs.

CAPULET, *à un valet, lui donnant un papier.*

Invite autant d'hôtes qu'il en est inscrit là. (*Le valet sort.* A *un autre.*) Toi, maraud, va me louer vingt habiles cuisiniers...

DEUXIÈME VALET.

Vous n'en aurez pas de mauvais, monsieur. Car j'essaierai s'ils peuvent lécher leurs doigts.

CAPULET.

Comment les peux-tu essayer ainsi ?

DEUXIÈME VALET.

Parbleu, monsieur, celui-là est un mauvais cuisinier qui peut ne pas[1] se lécher les doigts : donc, celui qui peut ne pas se lécher les doigts, ne viendra pas avec moi.

CAPULET.

Va, pars ! (*Le valet sort.*) Nous serons bien mal outillés cette fois. Hé, ma fille est-elle allée chez Frère Laurence ?

LA NOURRICE.

Oui, pour sûr !

CAPULET.

Bien, il arrivera peut-être à en faire quelque chose de bon : c'est une petite coquine d'entêtée !... (*Entre Juliette.*)

LA NOURRICE.

Voyez. La voici qui vient de confesse avec un air joyeux.

CAPULET.

Eh bien ! ma forte tête ! où avez-vous été flâner ?

JULIETTE.

Où j'ai appris à me repentir du péché d'opposition et de désobéissance, à vous et à vos commandements : j'ai reçu ordre du saint Laurence de tomber, prosternée, ici, et de vous demander pardon... Pardon, je vous supplie !... désormais, je serai toujours guidée par vous.

CAPULET, *à un valet*.

Envoyez après le comte... allez lui dire cela... je veux avoir ce nœud noué demain matin.

JULIETTE.

J'ai rencontré le jeune Lord à la cellule de Laurence et je lui ai donné autant d'amour permis que je le pouvais, sans franchir les bornes de la modestie.

CAPULET.

Hé ! j'en suis aise ! c'est bien... lève-toi. Cela est comme il devait être. Que je voie le comte ! (*A un valet.*) Hé, mordieu, va, te dis-je, et amène-le ici... Maintenant, devant Dieu, ce révérend saint Frère, toute notre ville lui est très obligée !...

JULIETTE.

Nourrice, voulez-vous venir avec moi dans mon cabinet, pour m'aider à assortir tels ornements nécessaires que vous croirez bons à me parer demain.

LADY CAPULET.

Non, pas avant jeudi. Il y a assez de temps.

CAPULET.

Va, nourrice, va avec elle... nous irons à l'église demain matin. (*Sortent Juliette et la nourrice.*)

LADY CAPULET.

Nous serons très à court pour nos préparatifs. Il est maintenant presque nuit.

CAPULET.

Peuh ! je me remuerai et toutes choses seront bien, je te le garantis, femme. Va chez Juliette, aide à la parer. Je n'irai pas au lit cette nuit. Laisse-moi tranquille !... Je jouerai pour une fois la maîtresse de maison... (*Appelant.*) Hé ! Ho !... ils sont

[1] Qui n'aime pas à se lécher les doigts — car, en ce cas, sa cuisine est mauvaise.

tous dehors. Bien, je vais aller moi-même chez le comte Pâris, et le préparer pour demain. Mon cœur est étonnamment léger, depuis que cette fillette obstinée est ainsi apprivoisée. (*Ils sortent.*)

SCÈNE III

La chambre de Juliette.

Entrent JULIETTE *et* LA NOURRICE.

JULIETTE.

Oui, ces parures sont très bien... mais, gentille nourrice, je te prie, laisse-moi seule cette nuit : car j'ai besoin de maintes oraisons pour amener les cieux à sourire à ma situation qui, tu le sais bien, est mauvaise et pleine de péché.

LADY CAPULET, *entrant*.

Eh bien ! êtes-vous embarrassées ? Avez-vous besoin de mon aide ?

JULIETTE.

Non, madame, nous avons choisi les choses nécessaires, comme elles conviennent pour notre état de demain. Ainsi vous plaise que maintenant je sois laissée seule et permettez à ma nourrice pour cette nuit de rester avec vous. Car, j'en suis sûre, vous en avez plein les mains [1], en cette si soudaine affaire.

Un froid m'alanguit.

LADY CAPULET.

Bonne nuit. Va au lit et repose-toi. Car tu en as besoin. (*Sortent lady Capulet et la nourrice.*)

JULIETTE, *seule*.

Adieu !... Dieu sait quand nous nous rencontrerons de nouveau !... J'ai un froid qui m'alanguit... la peur vrille [2] à travers mes veines et gèle presque la chaleur de la vie. Je vais les appeler... qu'elles reviennent pour me secourir... Nourrice !... (*S'arrêtant.*) Que ferait-elle ici ? Ma scène sinistre, je dois absolument la jouer seule... viens, fiole !...

« Et quoi ?... Si cette mixture n'agissait pas du tout !... Faudrait-il que de force je fusse mariée à ce comte !... Non, non, ceci doit empêcher cela... (*Elle prend un poignard qu'elle place à côté d'elle, en lui disant :*) Pose-toi là... (*Toujours réfléchissant.*) Et quoi encore, si ceci était un poison, que le Frère, subtilement, aurait préparé pour m'avoir morte, de peur qu'en ce mariage il fût déshonoré pour m'avoir mariée auparavant à Roméo ?... j'ai peur... c'est cela... et pourtant, il me semble...

[1] Vous avez beaucoup de choses à faire.
[2] *Thrills.* — Le mot *thrill*, allemand *drillen*, s'applique aux instruments, vrille ou drille, qui forent des trous, en tournant sur eux-mêmes. Il est évident que *thrill*, *drille* et *vrille* ne sont qu'un seul et même mot. Cependant Littré n'a point reconnu cette étymologie.

il ne voudrait pas... car il a toujours été éprouvé comme un saint homme... je ne veux pas entretenir si mauvaise pensée !...

« Mais comment ?... Si, quand je serai étendue dans ma tombe, je m'éveille avant le temps où Roméo viendra pour me délivrer ?... C'est un horrible point... Ne serai-je pas suffoquée dans ce caveau dont la sombre bouche ne respire pas d'air sain... ne mourrai-je pas là, étranglée, avant que vienne mon Roméo !...

« Ou, si je vis, n'est-ce pas la même chose, l'horrible pensée de mort et de nuit, en même temps que la terreur de l'endroit... car, dans un caveau, ancien réceptacle où, depuis des centaines d'années, les os de tous mes ancêtres ensevelis ont été enfermés... où Tybalt, sanglant, et encore frais dans la terre, gît, pourrissant dans son suaire... où, dit-on, à certaines heures de la nuit, hantent des esprits...

« Hélas! hélas! n'est-ce pas probable, que moi, sitôt m'éveillant à ces ignobles odeurs, à des cris, comme de mandragores arrachées de la terre... tels que créatures vivantes, les entendant, courent à la folie... oh! si je m'éveille, ne serai-je pas affolée, étant environnée de toutes ces hideuses terreurs... n'irai-je pas jouer, en démence, avec les membres de mes aïeux, ou arracher de son linceul, Tybalt mutilé... ou dans cette rage, avec quelque énorme os d'ancêtre, comme avec un bâton, écraser ma cervelle désespérée !...

« Ho! il me semble !... je vois le spectre de mon cousin chercher Roméo qui a percé son corps de la pointe d'une rapière... arrête, Tybalt, arrête !...

« Roméo, je viens... je bois cela !.. à toi !... (*Elle boit et tombe sur son lit.*)

SCÈNE IV

Le vestibule des Capulets à la fin de la nuit.

LADY CAPULET, La Nourrice.

LADY CAPULET.

Écoute, prends ces clefs et va chercher plus d'épices, nourrice.

LA NOURRICE.

Ils réclament à la pâtisserie des dattes et des coings.

CAPULET, *entrant*.

Allons, alerte, alerte, alerte !... le second coq a coqueriqué... la cloche du couvre-feu[1] a sonné... il est trois heures... Vois aux viandes cuites, bonne Angélique... n'épargne pas la dépense !...

LA NOURRICE.

Allez, allez, vous, pilier de cuisine ![2] allez vous mettre au lit : ma fi, vous serez malade demain, pour avoir veillé cette nuit...

---

[1] Le couvre-feu *du matin*. Il faut supposer que la cloche de *matines* était ainsi appelée par indifférence. A moins qu'il n'y ait là qu'un *lapsus*, fort peu important, d'ailleurs.

[2] Le mot anglais est *cotquean* dont on ignore même l'étymologie. Il s'emploie dans le sens du latin *ardelio*, mouche du coche, tatillon. Ne pourrait-on pas trouver un rapprochement entre ce mot — *cotquean* — et l'italien *cucina, cuciniere.* — De même que *caitiff* (voir plus loin) est évidemment le mot *cattivo*, *cotquean* serait une déformation, analogue à notre mot *coquin*, qui signifie : — homme qui hante les cuisines. En roman, *coquine*, signifie marmite. Comparer enfin le *coquinasse* des Méridionaux.

CAPULET.

Non, pas du tout!... Comment! j'ai passé avant aujourd'hui mainte nuit pour moindre cause, et n'ai jamais été malade.

LADY CAPULET.

Oui, vous avez été un chasseur de souris [1] dans votre temps... Mais je vous surveillerai... contre semblables veillées, maintenant. (*Sortent lady Capulet et la nourrice.*)

CAPULET.

Une jalousie! une jalousie!... (*Entrent des valets, avec des broches, des bûches et des paniers.*) Hé, compagnons, qu'est-ce là ?

PREMIER VALET.

Des choses pour le cuisinier, monsieur : mais je ne sais pas quoi.

CAPULET.

Faites hâte! Faites hâte! (*Sort le premier valet. A un autre.*) Maraud, va chercher des bûches plus sèches... Appelle Péter, il te montrera où elles sont...

DEUXIÈME VALET.

J'ai une tête, monsieur, à trouver les bûches, et ne troublerai pas Péter pour cela.

CAPULET.

Messe! c'est bien dit... un joyeux compagnon, ha! ha!... tu seras Tête-de-bois!...[2] Sur ma foi, il fait jour! Le comte va être ici tout de suite avec la musique... (*On entend de la musique au dehors.*) Car il a dit qu'il le ferait. Je l'entends tout près... Nourrice!... Femme!... Hé! Ho!... hé, nourrice!... (*Entre la nourrice.*) Va, éveille Juliette, va, et habille-la!... je vais bavarder avec Pâris!... Haut! dépêche-toi, dépêche-toi!... Le fiancé est déjà arrivé... dépêche-toi, te dis-je... (*Ils sortent.*)

SCÈNE V

La chambre de Juliette. — Juliette sur son lit.

LA NOURRICE, *qu'on appelle d'en bas, et qui va du lit de Juliette à la porte.*
Maîtresse! quoi! maîtresse?... Juliette?... Tout de suite!... je la garantis... elle... (*Allant du lit à la porte.*) Hé, agneau!... Hé, dame... fi! vous, couleuvre [3] de lit!... Hé, amour, te dis-je!... madame... doux cœur!... hé, fiancée!... (*Étonnée.*) Quoi, pas un mot! Vous en prenez pour vos deux sous!...[4] Dormez pour une semaine : Car la nuit prochaine, je le garantis, le comte Pâris a parié son reste que vous ne

---

[1] Pourquoi, comme Guizot, chercher un équivalent — coureur d'aventures. — Est-ce que l'expression ne se comprend pas ?

[2] *Tête-de-bois* a sans doute rapport à un jeu analogue à celui de la cruche, dans lequel les gamins, les yeux bandés, s'escriment à taper sur une tête ou sur un pot de terre avec des bâtons. Du reste, dans l'argot anglais, *to come to loggerheads*, signifie en venir aux coups. Pourtant il se pourrait encore que *loggerhead* se rapportât à ce que l'argot français appelle *gueule de bois*, ce qui est la sécheresse de bouche d'un lendemain d'ivresse.

[3] *Slug-a-bed*, nous disons aussi : paresseux comme une couleuvre.

[4] Guizot a trouvé la somme indigne de Shak. Il a mis *quatre sous*. — F.-V. Hugo n'a pas spécifié... pour votre argent.

reposeriez que peu...[1] Dieu me pardonne ! (Morbleu ! et Amen !) Comme elle dort lourdement !... il faut absolument que je l'éveille... madame... madame... madame !... Hé ! si vous laissez le comte vous surprendre au lit... il vous fera lever de peur, je le parie !... N'est-ce pas !... (*Elle s'est penchée sur le lit et a regardé plus attentivement.*) Comment ? Habillée !... et dans vos habits... et recouchée !... il faut absolument que je vous réveille !... Dame ! dame ! dame !... (*Avec un cri.*) Hélas ! Hélas !... Au secours ! au secours !... ma maîtresse est morte !... ô malheur[2] que jamais je sois née !... De l'eau-de-vie ! Ho !... mon maître, ma maîtresse !...

LADY CAPULET.

Quel tapage est-ce là ?

LA NOURRICE.

O lamentable jour !

LADY CAPULET.

Qu'y a-t-il ?

LA NOURRICE.

Regardez ! regardez, ô jour affreux !

LADY CAPULET.

Oh moi ! Oh moi !... mon enfant, toute ma vie !... ressuscite, ouvre les yeux... ou je mourrai avec toi !... Au secours ! appelle du secours !...

CAPULET, *entrant*.

Par pudeur, amenez Juliette... son mari est arrivé !...

LA NOURRICE.

Elle est morte ! décédée ! elle est morte !... Jour maudit !...

LADY CAPULET.

Jour maudit, elle est morte, morte, morte !

CAPULET.

Hé !... laissez-moi la voir !... arrière !... Hélas !... elle est froide... son sang s'est arrêté et ses jointures sont raides, la vie et ses lèvres ont depuis longtemps divorcé... la mort s'est posée sur elle, comme la précoce gelée sur la plus douce fleur de tout le champ... Temps maudit !... infortuné vieillard !

LA NOURRICE.

O jour lamentable !

LADY CAPULET.

O temps de douleur !

CAPULET.

La mort qui l'a prise d'ici pour me faire gémir, enchaîne ma langue et ne me laisse pas parler.

Entrent FRÈRE LAURENCE *et* PARIS, *avec des musiciens.*

FRÈRE LAURENCE.

Eh bien ! la mariée est-elle prête à aller à l'église ?...

CAPULET.

Prête à y aller, mais à n'en revenir jamais... (*à Pâris*) ô mon fils, dans la nuit d'avant

[1] Jeu de mots sur *rest*, reste — et *rest*, repos.
[2] *Well-a-day !* expression curieuse comme antinomie.

ton jour de noces, la mort a couché avec ta fiancée... Vois, elle est étendue là, fleur comme elle était, déflorée par la mort !...[1] La mort est mon gendre, la mort est mon héritier... elle a épousé ma fille !... je vais mourir et lui laisser tout... la vie laissée, tout est à la mort !...

PARIS.

Ai-je si longtemps pensé à voir le visage de cette matinée qu'elle me donne spectacle pareil à celui-ci !

LADY CAPULET.

Maudit, malheureux jour, jour infâme et haïssable ! Heure la plus misérable que jamais vit le temps dans le long labeur de son pèlerinage !... Rien qu'un, un pauvre et adorable enfant, rien qu'une chose pour réjouir et consoler... et la cruelle mort l'a ravie à ma vue !

LA NOURRICE.

O malheur ![2] O malheureux, malheureux, malheureux jour ! Très lamentable, jour ! Le plus malheureux jour que jamais, jamais j'aie encore passé !... O jour, jour, jour, haïssable jour ! Jamais on n'a vu jour si noir que celui-ci ! O malheureux, malheureux jour !

PARIS.

Trompé ! Divorcé ! maltraité, déchiré, tué ! Très détestable mort, par toi trompé ! par toi, cruelle, cruelle, tout renversé !... O amour ! ô vie !... non la vie, mais l'amour dans la mort !

CAPULET.

Méprisé, détruit, haï, martyrisé, tué !... Temps non généreux, pourquoi es-tu venu pour assassiner, assassiner notre fête !... O enfant, enfant !... Mon âme et non mon enfant ! Es-tu morte... morte ? Hélas ! mon enfant est mort... et avec mon enfant, mes joies sont ensevelies !...[3]

FRÈRE LAURENCE.

Paix ! oh ! par pudeur ! Le remède au désespoir n'est pas dans les désespoirs ! Le ciel et vous-même aviez votre part de cette belle enfant : maintenant le ciel l'a toute entière et tout le mieux est pour l'enfant. La part qui était votre, vous ne pouviez la garder de la mort. Mais le ciel garde la sienne dans l'éternelle vie. Le plus que vous recherchiez était son élévation ; car c'était votre ciel qu'elle fut rehaussée... et pleurez-vous donc, maintenant qu'elle est rehaussée au-dessus des nuages, aussi haut que le ciel lui-même...

« Oh ! en cet amour, vous aimez si mal votre enfant que vous devenez fous de voir qu'elle est si bien. N'est pas bien mariée qui vit longtemps mariée ! Mais bien mariée qui meurt mariée, jeune...

« Séchez vos larmes et attachez votre romarin à ce beau corps, et, comme c'est la coutume, en ses plus beaux atours, portez-la à l'église... car quoique l'affectueuse nature nous force tous à nous lamenter, encore les pleurs de la nature sont-ils les consolations de la raison.

---

[1] *Death*, la mort, est du genre neutre ou masculin.
[2] Ainsi crient les *vocératrices* d'Italie et de Corse.
[3] Comparer ces lamentations à la scène dans laquelle Capulet se répand en brutales injures et menaces contre sa fille. L'observation est profonde et suggestive de conseils aux pères despotes.

CAPULET.
Toutes choses, ordonnées en fêtes, tournent en noires funérailles : nos instruments de musique en funèbres cloches, notre repas de noces en une triste cérémonie

Temps maudit! infortuné vieillard!..

d'enterrement. Nos hymnes solennels se changent en chants lugubres, nos fleurs de fiançailles servent à l'ensevelissement d'un cadavre, et toutes choses se transforment en leurs contraires...

FRÈRE LAURENCE, à *Capulet.*
Seigneur, rentrez et, vous, madame, allez avec lui. Allez, Seigneur Pâris... que

chacun se prépare à suivre ce corps charmant jusqu'à sa tombe. Le ciel, pour quelque faute, s'est abaissé sur vous. Ne le provoquez plus, en traversant ses hautes volontés. (*Sortent Capulet, Lady Capulet, Pâris et Frère Laurence. Restent les musiciens* [1].)

PREMIER MUSICIEN.

Ma foi, nous pouvons serrer nos flûtes et nous en aller.

LA NOURRICE.

Honnêtes et bons compagnons, ah ! partez, partez ! Car, vous le voyez bien, c'est une pitoyable affaire. (*Elle sort.*)

PREMIER MUSICIEN.

Oui, bien vrai, l'affaire pourrait être meilleure...

PETER, *entrant*.

O musiciens, musiciens... *Cœur bien aise! Cœur bien aise!* Oh ! si vous voulez que je vive, jouez-moi *Cœur bien aise!*...

PREMIER MUSICIEN.

Pourquoi *Cœur bien aise?*

PETER.

O musiciens, pour que mon cœur lui-même joue : *Mon cœur est plein de peine!*... Oh ! jouez-moi quelque joyeuse complainte pour me réconforter..

DEUXIÈME MUSICIEN.

Pas de complainte... Ce n'est pas le moment de jouer...

PETER.

Alors vous ne voulez pas ?...

DEUXIÈME MUSICIEN.

Non !

PETER.

Alors je vais vous donner cela... solidement !

PREMIER MUSICIEN.

Qu'est-ce que vous allez nous donner ?

PETER.

Pas de l'argent, pour sûr, mais... (*frappant sur son épée*) de la musique !... Je vous en donnerai du chanteur...

PREMIER MUSICIEN.

Et moi je te donnerai du valet !...

PETER.

Et moi, je fourrerai l'épée du valet dans votre caboche... Je ne supporterai pas vos croches... Je vous ferai fa, je vous ferai ré... Sentez-vous la note !...

PREMIER MUSICIEN.

Si vous nous faites ré, ou fa, vous nous donnez la note [2]...

---

[1] La courte scène qui suit est caractéristique : le public ne pouvait, paraît-il, subir trop longtemps une émotion poignante, et le poète se voyait contraint à introduire, pour son délassement, un intermède grotesque. Cette poétique, peu conforme au sentiment, n'est peut-être pas à regretter. Pourtant elle touche de bien près à la vérité. Qu'importent à ces musiciens indifférents les douleurs des Capulets ? Qu'importe au valet Peter la douleur de ses maîtres ? C'est du pessimisme, soit. Mais est-ce du mensonge ?

[2] Suite de calembredaines compliquées de jeux de mots, à peine compréhensibles pour les anglais eux-mêmes. En tout cas, il est inadmissible d'inventer, comme Guizot ou F.-V. Hugo, des équivalents plus ou moins spirituels, *fadaises, fa dièze — fugue, ut.*

DEUXIÈME MUSICIEN.

Je vous prie, rengaînez votre dague et dégaînez votre esprit.

PETER.

Alors garde à vous... avec mon esprit. Je vais vous aplatir avec un esprit [1] de fer et dégaîner ma dague de fer... répondez-moi comme des hommes. (*Il chante*.)

> Quand la pince de douleur blesse le cœur
> Et que la dolente peine accable l'esprit
> Alors la musique sonne avec son d'argent...

Pourquoi *sonne* et *argent?* Pourquoi *sonne avec son d'argent?*... Qu'en dites-vous, Simon Boyau-de-Chat [2] ?

PREMIER MUSICIEN.

Parbleu, monsieur, parce que l'argent a un doux son.

PETER.

Joli ! qu'est-ce que vous dites, Hugues Rebec ?

DEUXIÈME MUSICIEN.

Je dis — *son d'argent* — parce que les musiciens sonnent pour de l'argent.

PETER.

Joli aussi ! Que dites-vous, James Chevalet [3]...

TROISIÈME MUSICIEN.

Ma foi !... je ne sais que dire.

PETER.

Oh! je vous crie miséricorde ! vous êtes le chanteur, je vais parler pour vous. On dit — *musique avec son d'argent* — parce que camarades tels que vous ont rarement de l'or pour sonner... (*Il chante*.)

> Alors musique avec son d'argent
> En vive hâte prête assistance...

(*Il sort en chantant*.)

PREMIER MUSICIEN.

Quel puant coquin !...

DEUXIÈME MUSICIEN.

A pendre, Jack ! Allons, entrons là [4], attendre les funérailles et rester à dîner. (*Ils sortent*.)

[1] Calembourg intraduisible sur le mot *wit*.
[2] *Catling* — Peter donne aux musiciens des noms de fantaisie se rapportant comiquement à leur métier — corde à boyau.
[3] *Soundpost*, petite pièce de bois qui soutient les cordes du violon; c'est par erreur que F.-V. Hugo a traduit ce mot par *serpent* et Guizot par *Jacques du Son*.
[4] *We'll in here*. Pourquoi F.-V. Hugo a-t-il traduit par : Sortons!

ACTE CINQUIÈME

SCÈNE PREMIÈRE

A Mantoue. — Une rue. — Au fond une boutique.

ROMÉO, *entrant.*

Si j'en peux croire l'œil [1] flatteur du sommeil, mes songes me présagent de proches et joyeuses nouvelles : Le maître de ma poitrine siège légèrement sur son trône [2], et, tout ce jour, un inhabituel esprit m'enlève au-dessus du sol avec de délicieuses pensées. J'ai rêvé que ma Dame venait et me trouvait mort — étrange songe qui permet à un mort de penser ! — et de ses baisers soufflait tant de vie à mes lèvres que je ressuscitais... et j'étais un empereur !... Ah ! que l'amour est doux, alors qu'on le possède, puisque la seule ombre de l'amour est si riche en joies !... (*Entre Balthazar.*) Des nouvelles de Vérone !... Eh bien, Balthazar ? m'apportes-tu des lettres du Frère ?... Comment va ma Dame ? Mon père est-il bien ? Comment se porte ma Juliette ?... Ceci, je te le demande encore, car rien ne peut être mal, si elle est bien !

BALTHAZAR.

Alors elle est bien et rien ne peut être mal. Son corps repose dans le monument des Capulets et sa partie immortelle vit avec les anges... je l'ai vue étendue dans le caveau de ses pères et aussitôt j'ai pris la poste pour vous l'apprendre. Oh ! pardonnez-moi de vous apporter ces mauvaises nouvelles, puisque, Seigneur, vous m'avez donné cette mission...

ROMÉO, *avec exaltation.*

En est-il ainsi ?... Alors je vous défie, étoiles !... (*A Balthazar.*) Tu connais ma demeure... aie-moi encre et papier et loue des chevaux !... je partirai ce soir !...

---

[1] Encore le mot *eye* dans un sens étrange. Ici il signifierait vision, illusion. Certains textes portent *toys*, jouets, illusions du sommeil, et cette correction s'appuie sur cette expression du *Conte d'Hiver* : Les songes sont des *toys*.

[2] Le cœur léger.

BALTHAZAR.

Pardonnez-moi, Seigneur, je ne veux pas vous laisser ainsi [1]. Votre visage est pâle et hagard... et comporte quelque catastrophe...

ROMÉO.

Bah! tu te trompes! laisse-moi et fais ce que je t'ordonne. N'as-tu pas de lettres du Frère pour moi?

BALTHAZAR.

Non, mon bon Seigneur.

ROMÉO.

N'importe. Va et loue ces chevaux!... je suis à toi, promptement... (*Sort Balthazar. Roméo reste seul.*) Bien, Juliette, je coucherai avec toi cette nuit... Voyons les moyens!... O malheur, tu es prompt à entrer dans les pensées d'un homme désespéré!... Je me rappelle un apothicaire — il demeure par ici — que j'ai récemment remarqué, en vêtements déguenillés, avec des sourcils pendants, il cueillait des simples: maigre était son visage, l'aigue misère l'avait épuisé jusqu'aux os; dans sa besogneuse échoppe pendaient une tortue, un alligator empaillé et d'autres peaux de poissons difformes: et au long des planches, un misérable lot de boîtes vides, de pots de terre verte, de vessies et de graines moisies. Des restes de ficelles et de vieux pains de roses étaient maigrement étalés, pour jouer une boutique.

« Voyant cette pénurie, je me dis à moi-même: si un homme avait besoin de poison, dont la vente à Mantoue est punie de mort, là vit un mauvais [2] gredin qui lui en vendrait... Oh! cette même pensée ne faisait que précéder mon besoin, et ce même besogneux devra m'en vendre... si je m'en souviens, ce serait là sa maison. Étant jour de fête, sa boutique de mendiant est fermée... (*Il frappe à la porte.*) Ho! ho! apothicaire!...

L'APOTHICAIRE, *sortant de sa boutique.*

Qui appelle si fort?

ROMÉO.

Viens ici, l'homme. Je vois que tu es pauvre. Tiens, voici quarante ducats: donne-moi une drachme [3] de poison... d'une action si prompte à se disperser à travers les veines que, las de la vie, le preneur tombe mort... et que la poitrine soit déchargée de souffle, aussi violemment que la hâtive poudre, enflammée, s'échappe des entrailles du canon fatal.

L'APOTHICAIRE.

J'ai de ces drogues de mort: mais la loi de Mantoue, c'est la mort pour quiconque les fournit.

ROMÉO.

Es-tu donc si dénué, si plein de misères [4], et crains-tu de mourir! La famine est sur tes joues, le besoin et la souffrance meurent dans tes yeux, sur ton dos pend la haillonneuse misère... le monde n'est pas ton ami ni la loi du monde... le monde n'a pas de loi pour te faire riche... donc ne sois pas pauvre... et brise la loi... et prends ceci!...

[1] *I will not leave you thus.* Où F.-V. Hugo a-t-il trouvé: Ayez de la patience!
[2] *Caitiff.* C'est l'italien *cattivo.*
[3] *A dram,* la huitième partie d'une once.
[4] Comparer la scène du mendiant dans le *Don Juan* de Molière.

L'APOTHICAIRE.

Ma pauvreté, mais non ma volonté, consent.

ROMÉO.

Je paie ta pauvreté et non ta volonté.

L'APOTHICAIRE, *lui remettant un paquet.*

Mets ceci dans tel liquide que tu voudras et bois cela... et aurais-tu la force de vingt hommes, cela te dépêcherait instantanément.

Mets ceci dans tel liquide...

ROMÉO.

Voici ton or, pire poison aux âmes des hommes, commettant plus de meurtres dans ce monde infâme que ces pauvres mixtures que tu ne peux pas vendre... Je te vends du poison, tu ne m'en as pas vendu. Adieu, mange et mets-toi en chair... (*L'apothicaire sort.*) Viens, cordial, et non poison! viens avec moi à la tombe de Juliette, car c'est là que je t'emploierai... (*Il sort.*)

SCÈNE II

La cellule du Frère Laurence.

FRÈRE JEAN, *entrant.*

Saint Frère Franciscain! Frère, ho!...

FRÈRE LAURENCE, *entrant.*

Ce serait la voix de Frère Jean?... bienvenu de Mantoue?... Que dit Roméo? ou, si ses pensées sont écrites, donne-moi sa lettre...

FRÈRE JEAN.

Étant allé pour trouver un frère à pieds nus, de notre ordre, pour m'accompagner, je l'ai rencontré dans cette ville, visitant les malades : Les inspecteurs de la ville, soupçonnant que nous avions été tous deux dans une maison où régnait la peste infectieuse, mirent les scellés sur les portes et ne voulurent pas nous laisser sortir. De sorte que mon voyage à Mantoue a été empêché.

FRÈRE LAURENCE.

Qui a porté ma lettre à Roméo ?

FRÈRE JEAN.

Je n'ai pu l'envoyer — la voici — ni avoir un messager pour te la porter, tant ils étaient tous effrayés de la contagion.

FRÈRE LAURENCE.

Malheureux hasard ! Par ma confrèrie, la lettre n'était pas insignifiante, mais pleine d'intérêt et de chère importance : l'avoir négligée peut causer grand danger. Frère Jean, va me chercher un levier de fer et apporte-le tout de suite dans ma cellule.

FRÈRE JEAN.

Frère, je vais et te l'apporte. (*Il sort.*)

FRÈRE LAURENCE.

Maintenant il faut que j'aille seul au monument, où dans trois heures la belle Juliette s'éveillera : elle me maudira beaucoup, de ce que Roméo n'ait pas eu connaissance de ces incidents. Mais j'écrirai de nouveau à Mantoue et la garderai dans ma cellule jusqu'à ce que vienne Roméo. Pauvre cadavre vivant, enfermé dans la tombe d'un mort ! (*Il sort.*)

SCÈNE III

Un cimetière. — Le monument des Capulets.

PARIS, *entrant avec son page qui porte des fleurs et une torche.*

Donne-moi ta torche, garçon. Va-t'en, et reste dehors. Encore éteins-la, car je ne veux pas être vu. Étends-toi sous les ifs, là-bas, tenant ton oreille tout près du sol creux. Ainsi nul pas ne foulera le cimetière — qui est sans consistance ni fermeté, à cause des creusements de fosses — sans que tu l'entendes. Alors siffle en signal que tu entends quelqu'un approcher. Donne-moi ces fleurs. Fais ce que je t'ai ordonné, va.

LE PAGE.

Je suis presque effrayé de rester seul ici dans le cimetière : pourtant je me risquerai.

PARIS, *jetant des fleurs devant la porte du tombeau.*

Douce fleur, de fleurs j'ai jonché ton lit nuptial ! Douce tombe, qui dans ton enceinte contient le parfait modèle de l'éternité... Belle Juliette, qui restes avec les anges, accepte ce suprême hommage de mes mains qui, vivante, t'ont respectée, et morte, avec de funèbres prières, ornent ta tombe. (*Le page siffle.*) Ce garçon avertit, quelqu'un approche. Quels pieds maudits errent ici, cette nuit, pour troubler mes funèbres rites d'amour vrai!... Quoi ! avec une torche!... Enveloppe-moi, nuit, un instant. (*Il s'éloigne.*)

Entrent ROMÉO *et* BALTHAZAR *avec une torche et des outils.*

ROMÉO.

Donne-moi cette pioche et la pince de fer. Tiens, prends cette lettre ; au matin, de bonne heure, vois à la délivrer à mon père et seigneur... Donne-moi la lumière. Sur ta vie, je te somme, quoi que tu voies ou entendes, reste immobile et ne m'interromps pas dans ma besogne... Pourquoi je descends dans ce lit de mort... c'est en partie pour voir le visage de ma Dame... mais surtout pour prendre de son doigt mort

Le Cimetière.

une précieuse bague... une bague dont je veux user pour un cher emploi... là-dessus, va-t'en... mais si, trop zélé [1], tu reviens pour guetter ce que j'ai l'intention de faire... par le ciel ! je te déchirerai membre à membre et joncherai cet affamé cimetière de tes lambeaux !... L'heure et mes projets sont sauvagement violents... plus cruels, de bien loin plus inexorables que les tigres vides [2] ou que la mer mugissante...

BALTHAZAR.

Je m'en vais, monsieur, et ne vous troublerai pas...

ROMÉO.

Et ainsi tu me montreras amitié. (*Lui donnant de l'argent.*) Prends ceci, vis et sois en prospérité, et adieu, bon camarade.

[1] *Jealous* — c'est exactement le sens original du mot qui vient du grec *zélos* — de *zeó*, s'agiter, bouillonner.
[2] *Empty tigers* — au ventre vide.

BALTHAZAR, *à part.*

Tout de même, je vais me cacher par là : j'ai peur de ses regards et je me défie de ses projets. (*Il s'éloigne.*)

ROMÉO, *devant le monument.*

Toi, détestable estomac, toi, ventre [1] de mort, gorgé du plus cher morceau de la terre, je forcerai tes mâchoires pourries à s'ouvrir... (*il force la porte du monument*) et, en dépit de toi, je te gorgerai de plus de victuaille [2] encore !...

PARIS, *apparaissant, à part.*

C'est là ce banni, cet insolent Montaigu, qui assassina le cousin de mon amour... douleur dont, à le supposer, cet'e exquise créature est morte... et il vient ici pour infliger quelque infâme honte à leurs cadavres... je vais m'emparer de lui... (*S'avançant.*) Arrête ton effort impie, vil Montaigu !... La vengeance peut-elle se poursuivre au delà de la mort ? Misérable condamné, je m'empare de toi... Obéis et viens avec moi... Car tu dois mourir...

ROMÉO.

Je le dois en effet : c'est pourquoi je suis venu ici... Bon et gentil adolescent, ne tente pas un homme désespéré... fuis d'ici et laisse-moi... pense à ceux-ci partis... laisse-les t'effrayer... Je te supplie, jeune homme, n'entasse pas un péché de plus sur ma tête, en me poussant à la furie... Oh ! va-t'en !... Par le ciel, je t'aime plus que moi-même... car je viens ici armé contre moi-même... ne reste pas, va-t'en... vis et dis ensuite : — La pitié d'un fou t'a forcé de t'enfuir...

PARIS.

Je défie tes conjurations et je te saisis ici comme félon...

Je forcerai tes mâchoires...

ROMÉO.

Veux-tu me provoquer ?... Alors à toi, gamin !... (*Ils se battent.*)

LE PAGE.

Seigneur ! ils se battent... je vais appeler la garde !... (*Il sort.*)

PARIS, *frappé par Roméo.*

Oh !... Je suis tué !... (*Il tombe.*) Si tu es miséricordieux, ouvre la tombe, étends-moi avec Juliette. (*Il meurt.*)

ROMÉO.

Sur ma foi, je le ferai... (*Se penchant sur le corps.*) Que j'examine ce visage... un parent de Mercutio, le noble Comte Pâris !... (*Réfléchissant.*) Que me disait donc mon valet, quand nous chevauchions, alors que mon âme agitée, ne lui prêtait pas

---

[1] F.-V. Hugo traduit improprement *maw* par gueule, et *womb* par matrice. Il y a erreur dans le sens du premier mot qui signifie l'estomac des animaux. Et pour *womb*, le sens — *matrice* — n'est que secondaire au sens propre — estomac. L'image est logique, dans sa sauvagerie.

[2] *More food* — l'expression est brutale comme la rage de Roméo. Nos académiques l'ont traduite par — le gorger *d'une nouvelle proie.* Toujours le même respect du pseudo-goût français.

attention ?... Je crois... il m'a dit que Pâris... aurait épousé Juliette!... N'a-t-il pas dit cela ou bien l'ai-je rêvé ?... Ou suis-je fou, pour croire — l'ayant entendu parler de Juliette — qu'il en fut ainsi ?... (*Lui saisissant la main.*) O donne-moi ta main, toi, inscrit comme moi au triste livre du malheur!... Je t'enterrerai dans un tombeau triomphant! Un tombeau!... Oh! non! une lanterne [1], jeune immolé... car ici gît Juliette, et sa beauté fait de ce caveau une salle de fêtes, pleine de lumière. . Mort, couche-toi ici, enterré par un mort. (*Il étend Pâris dans le monument.*)

« Combien de fois, quand les hommes sont au point de mort, ont-ils été joyeux ?... ce que leurs gardiens appellent un éclair avant la mort!... Ho! Comment pourrais-je appeler ceci un éclair!... ô mon amour! ô ma femme!... La mort qui a sucé le miel de ton souffle, n'a pas eu encore de pouvoir sur ta beauté... tu n'es pas conquise... l'insigne de la beauté est encore cramoisi sur tes lèvres, sur tes joues, et le pâle drapeau de la mort ne s'est pas encore avancé...

Si tu es miséricordioux...

« Tybalt! tu gîs ici dans ton linceul sanglant... ô! plus de faveur puis-je te faire, que de cette main qui a coupé ta jeunesse en deux [2], de diviser aussi celui qui fut ton ennemi... Pardonne-moi, cousin!...

« Ah! chère Juliette, pourquoi es-tu encore si belle? Dois-je croire que la mort immatérielle est amoureuse, et que le monstre, maigre et abhorré, te garde ici dans les ténèbres pour être sa maîtresse ?... En crainte de cela, je vais rester avec toi et jamais de ce palais de la sombre nuit je ne partirai plus!... Ici, ici je resterai avec les vers qui sont tes femmes de chambre!... Oh! ici je veux établir mon éternel repos et arracher le joug des fatales étoiles [3] de cette chair, lasse du monde!...

« Yeux, regardez votre dernier regard! Bras, prenez votre dernière étreinte!... et lèvres, ô vous, les portes de l'haleine, scellez d'un légitime baiser un pacte sans limite avec la mort envahissante... viens, guide amer! viens, insipide conducteur!... Toi, pilote désespéré, lance d'un seul coup sur les rocs écraseurs ta barque lasse de la mer!... (*Il boit.*) Voici, à mon amour! O véridique apothicaire! tes drogues sont promptes. (*Tombant sur le corps de Juliette.*) Avec un baiser... je meurs! (*Il meurt.*)

---

[1] Voilà une des plus ridicules difficultés devant lesquelles hésite un traducteur. Le texte dit : — Un tombeau! non! une lanterne. — Or ce mot *lanterne* indique la tour d'une cathédrale ou d'un palais, toute ouverte en fenêtres d'où la vue plane sur les environs et qui, illuminée, produit un effet merveilleux. Donc, c'est lanterne. Et pourtant ce mot — ainsi jeté — est ridicule aux oreilles françaises! F.-V. Hugo a dit : — *Un tombeau! non! un Louvre!...* — C'est à notre avis trop spécialiser. Franciusque Michel — *un paradis!* — c'est trop commenter le texte. Montégut — *un phare!* Guizot — *un dôme*. Il faut que la moquerie française en prenne son parti et s'accommode de *lanterne*. N'avons-nous pas d'ailleurs la Lanterne de Chambord, la Lanterne du château de Blois ?

[2] L'âme et le corps.

[3] Influences.

Entre à l'autre bout du cimetière, FRÈRE LAURENCE, *avec une lanterne et des outils.*

FRÈRE LAURENCE.

Que saint François m'assiste ! Que de fois, la nuit, mes vieux pieds ont trébuché contre les tombes ! Qui est là ? Qui donc, si tard, tient compagnie aux morts ?

BALTHAZAR.

C'est quelqu'un, un ami et qui vous connaît bien...

FRÈRE LAURENCE.

Béni soyez-vous ! Dites-moi, mon bon ami, quelle torche est là-bas, portant inutilement sa lumière aux vers et aux crânes sans yeux ? A ce que je distingue, elle brûle dans le monument des Capulets.

BALTHAZAR.

En effet, saint homme : et là est mon maître, un que vous aimez...

FRÈRE LAURENCE.

Qui cela ?

BALTHAZAR.

Roméo.

FRÈRE LAURENCE.

Depuis combien de temps est-il là ?

BALTHAZAR.

Une pleine demi-heure.

FRÈRE LAURENCE.

Viens avec moi au caveau.

BALTHAZAR.

Je n'ose pas : Mon maître ne sait pas que je ne m'en suis pas allé : et il m'a violemment menacé de mort, si je restais à épier ses projets.

FRÈRE LAURENCE.

Reste, alors. J'irai seul... La peur vient à moi ! Oh ! je crains beaucoup une chose malheureuse !

BALTHAZAR.

Comme je dormais là, sous cet if, j'ai rêvé que mon maître et un autre se battaient et que mon maître l'avait tué...

FRÈRE LAURENCE, *appelant.*

Roméo ! (*Il s'avance.*) Hélas, hélas ! quel sang est-ce là, qui teint le seuil de pierre de ce sépulcre ?... que signifient ces épées ensanglantées et sans maîtres, gisant, sinistrement teintes [1], en ce séjour de paix ?... (*Il pénètre dans le monument.*) Roméo !... Ho ! pâle ! — Qui encore, quoi ! Pâris aussi... et baigné dans le sang ! — Ah ! heure funeste, coupable de ces lamentables événements !... (*A ce moment, Juliette pousse un soupir et se redresse.*) La dame remue !

JULIETTE, *s'éveillant.*

Ho ! Frère de consolation ! où est mon seigneur ? Je me rappelle bien où je devais être... et où je suis... Où est mon Roméo ? (*On entend du bruit au dehors.*)

[1] *Discoloured.* — *Dis*, préfixe indiquant une condition contraire, mauvaise, de l'idée exprimée par le mot auquel il est accolé.

Hélas, hélas! quel sang est-ce là?
FRÈRE LAURENCE.
J'entends du bruit... Dame, venez hors de ce nid de mort, de contagion et de

factice sommeil... un pouvoir, trop grand pour que nous lui contredisions, a traversé nos projets... Venez, hors d'ici!... Ton mari gît ici, mort, sur ton sein!... et Pâris aussi... viens ! je disposerai de toi pour une confrérie de saintes nonnes... ne t'arrête pas à interroger... car la garde arrive !... Viens, viens, bonne Juliette... (*Du bruit.*) Je n'ose rester plus longtemps [1]. (*Il sort.*)

JULIETTE.

Va, tire-toi d'ici... Car moi, je ne partirai pas !... Qu'est cela ?... une coupe, tout près des lèvres de mon fidèle amour !... Du poison, je le vois, a été sa fin prématurée... O méchant ! tout boire et ne pas me laisser une goutte amicale, pour m'aider après toi !... Je vais embrasser tes lèvres... par bonheur, quelque poison doit encore y être suspendu pour me faire mourir... d'un cordial ! (*Elle l'embrasse.*) Tes lèvres sont chaudes !

UN GARDE, *au dehors.*

Conduis-nous, garçon !... quel chemin ?

JULIETTE.

Ah ! du bruit !... alors je vais abréger !... (*Saisissant la dague de Roméo.*) O heureuse dague... Voici ton fourreau... (*Elle se frappe.*) Rouille-toi là et fais-moi mourir ! (*Elle tombe sur le corps de Roméo et meurt.*)

Entre UN GARDE *avec* LE PAGE *de Pâris.*

LE PAGE.

Voilà l'endroit... là, où brûle la torche...

LE GARDE.

Le sol est ensanglanté. (*A ses hommes.*) Cherchez à travers le cimetière. Allez, quelques-uns, et qui vous rencontrerez, vous l'arrêterez. Pitoyable spectacle ! Ici est étendu le comte tué... et Juliette saignant... chaude et récemment morte, elle qui gisait, enterrée ici, depuis deux jours... (*A ses gardes.*) Allez dire au prince... Courez chez les Capulets... réveillez les Montaigus... que d'autres cherchent... (*Sortent les gardes.*) Nous voyons bien le terrain où gisent ces malheureux : mais le réel terrain de ces pitoyables malheurs, nous ne pouvons le découvrir sans détails.

Entrent quelques GARDES, *avec* BALTHAZAR.

DEUXIÈME GARDE.

Voici le valet de Roméo, nous l'avons trouvé dans le cimetière...

PREMIER GARDE.

Gardez-le en sûreté, jusqu'à ce que vienne le prince.

Entre un autre GARDE *avec* FRÈRE LAURENCE.

TROISIÈME GARDE.

Voici un Frère qui tremble, soupire et pleure : nous avons pris sur lui cette pioche et ce levier, au moment où il venait de ce côté du cimetière.

---

[1] Ce départ de Frère Laurence est un acte de féroce égoïsme dont les conséquences sont terribles : et cependant les critiques ont cru trouver en lui le type de la conscience humaine!

PREMIER GARDE.

Grande suspicion ! Arrêtez le Frère aussi.

Dans le tombeau...

Entre LE PRINCE avec sa suite.

LE PRINCE.

Quel malheur est si tôt debout qui arrache notre personne au repos du matin ?

Entrent CAPULET, LADY CAPULET *et d'autres personnes.*

CAPULET.

Qu'y a-t-il donc qu'ils crient ainsi partout...

LADY CAPULET.

Le peuple dans la rue, crie : « Roméo! » d'autres : « Juliette! » et d'autres : « Pâris! » Et tous courent, à larges cris, vers notre monument!...

LE PRINCE.

Quelle peur est-ce là qui éclate à nos oreilles ?

PREMIER GARDE.

Souverain, ici gisent le comte Pâris tué, et Roméo mort... et Juliette, morte auparavant, pourtant chaude et récemment tuée...

LE PRINCE.

Cherchez, enquérez-vous et sachez comment ces horribles meurtres sont advenus.

PREMIER GARDE.

Voici un Frère et le valet de Roméo tué... avec, sur eux, des instruments, propres à ouvrir les tombes des morts.

CAPULET.

O cieux !... ô femme, vois comme notre fille saigne!... cette dague s'est méprise, car, ho! sa place est vide dans le dos [1] des Montaigus et s'est égarée dans le sein de ma fille...

LADY CAPULET.

Oh moi ! Ce spectacle de mort est une cloche qui sonne ma vieillesse pour le sépulcre !

Entrent MONTAIGU *et d'autres personnes.*

LE PRINCE.

Viens, Montaigu... car tu es debout de bonne heure pour voir ton fils et héritier couché plus tôt encore...

MONTAIGU.

Hélas, mon suzerain, ma femme est morte cette nuit : la douleur de l'exil de mon fils a arrêté son souffle. Quel malheur conspire encore contre ma vieillesse ?

LE PRINCE.

Regarde et tu verras.

MONTAIGU, *au cadavre de Roméo.*

O toi, mal appris ! quelles manières sont celles-ci de prendre vers le tombeau le pas sur ton père ?

LE PRINCE.

Scellez un instant votre bouche d'outrage, jusqu'à ce que nous puissions éclaircir ces ambiguïtés, et connaître leur source, leur point de départ, leur réelle gradation : et alors je me mettrai à la tête de vos douleurs [2] et vous conduirai moi-même à la mort : Entre temps, contenez-vous et que la malechance soit l'esclave de la patience. (*Aux gardes.*) Amenez ici les parties en suspicion.

[1] *Back. Dos* n'étant pas noble, les traducteurs écrivent *flanc.*
[2] Textuellement : — Je serai le général de vos douleurs.

FRÈRE LAURENCE.

Je suis le plus important, le moins capable de commettre ce meurtre cruel, et pourtant le plus soupçonné, puisque l'heure et le lieu témoignent contre moi. Et me voici, à la fois pour accuser et défendre, me condamnant et m'excusant à la fois.

LE PRINCE.

Alors dis promptement ce que tu sais.

FRÈRE LAURENCE.

Je serai bref : car le court délai de ma vie n'est plus aussi long qu'un navrant récit. Roméo, ici mort, était le mari de cette Juliette, et elle, morte là, était la fidèle épouse de Roméo. Je les ai mariés : et le jour de leur mariage dérobé fut le jour du jugement pour Tybalt, dont la mort inopportune bannit de cette cité le nouveau marié. Pour lui et non pour Tybalt Juliette se mourait. (A *Capulet*.) Vous — ceci pour écarter d'elle cette assiégeante douleur — l'avez fiancée et avez voulu, par force, la marier au comte Pâris... alors elle est venue à moi.

« Et, le visage affolé, elle m'a supplié d'imaginer quelque moyen de la soustraire à ce second mariage, sinon, dans ma cellule même, elle se tuerait.

« Alors, sous la garantie de mon art, je lui ai donné une potion somnifère, qui produisit l'effet que j'en attendais, car elle mit sur elle la forme de la mort. En même temps j'écrivis à Roméo qu'il eût à venir ici, en cette cruelle nuit, pour m'aider à l'enlever de ce tombeau d'emprunt, le temps venu où la force de la potion cesserait. Mais celui qui porta ma lettre, Frère Jean, fut arrêté par un accident : et hier soir il me rapporta ma lettre.

« Alors tout seul, à l'heure fixée pour son réveil, je vins pour l'enlever du caveau de ses ancêtres, avec l'intention de la garder secrètement dans ma cellule, jusqu'à ce que je pusse facilement envoyer vers Roméo.

« Mais quand j'arrivai — quelques minutes avant l'heure de son réveil — ici déjà gisaient le noble Pâris et le fidèle Roméo, morts.

« Elle s'éveilla et je l'engageai à partir et à supporter cette œuvre du ciel avec patience... mais alors du bruit m'attira hors de la tombe... elle, trop désespérée, ne voulut pas venir avec moi, mais, à ce qu'il semble, accomplit sur elle-même un acte de violence...

« Voilà tout ce que je sais : et quant au mariage, sa nourrice est confidente : et si en tout cela, quelque chose a mal tourné par ma faute, que ma vieille vie soit sacrifiée, quelques heures avant son terme, sous la rigueur de la loi la plus sévère...

LE PRINCE.

Nous t'avons toujours connu pour saint homme... [1] Où est le valet de Roméo ? que peut-il dire ?

BALTHAZAR.

J'ai appris à mon maître la nouvelle de la mort de Juliette : alors il est revenu en poste de Mantoue. A cette même place, devant ce même monument, il m'ordonna de donner cette lettre, de bonne heure, à son père, et entrant dans le caveau me menaça de mort, si je ne partais pas et ne le laissais ici...

---

[1] Le Prince pourrait dire à Frère Laurence : — Au lieu de toutes ces sinistres manigances, vous auriez mieux fait de me venir tout apprendre. J'aurais agi. — Mais, tout prince de comédie que l'on soit, on ne songe pas à tout. Peut-être, en ceci, Shakespeare a-t-il trop respecté la vraisemblance.

LE PRINCE

Donne-moi cette lettre : je la regarderai. Où est le page du comte, celui qui a appelé la garde ?... Maraud, que faisait votre maître, à cette place ?

LE PAGE.

Il était venu avec des fleurs pour en joncher le tombeau de sa Dame : il m'a ordonné de me tenir à l'écart, et ainsi ai-je fait. Alors quelqu'un vint avec de la lumière pour ouvrir la tombe, et, aussitôt, mon maître dégaîna contre lui... et je courus appeler la garde...

LE PRINCE.

Cette lettre confirme les dires du Frère, le cours de leur amour, les détails de leur mort. Il écrit ici qu'il a acheté le poison d'un pauvre apothicaire, puis qu'il vint à ce caveau pour mourir et reposer auprès de Juliette... Où sont ces ennemis ? Capulet ? Montaigu ?... voyez quelle catastrophe pèse sur votre haine... le ciel trouve le moyen de tuer vos joies par l'amour. Et moi, pour avoir aussi fermé les yeux sur vos discordes, j'ai perdu un couple de parents... tous sont punis.

CAPULET.

O frère Montaigu, donne-moi ta main : ceci est la dot de ma fille, car je ne demande rien de plus.

MONTAIGU.

Mais je puis te donner davantage. Car je veux élever une statue d'or pur, pour que, tant que Vérone sera connue par son nom, pas une effigie ne soit prisée aussi haut que celle de la sincère et fidèle Juliette.

CAPULET.

Aussi riche, Roméo reposera auprès de sa dame. Pauvres sacrifices de notre inimitié !

LE PRINCE.

C'est une triste paix que ce matin apporte avec lui. Le soleil, par tristesse, ne montrera pas sa tête. Allez pour vous plus entretenir de ces tristes choses... quelques-uns seront pardonnés, d'autres punis. Car il ne fut jamais histoire de plus de douleurs que celle de Juliette et de son Roméo !

NOTE. — Pour tout Français qui se plaît aux choses de théâtre, pour tout lettré qui, des littératures étrangères, ne connaît que les appréciations des hommes réputés compétents, Roméo et Juliette est la tragédie de l'amour pur, quasi élégiaque. Il n'est point d'écrivain — collectionneur de poncifs — qui ne résume la pièce de Shakespeare en ces quelques mots : — Non, ce n'est pas l'alouette !...

Les amoureux de Vérone sont de gentils fantoches, ne rêvant que d'étoiles, et justiciables de la musique de Gounod, plus et mieux encore que la forte fille que fut Marguerite, si bien travestie en vierge éthérée par nos fabricants de romances.

Peut-on vraiment faire le procès au public français quand de prétendus littérateurs accolent les noms de Roméo, de Juliette, de Shakespeare à des mirlitonnades pareilles à celles qui se gloussent sur nos scènes lyriques, en la sacrilège partition de Barbier, Carré et Gounod. Et si, en matière littéraire, l'indignation était encore de mise, qui ne serait tenté de s'exaspérer du monstrueux abus de confiance, commis à l'encontre de Shakespeare, alors qu'on prétend couvrir de son nom une écœurante et plate pasquinade.

Il faudrait avoir autour de l'intellect la triple cuirasse dont parle le poète latin pour supporter le choc de ces inepties. Que dire de ce premier chœur, inaugurant le bal :

> L'heure s'envole
> Joyeuse et folle,
> Au passage il faut la saisir.
> Cueillons les roses
> Pour nous écloses
> Dans la joie et dans le plaisir.

Et nos jolies dames des loges de murmurer : — Ah! ce Shakespeare! quelle délicatesse! Et combien plus exquise encore, cette ariette de Juliette avant sa rencontre avec Roméo :

> Je veux vivre
> Dans le rêve qui m'enivre
> Ce jour encor,
> Douce flamme,
> Je te garde dans mon âme
> Comme un trésor!

On se demande s'il est réel que d'honnêtes gens aient eu l'audace de coudre ces oripeaux aux vêtements de pourpre de Shakespeare! Et le pis, c'est que le public admet, accepte, applaudit ces infamies, et que, rentrées chez elles, nos belles spectatrices croient très sincèrement emporter une idée — même vague — de l'œuvre shakespearienne.

Ainsi s'est formée, autour de chaque pièce du grand William, une légende stupide et rapetissante, contre laquelle pas un Français — tant sont puissants le mauvais goût et l'ignorance — n'a eu le courage de protester avec une brutalité méritée.

Bien entendu, notre pudeur gauloise ne peut accepter aucune des hardiesses du poète. Et du rôle de Juliette, de l'ardente Italienne, saisie par le tourbillon de l'amour physique, demandant à grands cris de perdre sa virginité dans le combat nocturne, pas un des mots typiques ne peut être entendu par nos chastes oreilles.

Non plus que Mercutio ni la nourrice ne sont dignes de notre scène. Pouah! nous acceptons dans nos théâtres de genre, les pires obscénités enveloppées de ce qu'il nous plaît d'appeler une forme spirituelle — mais de la superbe tirade de la nourrice, dans laquelle, paysanne naïve et joyeuse, elle raconte la chute de Juliette sur le nez, en attendant qu'elle tombe sur le dos, pas un mot ne peut être conservé, tant seraient offusquées les oreilles de nos pudibondes, se tordant de rire aux indécences sadiques de telles pièces des *Variétés* qu'on pourrait citer ou se pâment aux éréthismes mièvres des comédies dites psychologiques.

Des adaptations de Roméo à la scène française la moins infidèle est certes celle que donna M. Georges Lefèvre, à l'Odéon, en 1890.

> Ma douce Juliette! Était-elle jolie
> Quand elle avait trois ans! Elle était ma folie!
> Et mon mari l'aimait, madame, autant que moi.
> Je me souviens qu'un jour, voilà longtemps, ma foi,
> Elle s'était heurtée le front contre une pierre.
> Elle pleurait à bien chaudes larmes. Mais Pierre,
> Mon mari, lui dit : — « Fi! c'est bon pour les marmots
> De pleurer! » Et l'enfant s'arrêta. Ces seuls mots
> Avaient suffi...

Ah! non! Ce n'est pas *poor Yorick!* qu'il faut s'en aller sans cesse répétant, mais bien : — *Alas! poor Shakespeare!* Comme la bienséance française sait bien le remettre à sa place !... Cette nourrice même, cette grosse commère, prête à tout proxénétisme, est-ce que cela est admissible chez nous ?... pas plus que le grotesque Polonius, certes! Et nous l'entendons dire en grand style :

> Ah! je ne voudrais plus rien
> Du ciel, s'il m'accordait cette faveur suprême
> De la voir mariée avec celui qu'elle aime !...

Voilà qui est digne! Voilà qui est correct!... voilà qui satisfait les gens du monde !...

En notre théâtre — et c'est une règle qu'a beaucoup trop négligé ce barbare de Shakespeare — il faut que tout le monde — valets, nourrice, amoureux, père, mère, prince — s'expriment en même style noble, si bien que de la bouche de l'un, les vers, sans déroger, pourraient passer sur les lèvres de l'autre.

> Regarde, tout est joie, amour, parfum, gaieté.
> Écoute ces accords que le vent nous apporte !...

Qui dit cela? N'importe qui...

C'est l'arc-en-ciel d'amour, superbe et souverain,
Brillant après l'orage au fond du ciel serein...

De ces vers, lesquels attribuer à Mercutio, au Frère Laurence? Ils sortent du même moule prosodique.

Samson, un laquais, s'écrie en termes excellents, dont un professeur serait fier :

Nous ne pouvons laisser s'éteindre plus longtemps
Une haine, allumée au moins depuis cent ans.
Il faut garder les vieux usages de nos pères,
Je veux donc écraser la race de vipères
Qu'on nomme Montaigu...

Au fait, Tybalt ne dirait pas mieux ni autrement.

Et c'est là le grand vice de notre théâtre et de notre versification banale. Tandis que Shakespeare à chacun de ses personnages donne le langage qui est de son caractère, de sa complexion intime, à ce point qu'à lire une seule ligne on sait à qui elle appartient; nous courbons tout et tous sous les mêmes fourches caudines. Tout le temps, depuis le lever du rideau jusqu'à sa chute, ce n'est ni Roméo ni Juliette qui parlent, ni Capulet ni la nourrice ni Mercutio ni Tybalt, c'est toujours le poète, amoureux de lui-même et dédaigneux de l'œuvre qu'il déchire, faisant de l'œuvre de Shakespeare un cerceau de papier à travers lequel il montre son visage d'auteur égoïste et prétentieux.

Jamais peut-être crime littéraire n'égala celui qui fut commis, le 16 décembre 1837, au théâtre de l'Odéon, et ce n'était certes pas un attentat commis par un inconscient. Le coupable, Frédéric Soulié, était un fantaisiste hardi, d'imagination surmenée et point si châtiée — ainsi que le prouvent tels chapitres des *Mémoires du Diable* ou de la *Confession générale*. Il avait osé inscrire sur l'affiche du second théâtre français ce titre : — *Roméo et Juliette*. Des nausées s'opposeraient à l'analyse de cette turpitude. Frère Laurence est devenu *Talermi*, savant, premier magistrat de *Vérone*, sans doute parce que le froc était malséant sur une scène subventionnée; mais qui pourrait expliquer pourquoi *Pâris* s'est métamorphosé en *Alvar?*

Et ces vers? Juliette en profère de cette sorte :

On est toujours puni d'oublier son devoir...

A quoi Roméo réplique :

Je t'aime, Juliette, et d'un amour si tendre
Que ton cœur noble et pur aurait mieux dû m'entendre.
Je ne t'ai point liée à des serments d'un jour.
Tu le sais, j'ai donné ma vie à mon amour...

On en mourrait. Passons!

Inutile de dire que le rôle de Mercutio n'a jamais pu trouver grâce devant notre public. Et encore, c'est l'accuser à tort. Jamais il ne lui fut montré, tant on devinait les pruderies. Ce Mercutio, jeune, gai, viveur à outrance, tenant après souper des propos excessifs, est-ce que jamais il eut ici son analogue? Qui ne sait qu'au sortir de nos restaurants de nuit, nos soupeurs ont grand soin de parler langage des petites filles!... Quel Benvolio de Paris a jamais lancé une réplique salée! Quel Mercutio a jeté un mot à double entente! Nous sommes gens de parler pudique et de propos bien sonnants!... et il fallait ce grossier Shakespeare pour avoir l'impudence de traîner tout vif sur la scène ce joyeux galant, prêt à toutes querelles, rageur et brave, si véritablement humain pourtant, alors que râlant, il s'écrie : — Ah! vos sacrées familles!

Comme aussi Capulet ne peut être présenté à nos pères de famille, avec ses exaspérations grotesques, s'épandant — en raison de son autorité discutée — en mots bas et presque ignobles. Pas un Français ne s'emporterait à ces extrémités et ce n'est pas chez nous qu'on retrouverait ainsi la brute sous l'homme. Hypocrites! et comme nous sommes mal venus à dauber sur la tartuferie des autres!...

Que dire enfin de l'odieux travestissement qu'ont subi sur nos scènes les deux protagonistes de l'admirable et si vigoureuse tragédie shakespearienne.

Il semble que, dans tout le rôle de Juliette, un seul mot nous ait frappé, l'injure de son père exaspéré, la traitant de chlorotique. Cette épithète s'est attachée à elle, et nous l'avons conçue anémiée, roucoulante, flasque et bêlant l'amour. De la fille vigoureuse, ardente, vaillamment passionnée, que Shakespeare a fait surgir du sol chaud de l'Italie, rien ne reste plus en la poupée falote que nous avons imaginée. Il eût été contraire à notre continence si connue de la montrer impatiente des voluptés nuptiales.

« Viens, courtoise nuit, matrone au vêtement sobre, et apprends-moi comment, en un combat vainqueur, se perdent deux virginités!... Oh! on m'a acquise et on n'a pas encore joui de moi! »

Là! là! mademoiselle! Y songez-vous!... Comment se peut-il que vous en sachiez si long — que les amants, en la nuit, voient clair, par leurs propres beautés! Comment, petite impudente, osez-vous rêver que, par habitude, l'acte d'amour paraisse acte de modestie!... Ce Shakespeare vous a bien mal élevée!...

Ainsi de votre Roméo!... Au lieu de l'amoureux transi et moutonnant qui nous convient, Shakespeare n'a-t-il pas point de toutes pièces un enragé d'amour, un adolescent en proie à toutes les appétences physiques!... Comme si, en notre pays de rosiers, on connaissait de ces rages inconvenantes! c'est vraiment par trop manquer de tenue!... Ces passions incendiaires sont hors du bon ton.

En vain, M. Mézières lui-même, en ses excellentes études sur Shakespeare, a osé affirmer que « c'est bien là ce qu'éprouvent les cœurs passionnés », il n'a pas reproché à Juliette « de déchirer tous les voiles derrière lesquels se cache d'ordinaire la pudeur de la jeune fille »; en vain, il a montré les amants de Vérone « n'ayant plus, par passion, ni prudence, ni sang-froid. » De cette chaleur de sang — qui est le ressort de la pièce — nous ne voulons rien connaître. L'aventure de Roméo et Juliette doit faire pendant à la fable des *Deux Pigeons*.

Nul ne sait ni ne veut savoir que jamais la matérialité de l'amour, l'âpreté du désir charnel, n'éclateront plus triomphants que dans cette œuvre où Shakespeare a mis tous les déchaînements de l'appétit sensuel, l'union de l'âme n'étant que l'humble suivante de l'union des corps. Roméo connaît-il le cœur de Juliette alors qu'il plie devant elle le genou, au bal? Juliette sait-elle ce que vaut l'âme de Roméo alors que l'ayant entendu, elle parle aussitôt de son lit de noces!... un seul mot dans tout leur rôle les montre, hors de cette frénésie amoureuse, c'est Roméo qui le prononce : « Ces terribles aventures feront plus tard le sujet de nos entretiens. » Là, seulement, le désir de l'intimité familiale se fait jour. Chez Juliette, ce n'est que l'amour immédiat, positif, répété. Et de cette appétence physique jaillit la catastrophe. Que serait un bannissement, certainement provisoire, si Roméo ne s'exaspérait de ne pouvoir retourner dès le lendemain au lit de sa femme! Ni l'un ni l'autre ne veulent entendre que ce mot de « bannissement » qui les arrache corporellement l'un à l'autre.

Là est l'originalité puissante et vraiment géniale de l'œuvre de Sahkespeare, par nous transformée en une *canzonetta* d'amour!

Un dernier mot : Un rôle est particulièrement admiré chez nous, celui de Frère Laurence. Nous nous complaisons à contempler la robe de bure de ce brave moine qui comprend si bien les fureurs d'amour et se hâte si fort de leur donner satisfaction. C'est un peu pour nous l'équivalent du bon curé, en les drames du boulevard. Seulement il n'est pas inopportun de remarquer l'incroyable imprudence de ce cher Frère, un peu trop empressé à jouer avec la vie et la mort des autres. Un simple laïque aurait pu lui suggérer l'idée, moins dramatique, mais beaucoup plus pratique, d'aller tout révéler au Prince dont la bonhomie évidente eût trouvé une solution moins dangereuse, d'autant qu'il eût apprécié le moyen qui lui était offert de réconcilier les deux familles ennemies. Que l'innocence de Frère Laurence soit dûment prouvée à la fin, cela est bien. Mais il est fâcheux qu'un reproche ne lui soit pas adressé sur sa sottise, et c'est sans regret qu'on trouve, dans la *Nouvelle* de Da Porta, qu'il subit quelques désagréments, par suite de son trop de zèle.

Toute pièce de Shakespeare doit être lue plusieurs fois. Celle-ci, pour être bien comprise doit être étudiée avec un cœur passionné et une imagination chaude. Tous les types sont humains, en une franchise de passion qu'on chercherait en vain ailleurs. C'est pourquoi *Roméo et Juliette* est et reste un chef-d'œuvre.

MACBETH
— 1606 —

Les Sorcières.

PERSONNAGES

DUNCAN, roi d'Écosse.
MALCOLM, } ses fils.
DONALBAIN,
MACBETH, } généraux de l'armée du Roi.
BANQUO,
MACDUFF,
LENOX,
ROSSE,
MENTETH, } nobles hommes d'Écosse
ANGUS,
CATHNESS,
FLÉANCE, fils de Banquo.
SIWARD, comte de Nortumberland, général des forces anglaises.
Le Jeune SIWARD.

SEYTON, officier attaché à Macbeth.
Le Fils de MACDUFF.
Un Docteur Anglais — Un Docteur Écossais — Un Soldat — Un Portier — Un Vieillard.
Lady MACBETH.
Lady MACDUFF.
Dames Nobles attachées au service de Lady Macbeth.
HECATE — Trois Sorcières.
Lords, Gentilshommes, Officiers, Soldats, Assassins, Serviteurs et Messagers.
Le Spectre de Banquo — Plusieurs autres Apparitions.

A la fin du quatrième acte, la scène se passe en Angleterre. — Dans le reste de la pièce, en Écosse, à Fores et à Five, et, principalement au château de Macbeth, à Dunsinane.

AVERTISSEMENT

Le drame de *Macbeth* repose sur une base historique. Les luttes entre les rois d'Écosse furent longues, avec des péripéties diverses, jusqu'à ce que le royaume fût incorporé à l'Angleterre. Macbeth, fils de Sinell, le roi Duncan et le roi Malcolm sont du xi° siècle.

Macbeth est un vaillant capitaine, mais un soldat, cousin du roi et rien de plus. Il est en proie à une ambition furieuse. Appelé à défendre le roi Duncan contre une révolte que soutiennent les Norvégiens et les Danois, il déploie une telle vaillance que Duncan lui confère les titres de Thane de Glamis et de Cawdor. Mais ces honneurs ne font que surexciter en lui et en sa femme — la belle Gruoch — la passion des honneurs, d'autant que des sorcières, rencontrées sur la route, ont annoncé à Macbeth qu'il sera roi. Cette prédiction développe leurs instincts criminels, ils assassinent le roi, et Macbeth est élu à sa place : puis Macbeth tue Banquo, le noble ami du roi, qui a des soupçons contre lui; puis Macduff, lui portant ombrage, est forcé de s'enfuir et Macbeth fait égorger sa femme et ses enfants. Le drame se développe dans le fantastique et dans le réel. Les remords vrais, les fureurs incoercibles alternent avec les hallucinations les plus effrayantes, jusqu'au jour où le fils du roi assassiné, Malcolm, aidé par l'Angleterre, vient traquer Macbeth dans son château : Lady Macbeth se suicide, Macbeth est tué par Macduff. L'Écosse est sauvée. De ces éléments étonnants et tragiques, Shakespeare a fait une œuvre d'une force et d'une exubérance superbes.

Voir la Note à la fin de la pièce.

MACBETH

ACTE PREMIER

SCÈNE PREMIÈRE

Une plaine. — Tonnerre et éclairs.

Entrent TROIS SORCIÈRES.

PREMIÈRE SORCIÈRE.

Quand nous trois nous rencontrerons-nous encore, en tonnerre, éclairs ou en pluie ?

DEUXIÈME SORCIÈRE.

Quand le tohu-bohu[1] est fini, quand la bataille est perdue et gagnée.

TROISIÈME SORCIÈRE.

Cela sera avant le coucher du soleil.

---

[1] *Hurlyburly*, mot formé de *Hurly* — bruyant, tumultueux — français, Hurler — et *Burly*, bruyant, furieux, grossier — de *Boor*, paysan, manant. — *Boer*, hollandais. *Hurluberlu* a perdu en français ses sens radicaux, pour ne garder que celui d'étourdi. Dans le patois normand on trouve *Hurley*, querelle, tumulte et *Bur*, violence. Enfin *Hurly* ne serait-il pas une contraction de Hurrily, du mot *Hurry*, tumulte, désordre.

PREMIÈRE SORCIÈRE.

Où ? L'endroit ?

DEUXIÈME SORCIÈRE.

Sur la bruyère.

TROISIÈME SORCIÈRE.

Là, pour rencontrer Macbeth... (*On entend le miaulement d'un chat.*)

PREMIÈRE SORCIÈRE.

Je viens, Graymalkin...¹ (*Coassement de crapaud.*)

TOUTES.

Crapaud ² appelle... Voilà !... Beau est laid et laid est beau... planons dans le brouillard et l'air empesté. (*Les sorcières s'évanouissent dans l'air.*)

SCÈNE II

Un camp près de Fores. — Fanfares au dehors.

Entrent le Roi DUNCAN, MALCOLM, DONALBAIN, *ses fils*, LENOX, *avec leur suite. Puis, d'un autre côté, un soldat blessé.*

DUNCAN.

Quel est cet homme tout sanglant ? Il peut, à en juger par son état, apporter les plus récentes nouvelles de la rébellion...

MALCOLM.

Cet homme est le sergent qui, comme un bon et hardi soldat, a combattu contre ma capture... Salut, brave ami ! Dis au roi ce que tu sais de la bataille, comment tu l'as laissée...

LE SOLDAT.

Elle se tenait douteuse ; ainsi deux nageurs épuisés qui s'enlacent ensemble et paralysent leurs moyens. Le Sans-pitié Macdonald — digne d'être un rebelle, car multiples vilenies de nature fourmillent en lui — s'est fourni de Kernes ³ et de Gallowglasses, des îles de l'Ouest ; la fortune, souriant à sa damnée querelle, se montrait comme la catin du rebelle. Mais tout cela était trop faible. Car le brave Macbeth (il mérite bien ce nom !) défiant la fortune, de son acier brandi qui fumait d'exécutions sanglantes, s'est, en mignon de la Valeur, frayé un passage, jusqu'à ce qu'il fût en face de cet esclave... et il ne lui a pas serré les mains et ne lui a pas dit adieu ⁴ qu'il ne l'eût décousu du nombril à la gueule et n'eût fixé sa tête sur nos retranchements...

DUNCAN.

Oh ! vaillant cousin ! digne gentilhomme !

---

¹ Nom fantastique du chat signifiant *Lièvre gris*.

² Le crapaud est le grand agent de magie. L'envoûtement s'opère en roulant au cou du crapaud des cheveux de l'individu qu'on veut tuer et en enterrant la bête.

³ Kernes, soldats irlandais. Gallowglasses, infanterie pesamment armée. Dans les lois anglaises, *Kern* signifie vagabond. Le mot irlandais est *Cearn*, homme. Gallowglasses serait une corruption de *Gilleglas*, un jeune homme vêtu de gris. Mais la supposition n'est rien moins que prouvée.

⁴ Ne lui a dit ni bonjour ni bonsoir...

MACBETH

LE SOLDAT.

Mais comme du point où le soleil commence à briller éclatent les orages naufrageurs et les furieux tonnerres, ainsi de cette source, d'où confort semblait venir, jaillit le déconfort... remarque, roi d'Écosse, remarque !... Pas plus tôt la justice, armée de valeur, n'avait forcé ces sauteurs de Kernes à montrer les talons que le Lord Norvégien, guettant l'occasion, avec des armes fourbies et de nouveaux renforts, a commencé un nouvel assaut.

DUNCAN.

Cela n'a-t-il pas épouvanté nos capitaines, Macbeth et Banquo ?

LE SOLDAT.

Oui — comme les moineaux, l'aigle, ou le lièvre, le lion. — Si je dis la vérité,

Mes plaies crient à l'aide.

je dois raconter qu'ils étaient comme canons surchargés à double explosion : Ainsi doublement ils redoublaient [1] leurs coups sur l'ennemi : qu'ils aient voulu se baigner dans des blessures fumantes ou laisser en mémoire un autre Golgotha, je ne puis dire... mais je suis épuisé... mes plaies crient à l'aide !...

DUNCAN.

Tes paroles te vont aussi bien que tes blessures : toutes deux sentent l'honneur. Allez, conduisez-le aux chirurgiens. (*Le soldat sort, soutenu. — Entre Rosse.*) Qui vient là ?

MALCOLM.

Le digne Thane[2] de Rosse.

---

[1] *They doubly redoubled.* — Expression intéressante, qui pourrait se rendre par : Ils quadruplaient.

[2] La signification du titre de *Thane* est mal connue. Il semble se rapporter à l'anglo-saxon, *Theghn*, serviteur, noble, analogue au *Comes*. L'islandais donne *thegn*, homme, guerrier. A rapprocher de *Dane*, Dan-ois, Dane-mark. Les celtisants trouvent comme racine, Tan, la terre, le domaine, qu'on retrouve dans *Brit-tan*, Bretagne, pays du Breton, *Mauritania*, pays des Maures. En écossais moderne *Tanais* signifie un Lord ou gouverneur.

LENOX.

Quelle hâte apparaît en ses yeux ? Il semblerait qu'il a d'extraordinaires choses à nous dire...

ROSSE.

Dieu sauve le Roi !

DUNCAN.

D'où viens-tu, digne Thane ?

ROSSE.

De Fife, grand roi, où les bannières norvégiennes narguent le ciel et éventent notre peuple qu'elles glacent. Norway[1] lui-même, avec des forces terribles, assisté par ce très déloyal traître, le Thane de Cawdor, commençait un funeste combat, quand ce fiancé de Bellone, armé à l'épreuve, l'a affronté en combat singulier, la pointe ripostant à la pointe, le bras au bras, matant son impudent orgueil... et, pour conclure, la victoire tomba sur nous...

DUNCAN.

Grand bonheur !

ROSSE.

Si bien que, maintenant, Sweno, le roi de Norvège, demande composition : Et nous ne lui avons pas accordé l'enterrement de ses hommes, jusqu'à ce qu'il eût déboursé à Saint-Colmes-Inch[2], dix mille dollars pour notre usage général.

DUNCAN.

Jamais plus ce Thane de Cawdor ne trompera l'intérêt de notre cœur... Allez, prononcez sa mort, et de son titre gratifiez Macbeth.

ROSSE.

Je verrai à ce que cela soit fait.

DUNCAN.

Ce qu'il a perdu, le noble Macbeth l'a gagné...

SCÈNE III

Une bruyère. — Tonnerre.

Entrent LES TROIS SORCIÈRES.

PREMIÈRE SORCIÈRE.

Où as-tu été, sœur ?

DEUXIÈME SORCIÈRE.

Tuer des cochons...[3]

TROISIÈME SORCIÈRE.

Toi, sœur, où ?

---

[1] Le roi de Norvège.
[2] *Inch*, île. Iona, une des Hébrides, l'île de Saint-Columban.
[3] L'égorgement des porcs est une opération qu'on retrouve, au Moyen-Age, en plusieurs pays. Les Germains immolaient un porc à Freya. En Flandre, Février s'appelle encore *Sparkel Monat*, le mois du porc. Le boudin du mardi-gras est une suite de ce vieil usage. V. Horace, III, ode XXIII. C'est le *Choirosphageion* des Grecs.

MACBETH

PREMIÈRE SORCIÈRE.

Une femme de matelot avait des châtaignes dans son giron, et elle mâchait, mâchait, mâchait... — Donne-m'en, lui dis-je. — Arrière [1], sorcière ! — crie la rogne [2], mangeuse de croupion. Son mari est allé à Alep, comme patron du *Tigre*. Mais je naviguerai jusque-là dans un tamis et, comme un rat sans queue, je ferai, ferai, ferai...

DEUXIÈME SORCIÈRE.

Je te donnerai un vent.

PREMIÈRE SORCIÈRE.

Tu es aimable...

TROISIÈME SORCIÈRE.

Et moi un autre.

PREMIÈRE SORCIÈRE.

J'aurai moi-même tous les autres : et les vrais ports qu'ils frappent, tous les quartiers qu'ils connaissent sur la carte du marin. Je le sucerai, sec comme foin : Le sommeil ni jour ni nuit ne se pendra à l'auvent de sa paupière... il vivra comme un maudit... Sept nuits lourdes, neuf fois neuf [3], il s'abattra, brisé, crevé. Quoique sa barque ne puisse être perdue, du moins elle sera hochée par la tempête... Regarde ce que j'ai...

DEUXIÈME SORCIÈRE.

Montre-moi, montre-moi !

PREMIÈRE SORCIÈRE.

Voilà le pouce d'un pilote, naufragé, comme il revenait chez lui. (*Tambours au dehors.*).

TROISIÈME SORCIÈRE.

Tambour ! Tambour ! Macbeth vient...

TOUTES TROIS, *chantant.*

Les sœurs magiques, la main dans la main, voyageuses de mer et terre, ainsi vont par ci, par là... trois pour moi et trois pour toi, et trois encore, pour faire neuf !... Paix.. Le charme est entortillé... [4]

---

[1] *Aroynt thee, witch.* Ce mot *aroynt* ne se trouve que dans Shakespeare, ici et dans le *Roi Lear.* Son sens évident est : F... le camp ! — Dans *Ogilvie, Aroynt thee* est traduit par : *A plague on thee !* Un fléau, la peste sur toi. V. la note ci-après.

[2] *Ronyon.* Certainement ce mot a grand rapport à notre expression *Rogne,* gale, d'où *rognonner,* être méchant comme une gale, comme une teigne. Et peut-être le mot *aroynt* a-t-il la même étymologie. Quant à *Rump-fed,* nourrie de croupion, cette injure a un sens tout spécial dans la bouche d'une sorcière qui, au Sabbat, baisait le croupion du diable.

[3] *Weary sev'n nights, nine times nine.* — Ni F.-V. Hugo ni Guizot n'ont voulu accepter cette arithmétique de sorcières et ont transformé les *sept* nuits en *neuf* nuits. On a aussi voulu voir ici à tort les pratiques de l'envoûtement. Il ne s'agit que de déchaîner une tempête continuelle sur le vaisseau, ce qui suffit à épuiser le marin. On sait que saint Thomas d'Aquin lui-même croyait que les ouragans étaient l'œuvre des mauvais esprits.

[4] Aux lieux où les sorcières dansent leur ronde, l'herbe est desséchée, comme si un vent de feu avait rongé l'herbe. Au contraire, le rond des fées offre une végétation luxuriante. Voir sur ces questions le livre étonnant de science et de profondeur : *Le Serpent de la Genèse,* — *Essai de sciences maudites,* par Stanislas de Guaita.

Entrent MACBETH *et* BANQUO

MACBETH.
Je n'ai pas encore vu jour à la fois si beau et si horrible.

BANQUO, *s'approchant du groupe sinistre des sorcières.*
Combien compte-t-on d'ici à Fores... (*Reculant d'un pas.*) Quelles sont celles-là,

Macbeth et Banquo.

si desséchées, si sauvages! Elles ne semblent pas comme les habitants de la terre et pourtant elles y sont!... (*Leur parlant.*) Vivez-vous ?... Êtes-vous quelque chose qu'on puisse questionner? Vous paraissez ne pas me comprendre, chacune en même temps posant son doigt crevassé[1] sur ses lèvres de peau[2]. Vous pourriez être des femmes, et pourtant vos barbes me défendent de croire que vous en êtes...

MACBETH.
Parlez, si vous pouvez. Qui êtes-vous ?

[1] *Choppy* — gersé, fendu — et non décharné (Guizot), ni tranchant (F.-V. Hugo). Dans le patois du centre de la France, on appelle *choppes* les fruits gâtés, fendus.
[2] *Skinny*, où il n'y a que la peau.

PREMIÈRE SORCIÈRE.
Salut, Macbeth ! Salut à toi, Thane de Glamis !
DEUXIÈME SORCIÈRE.
Salut, Macbeth ! Salut à toi, Thane de Cawdor !
TROISIÈME SORCIÈRE.
Salut, Macbeth ! qui seras roi !
BANQUO, à *Macbeth*.
Bon seigneur, pourquoi frissonnez-vous et semblez-vous craindre des choses qui sonnent si bellement ? [1] (*Aux sorcières*.) Au nom de la vérité, êtes-vous fantastiques ou cela vraiment qu'extérieurement vous paraissez ? Vous saluez mon noble partner de bonheurs immédiats et de grandes prédictions d'une noble puissance et de royale espérance, à ce point qu'il semble hors de lui... et à moi vous ne parlez pas. Si vous pouvez voir dans les semences du temps et dire quelle graine grandira et quelle non, alors parlez, à moi qui ne demande et ne redoute ni vos faveurs ni votre haine.
PREMIÈRE SORCIÈRE.
Salut !
DEUXIÈME SORCIÈRE.
Salut !
TROISIÈME SORCIÈRE [2].
Salut !
PREMIÈRE SORCIÈRE.
Moindre que Macbeth et plus grand.
DEUXIÈME SORCIÈRE.
Pas si heureux et beaucoup plus heureux.
TROISIÈME SORCIÈRE.
Tu feras des rois, quoique n'en étant pas un. Ainsi, salut, Macbeth et Banquo !
PREMIÈRE SORCIÈRE.
Banquo et Macbeth, salut !
MACBETH.
Arrêtez, incomplètes parleuses, dites-moi plus ! Par la mort de Sinel, je sais, je suis Thane de Glamis. Mais comment de Cawdor ! Le Thane de Cawdor est vivant, un gentilhomme en prospérité... et être roi n'est pas plus à portée de ma croyance que d'être Cawdor. Dites, d'où tenez-vous cette étrange information ? ou pourquoi sur cette bruyère brûlée, arrêtez-vous notre marche avec pareils saluts prophétiques ? Parlez, je vous somme... [3] (*Les sorcières disparaissent*.)

---

[1] Il ne peut deviner que ces *choses* répondent aux idées les plus secrètes de Macbeth.

[2] Ce qui donne une singulière idée de notre sens théâtral, c'est que sous le règne de Louis-Philippe, en plein romantisme, Guizot, lui-même, protestait contre le *dégoût* que cette scène inspirait aux gens du monde.

[3] M. Mézières émet une opinion singulière quand il prétend que Macbeth n'est pas méchant de nature, car il a commencé, dit-il, par faire le bien, c'est-à-dire par combattre courageusement. Or, il est malheureusement prouvé par trop d'exemples que le courage militaire n'a rien à voir avec la conscience : tel est d'une valeur à toute épreuve à qui manque absolument le sens moral, par exemple le maréchal Ney, Masséna ou Bazaine. Il serait plus vrai de dire que la brutalité grossière a pour fréquent corollaire la méconnaissance des règles les plus élémentaires de la justice.

BANQUO.

La terre a ses bulles comme l'eau et c'est là ce qu'elles sont. Ou se sont-elles évanouies ?

MACBETH.

Dans l'air... et ce qui semblait corporel s'est dilué comme le souffle dans le vent... j'aurais voulu qu'elles restassent.

BANQUO.

Y eut-il ici ces choses dont nous parlons ? Ou avons-nous mangé de quelque racine de folie qui fait la raison prisonnière ?

MACBETH.

Vos enfants seront rois...

BANQUO.

Vous serez roi !

MACBETH.

Et aussi Thane de Cawdor... ne fut-ce pas ainsi ?

BANQUO.

Sur même air et paroles... Qui est là ? (*Entrent Rosse et Angus.*)

ROSSE.

Le roi a heureusement reçu, Macbeth, les nouvelles de tes succès ; et quand il lit tes personnels exploits dans la fuite des rebelles, son admiration, ses félicitations se disputent pour qui elles sont, pour toi ou pour lui [1], et sur ce point, réduit au silence, examinant le reste de cette même journée, il te trouve dans les rangs épais des Norwégiens, jamais effrayé de ce que tu as fait toi-même, d'étranges images de la mort. Aussi pressés que la parole, courriers succédaient aux courriers : et chacun d'eux apportait des éloges pour ta grande défense de son royaume et les répandait devant lui.

ANGUS.

Nous sommes envoyés pour te donner, de notre royal maître, des remerciements, pour te servir de hérauts auprès de lui, non pour te payer.

ROSSE.

Et pour gage d'un plus grand honneur, il m'a enjoint de t'appeler, en son nom, Thane de Cawdor; pour cette élévation, salut, très digne Thane... car elle est tienne !

BANQUO, *à part.*

Quoi ! le diable peut-il parler vrai ?

MACBETH.

Le Thane de Cawdor est vivant... pourquoi m'habillez-vous de ces robes d'emprunt ?

ANGUS.

Ce qui était le Thane est encore vivant : mais sous lourd jugement il porte cette vie qu'il mérite de perdre. Qu'il ait comploté avec Norway ou qu'il ait renforcé les rebelles par quelque secret secours ou avantage ou que des deux façons il ait travaillé

---

[1] Ce passage, prétendu obscur, paraît fort clair. Le roi se demande qui il doit le plus féliciter, lui-même d'avoir conservé son royaume ou Macbeth d'avoir si vaillamment combattu.

à la ruine de son pays, je ne sais pas. Mais ses capitales trahisons, confessées et prouvées, l'ont culbuté.

MACBETH, à part.

Glamis et Thane de Cawdor... le plus grand est derrière !...[1] (Haut.) Merci pour vos peines ! (A Banquo.) N'espérez-vous pas que vos enfants seront rois, quand celles qui m'ont donné le Thanat de Cawdor ne leur ont pas moins promis !

BANQUO.

Ceci, cru littéralement, pourrait encore vous enflammer vers la couronne, en plus du Thanat de Cawdor. Mais, c'est étrange : et bien souvent, pour nous pousser à notre perte, les instruments de ténèbres nous disent des vérités, nous gagnent par d'honnêtes babioles, pour nous duper en plus profondes conséquences... (Aux deux seigneurs.) Cousins, un mot, je vous prie...

MACBETH, à part et à l'écart.

Deux vérités sont dites, comme heureux prologue à cet acte, gros de la pièce impériale... (Haut.) Je vous remercie, gentlemen. (A part.) Cette instigation surnaturelle ne peut être mauvaise... ne peut être bonne... si mauvaise, pourquoi m'a-t-elle donné un gage de succès, en commençant par une vérité ? Je suis Thane de Cawdor... si bonne, pourquoi cédé-je à cette suggestion... dont l'horrible image désordonne[2] mes cheveux et fait mon cœur en repos maintenant frapper mes côtes, contre la loi de nature ? Craintes immédiates sont moins qu'horribles imaginations... ma pensée — où le meurtre[3] est seulement imaginaire — si fort secoue mon propre individu, que toutes ses fonctions se perdent en visions... et rien n'existe que ce qui n'est pas...

BANQUO, aux autres.

Voyez, comme notre compagnon est absorbé...

MACBETH, à part.

Si la fortune me veut roi, eh bien ! la fortune me peut couronner, sans que je bouge !

BANQUO, à ses compagnons, montrant Macbeth.

Les honneurs lui sont venus comme nos habits nouveaux, qui ne s'adaptent au moule qu'à l'usé.

MACBETH, à part.

Vienne ce qui peut venir ! L'occasion, comme l'heure, court à travers la plus rude journée.

BANQUO, venant à lui.

Digne Macbeth, nous nous tenons à votre disposition.

MACBETH, comme se réveillant.

Donnez-moi votre indulgence. Ma triste cervelle était travaillée par des choses oubliées. Bons gentilshommes, vos services sont enregistrés là où chaque jour je tournerai la page pour les lire. Allons vers le roi. (A Banquo.) Pensez à ce qui est advenu ; et plus tard, ceci pesé dans l'intervalle, laissons nos libres cœurs parler l'un à l'autre...

---

[1] Cet aparté est la première révélation des insatiables ambitions de Macbeth. Ce premier acte est mené avec une habileté qui ferait honneur au plus expert de nos auteurs dramatiques.

[2] Unfix, défixer. Le mot nous manque. Le patois normand donne défîcher ou défiquer.

[3] Il semble que déjà il ait la vision du poignard.

BANQUO.

Avec grand plaisir.

MACBETH.

Jusque-là, assez !... Venez, amis !... (*Ils sortent.*)

SCÈNE IV

Une salle dans le palais.

Fanfares. — Entrent DUNCAN *avec ses deux enfants*, MALCOLM *et* DONALBAIN, *puis* LENOX *et leur suite.*

DUNCAN.

L'exécution de Cawdor a-t-elle eu lieu ? Ceux qui avaient cette mission ne sont-ils pas encore revenus ?

MALCOLM.

Mon roi, ils ne sont pas encore de retour. Mais j'ai parlé à quelqu'un qui l'a vu mourir, et qui racontait que très franchement il a confessé ses trahisons et imploré le pardon de Votre Hautesse [1]. Il a montré un profond repentir. Rien dans sa vie ne lui fut mieux séant que sa façon de la quitter : il est mort comme quelqu'un qui s'était étudié, en mourant, à rejeter le plus cher de ses biens comme si c'était la chose la plus insignifiante.

DUNCAN.

Il n'est pas de moyen pour découvrir sur la face la structure d'un esprit. C'était un gentilhomme sur qui j'avais bâti une absolue confiance. (*Entrent Macbeth, Banquo, Rosse et Angus. A Macbeth.*) O très digne cousin! le péché de mon ingratitude passée était lourd sur moi. Tu es si loin en avant que l'aile la plus rapide des récompenses est lente à te dépasser. Je voudrais que tu eusses moins mérité, pour que la balance des remerciements et du paiement pût pencher de mon côté! Seulement je laisse ceci à dire : — Il t'est dû plus que — plus que tout — ne peut payer ! [2]

MACBETH.

Le service et la loyauté que je dois — en faisant cela — se paient eux-mêmes. Le rôle de Votre Hautesse est de recevoir nos devoirs, et nos devoirs sont, envers votre trône et État, des enfants et des serviteurs — qui font seulement ce qu'il faut, en faisant toute chose sûrement [3] pour votre amour et honneur.

DUNCAN.

Bienvenue ici. J'ai commencé à te planter [4] et travaillerai à te faire plein de croissance. (*A Banquo.*) Noble Banquo, qui n'as pas moins mérité et doit être connu pour n'avoir pas fait moins, laisse-moi t'embrasser et te placer sur mon cœur.

BANQUO.

Si je grandis là [5], la moisson est vôtre.

[1] *Your Highness*, pourquoi traduire par *Votre Majesté ?*
[2] *More is thy due than more than all can pay.*
[3] *Safe* a ici le sens de *Safely*. Souvent Shakespeare les emploie l'un pour l'autre.
[4] Comme un arbre.
[5] Suite de la métaphore précédente : « Si je prends racine sur votre cœur... »

DUNCAN.

Mes abondantes joies, pleinement allègres, cherchent à se cacher elles-mêmes en des gouttes de gravité...[1] Fils, cousins, Thanes et vous dont les places sont plus proches, sachez ! nous constituerons notre droit royal[2] sur notre aîné, Malcolm, que nous nommons désormais Prince de Cumberland ; cette récompense ne devra pas, sans être accompagnée, l'investir lui seul. Car des signes de noblesse, comme des étoiles, brilleront sur tous les méritants... En route pour Inverness et nous nous lierons plus encore à vous...

MACBETH.

Le repos est fatigue, quand il n'est pas employé pour vous. Je serai moi-même le

O très digne cousin!

fourrier et rendrai joyeuse l'oreille de ma femme par votre approche... Donc, humblement, je prends congé.

DUNCAN.

Mon digne Cawdor !...

MACBETH, à part.

Le prince de Cumberland ! Voilà un pas sur lequel il faut que je tombe... si je ne le saute : car il est sur ma route. Étoiles, cachez vos feux ! que la lumière ne voie pas mes noirs et profonds désirs, que l'œil se ferme à la main[3] : et pourtant que cela soit, cela que l'œil a peur de voir, quand c'est fait ! (*Il sort.*)

DUNCAN.

Vrai, digne Banquo, il est plein de vaillance et je savoure son éloge. C'est un festin pour moi. Allons après lui dont le zèle a marché en avant pour nous souhaiter la bienvenue... c'est un cousin sans pair ! (*Ils sortent. Fanfares.*)

---

[1] *Sorrow* est pris généralement dans le sens de tristesse. Mais ici Duncan fait allusion au décorum qui l'empêche de laisser éclater toute sa satisfaction. *Sorrow* a le sens de *solennité*.

[2] *We will establish our Estate upon...*

[3] Que l'œil ne voie pas ce que fait la main. *Wink* indique le mouvement des paupières qui se baissent et implique aussi l'hypocrisie de ceux qui feignent de ne pas regarder et voient.

SCÈNE V

A Inverness. — Une chambre du château de Macbeth.

Entre LADY MACBETH, *lisant une lettre.*

« Lady Macbeth, elles m'ont rencontré le jour du succès et j'ai appris par la plus parfaite preuve qu'elles ont en elles-mêmes plus qu'une connaissance mortelle. Comme je brûlais du désir de les questionner plus avant, elles ont fait d'elles-mêmes de l'air, dans lequel elles se sont évanouies. Comme je restais saisi de stupéfaction, arrivèrent des messagers du roi, qui me saluèrent Thane de Cawdor : titre par lequel, auparavant, les sœurs du Destin m'avaient salué et m'avaient reporté vers l'avenir, par un : « Salut, toi qui seras roi ! » De quoi j'ai jugé bon de te faire part, ma très chère compagne de grandeur, afin que tu puisses ne pas perdre ton dû de joie, en ignorant quelle grandeur t'est promise. Couche cela dans ton cœur et porte-toi bien... » Glamis, tu es Glamis et Cawdor... et tu seras ce qui t'a été promis ! Et pourtant je crains ta nature : elle est trop pleine du lait de la bonté humaine pour saisir la voie la plus proche. Tu voudrais être grand, tu n'es pas sans ambition, mais tu voudrais atteindre ton but sans perversité. Ce que tu voudrais hautement, tu le voudrais saintement. Tu ne voudrais pas de tricherie et voudrais injustement gagner. Tu voudrais avoir, grand Glamis, ce qui te crie : — « Alors, pour l'avoir, il faut faire cela, et ce que tu crains de faire plutôt que ce que tu désires n'être pas fait. » Hâte-toi ici, que je puisse souffler mon esprit dans ton oreille, et refouler, de la puissance de ma langue, tout ce qui t'éloigne du cercle d'or, dont à la fois le Destin et une aide surnaturelle[1] semblent t'avoir couronné !... (*Entre un serviteur.*) Quelles sont vos nouvelles ?

LE SERVITEUR.

Le Roi vient ici ce soir...

LADY MACBETH.

Tu es fou de dire cela ![2] Ton maître n'est-il pas avec lui ? Si cela était, il m'aurait avertie pour les préparatifs.

LE SERVITEUR.

S'il vous plaît, c'est vrai. Notre Thane arrive. Un de mes camarades a été dépêché par lui : presque mort de respiration, il en avait à peine assez pour délivrer son message.

LADY MACBETH.

Donne-le à soigner : il apporte grandes nouvelles. (*Sort le serviteur.*) Le corbeau lui-même est enroué qui croasse l'entrée fatale de Duncan sous mes poternes[3]. Venez

---

[1] Shakespeare emploie le mot *metaphysical* qui a une racine analogue.
[2] *Thou'rt mad to say it.* — Pourquoi Guizot a-t-il traduit par : — Quelle jolie chose dis-tu là ? — Cette bizarrerie ne peut s'expliquer que par une coquille. L'auteur de la traduction avait sans doute écrit : — Quelle folie dis-tu ? — Le correcteur a lu *jolie* et comme *jolie* seul ne signifiait rien, il a ajouté le mot *chose*. Et les nouvelles éditions ont copié la première.
[3] Il paraît certain que cette pensée de meurtre avait déjà été agitée entre les deux époux. Ce mot de la lettre de Macbeth : — Couche cela dans ton cœur ! — semble expressément viser des idées précédemment échangées.

venez, vous, esprits qui faites cortège aux pensées de mort... ici désexuez-moi... et remplissez-moi, du crâne à l'orteil, à plein bord, de la plus furieuse cruauté ! Épaississez mon sang, arrêtez tout accès et passage vers le remords... que pas une compassion, visiteuse de nature, n'ébranle mon sauvage dessein ni ne mette la paix entre lui et l'effet ! Venez dans ma poitrine de femme et changez mon lait en fiel, vous, ministres du meurtre, partout où dans vos invisibles substances vous concourez aux méfaits de la nature ! Viens, épaisse nuit, et enveloppe-toi de la plus noire fumée de l'enfer ! Que mon couteau aigu ne voie pas la blessure qu'il fait, que le ciel ne regarde pas à travers la couverture de ténèbres pour crier : — Arrête ! Arrête ! (*Entre Macbeth.*) Grand Glamis ! Digne Cawdor ! plus grand que tous deux, par le salut qui suivit ! Tes lettres m'ont transportée au-delà de ce présent ignorant et je sens maintenant l'avenir imminent !

MACBETH.

Mon très cher amour, Duncan vient ici ce soir.

LADY MACBETH.

Et quand s'en va-t-il ?

MACBETH.

Demain... à ce qu'il projète.

LADY MACBETH.

Oh ! jamais le soleil ne verra ce demain ! Votre visage, mon Thane, est un livre où les hommes peuvent lire d'étranges choses. Pour tromper le présent, paraissez comme le présent. Portez la bienvenue dans les yeux, dans votre main, dans votre langue : paraissez comme la fleur innocente, mais que le serpent soit dessous [1]. Celui qui va venir, il faut en prendre soin : et vous mettrez à ma discrétion la grande affaire de cette nuit qui à toutes nos nuits et à nos jours à venir donnera par elle seule autorité et puissance souveraines.

MACBETH.

Nous causerons plus tard...

LADY MACBETH.

Seulement paraissez franc et ouvert : Avoir le visage altéré [2] est toujours à craindre. Laissez-moi faire le reste [3].

SCÈNE VI

Devant le château. — Hautbois. — Serviteurs de Macbeth formant groupe.

Entrent DUNCAN, MALCOLM, DONALBAIN, BANQUO, LENOX, MACDUFF, ROSSE, ANGUS *et leur suite.*

DUNCAN.

Ce castel a une plaisante situation : l'air, légèrement et doucement, se recommande de lui-même à nos sens satisfaits [4].

---

[1] V. Lombroso, *La Femme criminelle*, chap. VII, *Le Mensonge*.
[2] *Look up clear... to alter favour ever is to fear...*
[3] Ils n'ont pas prononcé le mot d'assassinat et ils se sont compris.
[4] *To our gentle senses* — à nos sens (qu'il rend) agréables. C'est la figure de rhéthorique appelée *Prolepsis*.

Le château de Macbeth.

BANQUO.

Cet hôte de l'été, le martinet, hanteur de temples, prouve par son affectueux habitat, que l'haleine du ciel fleure amoureusement ici ; pas une saillie, une frise, pas un pilier, pas un coin propice, où cet oiseau n'ait fait son lit suspendu, son berceau procréateur. Où ils nichent et fréquentent le plus, j'ai observé que l'air est délicat.

Entre LADY MACBETH.

DUNCAN.

Voyez! voyez! notre hôtesse honorée! L'amour qui nous suit est quelquefois notre tourment, mais nous le remercions encore comme amour. Ainsi je vous apprends comment vous prierez Dieu de nous récompenser de vos peines et de nous remercier pour votre tourment[1].

LADY MACBETH.

Tous nos efforts, en tous points faits deux fois et encore doublés, seraient pauvre et simple affaire pour lutter contre ces honneurs, profonds et larges, dont Votre Majesté charme notre maison. Pour ceux de jadis et pour les dernières dignités amoncelées sur eux, nous restons vos ermites...[2]

DUNCAN.

Où est le Thane de Cawdor? Nous l'avons poursuivi aux talons et avions le dessein d'être son pourvoyeur. Mais il monte bien : et son grand amour — aigu comme son éperon — l'a aidé vers sa maison avant nous. Belle et noble hôtesse, nous sommes votre hôte ce soir...

LADY MACBETH.

Vos serviteurs toujours ont leur famille, eux-mêmes, et ce qui est leur, en dépôt pour en rendre compte au bon plaisir de votre Hautesse et encore vous restituer ce qui est vôtre[3].

DUNCAN.

Donnez-moi votre main : conduisez-moi à mon hôte. Nous l'aimons hautement et continuerons nos grâces sur lui. A votre disposition, hôtesse... (*Ils sortent.*)

---

[1] La phrase, pour être sans doute fort galante, n'en est pas moins obscure. Nous avouons n'avoir pu en déterminer le sens exact. Il n'apparaît pas que les autres traducteurs aient éclairci ce mystère royal. Il est d'ailleurs fort intéressant de noter ce langage alambiqué et précieux mis par Shakespeare dans la bouche des grands, alors qu'ils sont, pourrait-on dire, dans l'exercice de leurs fonctions : il est aussi niais qu'une règle de protocole.

Nous avons recherché dans les traductions allemandes si quelque éclaircissement jaillirait de l'interprétation donnée par nos voisins. Or ils s'en sont tenus au strict mot à mot :

Seht, unsere edle Wirthin!
Die Liebe, die uns folgt, wird oft uns lästig.
Doch dankt man ihr als Liebe. Lernt daraus
Noch Gottes Lohn für eure Müh uns geben
Und Dank für eure Last.

En résumé, la phrase ou plutôt l'idée est aussi incompréhensible en allemand qu'en français ou en anglais.

[2] *We rest your hermits* — ceux qui ne vivent que de vos bienfaits. On dirait aujourd'hui : *Nous sommes vos pauvres.*

[3] L'exagération de ces servilités emprunte un caractère tragique aux pensées intimes que le spectateur sait exister dans l'âme de Lady Macbeth.

SCÈNE VII [1]

Une chambre dans le château.

Torches et hautbois. Entrent et passent sur la scène un maître d'hôtel et divers serviteurs avec des plats et pièces de service. Puis entre MACBETH.

MACBETH.

Si cela était fini, quand c'est fini, alors il serait bien que cela fut fini vite. Si l'assassinat pouvait en même temps étrangler ses conséquences et, avec cette conclusion, saisir le succès ! Si ce coup pouvait être tout et finir tout ici-bas... d'ici-bas, de ce banc, ce bas fonds du présent... nous sauterions dans la vie à venir... mais, en ces circonstances, nous avons encore le châtiment d'ici-bas — nous enseignons seulement des préceptes de sang qui, appris, se retournent pour frapper leur inventeur [2]. Cette justice, à la main niveleuse, présente à nos propres lèvres les ingrédients de notre calice empoisonné... (*Parlant de Duncan.*) Il est ici sous double garantie... d'abord parce que je suis son cousin et sujet, deux points forts contre l'acte.

« Puis, comme son hôte qui devrais fermer la porte à son meurtrier et non pas porter moi-même le couteau...

« En outre, ce Duncan a porté ses pouvoirs si doucement, il s'est montré si franc dans son grand office que les vertus plaideront comme les anges, les trompettes aux lèvres, contre la profonde damnation de sa disparition. Et la Pitié, comme au bébé nouveau-né et nu, chevauchant l'ouragan — ou comme un chérubin du ciel, monté sur les invisibles courriers de l'air — enfoncera l'horrible forfait dans les yeux de tous, à ce point que les pleurs noieront le vent !

« Je n'ai pas d'éperon pour presser les flancs de ma volonté, mais seulement une ambition qui saute en selle, culbute et tombe de l'autre côté !... (*Entre Lady Macbeth.*) Eh bien ! quelles nouvelles ?

LADY MACBETH.

Il a presque soupé. Pourquoi avez-vous quitté la salle ?

MACBETH.

A-t-il demandé après moi ?

LADY MACBETH.

Ne le savez-vous pas... il l'a fait.

MACBETH.

Nous n'irons pas plus loin dans cette affaire. Il vient de me combler d'honneurs : et j'ai acquis, de toutes sortes de gens, une réputation dorée qui serait portée maintenant en sa toute nouvelle fraîcheur, et ne serait pas de sitôt jetée de côté...

LADY MACBETH, *éclatant.*

Était-elle ivre, l'espérance dont vous vous affubliez ? A-t-elle dormi depuis lors ? Et s'éveille-t-elle maintenant pour paraître si verte et si pâle à ce qu'elle faisait si librement ? De ce moment, ainsi [3] je compte ton amour !...

« As-tu donc peur d'être le même — en tes actes et exploits — que tu es dans tes désirs ? Voudrais-tu avoir ce que tu estimes, l'ornement de la vie et vivre en lâche

---

[1] Entre ces deux scènes s'écoule un temps assez long. Duncan a été conduit par Lady Macbeth dans la salle du festin. Au milieu de ces réjouissances, Macbeth s'est levé de table et est sorti.

[2] Qui tue doit être tué.

[3] Au même taux.

dans ta propre estime, laissant un *je n'ose pas* suivre un *je voudrais*, comme le pauvre chat du proverbe ?...

MACBETH.

Paix, je te prie! J'ose faire tout ce qui sied à un homme. Qui ose faire plus... n'en est pas un.

LADY MACBETH.

Quelle bête était-ce donc, qui vous a fait vous ouvrir à moi de cette entreprise? Quand vous l'avez osée, alors vous étiez un homme et à être plus que ce que vous étiez, alors, vous serez beaucoup plus qu'un homme. Alors ni le temps ni le lieu n'étaient propices et cependant vous vouliez les créer tous deux. Ils se sont faits d'eux-mêmes, et voici que leur convenance maintenant vous défait [1]. J'ai donné le sein et sais combien il est tendre d'aimer le bébé qui me tète. J'aurais, tandis qu'il souriait à mon visage, j'aurais arraché mon tétin de ses gencives sans os et je lui aurais arraché la cervelle, si j'en avais juré ainsi, comme vous le fîtes pour ceci [2] !...

MACBETH.

Mais si nous le manquions...

LADY MACBETH.

Nous, le manquer!... Vissez seulement votre courage au cran fixe et nous ne le manquerons pas. Quand Duncan dormira (à quoi l'inviteront profondément les deux voyages de cette journée), je convaincrai si bien ses deux chambellans, avec vin et wassail [3], que la mémoire, gardienne du cerveau, sera une fumée et le récipient de leur raison seulement un alambic... quand, dans un sommeil de porc leurs êtres imbibés giront comme dans la mort, que ne pourrons-nous pas, vous et moi, exécuter sur Duncan sans garde, et mettre sur le compte de ces éponges d'officiers qui porteront l'accusation de notre grand meurtre...

MACBETH, *enthousiasmé*.

Mets au monde seulement des enfants mâles! Car ton métal indompté ne pourrait rien composer que des mâles!... Ne sera-t-il pas admis, en effet, quand nous aurons marqué de sang deux hommes de sa propre chambre et usé de leurs propres dagues, que ce sont eux qui ont fait cela ?...

LADY MACBETH.

Qui oserait concevoir cela autrement, quand nous ferons retentir nos douleurs et clameurs sur cette mort ?...

MACBETH.

Me voici d'aplomb [4], et je tends pour cette terrible action chaque fibre de mon corps. Allons et narguons le présent de nos meilleures allures. Faux visage doit cacher ce que sait un cœur faux.

[1] *Done, undone*. Cette déclaration de Lady Macbeth indique nettement qu'avant la rencontre des sorcières, Macbeth avait parlé à sa femme du meurtre de Duncan. C'est ce que n'a pas remarqué Mézières dans son commentaire. Macbeth est depuis longtemps disposé au crime : et c'est lui qui a implanté ces idées de meurtre dans le cœur de sa femme.

[2] Lady Macbeth est le type de l'hystérie criminelle. « Lorsque deux individus dépourvus de sens moral, dit le Dr Despine, se rencontrent, ils s'entendent bientôt pour projeter le crime. Celui dont la perversité a le plus d'activité est le meneur et l'autre, dont les principes actifs sont semblables à ceux de son compagnon, adopte tout de suite ses pensées sans répulsions ». Consulter le livre de Scipio Sighelé, *Le Crime à deux*.

[3] Liqueur faite de pommes, de sucre et d'ale, mélange de cidre et de bière. En réalité, *wassail* — *vasseil*, roman, *vaisseau*, représente le contenant, ainsi qu'on dit un *bol*, un *verre*.

[4] *I am settled*. Patois berrichon : — *Je suis assiété*.

ACTE DEUXIÈME

SCÈNE PREMIÈRE

Au château de Macbeth. — Une cour intérieure.

Entrent BANQUO *et* FLÉAME, *et* UN SERVITEUR, *portant une torche devant eux.*

BANQUO, à *Fléame.*

Où en est la nuit, garçon ?

FLÉAME.

La lune est couchée. Je n'ai pas entendu l'horloge.

BANQUO.

Et elle se couche à minuit.

FLÉAME.

Je crois qu'il est plus tard, sir.

BANQUO.

Tiens, prends mon épée. Il y a des économies au ciel : leurs chandelles[1] sont toutes éteintes... Puis sache encore ceci. Une lourde assignation pèse comme du plomb sur moi et pourtant je ne voudrais pas dormir. Miséricordieuses puissances ! Réfrénez en moi les pensées maudites auxquelles[2] la nature donne issue pendant le repos. (*Entre Macbeth et un serviteur portant une torche.*) Donne-moi mon épée ! Qui est là ?

MACBETH.

Un ami.

BANQUO.

Quoi, sir, pas encore au repos. Le roi est au lit : il a été en plaisirs inhabituels. Il a fait grandes largesses à vos gens. Il a offert à votre femme ce diamant de la

---

[1] Les Précieuses appelaient la chandelle le supplément du soleil.
[2] Banquo est agité de pressentiments étranges.

nommer la plus charmante des hôtesses [1], et a clos la journée dans un contentement sans mesure.

MACBETH.

N'étant pas préparée, notre volonté a été l'esclave de ce défaut; autrement elle se serait déployée en toute liberté.

BANQUO.

Tout est bien. J'ai rêvé la nuit dernière des trois sœurs du Destin : pour vous, elles ont montré quelque vérité.

MACBETH.

Je ne pense pas à elles. Pourtant quand nous pourrons saisir une heure favorable, nous la dépenserons à quelques mots sur cette affaire... si vous voulez m'en accorder le temps.

BANQUO.

A votre très aimable loisir.

MACBETH.

Si vous voulez accéder à mes conseils, quand il y aura lieu, cela vous fera de l'honneur... [2]

BANQUO.

Pourvu que je ne le perde pas en cherchant à l'augmenter et que je garde toujours mon cœur en franchise et mon dévouement sans tache, je serai volontiers conseillé...

MACBETH.

Bonne nuit, en attendant.

BANQUO.

Merci, sir, et autant pour vous. (*Banquo et Fléame sortent.*)

MACBETH, *à son serviteur.*

Va dire à ta maîtresse de sonner, quand mon breuvage sera prêt. (*Sort le serviteur. Seul, comme halluciné.*) Est-ce un poignard que je vois devant moi, le manche vers ma main ?... [3] Viens, laisse-moi te saisir... je ne t'ai pas, et pourtant je te vois !... N'es-tu pas, fatale vision, sensible au toucher comme au regard ?... ou bien es-tu seulement un poignard de mon invention... une création fausse procédant du cerveau, travaillé de fièvre ?... Je te vois encore, en forme aussi palpable que celui-ci que je tire maintenant... tu m'as préparé la voie où j'allais et c'était de pareil instrument que j'avais à me servir !...

---

[1] Banquo, lui aussi, se pique de beau langage. Voir plus haut son entrée au château.

[2] Macbeth, qui est décidé à l'assassinat, cherche à donner le change à Banquo en se créant en quelque sorte un alibi de conscience : il ne pense pas aux prédictions, on en recausera plus tard, et il insiste sur cet entretien futur pour bien prouver que la question n'a rien d'immédiat. Banquo, au contraire, n'ayant point d'intentions criminelles, avoue sa hantise des sorcières. Macbeth tente bien quelques insinuations pour tenter sa complicité, mais la bonhomie de Banquo le fait reculer.

[3] En théorie magique ou occultiste, c'est la pensée de Macbeth qui s'extériorise et se matérialise devant lui. Les *elementals* s'en emparent, se font un corps de cette pensée et subissent l'attraction de sa conscience. Auto-suggestion compliquée d'hallucinations. De plus l'intention a déjà imprimé dans l'astral le crime entier, idée visée par la phrase : « L'affaire de sang... » C'est plus que de la magie, c'est de la théorie hermétique. Comment Shakespeare s'en était-il imprégné ?... Voir dans Descartes, *Des passions de l'âme*, art. 26.

« Mes yeux sont devenus les jouets des autres sens... ou plutôt ils valent tous les autres !... je te vois encore et sur ta lame et poignée, des gouttes d'un sang qui n'y était pas naguère !... il n'y a rien de pareil... c'est l'affaire de sang qui ainsi se manifeste à mes yeux !

« Maintenant sur une moitié du monde la nature semble morte et les songes mauvais abusent le sommeil, sous les rideaux... maintenant la sorcellerie célèbre les sacrifices de la pâle Hécate ; et le meurtre décharné, à qui sonne l'alarme sa sentinelle, le loup, dont l'ululement est le garde-à-vous, ainsi de son pas de voleur, de l'allure de violeur d'un Tarquin, vers son dessein se meut comme un spectre...

« Toi, terre sûre et solide, n'entends pas mes pas, quelque chemin qu'ils suivent, de peur que les pierres elles-mêmes, bavardent de mes errements et prennent immédiatement horreur de ce moment qui maintenant convient pour cela...

« Tandis que je menace, il vit ! Les mots, sur la chaleur des actes, soufflent une trop froide haleine. (*On entend une sonnette.*) Je vais et c'est fait... la sonnette m'appelle !... Ne l'entends pas, Duncan, car c'est un glas qui t'assigne pour le ciel... ou pour l'enfer... » (*Il sort.*)

SCÈNE II

Quelques instants plus tard. — Même décor.

LADY MACBETH, *entrant.*

Je vais et c'est fait !

Ce qui les a faits ivres m'a faite audacieuse, ce qui les a éteints m'a donné de la flamme ! Écoutez !... paix, c'est le hibou qui a crié, le fatal sonneur qui donne le plus lugubre « bonne nuit ! ». (*S'approchant du château.*) Il est à l'affaire... Les portes sont ouvertes... et les laquais gavés se moquent de leur charge avec des ronflements... j'ai drogué leur posset[1], si bien qu'en eux mort et nature combattent... s'ils vivront ou mourront...

UNE VOIX [2], *à l'intérieur.*

Qui est là ?... Quoi ! Ho ! (*Un cri.*)

LADY MACBETH.

Holà ! j'ai peur qu'ils se soient éveillés !... et ce n'est pas fait... la tentative et non l'acte nous ruine !... Écoutons !... j'ai disposé leurs poignards... tout prêts... il ne peut ne pas les avoir vus... S'il n'avait pas ressemblé à mon père quand il dormait... je l'aurais fait... (*Macbeth paraît.*) mon mari !...

MACBETH, *il tient deux poignards de ses mains ensanglantées.*

J'ai fait la chose... N'as-tu pas entendu un bruit ?...

LADY MACBETH.

J'ai entendu le hibou huer et les grillons crier. N'avez-vous pas parlé ?...

---

[1] Breuvage fait de lait, de vin et de liqueur qu'on boit au moment de se mettre au lit. Comme plus haut, vaissail, le *posset*, pôçon des Normands, est le contenant, le petit pot.

[2] D'ordinaire on attribue cette réplique à Macbeth. Cela paraît un non-sens. Macbeth n'a pas à demander qui est là. Ces mots sont prononcés par Duncan, qui est surpris et frappé. Ainsi s'explique la réplique suivante de Lady Macbeth.

MACBETH.

Quand ?

LADY MACBETH.

Maintenant.

MACBETH.

Comme je descendais ?

LADY MACBETH.

Oui.

MACBETH.

Écoute !... qui couche dans la seconde chambre ?

LADY MACBETH.

Donalbain.

MACBETH, *dont les regards tombent sur ses propres mains.*
Voilà une triste vue !...

LADY MACBETH.

Sotte pensée que de dire triste vue...

MACBETH.

Il y en avait un qui riait dans son sommeil... l'autre a crié : « Meurtre !... » Cela les fit tous deux s'éveiller... je me tins immobile et je les écoutai... mais ils dirent leurs prières et de nouveau se livrèrent au sommeil...

LADY MACBETH.

Il y en a deux logés ensemble...

MACBETH.

L'un a crié : « Dieu nous bénisse !... » et l'autre : « Amen ! » comme s'ils m'avaient vu avec ces mains de bourreau... écoutant leur terreur, je ne pus pas dire « Amen » quand ils ont dit : « *Dieu nous bénisse !* »

LADY MACBETH.

N'examine pas cela si à fond.

MACBETH.

Mais comment se fait-il que je ne pouvais pas prononcer « Amen ? » J'avais grand besoin de bénédiction et « Amen » se cloua dans ma gorge.

LADY MACBETH.

De ces actions-là... il ne doit pas être pensé en ces façons... sinon cela nous rendra fous...

MACBETH.

Je crois... j'ai entendu une voix crier : « Ne dors plus ! Macbeth tue le sommeil, l'innocent sommeil... le sommeil qui noue le fil embrouillé des soucis [1], mort de la quotidienne vie, bain des plaies du travail [2], baume des consciences blessées, second service [3] de la grande nature, chef-nourricière au festin de la vie... »

[1] *Knits up the ravelled sleave of care.* — Les traducteurs ont rendu *ravelled* par débrouillé, ce qui est contraire au sens exact, mais de plus à l'idée même. Le sommeil ne débrouille pas l'écheveau de nos soucis, il y fait un nœud, le *stoppe*, selon l'expression des cordiers. *Ravelen* se retrouve en hollandais avec le sens de *bafouiller*, parler confusément, et le patois normand donne *raviller*, embrouiller.

[2] *Sore labour*, le travail qui écorche, ce qui justifie l'idée de bains calmants.

[3] *Second course*, se rapporte à l'idée de festin, de banquet.

260 ŒUVRES DE SHAKESPEARE

LADY MACBETH.

Qu'est-ce que vous voulez dire ?

Pourquoi avez-vous apporté ces poignards?

MACBETH.

Encore cela criait : « Ne dors plus! — à toute la maison — Glamis a assassiné le sommeil et c'est pourquoi Cawdor ne dormira plus ! Macbeth ne dormira plus !...

LADY MACBETH.

Qui a crié cela, alors ? Comment ! digne Thane, vous détendez [1] votre noble force, jusqu'à croire à ces choses d'esprit malade ! Allez, ayez de l'eau et lavez ces malpropres témoignages, sur vos mains !... Pourquoi avez-vous apporté ces poignards de là-bas ? Ils doivent y rester... allez, reportez-les... et barbouillez de sang les laquais endormis...

MACBETH.

Je n'irai plus ! Je suis effrayé de penser à ce que j'ai fait... Regarder encore cela... je n'ose pas...

LADY MACBETH.

Faible de résolution !... Donnez-moi les poignards : Le dormeur — et les morts — ne sont que des peintures... c'est l'œil de l'enfance qui craint un diable peint !... S'il saigne, je dorerai [2] avec ce sang les faces de ses laquais : car il faut qu'ils paraissent coupables... (*Elle sort. On frappe au dehors.*)

MACBETH.

D'où est ce heurt ? Où en suis-je donc que tout bruit m'épouvante ? Quelles mains sont-ce là ? Ha ! elles m'arrachent les yeux ! Tout l'océan du grand Neptune laverait-il ce sang, effacé de mes mains ! Non ! bien plutôt ma main empourprerait les innombrables mers, en faisant du vert... du rouge !

LADY MACBETH, *qui est rentrée* [3] *depuis un instant et a écouté Macbeth.*

Mes mains sont de même couleur... mais j'aurais honte de porter un cœur si blanc ! (*On frappe.*) J'entends frapper à la porte du Sud. Retirons-nous dans notre chambre. Un peu d'eau nous nettoiera de cet acte. Que c'est facile ! Votre fermeté vous a laissé seul... (*On frappe.*) Entendez, on frappe encore. Revêtez votre robe de nuit, au cas où l'occasion nous appelle et montrons que nous sommes des veilleurs... Ne restez donc pas si piètrement perdu dans vos pensées.

MACBETH.

Connaître mon action... il serait mieux de ne me pas connaître moi-même... (*On frappe.*) Éveille Duncan avec ton heurt ! Je voudrais que tu le pusses ! (*Ils sortent.*)

SCÈNE III

Même décor.

UN PORTIER, *entrant, tandis que les coups redoublent.*

Il y a là un frappeur, en vérité ! Si un homme était portier de l'entrée de l'Enfer, ce serait un rude [4] tourneur de clefs. (*On frappe.*) Frappe ! frappe ! frappe !... Qui

---

[1] *Unbend*, débander un arc.

[2] *I will gild... for they must seem guilt.* — Il y a là une intention évidente de jeu de mots. *Gild*, dorer — *Guilt*, coupable. La prononciation est la même. C'est donc *je dorerai*, et en même temps un mot qu'on pourrait forger ainsi : *J'encoupablerai* leurs visages.

[3] Il est évident que, malgré les indications ordinaires, Lady Macbeth est rentrée avant la fin de la tirade précédente, car non seulement en répliquant à Macbeth, mais encore dans la scène de folie, elle reproduira les termes entendus.

[4] C'est là le sens exact de l'expression familière : *He would have old turning the key.* — Ce mot — *old* — a été plusieurs fois employé par Shakespeare — *an old abusing of God's patience*, un rude abuseur de la patience de Dieu (*Joyeuses Commères*), aussi dans le *Marchand de Venise*. En langage familier, un Parisien dirait : — *Un de nos vieux tourneurs de clefs*, etc.

est là, au nom de Belzébuth ?... C'est un fermier qui s'est pendu à force d'attendre l'abondance... [1] — Entre maintenant... avez-vous assez de serviettes avec vous, car ici, vous allez suer pour cela !... (*On frappe.*) Frappe, frappe... qui est là, au nom d'un autre diable : — Ma foi, celui-ci est un équivoqueur qui pourrait jurer par chacun des deux plateaux de la balance contre l'autre, qui a commis assez de trahisons pour l'amour de Dieu — et pourtant, n'a pas pu équivoquer avec le Ciel... Oh! entre, équivoqueur! (*On frappe.*) Frappe, frappe, frappe !... Qui est là ?... Ma foi, voici qu'arrive un tailleur anglais pour avoir volé sur une culotte française... entrez, tailleur, ici vous pourrez rôtir votre oie... [2] (*On frappe.*) Frappe ! frappe ! frappe !... Jamais tranquille !... seulement cet endroit est trop froid pour un enfer... je ne serai pas plus longtemps portier du diable... j'avais pensé à faire entrer de chaque profession quelque membre qui aille le chemin de primevères jusqu'à l'éternel Bon-Feu... (*On frappe.*) Voilà ! voilà !... je vous prie, n'oubliez pas le portier [3]. (*Il ouvre la porte.*)

Le portier du château.

Entrent MACDUFF *et* LENOX.

MACDUFF.

Était-il donc si tard, l'ami, avant de vous mettre au lit, que vous êtes si tard couché ?

LE PORTIER.

Ma foi, monsieur, nous avons fait carrousse [4] jusqu'au second coq, et boire, monsieur, est grand provocateur de trois choses.

MACDUFF.

Et quelles trois choses le boire provoque-t-il spécialement ?

LE PORTIER.

Parbleu, monsieur, peinture du nez, sommeil et urine... pour la polissonnerie, monsieur, il la provoque et la déprovoque... il provoque le désir, mais il démolit la performance. C'est pourquoi le beaucoup boire peut être appelé un équivoqueur de

---

[1] *Plenty.* — Le patois normand a encore *à plenté* pour *en abondance*. Latin *plenitas*, français *plantureux*, roman *plantieux*, *plante*.

[2] *Roast your goose. Goose* signifie à la fois *oie* et fer à repasser des tailleurs, en français, *carreau*, en argot, *gendarme*.

[3] Comme la scène des musiciens, dans *Roméo*, celle-ci est un intermède qui donne à l'esprit du spectateur le loisir de se reposer des terreurs précédentes et de prendre de nouvelles forces pour les terreurs prochaines. Ce monologue du portier est encore dans la tradition moderne; il n'est pas de fête foraine où ne se trouve une baraque : — « *A l'Enfer!* » — Le banquiste jette à la chaudière un représentant de chaque profession.

[4] *Carouse.* Les mots *faire carrousse*, boire à plein verre, appartiennent au français. Le dictionnaire de l'Académie les a supprimés en 1877. Mais ils sont conservés en province. Voir *Hamlet*, p. 122, note 2. Dans *Le moyen de parvenir* : — On trinqua l'un à l'autre, *on fit carroux*.

la polissonnerie... il la fait et la défait... il la produit et la détruit... il la conseille et la décourage, il la fait se tenir droite et... pas droite... en conclusion, il l'équivoque pendant le sommeil et, lui donnant un démenti, la laisse là.

MACDUFF.

Je crois que la boisson t'a donné un démenti cette nuit...

LE PORTIER.

Ainsi fit-elle, monsieur, et par la gorge ! Mais je l'ai rattrapée pour son démenti, et je crois avoir été plus fort qu'elle, et quoiqu'elle me tînt un peu les jambes, encore j'ai eu un truc pour la jeter par terre...

MACDUFF, *coupant court.*

Ton maître se lève-t-il ?... Ah ! nos coups de marteau l'ont éveillé !... le voici... (*Entre Macbeth.*)

LENOX.

Bonjour, noble seigneur.

MACBETH.

Bonjour à tous deux !

MACDUFF.

Le roi est-il levé, digne Thane ?

MACBETH.

Pas encore.

MACDUFF.

Il m'a commandé de l'éveiller de bon matin. J'ai presque laissé passer l'heure.

MACBETH.

Je vais vous conduire à lui.

MACDUFF.

Je sais que c'est joyeuse peine pour vous : mais enfin c'en est une...

MACBETH.

Le travail qui nous plaît [1] en guérit la peine. Voici la porte.

MACDUFF.

Je me permettrai d'entrer, car c'est mon devoir strict. (*Il sort.*)

LENOX.

Le Roi part-il d'ici aujourd'hui ?

MACBETH.

Oui. Il en a décidé ainsi.

LENOX.

La nuit a été désordonnée... pendant que nous étions au lit, nos cheminées ont été secouées et abattues, et, à ce qu'on dit, des plaintes entendues dans l'air, d'étranges cris de mort, prophétisant avec des accents terribles d'horribles combustions, des événements confus, qui allaient éclore en ce temps sinistre... L'oiseau de ténèbres a clamé toute la longue nuit, on aurait dit que la terre était fiévreuse et tremblait !...

---

[1] C'est-à-dire : Le plaisir qu'on trouve à un travail... Shakespeare est très coutumier de ces inversions de termes et d'idées.

MACBETH.

Ç'a été une rude nuit !

LENOX.

Ma jeune mémoire ne peut lui trouver d'analogue compagne...

MACDUFF, *rentrant*.

Oh ! Horreur ! Horreur ! Horreur ! La langue ni le cœur ne peuvent te concevoir ni te nommer !

MACBETH *et* LENOX.

Qu'y a-t-il ?...

MACDUFF.

Le chaos maintenant a fait son chef-d'œuvre !... Le plus sacrilège des meurtres a brisé le temple consacré du Seigneur et a volé la vie de sa demeure !

MACBETH.

Qu'est-ce vous dites ? la vie ?

LENOX.

Voulez-vous parler de Sa Majesté ?

MACDUFF.

Approchez de cette chambre et aveuglez vos yeux du spectacle d'une nouvelle Gorgone ! Ne me forcez pas de parler, voyez et alors parlez vous-mêmes ! (*Sortent Macbeth et Lenox.*) Éveillez-vous ! Éveillez-vous ! Sonnez la cloche d'alarme ! Meurtre et trahison ! Banquo, Donalbain, Malcolm, éveillez-vous ! secouez ce duveteux sommeil, contrefaçon de la mort et regardez la mort elle-même... debout ! debout ! et voyez l'image du grand Jugement !... Malcolm ! Banquo ! Levez-vous comme de vos tombeaux et marchez comme des spectres, pour affronter ces horreurs !... (*La cloche sonne.*)

LADY MACBETH, *entrant*.

Quelle affaire y a-t-il donc qu'une aussi hideuse trompette appelle à se réunir les dormeurs de la maison ? Parlez, parlez !

MACDUFF.

O noble dame, ce n'est pas à vous d'entendre ce que je puis dire. Dans une oreille de femme, cette répétition, en y tombant, la tuerait !... Banquo ! Banquo !... (*Entre Banquo.*) Notre royal maître est assassiné !

LADY MACBETH.

Malheur ! Hélas ! Quoi ! dans notre maison ?

BANQUO.

Trop cruel, n'importe où !... Cher Macduff, je t'en prie, contredis-toi toi-même et dis qu'il n'en est pas ainsi !...

MACBETH, *entrant avec Lenox*.

Fussé-je mort une heure avant cette catastrophe, j'aurais vécu une vie bénie : car, dorénavant, il n'y a plus rien de sérieux dans cette vie mortelle... rien n'est que jouet ! Gloire et grâce sont mortes : le vin de vie est tiré, et de la lie seule, cette cave se peut enorgueillir... [1] (*Entrent Malcolm et Donalbain.*)

---

[1] *To brag of.* — Le vieux français avait les mots *se braguer*, dans le même sens. La singulière expression de Macbeth doit viser quelque proverbe alors très usité.

MACBETH

DONALBAIN.

Qu'y a-t-il d'anormal ?[1]

MACBETH.

Vous existez et vous ne le savez pas![2] Le principe, la cause, la fontaine de votre sang s'est arrêtée... la source elle-même en est arrêtée !

MACDUFF.

Votre royal père est assassiné !

MALCOLM.

Oh ! par qui ?

Oh ! horreur ! horreur !

LENOX.

Les gens de sa chambre, à ce qu'il semble, ont fait cela ! Leurs mains et leurs faces étaient toutes barbouillées de sang... et aussi leurs poignards que, dégaînés, nous avons trouvés sur leurs oreillers... ils regardaient fixement et étaient comme fous : pas une existence d'homme ne pouvait être en sûreté avec eux.

MACBETH.

Et pourtant je me repens de ma furie... de les avoir tués...

MACDUFF, *vivement*.

Pourquoi avez-vous fait cela ?

---

[1] *Amiss* — irrégulier, en mauvais état. Un mot parisien rend bien cette idée : — Qu'est-ce qu'il y a de cassé ?
[2] Impossible de découvrir où F.-V. Hugo a trouvé : — Vous êtes... la plus haute victime !

MACBETH.

Qui peut être sage et affolé, modéré et furieux, fidèle et neutre, en un même moment? Personne. L'emportement de mon violent amour a dépassé la raison plus lente... là gisait Duncan, sa peau d'argent striée de son sang d'or et ses blessures béantes apparaissaient comme une brèche naturelle pour l'entrée dévastatrice de la destruction... ici, les meurtriers, trempés des couleurs de leur métier, leurs poignards brutalement gaînés [1] de caillots... qui pouvait retenir celui qui avait un cœur pour aimer et dans ce cœur, l'énergie de faire connaître son amour!

LADY MACBETH, *prête à s'évanouir.*

Aidez-moi à me retirer, ho!

MACBETH.

Secourez Lady Macbeth!...

MALCOLM, *à part, à Donalbain.*

Pourquoi retenons-nous nos langues, nous qui pourrions plus que les autres, réclamer ces phrases pour nôtres ?

DONALBAIN, *lui répondant de même.*

A quoi bon parler ici, où notre destinée — cachée dans un trou de douleur — peut se ruer et nous saisir ? Partons, nos larmes ne sont pas encore brassées [2].

MALCOLM, *de même.*

Et notre forte douleur n'est pas encore sur le pied d'activité...

BANQUO, *voyant Lady Macbeth s'évanouir.*

Secourez Lady Macbeth... (*On l'emporte.*) Et quand nous aurons caché nos nudités fragiles qui souffrent d'être exposées, réunissons-nous et interrogeons cette œuvre sanglante pour la connaître mieux... des craintes et des scrupules nous secouent. Je suis dans la grande main de Dieu et de là je combats contre les mystérieuses feintes d'une malice traîtresse!...

MACBETH.

Et ainsi fais-je...

TOUS.

Ainsi tous...

MACBETH.

Mettons vivement nos vêtements d'hommes et réunissons-nous dans la salle...

TOUS.

Bien consenti. (*Ils sortent à l'exception de Malcolm et de Donalbain.*)

MALCOLM, *arrêtant Donalbain.*

Qu'allez-vous faire ?... ne nous mêlons pas à eux. Montrer une tristesse inéprouvée est un métier que l'homme faux exerce facilement. J'irai en Angleterre.

DONALBAIN.

Moi en Irlande. Séparer nos fortunes nous gardera mieux en sureté tous deux.

---

[1] *Breeched.* — Grande discussion sur ce mot, quoique Nares et le D‍r Former affirment que les manches des poignards s'appelaient *breeches.* D'autres trouvent l'étymologie celtique *breach,* qui signifie une tache. Ce qui paraît beaucoup plus simple, c'est que le mot *breeches* a aujourd'hui encore le sens de *culotte,* d'*enveloppe, braies* gauloises. On peut dire que la culotte d'un poignard, c'est sa gaîne. Il est naturel que la lame soit gaînée de sang, et non le poignard *emmanché* de sang, puisque le manche reste caché dans la main.

[2] Voir dans *Titus Andronicus :* — Des pleurs brassées (*brewed*) par la douleur.

Où nous sommes, il y a des poignards dans les sourires : Le plus près par le sang est le plus près d'être sanglant[1].

MALCOLM.

Ce trait meurtrier — qui a été lancé — ne s'est pas encore affaibli : et notre voie la plus sûre est d'éviter le point de mire. Donc, à cheval ! Ne soyons pas soucieux de prendre congé, mais enfuyons-nous. C'est une garantie que le vol, le vol de soi-même, quand il n'y a plus de merci. (*Ils sortent.*)

SCÈNE IV

Hors du château.

Entrent ROSSE *et* UN VIEILLARD.

LE VIEILLARD.

Trois fois vingt années et dix encore je puis me bien rappeler : dans la quantité de ce temps, j'ai vu des heures effrayantes et des choses étranges : mais cette nuit terrible réduit à rien mes savoirs d'antan.

ROSSE.

Ah ! bon père, les cieux, comme troublés par les actes de l'homme, menacent son sanglant théâtre ; d'après l'horloge c'est le jour, et pourtant la nuit noire étrangle la lampe voyageuse[2]. Est-ce prédominance de la nuit ou honte du jour, que les ténèbres ensevelissent la face de la terre, alors que la lumière vivante devrait la baiser ?...

LE VIEILLARD.

C'est antinaturel, comme l'acte qui a été commis. Mardi dernier, un faucon s'envolant vers sa région d'orgueil, a été chassé par un hibou à souris et tué.

ROSSE.

Et les chevaux de Duncan (chose très étrange et certaine), beaux et agiles, les mignons de leur race, sont devenus sauvages et brisant leurs stalles, se sont enfuis, luttant contre l'obéissance, comme s'ils voulaient faire la guerre à l'humanité.

LE VIEILLARD.

On dit qu'ils se mangent les uns les autres.

ROSSE.

Ils ont fait cela : à la stupéfaction de mes yeux qui l'ont vu... Ah ! voici le bon Macduff. (*Entre Macduff.*) Comment va le monde, à présent, seigneur ?

MACDUFF.

Eh ! ne le voyez-vous pas ?

ROSSE.

Sait-on qui a commis cet acte plus que sanglant ?

---

[1] Il semble que les traducteurs aient commis ici une erreur grave. Le raisonnement de Donalbain est simple : — Nous sommes les fils de Duncan, donc les plus menacés. — *The near in blood, the nearer bloody*. Et non pas : — Notre plus proche parent est le plus disposé à nous tuer. — Les fils de Duncan obéissent à une crainte qu'exprime encore mieux la phrase de Malcolm : — *Évitons d'être au point de mire*.

[2] Le soleil.

MACDUFF.

Ceux que Macbeth a tués.

ROSSE.

Hélas ! Jour de Dieu ! A quel bénéfice prétendaient-ils ?

MACDUFF.

On les avait subornés. Les deux fils du roi, Malcolm et Donalbain, se sont dérobés et ont fui, ce qui met sur eux le soupçon du crime.

ROSSE.

Contre la nature !... Ambition sans frein qui dévores toi-même les ressources de ta propre vie ! Alors, c'est très probable, la souveraineté va échoir à Macbeth.

Rosse et le Vieillard.

MACDUFF.

Il est déjà élu, et parti pour Scone, à fin d'investiture...

ROSSE.

Où est le corps de Duncan ?

MACDUFF.

Transporté à Colmeskill, la retraite sacrée de ses prédécesseurs et gardienne de leurs ossements.

ROSSE.

Allez-vous à Scone ?...

MACDUFF.

Non, cousin, je vais à Fife.

ROSSE.

Bien, j'irai à Scone.

MACDUFF.

Bien, puissiez-vous voir là des choses bien faites... adieu ! j'ai peur que nos vieilles robes nous aillent mieux que les nouvelles...

ROSSE.

Père, adieu !

LE VIEILLARD.

Que la bénédiction de Dieu aille avec vous et avec ceux qui sauraient faire du bien avec du mal et des amis avec des ennemis.

ACTE TROISIÈME

SCÈNE PREMIÈRE

A Fores. — Une chambre dans le palais.

BANQUO, *entrant, seul.*

Tu as maintenant tout cela, Roi, Cawdor, Glamis, comme les Femmes du Destin l'ont promis : et, je le crains, pour cela, tu as joué fort malhonnêtement. Il a été dit encore que cela ne resterait pas à ta postérité, mais que je serais moi-même la racine et le père de maints rois. Si la vérité vient d'elles (comme le montrent, à propos de toi, leurs discours), pourquoi, en vertu de ces vérités pour toi réalisées, ne pourraient-elles pas être aussi bien mes oracles et m'élever en espérances [1] ? Mais chut ! rien de plus ! (*Sonneries de trompettes.*)

Entrent MACBETH, *en Roi*, LADY MACBETH, *en Reine*, LENOX, ROSSE, LORDS, LADIES *et leur suite.*

MACBETH, *à Banquo.*

Voici notre maître convive...

LADY MACBETH.

S'il avait été oublié, il y aurait eu comme un vide à notre grand festin et toutes choses auraient mal été.

MACBETH.

Ce soir, nous tenons souper solennel, messire, et je réclamerai votre présence.

BANQUO.

Que votre Hautesse me donne ses ordres, auxquels mes devoirs sont pour toujours liés par une indissoluble chaîne.

MACBETH.

Chevauchez-vous, cet après-midi ?

BANQUO.

Oui, mon bon Seigneur.

---

[1] Il est utile de remarquer qu'au fond de son âme Banquo est quelque peu atteint, lui aussi, de la folie des grandeurs.

MACBETH.

Autrement nous aurions désiré vos bons avis — qui toujours ont été à la fois graves et heureux — au conseil de ce jour. Mais nous les prendrons demain. Votre chevauchée est-elle lointaine ?

BANQUO.

Assez lointaine, My Lord, pour remplir le temps jusqu'au souper. Et si mon cheval ne va au mieux [1], je deviendrai un emprunteur du soir, pour une heure ou deux d'obscurité.

MACBETH.

Ne manquez pas à notre festin.

BANQUO.

My Lord, je n'y manquerai pas.

MACBETH.

Nous apprenons que nos sanguinaires cousins se sont rendus en Angleterre et en Irlande : ils ne confessent pas leur cruel parricide et accablent leurs auditeurs d'étranges inventions. Mais à demain tout cela, quand, en même temps, nous aurons affaires d'État, requérant notre réunion. Vite, à cheval. Adieu jusqu'à votre retour, ce soir. Fléame va-t-il avec vous ?

BANQUO.

Oui, mon bon Seigneur : notre heure nous appelle.

MACBETH.

Je vous souhaite chevaux rapides et de pied sûr, et aussi je vous recommande à leurs croupes. Adieu. (*Banquo sort.*) Que tout le monde soit maître de son temps jusqu'à ce soir. Pour plus douce bienvenue [2], nous resterons seuls nous-mêmes jusqu'à l'heure du souper. Jusque-là, Dieu soit avec vous ! (*Sortent Lady Macbeth et les autres, sauf un serviteur.*) Manant, un mot. Ces hommes attendent notre bon plaisir ?

LE SERVITEUR.

Ils sont, Monseigneur, hors de la porte du palais...

MACBETH.

Amène-les devant nous. (*Le serviteur sort.*) Être là n'est rien... mais y être sûrement !... Nos craintes s'attachent profondément à Banquo : dans la loyauté [3] de sa nature règne ce qu'il faut craindre. Il est très audacieux, et dans l'indomptable énergie de son esprit, il a une sagesse qui guide son courage à agir en sécurité. Il n'est personne, sinon lui, dont je craigne l'existence, et par le sien, mon génie est contrarié [4], comme, dit-on, César l'était par Marc Antoine. Quand les sœurs ont posé sur moi le nom de roi, il les a interpellées et leur a ordonné de lui parler : alors, prophétiquement, elles l'ont salué père d'une lignée de rois. Sur ma tête elles ont placé une couronne inféconde et ont mis à mon poing un sceptre stérile, c'est-à-dire pour m'être arraché par une main hors de ma lignée, pas un de mes fils ne me succédant. Si c'est ainsi, pour la race de Banquo j'ai sali mon âme — pour eux, j'ai

---

[1] *Go not my horse the better.* — Expression très simple qu'il paraît inutile de traduire par — *si mon cheval ne redouble de vitesse* (F. V. H.).
[2] Pour que votre retour nous semble encore plus doux...
[3] *Royalty* — on dit encore aujourd'hui *Loyalisme* pour *Royalisme*.
[4] *Rebuked*, tancé, réprimandé. Le patois normand conserve *rebouquer*.

assassiné le gracieux Duncan, j'ai seulement pour eux mis des remords dans le vase de ma paix! et mon éternel joyau, je l'ai donné au commun ennemi des hommes, pour les faire rois, semence des rois Banquo [1]! Plutôt que cela, viens, Fatalité, dans la lice et sois mon champion à outrance!... Qui est là? (*Au serviteur qui rentre avec deux assassins.*) Maintenant à la porte, tiens-toi là jusqu'à notre appel. (*Sort le serviteur. Aux deux hommes.*) N'est-ce pas hier que nous avons causé ensemble?

PREMIER ASSASSIN.

C'était hier, s'il plaît à votre Hautesse.

MACBETH.

Bien alors. Maintenant avez-vous réfléchi à mes paroles? Vous savez que c'était lui qui, aux temps passés, vous a jetés en si basse fortune — ce que vous croyiez

Macbeth et les assassins.

avoir été l'œuvre de notre innocente personne. Je vous l'ai démontré dans notre dernière conférence : je vous ai fait la preuve comment vous aviez été maniés, dupés... quels furent les instruments, qui s'en servit, toutes choses qui, à une demi-âme, à un intellect fêlé pourraient dire : — Banquo a fait cela [2]!...

PREMIER ASSASSIN.

Vous nous avez fait savoir cela.

MACBETH.

Je l'ai fait : et allai plus avant, ce qui est le sujet de notre seconde réunion. Trouvez-vous donc en votre nature une patience si puissante que vous puissiez laisser cela aller son train? Êtes-vous évangélisés à prier pour ce bon monsieur et sa race, lui dont la lourde main vous a pliés à la tombe et des vôtres a fait des mendiants pour toujours?

PREMIER ASSASSIN.

Nous sommes des hommes, mon suzerain.

[1] *The seed of Banquo Kings*. Cette interprétation diffère de celle qu'on accepte ordinairement. — *La semence de Banquo... rois!* Le sens ici adopté paraît plus conforme à la pensée de Shakespeare. Ce qui l'irrite, c'est de faire des rois — tige de la race royale des Banquo.

[2] L'histoire nous apprend que Banquo, chargé de recueillir les revenus du roi, avait employé des mesures violentes qui avaient été la cause première du soulèvement, par lequel débute le drame.

MACBETH

MACBETH.

Oui, dans le catalogue vous allez pour des hommes, comme les limiers, les lévriers, les métis, les épagneuls, les mâtins, caniches, barbets et demi-loups sont claqués [1] tous par le nom de chien : mais la liste d'évaluation distingue les rapides, les lents, les subtils, les gardiens de maison, les chasseurs, chacun d'après le don que la bonne nature a enfermé en lui [2]... par quoi il reçoit annotation spéciale sur le bulletin où ils sont tous inscrits de même : ainsi des hommes. Maintenant, si vous avez [3] une place dans le catalogue et non au pire rang de l'humanité, dites-le et je placerai dans vos poitrines cette affaire dont l'exécution fait disparaître votre ennemi, vous agrafe au cœur et à l'amour de nous-mêmes, de nous qui, par sa vie, portons maladivement une santé qui par sa mort serait parfaite.

DEUXIÈME ASSASSIN.

J'en suis un, monseigneur, que les vils coups et rebuffades du monde ont à ce point surchauffé, que je me moque de ce que je fais, pourvu que je malmène le monde [4]...

PREMIER ASSASSIN.

Et j'en suis un autre, si excédé de désastres, si tiraillé par la fortune, que je jouerais ma vie sur une chance pour l'avoir meilleure ou en être débarrassé...

MACBETH.

Tous deux, vous le savez, Banquo était votre ennemi.

DEUXIÈME ASSASSIN.

C'est vrai, monseigneur.

MACBETH.

Il est aussi le mien : et à si sanglante extrémité que chaque minute de son existence menace la plus proche minute de ma vie. Et quoique je pusse, avec mon pouvoir, face découverte, le balayer de ma vue, et pour cela, arguer de ma volonté : pourtant, à cause de certains amis qui sont à la fois les siens et les miens et dont je ne puis perdre les affections [5], je ne dois que pleurer la chute de celui que j'aurai moi-même abattu [6]... D'où vient que je fais appel affectueux [7] à votre assistance, masquant l'affaire aux yeux de tous pour maintes et lourdes raisons.

DEUXIÈME ASSASSIN.

Nous exécuterons, monseigneur, ce que vous nous commandez.

---

[1] *Cleped*, appelés, mais en même temps que claque le fouet. — Le mot *clapoter* en parlant de l'eau vient de cette racine, l'eau *clapote* quand on la fouette vivement. Le patois normand a conservé *cliper*, faire jaillir (sous un coup) l'eau et la boue. *To clepe* est la forme ancienne de *to clap*. En vieux saxon (V. le Vocabulaire d'Alfric) *clæppetung*, signifie le pouls, heurt du sang.

[2] Comparer ce discours de Macbeth à celui de Claudius (Hamlet) à Laertes. Même lenteur, mêmes circonlocutions pour arriver à conseiller ou ordonner un crime.

[3] Si vous avez droit à...

[4] Il est certain que pour rendre la violence des mots — *reckless* — dont le sens mauvais est plus sensible dans l'allemand *ruchlos* — et *spite the world*, — il faudrait corser les expressions françaises. Le lecteur s'en chargera.

[5] La construction de la phrase — qui a échappé aux traducteurs français — est *I must not... but wail*.

[6] Par une ellipse qui lui est ordinaire, Shakespeare dit : *la chute que j'aurai moi-même frappée à bas*.

[7] *Make love*, faire l'amour à...

PREMIER ASSASSIN.

Quand même nos existences !...

MACBETH, *l'interrompant.*

Vos courages brillent à travers vos yeux. D'ici une heure au plus, je vous aviserai à vous poster : vous vous entendrez avec un excellent espion [1] sur le temps, le moment pour cela : car il faut que cela soit fait cette nuit et quelque peu hors du palais, étant toujours entendu que je requiers l'irresponsabilité... et avec Banquo, pour ne laisser dans l'ouvrage ni accroc ni ravaudages, Fléame, son fils, qui lui tient compagnie et dont l'absence ne m'est pas de moindre importance que celle de son père, doit embrasser la destinée de cette heure noire. Décidez-vous en aparté. Je viendrai à vous tout à l'heure.

DEUXIÈME ASSASSIN.

Nous sommes décidés, monseigneur.

MACBETH.

Je vous reviendrai vite. (*Leur désignant une porte.*) Restez là-dedans. C'est conclu... (*Ils sortent. — Macbeth seul.*) Banquo, ton âme envolée, si elle doit trouver le ciel, le trouvera ce soir. (*Il sort.*)

SCÈNE II

Le même palais. — Une autre pièce.

Entrent LADY MACBETH *et* UN SERVITEUR.

LADY MACBETH.

Banquo a-t-il quitté la cour ?

LE SERVITEUR.

Oui, madame. Mais il revient ce soir.

LADY MACBETH.

Dis au roi que je compte sur son loisir pour quelques mots.

LE SERVITEUR.

Je le ferai, madame. (*Il sort.*)

LADY MACBETH.

Rien n'est possédé, tout est dépensé, là où notre désir s'obtient sans pleine satisfaction. Il est meilleur d'être ce que nous détruisons que, par la destruction, de vivre en douteuse joie. (*Entre Macbeth.*) Eh bien, My Lord ? Pourquoi restez-vous seul, faisant vos compagnes des plus tristes imaginations, ressassant ces pensées qui vraiment devraient être mortes avec celui qu'elles visent ? Choses sans remède doivent être sans regret. Ce qui est fait est fait.

MACBETH.

Nous avons blessé le serpent, mais non tué. Il se cicatrisera et sera lui-même, et alors notre pauvre malice restera en danger en face des mêmes dents. Mais que le cadre des choses se disjoigne, que les deux mondes souffrent, plutôt que nous prenions

---

[1] En effet, tout à l'heure Macbeth enverra un troisième assassin : il a, dira-t-il plus loin, des espions auprès de tous ses adversaires.

notre nourriture en terreur et dormions en l'affliction de ces terribles rêves qui nous secouent chaque nuit ! Mieux être avec les morts que nous avons, pour gagner notre place, envoyés à la paix qu'en cette torture de conscience être couché dans l'agonie sans paix. Duncan est dans sa tombe : après l'ardente fièvre de la vie, il dort bien. La trahison a fait son pire. Ni acier, ni poison, ni malheur domestique, ni soulèvements étrangers, rien désormais ne peut l'atteindre !

LADY MACBETH.

Venez, mon gentil Seigneur, déplissez votre visage froncé. Soyez brillant et jovial, ce soir, au milieu de vos hôtes...

MACBETH.

Ainsi ferai-je, mon amour ! et ainsi, je vous prie, soyez vous-même. Souvenez-vous de vous attacher à Banquo. Présentez-lui la victoire et des yeux et de la langue. Temps misérable, qu'il nous faille laver nos honneurs dans ces ruisseaux de flatterie et faire de nos visages des masques à nos cœurs, déguisant ce qu'ils sont !...

LADY MACBETH.

Il vous faut laisser cela...

MACBETH.

O, mon âme est pleine de scorpions, chère femme ! Tu sais que Banquo, et son Fléame, sont vivants !

LADY MACBETH.

Mais en eux les baux de la nature [1] ne sont pas éternels.

MACBETH.

Il y a là encore un réconfort !... ils sont attaquables. Donc toi, sois gracieuse. Avant que la chauve-souris ait volé son vol de cloître, avant qu'à la sommation de la noire Hécate, le cafard, né dans les tessons [2] ait, par ses endormants fredons, sonné le carillon bailleur de la nuit — il sera fait un acte d'une effroyable note [3]...

LADY MACBETH.

Quel acte ?

MACBETH.

Sois innocente de ce savoir, chère poulette [4] ! jusqu'à ce que tu applaudisses à l'action elle-même... Viens, nuit aveuglante, bande les tendres yeux du jour pitoyable, et de ta sanglante et invisible main, détruis et mets en pièces cette grande lettre de

---

[1] *Nature's copy's*. Et non *l'image de l'humanité* (F. V. H.) ni les *exemplaires d'humanité* (Montégut). *Copy* signifie ici *acte de location*, et le sens est affirmé par le mot *assailable*, attaquables.

[2] Un commentateur, expliquant comment, dans le peuple, on croit à tort que les cafards, cri-cris, etc., naissent dans les débris, ajoute que Shakespeare, sachant le mal fondé de cette légende, n'a pas pu la reproduire et que par conséquent il faut chercher un autre sens. Mais Shakespeare non plus n'aurait pas assassiné Banquo. C'est Macbeth qui agit et qui parle. Donc Macbeth peut avoir des idées erronées sur la naissance des cafards.

[3] *Of dreadful note*. Il semble, contrairement à l'avis des traducteurs qui ont pris le mot *note* dans le sens de notoriété, de bruit, que cette expression soit en parallélisme avec le *chant* du cafard, du grillon qui habite les foyers.

[4] Certains se sont offarouchés de cette amabilité trop familière. *Chuck* signifie poule et au cinquième acte de Macbeth, nous trouverons Macduff s'écriant, à la nouvelle de l'assassinat de ses enfants : — *Mes jolis petits poulets*. Quoi qu'il en soit, on a voulu que *chuck* vînt, en cette occasion, du celtique *diog* qui signifierait alors : — Ma vie ! Mon âme ! Inutile d'insister. Le patois de Bourges a conservé *choquelu*, poussin.

créance [1] qui me rend pâle !... La lumière se trouble ; et le corbeau fait aile vers le bois croassant [2]. Les bonnes choses du jour commencent à languir et à s'assoupir, tandis que les noirs agents de la nuit se lèvent vers leur proie... Tu es stupéfaite de mes paroles... mais tiens-toi tranquille. Les choses, commencées en mal, se renforcent par le mal... Là-dessus, je te prie, viens avec moi...

SCÈNE III

Un parc ou une pelouse, avec une porte conduisant au palais.

Entrent TROIS ASSASSINS.

PREMIER ASSASSIN, *au troisième*.
Mais qui t'a ordonné de te joindre à nous ?

TROISIÈME ASSASSIN.
Macbeth.

DEUXIÈME ASSASSIN.
Nous n'avons pas besoin de nous méfier, puisqu'il nous apporte nos instructions et ce que nous avons à faire, juste en la direction.

PREMIER ASSASSIN.
Alors reste avec nous. L'ouest brille encore de quelques rais du jour : maintenant le voyageur attardé éperonne vite pour regagner à temps l'auberge ; et bientôt approche l'objet de notre veille...

TROISIÈME ASSASSIN.
Attention ! j'entends des chevaux...

BANQUO, *derrière le théâtre*.
Ho ! donnez-nous de la lumière !...

DEUXIÈME ASSASSIN.
C'est lui ! Les autres, qui sont sur la liste qu'on attend [3], sont déjà dans la cour.

PREMIER ASSASSIN.
Les chevaux s'éloignent...

TROISIÈME ASSASSIN.
Presque à un mille. C'est qu'il a l'habitude, comme tous les hommes, d'ici à la porte du palais, de faire cela à pied.

Entrent BANQUO *et* FLÉAME, *précédés par un serviteur portant une torche.*

DEUXIÈME ASSASSIN.
Lumière ! une lumière !

TROISIÈME ASSASSIN.
C'est lui !

[1] *Bond*, signifie bien *lien*, mais ce sens s'étend et s'adapte à tout papier impliquant dette reconnue. Et c'est là ce que veut dire Macbeth. La dette de son remords sera anéantie.

[2] La signification du mot *Rooky*, très discutée, paraît simple. *Rook* signifie corbeau, et semble une onomatopée du cri de l'animal. L'étymologie celtique donne *Roc*, croasser. Ce mot *rook* signifie aussi voleur, bandit et se retrouve dans l'argot français *Rouquin*.

[3] Les invités attendus au château.

PREMIER ASSASSIN.

A l'ouvrage !

BANQUO.

Il y aura de la pluie cette nuit...

Les assassins et Banquo.

PREMIER ASSASSIN, *éteignant la torche et se jetant sur lui.*
Laisse-la tomber !

BANQUO, *frappé, chancelant.*
O trahison !... fuis, Fléame, fuis ! fuis !... tu pourras venger... ô infâme !... (*Il meurt. Fléame et le serviteur s'enfuient.*)

TROISIÈME ASSASSIN.
Qui a éteint la lumière ?

PREMIER ASSASSIN.
Mais n'était-ce pas le moyen ?...

TROISIÈME ASSASSIN.
Il n'y en a qu'un à bas. Le fils s'est enfui !...
DEUXIÈME ASSASSIN.
Nous avons perdu la meilleure moitié de notre affaire...
PREMIER ASSASSIN.
Bien... filons et disons ce qu'il y a de fait. (*Ils sortent*.)

SCÈNE IV

Une salle d'apparat dans le palais. — Un banquet est préparé.

Entrent MACBETH, LADY MACBETH, ROSSE, LENOX, LORDS *et la suite.*

MACBETH.
Vous connaissez vos rangs personnels, asseyez-vous. Au premier comme au dernier [1], bienvenue de cœur !
LES LORDS.
Merci à Votre Majesté.
MACBETH.
Nous-mêmes nous mêlerons à la société et jouerons le rôle d'un hôte modeste. Notre hôtesse garde sa place : mais, au meilleur moment, nous requierrons sa bienvenue.
LADY MACBETH.
Enoncez-la pour moi, Seigneur, à tous nos amis : car mon cœur parle, ils sont bienvenus. (*Le premier assassin se montre à la porte.*)
MACBETH, *se rapprochant de lui tout en parlant à ses hôtes.*
Vois : ils vont au-devant de toi avec les remerciements de leurs cœurs... les deux côtés sont en nombre égal. Je m'assoirai au milieu. Soyez larges en joie : tout à l'heure nous boirons une rasade à la ronde. (*Bas à l'assassin.*) Il y a du sang sur ta face.
L'ASSASSIN.
Alors, c'est de Banquo.
MACBETH.
Mieux vaut que tu l'aies dehors que lui dedans. Est-il dépêché ?
L'ASSASSIN.
Monseigneur, sa gorge est coupée, ce que j'ai fait pour lui.
MACBETH.
Tu es le meilleur des coupe-gorges : Encore celui-là est bon qui en fit de même pour Fléame : si tu as fait cela, tu es le non pareil.
L'ASSASSIN.
Très royal Seigneur, Fléame s'est échappé...
MACBETH, *portant la main à son front.*
Voici que revient mon trouble... autrement j'aurais été parfait, entier comme le

[1] Et non, comme l'a cru F. V. H., *pour premier mot et pour dernier* : — Prenez vos places selon l'étiquette et à chacun, salut, quelque rang qu'il occupe.

marbre, d'aplomb comme le roc, aussi expansif et indépendant que l'air qui nous entoure... mais maintenant je suis enfermé, encagé [1], confiné, attaché à mes amères [2] terreurs et hésitations ! Et Banquo est sauf [3] !

L'ASSASSIN.

Oui, mon bon Seigneur... sauf, dans un fossé où il loge, avec vingt blessures béantes à la tête, la moindre étant mortelle.

MACBETH, *fiévreux.*

Merci pour cela... là-bas gît le serpent d'âge mûr [4]... le vermisseau qui a fui a une nature qui en son temps produira du venin... pour l'instant, pas de dents !... Va-t'en ! demain nous t'entendrons, nous-mêmes, de nouveau... (*L'assassin sort.*)

LADY MACBETH, *de son siège d'honneur.*

Mon royal Lord, vous ne donnez pas l'entrain... c'est vendre un festin que de ne pas souvent témoigner, tandis qu'il marche, qu'il est donné avec bienvenue. Pour manger, on serait mieux chez soi; sinon, la sauce des mets, c'est la civilité. Sans elle, les réunions sont maigres [5]...

MACBETH.

Douce régisseuse [6] ! Allons, la bonne digestion compte sur l'appétit, et santé à tous deux !... (*Le spectre de Banquo surgit du sol et s'assied à la place de Macbeth.*)

LENOX.

Plaise à Votre Hautesse de s'asseoir...

MACBETH, *qui ne voit pas encore le spectre.*

Ici nous aurions l'honneur de notre pays à son comble, si était présente la gracieuse personne de notre Banquo... puissé-je avoir à lui chercher querelle pour incivilité plutôt qu'à le plaindre pour malechance...

ROSSE.

Son absence, Seigneur, jette un blâme sur sa promesse. Plaise à Votre Hautesse de nous gratifier de sa royale compagnie...

MACBETH, *voyant le spectre qui est invisible pour tous.*

La table est pleine !...

LENOX.

Il y a ici une place réservée, Seigneur.

MACBETH.

Où ?

---

[1] *Cribbed. Crib* est un mot d'argot qui signifie un logis, une prison, une cage.

[2] *Saucy,* insolentes. Schmidt, en son lexique, explique que c'est là un *oxymoron,* figure de rhétorique par laquelle on applique à un mot une épithète contraire au sens immédiatement logique. — Donc *insolentes* serait mis à la place de *lâches.* Mieux vaut recourir à l'étymologie, *sauce,* mixture salée et pimentée qui accompagne les viandes, d'où *amères.*

[3] D'ordinaire on attribue à ces mots un sens interrogatif. Il paraît plus logique que, suivant sa pensée, Macbeth dise : — Je suis enchaîné, moi !... mais Banquo est libre !... — L'assassin le ramène aux idées réelles.

[4] *Grown,* qui a atteint sa croissance, par opposition à Fléame, qui est le serpent appelé à grandir. Le *gros* serpent ne signifie rien.

[5] *Bare,* décharné, nu. C'est trop corriger Shakspeare que d'écrire *fades,* sous prétexte de continuer la comparaison de la sauce.

[6] *Sweet remembrancer !* Celui qui rappelle aux acteurs que le moment est venu d'entrer en scène, le régisseur ou plus ordinairement *l'aboyeur.*

LENOX, *lui désignant la place occupée par le spectre.*
Ici, My Lord!... Qu'est-ce donc qui trouble Votre Hautesse.

MACBETH, *hagard.*

Qui de vous a fait cela ?

LES CONVIVES.

Quoi, mon bon Lord !

MACBETH, *au spectre.*

Tu ne peux pas dire que j'ai fait cela... ne secoue pas sur moi tes boucles collées de sang [1] !...

ROSSE.

Gentlemen, debout! Sa Hautesse n'est pas bien !

LADY MACBETH.

Assis, dignes amis ! My Lord est souvent ainsi et cela depuis sa jeunesse. Je vous prie, gardez vos sièges. La crise est momentanée : le temps d'y songer, de nouveau il sera bien. Si vous faites attention à lui, vous le fâcherez et augmenterez son émoi... mangez et ne le regardez pas... (*S'approchant de Macbeth, bas.*) Êtes-vous un homme ?

MACBETH.

Oui, et un homme fort, pour oser regarder ce qui ferait pâlir le diable !

LADY MACBETH, *sur le même ton.*

O belle sottise ! C'est en vérité l'image de votre peur! Ceci est comme le poignard, dessiné dans l'air, qui, disiez-vous, vous conduisait vers Duncan! Oh! ces frissons, ces sursauts — imposteurs de la vraie peur [2] — conviendraient à une histoire de femme, devant un feu d'hiver, certifiée par la grand'mère. C'est la honte même ! Pourquoi faites-vous pareille figure ? Tout compte fait, vous ne regardez qu'un tabouret !

MACBETH, *égaré.*

Je t'en prie, vois là ! fais attention ! Regarde ! regarde ! (*Au spectre.*) Comment dis-tu ?... Après tout, qu'est-ce que cela me fait ! si tu peux hocher la tête, tu peux aussi parler !... Si nos charniers et nos tombeaux, nous doivent renvoyer ceux que nous enterrons, nos sépulcres seront des gésiers de milans [3] ! (*Le spectre disparait* [4])

LADY MACBETH.

Quoi ! tout à fait dévirilisé par la folie !

MACBETH.

Aussi vrai que je suis là, je l'ai vu !...

---

[1] *Gory,* de *gore,* caillots de sang. Le sens primitif de *gore* est *pustule* et se retrouve dans le patois normand *gore,* syphilis. Le *goret* est le malade atteint de cette affection, d'où naturellement la synonymie des mots *goret* et *porc.*

[2] Dissimulant la vraie peur sous le mensonge d'une apparition fantastique.

[3] Nous les ferons dévorer par les oiseaux de proie.

[4] Cette apparition de Banquo est absolument conforme aux théories de l'occultisme : les initiés n'y trouveraient pas matière à la moindre critique. La pensée de Macbeth s'extériorise, et se matérialise en empruntant à Macbeth lui-même un corps fluidique. Mais comme les assistants ne lui apportent aucun concours, ce corps fluidique ne peut être vu que par lui-même, qui est en une sorte de *trance.* Dès que sa tension cérébrale diminue, l'extériorisation cesse et le spectre s'évanouit. Voir les livres de Papus et de M. de Rochas.

LADY MACBETH.

Fi ! par pudeur!

MACBETH, *se calmant peu à peu.*

Du sang a été versé avant aujourd'hui, dans les vieux temps, avant que les lois

Le spectre de Banquo.

humaines eussent purifié le droit des gens... oui, et depuis lors des meurtres ont été perpétrés, trop terribles pour l'oreille... il y eut des temps où, quand les cervelles étaient dehors, l'homme mourait et c'était la fin !... mais maintenant ils se relèvent, avec vingt mortels meurtres [1] dans leurs crânes et nous repoussent de nos chaises !... cela est plus étrange que le meurtre lui-même...

[1] *Murders* — blessures meurtrières. Le mot anglais est d'une terrible concision.

LADY MACBETH.

Mon digne Lord, vous faites défaut à vos nobles amis.

MACBETH.

J'oublie... (*Haut, s'adressant à tous.*) Ne vous ébahissez [1] pas sur moi, mes très dignes amis; j'ai une étrange infirmité qui n'est rien pour ceux qui me connaissent. Allons, affection et santé à tous! Je vais m'asseoir... Donnez-moi du vin, tout plein... je bois à la joie générale de toute la table et à notre cher ami Banquo [2] (*le spectre surgit, Macbeth a le dos tourné*) qui nous manque... Je voudrais qu'il fut ici!... à tous et à lui, nous buvons [3]... et tout entier à tous!...

LES CONVIVES.

Nos devoirs et nos acclamations!

MACBETH, *voyant le spectre.*

Arrière! ôte-toi de ma vue! que la terre te cache!... Tes os sont sans moelle, ton sang est froid... tu n'as pas de regards dans ces yeux avec lesquels tu me fixes!...

LADY MACBETH.

Bons pairs, considérez cela seulement comme chose accoutumée... ce n'est pas autre chose... seulement cela gâte le plaisir de cet instant...

MACBETH, *au spectre.*

Ce qu'ose l'homme, je l'ose... approche-moi comme le hérissé lion de Russie, le rhinocéros armé ou le tigre d'Hyrcanie, prends n'importe quelle forme sauf celle-là, et mes fermes nerfs ne trembleront pas... ou bien sois de nouveau vivant et affronte-moi dans un désert, avec ton épée... si tremblant je te récuse [4], traite-moi d'enfant de fille! Dehors, ombre horrible! (*Le spectre disparaît.*) Dehors! irréelle moquerie!... — Quoi!... c'est fait!... lui parti, je suis de nouveau un homme... je vous en prie, restez assis.

LADY MACBETH.

Vous avez désorganisé la joie, brisé la bonne assemblée, avec votre très remarqué [5] désordre.

MACBETH.

Telles choses peuvent-elles être, et tomber sur nous comme un orage [6] d'été sans nous stupéfier! Vous me désorientez même, en les dispositions que je ressens, quand maintenant je songe que vous pouvez supporter de tels spectacles et garder une naturelle rougeur sur vos joues, alors que les miennes sont blanches de terreur...

---

[1] *Do not muse at me.* — *To muse* est une forme de *mouth*, bouche, dont nous avons fait museau, et signifie regarder la bouche ouverte. D'où encore le mot français *muser*, flâner.

[2] Très intéressante, cette fanfaronnade de Macbeth qui toujours parle de Banquo. A rapprocher du *Démon de la Perversité*, d'Edgar Poë.

[3] *We thirst*, nous avons soif. Le patois normand a conservé *suiffer* pour boire.

[4] *I inhibit thee*, en langage de droit, le mot *inhibit* s'applique au juge dont on refuse de reconnaître la compétence. Exactement la récusation. Comment F. V. H. a-t-il pu accepter la version — *inhabit* — je m'enferme, expression d'autant plus étrange que Macbeth vient de parler d'une lutte dans un désert. Guizot a éludé la difficulté en écrivant : — *je demeure tremblant*. — Et ainsi des autres.

[5] *Most admired.* Ces mots signifient plus que *surprenant* ou *étrange*, termes adoptés. Lady Macbeth lui reproche de s'être donné en spectacle et d'avoir suggéré des commentaires.

[6] *Clouds*, nuages, la partie pour le tout. L'étymologie d'ailleurs donne une masse qui tombe, qui frappe, qui écrase, *clud*, anglo-saxon.

ROSSE.

Quels spectacles, Monseigneur.

LADY MACBETH

Je vous en prie, ne parlez pas : il va de pire en pire, les questions l'enragent. A tous ensemble, bonne nuit ! ne vous en tenez pas à l'étiquette pour le départ. Partez tous à la fois...

Il y aura du sang...

LENOX.

Bonne nuit et meilleure santé à Sa Majesté.

LADY MACBETH.

Une aimable bonne nuit !... à tous. (*Sortent les Lords et leur suite.*)

MACBETH.

Il y aura du sang... on le dit, le sang veut du sang. Des pierres ont été vues se mouvoir et des arbres parler. Des augures et des concordances comprises, ont par des pies [1], des corbeaux, des hiboux, révélé l'homme sanglant [2] le plus secrètement caché... Où en est la nuit ?

[1] Il est assez curieux que la pie s'appelle *Maggot pie* et que nous appellions les pies du nom de *Margot*.
[2] Le cadavre d'un homme assassiné.

LADY MACBETH.

Presque en conflit avec le matin... entre ceci et cela [1]...

MACBETH.

Comment dis-tu... que Macduff refuse de venir à notre grande convocation ?

LADY MACBETH.

Avez-vous envoyé vers lui, Seigneur ?

MACBETH.

J'ai appris cela indirectement. Mais j'enverrai. Il n'y en a pas un dans la maison de qui je ne garde un serviteur à mes gages. J'irai demain... j'irai de bonne heure vers les sœurs du Destin. Elles en diront plus long, car maintenant je suis résolu à savoir le pire, par les pires moyens. Pour mon propre bien, tout doit me faire place. J'ai marché si loin dans le sang que, voudrais-je n'y plus piétiner, retourner en arrière serait aussi odieux que d'aller en avant. J'ai d'étranges choses dans la tête... qui veulent être en la main et qui doivent être faites, avant qu'elles puissent être pesées.

LADY MACBETH.

Vous avez besoin du remède de tous les êtres, le sommeil.

MACBETH.

Viens. Nous dormirons. Mon étrange illusion vient de la peur initiale qui demande une dure habitude... nous ne sommes encore que des jeunes dans le crime!... (*Ils sortent.*)

SCÈNE V

Dans les bruyères. — Tonnerre.

Entre HECATE [2], *allant au devant des* TROIS SORCIÈRES.

PREMIÈRE SORCIÈRE.

Eh bien! Hecate! qu'y a-t-il ? Vous semblez en colère ?

HÉCATE.

N'ai-je pas raison, belles dames [3] que vous êtes, insolentes, effrontées! Comment avez-vous osé commercer et trafiquer avec Macbeth en oracles et affaires de mort ? Et moi, la maîtresse de vos enchantements, la secrète comploteuse de tous les maux, je n'ai jamais été appelée à porter ma part ni à montrer la gloire de notre art! Et ce qui est pire, tout ce que vous avez fait l'a été seulement pour un fils obstiné, perfide et violent qui, comme font les autres, vous aime pour ses propres buts et non pour vous. Mais amendez-vous maintenant. Allez-vous en et au puits de l'Achéron rencontrez-moi au matin : c'est là qu'il viendra pour connaître sa destinée. Vos vases et vos grimoires [4], munissez-vous en et de vos charmes et de toute chose nécessaire. Je vais dans l'air, je dépenserai cette nuit pour un résultat de mal et de fatalité. Une grande affaire doit

---

[1] *Which which.*

[2] En matière magique, il ne faut pas confondre Hecate avec la lune. Dans la mythologie antique elle a trois formes : Diane, sur la terre — Proserpine aux enfers — Phœbé dans le ciel. Ici intervient l'Hecate du moyen âge, dont Delrio disait : — Sa présence fait trembler la terre et hurler les chiens. — C'était la diablesse qui surveillait les routes et les carrefours.

[3] *Beldams,* mots français devenus termes de mépris.

[4] *Spells,* lettres magiques qu'on épèle. Le *God's spell* est devenu le *Gospel,* l'évangile.

être traitée avant midi. Sur le coin de la lune pend une goutte épaisse de vapeur : je l'attraperai avant qu'elle arrive au sol. Distillée par des pratiques de magie [1], elle fera surgir de telles ombres artificielles que, par la force de leurs illusions, elles l'entraîneront à sa ruine. Il narguera le destin, méprisera la mort et portera ses espérances au dessus de toute sagesse, de toute vertu, de toute crainte. Et vous toutes le savez, la sécurité est la plus grande ennemie des mortels. (*On chante derrière le théâtre :* — *Viens! Viens!*) Écoutez, on m'appelle. Voyez, mon petit Esprit est assis sur un nuage de brouillard et m'attend... (*Elle sort.*)

PREMIÈRE SORCIÈRE.

Allons! Faisons hâte! Elle va bientôt revenir... (*Elles sortent.*)

SCÈNE VI

A Fores. — Une chambre dans le palais.

Entrent LENOX *et un autre* LORD.

LENOX.

Mes premiers discours n'ont fait que cadrer avec vos pensées qui peuvent en tirer plus ample interprétation. Seulement je dis que les choses ont été étrangement menées. Le gracieux Duncan a été tenu en pitié par Macbeth, — Parbleu! il était mort! — et le juste et vaillant Banquo s'est promené trop tard, Banquo que, vous pouvez le dire, si cela vous plaît, Fléame a tué, puisque Fléame s'est enfui. On ne doit pas se promener trop tard. A qui peut manquer cette pensée que ce fut monstrueux de la part de Malcolm et de Donalbain de tuer leur gracieux père! Acte damné! Combien il désola Macbeth! N'a-t-il pas, tout droit, en pieuse rage, écrasé les deux coupables qui étaient esclaves de l'ivresse et prisonniers du sommeil ? Cela n'a-t-il pas été noblement fait ? Oui, et sagement aussi! Car cela aurait torturé tout cœur vivant de les entendre nier le crime. Ainsi, je le dis, il a arrangé toutes choses fort bien. Et je crois que, eût-il sous clef les deux fils de Duncan (et il ne les aura pas, plaise au ciel!), ils sauraient ce que c'est que de tuer un père, et Fléame aussi!... Mais, paix! Car pour de franches paroles et aussi parce qu'il manqua à se présenter au festin du tyran, Macduff vit en disgrâce... Sir, pouvez-vous me dire où il s'est retiré ?

LE LORD.

Le fils de Duncan, dont ce tyran détient le dû héréditaire, vit à la Cour anglaise et il a été reçu par le pieux Edward avec une telle grâce que la malveillance de la forune ne lui enlève rien de sa haute situation. C'est là qu'est allé Macduff pour prier le Saint Roi de l'aider à soulever Northumberland et le guerrier Siward, afin que, grâce à leur concours (et Lui, de là-haut, ratifiant l'œuvre) nous puissions donner de nouveau nourriture à nos tables, sommeil à nos nuits et délivrés — en nos festins et banquets — de couteaux sanglants, rendre fidèle hommage et recevoir libres honneurs, toutes

---

[1] Une ancienne tradition veut que les spectres, pour apparaître, empruntent une enveloppe fluidique à la substance même des rayons lunaires. Sur ces opérations magiques, dont le détail prouve une fois de plus que Shakespeare *savait tout,* consulter les livres de M. St. de Guaita, sur les Sciences maudites, et aussi notre traité de *Magie pratique.*

choses dont maintenant nous mourons de désir. Et ces nouvelles ont si fort exaspéré le roi, qu'il se prépare à une expédition de guerre...

LENOX.

A-t-il envoyé vers Macduff ?

LE LORD.

Il l'a fait : et sur un absolu — Non, Monsieur, pas moi [1] ! — le ténébreux messager me lui [2] tourne le dos et maugrée, comme s'il voulait dire : « Vous regretterez l'instant qui me charge de cette réponse. »

LENOX.

Et ceci pourrait bien lui conseiller une précaution — de garder telle distance que sa sagesse peut indiquer. Que quelque saint ange vole vers la Cour d'Angleterre et délivre son message, avant qu'il revienne ! Qu'une douce bénédiction bientôt soit de retour en ce pays qui souffre sous une main maudite !

LE LORD.

Mes prières sont avec lui ! (*Ils sortent.*)

---

[1] L'ellipse est telle qu'elle rend la phrase obscure. Le messager a dit à Macduff : — Macbeth vous invite à revenir. — Non, je ne reviendrai pas, a répondu Macduff.

[2] *Turns me his back.* Le mot *me* ne pouvant se rapporter à celui qui parle, il semble qu'il y ait là un équivalent d'une forme familière, employée en France.

ACTE QUATRIÈME

SCÈNE PREMIÈRE

Une sombre caverne. — Au milieu un chaudron bouillant[1]. *— Tonnerre.*

Entrent les Trois Sorcières.

PREMIÈRE SORCIÈRE.
Trois fois le chat tigré a miaulé!
DEUXIÈME SORCIÈRE.
Trois fois... et une fois le hérissonneau a gémi.
TROISIÈME SORCIÈRE.
Le vautour[2] crie : — Il est temps! il est temps!
PREMIÈRE SORCIÈRE.
Allons autour du chaudron—jetons dedans des entrailles empoisonnées!—Crapaud,

---

[1] Dans le détail des opérations magiques, Shakespeare n'a pas commis une seule erreur. Évidemment, pareil à tel écrivain moderne, il se documentait soigneusement avant d'écrire. Le nombre 3 est on le sait, fatidique par excellence. Mais si on s'arrête à ce chiffre, la réalisation n'a pas lieu. Il faut une quatrième opération. Du reste, Jacques Ier avait écrit en 1591 un livre en forme de dialogue sur la démonologie et le fameux traité de Bodin date de 1587.

[2] *Harpier*. Certains ont traduit par *harpie*, d'autres ont vu là le nom d'un démon inconnu. Le roman nous donne Harpe, griffe, d'où *harpon* et *écharper*, mettre en *charpie*. Le vautour est, en sorcellerie, comme dans la vie réelle, le déchireur de cadavres.

qui sous la plus froide pierre — nuits et jours as trente et un [1] — en dormant, chauffé ton venin — bous le premier dans le pot aux charmes.

TOUTES.

Double! Double! peine et trouble! Feu, brûle, et chaudron, bouillonne.

DEUXIÈME SORCIÈRE.

Filet de serpent de mare, dans le chaudron bous et cuis — œil de seps [2], orteil de grenouille, laine de chauve-souris, langue de chien, fourche de vipère et dard d'orvet, patte de lézard et aile de hulotte — pour un charme de trouble puissant — comme un brouet d'enfer bous et bouillonne!

TOUTES.

Double, double, peine et trouble. Feu, brûle, et chaudron, bouillonne!

TROISIÈME SORCIÈRE.

Écaille de dragon, dent de loup, momie des sorcières [3] — mâchoire et avaloir du requin dévorant de la mer salée — racine de ciguë arrachée dans la nuit — foie d'un juif blasphémateur — fiel de bouc et tiges d'if fendues pendant l'éclipse de lune [4] — nez de turc et lèvres de Tartare, doigt d'un nouveau né étranglé, d'une catin délivrée dans un fossé — faites la bouillie épaisse et visqueuse. — Ajoutons des tripes de tigres aux ingrédients du chaudron.

TOUTES.

Double, double, peine et trouble! Feu, brûle, et chaudron, bouillonne.

DEUXIÈME SORCIÈRE.

Refroidissez avec du sang de babouin. Et alors le charme sera ferme et bon.

Entrent HÉCATE *et* TROIS AUTRES SORCIÈRES.

HÉCATE.

Oh! bien fait! J'approuve vos peines, et chacune aura part aux bénéfices : et maintenant chantez autour du chaudron, comme une ronde d'Elfes et de Fées, enchantant tout ce que vous mettez là-dedans.

CHANSON

Noirs esprits — et blancs [5],
Rouges esprits — et gris
Mêlez, mêlez, mêlez,
Ce que vous pouvez mêler.

---

[1] On a cru longtemps que le crapaud pouvait être enfermé à l'intérieur d'une pierre, par une sorte de cristallisation enveloppante, et n'y point mourir.

[2] *Seps*, espèce de serpent décrit par Linné.

[3] *Mandragore*, dont la racine affecte la forme d'un petit squelette.

[4] La baguette magique d'if ou de coudrier doit être fendue à son extrémité en forme de fourche à deux dents. Les occultistes savent de plus quelle est l'influence de l'ambiance sur les choses : agir la nuit ou pendant une éclipse, c'est profiter pour le mal des exhalaisons d'acide carbonique, des électricités négatives, et aussi des pensées mauvaises qui constituent le milieu nocturne. Le royaume du mal, c'est le cône d'ombre. Voir plus loin.

[5] Les sorcières chantaient aussi — Bâton noir, bâton blanc, mène-nous au sabbat.

MACBETH

DEUXIÈME SORCIÈRE.

Par les piqûres de mes pouces [1], quelque chose de mauvais vient par ici. Ouvrez, serrures, à qui frappe...

MACBETH, *entrant.*

Eh bien, vous, secrètes et noires saganes [2] de minuit, qu'est-ce que vous faites ?

TOUTES.

Une œuvre sans nom.

MACBETH.

Je vous conjure, par ce que vous professez (de quelque façon que vous veniez à le connaître), répondez-moi. Dussiez-vous déchaîner les vents et les faire combattre contre les églises, dussent les vagues écumantes culbuter et engloutir les naviguants — dussent les blés être versés sur tige [3] et les arbres abattus — dussent les châteaux s'écrouler sur les têtes de leurs gardiens — dussent palais et pyramides pencher leurs têtes sur leurs fondations — dut le trésor des germes de la nature s'abîmer tout à la fois, jusqu'à ce que se fatigue la Destruction, répondez à ce que je vous demande.

PREMIÈRE SORCIÈRE.

Parle.

DEUXIÈME SORCIÈRE.

Demande.

TROISIÈME SORCIÈRE.

Nous répondrons.

PREMIÈRE SORCIÈRE.

Dis si tu aimes mieux entendre cela de nos bouches ou de celles de nos maîtres ?

MACBETH.

Appelez-les, faites-les moi voir...

PREMIÈRE SORCIÈRE, *s'approchant du chaudron.*

Versons dedans le sang d'une truie qui a mangé ses neuf petits cochons : de la graisse qui a sué du gibet d'un meurtrier [4]... jetons dans la flamme.

TOUTES.

Viens, haut ou bas : lestement, manifeste et toi-même et ton pouvoir ! (*Tonnerre. Apparaît une tête armée.*)

[1] Comme les sorcières étaient invulnérables, grâce au diable, on ne pouvait les torturer qu'en leur enfonçant des aiguilles sous les ongles du pouce. On a remarqué, d'ailleurs, que les hystériques et les névrosés sont doués d'une sensibilité extrême au bout des doigts : et la photographie a révélé que ces *pointes* étaient le siège d'un rayonnement électrique (ou fluidique). La preuve en a été faite dans les expériences du Dr Luys, du Dr Baraduc et du professeur russe Jodko.

[2] *Hags*. Le mot n'est que la reproduction du latin *Saga*, magicienne. Les occultistes français ont le mot *sagane*. La langue a conservé *sage-femme*.

[3] *Bladed corn* — de l'écossais *Blaud*, *bleaddit*. Le patois du morvan a *blégé*, *aiblégé* dans le même sens.

[4] On sait qu'en goétie — comme en occultisme — tout corps, tout objet dégage un fluide, une *aura* qui est imprégnée non seulement du bien ou du mal physique existant dans l'être ou dans l'objet, mais aussi — et surtout — du bien ou du mal moral qui sont en eux. C'est ainsi que d'un animal torturé, mourant dans des convulsions de rage, l'*aura* est un poison : ce qui a été cueilli sous une potence procède de la fureur ou du désespoir du supplicié, et aussi de l'essence de crime dont il est encore pénétré. Enfin l'appareil du supplice, le sang, la mort attirent les élémentaux. V. Guaita, Papus et notre traité de *Magie pratique*.

MACBETH.

Dis-moi, toi, puissance inconnue...

PREMIÈRE SORCIÈRE.

Il connaît ta pensée : Écoute ses paroles, mais toi, ne dis rien...

L'APPARITION [1].

Macbeth! Macbeth! Macbeth! gare à Macduff! gare au Thane de Tife... Renvoyez-moi ! Assez !... (*Elle disparaît.*)

MACBETH.

Qui que tu sois, pour ton bon conseil, merci. Tu as piqué droit à ma peur. Seulement un mot de plus...

PREMIÈRE SORCIÈRE.

Il ne viendra pas à l'ordre. En voici un autre plus puissant que le premier. (*Tonnerre. Apparition d'un enfant ensanglanté.*)

L'APPARITION.

Macbeth! Macbeth! Macbeth!...

MACBETH.

Eussè-je trois oreilles que je t'écouterais !...

L'APPARITION.

Sois sanguinaire, ferme et résolu. Ris et nargue le pouvoir de l'homme, car pas un, né d'une femme, ne fera de mal à Macbeth. (*Elle disparaît.*)

MACBETH.

Alors vis, Macduff. Pourquoi ai-je besoin de te craindre ? Mais je ferai cette assurance doublement sûre et je m'associerai avec le destin... Tu ne vivras pas, pour que je puisse dire à la Peur au cœur pâle : — Tu mens ! — et dormir en dépit du tonnerre. (*Tonnerre. Apparition d'un Enfant couronné, portant un arbre dans sa main.*) Qu'est cela qui se lève comme la pousse d'un roi et porte sur son front de baby le cercle et la pointe [2] de la souveraineté.

TOUTES.

Écoute, mais ne parle pas ?

L'APPARITION.

Aie la fougue et l'orgueil du lion. Ne te soucie pas de qui s'irrite ou s'indigne, non plus du lieu où sont les conspirateurs. Macbeth ne sera jamais vaincu, jusqu'à ce que le grand bois de Birnam, de la haute colline de Dunsinane, vienne à sa rencontre. (*Elle disparaît.*)

MACBETH.

Cela ne sera jamais... qui peut enrôler la forêt, forcer l'arbre à desceller sa

---

[1] Ces apparitions — et tous les détails prouvent que Shakespeare connaissait à fond la théorie — sont formées par le fluide astral émanant de Macbeth, et par les fluides élémentaires des sorcières : de telle sorte que les paroles prononcées par les spectres sont à la fois l'écho des pensées du roi et le reflet de ce que les sorcières voient sur le plan astral. Voir les ouvrages d'Éliphas Lévi, de Papus et de Georges Vitoux. Gervinus a écrit cette phrase : — les sœurs fatidiques sont seulement la personnification de la tentation intérieure — Les mots — matérialisation, coagulation — seraient plus justes. Mais l'idée est, dans le sens occultiste, parfaitement exacte.

[2] La couronne fermée. L'arbre porté dans la main de l'enfant est le reflet astral du bois de Birnam dont il va être question plus loin; de même que l'enfant ensanglanté de l'apparition précédente représentait l'enfant Macduff arraché vivant du sein de sa mère. Voir la dernière scène du drame.

racine liée à la terre ? Douces prédictions, bonnes ! La tête de la rébellion ne se lèvera jamais jusqu'à ce que se lève le bois de Birnam et notre si haut placé Macbeth vivra le bail de la nature, rendra son souffle en temps et coutume de mortel... Cependant mon cœur bat de savoir une chose... si votre art peut m'en dire tant ! la race de Banquo règnera-t-elle toujours dans ce royaume ?

TOUTES.

Ne cherche pas à en savoir plus.

MACBETH.

Je serai satisfait. Refusez-moi cela... alors qu'une éternelle malédiction tombe sur vous ! Faites-moi savoir... (*On entend des hautbois.*) Pourquoi ce chaudron s'enfonce-t-il ? Quel bruit est-ce là ?

LES TROIS SORCIÈRES.

Montrez-vous ! montrez-vous ! montrez-vous !

TOUTES.

Montrez-vous à ses yeux et blessez son cœur... Venez comme des ombres et partez ! (*Huit rois apparaissent et passent. Le dernier avec un miroir à la main. Banquo suit.*)

MACBETH, *leur parlant à mesure qu'ils passent.*

Tu es trop pareil au spectre de Banquo ! A bas !... ta couronne brûle mes prunelles... tes cheveux, à toi, autre front cerclé d'or, sont comme ceux du premier... un troisième est comme le précédent... ignobles sorcières !... pourquoi me montrez-vous cela ?... un quatrième !... Fuyez mes yeux !... Quoi ! la lignée s'étirera-t-elle jusqu'au craquement du jugement ?... un autre encore ?... un septième ?... Je ne vivrai plus !... Et encore le huitième apparaît, qui porte un miroir [1], m'en montrant beaucoup plus !... et j'en vois qui portent des globes à deux plis et la triple couronne !... Horrible vue ! Oui, maintenant, je vois !... c'est vrai !... car le tout sanglant Banquo ricane sur moi et les montre du doigt, comme siens !... Quoi ! en est-il ainsi ?

PREMIÈRE SORCIÈRE.

Oui, Messire, tout cela est ainsi... mais pourquoi Macbeth se tient-il ainsi, stupéfié ? Venez, sœurs, égayons ses visions et montrons-lui le meilleur de nos plaisirs ! Je charmerai l'air pour lui donner une musique, tandis que vous exécuterez votre antique ronde, pour que ce grand roi puisse gracieusement dire que notre obéissance a payé sa bienvenue. (*Musique. Les sorcières dansent et disparaissent.*)

MACBETH.

Où sont-elles ? Parties ? Que cette heure funeste reste à jamais maudite dans le calendrier... (*Appelant.*) Entrez... de là, dehors !...

LENOX, *entrant.*

Quelle est la volonté de votre Grâce ?

MACBETH.

Avez-vous vu les sœurs du Destin ?

LENOX.

Non, My Lord ?

---

[1] Voir la théorie des *Miroirs magiques* où se reflètent les causes des choses, c'est à dire les événements à venir qui préexistent en potentialité. Livres déjà cités auxquels il convient d'ajouter ceux de MM. Marius Decrespe, Sédir et L. Mauchel.

292 ŒUVRES DE SHAKESPEARE

MACBETH.
Ne sont-elles pas venues auprès de vous?

La lignée de Banquo.

LENOX.
Non certes, My Lord.

MACBETH.

Soit infecté l'air par lequel elles chevauchent ! et damné quiconque à foi en elles ? J'ai entendu le galop d'un cheval. Qui est venu ?

LENOX.

Ce sont deux ou trois, My Lord, qui vous apportent un mot... Macduff a fui en Angleterre.

MACBETH.

Fui en Angleterre !

LENOX.

Oui, mon bon Lord.

MACBETH.

O temps, tu as anticipé sur mes furieux exploits ! Le projet fugitif n'est jamais atteint à moins que l'action n'aille avec lui. De ce moment, les très premiers mouvements de mon cœur seront les premiers mouvements de ma main. Et même maintenant, pour couronner d'actes mes pensées, qu'il soit pensé et agi. Je vais surprendre le château de Macduff, m'emparer de Tife... passer au fil de l'épée sa femme, ses enfants et toutes les âmes malheureuses qui tracent sa lignée... pas de fanfaronnades imbéciles... je ferai cela, avant que le projet refroidisse. Mais plus de ces visions !... (*A Lenox.*) Où sont ces gentlemen ? Allons, conduisez-moi où ils sont... (*Ils sortent.*)

SCÈNE II

A Tife. — Une chambre du château de Macduff.

Entrent LADY MACDUFF, *son fils et* ROSSE.

LADY MACDUFF.

Qu'a-t-il donc fait qui l'ait obligé à fuir le pays ?

ROSSE.

Il faut avoir patience, madame.

LADY MACDUFF.

Il n'en a pas eu. Sa fuite est une folie : quand ce ne sont pas nos actes, la peur fait de nous des traîtres.

ROSSE.

Vous ne savez pas si ce fut de sa part sagesse ou peur.

LADY MACDUFF.

Sagesse ! d'abandonner sa femme, d'abandonner ses enfants, son domaine, ses titres en un lieu d'où il s'enfuit lui-même ! Il ne nous aime pas, il lui manque l'instinct de nature : car le pauvre roitelet, le plus petit des oiseaux, combattrait, ses petits étant dans son nid, contre le hibou ! Tout cela est peur, et rien n'est amour, pas plus que sagesse, quand la fuite court ainsi contre toute raison.

ROSSE.

Ma très chère cousine, je vous en prie, faites-vous la leçon [1]... car, pour votre mari, il est noble, sage, judicieux et connaît au mieux les crises du moment. Je

---

[1] *School yourself.*

n'ose point parler plus avant. Mais bien cruels sont les temps, quand nous sommes des traîtres et ne le savons pas nous-mêmes ; quand nous entendons parler de ce qui nous fait peur, et ne savons pas ce qui nous fait peur — et flottons sur une mer violente et sauvage, en tous sens et mouvements [1]. Je prends congé de vous : il ne sera pas longtemps avant que je sois de nouveau ici. Les choses — au pire — cesseront ou autrement regrimperont à ce qu'elles étaient auparavant. Ma jolie cousine, bénédiction sur vous !

      LADY MACDUFF, *prenant son enfant dans ses bras.*

Il a un père et déjà il est sans père !

         ROSSE.

Je serais d'autant plus fou, si je restais plus longtemps, que ce serait ma disgrâce et votre perte. Je prends congé immédiat. (*Sort Rosse.*)

       LADY MACDUFF, *à son fils.*

Petit, votre père est mort. Qu'allez-vous faire maintenant ? Comment vivrez-vous ?

        L'ENFANT.

Comme font les oiseaux, mère.

       LADY MACDUFF.

Quoi ? avec des vers et des mouches...

        L'ENFANT.

Je veux dire, avec ce que j'aurai : c'est ce qu'ils font.

       LADY MACDUFF.

Pauvre oiseau ! tu n'as jamais redouté le filet, le piège, le trébuchet ni la glu.

        L'ENFANT.

Petit, votre père est mort...

Pourquoi en aurais-je eu peur, mère ? Ils ne sont pas faits pour les petits oiseaux... Mon père n'est pas mort, quoi que vous disiez...

       LADY MACDUFF.

Si, il est mort ! Comment feras-tu pour avoir un père ?

        L'ENFANT.

Et vous, comment ferez-vous pour avoir un mari ?

       LADY MACDUFF.

Hé ! j'en puis acheter vingt au marché.

        L'ENFANT.

Alors vous les acheterez pour les revendre.

       LADY MACDUFF.

Tu parles avec tout ton esprit... et j'en donne ma foi, avec assez d'esprit pour toi.

        L'ENFANT.

Mon père était-il un traître, mère ?

       LADY MACDUFF.

Oui, c'est cela qu'il était.

---

[1] *Each way and move.* Le mot *move* est ici substantif et non verbe. Ainsi disparaît l'obscurité signalée par Guizot.

L'ENFANT.

Qu'est-ce que c'est, un traître ?

LADY MACDUFF.

Quelqu'un qui jure et ment.

L'ENFANT.

Ce sont tous des traîtres, ceux qui font cela?

LADY MACDUFF.

Quiconque fait cela est un traître et doit être pendu.

L'ENFANT.

Et ils doivent être pendus, tous ceux qui jurent et mentent?

LADY MACDUFF.

Tous.

L'ENFANT.

Qui doivent les pendre ?...

LADY MACDUFF.

Hé! les honnêtes gens.

L'ENFANT.

Alors les menteurs et les jureurs sont des bêtes : car les menteurs et les jureurs sont assez pour cogner sur les honnêtes gens et les pendre.

LADY MACDUFF.

Que Dieu te garde, pauvre singe! mais comment feras-tu pour avoir un père...

L'ENFANT.

S'il était mort, vous pleureriez sur lui : si vous ne pleuriez pas, ce serait bon signe que j'aurais vite un nouveau père!

LADY MACDUFF.

Pauvre jacasse! comme tu parles!

UN MESSAGER, *entrant*.

Dieu vous bénisse, belle dame! je ne vous suis pas connu, quoique je sois parfaitement au courant de votre haute situation. Je soupçonne que quelque danger s'approche très près de vous. Si vous voulez prendre l'avis d'un père de famille, qu'on ne vous trouve pas ici. Partez, avec vos petits enfants. A vous effrayer ainsi, il me semble, je suis trop brutal. Mais ce qui serait pire, ce serait l'horrible cruauté qui est tout proche de votre personne. Le ciel vous préserve! Je n'ose pas rester plus longtemps! (*Il sort.*)

LADY MACDUFF.

Où fuirais-je! Je n'ai pas fait de mal. Mais je me rappelle maintenant, je suis en ce monde terrestre où faire le mal est souvent louable, où faire le bien, quelquefois, passe pour dangereuse folie. Pourquoi alors, hélas! mettrais-je en avant cette défense de femme, disant : — Je n'ai pas fait de mal!... (*Entrent des assassins.*) Ho! quelles sont ces figures?

UN ASSASSIN.

Où est votre mari ?

LADY MACDUFF.

Je l'espère, en nulle place si sacrilège qu'un homme tel que toi puisse le trouver...

L'ASSASSIN.

C'est un traître !

L'ENFANT.

Tu en as menti, toi, vilain aux oreilles poilues[1] !

L'ASSASSIN.

Quoi ? toi, œuf ! jeune fretin de trahison ! (*Il le frappe.*)

L'ENFANT.

Mère, il m'a tué ! Sauve-toi ! je t'en prie ! (*Il meurt*[2]. — *Lady Macduff s'enfuit, criant au meurtre, poursuivie par les assassins.*)

SCÈNE III

En Angleterre. — Une salle du palais du Roi.

Entrent MALCOLM *et* MACDUFF.

MALCOLM.

Cherchons quelque ombre désolée et vidons de larmes nos tristes cœurs !

MACDUFF.

Bien plutôt tirons vite la mortelle épée ; et comme de braves hommes, enfourchons notre patrie abattue. Chaque nouveau matin, de nouvelles veuves hurlent, de nouveaux orphelins pleurent, de nouvelles douleurs frappent à la face le ciel qui résonne, comme s'il souffrait avec l'Écosse et criait pareilles syllabes de douleur !

MALCOLM.

Sur ce que je crois, je pleure ! à ce que je sais, je crois ! Et ce que je pourrai redresser, aussitôt que je trouverai l'occasion amie, je le ferai. Ce que vous avez dit est vrai, peut-être. Ce tyran dont le nom seul met des ampoules à nos langues, était autrefois réputé honnête. Vous l'avez bien aimé. Il ne vous a pas encore touché. Je suis jeune. Mais, par moi[3], vous pouvez mériter quelque chose de lui ; et c'est sagesse que d'offrir un faible, pauvre et innocent agneau pour apaiser un dieu irrité.

MACDUFF.

Je ne suis pas un traître.

MALCOLM.

Mais Macbeth en est un. Une bonne et vertueuse nature peut faiblir sur un ordre royal... mais je vous demande pardon. Ce que vous êtes, ma pensée ne peut le modifier. Les anges sont encore brillants, quoique le plus brillant soit tombé. Quand toutes les choses mauvaises porteraient un front d'honneur, l'honneur n'en aurait pas moins même apparence.

---

[1] Au nom du bon goût, les éditeurs modernes ont modifié le texte, *haired* pour *eared*, ce qui donne cheveux épais, expression noble. Guizot a cru de sa dignité d'en déterminer la couleur et a mis : — *aux poils roux*.

[2] On sait que Schiller, toujours en vertu du bon goût, a dans son adaptation, supprimé cette admirable scène. M. Darmesteter, dans son étude, ne la mentionne même pas, non plus Lamartine dont le travail sur Shakespeare s'est pourtant réduit à une déshonnête copie de la traduction de F. V. Hugo.

[3] En me livrant.

MACDUFF.

J'ai perdu mes espérances...

Meurtre de Lady Macduff.

MALCOLM.

N'est-ce pas, par hasard, de ce côté même où je trouve des inquiétudes. Pourquoi

Liv. 38.   38 avec cette impétuosité avez-vous quitté votre femme, votre enfant — ces précieux objets et si solides nœuds d'amour — sans même prendre congé ? — Je vous en prie, ne tenez pas mes inquiétudes à déshonneur pour vous, mais à sécurité pour moi... vous pouvez avoir tout à fait raison, quoi que je puisse penser.

MACDUFF.

Saigne, saigne, pauvre patrie ! Grande tyrannie, installe une base sûre... Car l'honnêteté n'ose pas te faire échec ! Jouis de ton infamie, ton titre est confirmé [1] ! — Portez-vous bien, My Lord. Je ne serais pas le vilain que vous croyez, pour tout le territoire qui est en la griffe du tyran et le riche Orient par dessus le marché !

MALCOLM [2].

Ne soyez pas offensé. Je ne parle pas de vous en réelle défiance. Je crois que notre pays plie sous le joug, il pleure, il saigne, et chaque jour une plaie nouvelle est ajoutée à ses blessures. Je crois en outre, qu'il y aurait des mains levées pour mon droit. Et ici, de la gracieuse Angleterre, j'ai eu offre de bons milliers d'hommes... mais, en dépit de tout cela, quand j'aurai marché sur la tête de mon ennemi ou que je le porterai au bout de mon épée, pourtant mon pauvre pays aura plus de vices qu'il n'en avait naguère, plus de souffrances et des routes plus tortueuses — par celui qui lui succédera.

MACDUFF.

Quel serait celui-là ?

MALCOLM.

C'est de moi-même que je parle — moi, en qui je sais toutes les particules de vice si fort agrafées que — si on les révélait — le noir Macbeth paraîtrait aussi pur que la neige : et le pauvre empire l'estimerait un agneau en comparaison de ma perversité sans bornes.

MACDUFF.

De toutes les légions de l'horrible enfer, peut-il venir un démon plus damné dans le mal, pour surpasser Macbeth !

MALCOLM.

Je l'accorde sanguinaire, luxurieux, avare, faux, menteur, brutal, criminel, priant tous les péchés qui ont un nom... mais il n'y a pas de fond, non plus, à ma sensualité... vos femmes, vos filles, vos matrones, vos servantes, ne combleraient pas la citerne de ma luxure, et mes passions culbuteraient tous les obstacles qui voudraient contenir et arrêter ma volonté ! Mieux Macbeth que pareil roi !

MACDUFF.

Une intempérance de nature, sans frein, est une tyrannie. Elle a été, pour plus d'un trône heureux, la cause d'un vide prématuré et la chute de maints rois. Mais ne craignez pas cependant de prendre charge de ce qui est vôtre. Vous pouvez mener vos plaisirs en une spacieuse abondance — et pourtant paraître froid, tant que vous pourrez ainsi bander les yeux d'autrui. Nous avons assez de dames de bon vouloir. Il ne peut y avoir en vous un vautour capable d'en dévorer tant et tant qui se dédieront d'elles-mêmes au Pouvoir, en le trouvant si incliné à cela.

[1] *Thy title is affeered*. Le patois normand a *affier*, affirmer.
[2] Rôle bien intéressant pour un artiste intelligent — un jeune homme presque un enfant, déjà politique et défiant.

MALCOLM.

Avec cela, il pousse, dans mon âme faite de mal, une telle avarice, inétanchable [1], que, si j'étais roi, j'égorgerais les nobles pour leurs terres ; je voudrais les joyaux de celui-ci, la maison de celui-là ; et le fait d'avoir plus [2] serait comme une sauce à me rendre plus affamé : je forgerais des querelles injustes contre les bons et les loyaux, les détruisant pour leurs richesses.

MACDUFF, *cherchant à se contenir.*

Cette avarice plonge plus profondément : elle grandit avec une racine plus pernicieuse que la luxure, à semence d'été, et elle a été l'épée qui tua nos rois... mais pourtant, je ne suis pas effrayé !... L'Écosse a à foison de quoi remplir vos vœux, même en ce qui est à vous. Tous ces vices sont supportables, balancés par d'autres vertus...

MALCOLM.

Mais je n'en ai aucune [3] : les vertus qui conviennent à un roi, telles que justice, vérité, tempérance, pondération, bonté, persévérance, pitié, modestie, abnégation, patience, courage, magnanimité, je n'ai pas une bribe de tout cela, mais j'abonde en échantillons de tous les crimes, en toutes voies. Ah ! si j'avais le pouvoir, je verserais à l'enfer le doux lait de la concorde, je culbuterais la paix universelle, je confondrais la terre d'un seul coup [4] !

MACDUFF.

O Écosse ! Écosse !

MALCOLM.

Si un tel homme est fait pour gouverner, parle ! Je suis ce que j'ai dit...

MACDUFF, *éclatant.*

Fait pour gouverner !... non, pas même pour vivre ! O nation misérable, qui es sous le sceptre sanglant d'un tyran sans titre, quand reverras-tu tes jours de bonheur, maintenant que le plus légitime rejeton de ton trône, par son propre anathème demeure maudit et blasphème son origine ! Ton royal père fut un très saint roi, la reine qui t'a porté, plus souvent sur ses genoux que sur ses pieds [5], mourut chaque jour qu'elle vécut... Porte-toi bien !... Ces infamies que tu professes contre toi-même m'ont banni d'Écosse... O mon cœur, ton espérance finit là !

MALCOLM, *lui saisissant les mains.*

Macduff, ta noble fureur, fille de l'intégrité, a, de mon âme, fouetté les noires défiances, et réconcilié mes pensées à ta sincérité et à ton honneur. Le diabolique Macbeth, par beaucoup de ces procédés, a cherché à me gagner en son pouvoir ; et ma modeste sagesse m'arrache à une crédulité trop hâtive : mais que le Dieu d'en haut intervienne entre toi et moi ! Car dès maintenant je me mets sous ta direction : j'abjure ici les taches et fautes que j'ai posées sur moi, et qui sont étrangères à ma nature. Je suis encore inconnu à toute femme ; je ne me suis jamais parjuré ; à peine

---

[1] *Stanchless — To stanch,* étancher, même mot.
[2] *The more-having would be as a sauce.*
[3] Comparer le langage tenu par Hamlet à Ophélia, page 56.
[4] Si excessive que paraisse cette admirable scène, elle n'a rien d'invraisemblable. Combien de conseillers royaux ont flatté, encouragé et exploité les pires vices de leurs maîtres. Les crimes des rois sont le trésor de leurs favoris.
[5] Pieuse.

ai-je convoité ce qui était à moi. En aucun temps je n'ai brisé ma foi ; je ne trahirais pas le diable à son compagnon : et je n'aime pas la vérité moins que la vie. Mon premier mensonge fut contre moi-même. Ce que je suis vraiment t'appartient et aussi est aux ordres de mon pauvre pays, vers lequel, en vérité, allait se diriger, avant ton arrivée ici, le vieux Siward, avec dix mille guerriers, tous prêts à l'action. Maintenant nous irons ensemble. Et que la bonté de la fortune soit comme la sanction [1] de notre querelle !... Pourquoi êtes-vous silencieux ?

MACDUFF.

Tant de choses bienvenues et malvenues à la fois... c'est dur à concilier.

Entre un médecin.

MALCOLM.

Bien... à plus tard. (*Au médecin.*) Je vous prie, le roi va-t-il venir ?

LE MÉDECIN.

Oui, Seigneur. Il y a une foule de miséreux qui attendent de lui la guérison : leur mal triomphe du grand effort de l'art. Mais, à son attouchement, ils sont immédiatement soulagés.

MALCOLM.

Je vous remercie, docteur.

MACDUFF.

De quelle maladie veut-il parler ?

MALCOLM.

Elle s'appelle le Mal du Roi [2] : c'est une œuvre miraculeuse de ce bon roi que souvent, depuis mon séjour ici en Angleterre, je l'ai vu accomplir. Comment il sollicite le ciel, lui-même le sait bien : mais les gens étrangement affligés, tout gonflés et ulcéreux, pitoyables aux yeux, le vrai désespoir de la médecine, sont guéris par lui. Il pend à leurs cous une médaille d'or [3] qu'il pose avec de saintes prières : et on dit qu'il lègue à la succession royale cette bénédiction guérisseuse. Avec cette étrange vertu, il a un don céleste de prophétie : et de nombreuses bénédictions se suspendent à son trône, disant sa Majesté pleine de grâce ! (*Entre Rosse.*)

MACDUFF.

Voyez. Qui vient ici ?

MALCOLM.

Un compatriote. Pourtant je ne le connais pas

MACDUFF.

Mon très gentil cousin, bienvenue ici !

MALCOLM.

Ah ! je le reconnais. Dieu bon ! Vite écarte les circonstances qui font de nous des étrangers !

Ton royal père fut un très saint roi !...

---

[1] *The chance of goodness* pour *the goodness of chance*.
[2] La scrofule que pouvait guérir également, d'après la légende, l'attouchement du roi de France.
[3] La pièce d'or appelée *Angel* — angelot.

ROSSE.
Seigneur, ainsi soit-il?

MACDUFF.
L'Écosse est-elle toujours comme auparavant?

ROSSE.
Hélas! pauvre pays! presque effrayé de se connaître lui-même! On ne peut plus t'appeler notre mère, mais notre tombe! Et rien ne sourit, sinon ce qui ne sait rien, là où soupirs, gémissements et cris, qui percent l'air, sont poussés, mais pas même remarqués... où une violente douleur semble une émotion ordinaire... la cloche des morts amène à peine cette question, pour qui?... la vie des braves gens meurt bien avant les fleurs de leurs chapeaux, périssant avant d'être fanées...

MACDUFF.
O renseignements trop précis et pourtant trop vrais!

MALCOLM.
Quels sont les plus nouveaux griefs?

ROSSE.
Qui parle de celui de l'heure dernière se fait siffler : chaque minute en amène un nouveau.

MACDUFF.
Comment va ma femme?...

ROSSE, *avec embarras.*
Bien.

MACDUFF.
Et tous mes enfants?

ROSSE.
Bien aussi.

MACDUFF.
Le tyran n'a pas attenté à leur repos?

ROSSE.
Non, ils étaient bien en paix, quand je les ai quittés.

MACDUFF.
Ne soyez pas chiche de vos paroles. Comment cela marche-t-il?

ROSSE.
Comme je venais ici pour apporter les nouvelles si lourdes à porter, alors courait le bruit que beaucoup de dignes compagnons s'étaient soulevés : et ce qui en témoigna le mieux à ma croyance, ce fut de voir les forces du tyran sur pied. Maintenant c'est le moment de leur porter aide : un regard de vous créerait des soldats en Écosse, et ferait combattre nos femmes, pour s'arracher à leur cruelle détresse.

MALCOLM.
Que ce leur soit un réconfort... nous y allons. La gracieuse Angleterre nous a prêté Siward et dix mille hommes... un des plus vieux et meilleurs soldats que fournisse la chrétienté.

ROSSE.
Je voudrais à ce réconfort répondre par un autre! mais j'ai à prononcer des mots

qui devraient être hurlés [1] dans les déserts de l'air où nul auditeur ne les recueillerait !

MACDUFF.

Que concernent-elles ? la cause générale ? ou un grief particulier, dû à une seule poitrine ?

ROSSE.

Qu'importe ! tout ce qui est honnête y prend sa part de douleur... quoique la plus grande vous appartienne...

MACDUFF.

Si c'est pour moi, ne me cache rien... fais-moi vite savoir...

ROSSE.

Que vos oreilles ne maudissent pas pour toujours ma langue qui les emplit du son le plus terrible qui ait jamais été entendu.

MACDUFF.

Ha !... je songe à cela !...

ROSSE.

Votre château a été surpris ! votre femme, vos enfants ont été sauvagement égorgés ! Dire les détails serait, à cette meurtrière curée, ajouter votre mort !

MALCOLM, à Macduff accablé.

Ciel de pitié ! Ah ! homme, n'enfoncez pas votre chapeau sur vos sourcils... donnez la parole à la douleur... le désespoir qui ne parle pas murmure au cœur écrasé l'ordre de se briser...

MACDUFF, d'une voix sourde.

Mes enfants aussi ?

Il n'a pas d'enfant !

ROSSE.

Femme, enfants, serviteurs, tout ce qu'on a pu trouver...

MACDUFF.

Et il faut que je sois loin ! Ma femme tuée aussi ?

ROSSE.

J'ai dit.

MALCOLM.

Prenez courage. Faisons de nous-mêmes, par notre grande vengeance, les guérisseurs de cette mortelle douleur !

MACDUFF.

Il n'a pas d'enfants !... tous mes jolis... avez-vous dit, tous ?... ô milan d'enfer !... quoi, tous mes jolis poulets... et leur mère... à la fois cruellement enserrés ! (*Il sanglote.*)

MALCOLM.

Discutez cela comme un homme !

[1] *Howled.* Le patois normand a conservé *houaler*, *houler* et l'argot *goualer*, chanter et *gueuler*, crier.

MACDUFF.

Je le ferai... mais il me faut aussi sentir cela comme un homme. Je ne puis que me rappeler qu'il existait de tels êtres qui m'étaient les plus précieux!... Le ciel a vu cela et n'a pas pris leur parti! Macduff, plein de péchés, c'est pour toi qu'ils ont été tous frappés!... misérable que je suis, non pour leurs propres démérites, mais pour les miens, le meurtre est tombé sur leurs âmes!... Que le ciel les repose maintenant!

MALCOLM.

Que ceci soit la pierre où s'aiguise votre épée! que la douleur se change en colère! qu'elle n'émousse pas le cœur, qu'elle l'enrage!

MACDUFF.

Oh! je pourrais jouer avec mon visage le rôle d'une femme et avec ma langue celui d'un fanfaron... mais, noble ciel, coupe court à tout délai : Front à front, mets le démon d'Écosse et moi-même! place-le à la longueur de mon épée!... s'il y échappe... que le ciel aussi lui pardonne!

MALCOLM.

Ces accents sont virils. Viens, allons au roi, nos forces sont prêtes. Il ne nous manque plus que de prendre congé. Macbeth est mûr à faire tomber, et les Puissances d'en haut brandissent leurs armes. Reprenez toute l'ardeur possible. Il n'y a de longue nuit que celle qui ne trouve jamais le jour! (*Ils sortent.*)

ACTE CINQUIÈME

SCÈNE PREMIÈRE

Dunsinane. — Une salle du château.

Entrent un Docteur *en médecine et une* Dame *du palais.*

LE DOCTEUR.

J'ai, pendant deux nuits, veillé avec vous, mais ne puis constater la vérité de votre rapport. Quand s'est-elle promenée pour la dernière fois?

LA DAME.

Depuis que Sa Majesté est allée en campagne, je l'ai [1] vue se lever de son lit, jeter sur elle sa robe de nuit, ouvrir son cabinet, prendre du papier, le plier, écrire dessus, le lire, puis le sceller et de nouveau retourner au lit : et pourtant tout cela dans le plus profond sommeil.

LE DOCTEUR.

Grande perturbation dans la nature! de recevoir les bénéfices du sommeil et en même temps, faire les actions de la veille. Dans cette dormante agitation, outre sa promenade et ses autres immédiates opérations, que l'avez-vous entendue dire, à quelques moments?

LA DAME.

Cela, monsieur, je ne puis vous le répéter après elle.

LE DOCTEUR.

A moi, vous le pouvez... il est très nécessaire que vous le répétiez.

LA DAME.

Ni à vous ni à personne, n'ayant pas de témoin pour confirmer mes paroles. (*Entre Lady Macbeth, avec un bougeoir.*) Regardez, la voilà qui vient!... c'est exactement sa vraie façon d'agir... et sur ma vie, profondément endormie... observez-la! mettez-vous tout près!

[1] On a pu remarquer ce procédé, particulier à Shakespeare qui consiste à ne pas nommer tout de suite le personnage dont on parle. Ainsi le spectateur doit faire un léger effort qui augmente, par l'éveil plus intense de la curiosité, l'effet de l'entrée de Lady Macbeth.

MACBETH

305

LE DOCTEUR.
Comment s'est-elle procuré cette lumière ?...

Va-t'en, tache damnée !

LA DAME.
Elle l'avait auprès d'elle : elle a continuellement de la lumière auprès d'elle. C'est son ordre.

LE DOCTEUR.
Vous voyez, ses yeux sont ouverts.

Liv. 39.

LA DAME.

Oui, mais leurs sens sont fermés.

LE DOCTEUR.

Que fait-elle maintenant? Voyez, comme elle frotte ses mains...

LA DAME.

C'est une action qui lui est habituelle de sembler ainsi se laver les mains : j'ai remarqué qu'elle continuait cela pendant un quart d'heure.

LADY MACBETH, *en somnambulisme.*

Il y a encore une tache.

LE DOCTEUR.

Chut! elle parle. Je vais écrire ce qui vient d'elle pour aider plus fortement ma mémoire.

LADY MACBETH.

Va-t'en, tache damnée! va-t'en, te dis-je!... un, deux... oui, c'est le moment de le faire... — L'enfer est noir! — Fi, My Lord, fi! un soldat... et avoir peur! Pourquoi ayons-nous besoin de craindre celui qui sait cela, puisque nul ne peut sommer notre puissance de rendre compte!... — Pourtant qui aurait cru que le vieil homme eut en lui tant de sang...

LE DOCTEUR, *bas à la Dame.*

Remarquez-vous cela?

LADY MACBETH.

Le Thane de Fife avait une femme... où est-elle maintenant?... — Quoi! ces mains ne seront jamais propres! — Plus rien de cela, My Lord, plus rien de cela... Vous gâtez tout avec ces frissons...

LE DOCTEUR, *à la Dame.*

Allez-vous-en! allez-vous-en! vous avez su ce que vous ne devriez pas...

LA DAME.

Elle a dit ce qu'elle ne devrait pas dire, j'en suis sûre!... le ciel sait ce qu'elle a su...

LADY MACBETH.

Il y a là encore l'odeur du sang!... tous les baumes d'Arabie ne parfumeraient pas cette petite main [1]! Ho! Ho! Ho!...

LE DOCTEUR.

Quel soupir! le cœur est douloureusement chargé!

LA DAME.

Je ne voudrais pas avoir un pareil cœur dans mon sein, pour les dignités de tout le corps!

LE DOCTEUR.

Bien, bien, bien!

LA DAME.

Dieu fasse que cela soit bien, monsieur.

LE DOCTEUR.

Cette maladie est au-dessus de mon art : pourtant j'en ai connu qui marchaient dans leur sommeil et sont morts saintement dans leurs lits.

[1] Comparer le monologue de Claudius, *Hamlet,* page 73.

LADY MACBETH.

... Lavez vos mains... mettez votre robe de nuit... ne paraissez pas si pâle... je vous le dis pourtant encore, Banquo est enterré... il ne peut pas sortir de sa tombe...

LE DOCTEUR.

Cela aussi?...

LADY MACBETH.

Au lit! au lit!... on frappe à la porte... venez, venez, venez, venez, donnez votre main... ce qui est fait ne peut être défait... Au lit! au lit! au lit! (*Elle sort.*)

LE DOCTEUR.

Ira-t-elle maintenant au lit?

LA DAME.

Immédiatement.

LE DOCTEUR.

D'horribles murmures circulent... des faits hors nature enfantent des troubles hors nature : des consciences empoisonnées déchargeront leurs secrets en leurs profonds oreillers... elle a plutôt besoin de l'homme de Dieu que du médecin... Dieu! Dieu! pardonnez à nous tous!... Voyez après elle. Éloignez d'elle tous les moyens de se nuire et encore gardez vos yeux sur elle... là-dessus, bonne nuit!... elle a brisé mon esprit et étourdi mes yeux. Je pense, mais n'ose parler.

LA DAME.

Bonne nuit, bon docteur. (*Ils sortent.*)

SCÈNE II

La campagne auprès de Dunsinane.

Entrent avec tambour et drapeaux [1] MENTETH, CATHNESS, ANGUS, LENOX *et* DES SOLDATS.

MENTETH.

Les forces anglaises sont proches, commandées par Malcolm, son oncle Siward et le bon Macduff. Les vengeances brûlent en eux. Car leurs chères causes, par leur appel sanglant et terrible, réveilleraient un homme mort [2].

ANGUS.

Nous les rencontrerons auprès du bois de Birnam. Ils viennent par cette route.

CATHNESS.

Qui sait si Donalbain est avec son frère ?

LENOX.

Certainement, Messire, il n'y est pas. J'ai une liste de toute la gentilhommerie. Il y a le fils de Siward et plusieurs jeunes gens, imberbes, qui aujourd'hui même prouvent leur virilité pour la première fois.

---

[1] *Colours.* La marine française a conservé le mot *couleurs* pour drapeaux. Voir les *Chants de mer* de Yann Nibor.

[2] *A mortified man.* Certains ont traduit par *ermite*, en préoccupation du français *mortifié*. Mais il est évident qu'ici — comme dans Henri V et ailleurs — il faut se reporter au sens étymologique — *devenu mort.*

MENTETH.

Que fait le tyran ?

CATHNESS.

Il fortifie vigoureusement son grand Dunsinane. Quelques-uns disent qu'il est fou. D'autres qui le haïssent moins appellent cela vaillante furie. Mais, certainement, il ne peut pas boucler sa cause désorganisée dans le ceinturon des règles.

ANGUS.

Maintenant il sent ses meurtres secrets se coller à ses mains : maintenant à chaque minute des révoltes insultent à ses manques de foi. Ceux qu'il commande se meuvent au commandement, nullement par affection. Maintenant il sent son titre pendre, lâche, après lui, comme une robe de géant sur le nain qui l'a volée.

MENTETH.

Alors qui pourrait blâmer ses sens empoisonnés de reculer et de l'abandonner, quand tout en lui se condamne soi-même, pour être là [1] !

CATHNESS.

Bien, marchons, pour faire acte d'obédience, là où il est vraiment dû. Joignons-nous au guérisseur de l'état malade et avec lui versons, pour purifier le pays, chaque goutte de nous.

LENOX.

Ou autant qu'il le faudra, pour arroser la fleur souveraine et noyer l'ivraie, marchons vers Birnam. (*Marche guerrière, ils sortent.*)

SCÈNE III

Au château de Dunsinane. — Une chambre.

Entrent MACBETH, LE DOCTEUR *et des* SERVITEURS.

MACBETH.

Ne m'apportez plus de rapports. (*A part.*) Qu'ils fuient tous ! Jusqu'à ce que le bois de Birnam déménage à Dunsinane, je ne puis être infecté de peur. Qu'est-ce que le gamin Malcolm ? n'est-il pas né d'une femme ? Les Esprits qui savent toutes les circonstances mortelles ont ainsi prononcé : — Ne crains pas, Macbeth : pas un homme, né d'une femme, n'aura pouvoir sur toi ! — Donc, fuyez, thanes menteurs et mêlez-vous aux pourceaux anglais [2]. L'âme que je détiens et le cœur que je porte ne dériveront pas sous le doute et ne naufrageront pas sous la peur... (*Entre un serviteur.*) Le diable te damne à te rendre noir, faquin à face de crême !... Où as-tu pris cette tête d'oie ?

LE SERVITEUR.

Il y a dix mille...

MACBETH.

Dix mille oies, misérable ?

LE SERVITEUR.

Soldats, Sire.

---

[1] Quand tout en lui a horreur d'exister.
[2] *English epicures.* Épicuriens ne rendrait pas l'énergie d'une expression légendaire.

MACBETH.

Va, frotte ta face et sur-rougis ta peur, gamin au foie couleur de lys! Quels soldats, torchon! Mort à ton âme! Ces joues de chiffon, les tiennes, sont conseilleuses de peur! Quels soldats, face de petit lait [1]!

LE SERVITEUR.

L'armée anglaise, s'il vous plaît.

MACBETH.

Ote ta face d'ici!... (*Appelant.*) Seyton!... j'ai mal au cœur, quand je vois... — Seyton, hé! — Cette poussée me relevera pour toujours ou me jettera tout de suite en bas du trône. J'ai vécu assez longtemps : la route de ma vie est tombée en sécheresse, en feuilles jaunes, et tout ce qui devrait accompagner l'âge vieux, honneur, amour, obéissance, troupes d'amis, je ne dois plus chercher à l'avoir. Mais, en leur place, malédictions, non criées, mais profondes, des honneurs de lèvres, souffles que le misérable cœur voudrait, mais n'ose pas refuser... (*Appelant.*) Seyton!

SEYTON, *entrant.*

Quel est votre gracieux plaisir ?

MACBETH.

Quelles nouvelles en plus ?

SEYTON.

Tout ce qui était rapporté est confirmé.

MACBETH.

Je combattrai, jusqu'à ce que, de mes os, ma chair soit hachée. Donne-moi mon armure.

SEYTON.

Elle n'est pas encore nécessaire.

MACBETH.

Je veux la mettre. Encore plus de chevaux dehors, qu'on coure à travers le pays... qu'on pende ceux qui parlent de peur... Donne-moi mon armure... (*Au médecin.*) Comment va votre malade, docteur ?

LE DOCTEUR.

Pas aussi malade, My Lord, que troublée par des imaginations, venant en foule et qui la privent de son repos.

MACBETH.

Guéris-la de cela. Ne peux-tu pas soigner un esprit malade... arracher de sa mémoire une tristesse enracinée... raser les troubles écrits dans son cerveau, et avec quelque doux antidote d'oubli, nettoyer le cœur bourré de cette bourre dangereuse qui pèse sur le cœur ?...

LE DOCTEUR.

En ceci, le patient se doit soigner lui-même.

MACBETH.

Jette la médecine aux chiens, je n'en veux plus!... (*Aux serviteurs.*) Allons, mettez-moi mon armure... donnez-moi ma masse d'armes [2]... Seyton, envoie...

---

[1] *Whey* signifie la partie aqueuse du lait, dépouillé de sa crème. Ce n'est donc pas le — lait caillé — de F. V. H.

[2] Et non une lance. *Staff* est un engin court et fort.

Docteur, les Thanes me fuient. — Allez, messire, dépêchez ! — Si tu pouvais, docteur, examiner l'eau [1] de mon pays, trouver sa maladie et la purifier en une saine et ancienne santé, je t'applaudirais à tous les échos pour qu'ils applaudissent de nouveau. — Ote cela, te dis-je [2] ! — Quelle rhubarbe, quel séné, quelle drogue purgative pourrait purger ce pays des Anglais !... — As-tu entendu parler d'eux ?

LE DOCTEUR.

Oui, mon bon Seigneur ! Vos royaux préparatifs nous en ont appris quelque chose.

MACBETH, *à Seyton*.

Porte mon armure derrière moi !... (*Au docteur.*) Je n'aurai l'effroi ni de la mort ni de la destruction, jusqu'à ce que la forêt de Birnam vienne à Dunsinane... (*Il sort.*)

LE DOCTEUR.

Fussè-je sauf et hors de Dunsinane que l'appât du gain difficilement m'attirerait ici. (*Il sort.*)

SCÈNE IV

La campagne près de Dunsinane.

Entrent MALCOLM, *le vieux* SIWARD *et son fils*, MACDUFF, MENTETH, CATHNESS, ANGUS, LENOX, ROSSE *et* Soldats *en marche*.

MALCOLM.

Cousin, j'espère que le jour est à portée de la main où nos demeures seront sauves.

MENTETH.

Nous n'en doutons nullement.

SIWARD.

Quel est ce bois devant nous ?

MENTETH.

Le bois de Birnam.

MALCOLM.

Ordonnez à chaque soldat d'abattre une branche d'arbre et de la porter devant lui ; ainsi nous voilerons le nombre de notre armée et ferons que les éclaireurs erreront en leurs rapports sur nous.

UN SOLDAT.

Ce sera fait.

SIWARD.

Nous n'avons rien appris, sinon que le tyran, en confiance, tient encore dans Dunsinane et attendra que nous en fassions le siège.

MALCOLM.

C'est sa dernière espérance. Car partout où on en trouve occasion, grands et petits,

---

[1] Littéralement, examiner l'urine...
[2] Dans son trouble, Macbeth parle tantôt à ses serviteurs, tantôt à Seyton, tantôt au docteur. Il endosse et rejette son armure. Il marche à la folie furieuse.

tous se sont révoltés contre lui : et nul ne sert avec lui, sinon des individus forcés dont le cœur est absent.

MACDUFF.

Réservons nos justes critiques après l'événement réel, et mettons en avant notre tactique de soldats.

Que chaque soldat abatte une branche...

SIWARD.

Le temps approche qui nous apprendra, avec la précision nécessaire, ce que nous devrons appeler doit ou avoir. Les pensées spéculatives n'apportent que douleurs et espérances. De l'issue définitive, les arbitres sont les coups, et vers ce but, en avant la guerre ! (*Ils sortent. — Marche guerrière.*)

SCÈNE V

Dunsinane. — A l'intérieur du château.

Entrent avec tambours, drapeaux et soldats, MACBETH *et* SEYTON.

MACBETH.

Pendez nos bannières sur les murs extérieurs. Le cri d'alarme est encore : — Ils viennent! La force de notre château rira d'un siège. Laissez-les là en bas, jusqu'à ce que la famine et la fièvre les dévorent. Ne seraient-ils pas renforcés par ceux qui devraient être nôtres que nous aurions pu hardiment les affronter, barbe contre barbe, et les battre en les chassant chez eux... (*On entend à l'intérieur des cris de femmes.*) Quel est ce bruit?

SEYTON.

Ce sont des cris de femmes, mon bon Seigneur.

MACBETH.

J'ai presque oublié le goût de la peur : il y eut un temps où mes sens se seraient glacés à entendre une clameur de nuit... où les touffes de mes cheveux, à une parole sinistre, se seraient levées comme si elles étaient vivantes... J'ai avalé [1] mon plein d'horreurs. L'horrible, familier à mes meurtrières pensées, ne peut plus une seule fois me donner un frisson... Pourquoi ces cris?

SEYTON.

My Lord, la reine est morte!

MACBETH.

Elle aurait dû mourir plus tard : il y aurait eu moment pour pareil mot. Demain et demain et demain se coule à petits pas de jour en jour, jusqu'à la dernière syllabe du temps inscrit. Et tous nos hiers ont éclairé [2], imbéciles, le chemin à la mort en poussière. Meurs! Meurs [3]!

Menteur! misérable!

courte chandelle! La vie n'est qu'une ombre qui marche; une pauvre actrice qui piaffe et frétille [4] son heure sur la scène et dont on n'entend plus parler. C'est, conté par un idiot, un conte, plein de bruit et de furie, ne signifiant rien! (*Entre un messager.*) Tu viens pour user ta langue... ton histoire, vite!

LE MESSAGER.

Mon gracieux Lord, je raconterai ce que je dis avoir vu, mais ne sais comment le faire.

MACBETH.

Bien, parle.

---

[1] *I have supped full with horrors.* Voici une des plus singulières pénétrations de langage qui se puisse imaginer. La traduction textuelle est : — *J'ai soupé de ces horreurs.* Or, dans notre langue familière, *avoir soupé* de quelque chose ou de quelqu'un — signifie en être fatigué, dégoûté. On trouve dans une légende du dessinateur Forain : — J'en ai soupé de ta fiole (je suis las de toi) — la traduction textuelle en langue Shakespearienne serait : — *I have supped with thy mazzard.* Il est à remarquer qu'en Français le mot *souper* ne s'emploie en aucun autre cas dans ce même sens.

[2] *To light.* Malgré l'avis de Guizot, il faut ici prendre le mot *éclairer* dans le sens de chemin préparé par des *éclaireurs*.

[3] *Out! Out!* Nous ne possédons pas en Français de mot aussi concis pour exprimer suppression, destruction, disparition. *Dehors* spécialise trop. Dans le centre de la France on a conservé *Ut!* ou bien *Usse!* et *Oussi! Ouste!* dans le même sens. Enfin là est l'origine de l'exclamation familière *Zut!*

[4] *Struts and frets.*

MACBETH

LE MESSAGER.

Comme je tenais ma garde sur la colline, je regardais vers Birnam, et alors — sur ma foi, le bois se mit à remuer...

Jetez vos écrans de feuillage.

MACBETH, *le frappant.*

Menteur ! Misérable !...

LE MESSAGER.

Que j'endure votre fureur, s'il n'en est pas ainsi. A trois milles d'ici, vous pouvez le voir qui arrive. Je dis bien, un bois qui se meut.

MACBETH.

Si tu mens, au prochain arbre, tu pendras vivant jusqu'à ce que la faim te sèche... si ta parole est vraie, je me moque que tu m'en fasses autant!... je perds l'énergie, et commence à soupçonner l'équivoque du démon, qui dit mensonge pour vérité : — Ne crains rien, jusqu'à ce que le bois de Birnam vienne à Dunsinane... et voici que le bois vient vers Dunsinane... Aux armes! aux armes! dehors!... si cela, qu'il affirme, apparaît, il n'y a ni fuite d'ici ni arrêt là. Je commence à être las du soleil et voudrais que l'équilibre [1] du monde fût maintenant détruit... Sonnez la cloche d'alarme! Frappe, vent! viens, ruine! Au moins nous mourrons, le harnais sur le dos! (*Ils sortent.*)

SCÈNE VI

Dunsinane. — Une plaine devant le château.

Entrent avec tambours et drapeaux MALCOLM, *le vieux* SIWARD, MACDUFF, *etc., et leurs soldats, portant devant eux des branches d'arbres.*

MALCOLM.

Maintenant nous sommes assez près! Jetez vos écrans de feuillage et montrez-vous tels que vous êtes. (*A Siward.*) Vous, mon digne oncle, dirigerez, avec mon cousin, votre très noble fils, notre premier engagement... le digne Macduff et nous prendrons sur nous ce qu'il restera à faire, conformément à notre plan.

SIWARD.

Bonne chance [2]! Rencontrons seulement les forces du tyran, et que nous soyons battus, si nous pouvons ne pas nous battre [3]!

MACDUFF.

Que toutes nos trompettes parlent!... donnez-leur tout votre souffle, à ces clamants fourriers de sang et de mort!

SCÈNE VII

Une autre partie de la plaine.

MACBETH, *entrant.*

Elles [4] m'ont attaché à un poteau!... je ne puis fuir, mais, comme l'ours, je dois [5]

---

[1] *State* — la statique — et non pas l'empire (F. V. H.) Comme toujours, M. Montégut traduit par un à peu près : — Je voudrais que le monde fût à sa fin! — c'est du commentaire.

[2] *Fare you well*, littéralement *portez-vous bien*. Mais dans l'usage, c'est l'adieu accompagné de bons souhaits.

[3] Si nous pouvons nous empêcher de les attaquer.

[4] Les sorcières.

[5] *Fight the course.* Les traducteurs ont commis une grave erreur en interprétant ces mots par — combattre jusqu'à la fin. L'image est complète : dans les combats d'ours, l'animal est attaché à un poteau. On lance les chiens sur lui : il ne peut pas fuir, il faut qu'il lutte quand même.

soutenir la lutte... Qu'est-ce qu'un homme qui n'est pas né d'une femme ? celui-là seul je dois craindre, ou personne...

LE JEUNE SIWARD, *entrant*.

Quel est ton nom ?

MACBETH.

Tu serais effrayé de l'entendre.

LE JEUNE SIWARD.

Non, quand tu t'appellerais d'un nom plus brûlant qu'il n'en est en enfer.

MACBETH.

Mon nom est Macbeth.

LE JEUNE SIWARD.

Le diable lui-même ne pourrait prononcer à mon oreille appellation plus haïssable.

MACBETH, *ricanant*.

Non, ni plus effrayante.

LE JEUNE SIWARD.

Tu mens, tyran abhorré : avec mon épée, je te prouverai que tu as proféré un mensonge... (*Combat, le jeune Siward est tué.*)

MACBETH.

Tu étais né d'une femme ! Mais je ris aux épées, j'éclate de mépris pour les armes, brandies par un homme qui est né d'une femme ! (*Il sort. — Trompettes.*)

MACDUFF, *entrant*.

De ce côté est le bruit... Tyran, montre ta face... si tu es tué et sans coup de ma main, les spectres de ma femme et de mes enfants me hanteront encore... je ne peux pas frapper les misérables Kernes, dont les bras sont loués pour porter leurs bâtons... ou toi, Macbeth... ou autrement je rengaînerai encore mon épée, avec son tranchant imbattu, sans avoir agi !... Tu devrais être là. Par ce grand cliquetis, quelqu'un de la plus grande importance paraissait ébruité. Fais-le moi trouver, fortune ! et je ne te demande rien de plus ! (*Il sort. — Trompettes.*)

Entrent MALCOLM *et le vieux* SIWARD.

SIWARD.

Par ici, My Lord. Le château s'est gentiment rendu. Le peuple du tyran combat des deux côtés : les nobles Thanes agissent bravement dans la guerre. La journée même s'est presque déclarée pour vous et il reste peu à faire.

MALCOLM.

Nous nous sommes rencontrés avec des ennemis qui frappent à côté.

SIWARD.

Entrons au château... (*Ils sortent. — Trompettes.*)

MACBETH, *revenant*.

Pourquoi jouerais-je à l'imbécile romain et mourrais-je sur ma propre épée !... Tant que je vois des vies, les entailles font mieux sur elles...

MACDUFF, *rentrant, à Macbeth*.

Tourne-toi, chien d'enfer, tourne-toi !

MACBETH.

De tous les autres hommes je n'ai évité que toi... va-t-en... mon âme est déjà trop chargée du sang des tiens...

MACDUFF.

Je n'ai pas de paroles... ma voix est dans mon épée, toi, plus sanglant bandit que les mots ne peuvent te le dire!... (*Ils combattent.*)

MACBETH.

Tu perds ta peine : aussi facilement avec ton épée acérée, tu ferais impression sur l'air intranchable, que tu me ferais saigner... laisse tomber tes coups sur des casques vulnérables... je porte une vie enchantée, qui ne doit pas céder à qui est né d'une femme...

Tu mens, tyran abhorré!

MACDUFF.

Désespère de ton charme : et que le mauvais ange [1] — que tu as toujours servi — te dise que Macduff a été arraché avant terme du sein de sa mère [2]...

MACBETH.

Maudite soit la langue qui me parle ainsi... car elle a avachi [3] la meilleure partie de moi-même!... et que jamais plus ne soient crus ces démons jongleurs, qui biaisent [4] avec nous en double sens... qui gardent les mots de promesses pour notre oreille et la violent pour notre espérance... je ne combattrai pas contre toi!

MACDUFF.

Alors rends-toi, lâche, et vit pour être le spectacle et la curiosité de ces temps.

---

[1] *Angel.* Macduff ne peut dire à Macbeth qu'en se livrant à des crimes sans nombre, il a toujours servi un bon ange ou un messager divin. Soit que Macduff prononce le mot avec ironie, soit qu'il sous entende l'idée diabolique, le sens n'en est pas moins évident.

[2] Il n'en est pas moins né d'une femme. Mais, à des oracles de sorcières, il ne faut pas demander trop de précision.

[3] *Cowed,* de *Cow,* vache.

[4] *Palter.* Ce mot ne viendrait-il pas du mot *pellet* — Fr. pelote, balle — ce qui donnerait — jouer à la balle — expression concordant avec celle de jongleurs. De *pellet,* nous avons fait *palet,* objet rond qu'on lance.

Nous te mettrons, comme sont nos monstres rares, en peinture à un poteau, avec cet écriteau : — Ici vous pouvez voir le tyran.

MACBETH.

Je ne me rendrai pas, pour baiser la terre devant les pieds du jeune Malcolm et pour servir d'appât aux malédictions de la canaille [1]. Quoique le bois de Birnam soit venu à Dunsinane et quoique tu sois en face de moi, n'étant pas né d'une femme, encore veux-je tenter le dernier coup... devant mon corps je place mon bouclier de guerre. Fonds sur moi, Macduff et damné qui criera le premier : — Arrête ! assez ! (*Ils sortent en combattant.*)

Sonneries de retraite. Fanfares. Rentrent avec tambours et drapeaux MALCOLM, *le vieux* SIWARD, ROSSE, LENOX, ANGUS, CATHNESS, MENTETH, SOLDATS.

MALCOLM.

Je voudrais que les amis que nous avons perdus fussent revenus saufs.

SIWARD.

Il en est qui doivent partir : et encore par ceux-ci (*il montre ceux qui sont là*) je vois qu'un si grand jour est acheté à bon marché.

MALCOLM.

Macduff nous manque et votre noble fils.

ROSSE.

Votre fils, My Lord, a payé la dette du soldat. Il a seulement vécu jusqu'à ce qu'il fut un homme, et pas plus tôt a-t-il affirmé sa valeur, en la posture sans recul où il a combattu, qu'il est mort comme un homme.

SIWARD.

Alors il est mort ?

ROSSE.

Oui, et emporté du champ de bataille. Votre douleur ne doit pas être mesurée à sa valeur... car alors elle n'a pas de limite.

SIWARD.

A-t-il ses blessures par devant ?

ROSSE.

Certes, au front.

SIWARD.

Alors qu'il soit le soldat de Dieu ! Eussè-je autant de fils que j'ai de cheveux, je ne voudrais pas pour eux une plus belle mort... ainsi son glas est sonné [2]...

MALCOLM.

Il vaut plus de tristesse et je la dépenserai pour lui.

SIWARD.

Il ne vaut rien de plus... ils l'ont dit, il est bien parti et a payé sa coche [3]. Ainsi

---

[1] *To be baited with curse.* — *Bait* est l'appât qui attire les poissons. C'est trop compléter Shakespeare que d'écrire — pour entendre la canaille *aboyer*. (F. V. II.) Le patois normand donne *abet, abétir*, amorcer.

[2] *His knell is knolled.* Répétition sonore que ne peut rendre le français.

[3] *His score.* Le morceau de bois sur lequel aujourd'hui encore, à la campagne, le créancier marque

que Dieu soit avec lui !... (*Voyant entrer Macduff qui porte la tête de Macbeth au bout d'un pieu.*) Et voici une nouvelle consolation !

MACDUFF, *à Malcolm.*

Salut, roi ! car tu l'es ! Regarde où est la tête maudite de l'usurpateur. Le temps est délivré. Je te vois entouré de l'élite — perle de ton royaume, qui en esprit, te donne mes salutations et dont je désire entendre la voix crier avec la mienne : — Salut, roi d'Écosse.

TOUS.

Salut ! roi d'Écosse !

MALCOLM [1].

Nous ne dépenserons pas une large dépense de temps, hommes, avant que nous fassions le compte de toutes nos affections et que nous nous acquittions envers vous. Mes Thanes et Cousins, désormais soyez comtes [2], les premiers qui en Écosse aient été nommés à pareille dignité. Ce qu'il y a encore à faire et qui avec le temps sera nouvellement semé — comme de rappeler d'exil nos amis qui ont fui les pièges d'une espionneuse tyrannie — de mettre en accusation les cruels ministres du boucher mort et de sa démoniaque reine, qui — à ce qu'on pense — de sa propre et violente main a pris sa propre vie — cela et tout ce qui est nécessaire et en appelle à nous, par la grâce de La Grâce, nous l'exécuterons en temps, lieu et mesure... salut à vous tous à la fois et à chacun de vous... je vous invite à nous voir couronner à Scone... (*Fanfares. — Ils sortent.*)

par ses coches ou entailles les dettes de son client. On dirait plutôt maintenant *son ardoise*. Les pêcheurs normands ont encore *l'écoreur*, le marqueur.

[1] *Not spend a large expense.*

[2] *Earl* — en vieux saxon, *corl*, guerrier.

NOTE[1]. — *Macbeth* est le type du soldat brutal et ambitieux, courageux jusqu'à l'héroïsme, risquant sa vie pour la cause à laquelle il s'est lié ; mais avec la volonté bien arrêtée de parvenir au plus haut degré de récompenses possibles. De plus, sa situation de cousin du roi a déjà éveillé en lui l'ambition du trône, et aussi la jeunesse des enfants de Duncan. A supposer même que ces pensées soient encore inconsciemment latentes en lui, elles sont prêtes à jaillir du moindre choc d'événements. La victoire qu'il a remportée presque seul contre les ennemis du roi, par la double fièvre morale et physique qu'elle a développée en lui, le rend plus apte à la tentation. Et dès les premières paroles des Sorcières, l'idée de royauté s'impose à lui. Nombreux dans l'histoire les soldats qui, après un triomphe, ont aussitôt songé à une couronne ; et il ne faut pas remonter bien haut dans les annales de notre pays pour y rencontrer, au Mexique, un maréchal de France, ambitieux du titre d'empereur.

Mais, nous l'avons expliqué, déjà, songeant à la faible barrière qui le sépare du trône, Macbeth avait parlé du crime, en ses entretiens intimes avec sa femme.

Cependant — et cela est encore un trait de profonde observation — ces victorieux, comme épouvantés de leurs propres rêves, sont des hésitants. Ainsi en témoignent les quelques mots adressés à Banquo par Macbeth : — Si vous le voulez, nous causerons de tout cela, à loisir. — Il lui plairait s'assurer un complice. Il ne sait encore à quel parti il s'arrêtera, quand une circonstance décisive donne tout-à-coup à ses vagues projets une forme et un but. Duncan désigne son fils pour lui succéder et dès maintenant lui confère le titre de prince de Cumberland. C'est la ruine des espérances de Macbeth. Jusque là il se disait : — Si la fortune me veut roi, eh bien, elle me peut couronner, sans que je bouge — Mais maintenant il sait que pour parvenir au but, il lui faudra agir : — Voilà un pas sur lequel je tomberai, et je ne le saute ! — Déjà, dans ses réflexions, le mot de meurtre avait éclaté, et à présent, il murmure : — Que la lumière ne voit pas mes noirs et profonds désirs

La psychologie, d'ailleurs simple, du personnage de Macbeth a mieux été comprise par le public Français — ou plutôt par les adaptateurs — que les figures plus compliquées d'Hamlet ou de Roméo. Nous avons été dès longtemps séduits par le fantastique des sorcières, par les exagérations même du rôle de Macbeth. Ceci nous a paru essentiellement théâtral. Il est bien entendu qu'encouragés par le ton héroïque que Shakes-

[1] Consulter Stapfer, *Shakespeare et les Tragiques Grecs* Mézières, Darmesteter, les études de Guizot, Fr. V. Hugo, Taine, etc.

peare donne à ses personnages nous avons pu, à notre grande satisfaction, forcer le ton de notre romantisme.

Il faut avoir le courage de le reconnaître, en beaucoup de parties, Macbeth n'est pas à la hauteur du génie Shakespearien. Ainsi on ne saurait trop lui reprocher au premier acte la tirade du soldat blessé, redondante et prétentieuse, alors que la situation réclamerait, d'un personnage de cette sorte une vigueur dépourvue de tout ornement littéraire. Certaines expressions — et nous les avons notées — sont intéressantes, mais les jeux de beau langage produisent un effet singulier dans la bouche d'un soldat qui, à en juger par la brutalité de ses chefs, n'était certainement rien moins qu'un dilettante.

Il règne, entre les rôles de Rosse, de Duncan, de Macbeth même une uniformité de grandiloquence à laquelle Shakespeare ne nous a pas habitués. Mais d'autre part, il convient de louer hautement le subit changement de ton général, alors que les sorcières rentrent en scène. La scène de Duncan et de Macbeth avec les sœurs du destin est empreinte d'un naturel excellent. Chacun ne dit que ce qu'il doit dire et en la forme qui convient. On sent que, comme ses personnages, le poète est sincèrement troublé et ne cherche plus à faire œuvre de littérature.

Détail curieux, on retrouve dans la courtisanerie hypocrite de Macbeth vis à vis de Duncan, les mêmes excès de recherche, notés dans le rôle d'Osric parlant à Hamlet.

Il semble que Shakespeare ait voulu démontrer que tout homme a deux langages. Macbeth précieux et chercheur d'effets quand il se trouve avec ses compagnons d'armes ou devant le roi, tout à coup, avec Lady Macbeth, redevient lui-même. Tout est précis, naturel, vivant. Sa lettre à sa femme est d'un ton d'absolue vérité. Les tirades de Lady Macbeth, pour aiguës qu'elles soient, se gardent de tous jeux de mots, de toutes allitérations ingénieuses. On croirait entendre une *evocatrice* corse, quelque magicienne perverse lançant ses malédictions. « Désexuez-moi ! » dit-elle à ses mauvaises pensées : on sent en ce cœur de femme la folie de la grandeur, l'appétit du meurtre.

Chez elle ce langage de courtisanerie — Nous restons vos ermites ! — est absolument dramatique, en raison de la précaution prise par le poète de nous montrer à nu cette âme féroce. Et, après les témoignages de respect et de dévouement, combien plus effrayante cette pression exercée sur l'âme de Macbeth, pour écarter ses derniers scrupules, alors qu'elle s'écrie : — Si j'avais juré de tuer mon enfant, je lui écraserais la cervelle, plutôt que de manquer à ma parole ! — Cette femme est une possédée, dont la possession est contagieuse. Entre ces deux êtres, il existe cette mutualité de suggestion, si bien étudiée de notre temps par l'école de Lombroso. Macbeth, moins criminel que sa femme, a des hallucinations qui extériorisent sa volonté et usent sa force ; chez Lady Macbeth au contraire, toute la force méchante est concentrée à l'intérieur, s'accumulant jusqu'à l'explosion décisive, si admirablement observée, du désespoir, de la folie ou du suicide. En apparence plus maîtresse d'elle-même, c'est Lady Macbeth qui règle les détails du meurtre, l'enivrement des chambellans, l'usage de leurs poignards, l'ensanglantement de leurs visages : après le crime, elle restera d'apparence calme, jouera l'admirable scène du banquet où elle s'efforce de cacher à tous l'agitation de son mari.

Mais cette force même — qui est sienne — par l'insuccès définitif se brisera d'un seul coup.

Macbeth, se dépensant plus au dehors, luttera jusqu'à la dernière minute, alors qu'elle même est devenue folle et s'est tuée.

Il fallait nécessairement que notre bon goût s'exerçât aux dépens de *Macbeth*, comme des autres pièces de Shakespeare : ici deux scènes ont été condamnées sans appel, l'une, simplement curieuse, l'autre vraiment géniale.

Le Portier, — Acte II, Scène III — a été déclaré inacceptable. Pour nous, il n'est pas admissible qu'à côté, autour de personnages tragiques, d'autres évoluent sur un autre plan. Dans la vie, il arrive que, tandis qu'on égorge un locataire du second étage, le concierge cause dans sa loge avec la porteuse de pain. Et ces contrastes de calme absolu d'un côté et de drame atroce de l'autre constituent la vie. Nous ne pouvons admettre cela. Pour la bonne marche de notre art dramatique, si d'aventure le concierge était amené sur la scène, il lui faudrait être triste, préoccupé, avoir des pressentiments. Shakespeare, lui, a montré ce qu'était le portier du château, qu'on assassinât ou qu'on n'assassinât pas Duncan. Il ne sait rien, il ne prévoit rien. Donc il est lui-même, bavard, comme un homme ivre qu'il est. L'émotion poignante n'existe que dans l'esprit du spectateur, tenté de crier à cet homme : — Mais tais-toi donc ! Près de toi on égorge ! — Shakespeare prolonge même cet effet en insistant sur la conversation de Macduff et de Lenox, avec Macbeth, causerie familière dont les sous entendus sont sinistres, pour qui sait quel crime a été perpétré et va être découvert. Ceci n'a pu nous satisfaire, et le portier de Macbeth n'a jamais trouvé grâce devant nous. Récemment Mæterlinck a tenté de peindre cette antithèse terrible entre l'insouciance de ceux qui ne savent point — et le désespoir qui les attend lors d'une subite révélation. Ce sont là des indications dont le théâtre de l'avenir, *nolens, volens*, tiendra compte.

Comme par une étrange malédiction, ce sont les scènes où Shakespeare rend le mieux la nature qui sont impitoyablement sabrées par le bon goût : ainsi de la Scène II du IV° acte, le meurtre des enfants de Macduff. Jamais ne fut mieux rendue l'angoisse d'une mère que le mari a abandonnée, en plein péril. Et quel adorable dialogue entre Lady Macduff et son enfant — Petit, votre père est mort ! qu'allez-vous faire maintenant ? — Je vivrai comme vivent les oiseaux, avec ce que j'aurai. — Pauvre petit oiseau ! — L'enfantillage des répliques du petit Macduff réalise le maximum d'angoisse dont puisse être serrée l'âme d'un spectateur. C'est humain, c'est vivant, douloureux comme le coup de couteau qui va égorger l'enfant. Schiller, Ducis, Lacroix, tous ont supprimé cette scène magnifique. M. Mezières ne la mentionne même pas. En cent pages de dissertations sur les apparitions *objectives ou subjectives* de Macbeth, M. Stapfer ne lui accorde pas une ligne : il est vrai qu'il déclare, quant à la scène du portier, qu'on peut toujours s'en débarrasser en la déclarant apocryphe. Mais celle de l'enfant de Macduff, l'est-elle aussi, apocryphe ! Pourquoi s'en débarrasser sinon parce que notre esprit de routine et de décorum nous rend aveugles et sourds.

M. Stapfer se plaint d'ailleurs avec la même ingéniosité de ce que, selon lui, le rôle de Lady Macbeth n'ait pas été expliqué par quelque scène préparatoire entre son mari et elle. En vérité, c'est faire trop bon marché de l'intelligence du public. Ne comprend-il pas dès les premiers mots qu'elle prononce, après la lecture de la lettre de Macbeth, que la hantise de l'ambition s'est dès longtemps emparée de ces deux âmes. Si jamais l'art des préparations fut inutile, c'est en ce premier acte où, comme des éclairs, les idées du crime, à toute réplique, illuminent les âmes jusqu'aux tréfonds ?

Seul Lamartine a compris l'enfant de Macduff « La nature, dit-il, avait, en Shakespeare, inventé mieux que la rhétorique » Et le mot est vrai. Quant à M. Darmesteter, sans doute la scène lui a échappé.

Ce qui a le plus préoccupé les adaptateurs et les critiques, c'est la partie fantastique de Macbeth. Nous avons déjà attiré l'attention du lecteur sur l'étonnant esprit d'assimilation de Shakespeare qui, de quelque question qu'il se préoccupe, apparaît comme l'ayant étudiée à fond et la connaissant aussi bien que les spécialistes. En ceci, dans les temps modernes, Balzac seul peut lui être comparé : mais de combien plus de ressources il disposait, alors qu'au seizième siècle, était si restreint le nombre des érudits. Le propre des âmes Shakespeariennes, c'est une sorte d'intuition née d'un simple rayon de lumière, s'épanouissant en elles avec des clartés infinies. Ainsi de Cervantes, de Diderot, de Voltaire, de Gœthe, de Victor Hugo. Esprits véritablement encyclopédiques où il semble que la nature ait marqué d'avance la place de toutes les connaissances humaines.

Macbeth révèle cette disposition géniale, plus peut-être que toute autre pièce : Shakespeare nulle part, sinon dans Hamlet, n'entre plus complètement, comme on dit, dans la peau du bonhomme : il s'incarne en chacun de ses personnages, au point de vivre leur vie et de penser leur pensée. C'est pourquoi il place dans leur bouche justement les idées qu'ils doivent concevoir, comme dans cette scène superbe de dissimulation où le jeune Malcolm met à l'épreuve la loyauté de Macduff; et encore il faut noter que jamais Shakespeare ne met face à face deux de ses personnages, sans que, par la force de sa conception, la scène ne prenne une forme originale et une signification profonde. Jamais de remplissage. Même la douleur de Siward, apprenant la mort de son fils, vient apporter, au dénouement, une note utile et vraiment héroïque. — « Il est bien parti et il a payé sa coche !... mais voici une nouvelle consolation ! » Et Macduff montre la tête coupée de Macbeth.

Encore on ne saurait trop s'appesantir sur le rôle de Lady Macbeth. C'est en elle, en ce type merveilleux de justesse et d'observation que semble s'être concentré tout le génie de Shakespeare. Elle est complète. C'est bien Macbeth qui lui a mis au cœur la passion d'être reine. Mais dès que le germe a été planté, il faut que l'arbre pousse quand même, dussent ses racines faire tout éclater autour de lui : l'ambition possédée est pour elle comme un prurit de volupté qui ne s'assouvira que par le spasme. Et quand Macbeth hésite : « Quelle bête féroce, s'écrie-t-elle, vous a poussé à vous ouvrir à moi ?... » L'incendie a été allumé par cette seule parole. Et il voudrait l'éteindre sous ses faiblesses ! C'est une criminelle-née dont le mal a éclaté au premier contage. Elle commettrait tous les crimes, jusqu'à l'infanticide, si l'enfant la gênait. Elle le dit. C'est une Messaline de l'ambition. Mais une Messaline chaste. Le sexe n'est rien pour elle — *Unsex me !* — Lombroso cite de nombreux exemples de crimes commis par des femmes avides, qui n'étaient point de mauvaises mœurs.

Un mot encore éclaire ce caractère. Seule, après avoir lu la lettre de son mari, elle s'écrie : — Hâte-toi, que je puisse refouler loin de toi tout ce qui t'éloigne du *cercle d'or !* — En cette femme sanglante, il y a une coquette, il y a une actrice, et à bien comprendre la scène du banquet, on admire avec quelle aisance de comédienne, elle fait les honneurs de son palais et de sa royauté nouvelle. On demandait à une femme pourquoi elle en avait assassiné une autre : « Pour avoir un beau chapeau ! » répondit-elle. Macbeth était hanté par le poignard, Lady Macbeth par le cercle d'or. Quand elle est en état somnambulique, elle parle de sa *petite* main. Le monstre reste femme.

Et enfin, bien femme encore par son subit et immédiat découragement. Ses nerfs s'étaient tendus à se briser. Ils cassent, et sur quelle circonstance ? Quand elle apprend l'assassinat de la femme et des enfants de Macduff. Alors seulement l'horreur d'elle-même la saisit, et en vertu d'un sentiment maternel qui lui fait ressentir en elle-même, femme, le contre-coup de l'égorgement de Fife ; dans sa folie, elle le rappelera ; dès lors, n'ayant pas d'énergie réelle, n'étant plus soutenue par l'ivresse cérébrale à laquelle elle a obéi, n'étant plus possédée, en un mot, elle s'affaisse et glisse au suicide. Peut-être ces observations seront-elles de quelque utilité aux actrices qui dans l'avenir joueront le rôle de Lady Macbeth. Il paraît que Mistress Syddons était marmoréenne. Elle avait tort. Les personnages de Shakespeare — et Lady Macbeth plus que tous autres — sont de chair et de sang.

LE SONGE
D'UNE
NUIT D'ÉTÉ
— 1592 —

PERSONNAGES

THESEUS, duc d'Athènes.
EGEUS, père d'Hermia.
LYSANDER, } jeunes athéniens,
DEMETRIUS, } amoureux d'Hermia.
PHILOSTRATE, maître des fêtes de Theseus.
QUINCE, charpentier.
BOTTOM, tisserand.
FLUTE, raccommodeur de soufflets.
SNOUT, rétameur.
STARVELING, tailleur.

HIPPOLYTA, reine des amazones, fiancée de Theseus.
HERMIA, amoureuse de Lysander.
HELENA, amoureuse de Demetrius.
OBERON, roi des féeries.
TITANIA, reine des féeries.
PUCK ou Robin bon garçon, un génie.
FLEUR DES POIS.
Fées et Génies de la suite d'Oberon et de Titania. — Seigneurs de la suite de Theseus et d'Hippolyta.

La scène se passe à Athènes ou dans un bois des environs.

AVERTISSEMENT

A Athènes, Theseus va épouser Hippolyta, la reine des Amazones, qu'il a enlevée dans un combat. Des fêtes splendides sont organisées. Ici intervient un quatuor d'amoureux, Hermia aimant Lysander, Helena, aimant Demetrius. Le père Egeus veut marier sa fille Hermia à Demetrius. Lysander de son côté aime Helena; Lysander pour préserver Hermia d'une union détestée avec Demetrius, s'enfuira avec elle d'Athènes et rendez-vous est pris dans un bois. Mais ce bois est le domaine d'Oberon et de Titania, roi et reine des féeries, qui, étant en querelle, se vengent sur les humains de leurs tribulations de génies. Puck, le lutin, par leurs ordres, imagine quiproquos sur quiproquos: les amants se méconnaissent, se haïssent. La reine Titania devient amoureuse d'un galant à tête d'âne. Les humains, les génies, tous sont en proie a une sorte de vertige fou, au milieu duquel passe encore, ahurie et burlesque, une bande d'artisans, préparant une représentation dramatique pour les noces de Theseus. Tout se dénoue joyeusement, comme tout a été embrouillé. Le seul avis à donner au lecteur, c'est de se figurer une opérette écrite par un homme de génie, d'une gaieté exubérante, avec des sautes incroyables dans la fantaisie. Il s'agit bien ici d'une féerie bouffonne, de personnages de comédie souvent grotesques; il importe de ne rien prendre au sérieux; et ainsi comprise, cette féerie paraîtra vraiment amusante. *(Voir la Note à la fin de la pièce).*

ACTE PREMIER

SCÈNE PREMIÈRE

A Athènes. — Une chambre dans le palais de Theseus.

Entrent THESEUS, HIPPOLYTA, PHILOSTRATE *et leur suite.*

THESEUS.

Voici, chère Hippolyta, que rapidement approche notre heure nuptiale : quatre heureux jours apporteront une autre lune. Mais, sur ma foi! que lentement cette vieille lune décline ! Elle fait languir mes désirs, pareille à une belle-mère ou à une douairière, qui longtemps retarde l'héritage d'un jeune homme.

HIPPOLYTA.

Bien vite quatre jours s'abîmeront en nuits : quatre jours bien vite disperseront le temps en rêves [1], et alors la lune, pareille à un lac d'argent, nouvellement bandé au ciel, regardera la nuit de nos solennités.

THESEUS, *à Philostrate.*

Va, Philostrate, entraîne la jeunesse athénienne aux plaisirs : réveille le vif et leste esprit de la joie: Renvoie la mélancolie aux funérailles : cette pâle compagne n'est pas pour notre fête! (*Philostrate sort.*) Hippolyta, je t'ai courtisé avec mon épée et ai gagné ton amour, en te faisant violences. Mais je t'épouserai dans une autre clef [2], avec pompe, triomphe et festins !

Entrent EGEUS, HERMIA, LYSANDER *et* DEMETRIUS [3].

EGEUS.

Heureux soit Theseus, notre renommé duc !

---

[1] Que ne pouvons-nous rendre exactement l'expression — *to dream away the time* — rêver — au loin le temps — en considérant l'acte de rêver comme actif et en quelque sorte balayant le temps. Nous retrouverons dans *Antoine et Cléopatre* une expression analogue. — *We have kissed away kingdoms* — nous avons perdu des royaumes en baisers.

[2] Dans le sens musical. On sait que Theseus avait enlevé de force Hippolyta, reine des amazones.

[3] Nous ne francisons aucun nom, surtout par cette raison que certains comme *Hermia, Demetrius* ne peuvent être modifiés. Nous ne faisons d'ailleurs que suivre la version de Shakespeare.

THESEUS.

Merci, bon Egeus. Quelles nouvelles apportes tu ?

EGEUS.

J'arrive plein de vexation, avec plaintes contre mon enfant, ma fille Hermia... (A Demetrius.) Venez en avant, Demetrius ! (A Theseus.) Mon noble Lord, cet homme a mon consentement pour l'épouser... (A Lysander.) Venez en avant, Lysander !... (A Theseus.) Et, mon gracieux duc, celui-ci a ensorcelé le cœur de mon enfant... toi, toi, Lysander, tu lui as donné des vers et tu as échangé des gages d'amour avec mon enfant... tu as, par le clair de la lune, chanté à sa fenêtre, et d'une voix menteuse, des vers d'amour menteur... tu as volé l'empreinte de sa fantaisie avec des bracelets de tes cheveux, des bagues, des bagatelles, des concetti, des jouets, des colifichets, des bouquets [1], des sucreries, messages de grande autorité sur la jeunesse non encore endurcie... avec subtilité tu as chipé le cœur de ma fille et tourné son obéissance — qui m'est due, à moi — en obstinée déplaisance !... (A Theseus.) Et, mon gracieux duc, s'il arrivait qu'ici, devant votre grâce, elle ne consentit pas à se marier avec Demetrius, je réclamerais l'ancien privilège d'Athènes. — Comme elle est mienne, je puis disposer d'elle ! [2] qu'elle soit à ce gentilhomme... ou à la mort !... Conformément à notre loi, expressément édictée pour pareil cas...

Theseus et Hippolyta.

THESEUS, *à la jeune fille.*

Que dites-vous, Hermia ? Sachez-le bien, belle vierge. Pour vous, votre père doit être comme un dieu, un être qui a composé vos beautés... oui, et un être pour qui vous êtes seulement comme une forme de cire, par lui modelée, et qui a le pouvoir de lui laisser la figure ou de la défigurer... Demetrius est un digne gentilhomme...

HERMIA.

Et aussi Lysander !

THESEUS.

Il l'est en soi. Mais, en cette circonstance, comme il lui manque la voix de votre père, l'autre doit être tenu pour plus digne.

---

[1] *Nosegay*, bouquet, expression bien intéressante et qu'on regrette de ne pouvoir rendre exactement — des joies pour le nez !

[2] Le père est de l'école du vieux Capulet contraignant Juliette à épouser Pâris. Shakespeare semble avoir intentionnellement présenté ce type d'excessive autorité en plusieurs de ses œuvres.

HERMIA.

Je voudrais que mon père regardât plutôt avec mes yeux.

THESEUS.

Plutôt vos yeux doivent regarder avec son jugement.

HERMIA.

Je supplie Votre Grâce de me pardonner. Je ne sais point par quel pouvoir je suis enhardie ni comment il peut convenir à ma modestie de, ici, en pareille présence, plaider mes pensées : mais, j'en prie Votre Grâce, que je connaisse le pire sort qui pourrait m'écheoir dans le cas où je refuserais d'épouser Demetrius.

THESEUS.

Ou de mourir de male mort ou d'abjurer à jamais la société des hommes. C'est pourquoi, belle Hermia, interrogez vos désirs, ayez conscience de votre jeunesse, examinez bien votre tempérament — si vous n'agréez pas au choix de votre père, pourrez vous endurer l'uniforme des nonnes — pour toujours être enfermée dans l'ombre du cloître, vivre toute votre vie en sœur inféconde, chantant des hymnes menteurs à la Lune froide et stérile ? Trois fois bénies celles qui mâtent ainsi leur sang pour entreprendre ce virginal pèlerinage — mais sur terre plus heureuse est la rose distillée [1] que celle qui, se fanant sur sa vierge épine, croît, vit et meurt en solitaire bénédiction.

HERMIA.

Ainsi je veux croître, ainsi vivre, ainsi mourir, My Lord, (*Montrant Demetrius*) plutôt que de soumettre mon virginal privilège à son autorité, joug involu auquel mon âme ne consent pas à donner souveraineté.

THESEUS.

Prenez temps pour réfléchir : et à la prochaine nouvelle Lune (jour qui entre mon amour et moi scellera l'éternel nœud de compagnonnage) ce jour-là, préparez-vous à mourir, pour désobéissance à la volonté de votre père — ou bien à épouser Demetrius, comme il le voudrait — ou enfin à jurer, sur l'autel de Diane, pour toujours, austérité et vie solitaire.

DEMETRIUS.

Cédez, ô douce Hermia... Et toi, Lysander, soumets ton titre sans force à mon droit certain...

LYSANDER.

Vous avez l'amour de son père, Demetrius, laissez-moi celui d'Hermia... Épousez-le [2] !...

EGEUS.

Insolent Lysander !... Vrai, (*Montrant Demetrius*) celui-ci a mon amour, et ce qui est à moi lui rendra mon amour... et c'est elle qui est à moi... et tous mes droits sur elle, j'en fais état sur Demetrius.

LYSANDER.

Je suis, My Lord, d'aussi bonne origine que lui, et aussi bien nanti... mon amour vaut plus que le sien. Mes biens, en toutes sortes, sont aussi bellement cotés — sinon

---

[1] Ayant donné son parfum.
[2] Cette scène — et c'est là le point important — ne doit pas un seul instant être prise au tragique. Ce père, ce duc, sont personnages de comédie et rien de plus.

davantage — que ceux de Demetrius — et ce qui est plus que ne peuvent être toutes ces vanités, je suis aimé de la si belle Hermia... pourquoi donc alors ne soutiendrais-je pas mon droit ?... Demetrius — je le proclamerai à sa face — a fait l'amour à la fille de Nedar, Helena, et a gagné son âme, et elle, la douce dame, adore, dévotement adore, adore à l'Idôlatrie cet homme inconstant et impur !

THESEUS.

Je dois confesser que j'en ai entendu dire autant et que je pensais à parler là-dessus avec Demetrius. Mais, surmené par mes propres affaires, mon esprit a perdu cela. Venez, Demetrius, et venez, Egeus : vous irez avec moi : j'ai pour vous deux quelques réprimandes particulières... Pour vous, belle Hermia, voyez à vous armer vous-même pour adapter vos caprices à la volonté de votre père. Autrement la loi d'Athènes — que par aucun moyen nous ne pouvons atténuer — vous contraindra à la mort ou aux vœux de la vie solitaire... Viens, mon Hippolyta... quelle mine, mon amour !... Demetrius et Egeus, venez par ici. Je vais vous employer à quelque affaire au sujet de nos noces et conférer avec vous de quelque chose qui vous touche de près...

EGEUS.

Par devoir et par désir nous vous suivons. (*Sortent Theseus, Hippolyta, Egeus, Demetrius et leur suite.*)

LYSANDER, à *Hermia*.

Eh bien, mon amour ? Pourquoi votre joue est-elle si pâle ? Comment si vite les rôses viennent-elles à se faner ?...

HERMIA.

Probablement, par manque de la pluie que je leur pourrais bien prodiguer par la tempête de mes yeux.

LYSANDER.

Ah moi ! En rien de ce que j'ai jamais lu, ou jamais entendu par conte ou histoire, jamais le cours du vrai amour n'est allé tout uniment... ou bien c'était une différence de sang...

HERMIA.

O ennui ! trop haut pour être uni à si bas !

LYSANDER.

Ou d'autres fois mauvaise attache, en raison des années...

HERMIA.

O dépit ! trop vieux pour être engagé à si jeune !

LYSANDER.

Ou encore cela dépendait du choix des âmes...

HERMIA.

O enfer ! choisir son amour par les yeux d'un autre !

LYSANDER.

Ou, s'il y avait une sympathie dans le choix, la guerre, la mort ou la maladie mettaient le siège devant lui, le rendant éphémère comme un son, rapide comme l'ombre, court comme un rêve, bref comme l'éclair qui dans la nuit charbonneuse, en une rage, dévoile à la fois le ciel et la terre ; avant que l'homme ait le temps de crier — Regarde ! — les machoires des ténèbres l'ont dévoré... Si vite choses brillantes tournent à destruction !

HERMIA.

Si donc les vrais amants ont toujours été tourmentés, cela semble un édit du destin. Alors apprenons notre patience d'épreuve, puisque c'est un ennemi coutumier, dû à l'amour, comme pensées et rêves et soupirs, vœux et larmes, poursuivants de nos grandes affections !

LYSANDER.

Bonne résolution !... donc écoute-moi, Hermia, j'ai une tante, veuve douairière de grand revenu et qui n'a pas d'enfant. Sa maison est distante d'Athènes de neuf lieues, et elle me regarde comme son fils unique. C'est là, gentille Hermia que je puis t'épouser et en cet endroit la rude loi d'Athènes ne peut nous poursuivre. Alors si tu m'aimes, fuis la maison de ton père, demain, au soir. Et dans le bois, à une lieue hors de la ville, là où je t'ai rencontrée une fois avec Helena, pour la célébration du matin de Mai, je me tiendrai... pour toi !

HERMIA.

Mon bon Lysander ! Je te jure, par l'arc robuste de Cupidon, par sa meilleure flèche à tête d'or, par la simplicité des colombes de Vénus, par celle qui noue les âmes et protège les amours — et par ce feu qui brûla la reine de Carthage, quand elle vit le Troyen trompeur sur son vaisseau — par tous les vœux que les hommes ont toujours brisés, plus nombreux que tous ceux que les femmes ont prononcés — en cette même place ou tu m'as donné rendez-vous, demain, vraiment, je me rencontrerai avec toi...

Helena et Hermia.

LYSANDER.

Tiens ta promesse, amour ! Vois, Helena vient ici. (*Entre Helena.*)

HERMIA.

Dieu garde la belle Helena ! Où allez-vous ?

HELENA.

M'appelez-vous belle ! Ne dites pas de nouveau ce — belle ! Demetrius vous aime, vous, belle... ô heureuse belle ! Vos yeux sont des étoiles polaires, et le doux chant de votre langue est plus harmonieux que celui de l'alouette à l'oreille d'un berger, quand le blé est vert, quand apparaissent les bourgeons de l'aubépine. La maladie est contagieuse... oh ! que telle fut la beauté, et j'attraperais la vôtre, belle Hermia, avant de m'en aller. Mon oreille attraperait votre voix, mon œil votre œil, ma langue attraperait la douce mélodie de votre langue. Si le monde était à moi, Demetrius excepté, je donnerais le reste pour être changée en vous. Oh, apprenez-moi comment vous regardez, et avec quel art vous dirigez le mouvement du cœur de Demetrius.

HERMIA.

Je lui fais la mine et pourtant il m'aime toujours.

HELENA.

Oh ! que vos mines ne peuvent-elles enseigner cette magie à mes sourires !

HERMIA.

Je lui donne mes malédictions, et il me donne son amour.

HELENA.

Oh ! que ne peuvent mes prières éveiller pareille affection !...

HERMIA.

Plus je le hais, et plus il me poursuit.

HELENA.

Plus je l'aime et plus il me hait.

HERMIA.

Sa folie, Helena, n'est pas ma faute.

HELENA.

Non, mais celle de votre beauté ! Je voudrais que cette faute fut mienne...

HERMIA.

Consolez-vous : jamais plus il ne verra ma figure. Lysander et moi fuirons de ce lieu. Avant le jour où j'ai vu Lysander, Athènes me semblait être le paradis. Aussi quelles grâces résident dans mon amour qu'il a changé le ciel en enfer !...

LYSANDER.

Helena, devant vous, nos âmes seront déployées. Demain soir, quand Phœbe verra son visage d'argent en le miroir de l'eau, parant les brins d'herbe de perles liquides — à cette heure qui cache encore la fuite des amants — par les portes d'Athènes nous avons résolu de nous échapper.

HERMIA, *à Helena.*

Et dans le bois où souvent vous et moi, sur le lit moelleux des primeroses, fûmes gagnées à nous étendre, déchargeant nos cœurs de leurs doux secrets, là, mon Lysander et moi nous nous rencontrerons : et loin d'Athènes détournerons nos yeux pour chercher de nouveaux amis et d'étrangères compagnies. Adieu, douce compagne de jeu, prie pour nous et que bonne fortune t'accorde ton Demetrius !... Tiens parole, Lysander : il nous faut affamer notre vue de la nourriture des amants[1], jusqu'à demain, au profond minuit...

LYSANDER.

Je le ferai, mon Hermia. (*Hermia sort.*) Helena, adieu. Comme vous l'adorez, que Demetrius vous adore. (*Il sort.*)

HELENA, *seule.*

Combien certains peuvent être heureux, au dessus d'autres ! En Athènes je suis estimée aussi belle qu'elle l'est. Mais à quoi bon ! Demetrius n'en pense pas ainsi. Il ne veut pas savoir ce que tous savent, sauf lui : et comme il erre, en adorant les yeux d'Hermia, j'erre moi-même en admirant aussi ses qualités. Choses basses et viles,

---

[1] *Starve our sight from lover's food...* Ce mot *Starve* qui se retrouve dans l'Anglo-saxon, dans l'allemand *Sterben*, n'a laissé de trace en français que dans l'expression peu académique — *estourbir* — tuer.

l'amour, ne gardant pas de mesure, peut transposer en grâces et dignité. Amour ne regarde pas avec les yeux, mais avec l'âme : et c'est pourquoi le Cupidon ailé est peint aveugle ; et l'âme d'Amour a le goût sans la raison. Des ailes — et pas d'yeux — figurent la hâte étourdie, et c'est pourquoi Amour est dit un enfant, parce que dans son choix il est si souvent trompé ! Comme les gamins folâtres en leurs jeux se parjurent, ainsi le gamin Amour partout est parjuré. Car avant que Demetrius ait vu les yeux d'Hermia, il me grêlait [1] de serments... qu'il n'était qu'à moi ! et quand cette grêle sentit la chaleur d'Hermia, elle s'est dissoute et l'ondée de serments s'est liquéfiée. J'irai lui dire la fuite de la belle Hermia : alors dans le bois, demain soir, il la poursuivra : et si pour ce renseignement j'ai des remerciements, ce sera chère dépense [2]. Mais par là je veux enrichir mon chagrin de le voir là et de m'en revenir... (*Elle sort.*)

SCÈNE II

Une chambre dans un cottage.

Entrent SNUG, BOTTOM, FLUTE, SNOUT, QUINCE *et* STARVELING [3].

QUINCE.

Toute notre compagnie est-elle là ?

BOTTOM.

Vous feriez mieux de les appeler généralement, homme par homme, d'après la liste.

QUINCE.

Voici la liste [4] des noms de tous ceux qui, dans tout Athènes, sont jugés aptes à jouer dans notre intermède devant le duc et la duchesse, à leurs noces, ce soir.

BOTTOM.

D'abord, bon Peter Quince, dis de quoi traite la pièce ; puis lis les noms des acteurs, et ainsi tu viendras à point.

QUINCE.

Eh bien, notre pièce est — *La très lamentable comédie et très cruelle mort de Pyramus et Thisby*.

---

[1] *He hailed down oaths* — L'expression est vraiment originale, ce qui ne nous semble pas raison suffisante pour l'atténuer. L'amour de la périphrase donne : — Il *pleuvait* de sa bouche *une grêle* de serments, *pour attester* qu'il n'était qu'à moi seule — dix-neuf mots pour dix !

[2] On a ergoté sur le sens qui est cependant fort clair, à la seule condition de prononcer les derniers mots d'un ton ironique. — De me remercier, ce serait trop chère dépense pour lui. Mais je m'enrichirai...

[3] Fr. V. Hugo et d'autres ont cru devoir traduire les noms *Snug*, étriqué, *Snout*, groin — *Quince*, le Coing, *Starveling*, Meurt de Faim. Cette fantaisie ne nous paraît pas justifiée, non plus que si Lenoir se traduisait en anglais par *The Black* ou Corneille par *Crow*, d'autant qu'il manque la traduction d'un nom — *Bottom*, derrière. B. Laroche a imaginé de traduire *Bottom* par Lanavette, pudique transformation. Ces noms d'ailleurs n'ont aucun rapport avec le caractère des personnages. Pourquoi être si exact et ne l'être pas ?

[4] *The Scroll* — Rouleau de papier ou de parchemin — V. Français, *escrol*, d'où *écrou*. Nous avons conservé le mot *rôle* dans le langage bazochien ; le *rôle* de théâtre n'est autre que la feuille de papier sur laquelle sont inscrits les mots à prononcer ; le mot *registre* employé par F. V. H. ne rend pas l'idée.

BOTTOM.

Un très bon ouvrage, je vous assure, et joyeux ! Maintenant, bon Peter Quince, appelez vos acteurs d'après la liste. (*Aux autres.*) Maîtres, mettez-vous en rang...

QUINCE.

Répondez quand je vous appelle. Nick Bottom, le tisserand !

BOTTOM.

Présent[1] ! Nommez pour quel rôle et continuez...

QUINCE.

Vous, Nick Bottom, êtes inscrit pour Pyramus.

BOTTOM.

Qu'est-ce que Pyramus ? un amoureux ou un tyran ?

La troupe de Peter Quince.

QUINCE.

Un amoureux qui se tue très galamment par amour.

BOTTOM.

Cela demandera quelques larmes pour l'exécution vraie : Si je fais cela, que l'auditoire veille à ses yeux. Je soulèverai des orages, je serai dolent en quelque mesure. Quant au reste... pourtant ma passion en chef est pour le tyran. Je jouerais Ercles[2] de façon rare ou tout autre rôle à en disloquer un chat et à faire tout éclater.

> Les rois rageant,
> Les chocs cassants
> Briseront les serrures
> Des portes des prisons
> Et de Phebus le char
> De loin brillera
> Et fera et défera
> Les stupides destins !

Ça, c'est sublime ! — Maintenant nommez le reste des acteurs ! — Ça, c'est le style d'Ercles, un style de tyran !... un amoureux est plus dolent !

QUINCE, *appelant.*

Francis Flûte, le raccommodeur de soufflets.

---

[1] *Ready*, prêt ! c'est encore ainsi qu'on répond aujourd'hui à l'appel de son nom.
[2] Hercule.

FLUTE.

Ici, Peter Quince.

QUINCE.

Vous prendrez Thisby pour vous.

FLUTE.

Qu'est-ce que Thisby ? Un chevalier errant ?

QUINCE.

C'est la dame que Pyramus doit aimer.

FLUTE.

Ah ! non, ma foi ! ne me faites pas jouer une femme, j'ai ma barbe qui vient...

QUINCE.

C'est tout de même. Vous le jouerez sous un masque et vous parlerez aussi petit que vous voudrez.

BOTTOM.

Si je peux cacher ma figure, faites moi jouer Thisby aussi — je parlerai avec une monstrueuse petite voix : — Thisné, Thisné — Ah ! Pyramus, mon amoureux chéri !... ta Thisby chérie !... et ta lady chérie !...

QUINCE.

Non, non ! vous devez jouer Pyramus, et vous, Flute, Thisby.

BOTTOM.

Bien, continuez.

QUINCE, *appelant*.

Robin Starveling, le tailleur.

STARVELING [1].

Ici, Peter Quince.

QUINCE.

Robin Starveling, vous jouerez la mère de Thisby... (*Appelant.*) Tom Snout, le rétameur [2].

SNOUT.

Ici, Peter Quince.

QUINCE.

Vous, le père de Pyramus. Moi-même, le père de Thisby. Snug, l'assembleur [3], vous jouerez le rôle du lion. Et, j'espère, la pièce est pourvue.

SNUG.

Avez-vous le rôle du lion par écrit ? Je vous prie, si oui, donnez-le moi, car je suis lent à apprendre.

QUINCE.

Vous pouvez le faire d'inspiration... car il n'y a rien que rugissements.

---

[1] Ce nom ne signifie pas *Meurt de faim*, ainsi que l'a traduit F. V. H. mais bien amaigri, émacié par la faim. Un des effets comiques de la pièce est de donner ce rôle à un acteur très bedonnant, M. Lemaigre représenté par un acteur très gras.

[2] Et non le chaudronnier. *Tinker* n'est qu'un raccommodeur.

[3] Menuisier d'assemblage, par opposition au menuisier de placage. Cette distinction existe en français.

BOTTOM.

Laissez-moi jouer le lion aussi... je rugirai à donner bon cœur à tout homme qui m'entendra, je rugirai... que le duc lui-même dira : — Encore! qu'il rugisse encore¹!

QUINCE.

Si vous faisiez cela trop terriblement, vous effraieriez la duchesse et les dames qu'elles en hurleraient... et ce serait assez pour nous faire tous pendre.

TOUS, *criant.*

Cela ferait pendre tous les fils de nos mères!

BOTTOM.

Je vous concède, amis, que si vous effrayez les dames à les mettre hors d'esprit, elles n'auraient pas d'autre idée que de nous faire pendre... mais j'aggraverai ma voix, de façon à vous rugir aussi gentiment qu'une colombe qui tète²!... je rugirai comme si j'étais un rossignol!

QUINCE.

Vous ne pouvez jouer qu'un rôle, Pyramus. Car Pyramus est un jeune homme de douce figure, un joli homme qu'on verra dans un jour d'été, un très aimable, très gentil homme... c'est pourquoi il faut absolument jouer Pyramus³...

BOTTOM.

Très bien, j'entreprendrai la chose... Quelle barbe devrai-je préférer pour jouer cela?

QUINCE.

Hé! celle que vous voudrez...

BOTTOM.

Je vous débiterai cela soit avec votre barbe couleur de paille, ou votre barbe de teinte orange ou votre barbe pourpre-en-graine, ou votre barbe couronne-de-France, ou votre barbe jaune complet...

QUINCE.

Il y a de vos couronnes de France qui n'ont pas de cheveux du tout⁴ et alors vous joueriez à face glabre... Mais, mes maîtres, voici vos rôles : et je dois vous supplier, vous requérir, vous demander de les apprendre pour demain soir, et de me rejoindre dans le bois du palais, un mille hors la ville, au clair de la lune. Là, nous répéterons. Car si nous nous réunissions dans la ville, nous serions suivis comme

---

¹ Éternelles plaisanteries sur la vanité des comédiens. On dirait, en argot de coulisses, que Bottom est un *tireur de couverture*, c'est-à-dire voulant tout prendre pour lui et ne rien laisser aux autres.

² Comme on a coutume d'attribuer à Shakespeare lui-même tous les propos tenus par ses personnages, on a refusé d'admettre qu'il ait écrit *a Sucking-dove* et, au lieu du coq à l'âne burlesque de Bottom, on a traduit colombe *à la becquée.* (F. V. H.) ou pour moins compromettre encore la gloire de Shakespeare — *jeune* colombe — (Guizot) Fr. Michel et Montégut ont écrit *amoureuse.* Seule, l'expression joviale de Shakespeare a été rejetée.

³ Quince sait-il assez bien prendre Bottom par son faible vaniteux?

⁴ La *couronne française* signifie un accident de calvitie consécutif à une maladie spéciale, dont les anglais nous attribuent le monopole. Il est vrai qu'en certaines expressions connues autour du Palais Royal nous leur rendons bien la pareille.

chiens [1] par la foule et nos plans seraient connus. Entre temps, je ferai la note des accessoires dont notre pièce a besoin. Je vous en prie, ne me manquez pas !

BOTTOM.

Nous irons : et là nous pourrons répéter plus obscènement [2] et courageusement. Prenez de la peine, soyez parfaits ! Adieu.

QUINCE.

Nous nous réunirons au Chêne du Roi.

BOTTOM.

Allez ! Entières ou coupées les cordes de l'arc [3] !... (*Ils sortent.*)

[1] *Dogged*, de dog, chien.
[2] Jeu de mots. *Obscène* est pris là dans le sens de *hors de la scène*.
[3] Phrase proverbiale. Les archers devaient venir à convocation, que les cordes de leur arc fussent intactes ou non. Et cette formule a été adoptée et subsiste encore pour indiquer un rendez-vous *sans faute* et quoiqu'il arrive.

Nick Bottom.

ACTE DEUXIÈME

SCÈNE PREMIÈRE

Un bois auprès d'Athènes.

Entrent d'un côté une Fée *et de l'autre* PUCK [1].

PUCK, *à la fée.*

Hé ! Hé ! l'Esprit ! où errez-vous ?

LA FÉE.

Par monts, par vaux — par buissons, par bruyères — sur les parcs, sur les haies — par le flot, par le feu — j'erre partout, plus vite que les lunaires sphères. — Et je sers la reine des Fées, pour arroser ses cercles [2] sur la verdure — Les hautes primeroses sont ses chambellans [3] — vous voyez sur leurs habits d'or des taches, ce sont rubis, présents de la fée ; et en ces rousseurs vivent leurs parfums...

« Il me faut aller chercher là quelques gouttes de rosée et pendre une perle à l'oreille de chaque primerose... Adieu toi, lourdaud des Esprits, je m'en vais. Notre reine et tous ses Elfes viennent ici tout de suite...

PUCK.

Le roi tient réveillon cette nuit : prends garde à ce que la Reine ne vienne pas à

---

[1] Voir note d'*Hamlet*, page 113. Puck, le Robin Goodfellow, bon enfant, le Robin Hood, Robin des bois, est la personnification fantastique du Hasard, à mille formes, malencontreuses et bouffonnes, qui traversent notre vie. Les moines de Schwerin, dans le Mecklenbourg, l'avaient à leur service et lui donnaient en guise de salaire deux pots d'étains et une veste dont les boutons étaient des grelots. Mais Puck est évidemment doué de don d'ubiquité, car il n'est pas de pays où on ne le retrouve, taquinant les naïfs et parfois capable de bonnes actions. C'est le Gavroche des génies, mauvaise tête et bon cœur, étourdi et malin. Il porte la cape rouge. Il est gros *(lob)* et de petite taille. B. Laroche a traduit ce nom si gracieux de Puck, par Farfadet !

[2] Voir sur les Cercles des Fées, note *Macbeth*, page 243.

[3] *Cowslips* — primeroses. Cependant dans les gloses anglo-saxonnes *Cowyslepe* est traduit par le latin *ligustrum*, troène ou *vaccinium*, le vaciet. Il semble que ce serait plutôt l'*arum maculatum*. Voir plus loin Ox-lips, qui donne bien la racine de Cow-lips.

sa vue. Car Oberon est exaspéré, parce qu'elle a, pour page, un joli garçon volé à un roi Indien. Elle n'eût jamais si doux orphelin[1], et le jaloux Oberon voudrait avoir l'enfant pour chevalier de son cortège, parcourant les forêts sauvages. Mais elle, par force, garde l'aimé garçon, le couronne de fleurs et fait de lui toute sa joie. Et maintenant jamais ils ne se rencontrent, dans le bois, dans le pré, ou près de la fontaine claire ou sous les brillantes paillettes des étoiles, qu'ils ne se querellent... si bien que tous leurs Elfes, par crainte, se blottissent dans les coupes de glands et s'y cachent.

LA FÉE.

Ou je me méprends tout à fait sur votre forme et façon — ou bien vous êtes cet Esprit malicieux et fripon qu'on nomme Robin Bonenfant... n'êtes vous pas lui, qui effraie les filles du village, qui écrème le lait, parfois travaille dans le moulineau de sorte que la ménagère s'essoufle à barater en vain — qui parfois fait que la boisson ne supporte pas la levûre — qui égare les errants de nuit, riant de leur mal ? Pour ceux qui vous appellent Hobgoblin[2] et doux Puck, vous faites leur ouvrage et ils auront bonne chance... n'êtes-vous pas lui ?

PUCK

Tu dis juste. Je suis ce joyeux errant de la nuit. Je badine devant Oberon et le fais sourire, quand j'abuse un cheval gras et nourri de fèves en hennissant, à la façon d'une pouliche. Parfois je me cache dans le bol d'une commère en vraie ressemblance d'une pomme cuite, et quand elle boit, je saute à ses lèvres et sur son fanon séché répands l'ale[3]. La plus sage aïeule, disant la plus triste histoire, parfois me prend pour son tabouret à trois pieds, je glisse sous son *boum*[4], alors elle culbute, crie : « Tailleur[5] ! » et tombe dans une quinte. Alors toute la société se tient les côtes et rit et pouffe de joie a en éternuer et jure que jamais heure ne fût passée meilleure... mais, place, fée, voici Oberon !

LA FÉE.

Et voici ma maîtresse... je voudrais qu'il fût parti !...

SCÈNE II

Entrent OBERON, *d'un côté, avec sa suite, et de l'autre côté* TITANIA, *avec la sienne.*

OBERON.

Fâcheuse rencontre au clair de lune, orgueilleuse Titania !

---

[1] *Changeling* — Enfant volé par les fées dans un berceau, par substitution de quelque laideron. Tel est le sens généralement adopté. Or il suffit de voir plus loin les explications de Titania, pour comprendre qu'il ne s'agit pas d'un enfant dérobé, mais d'un orphelin qu'elle a adopté après la mort de sa mère. Le mot signifierait donc simplement — petit être qui a changé de famille...

[2] Hobgoblin — Hob est une corruption de *Rob*-Robin — mon petit lutin Robin, *Goblin* étant le diminutif de Gob — Voir la note d'Hamlet, page 21.

[3] Tout Français sait que l'*ale* est la bière.

[4] *Bum*, derrière, mot plus que familier formant onomatopée. Le français a *pétard*.

[5] On trouve encore en province cet usage de crier : — Tailleur ! — quand quelqu'un tombe sur son derrière, par allusion à la position assise de ces artisans. Cependant quelques uns prétendent que *Tailor* est une corruption du celtique *Dealrach*, qui signifie *très bien ! Bien fait !* Le mot aïeule employé plus haut traduit le mot *aunt*, tante, qu'on trouve en ce sens de vieille femme dans le patois normand, *ante*.

TITANIA.

Quoi, jaloux Oberon ! Fées, sautons [1] hors d'ici. J'ai abjuré son lit et sa compagnie...

OBERON.

Arrête, audacieuse libertine ! Ne suis-je pas ton seigneur ?

TITANIA.

Alors je dois être ta seigneuresse. Mais je sais que tu t'es dérobé du pays des Fées et, sous la figure de Corin t'es assis tout le jour, jouant des pipeaux de blé et versifiant l'amour à l'amoureuse Philida. Pourquoi es-tu ici, revenu des plus lointains déserts [2] de l'Inde... sinon parce que la fanfaronne Amazone, votre maîtresse bottée et votre guerrier amour, doit être mariée à Theseus. Et vous venez pour donner à leur lit joie et prospérité !

OBERON.

Comment, par pudeur, Titania, peux-tu ainsi considérer mon estime pour Hippolyta, sachant que je sais ton amour pour Theseus ?... Ne l'as-tu pas guidé, a travers la nuit trouble, loin de Perigenia qu'il a enlevée ? Ne lui as-tu pas fait briser sa foi avec la belle Æglé, avec Ariadne, avec Antiopa ?

TITANIA.

Ce sont là mensonges de la jalousie ; et jamais, depuis le début de la mi-été, nous ne nous sommes rencontrés en la colline, la vallée, la forêt ou la prairie, non plus près de la fontaine dallée ni par les joncs du ruisseau ni sur les plages qui bordent la mer, pour danser nos rondes au vent qui siffle — que par tes braillements tu n'aies troublé nos jeux. C'est pourquoi les vents, soufflant en vain sur nous, en façon de revanche, ont aspiré de la mer les brouillards contagieux, qui, tombant sur le pays ont rendu les plus chétives rivières si orgueilleuses qu'elles ont escaladé leurs lits : par là, le bœuf a en vain tiré son joug, le cultivateur a perdu sa sueur : le blé vert a roussi, avant que sa jeunesse atteignit à la barbe. Le parquage est resté vide dans le champ noyé, les corbeaux se sont engraissés des troupeaux en clavelée... La marelle des neuf hommes [3] est remplie de boue, et les gracieux labyrinthes, dans le pré coquet, faute de fil [4], ne se peuvent distinguer. Là les mortels humains regrettent leur hiver [5]... pas un soir maintenant n'est béni de chants ni de chœurs... et la lune, la gouvernante des flots, pâle de colère, détrempe l'air tout entier, à ce point que les maladies rhumatiques abondent... et de par ce bouleversement climatérique, nous voyons les saisons changer... les givres, aux têtes blanches, tombent dans le frais giron de la rose cramoisie, et sur le menton du vieil Hiver et sur son crâne de glace, vient se poser,

---

[1] *To skip* explique l'idée de bond, de saut. *Sortons* est absolument inexact. Il ne faut pas oublier que ces fées sont des insectes des bois, sauterelles, papillons, libellules. *Skip* est la racine de notre mot *équipée*, dans le sens de démarche imprudente, téméraire.

[2] *Steeps*, écrit aussi *Steppes* — Comment ce mot slave — stepj — est-il employé par Shakespeare ? Le vieux anglo-saxon ne fournit aucune indication linguistique.

[3] La Mérelle ou Marelle est aussi jeu français ; et ceux qui s'y adonnent savent qu'il comporte neuf cases.

[4] Allusion au fil d'Ariane. *Tread* pour *Thread*.

[5] *Want their winter*. On est en été et en vérité on en arrive à désirer l'hiver. Quand F. V. Hugo écrit : — Ils ne reconnaissent plus l'hiver — il oublie que le blé vert ne peut pas roussir en décembre, et que d'après l'indication même de Titania elle parle de la mi-été ; non plus Guizot n'a rien compris à ce passage qu'il rend par — les mortels sont sevrés de leurs joies d'hiver...

comme par moquerie, un odorant chapelet de doux boutons d'été... le printemps, l'été, le fertile automne, l'hiver coléreux, échangent leurs livrées accoutumées... et le monde affolé — par leurs produits — ne sait plus lequel est lequel... et cette même genèse de mal vient... de nos débats, de nos discussions... nous sommes leurs parents et leurs aïeux premiers[1] !

OBERON, *exaspéré*.

Alors amendez cela vous-même ! Cela dépend de vous... pourquoi Titania contrerierait-elle son Oberon ? Je ne ne réclame qu'un petit garçon volé, pour en faire mon page.

TITANIA, *sur le même ton*.

Mettez votre cœur au repos... toute la terre des fées n'achèterait pas cet enfant, à moi... sa mère était une dévote de mon ordre. Et dans l'air pimenté de l'Inde, bien souvent elle a bavardé à mon côté, ou s'est assise avec moi sur les sables jaunes de Neptune, comptant les marchands embarqués sur les flots... que nous avons ri de voir les voiles concevoir et prendre gros ventre de par le vent libertin ! Et elle, d'une jolie et nageante allure, suivait sa matrice riche alors de mon jeune écuyer ; elle les imitait et faisait voile sur la terre pour aller chercher des babioles et revenir ensuite, comme de voyage, riche de marchandises. Mais, étant mortelle, de cet enfant elle est morte... et pour son salut, je l'élève, et pour son salut, je ne me séparerai pas de lui...

OBERON.

Combien de temps prétendez-vous rester dans ce bois ?

TITANIA.

Peut-être bien jusqu'après la noce de Theseus. Si vous voulez patiemment danser dans nos rondes et voir nos fêtes de clair de lune, venez avec nous... si non, évitez-moi et j'éviterai votre passage...

OBERON.

Donne-moi ce garçon... et j'irai avec toi.

TITANIA

Pas pour ton royaume. Mes Fées, partons... nous nous exaspèrerons, si je reste plus longtemps... (*Elle sort avec sa suite.*)

OBERON.

Bien ! Suis ton chemin ! tu ne seras pas hors de ce bois que je ne t'aie tourmentée pour cette injure... mon gentil Puck, viens ici... te rappelles-tu ?... une fois j'étais assis sur un promontoire et j'entendis une Vierge de Mer[2] qui, sur le dos d'un Dauphin, poussait si doucette et harmonieuse haleine, que la rude mer, à sa chanson, devint polie... et follement, des étoiles partirent de leurs sphères pour écouter la musique de la Vierge de mer...

PUCK.

Je me rappelle.

---

[1] Cette tirade dont le fond est comique — par l'exagération des conséquences attribuées au malencontreux caractère d'Oberon — doit être débitée fort vite, comme caquetage de poule en colère, et ainsi provoque le rire.

[2] *Mermaid*; on traduit ordinairement par *Syrène*.

La Vierge de Mer.

OBERON.

Cette fois même, je vis (mais tu ne le pouvais pas), volant entre la froide lune et la terre, Cupidon, tout armé... d'une mire certaine il visa une belle Vestale, sur un trône, dans l'Ouest et de son arc il décocha le trait d'amour, violemment, comme s'il eût dû percer mille cœurs... mais je pus voir le trait de feu du jeune Cupidon s'éteindre dans les chastes rayons de la lune humide... et l'impériale prêtresse passa, en sa méditation de vierge, libre d'amour... Encore je remarquai où tomba le trait de Cupidon. Il tomba sur une petite fleur de l'ouest — auparavant, d'un blanc de lait — maintenant empourprée de la blessure d'amour, et que les vierges appellent Amour-en-Frivolité[1]. Va me quérir cette herbe, et sois de retour avant que le Léviathan ait pu nager une lieue.

PUCK.

Je mettrais une ceinture autour de la terre en quarante minutes. (*Il sort.*)

OBERON.

Une fois en possession de ce jus, je guetterai Titania pendant son sommeil et verserai cette liqueur sur ses yeux. La première chose qu'en s'éveillant elle regardera — que ce soit un lion, un ours, un loup ou un bœuf, un singe indiscret ou un babouin brouillon — elle le poursuivra de toute son âme d'amour. Et avant que je n'enlève ce charme de sa vue — car je peux l'enlever avec une autre herbe... (*S'interrompant.*) Mais qui vient là ? Je suis invisible et je vais écouter la conversation...

Entrent DEMETRIUS, HELENA, *le poursuivant.*

DEMETRIUS.

Je ne t'aime pas... donc ne me poursuis pas !... Où est Lysander ? où la belle Hermia ! Je tuerai l'un, l'autre me tue !... tu me dis qu'ils se sont dérobés dans le bois et me voilà ici, et fou dans ce bois[2], parce que je ne puis rencontrer Hermia. Donc, va-t'en et ne me suis pas davantage !

HELENA.

Vous m'attirez, vous, Aimant[3] au cœur dur : et pourtant vous n'attirez pas le fer, car mon cœur est pur comme l'acier : laissez là votre pouvoir de m'attirer et je n'aurai plus le pouvoir de vous suivre...

DEMETRIUS.

Est-ce que je vous leurre ? Vous dis-je que vous êtes belle ou bien plutôt ne vous dis-je pas en la plus franche vérité — je ne vous aime ni ne puis vous aimer ?

HELENA.

Et pour cela même[4] je ne vous en aime que davantage. Je suis votre épagneul, et, ô Demetrius, plus vous me battez et plus je vous ferai fête. Usez de moi seule-

---

[1] Love-in-idleness. — C'est la fleur appelée *Viola Tricolor*, herbe de la Trinité. Cette tirade est à l'adresse de la reine Élisabeth, et constitue une allusion au mariage de Leicester avec Lady Essex.
[2] *Wood within the wood*, jeu de mots intraduisible. — *Wood*, vieux mot du saxon Wod, écossais Wud, signifie fou — et *wood* a aussi le sens de bois. F. V. Hugo a substitué un mot de sa façon, aux abois dans ce bois : c'est spirituel, mais ce n'est pas du Shakespeare.
[3] *Adamant*, pierre d'aimant.
[4] Les traducteurs rejettent sans motif ce — pour cela — qui double la valeur de la réplique.

ment comme de votre épagneul, donnez-moi des coups de pied[1], frappez-moi, ne vous occupez pas de moi, perdez-moi... seulement accordez-moi permission, indigne que je suis, de vous suivre. Quelle pire place puis-je supplier dans votre amour et pourtant une place de haute valeur pour moi ! — que d'être traitée comme vous traitez votre chien ?...

DEMETRIUS.

Ne tente- pas trop la haine de mon âme !... car je suis malade quand je te regarde !

HELENA.

Et moi je suis malade, quand je ne vous regarde pas !

DEMETRIUS.

Vous risquez trop votre modestie à quitter la cité et à vous commettre aux mains d'un homme qui ne vous aime pas, à vous confier aux occasions de la nuit et aux mauvais conseils d'un lieu désert, avec la riche valeur de votre virginité...

HELENA.

Ne tente pas trop...

Votre vertu est pour cela mon immunité... ce n'est pas la nuit, quand je vois votre visage : car je crois que je ne suis pas dans la nuit. Non plus ce bois ne manque pas de monde ni de société, car, pour moi, vous êtes le monde entier. Alors comment dire que je suis seule, quand le monde entier est là pour me regarder ?

DEMETRIUS.

Je courrai loin de toi et me cacherai dans les fougères et te laisserai à la merci des bêtes sauvages...

HELENA.

La plus sauvage n'a pas un cœur tel que le vôtre. Courez où vous voulez, et l'histoire changera. C'est Apollon qui fuit et Diane qui lui donne chasse. La colombe poursuit le griffon[2], la douce biche bondit pour saisir le tigre, bond inutile, quand la lâcheté poursuit et que la valeur fuit !

DEMETRIUS.

Je ne résoudrai pas tes énigmes. Laisse-moi partir, ou si tu me suis, crois seulement ceci, c'est que je te ferai outrage dans le bois.

HELENA.

Hé ! dans le temple, dans la ville, dans la plaine, vous me faites outrage. Fi, Demetrius ! Vos méchancetés mettent un scandale sur mon sexe. Nous ne pouvons combattre pour l'amour, comme font les hommes. Nous devrions être courtisées et

---

[1] *Spurn me.* Repousser ou *rebuter* ne rend pas l'expression anglaise, qui vient du mot *Spur*, ergot, éperon.
[2] F. V. Hugo traduit *Griffin* par Gypaëte.

ne sommes pas faites pour courtiser. Je te suivrai, et ferai un ciel de l'enfer, en mourant sur ta main que j'aime si bien ! (*Sortent Demetrius et Helena.*)

OBERON.

Porte-toi bien, nymphe. Avant qu'il quitte le bois, tu le fuiras et il cherchera ton amour ! (*Rentre Puck.*) As-tu la fleur ! Bienvenu, vagabond !

PUCK.

Oui, la voilà !

OBERON.

Donne-la moi, je te prie. Je sais un tertre ou fleurit le thym sauvage, où croissent les primevères [1] et la tremblotante [2] violette, tout empavillonné de frais chèvrefeuille, de douces roses-musc et d'églantine. Là dort Titania, quelquefois le soir, bercée [3] dans ces fleurs par la danse et le plaisir : là le serpent rejette sa peau émaillée, habit assez large pour y rouler une fée. (*Montrant la plante que Puck lui a apportée.*) Avec le jus de ceci, je frotterai ses yeux et la remplirai de haïssables fantaisies. Prends toi-même un peu de ceci et cherche à travers le bois ; une douce Athénienne est en amour pour un jeune dédaigneux. Oins ses yeux, mais fais cela, au moment où le premier objet qu'il devra voir sera la dame. Tu reconnaîtras l'homme aux habits athéniens qu'il porte. Exécute cela avec quelque soin, de sorte qu'il se montre plus fou d'elle qu'elle-même amoureuse de lui. Et vois à me joindre ici avant le premier chant du coq.

PUCK.

N'ayez crainte, My Lord, votre serviteur agira ainsi.

SCÈNE III

Une autre partie du bois. Entre TITANIA *avec sa suite.*

TITANIA, *donnant des ordres aux uns et aux autres.*

Allons ! maintenant un rondel et une chanson de fée ; vous, pendant la tierce partie d'une minute, hors d'ici, allez, les uns tuer les vers [4] dans les boutons de roses-musc, les autres, vous battre avec les chauves-souris, pour leurs ailes de peau à faire des habits à mes petits Elfes, et d'autres, renvoyer le clamant hibou, qui ulule la nuit et s'ébahit de nos légers esprits. Chantez pour moi qui m'endors. A vos devoirs et laissez-moi reposer. (*Elle s'étend et s'assoupit.*)

CHANSON.

PREMIÈRE FÉE.

Vous, serpents tachés à la double langue
Épineux porcs-épics, qu'on ne vous voie pas!

[1] Oxlips, lèvres de bœuf, comme plus haut Cows-lips, lèvres de vache. Malgré les interprétations admises, il ne semble pas que ces appellations imagées conviennent aux primevères ou aux primeroses. Nous avons en France, *Langue de bœuf*, sauge des prés. *Langue de vache*. Scabieuse. A remarquer d'ailleurs l'analogie frappante qui rapproche *Lip*, lèvre, de *lap*, langue On fait la *lippe* en *lapant*.

[2] *Nobbing*, remuant la tête. Le patois normand a conservé dans le même sens *Nober*.

[3] *Lulled*, mot charmant qui vise la chanson monotone qui fait dormir l'enfant, peut être racine de lolo, et de loulou.

[4] *Cawkers*. V. Hamlet, note, page 17.

Lézards et vers aveugles [1], ne faites pas de mal
Ne venez pas auprès de notre reine des fées.

LE CHŒUR.

Philoméla, avec mélodie
Chante en nos doux bercements
Lulla, Lulla, Lullaby — Lulla, Lulla, Lullaby [2].

Le sommeil de Titania.

Pas de mal, pas de mots enchantés
Qui approchent notre gracieuse Dame.
Et, bonne nuit, avec Lullaby.

[1] *Orcets*, mot qui a le même sens, *orbatus*, privé de... la vue.
[2] On retrouve ce refrain dans une berceuse de Desrousseaux, le poète lillois. (V. la note plus haut.)

DEUXIÈME FÉE.

Fileuses araignées, ne venez pas ici.
Arrière, faucheux longues-jambes, arrière !
Vous, cafards, n'approchez pas !
Vers ou limaces, pas d'offenses !

LE CHŒUR.

Philoméla, avec mélodie... *(comme ci-dessus).*

PREMIÈRE FÉE.

Hors d'ici ! maintenant tout est bien. Une seule, à l'écart, en sentinelle ! (*Les Fées sortent. Titania dort. Entre* OBERON.)

OBERON, *s'approchant de Titania et secouant la fleur sur ses paupières.*

Ce que tu verras, quand tu t'éveilleras, prends-le pour ton sincère amour ! Aime

Oberon enchante les yeux de Titania.

et languis en son honneur. Fût-il once [1], ou chat, ours, léopard ou sanglier au poil hérissé, à tes yeux il apparaîtra, à ton réveil, pour ton chéri. Éveille-toi, quand quelque vil objet est proche ! (*Il sort.*)

Entrent LYSANDER *et* HERMIA.

LYSANDER.

Bel amour, vous vous épuisez à errer dans ce bois, et, à dire vrai, j'ai oublié notre chemin. Nous nous reposerons, Hermia, si vous le croyez bon et attendrons le réconfort du jour.

HERMIA.

Qu'il en soit ainsi, Lysander. Cherchez ailleurs un lit : car pour moi, je reposerai ma tête sur ce tertre.

[1] *Once*, jaguar ou chat-pard.

LYSANDER.

Un seul gazon servira d'oreiller pour nous deux. Un cœur, un lit, deux cœurs et une seule foi...

HERMIA.

Non, bon Lysander : pour mon salut, cher, étendez-vous plus loin encore, ne vous étendez pas si près.

LYSANDER.

Oh! ayez le sentiment, ma douce, de mon innocence. Amour saisit le sens du langage d'amour. Je veux dire que mon cœur est noué au vôtre, de sorte que des deux nous puissions faire un cœur, deux âmes enchaînées par un serment. Et aussi deux âmes et une seule foi. Donc à vos côtés ne me refusez pas un lit. Car ainsi couché, Hermia, je ne mens pas [1].

HERMIA.

Lysander joue très joliment avec les mots. Malheur à mes manières et à ma vanité, si Hermia a voulu dire que Lysander mentait. Mais, ami gentil, par amour et courtoisie, couchez-vous plus loin. En humaine modestie, pareille séparation, peut-on dire, convient à un vertueux garçon et à une vierge. Ainsi éloignez-vous !... et bonne nuit, doux ami et que jamais ton amour ne change, jusqu'à ce que cesse ta douce vie.

LYSANDER.

Amen, amen... ainsi je dis à cette charmante prière. Et finisse ma vie si je finis ma loyauté ! Voici mon lit. Que le sommeil te donne tout son repos !

HERMIA.

Qu'avec la moitié de ce souhait soient pressés les yeux du souhaiteur [2] ! (*Ils s'endorment.*)

PUCK, *entrant.*

A travers la forêt je suis allé,
Mais d'athénien n'ai pas trouvé,
Aux yeux de qui je puisse éprouver
La vertu de cette fleur à inspirer l'amour.
Nuit et silence ! Qui est-ce là ?
Il porte vêtements d'Athènes.
C'est lui [3], mon maître me l'a dit,
Qui dédaigne la vierge athénienne.
Et voici la vierge, en sommeil profond,
Sur le sol humide et sale,
Jolie âme ! qui n'osa pas se coucher
Auprès de ce sans-amour, de ce bourreau de courtoisie
Manant ! sur tes yeux je verse
Tout le pouvoir de ce charme.
(*Il verse la liqueur sur les yeux de Lysander.*)
A ton éveil, qu'amour défende
Au sommeil de se poser à tes paupières.
Ainsi éveille-toi, quand je serai parti,
Car il me faut aller vers Oberon. (*Il sort.*)

[1] Jeu de mots déjà noté dans *Hamlet*, entre *to lie*, être couché, et *to lie*, mentir.
[2] *With half that wish the wisher's eyes be pressed !* il faut, fut-ce au prix d'un mot incorrect rendre cette charmante répétition *wish* et *wisher*.
[3] On comprend la méprise de Puck, l'ordre d'Oberon visait Demetrius.

Entrent DEMETRIUS *et* HELENA, *courant.*

HELENA.

Arrête, dusses-tu me tuer, doux Demetrius...

DEMETRIUS.

Je te somme de ne me pas hanter ainsi !...

HELENA.

Oh! veux-tu me laisser dans cette obscurité ? Oh, non ?...

DEMETRIUS.

Reste, à tes risques! Je m'en irai seul! (*Il sort.*)

HELENA.

Oh! je suis hors d'haleine de cette folle chasse... plus grande est ma prière et plus vaine est ma grâce. Heureuse Hermia, en quelque lieu qu'elle soit couchée : car elle a des yeux bénis et attirants... Comment ses yeux devinrent-ils si brillants ? Pas avec le sel des larmes. Sinon, mes yeux en ont été plus souvent lavés que les siens. Non, non, je suis aussi laide qu'un ours, car les bêtes qui me rencontrent s'enfuient en épouvante. Aussi pas de merveille que Demetrius, comme un monstre, fuie ma présence. Quel méchant et défigurant miroir m'a amenée à me comparer aux yeux célestes d'Hermia ? (A*percevant les dormeurs.*) Mais qui est là ?... Lysander, sur la terre ? Mort ? ou endormi ? Je ne vois ni sang ni blessure... (*L'appelant.*) Lysander, si vous vivez, cher Seigneur, éveillez-vous !...

LYSANDER, *à demi éveillé.*

Et je courrai à travers le feu pour le doux amour de toi !... (*Voyant Helena et sous l'action du maléfice de Puck.*) Transparente Helena! La nature ici montre son art, en me faisant, à travers ton sein, voir ton cœur ? Où est Demetrius ? Oh! que voilà un mot, un nom vil, fait pour périr sous mon épée!

HELENA.

Ne dites pas cela, Lysander, ne dites pas cela! Quoi, parce qu'il aime votre Hermia ? Que vous importe... Hermia vous aime toujours... donc soyez heureux !

LYSANDER.

Heureux ?... avec Hermia ? Non... je me repens des minutes assommantes que j'ai dépensées avec elle... Non, pas Hermia ! c'est Helena que j'aime ! Qui ne changerait pas un corbeau pour une colombe? La volonté de l'homme est régie par sa raison, et la raison dit que vous êtes une plus digne vierge. Les choses, qui grandissent, ne sont pas mûres avant leur saison : ainsi moi, jeune, n'ai pas encore muri à la raison : et arrivé maintenant à la pointe de l'humaine science, la raison devient la fourrière [1] de ma volonté et me guide vers vos yeux, où je surprends des histoires d'amour, écrites dans le plus riche livre d'amour...

HELENA, *stupéfaite et irritée.*

Pourquoi donc suis-je née à cette amère moquerie? Quand donc, ai-je, de votre fait, mérité ce mépris? N'est-ce pas assez, n'est-ce pas assez, jeune homme, que je n'aie jamais... que je n'aie jamais pu mériter un doux regard des yeux de Demetrius, sans qu'il vous faille persiffler [1] mon insuffisance. En bonne vérité, vous me faites mal,

---

[1] *Marshal*, le maréchal des logis qui marche en avant.

oui, très réellement, vous me faites mal, à me courtiser en cette dédaigneuse façon... mais portez-vous bien! Par force il me faut confesser que je vous croyais plus vrai gentilhomme, je vous croyais de plus vraie gentillesse... Oh! qu'une femme, refusée par un homme, puisse par un autre être ainsi abusée!... (*Elle sort précipitamment.*)

LYSANDER.

Elle ne voit pas Hermia... (A *Hermia endormie.*) Hermia, dors ici, et puisses-tu ne jamais plus venir auprès de Lysander : car ainsi que l'excès des plus douces choses apporte à l'estomac la plus profonde nausée — ou, comme les hérésies — que délaissent les hommes — sont d'autant plus haïes par ceux qu'elles ont trompés, ainsi, toi, mon excès et mon hérésie, sois haïe de tous, mais surtout de moi... et vous, toutes mes puissances d'être, dirigez votre amour et pouvoir pour adorer Helena et pour être son chevalier! (*Il sort.*)

HERMIA, *se réveillant en sursaut.*

A l'aide! Lysander, à l'aide! Fais de ton mieux pour arracher de mon sein ce serpent qui rampe! A moi! par pitié!... (*Regardant autour d'elle.*) Quel songe est-ce cela? Lysander, vois, comme je frissonne de peur! Il me semblait qu'un serpent mangeait mon cœur et que vous assistiez, souriant, à sa cruelle pillerie... Lysander! quoi! parti! Lysander! Seigneur! Quoi, pas à portée de la voix! En allé? Pas de bruit, pas de paroles! Hélas! où êtes-vous? Parlez, si vous m'entendez, parlez, par tous amours! Je me pâme presque de peur... Non?... Alors je comprends bien que vous n'êtes pas près de moi?... Sur le champ je vous trouverai... vous ou la mort! (*Elle sort.*)

1 *Flout*, jouer de la flûte, railler d'un air de flûte...

A l'aide, Lysander!

ACTE TROISIÈME

SCÈNE PREMIÈRE

Même décor qu'à la scène précédente. La reine des Fées est toujours couchée, endormie.

Entrent QUINCE, SNUG,
BOTTOM, FLUTE, SNOUT *et* STARVELING.

BOTTOM.

Sommes-nous tous réunis ?

QUINCE.

Bien, bien [1] ! et voici une merveilleusement convenable place pour notre répétition. Cette pièce de gazon sera notre scène, ce buisson d'épines notre loge [2], et nous allons mettre cela en scène, comme nous le ferons devant le duc.

BOTTOM.

Peter Quince ?...

QUINCE.

Qu'est-ce que tu dis, mon brave Bottom ?

BOTTOM.

Il y a dans cette comédie de *Pyramus* et *Thisby* des choses qui ne plairont jamais. D'abord il faut que Pyramus tire une épée pour se tuer lui-même... ce que les dames ne peuvent supporter. Comment répondez-vous à ça ?

SNOUT.

Par notre dame... une fière peur !...

STARVELING.

Je crois qu'il nous faudra lâcher la tuerie, quand tout est fini...

---

[1] *Pat ! Pat !* — Cette exclamation répond à — c'est bien ! ça va comme il faut ! — Le mot *Pat* signifie un petit coup, légèrement donné avec la main, ce serait donc quelque chose comme notre *Pan ! Pan !* très doucement accentué. Ou bien ne serait-il pas possible qu'il existait un rapport entre ce mot et notre argot *Bate,* qui, exclamatif, signifie : — Très bien ! parfait !...

[2] Et non nos coulisses. *Tiring house,* c'est l'endroit où les acteurs s'habillent.

BOTTOM.

Pas du tout. J'ai un plan pour tout bien arranger. Écrivez-moi un prologue... et que le prologue ait l'air de dire que nous ne ferons pas de mal avec nos épées... et que Pyramus n'est pas tué... et pour meilleure assurance, dites-leur que moi, Pyramus, je ne suis pas Pyramus, mais Bottom, le tisserand... cela les mettra hors de crainte.

QUINCE.

Bien ! nous aurons ce prologue là... et il sera écrit en huit et six [1]...

BOTTOM.

Non, faites le deux de plus... qu'il soit écrit en huit et huit...

SNOUT.

Les Dames ne seront-elles pas effrayées du lion ?

STARVELING.

J'en ai peur, je vous le promets.

BOTTOM.

Mes maîtres, veuillez réfléchir avec vous mêmes... Amener — Dieu nous en préserve ! — un lion parmi les dames est une chose effroyable... car il n'y a pas plus terrible volaille sauvage que votre lion... vivant ! Et il faut y regarder...

SNOUT.

Alors un autre prologue devra dire que ce n'est pas un lion.

BOTTOM.

Non ! il vous faut nommer son nom et que la moitié de sa figure se voie à travers le cou du lion... et il faut qu'il parle lui-même, disant ceci ou à peu près : — Ladies, — ou bien, belles Ladies — Je voudrais que vous — ou bien je vous prierais de — ou je vous conjurerais... de ne pas avoir peur... ni trembler. Ma vie pour la vôtre. Si vous croyez que je viens ici comme un lion, ce serait pitié de ma vie... non, je ne suis pas chose pareille... je suis un homme comme tous les autres hommes — et là, vraiment, qu'il nomme son nom et leur dise en plein — Je suis Snug, le menuisier...

QUINCE.

Très bien ! Il en sera ainsi. Mais il y a deux rudes choses — c'est d'apporter le clair de la lune dans une chambre, car, vous savez, Pyramus et Thisby se rencontrent par clair de lune.

SNUG.

La lune brille-t-elle, le soir où nous jouerons notre pièce ?...

BOTTOM.

Un calendrier ! un calendrier ! Regarde l'almanach... cherche clair de lune, cherche clair de lune...

QUINCE, *consultant l'Almanach.*

Oui, elle brille ce soir là.

BOTTOM.

Eh bien, vous pouvez laisser ouverte une lucarne de la fenêtre, dans la chambre où nous jouerons. Et dans la lucarne la lune peut briller...

---

[1] Deux quatrains et deux tercets — quatorze vers, mesure du sonnet.

QUINCE.

Oui. Ou autrement quelqu'un pourrait venir avec un buisson d'épines et une lanterne [1] et dire qu'il vient pour défigurer [2] ou... pour figurer le personnage du clair de lune. Il y a encore une autre chose. Il nous faut un mur dans la grande chambre. Car Pyramus et Thisby, à ce que dit l'histoire, causent à travers la fente [3] du mur.

SNUG.

Vous ne pourrez jamais apporter un mur... qu'est-ce que vous dites, Bottom?

BOTTOM.

Il faut qu'un homme ou un autre représente le mur... qu'il ait du plâtre ou de l'argile ou des hourdis après lui, pour signifier un mur... ou qu'il tienne ses doigts ainsi (*il montre sa main, en écartant les doigts*) et à travers ces créneaux, Pyramus et Thisby marmoteront...

QUINCE.

Si cela se peut, alors tout est bien. Allons, asseyez-vous, chaque fils à sa mère, et répétez vos rôles. Pyramus, vous commencez : quand vous avez discouru votre discours, entrez dans ce taillis, et ainsi, un chacun, d'après sa réplique [4].

PUCK, *entrant derrière eux.*

Quels rustauds en habits de toile [5] avons-nous ici, faisant les crânes auprès du lit de la reine des Fées ? Quoi ! une pièce de théâtre ! J'en serai un auditeur... et aussi un acteur peut-être, si je vois prétexte...

QUINCE.

Parle, Pyramus... Thisby, venez en avant...

BOTTOM, *Pyramus, annonant.*

« Thisby, *les fleurs sont douces d'odieuses saveurs !...*

QUINCE, *le reprenant.*

Odeurs, odeurs !

BOTTOM.

« ... *Douces odeurs, saveurs... Ainsi fait ton haleine, ma très chère Thisby chérie !... mais écoute, une voix ! Reste ici seulement un instant et tout à l'heure, je t'apparaîtrai...* (*Il sort.*)

PUCK, *à part.*

Le plus étrange Pyramus qui ait jamais joué ici ! (*Il sort.*)

FLUTE.

Dois-je parler maintenant ?

QUINCE.

Oui, certes, vous le devez... car faut comprendre... il est allé pour voir un bruit qu'il a entendu... et il va revenir...

---

[1] On sait que les taches de la lune, figurent — aux yeux des paysans — un homme qui marche portant un fagot, Judas expiant sa trahison.
[2] En terme de théâtre, Bottom *bafouille*, prononçant un mot pour un autre.
[3] Voir la note 4, page 156. *Chink.*
[4] *Cue*, la queue, les derniers mots de la réplique précédente indiquant à l'acteur quand il doit parler ou agir.
[5] *Hempen homespuns. Hempen* de *Hemp*, chanvre — *Home-spun* — Vêtu d'habits faits à la maison et non par un tailleur — ces deux expressions visent le paysan, le rustaud. F. V. II. a traduit par *filandreuses brutes*, expression qui n'est pas dans le ton de la scène et ne rend pas l'idée.

FLUTE, *rôle de Thisby.*

« Très rayonnant Pyramus, lys de teint si blanc, d'une couleur comme la rose rouge sur le triomphal églantier, très vif jouvenceau et très aimable juif[1]... aussi fidèle que le plus fidèle cheval, qui jamais ne se fatigue, je te rencontrerai, Pyramus, à la tombe de Nini...

QUINCE, *le reprenant.*

La tombe de Ninus, hé, l'homme ! mais vous ne devez pas encore dire cela. Ça, vous le répondez à Pyramus... vous dites tout votre rôle à la fois, répliques et tout !... Pyramus, entrez, votre réplique est passée... c'est *jamais ne se fatigue*...

Rentre PUCK *et* BOTTOM *avec une tête d'âne.*

FLUTE, *continuant le rôle de Thisby.*

« ... Aussi fidèle que le plus fidèle cheval qui jamais se fatigue...

BOTTOM, *rôle de Pyramus, parlant à travers sa tête d'âne.*

« Si j'étais beau, Thisby, je serais seulement à toi !...

O monstrueux ! ô étrange !

QUINCE, *épouvanté.*

O monstrueux ! ô étrange ! nous sommes hantés !... Je vous en prie, mes maîtres... fuyons, maîtres ! Au secours ! (*Il s'enfuit avec tous les acteurs — sauf Bottom.*)

PUCK.

Je vais vous suivre, je vais vous faire courir une ronde par marais, par buissons, par haies et par taillis... Tantôt je serai cheval, tantôt chien, cochon, ours sans tête, tantôt un feu... et je hennirai, aboierai, grognerai, rugirai et brûlerai, tour à tour, comme cheval, chien, cochon, ours ou feu ! (*Il sort.*)

BOTTOM.

Mais pourquoi se sauvent-ils ?... c'est une farce de leur part, pour me faire peur...

SNOUT, *rentrant.*

O Bottom ! que tu es changé ! Qu'est-ce que je vois sur toi ?

BOTTOM.

Qu'est-ce que tu vois ?... tu vois une tête d'âne... c'est la tienne ! Vois-tu !...

[1] Jouvenceau, *Juvenal*, Juif, Jew. Jeu de mots.

QUINCE, *rentrant*.

Dieu te bénisse ! Bottom ! Dieu te bénisse ! Tu es transformé. (*Tous deux se sauvent.*)

BOTTOM.

Je vois leur farce... C'est pour faire de moi un âne... Pour m'effrayer, s'ils le

Tu resteras ici...

pouvaient. Mais je ne veux pas bouger d'ici ; qu'ils fassent ce qu'ils peuvent ! Je vais me promener ici, de haut en bas, et je chanterai pour qu'ils entendent que je n'ai pas peur. (*Il chante.*)

Le merle, au teint si noir,
Avec bec jaune orange ;
La grive à la note si juste,
Le roitelet à petites plumes...

TITANIA, *s'éveillant.*
Quel ange m'éveille de mon lit de fleurs ? [1]

BOTTOM, *chantant toujours.*

Pinson, moineau, alouette,
Gris coucou à pleine chanson,
Dont la note est entendue de beaucoup
Qui n'osent pas répondre, non !

(*Parlé*.) Car, en vérité, qui voudrait placer son esprit sur un oiseau si bête ! Et qui voudrait donner à un oiseau le démenti, quand il crierait coucou ! jamais de la vie !

TITANIA, *s'approchant de lui.*

Oh ! je t'en prie, gentil mortel, chante encore !... Mon oreille est enamourée de ta note, comme mon œil est asservi à ta forme... et la puissance de tes belles vertus par force m'entraîne — à première vue — à dire, à jurer... que je t'aime !...

BOTTOM, *avec bonhomie* [2].

Ma foi, madame, en cela, vous auriez peu de raison... Et pourtant, à dire vrai, raison et amour gardent peu compagnie ces temps-ci... Ce qui fait pitié, c'est que d'honnêtes voisins ne puissent pas en faire des amis. Hé ! je peux gagner la partie à l'occasion [3]...

TITANIA.

Tu es aussi spirituel que tu es beau !

BOTTOM.

Non, non, ni l'un ni l'autre !... Mais si j'avais assez d'esprit pour me tirer de ce bois-ci, j'en aurais assez pour servir ma tournée.

TITANIA.

Ne songe pas à t'en aller hors de ce bois !... Tu resteras ici... que tu le veuilles ou non !... Je suis un Esprit... d'un rang non commun. L'Été toujours s'étend sur mes États... et je t'aime !... Donc, viens avec moi... Je te donnerai des fées pour te servir ; elles iront te chercher des joyaux dans les abîmes et chanteront, tandis que tu dormiras sur les fleurs pressées... et je purifierai si bien ta grossièreté de mortel que tu deviendras comme un esprit de l'air... (*Appelant.*) Fleur-des-Pois ! Toile-d'Araignée ! Papillon ! Graine-de-Moutarde ! (*Entrent quatre Fées.*)

PREMIÈRE FÉE.

Présente !

DEUXIÈME FÉE.

Et moi aussi !

TROISIÈME FÉE.

Et moi aussi !

QUATRIÈME FÉE.

Où irons-nous ?

---

[1] Ne pas oublier qu'elle est sous l'action d'un charme.
[2] *Note pour les Parisiens.* Qu'ils s'imaginent le rôle de Bottom joué par Dailly.
[3] *To gleck.* Ce mot qui, en langue romane, s'écrit *glic*, désignait un jeu où trois cartes pareilles formaient le *glic*, celui qui perdait était *gliqué*. Ainsi de notre temps, faire *rams* et être *ramsé*. Le *glic* paraît ressembler au brelan. Donc Bottom dit : Hé ! je puis faire brelan, moi aussi, à l'occasion.

TITANIA.

Soyez aimables et courtoises à ce gentleman. Sautillez sur ses pas, gambadez à ses yeux... Nourrissez-le d'abricots et de cerises,... de raisins empourprés, de figues vertes et de mûres... Dérobez les sacs de miel aux bourdonnantes abeilles et, pour les flambeaux de nuits, coupez leurs cuisses cireuses et allumez-les aux yeux de feu des vers luisants, pour conduire mon amour à son lit et pour soulever[1] et arracher les ailes des papillons diaprés afin d'éventer les rayons de la lune loin de ses yeux dormeurs!... Saluez-le, Elfes, et faites-lui courtoisie!

LES QUATRE FÉES.

Salut, mortel!

BOTTOM.

Je crie merci à vos Excellences... de tout cœur... Je vous prie, le nom de votre Excellence ?

DEUXIÈME FÉE.

Toile-d'Araignée.

BOTTOM.

Cher monsieur Toile-d'Araignée, je désirerais faire mieux connaissance... Si je me coupe le doigt, j'aurai recours à vous... Votre nom, honnête gentleman ?

PREMIÈRE FÉE.

Fleur-des-Pois.

BOTTOM.

Salut, mortel!

Je vous en prie, recommandez-moi à madame Cosse, votre mère, et à maître Pois-Chiche, votre frère! Bon monsieur Fleur-des-Pois, avec vous aussi je voudrais faire mieux connaissance... Votre nom, je vous prie, monsieur!

TROISIÈME FÉE.

Graine-de-Moutarde.

BOTTOM.

Cher monsieur Graine-de-Moutarde, je connais bien votre patience... alors que lâchement ce géant d'aloyau a dévoré tant de gentilshommes de votre maison!... Je vous promets que souvent déjà votre famille m'a mis les yeux en eau. Je désire faire mieux votre connaissance, bon monsieur Graine-de-Moutarde.

TITANIA.

Allons, escortez-le, conduisez-le à mon berceau. La Lune, il me semble, regarde d'un œil humide, et quand elle pleure, pleure chaque petite fleur, se lamentant de quelque chasteté violée!... Enchaînez la langue de mon amour et emportez-le en silence... (*Ils sortent.*)

---

[1] *To have my love to bed, and to arise.* On traduit d'ordinaire — pour assister mon amour à son coucher et à son lever. — En examinant attentivement la phrase, cette idée de — lever — cadre mal avec le reste et surtout avec ses *yeux dormeurs*. Ne vaut-il pas mieux joindre *arise* au vers suivant *and pluck*. Ce n'est que question de ponctuation.

La ronde des Fées.

SCÈNE II

Une autre partie du bois.

OBERON, *entrant.*

Je suis curieux si Titania est éveillée, puis quelle fut la première chose qui vint devant ses yeux et qu'il lui faut adorer à en mourir. (*Entre Puck.*) Voici mon messager. Eh bien, fol esprit ! Quelle farce [1] fais-tu cette nuit à travers ce bois hanté ?

PUCK.

Ma maîtresse est en amour avec un monstre. Auprès de son berceau clos et consacré, tandis qu'elle était dans son heure d'engourdissement et de sommeil, une troupe de guenilleux, de grossiers manouvriers, qui travaillent pour leur pain dans les échoppes d'Athènes, s'étaient réunis pour répéter une pièce, à l'intention des noces du grand Theseus. Le plus étourdi de ces gens à peau épaisse [2], troupe stupide, celui qui représentait Pyramus, dans leur pièce, a quitté la scène et est entré dans le taillis. J'ai fixé à sa tête une caboche d'âne. Tout de suite il devait donner la réplique à sa Thisby et mon cabotin [3] revient. Dès qu'ils l'aperçoivent, comme des oies sauvages voyant l'oiseleur qui rampe ou comme des corneilles à têtes rousses, en troupe, se levant et croassant au bruit du fusil, s'éparpillent et follement balaient l'azur, ainsi, à sa vue, ses compagnons s'enfuient, et, à nos coups de pied, l'un tombe sur l'autre. Celui-là crie et appelle le secours d'Athènes... Leurs sens, si faibles, perdus en frayeurs si fortes, font que les choses inanimées commencent à leur faire mal... car épines et ronces déchiquètent leurs vêtements ; à ceux-ci les manches, à ceux-là les chapeaux... arrachant tout à mes patients. Je leur ai fait ainsi la conduite dans ce détraquement de la peur, en laissant ici le doux Pyramus métamorphosé... Quand à ce moment même, ceci advint que Titania s'éveilla, et tout droit [4], tomba amoureuse d'un âne !

OBERON.

Ceci tombe mieux que je ne pouvais l'imaginer ; mais as-tu aussi imbibé les yeux de l'athénien avec le jus d'amour, comme je te l'ai ordonné ?

PUCK.

Je l'ai surpris dormant — cela aussi est fini — et l'athénienne était à son côté, si bien que quand il s'est éveillé, forcément elle a du tomber sous ses yeux.

Entrent DEMETRIUS *et* HERMIA.

OBERON.

Reste près de moi : voici ce même athénien.

PUCK, *surpris.*

C'est bien l'homme, mais ce n'est pas la femme...

DEMETRIUS à HERMIA.

Oh ! pourquoi repousser celui qui vous aime tant ? Réserve ce souffle amer pour un amer ennemi !

---

[1] *Night-rule.* Or, *rule* signifie règle, ordre. Comment se fait-il que dans cette expression composée *night-rule* l'idée de farce s'impose d'elle-même ? Voici qui semble l'expliquer : *Rule*, en ancien saxon *regol*, danois *regel*, latin *regula*. De même en français règle — d'où vient évidemment le mot rigoler, dont le sens facétieux est connu de tous. — Est-ce une simple antinomie comme le nom des Eumenides ?

[2] *Thick-Skin* — qui ont la peau en calus par suite de leurs travaux. Par antithèse, on pourrait appeler les oisifs des *Peaux-Fines.*

[3] Ce mot d'argot théâtral rend exactement l'idée de dédain contenu dans l'original — *Mimick.*

[4] *Straight away* — *Straight* indique l'idée de ligne droite, d'élan direct. — On pourrait rendre le mot du joyeux Puck par cette expression familière : — *Raide comme balle,* — qui renferme exactement le même sens.

HERMIA.

Oh! maintenant je gronde seulement, mais je pourrais te traiter plus mal! Car toi, j'en ai peur, tu m'as donné motif de te maudire. Si tu as tué Lysander pendant son sommeil, déjà dans le sang jusqu'aux souliers, plonge jusqu'au fond et tue-moi aussi!... Le soleil n'était pas si fidèle au jour qu'il l'était pour moi. Se serait-il dérobé loin d'Hermia endormie?... Je croirais plutôt que la terre peut être percée de part en part et que la lune peut se glisser à travers son centre et aller aux antipodes taquiner le midi de son frère [1]. Il ne se peut pas que tu ne l'aies pas assassiné! Ainsi apparaîtrait bien un assassin... si sinistre, si méchant!...

DEMETRIUS.

Ainsi apparaîtrait un assassiné!... et ainsi de moi, qui suis transpercé jusqu'au cœur par votre féroce cruauté! Et pourtant vous, l'assassine, vous apparaissez aussi brillante, aussi claire que là-haut Vénus dans sa sphère étincelante!

HERMIA.

Qu'est cela quant à mon Lysander! Où est-il? Ah, bon Demetrius! Veux-tu me le donner?

DEMETRIUS.

Je donnerais plutôt sa carcasse à mes chiens!

HERMIA.

Arrière, chien! arrière, mâtin! [2] Tu me conduis hors des bornes de la virginale patience. Enfin l'as-tu tué? Alors ne sois plus compté parmi les hommes! Oh, pour une fois dis la vérité, dis la vérité, même par amour de moi! As-tu osé le regarder éveillé ou l'as-tu tué dormant? O braves coups [3]! Est-ce qu'un ver, une vipère n'en feraient pas autant! Une vipère l'a fait : car d'une langue plus double [4] que la tienne, à toi serpent, jamais vipère ne piquerait!

DEMETRIUS.

Vous dépensez votre passion sur un mode de méprise. Je ne suis pas coupable [5] du sang de Lysander... et il n'est pas mort, en tout ce que je puis dire...

HERMIA.

Je t'en prie, alors dis-moi qu'il va bien!...

DEMETRIUS.

Et si je le pouvais, qu'est-ce que j'aurais pour cela?

---

[1] Toutes ces pseudo-imprécations sont comiques, et c'est en ce sens qu'il faut les interpréter. C'est pourquoi il n'est pas admissible que, sous prétexte de respecter mieux la dignité de Shakespeare, on traduise, comme F.-V. Hugo, *displease* par éclipser. Hermia est une amoureuse comique, une héroïne d'opérette, si l'on veut, et elle parle le style gai de ce genre de pièces. Le respect qu'on doit avoir pour le grand William ne doit pas aller jusqu'à la parfaite méconnaissance des allures qu'il prête volontairement à ses personnages. — Voir la note à la fin de la pièce.

[2] *Out, dog! out, cur!* — *Cur!* est un vilain *dog*, répétition de l'idée de chien. Mais ceci ne peut convenir à nos traducteurs qui ne veulent pas admettre le comique outré et sont esclaves de notre bon goût. F. V. H. traduit *Cur* par monstre et Guizot le supprime. Seul Montégut respecte Shakespeare.

[3] *Touch* — *Exploit* est plus noble, mais n'est pas dans Shakespeare.

[4] *Double*, fourchue — *Double*, traîtresse.

[5] *Guilty of the blood*... il paraît inutile de rappeler Shakespeare à l'ordre pour cette licence et de substituer *souillé* à *coupable*, ainsi que l'a fait F. V. H. Ici Guizot a été de fidélité plus hardie.

HERMIA.

Un privilège... de ne jamais plus me voir... et de ta présence haïe ainsi je me sépare... Ne me voie plus, qu'il soit mort ou non ! (*Elle sort.*)

DEMETRIUS.

Il n'y a pas à la suivre dans cette humeur furieuse. Aussi vais-je rester ici un instant. D'ailleurs la lourdeur de la peine devient plus pesante, de par la dette que le sommeil banqueroutier doit à la peine [1] !... Dette que maintenant il va payer quelque peu, si, pour entendre ses offres, je reste ici un instant. (*Il s'étend.*)

OBERON, à Puck.

Qu'as-tu fait ? Tu t'es tout à fait trompé et as posé le jus d'amour juste sur les yeux du vrai Amour ! De ta méprise il s'ensuivra forcément qu'un vrai amour sera changé et non un faux amour tourné en vrai.

PUCK.

Ainsi dirige le destin. Qu'un homme garde la vérité, un million la renient, opposant serments à serments.

OBERON.

A travers le bois, va plus vif que le vent, et vois à trouver Helena d'Athènes : elle est toute malade d'imagination et de joue pâle, avec soupirs d'amour qui coûtent cher à la fraîcheur de son sang. Par quelque illusion, amène-la ici. (*Montrant Demetrius endormi.*) J'enchanterai ses yeux, en attendant qu'elle apparaisse.

PUCK.

J'y vais ! j'y vais ! Vois comme je vais ! plus rapide que la flèche de l'arc d'un Tartare ! (*Il sort.*)

OBERON, *s'approchant de Demetrius et lui versant la liqueur enchantée sur les yeux.*

    Fleur de teinte pourprée,
    Blessé par l'arc de Cupidon,
    Glisse au globe [2] de ses yeux !
    Quand son amour apparaîtra,
    Qu'elle brille glorieusement
    Comme la Vénus au ciel !
    Quand tu t'éveilles, si elle est là,
    Supplie-là de te guérir !

PUCK, *rentrant.*

    Capitaine de la troupe des fées,
    Helena est ici tout près,
    Et aussi le jouvenceau que j'ai trompé,
    Plaidant pour honoraires d'amant.
    Verrons-nous cette folle parade ?
    Seigneur, quels niais que ces mortels !

OBERON.

Reste près de moi : le bruit qu'ils feront amènera le réveil de Demetrius.

PUCK.

Alors deux à la fois vont en courtiser une. Cela seul fera un jeu : et les choses me plaisent le plus qui tombent à rebours [3] !...

---

[1] Le chagrin s'aggrave du manque de sommeil.
[2] *Apple*, la pomme — la prunelle.
[3] *Preposterously. Accidents bizarres* ne rend pas le texte.

Entrent LYSANDER et HELENA

LYSANDER, à *Helena*.

Pourquoi croiriez-vous que je vous courtise en raillerie ?... Raillerie et dérision en viennent-elles aux larmes ? Voyez, quand je fais serment, je pleure : et serments nés aussi, en leur naissance, apparaissent en toute vérité ! Comment ces choses en moi peuvent-elles paraître raillerie pour vous, quand elles portent sur elles la marque de foi qui les prouve sincères ?

HELENA.

Vous avancez votre manège de plus en plus. Quand la vérité tue la vérité, ô bataille du Saint et du diable¹ ! Ces vœux sont pour Hermia. Voulez-vous donc l'abandonner ? Pesez serment contre serment et vous ne pèserez rien du tout. Vos vœux, pour elle et pour moi, mis dans deux plateaux pèseraient poids égal... et tous deux aussi légers que mensonges.

LYSANDER.

Je n'avais pas ma raison quand je jurais à elle !...

HELENA.

Et vous ne l'avez pas à mon avis, maintenant que vous l'abandonnez.

LYSANDER.

Demetrius l'aime et il ne vous aime pas.

DEMETRIUS, *s'éveillant et voyant Helena*.

O Helena, ô Déesse, nymphe, parfaite, divine ! A quoi, mon amour, comparerais-je tes yeux ? Le cristal est de la boue. O combien sont mûres à la vue ces lèvres, ces cerises à baisers, si tentantes ! Cette pure blancheur congelée, neige du haut Taurus, éventée par le vent d'orient, tourne au corbeau quand tu lèves la main ! Ô laisse-moi baiser cette princesse de pure blancheur, ce sceau de félicité !

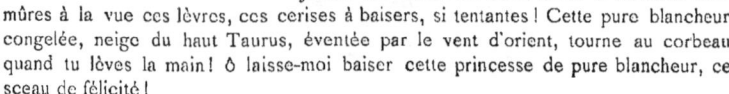
O dépit ! ô enfer !

HELENA.

O dépit ! ô enfer ! je vois que vous vous êtes conjurés pour vous lever contre moi, pour votre amusement ! Si vous étiez civils et connaissiez courtoisie, vous ne me feriez pas pareille injure. Ne pouvez-vous me haïr, comme je sais que vous le faites, sans vous joindre à lui, en armes, pour vous moquer aussi ? Si vous étiez des hommes — comme vous êtes hommes en apparence, vous ne traiteriez pas ainsi une gentille Lady², en protestant, en jurant, en surfaisant mes qualités, alors que, j'en suis sûr, vous me haïssez de tout votre cœur. Tous deux vous êtes rivaux et aimez Hermia, et maintenant vous êtes rivaux pour vous moquer d'Helena... un joli exploit, une courageuse entreprise que d'évoquer des larmes dans les yeux d'une jeune fille, par vos dérisions ! Nul, de noble race, ne voudrait ainsi offenser une vierge... et torturer ainsi la patience d'une pauvre âme, s'en faire un jeu !...

---

¹ *O devilish holy Fray.*
² Dans le sens de gentil-homme, gentille-femme.

LE SONGE D'UNE NUIT D'ÉTÉ

LYSANDER.

Vous êtes déplaisant, Demetrius. Ne soyez pas ainsi. Car vous aimez Hermia. Ceci, vous le savez, je le sais [1], et ici, en tout bon vouloir et de tout mon cœur, sur l'amour d'Hermia je vous cède ma part : léguez-moi la vôtre sur celui d'Helena que j'aime et aimerai jusqu'à la mort...

HELENA.

Jamais moqueurs ne gaspillèrent plus vainement leur souffle..

DEMETRIUS.

Lysander, garde ton Hermia. Je n'en veux pas. Si jamais je l'ai aimée, tout cet amour s'en est allé. Mon cœur n'a séjourné chez elle que comme un hôte, et maintenant il est retourné chez lui, chez Helena et pour y demeurer,

LYSANDER.

Helena, il n'en est pas ainsi.

DEMETRIUS.

Ne dénigre pas la foi que tu ne connais pas, sinon à tes risques, tu le paieras cher. Voici que ton amour vient... Voici ta très chère !

HERMIA, *entrant*.

La nuit sombre, qui enlève aux yeux leur faculté, fait l'oreille plus prompte aux terreurs. Et tandis qu'elle dégrade le sens de la vue, elle paie à l'âme double compensation. O Lysander, mes yeux ne t'ont pas trouvé, mais mon oreille — je l'en remercie — m'a apporté ta voix. Mais pourquoi si méchamment m'as-tu ainsi abandonnée ?

LYSANDER.

Pourquoi resterait-il, celui que l'amour presse de partir ?

HERMIA.

Quel amour pouvait presser Lysander de quitter mon côté ?

LYSANDER.

L'amour de Lysander, qui ne le laissait pas rester, son amour pour la belle Helena, Helena qui dore plus la nuit que là-haut tous ces globes [2] de feu et ces yeux de lumière. Pourquoi me cherches-tu ? Ceci ne t'apprend-il pas que la haine que je te porte m'a fait t'abandonner ?

HERMIA.

Vous ne parlez pas comme vous pensez ! Cela ne peut être !

HELENA.

Las ! elle est de cette conspiration ! Maintenant je comprends qu'ils se sont joints, tous trois, pour façonner ce jeu menteur, en mépris de moi. Insolente Hermia ! Fille très ingrate ! Avez-vous comploté, vous êtes-vous liguée avec ceux-là pour me harceler de ces atroces moqueries ? Ces entretiens, que nous avons toutes deux partagés, ces vœux de sœurs, ces heures ensemble dépensées, alors que nous grondions le temps au pied hâtif de nous séparer... Oh ! tout est-il oublié... et l'amitié des jours d'école et l'innocence enfantine ?...

« Hermia, comme deux déesses du travail, nous avons à nous deux, de nos

---

[1] *You know, I know.*
[2] Littéralement *ces O de feu*, l'O indiquant la forme ronde.

aiguilles, créé la même fleur, toutes deux n'ayant qu'un modèle, toutes deux sur le même coussin, toutes deux fredonnant la même chanson sur la même clef... comme si nos mains, nos flancs, nos voix et nos esprits ne formaient qu'un seul corps. Ainsi nous grandîmes ensemble, comme une double cerise, qui semble séparée, mais est unie tout en étant séparée, deux aimables baies montées sur une seule tige... Ainsi en semblance de deux corps, un seul cœur, deux pour premier, comme armoiries héraldiques, deux pour un, couronné du même cimier[1]!...

« Et veux-tu donc désunir notre ancienne affection, pour te joindre à ces hommes qui outragent ta pauvre amie ? Ce n'est pas d'une amie, ce n'est pas d'une jeune fille. Notre sexe tout entier — comme je le fais moi-même — te gronde pour cela, quoique je sois seule à sentir l'injure.

HERMIA.

Je suis stupéfaite de vos paroles passionnées. Je ne vous outrage pas; il me semble que vous m'outragez.

HELENA

N'avez-vous pas poussé Lysander, en mépris de moi, à me suivre et à exalter mes yeux et ma figure ? N'avez-vous pas fait que votre autre amour, Demetrius — qui tout à l'heure encore me crossait du pied — m'appelle déesse, nymphe, divine et rare, céleste et précieuse ? Pourquoi dit-il tout cela à celle qu'il hait ? Et pourquoi Lysander renie-t-il votre amour, si riche en son cœur, et m'offre-t-il — vraiment ! — son affection, sinon d'après vos ordres, avec votre consentement ? Que je ne sois pas en faveur comme vous, ni assez fortunée pour que l'amour se pende après moi, cela mériterait de vous pitié plutôt que mépris.

HERMIA.

Je ne comprends pas du tout ce que vous voulez dire...

HELENA.

Soit ! assez, continuez, jouez la tristesse, faites-moi la grimace quand j'aurai tourné le dos, échangez des clignements, montez vos douces farces ; ce jeu, bien mené, sera dans les chroniques. Si vous aviez quelque pitié, grâce ou courtoisie, vous ne feriez pas de moi un pareil sujet de pièce... Mais, portez-vous bien ! C'est en partie ma propre faute, à quoi la mort ou l'absence bientôt remédiera.

LYSANDER.

Restez, gentille Helena, écoutez mon excuse... mon amour, ma vie, mon âme, belle Helena !

HELENA, *riant ironiquement.*

Oh ! excellent !

HERMIA, *à Lysander.*

Doux ami, ne la raille pas ainsi !

DEMETRIUS.

Si elle ne veut se rendre, je puis l'y forcer !

LYSANDER, *à Helena.*

Tu ne peux la forcer plus qu'elle ne peut se rendre : Tes menaces n'ont pas plus de force que ses faibles prières. Helena, je t'aime ! Par ma vie, je t'aime ! (*Se frappant*

---

[1] Ecus accolés, renfermant les armoiries de deux pays, comme France et Navarre, sous la même couronne. On dit encore mi-coupé, mi-parti. *Two of the first*, signifie mi-coupé au-dessus du chef.

la poitrine.) Je jure — par ceci que je perdrai pour toi — de prouver menteur qui prétend que je ne t'aime pas !...

DEMETRIUS, *à Helena.*

Je le dis, je t'aime plus qu'il ne peut le faire.

LYSANDER.

Si tu dis cela, sortons et prouve le !

DEMETRIUS.

Vite, viens.

HERMIA.

Lysander, à quoi tend tout cela ?

LYSANDER.

Arrière, vous, Ethiopienne¹ !

DEMETRIUS.

Non, non, monsieur !... Il fait semblant d'être hors de lui... et d'aller de l'avant, comme si on voulait le suivre... mais il ne bouge pas ! Vous êtes un lâche personnage, allez !

LYSANDER, *à Hermia, qui s'accroche à lui.*

A la potence, toi, chatte, toi, bourre²... Vil objet, lâche-moi ! ou je vais t'arracher de moi comme un serpent !

HERMIA.

Comment êtes-vous devenu si brutal ! Quel changement en cela, doux amour !

LYSANDER.

Ton amour !... arrière, Tartare tannée³ ! Arrière, dégoûtante médecine ! Potion haïe, hors d'ici !

HERMIA.

Ne plaisantez-vous pas ?

HELENA.

Si fait, sûrement... et vous aussi.

LYSANDER.

Demetrius, je te tiendrai parole...

DEMETRIUS.

Il me plairait avoir votre gage... car je le vois, un lâche lien vous retient... je ne me fierai pas à votre parole !

LYSANDER.

Quoi faut-il que je la blesse, que je la frappe, que je l'assomme⁴ à mort !... quoique je la haïsse, je ne lui ferai pas de mal...

---

¹ Négresse.

² Flocon de laine qui s'attache aux vêtements et dont on ne peut se débarrasser ; l'équivalent serait *crampon*.

³ *Tawny Tartar.* Par égard pour Shakespeare, on n'emploie que des à peu près : *noire*, *fauve.* B. Laroche hasarde *basanée*, Montégut *hâlée*. Il n'est pas mauvais de donner à Shakespeare une petite leçon de goût. *Tannée* est évidemment intolérable, tandis que *fauve*, *basanée*, etc., sont épithètes nobles !

⁴ *To kill dead.* Ce n'est que par extension que le mot *to kill* signifie tuer. Étymologiquement, il signifie — tête — Coup sur le crâne. —

HERMIA.

Quoi! pouvez-vous me faire plus grand mal que me haïr? Me haïr! pourquoi! O moi! Quoi de nouveau, mon amour! Ne suis-je pas Hermia, n'êtes-vous pas Lysander?... je suis aussi belle que je fus jamais... Cette nuit, vous m'aimiez... pourtant, depuis cette nuit, vous m'avez abandonnée! Pourquoi? alors vous m'avez abandonnée — Oh! que les dieux me protègent! — sérieusement?... dois-je le dire?...

LYSANDER.

Oui certes, par ma vie! Et je désire ne plus te voir jamais... c'est pourquoi sois hors d'espérances, de doutes, d'explications. Sois certaine, rien de plus vrai. Ce n'est pas une plaisanterie, je te hais et j'aime Helena!

HERMIA, *exaspérée*.

O moi! (*A Helena*.) Vous, jongleuse, vous, fleur véreuse [1], vous, voleuse d'amour, quoi! Vous êtes venue cette nuit et vous avez volé le cœur de mon amant!

HELENA.

Très bien, sur ma foi! N'avez-vous ni modestie ni pudeur virginale ni ombre de timidité? Quoi! Voulez-vous arracher d'impatientes réponses à ma langue polie! Fi, fi! Vous, nabote, vous poupée!...

HERMIA.

Poupée! et pourquoi? Ah, c'est là que va le jeu! maintenant je comprends qu'elle a comparé nos deux statures et elle a vanté sa hauteur! Et avec son personnage, son grand personnage, — sûrement — elle a fait valoir sa hauteur auprès de lui. Et avez-vous grandi si haut dans son estime, parce que je suis si naine et si petite! Comme je suis petite, hein? Vous, mât peint? Dites! Comme je suis petite! Je ne suis pas encore si petite que mes ongles ne puissent atteindre à tes yeux! (*elle va vers Helena la griffe en avant.*)

HELENA.

Je vous prie, messieurs, quoique vous vous moquiez de moi, ne la laissez pas me blesser. Je ne fus jamais méchante... je n'ai pas le don pour faire la mégère [2]... je suis une vraie fille pour la couardise. Ne la laissez pas me frapper. Mais vous croyez peut-être que parce qu'elle est un peu plus petite que moi je puis me battre avec elle!

HERMIA.

Petite, encore! vous entendez!

HELENA.

Bonne Hermia, ne soyez pas si amère avec moi. Je vous ai toujours aimée, Hermia. J'ai toujours suivi vos conseils, je ne vous ai jamais fait tort, sinon que, amoureuse de Demetrius, je lui ai dit votre fuite dans ce bois. Il vous a suivie; par amour, je l'ai suivi. Mais il m'a rabrouée et m'a menacée de me frapper, de me donner des coups de pied, et même de me tuer! Et maintenant, si vous voulez me laissez aller, je vais remporter à Athènes ma folie et ne pas vous suivre plus avant... laissez-moi aller. Vous voyez combien je suis simple... et combien je suis amoureuse!

[1] *Canker-Blossom.* Fleur rongée par le ver. Cependant Schmidt identifie *Canker-blossom* à Canker bloom, qui signifie rose sauvage ou gratte c... Cette dernière expression rappellerait le mot *burr* employé plus haut, parce que la rose sauvage est (V. Littré) entourée d'une bourre piquante, que des plaisantins mettent dans les draps, pour provoquer des démangeaisons.

[2] *I have no gift in shrewishness.* Ce dernier mot vient de *Shrew*, mégère, femme acariâtre, mauvaise. Se rappeler le titre de la comédie *Taming of the Shrew*.

HERMIA.

Bien ! allez-vous en ! Qu'est-ce qui vous retient...

HELENA.

Un cœur insensé que je laisse derrière moi.

HERMIA.

Quoi ? avec Lysander !

HELENA.

Non, avec Demetrius...

LYSANDER.

N'aie pas peur, Helena, elle ne fera pas de mal.

DEMETRIUS.

Non, monsieur. Elle n'en fera pas, quoique vous preniez son parti.

HELENA.

Oh ! quand elle est en colère, elle est méchante, enragée !... C'était déjà un renard quand elle allait à l'école... et quoique petite, elle est féroce !...

HERMIA.

Encore petite ! Rien que courte et petite ! Et vous pouvez souffrir qu'elle m'insulte ainsi ? Laissez-moi aller la trouver !

LYSANDER.

Allez-vous en, naine que vous êtes ! Vous, minimum, fait de l'herbe à nouer et à retarder... vous, gland, grain de chapelet !

DEMETRIUS.

Vous faites trop l'officieux pour celle qui dédaigne vos services. Laissez-la tranquille. Ne parlez pas d'Helena. Ne prenez pas son parti : car si tu prétends lui montrer jamais si peu que ce soit d'amour, tu le payeras cher !

LYSANDER.

Maintenant qu'elle ne me tient plus, suis-moi, si tu l'oses, pour éprouver de qui les droits — tiens ou miens — sont les plus forts sur Helena !

DEMETRIUS.

Te suivre ! Non, je vais... avec toi, joue contre joue [1] ! (Sortent Lysander et Demetrius.)

HERMIA.

Vous, madame... tout ce tapage vient de vous... non, ne me tournez pas le dos...

HELENA.

Je ne me fierai pas à vous, moi ! Et je ne resterai pas plus longtemps en votre méchante compagnie. Vos mains sont plus promptes que les miennes pour la bataille, mais mes jambes sont plus longues, pour me sauver. (Elle sort.)

HERMIA [2].

Je suis furieuse et ne sais que dire... (Elle sort, à la poursuite d'Helena.)

OBERON, qui a tout entendu, avec PUCK.

Ceci est de ta faute. Tu t'es encore trompé, à moins que tu n'aies commis volontairement tes méchancetés.

---

[1] *Cheek by jole.* Expression proverbiale. *Cheek* et *jole* ont le même sens de joue, face. Ici le sens est évidemment : — Tout près de toi, sans te quitter d'une semelle.

[2] Un des effets comiques de cette scène, c'est la différence de taille entre les deux jeunes filles, Helena, grande et brune ; Hermia, très brune (éthiopienne), toute petite, mais plus violente et prompte à griffer.

PUCK.

Croyez-moi, roi des Ombres, je me suis trompé. Ne n'avez-vous pas dit que je reconnaîtrais l'homme aux vêtements athéniens qu'il portait. Et mes actes méritent si peu le blâme, que j'ai oint les yeux d'un athénien : et je suis si content que cela ait ainsi tourné que je tiens leurs querelles pour une distraction.

OBERON.

Tu vois. Ces amants cherchent un endroit pour se battre. Hâte-toi donc, Robin, obscurcis la nuit, couvre l'espace étoilé d'un épais brouillard, noir comme l'Acheron, et conduis ces entêtés rivaux à la débandade, si bien que l'un ne retrouve plus la trace de l'autre. Modèle ta voix sur celle de Lysander et excite Demetrius par des paroles amères, puis raille à la façon de Demetrius ; et vois à les entraîner loin l'un de l'autre, jusqu'à ce que sur leurs fronts le sommeil — contrefaçon de la mort — de ses pattes de plomb et de ses ailes de chauve-souris[1] rampe sur eux ! Alors exprime cette herbe sur les yeux de Lysander. Cette liqueur a la vertu, par son pouvoir, de dissiper toute erreur et fera que ses yeux retourneront à leur vue ordinaire. Quand ils s'éveilleront, toutes ces dérisions sembleront songe et vaine vision : et vers Athènes, les amoureux s'en iront de nouveau, en telle union que jusqu'à la date de leur mort elle ne prendra plus fin. Tandis que tu t'emploieras à cette affaire, j'irai vers ma reine et demanderai le garçon indien. Et alors seulement je délivrerai ses yeux charmés de la vue du monstre, et toutes choses seront en paix.

PUCK.

Mon roi des Féeries[2], cela sera fait en hâte. Car les rapides dragons de la nuit fendent rapidement les nuages et au loin brille le fourrier de l'aurore ; à son approche, les fantômes, çà et là errants, en troupe gagnent leur chez eux, les cimetières. Tous les esprits damnés, qui ont trouvé sépulture dans les carrefours[3] et dans les flots, déjà sont retournés à leurs lits de vers, car ils ont peur que le jour voie leurs hontes, volontairement ils s'exilent de la lumière et doivent pour toujours être les compagnons de la nuit au front noir.

OBERON.

Mais nous sommes esprits d'autre sorte. J'ai souvent joué avec l'amoureux matin, et puis comme un forestier, fouillé les buissons, même jusqu'à ce que la porte de l'Est, toute rouge de flammes, s'ouvrant sur Neptune avec ses splendides et bénis rayons, tourne au rouge d'or ses courants de sel vert. Mais, malgré tout, hâte-toi : pas de délai. Nous devons terminer ces affaires encore avant le jour. (*Sort Oberon*.)

[1] En anglais *bat*. Malgré toutes recherches, il a été impossible de rattacher ce mot à une étymologie quelconque. Une seule indication, peut-être sans valeur. Dans l'anglo-saxon — V. les gloses répertoriées par Th. Wrigt — p. 51, on trouve *baest* traduit par le mot *tilio*, qui semble signifier *tilleul*. Mais en se souvenant que le latin donne *vesper-tilio*, chauve-souris, on se demande si *tilio* n'aurait pas une autre signification qui se rapporterait au mot saxon *baest*, peut-être *bestia*. Notons aussi que le grec donne *tila*, plume, duvet, la chauve-souris étant un *duvet du soir*. D'autre part, l'anglais du Moyen-Age et l'écossais donnent *bakke* au lieu de *bat*, aussi le danois. Le problème reste donc sans solution.

[2] Il est bien certain que *Fairy* ne peut signifier uniquement Fée. Car Puck est un génie et non une fée. De même, dans la tirade de la Reine Mab (V. Roméo), le mot *Fairy* vise le domaine entier de l'*Illusion*. Cependant les lexicographes anglais se refusent à admettre cette extension de sens.

[3] Les victimes de meurtre, celles pour lesquelles on a élevé des *croix* sur les routes, d'où *crossways*. D'après les magistes du Moyen-Age, ceux qui ne sont pas morts naturellement — assassinés, suicidés, victimes d'accidents — errent pendant la nuit hors de leurs tombeaux. Ce sont les *élémentaires* de l'occultisme.

LE SONGE D'UNE NUIT D'ÉTÉ

PUCK, *chantant.*
Haut et bas, bas et haut,
Haut et bas, je les conduirai.
Je suis craint aux champs et à la ville,
Gobelin, haut et bas conduis-les.

(*Parlé.*) En voici un.

LYSANDER, *entrant.*

Où es-tu, fier Demetrius ? Parles-tu, maintenant ?

PUCK, *invisible.*

Ici, vilain ! l'épée à la main et prêt. Où es-tu ?

LYSANDER.

Je suis à toi, tout droit !...

PUCK.

Alors suis-moi sur un terrain plus uni... (*Lysander sort, suivant la voix.*)

DEMETRIUS, *entrant.*

Lysander ! parle encore ! Toi, fuyard, toi, couard, t'es-tu sauvé ? Parle... dans quelque buisson ? Où caches-tu ta tête ?

PUCK, *même jeu.*

Couard que tu es, défies-tu les étoiles, parles-tu aux buissons, que tu parais si belliqueux et que tu ne viennes pas ! Viens, poltron ; viens, gamin, je te fouetterai d'un rotin. C'est se déshonorer que de tirer l'épée contre toi...

DEMETRIUS.

Ouais !... Es-tu là ?

PUCK.

Suis ma voix... nous allons ici éprouver ta virilité... (*Ils sortent.*)

LYSANDER, *rentrant.*

Il va devant moi et encore me provoque. Quand j'arrive où il m'appelle, il est parti ! Le vilain a les talons plus légers que moi... Je le poussais très vite, mais plus vite il a fui, si bien que je suis tombé en un chemin noir et raboteux, et que je vais me reposer... (*Il s'étend.*) Viens, jour gentil ! Car si une fois tu me montres ta grise lumière, je trouverai bien Demetrius et vengerai cet affront... (*Il s'endort.*)

Rentrent PUCK *et* DEMETRIUS.

PUCK.

Ho ! Ho ! Ho ! Ho ! Couard, pourquoi ne viens-tu pas ?

DEMETRIUS.

Affronte-moi, si tu l'oses : car je le vois bien, tu cours devant moi, changeant toujours de place. Tu n'oses pas t'arrêter ni me regarder en face ! Où es-tu ?

PUCK.

Par ici !... Je suis là !

DEMETRIUS.

Non, tu te moques de moi ! Tu paieras cela cher, si jamais je vois ta face à la lumière du jour... Pour l'instant, va ton chemin. La fatigue me contraint à prendre la mesure de ma taille sur ce lit froid... A l'approche du jour, compte que tu auras ma visite ! (*Il s'étend et s'endort.*)

HELENA, *entrant*.

O lourde nuit! O longue et odieuse nuit, abats tes heures : Brille à l'Orient, consolation! Que je puisse retourner à Athènes au jour, loin de ceux qui détestent ma pauvre compagnie, et que le sommeil, qui parfois ferme les yeux du chagrin, me dérobe un peu à ma propre compagnie. (*Elle s'étend et s'endort.*)

PUCK.

Couard! pourquoi ne viens-tu pas?

Trois seulement! Vienne un de plus. Deux de deux couples feront quatre. Voici qu'elle arrive, brisée et triste! Cupidon est un mauvais gamin de mettre ainsi les pauvres femelles en folie!

HERMIA, *entrant*.

Jamais si épuisée, jamais si désespérée!... Trempée de rosée, déchirée par les ronces!... Je ne peux me traîner ni aller plus loin! Mes jambes ne peuvent plus suivre le pas de mes désirs. Je vais me reposer ici, jusqu'au lever du jour... Que le ciel aide Lysander, s'ils en viennent à se battre!... (*Elle s'étend et s'endort.*)

PUCK.

Sur le sol, dors en paix.
Je mettrai sur les yeux,
Gentil amoureux, un remède.
(*Il exprime sur les yeux de Lysander le jus d'une plante.*)
Quand tu t'éveilleras,
Tu prendras
Vrai plaisir
A la vue
Des yeux de ton ancienne amante
Et le proverbe si connu en province
— Que chaque homme prenne son bien —
A ton réveil se montrera.
Jack aura Gillette,
Rien n'ira mal!
Le mâle aura sa femelle et tout ira bien.

(*Puck sort. Demetrius, Lysander, Hermia et Helena restent endormies.*)

ACTE QUATRIÈME

SCÈNE PREMIÈRE

Même lieu de scène.

Entrent TITANIA *et* BOTTOM, *avec sa tête d'âne. Suite de Fées.*
OBERON, *en arrière, invisible.*

TITANIA, à *Bottom.*

Viens ! assieds-toi sur ce lit de fleurs, tandis que je flatte [1] tes aimables joues et que je pique des roses-musc sur ta tête rose et douce... et que j'embrasse tes belles grandes oreilles, ô mon gentil délice !

BOTTOM.

Où est Fleur-des-Pois ?

FLEUR-DES-POIS.

Présent !

BOTTOM.

Gratte ma tête, Fleur-des-Pois. Où est monsieur [2] Toile-d'Araignée ?

---

[1] *To coy*, de la racine *coi*, *quiet*, *quietus*, tranquille. C'est flatter les joues du cheval ou de l'âne pour le faire tenir tranquille. Le mot roman *coyer* a le sens de calmer les chevaux, en les attachant deux à deux.

[2] *Monsieur* est en français dans le texte. C'est l'équivalent de *mylord*, que nous appliquons comiquement à des personnages ridicules. Pour ne pas faire de jaloux, tout à l'heure Bottom emploiera le *signor*.

TOILE-D'ARAIGNÉE.

Présent !

BOTTOM.

Monsieur Toile-d'Araignée, bon monsieur, mettez les armes à la main et tuez-moi ce bourdon aux cuisses rouges, sur le haut de ce chardon... et, bon monsieur, apportez-moi son sac à miel. Et ne vous frottez pas trop fort, monsieur... et, bon monsieur, ayez le soin de ne pas briser le sac à miel... Je détesterais vous voir englouti dans un sac à miel, signor !... Où est Graine-de-Moutarde ?

GRAINE-DE-MOUTARDE.

Présent !

BOTTOM.

Donnez-moi votre poing, monsieur Graine-de-Moutarde... Je vous en prie, laissez-là vos cérémonies, bon monsieur [1] !...

GRAINE-DE-MOUTARDE.

Que désirez-vous ?

BOTTOM.

Rien, bon monsieur, si ce n'est d'aider le bon cavelero [2] Toile-d'Araignée à me gratter... Il faut que j'aille chez le barbier, monsieur. Car, à ce que je vois, je suis étonnamment poilu de la face : et je suis un âne si sensible, que si seulement un poil me démange, il faut que je me gratte.

TITANIA.

Voyons, veux-tu entendre de la musique, mon doux amour ?

BOTTOM.

J'ai une oreille raisonnablement bonne en musique : qu'on apporte les pincettes et les cliquettes [3]...

TITANIA.

Ou bien, dis, doux amour, que désires-tu manger ?

BOTTOM.

Sincèrement, un picotin. Je pourrais engloutir votre bonne avoine sèche. Ma foi, j'ai grand désir d'une botte de foin... bon foin, doux foin n'a pas de rival !

TITANIA.

J'ai une fée hardie, qui découvrira la cachette de l'écureuil et t'apportera des noix fraîches.

BOTTOM.

J'aimerais mieux une poignée — ou deux — de pois secs ; mais, je vous en prie, que personne de votre peuple ne me dérange... J'ai une exposition [4] au sommeil qui me vient. (*Il se penche dans les bras de Titania.*)

TITANIA.

Dors, ô toi ! et je vais t'enlacer dans mes bras... Fées, allez vous-en et par tous

---

[1] Il est évident que le comique de ces scènes ne réside que dans le jeu et les mines de l'acteur à tête d'âne.
[2] Pour *caballero*.
[3] *Tongs and bones.* Pourquoi Guizot et F.-V. Hugo ont-ils traduit *bones* — os — par *clef*. Impossible de le comprendre. *Bones* signifie ici ces castagnettes que font les enfants avec deux palettes d'os.
[4] Bottom dit *exposition* pour *disposition*.

chemins, partez !... (*Elle se couche auprès de Bottom et l'entoure de ses bras.*) Ainsi le chèvrefeuille s'entortille gentiment à l'arbre de miel[1]... Ainsi le lierre femelle se roule en bague aux doigts d'écorce de l'orme... Oh ! combien je t'aime !... Combien je t'adore !... (*Tous deux s'endorment.*)

OBERON *s'avance.* — *Entre* PUCK.

OBERON.

Bienvenu, bon Robin. Vois-tu ce doux spectacle ? Maintenant je commence à prendre leur passion en pitié : tout à l'heure, l'ayant rencontrée, dans le bois, cherchant de douces saveurs pour ce haïssable imbécile, je l'ai objurguée et me suis querellé avec elle ! Elle avait entouré ses tempes velues d'une couronne de fleurs fraîches et brillantes, et cette même rosée, pareille à de rondes perles d'orient, s'arrêtait maintenant dans les yeux des jolies fleurettes, comme des larmes que leur arrachait cette disgrâce.

« Quand je l'eus, à mon aise, tancée et qu'en doux termes elle m'eut réclamé merci, alors je lui demandai le garçon enlevé, qu'elle m'a tout de suite donné, envoyant sa fée pour le porter à mon bosquet, dans le pays des fées. Et maintenant que j'ai ce garçon, je veux délier la détestable imperfection de ses yeux.

« Donc, gentil Puck, enlève la calotte [2] enchantée de la tête de ce manant d'Athènes, de telle sorte que se réveillant en même temps que les autres, ils puissent tous retourner à Athènes, sans plus penser aux accidents de cette nuit que comme à l'ennuyeuse vexation d'un rêve.

« Mais, tout d'abord, je veux délivrer la reine des Fées... (*Il s'approche d'elle et lui touche les yeux d'une herbe magique — chantant :*)

> Sois telle que tu étais !
> Sois telle que tu étais !
> Le bouton de Diane sur la fleur de Cupidon
> A cette force et ce béni pouvoir !

« Allons, ma Titania... éveillez-vous, ma douce Reine ! »

TITANIA, *s'éveillant.*

Mon Oberon !... Ah ! quelles visions !... Il me semblait que j'étais amoureuse d'un âne !

OBERON, *lui montrant Bottom.*

Voici votre amour, là, couché.

TITANIA.

Comment ont pu advenir ces choses ? Oh ! comme maintenant mes yeux ont horreur de son visage !

OBERON.

Silence, un instant ! Robin, enlève sa tête. Titania, appelez la musique. Et d'un sommeil plus mort que l'ordinaire sommeil, frappez les sens de ces cinq personnages.

---

[1] *Woodbine* et *Honeysuckle* désignent tous deux le chèvrefeuille. La seconde expression signifie *qui allaite de miel* (*les abeilles.*)

[2] *Scalp*. Le péricrâne. Ce mot est-il la racine du mot *scalper ?* Tout semble l'indiquer, et pourtant le latin *scalpere*, couper, tailler, convient également, comme aussi le vieux mot français *escalope*, dans le sens de *coquille*, qu'on enlève avec un couteau. Problème non résolu.

TITANIA.
Musique! Ho! Musique!... à charmer le sommeil!..

Mon Oberon! quelles visions!

PUCK, *enlevant la tête d'âne de Bottom.*
Et maintenant, si tu t'éveilles, tu verras de tes propres yeux d'imbécile.

OBERON.

Sonne, musique ! Venez, ma Reine, prenez mes mains et berçons le sol sur lequel sont ces dormeurs. Maintenant, vous et moi de nouveau sommes en amitié, et nous irons demain à minuit, solennellement, danser dans la maison du duc Thésée notre danse triomphante et la bénir en toute sa belle postérité.

Là, les couples d'amants fidèles seront unis, tous, comme Thésée, en joliesse !

PUCK.

Roi des Féeries, attention ! Ecoute... j'entends l'alouette du matin.

OBERON.

Allons, ma Reine, en un grave silence, courons après l'ombre de la nuit. Car nous pouvons mesurer le globe, aussi rapides que la Lune errante.

TITANIA.

Venez, mon Seigneur ! et dans votre fuite, dites-moi ce qui se passa cette nuit, et comment je fus trouvée dormant, sur la terre, avec ces mortels... (*Ils sortent.* — *On entend le son des cors.*)

Entrent THESEUS, HIPPOLYTA, EGEUS *et leur suite.*

THESEUS.

Allez, l'un de vous, trouver le forestier : car maintenant nos cérémonies sont terminées[1]... Et puisque voici l'avant-garde du jour, mon Amour va entendre la musique de mes chiens. (*A un page.*) Découple-les dans la vallée de l'Ouest. Va !... (*A un autre.*) Hâte-toi, te dis-je, et trouve le forestier. — Nous allons, belle Reine, monter au sommet de la montagne et entendre la musique confondue des chiens et de l'écho.

HIPPOLYTA.

J'étais une fois avec Héracles et Cadmus quand, dans un bois de Crète, ils traquaient l'ours avec des chiens de Sparte. Jamais je n'entendis si galant tapage. Car, outre les taillis, tout, les creux, les fontaines, les environs semblaient crier le même cri. Jamais je n'entendis aussi musicale discordance, aussi doux tonnerre !

---

[1] *Our observation.* — Les rites de la nouvelle Lune. Voir les deux premières répliques : acte I, scène I.

THESEUS.

Mes chiens sont issus de race spartiate [1], cendrés, à larges babines, avec — à leurs têtes — des oreilles pendantes qui balaient la rosée du matin, à genoux cagneux et à fanons, comme les taureaux de Thessalie, lents à la poursuite, mais pourvus de gueules comme des cloches en accord... Jamais à cris plus harmonieux ne répondirent les hallalis ou les cors joyeux, en Crète, à Sparte ni en Thessalie... Jugez, quand vous entendrez... (*Apercevant les dormeurs.*) Mais... doucement! Quelles sont ces nymphes?

EGEUS, *se penchant vers Hermia.*

My Lord, celle-ci est ma fille, ici endormie, et celui-ci Lysander. Voici Demetrius, et là Helena, fille du vieux Nedar. Je m'étonne de leur réunion en ce lieu.

THESEUS.

Sans doute, ils se sont levés de bonne heure pour célébrer les rites de Mai; et ayant entendu nos intentions, sont venus ici en honneur de notre cérémonie. Mais, parlez, Egeus! n'est-ce pas aujourd'hui qu'Hermia doit donner réponse sur son choix.

EGEUS.

C'est aujourd'hui, My Lord.

THESEUS.

Allez, ordonnez aux chasseurs de les éveiller aux sons des cors. (*On entend les cors. Clameurs derrière le théâtre. Demetrius, Lysander, Hermia et Helena, s'éveillent et se dressent sur leurs pieds.*)

THESEUS.

Bon matin, amis. La Saint Valentin est passée. Les oiseaux des bois commencent-ils seulement à s'accoupler?

LYSANDER, *s'agenouillant devant Theseus.*

Pardon, My Lord (*Les autres s'agenouillent auprès de lui.*)

---

[1] Pourquoi Guizot a-t-il substitué *lacédémonienne* à *spartiate*. Le bon goût est fertile en surprises.

THESEUS.

Je vous en prie. Levez-vous, tous. Je sais, vous êtes deux rivaux, deux ennemis. Comment vint cette gentille concorde, comment la haine est-elle si libre d'inquiétudes qu'elle dorme près de la haine, sans craindre une inimitié !

LYSANDER.

My Lord, je répondrai avec quelque trouble, étant mi-dormant, mi-éveillé : mais en tout cas, je jure que je ne puis vraiment dire comment je suis venu ici. Mais, je crois... (car je voudrais parler sincèrement et maintenant je m'imagine que voilà le fait) je suis venu ici avec Hermia. Notre intention était d'aller loin d'Athènes, en quelque lieu où nous pourrions être hors du péril de la loi Athénienne...

EGEUS.

Assez, assez ! (*A Theseus.*) My Lord, vous en avez assez. Je réclame la loi, la loi, sur sa tête ! Ils voulaient se dérober, ils voulaient, Demetrius ! nous frustrer, vous et moi, vous, de votre femme, moi, de mon droit de consentement — de ce consentement à ce qu'elle soit votre femme !

DEMETRIUS.

My Lord, la belle Helena m'a parlé de leur fuite, de leur projet, dans ce bois : et en fureur, je les ai suivis ici, la belle Helena, en passion, me suivant. Mais, mon bon seigneur, je ne sais par quel pouvoir (mais c'est par un pouvoir quelconque), mon amour pour Hermia a fondu comme la neige et me semble maintenant le souvenir d'un vain jouet dont je raffolais dans mon enfance. Et toute la foi, la vertu de mon cœur, l'objet et le plaisir de mes yeux, c'est la seule Helena ! A elle, My Lord, j'étais engagé avant d'avoir vu Hermia. Comme en maladie, je repoussais ce mets : mais, comme en santé, revenu à mon goût naturel, je le désire, je l'aime, je languis pour lui et à jamais lui serai fidèle...

THESEUS.

Beaux amants, votre rencontre est fortunée. De ce discours, plus tard, nous entendrons davantage. Egeus, je surmonterai votre volonté : car, dans le temple, près de nous, avec nous, ces couples seront liés d'un nœud éternel. Et comme le matin est quelque peu avancé, notre projet de chasse sera mis de côté. En avant, avec nous, pour Athènes ! Trois et trois [1], nous tiendrons fête de grande solennité. Venez, Hippolyta. (*Sortent Theseus, Hippolyta, Egeus et la suite.*)

DEMETRIUS.

Toutes ces choses paraissent petites et indistinctes, comme les montagnes éloignées se perdent en nuages.

HERMIA.

Il me semble que j'ai vu ces choses avec des yeux différents l'un de l'autre, tant chaque chose semble double.

HELENA.

Et moi aussi. Et j'ai retrouvé Demetrius comme un joyau à moi et pas à moi.

DEMETRIUS.

Il me semble que nous dormons, que nous rêvons encore. Ne croyez-vous pas que le duc était ici et nous a ordonné de le suivre !...

---

[1] Six, trois couples.

HERMIA.

Oui... et aussi mon père.

HELENA.

Et aussi Hippolyta.

LYSANDER.

Et il nous a ordonné de le suivre au temple.

DEMETRIUS.

Mais alors, nous sommes éveillés. Suivons-le, et, en chemin, racontons-nous nos rêves. (*Ils sortent.*)

BOTTOM, *s'éveillant brusquement.*

Quand viendra ma réplique, appelez-moi et je répondrai... ma prochaine est : — *Très beau Pyramus !...* (*Appelant.*) Hé ! Ho !... Peter Quince ! Flûte, le raccommodeur de soufflets !... Snout, le rétameur ! Starveling !... Jour de ma vie !... envolés et me laissant endormi !...

J'ai eu une très rare vision... j'ai eu un rêve... au-dessus de l'esprit de l'homme de dire quel rêve c'était... Me semble que j'étais... il n'y a pas d'homme pour dire quoi. Me semble que j'étais... me semble que j'avais... mais l'homme n'est qu'un imbécile, un idiot... s'il s'offre à dire ce qu'il me semblait avoir... l'œil de l'homme n'a jamais entendu, l'oreille de l'homme n'a pas vu, la main de l'homme n'est pas capable de goûter ni la langue de concevoir ni le cœur de raconter[1]... ce qu'était mon rêve... je veux que Peter Quince écrive une ballade sur ce rêve : on l'appellera le Rêve de Bottom, parce qu'il n'a pas de fondement [2], et je le chanterai à l'extrême fin de la pièce, devant le duc. Par aventure, et pour le rendre plus gracieux, je le chanterai après ma mort... (*Il sort.*)

SCÈNE II

A Athènes. — Une chambre de la maison Peter Quince.

Entrent QUINCE, FLUTE, SNOUT *et* STARVELING.

QUINCE.

Avez-vous envoyé à la maison de Bottom ? Est-il enfin revenu ?

STARVELING.

On n'entend pas parler de lui. Sans aucun doute, il a été enlevé [3] !

FLUTE.

S'il ne vient pas, alors la pièce est perdue. Ça ne marche plus, hein ?

QUINCE.

Ça n'est plus possible. Vous n'avez pas, dans tout Athènes, un homme capable de vous fournir un Pyramus, comme lui !

---

[1] Confusion des divers sens. Comparer aux paroles du valet de Capulet à Roméo, alors qu'il confond les métiers. Le procédé est identique (page 142).

[2] Se rappeler la signification du nom de Bottom.

[3] *He is transported.* Ce terme s'employait dans les procès de sorcellerie pour indiquer le voyage des sorcières au Sabbat.

FLUTE.

Non : il a simplement le meilleur esprit de tous les manouvriers d'Athènes.

QUINCE.

Certes, et aussi c'est le meilleur personnage ... C'est un vrai *paramour* [1], pour sa douce voix !

FLUTE.

Il faut dire *parangon* — un *paramour* est — Dieu nous bénisse ! — une chose de rien...

SNOUT, *entrant*.

Maîtres, le duc arrive du Temple et il y a deux ou trois *lords* et *ladies* de plus de mariés : si notre représentation avait marché, nous aurions tous été faits citoyens...

FLUTE.

O doux braillard de Bottom ! Tu as perdu douze sous par jour pour toute ta vie !... Il ne pouvait pas manquer les douze sous par jour... Si le duc ne lui avait pas donné douze sous par jour pour avoir joué Pyramus, je veux être pendu ! Il l'avait mérité... douze sous par jour, pour Pyramus, ou rien du tout !

BOTTOM, *entrant*.

Où sont ces gars ? Où sont les cœurs ?

QUINCE.

Bottom !... O la brave journée !... O l'heure très heureuse !...

BOTTOM.

Maîtres, j'ai à discourir de merveilles, mais ne me demandez pas ce que c'est : car si je vous les dis, je suis un Athénien menteur... Je vous dirai chaque chose, comme elle est tombée.

QUINCE.

Qu'on t'entende, doux Bottom.

BOTTOM.

Pas un mot de moi ! Tout ce que je vous dirai, c'est que le duc a dîné : prenez votre bagage tout ensemble... de bonnes ficelles à vos barbes, des rubans neufs à vos souliers. Rencontrons-nous au palais : que chaque homme regarde son rôle... car en bref et en long, notre pièce est mise en avant. En tout cas, que Thisby ait du linge blanc et ne laissez pas celui qui joue le lion rogner ses ongles, car ils doivent pendre comme griffes de lion. Et, très chers acteurs, ne mangez pas d'oignons ni d'ail... car nous avons à pousser une douce respiration, et je ne doute pas de les entendre dire que c'est une douce comédie... Pas un mot de plus... dehors ! dehors ! (*Ils sortent.*)

[1] Ce mot est un des plus curieux de la langue anglaise. L'étymologie et le sens sont simples — *par amore.* — Mais il a disparu de notre langue, ou plutôt en certain de nos patois, il s'est absolument transformé. Tandis qu'en anglais il a conservé sa signification — amoureux, tourtereau, — nous le retrouvons dans le Morvan, le Poitou, le Jura, sous la forme *poulamou, plaimor, permour*, signifiant à cause de, en considération de.

ACTE CINQUIÈME

SCÈNE PREMIÈRE

A *Athènes*. — *Un appartement dans le palais de Theseus.*

Entrent THESEUS, HIPPOLYTA, PHILOSTRATE, *Seigneurs et Suivantes.*

HIPPOLYTA.

C'est bien étrange, mon Theseus, ce que disent ces amoureux.

THESEUS.

Plus étrange que vrai. Je ne puis jamais croire à ces antiques fables ni à ces contes de fées. Amoureux et fous ont la cervelle si bouillante, des fantaisies de telles formes qu'ils conçoivent plus que la froide raison ne peut comprendre [1]. Le lunatique, l'amoureux et le poëte ne sont qu'imagination : l'un voit plus de diables que le vaste enfer n'en peut contenir : celui-là, c'est le fou. L'amoureux, tout aussi frénétique, voit la beauté d'Hélène sur un front d'Égyptienne [2] ; l'œil du poëte, roulant en belle frénésie, regarde du ciel à la terre, de la terre au ciel : Et comme l'imagination matérialise les formes de choses inconnues, la plume du poëte leur donne une forme et à un rien aérien, applique un nom et une localisation. Tels sont les tours d'une forte imagination que, si elle veut concevoir une joie, elle invente quelque messager de cette joie, et dans la nuit, inventant des terreurs, on suppose si facilement qu'un buisson est un ours !

HIPPOLYTA.

Pourtant toute l'histoire de cette nuit, par eux racontée, et tous leurs esprits ensemble transformés, cela témoigne de quelque chose de plus que d'images de fantaisie et prend une grande consistance... mais, en tous cas, c'est étrange et étonnant !

[1] Shakespeare met en opposition *apprehend* et *comprehend*, d'après la règle de logique qui fait de l'*apprehension* la première faculté de l'esprit, la *compréhension* ne venant qu'en seconde et même en troisième ligne.

[2] De négresse.

Entrent LYSANDER, DEMETRIUS, HERMIA *et* HELENA.

THESEUS.

Voici les amoureux, pleins de joie et de gaieté !... que la joie, gentils amis ! que la joie et la fraîcheur des jours d'amour accompagnent vos cœurs !

LYSANDER.

Que plus encore que pour nous elles suivent vos pas royaux, à votre table, à votre lit !

THESEUS.

Voyons maintenant. Quelles mascarades, quelles danses aurons-nous pour tuer ce long siècle de trois heures, entre le souper et l'instant du coucher ? Où est notre habituel intendant de joie ? Quelles distractions sont à notre portée ? N'y a-t-il pas là quelque pièce, pour soulager l'angoisse d'une heure de tortures ! Appelez Philostrate.

PHILOSTRATE.

Me voici, puissant Theseus.

THESEUS.

Dites-moi, qu'avez-vous pour abréger cette soirée ? Quelle mascarade ? Quelle musique ? Comment tromperons-nous le temps trop lent, si ce n'est par quelque plaisir ?...

PHILOSTRATE.

Voici une liste des divers sports qui sont prêts. Choisissez ce que Votre Hautesse veut voir en premier lieu.

THESEUS, *prenant la liste et lisant.*

La bataille avec les Centaures. — A chanter par un Ennuque Athénien sur la harpe. Pas cela : j'ai dit cela à mon amour, à la gloire de mon cousin Hercules. (*Lisant.*) *La riotte* [1] *des bacchantes ivres* [2], *déchirant dans leur rage le chanteur de Thrace.* Ceci est une vieille histoire, et on la jouait à Thèbes, quand j'y entrai en conquérant. *Le deuil des trois fois trois Muses, pour la mort du Savoir, naguère décédé en état de mendicité.* Il y là de la satire, de la critique aiguë qui ne s'assortit pas à une cérémonie nuptiale. *Une très longue et très courte scène, le jeune Pyramus et son amour Thisbé : joyeuseté très tragique.* — Joyeux et tragique ! très long et très court ? Cela équivaut à de la glace chaude et de la neige étonnamment noire [3] Comment trouverons-nous la concorde de cette discorde ?

---

[1] *The riot*, tumulte, désordre, bataille. Ce mot, qui est du vieux français, et qui avait été chassé de nos dictionnaires, a été repris par le dictionnaire de l'académie de 1877. Le patois normand l'avait conservé sous la forme *riote*, orthographe du roman de la Rose, le Roman avait *rios*. L'étymologie est inconnue. On pourrait peut-être chercher du côté du latin *reus*, qui s'appliquait également aux deux parties d'un procès.

[2] *Tipsy*. Ce joli mot anglais vise ordinairement l'ivresse légère — il vient de *tip*, pointe, mot qui, appliqué aux buveurs, a, en français familier, un sens analogue.

[3] Le texte porte *Strange*. Mais l'édition de Cambridge reconnaît qu'il est falsifié. On a proposé et nous adoptons la version *Swart*, noire. En effet — de la neige étonnamment étrange ne donne aucun sens concordant avec les phrases qui précèdent et qui suivent. Le mot *Swart* a été employé plusieurs fois par Shakespeare, dans la *Comédie des Erreurs*, dans *le roi Jean*, dans *Henri VI*, et aussi dans ses sonnets.

PHILOSTRATE.

Cette pièce, My Lord, est longue de quelques dix mots, ce qui est pièce aussi courte que j'aie jamais connue : Mais en dix mots, My Lord, elle est trop longue, ce qui la rend fatigante [1] : car dans toute la pièce il n'y a pas un mot à sa place ni un acteur convenable. Et pour tragique, mon noble Lord, elle l'est. Car Pyramus se tue, ce qui, lorsque j'ai vu répéter, m'a, je le confesse, mis de l'eau dans les yeux, mais des larmes plus joyeuses que n'en ont jamais tiré les plus bruyants éclats de rire.

THESEUS.

Quels sont ceux qui jouent cela ?

PHILOSTRATE.

Des hommes à mains dures, qui travaillent ici, à Athènes, et qui n'ont jamais jusqu'ici fait labeur d'esprit : ils ont chargé leur mémoire essoufflée de cette pièce, exprès pour vos noces.

THESEUS.

Et nous allons les entendre.

PHILOSTRATE.

Non, mon noble Lord, cela n'est pas pour vous : j'ai entendu cela et ce n'est rien, rien au monde, à moins que vous ne trouviez une distraction, dans leur tentative — extrêmement laborieuse et mêlée de cruels efforts — pour vous rendre hommage.

THESEUS.

J'entendrai cette pièce : car jamais chose ne peut être dédaignée qui est offerte avec la simplesse du devoir. Allez, amenez-les, et vous, ladies, prenez place. (*Philostrate sort.*)

HIPPOLYTA.

Je n'aime pas voir l'inhabileté succomber ni le devoir périr à la tâche.

THESEUS.

Aussi, gentille Dame, ne verrez-vous rien de pareil.

HIPPOLYTA.

Il dit qu'ils ne peuvent rien perdre de cette sorte.

THESEUS.

D'autant plus gracieusement [2] nous les remercierons pour rien. Notre distraction sera de prendre ce qu'ils méprennent [3] et en ce que l'humble devoir ne peut accomplir, une noble bienveillance considère l'effort et non le mérite. Où je suis allé, de grands clercs se sont proposé de me gratifier de bienvenues préméditées : quand je les ai vus frissonner et pâlir, s'arrêter au milieu de leurs tirades, étrangler dans leurs craintes leurs voix de praticiens, et quand en conclusion, ils ont brisé là, muets et sans même me dire un — bonjour ! — crois-moi, mon amour, en leur silence même j'ai ramassé une bienvenue, et dans l'hésitation de leur effrayant devoir, j'ai lu aussi bien que dans les bavardages d'une éloquence audacieuse et effrontée. Voilà pourquoi l'amour et la simplicité, à la langue liée, parlent davantage à mon tempérament.

[1] Il y a dans le mot *tedious* employé par opposition à *brief* un jeu de nuances entre l'ennui et la longueur que le français ne peut pas rendre.
[2] Ici se trouve un jeu de mots sur *Kind*, sorte, et *Kinder*, plus gracieux.
[3] *To take what they mistake.* — Méprendre garde ici son sens du vieux roman, *prendre mal*.

PHILOSTRATE, *entrant.*
S'il plaît à Votre Grâce, le prologue est prêt.
THESEUS.
Qu'il s'avance. (*Fanfare de trompettes.*)

LE PROLOGUE, *entrant.*

Si nous faisons offense, c'est avec notre bon vouloir... croyez que nous ne venons pas pour faire offense, mais avec bon vouloir.

« Montrer notre simple talent, voilà le vrai commencement de notre fin.

« Considérez d'ailleurs que nous ne venons qu'avec crainte... nous ne venons pas en désir de vous contenter... mais c'est notre vraie intention.

« Ce n'est pas pour votre plaisir que nous sommes ici.

« Et pour qu'ici vous vous repentiez, les acteurs sont à votre disposition.

« Et par leur jeu, vous saurez tout ce qu'il vous plaira savoir [1]...

---

[1] Le comique de ce prologue incohérent réside évidemment dans le jeu burlesque de l'acteur qui le récite, de cette façon que le tout ne fait qu'un imbroglio incompréhensible. Qui sait s'il n'y a pas ici quelque satire dirigée contre des discoureurs du temps comme ces *grands clercs* auxquels Théseus faisait allusion plus haut.

THÉSEUS.
Le camarade ne s'arrête pas aux points.

LYSANDER.
Il monte sur son prologue comme sur un poulain sauvage sans savoir comment l'arrêter. Une bonne morale, My Lord. Ce n'est point assez de parler, il faut parler juste.

HIPPOLYTA.
C'est vrai : il a joué de ce prologue comme un enfant d'une flûte... du bruit, mais pas de mesure...

THÉSEUS.
Son discours était comme une chaîne embrouillée : rien n'y manque, mais tout est désordonné. Qui vient après ?

Entrent PYRAMUS *et* THISBÉ, *le* MUR, *le* CLAIR-DE-LUNE *et le* LION, *comme dans une pantomime.*

LE PROLOGUE.

Nobles, peut-être vous étonnez-vous de ce spectacle,
Mais étonnez-vous, jusqu'à ce que la vérité éclaircisse tout.
Cet homme est Pyramus, si vous vouliez savoir.
Cette Beauté est Thisby, c'est certain.
Cet homme, sali de plâtre et de crépi, représente
Le Mur, ce vil mur qui sépare les amoureux.
A travers les fentes du mur, pauvres âmes, ils se contentent
De chuchoter : de quoi nul ne s'étonne.
Cet homme, avec lanterne, chien et fagot d'épines
Représente le Clair-de-Lune : car, si vous voulez savoir,
Au Clair-de-Lune les amants ne tiennent pas à mal
De se rencontrer à la tombe de Ninus, là, pour se courtiser.
Cette bête féroce, qui de son nom s'appelle lion
A la fidèle Thisby, arrivée la première, la nuit
Fit prendre la fuite, ou plutôt l'effraya.
Et comme elle se sauvait, son manteau tomba.
Et le vil lion le souilla de sa gueule sanglante.
Alors vient Pyramus, doux jeune homme, de haute taille
Et il trouve de sa fidèle Thisby le manteau souillé.
Et pour cela, de son glaive, de son blâmable et sanglant glaive,
Bravement il embrocha son sein bouillant et sanglant.
Et Thisby, qui attendait à l'ombre d'un murier,
Tira sa dague et mourut. Pour tout le reste
Laissez le lion, le Clair-de-Lune et les deux amoureux
Discourir leur plein, tant qu'ils resteront là.

(*Sortent le* PROLOGUE, THISBÉ, *le* LION *et le* CLAIR-DE-LUNE.)

THÉSEUS.
Je m'étonne... est-ce que le lion parle ?

DEMETRIUS.
Ne vous étonnez pas, My Lord. Un lion le peut bien quand tant d'ânes le font.

LE MUR.
En ce même intermède, il advient — que moi, un nommé Snout, représente un mur — et un mur — je désire que vous le croyiez — qui a en lui un trou ébréché ou une

fente — par lesquels Pyramus et Thisby, les amoureux — chuchotent souvent très secrètement...

Ce plâtre, ce crépi, cette pierre montrent — que je suis le mur lui-même, c'est la vérité — et voici la crevasse à droite et à gauche — par laquelle les craintifs amoureux sont à chuchoter... » (Il montre ses doigts écartés.)

THESEUS, *à Hippolyta.*
Pourriez-vous désirer que de la chaux et du poil [1] parlasssent mieux ?

DEMETRIUS.
Voici, My Lord, le mur le plus spirituel que j'aie jamais entendu parler.

THESEUS.
Pyramus tire vers le mur. Silence.

PYRAMUS, *entrant.*
O nuit à face de furie [2] ! O nuit de teinte si noire ! — O nuit, qui es toujours, quand le jour n'est plus — O nuit ! O nuit ! Hélas ! Hélas ! Hélas ! — J'ai peur que ma Thisby ait oublié sa promesse ! — Et toi, ô mur, ô doux mur, ô aimable mur — qui te dresse entre le champ de son père et le mien — Toi, mur, ô mur, ô doux et aimable mur — montre-moi ta fente — que je voie au travers avec mes yeux. (Le mur écarte ses doigts en l'air.) *Merci, mur courtois ! Que Jupin te protège pour cela ! — Mais que vois-je ? Je ne vois pas Thisby — O méchant mur, à travers qui je ne vois pas mon bonheur — maudites soient tes pierres pour me décevoir ainsi.*

THESEUS.
Le mur, je pense, étant susceptible, doit le maudire à son tour.

BOTTOM, *parlant naturellement.*
Non, Seigneur, en vérité, il ne le ferait pas. *Me décevoir ainsi* est la réplique [3] de Thisby : elle doit entrer maintenant et je dois la guetter à travers le mur. Vous verrez, cela tombera net [4] comme je vous l'ai dit... la voilà qui vient

THISBÉ [5], *entrant.*
O mur, tout plein [6] souvent tu as entendu mes gémissements — de ce que tu sépares

---

[1] Un mur qui a des cheveux.
[2] *Grim — looked —* La racine *grim* se retrouve dans nombre de mots — *grimace — se grimer — un grime* pour un acteur qui sait changer sa figure — et toujours dans le sens de se vieillir ou se rendre effrayant. Or l'ancien saxon *grim* ou l'allemand *grimm* donnent bien le sens de Furie, diablesse à la face furieuse et effroyable. Et très vraisemblablement, malgré l'opinion de Littré, de *grim*, furie, sorcière, vient le *grimoire*.
[3] Réplique est la traduction du mot *cue* qui signifie littéralement *queue*. Le texte comporte donc des plaisanteries intraduisibles.
[4] *Pat*, mot très expressif qui indique un coup donné brusquement, du celte *Pat*, patte, main. Nous retrouvons cette racine dans le français *Patatras !* exclamation qui accompagne un bruit subit, avec chute d'objets. A ce propos, il est curieux de remarquer que le mot *patouiller*, piétiner dans la boue (patois normand) ressemble fort au mot *tripatouiller*, inventé de toutes pièces par M. Bergerat pour indiquer les *tripotages* que fait subir un directeur de théâtre à l'œuvre de l'auteur. M. Bergerat ne connaissait sans doute pas le mot normand. Ceci est un exemple intéressant des fantaisies auxquelles les étymologistes se peuvent laisser entraîner, de la meilleure foi du monde.
[5] Shakespeare écrit tantôt *Thisby*, tantôt *Thisbé*. Il convient d'ailleurs de se rappeler que dans les deux cas la prononciation en *i* est la même.
[6] *Full often.*

le beau Pyramus et moi — mes lèvres de cerise ont souvent baisé les pierres — les pierres liées de chaux et de bourre !...

PYRAMUS.

Je vois une voix. Maintenant je vais à la fente pour guetter si je peux entendre la figure de ma Thisby.

THISBY.

Mon amour ! Tu es mon amour, je crois ?

PYRAMUS.

Crois ce que tu voudras. Je suis la grâce de ton amoureux et comme Limander[1], je suis toujours fidèle.

THISBY.

Et moi, comme Hélène, jusqu'à ce que les destins me tuent !

PYRAMUS.

Ni Shafalus[2] ne fut plus fidèle à Procris.

THISBY.

Comme Procris à Shafalus moi à vous !

PYRAMUS.

Oh ! baise-moi à travers le trou de ce vil mur...

THISBY.

Je baise le trou du mur, mais pas du tout vos lèvres.

PYRAMUS.

Voulez-vous me rencontrer tout de suite au tombeau de Ninny[3] ?

THISBY.

Vienne la vie, vienne la mort, j'y vais sans délai.

LE MUR.

Ainsi moi, mur, j'ai aussi dégoisé mon rôle, et, la chose faite, le mur s'en va. (Sortent le Mur, Pyramus et Thisbé.)

THESEUS.

Maintenant voilà le mur à bas entre les deux voisins.

DEMETRIUS.

Pas de remède, My Lord, quand les murs sont assez malicieux pour écouter sans avertir[4].

HIPPOLYTA.

Voici la plus niaise machine[5] que j'aie jamais entendue !

THESEUS.

La meilleure en ce genre n'est que de l'ombre : et les pires ne sont pas pires, si l'imagination les amende[6]

---

[1] Guizot dit que le mot consacré dans nos parades étant Léandre, il emploie ce nom. Il convient de faire remarquer qu'il s'agit ici, non de nos parades, mais de celles de Shakespeare.
[2] Pour Cephalus.
[3] Pour Ninus.
[4] Cette phrase, paraît-il, a déplu à F. V. Hugo qui a préféré : — *Quand les murs ont des oreilles.*
[5] *Stuff*, chose quelconque.
[6] Ce prince a des idées peut-être très profondes, mais qui manquent de clarté.

HIPPOLYTA.

Alors il faut que ce soit votre imagination et non la leur.

THESEUS.

Si nous n'imaginons de ces gens rien de pis que ce qu'ils en imaginent eux-mêmes, ils peuvent passer pour des hommes excellents. Mais voici que viennent deux nobles bêtes... la Lune et un Lion.

Entrent le Lion *et le* Clair de Lune.

LE LION.

Vous, *ladies, vous dont les gentils cœurs s'effraient de la plus petite monstrueuse souris qui gratte* [1] *sur le plancher — vous pourriez maintenant peut-être à la fois frissonner et trembler — quand le lion rauque, dans sa rage très sauvage, va rugir. — Donc sachez que moi, un certain Snug, menuisier, suis une peau de lion et pas même une femelle de lion* [2]. *Car si j'étais, comme lion, venu en querelle sur cette place, ce serait pitié de ma vie!*

THESEUS.

Une très gentille bête et de bonne conscience.

DEMETRIUS.

La meilleure des bêtes, My Lord, que j'aie jamais vue!

LYSANDER.

Ce lion est un vrai renard pour la valeur.

THESEUS.

Oui, et une oie pour le bon sens.

DEMETRIUS.

Pas ainsi, My Lord : car sa valeur ne peut emporter son bon sens, tandis que le renard emporte l'oie.

THESEUS.

Son bon sens, j'en suis sûr, ne peut emporter sa valeur : car l'oie n'emporte pas le renard. C'est bien. Laissons cela à son bon sens et écoutons la lune.

LA LUNE.

Cette lanterne représente la lune cornue.

DEMETRIUS.

Il aurait dû porter les cornes sur sa tête.

---

[1] *To ercep.* C'est notre mot *créper,* qui implique une série de grattements très vifs du peigne dans la chevelure, opération tout à fait différente de la frisure. *Écréper* en patois *rouchi* signifie *ratisser.*

[2] Il y a discussion sur le texte. Celui-ci paraît le plus simple et le plus logique. Il est d'ailleurs impossible de deviner où F. V. Hugo a trouvé *un lion qui n'a pas besoin de cage.*

THESEUS.

Il n'est pas le croissant, et les cornes sont invisibles, en dedans de la circonférence [1].

LA LUNE.

Cette lanterhe représente la lune. Moi, je suis censé l'homme dans la lune.

THESEUS.

Ceci est plus grande erreur que tout le reste. L'homme devrait être mis dans la lanterne. Autrement comment serait-il l'homme dans la lune ?

DEMETRIUS.

Il n'ose pas s'y mettre à cause de la chandelle : car vous voyez, elle est déjà bonne à moucher [2]...

HIPPOLYTA.

Je suis fatiguée de cette lune. Je voudrais qu'elle changeât !

THESEUS.

Il semble, à son peu de lumière, qu'elle est à son déclin : mais, par courtoisie, et en bonne raison, nous devons rester jusqu'à la fin.

LYSANDER.

Marche donc, lune !

LA LUNE.

Tout ce que j'ai à dire, c'est de vous raconter que la lanterne, c'est la lune. Moi, l'homme dans la lune. Ce buisson d'épines, c'est mon buisson d'épines, et ce chien, mon chien.

DEMETRIUS.

Alors toutes ces choses devraient être dans la lanterne, puisqu'elles sont dans la lune. Mais silence, voici Thisbé.

THISBÉ, *entrant.*

Voici la tombe du vieux Ninny. Où est mon amour ?

LE LION.

Hun ! (Le lion rugit. Thisbé s'enfuit.)

DEMETRIUS.

Bien rugi, lion [3] !

THESEUS.

Bien couru, Thisbé.

HIPPOLYTA.

Bien brillé, lune. Vraiment, la lune brille de très bonne grâce ! (*Le lion déchire le manteau de Thisbé et s'en va.*)

---

[1] F. V. Hugo traduit : *C'est une pleine lune où les cornes ne se voient pas.*

[2] *It is already in snuff.* — Jeu de mots. — *To be in snuff*, appliqué à une chandelle vise le champignon noir que forme la mèche — appliquée à un homme, l'expression signifie *être vieux et bête*, ramolli.

[3] Le romantisme a fait une singulière fortune à cette réplique en lui donnant un sens héroïque, alors que dans Shakespeare elle ne vise qu'un comique parti pris de tout applaudir, par joyeuse courtoisie.

THESEUS.

Bien fait la souris, lion ! [1]

DEMETRIUS.

Et voici Pyramus.

LYSANDER.

Et la lune s'évanouit [2]...

PYRAMUS, *entrant.*

Douce lune, je te remercie pour tes rayons de soleil. Je te remercie, lune, pour maintenant briller si clairement. Car, par tes flots gracieux, dorés, étincelants, je compte goûter la vue de ma très fidèle Thisby...

Mais arrête... ô douleur !... Mais remarque !... Pauvre chevalier, quelle effrayante peine est-ce là ?...

Yeux, voyez-vous ? Comment peut-il être... ô mon joli canard [3] *! ô chérie ! Ton bon manteau, quoi ! teint de sang !... Approchez, vous, furies en fourrures* [4]*, ô Destins, venez, venez ! Coupez fil et lisière ! Écrasez, broyez, finissez et démolissez !*

THESEUS.

Cette frénésie et la mort d'une amie chère en arriveraient presque à attrister un homme !

HIPPOLYTA.

Maudit soit mon cœur, si je n'ai pitié de l'homme !

PYRAMUS.

Oh, pourquoi, ô nature ! as-tu fabriqué des lions ? Voici qu'un lion vil a ici défloré ma chérie qui est (se reprenant)*... Non, non, qui était la plus jolie dame qui ait vécu, qui ait été amoureuse, qui ait aimé, qui ait regardé* [5] *si délicieusement...*

Venez, larmes ! coulez !

Dehors, épée, et blesse le teton de Pyramus... oui, ce teton gauche où le cœur fait hop !

Et ainsi je meurs, ainsi, ainsi, ainsi [6] *!...*

Maintenant je suis mort... maintenant j'ai filé... mon âme est dans l'azur !

Langue, perds ta lumière ! Lune ! prends la fuite !... Maintenant meurs, meurs, meurs, meurs, meurs [7] *!...* (Il meurt. — Sort le Clair de Lune.)

---

[1] *Well moused, lion !* — L'homme-lion, en déchirant la tunique de Thisbé, a des mouvements comiques qui rappellent ceux d'une souris. D'où la réplique de Theseus. C'est n'avoir rien compris à ce jeu de scène que d'avoir traduit par *bien déchiré, bien griffé,* etc.

[2] M. Montégut a traduit : — *Le lion* s'évanouit. Erreur typographique, sans doute.

[3] *O Dainty duck !* Pas un n'a pu se résoudre à écrire le mot du texte Shakespearien, le goût français exige *poulette.*

[4] *Furies fell. Fell* a le double sens de *terribles* et de *peaux de bêtes.*

[5] Il y a dans le texte un effet comique dans la répétition de la même lettre — *lived, loved, liked, looked.* Il ne faut pas oublier qu'en ces fantaisies le plus grand effet réside dans la diction de l'acteur.

[6] Il se frappe à coups comiquement redoublés... Comme ça ! Comme ça ! Comme ça !

[7] La quintuple répétition du mot *die* (prononcez *daye*) produit un effet des plus burlesques que ne peut rendre le son sourd de *meurs.* M. Montégut a essayé — *décède* — mais sans succès. Quant à F. V. Hugo, dans son parti pris de tourner toutes les difficultés, il a écrit : — *Maintenant vous voyez un décédé !* Si nous osions, nous écririons *crève, crève, crève, crève, crève !* Mais nous n'osons pas !

DEMETRIUS.
Pas un doublet [1], mais un as ; car il est qu'une unité.
LYSANDER.
Moins qu'un as : car il est mort, il n'est rien.
THESEUS.
Avec l'aide d'un chirurgien, il pourrait encore se rétablir et se montrer en âne [2]
HIPPOLYTA.
Comment se fait-il que la lune soit partie, avant que Thisby revienne et trouve son amoureux.
THESEUS.
Elle le trouvera à la lumière des étoiles. La voilà et son désespoir clot la pièce. (*Thisbé entre.*)
HIPPOLYTA.
Ma foi, elle ne devrait pas l'avoir aussi long que celui de Pyramus... J'espère qu'elle sera brève.
DEMETRIUS.
Un atôme entraînera la balance, qui est le meilleur de Pyramus ou de Thisby.
HIPPOLYTA.
Elle l'a déjà découvert avec ses doux yeux...
DEMETRIUS.
Et voici qu'elle se lamente, voyez [3] !...

THISBY, *se penchant sur le corps de Pyramus.*
Endormi, mon amour ?... Quoi! mort, mon pigeon! O Pyramus, lève toi! Parle, parle!... Tout à fait muet!... Mort?... Mort?... Une tombe doit recouvrir les doux yeux?... Ces lèvres de lys... ce nez de cerise... ces joues jaunes, comme primeroses!... tout est parti, parti!... Amants, gémissez! ses yeux étaient verts comme poireaux! Oh! les trois sœurs, venez, venez à moi, avec vos mains pâles comme le lait... trempez-les dans le sang, puisque vous avez cisaillé avec vos ciseaux [4] *son fil de soie!... ma langue, plus un mot!... Viens, fidèle épée! Viens, glaive, trempe-toi dans mon sein... et portez-vous bien, les amis! Voilà la fin de Thisbé! Adieu, adieu, adieu* [5] *! (Elle meurt.)*

THESEUS.
Le Clair-de-Lune et le Lion sont laissés pour enterrer les morts.
DEMETRIUS.
Oui, et le Mur aussi.

---

[1] *No die, but an ace.* Remarquer que le mot *die*, doublet, fait calembourg avec le mot *die*, mourir. Tous les traducteurs ont traduit *die* par dé, F. V. Hugo a essayé un calembourg sur *dé — cès ;* le sens doublet qui seul traduit l'équivoque avec *as* est relevé dans le dictionnaire étymologique de *Findlater.* A notre grande surprise, Schmidt, si complet, ne l'a pas indiqué.

[2] Encore un calembourg. *Ace, as — ass,* âne.

[3] Shakespeare met ici dans la bouche de cet athénien un mot latin : *videlicet.* Il y a une contestation de texte. — Les uns lisent *she moans,* elle gémit, les autres *she means.* — Le sens serait alors : *c'est ce qu'elle veut dire...* (qu'elle a aperçu Pyramus) et Demetrius appellerait l'attention sur sa pantomime. Sans grande importance.

[4] *Shore with shears.*

[5] En français dans le texte.

BOTTOM, *se mêlant à la conversation.*

Non, je vous assure : il est à bas, le mur qui séparait leurs pères. Vous plairait-il voir l'épilogue ou d'entendre une danse bergamasque, par deux de notre société ?

THESEUS.

Pas d'épilogue, je vous en prie : car votre pièce n'a pas besoin d'excuse. Ne vous excusez jamais : car lorsque les acteurs sont morts, inutile de blâmer personne. Pardieu, si celui qui a écrit cela avait joué Pyramus et s'était pendu à la jarretière de Thisby, cela aurait fait une belle tragédie. Et c'en est une, vraiment, et très remarquablement débitée. Mais que vienne votre bergamasque et laissez votre épilogue tranquille. (*Danse de clowns. — Theseus reprenant.*) La langue de fer de minuit a dit douze. Amoureux, au lit. C'est presque l'heure des fées. J'ai peur que nous ne dormions en excès, ce matin venant, autant que nous avons en excès veillé cette nuit.

Cette grosse farce a bien dissimulé la lourde allure de la nuit. Doux amis, au lit! Pendant deux semaines [1], nous tiendrons ces fêtes solennelles, en réveillons de nuit et en nouvelles joliesses... (*Ils sortent.*)

SCÈNE II

PUCK, *entrant*.

Voici que le lion affamé rugit et le loup ulule à la lune, tandis que le lourd laboureur ronfle, tout épuisé de sa dure tâche.

Voici que rougissent [2] les brandons consumés, tandis que le hibou ululant, ululant fort, met le misérable, couché en douleur, en ressouvenir d'un linceul.

Voici que c'est l'heure de nuit, où les tombeaux, de bâillements larges, laissent chacun sortir son Esprit, qui glisse sur les sentiers, vers l'Église.

Et nous, très féeriques, qui courons en l'attelage de la triple Hécate, fuyant, loin de la présence du soleil, l'obscurité comme un rêve, voici que nous folâtrons!

Pas une souris ne troublera cette demeure sacrée...

Je suis envoyé en avant, avec une poignée de bruyères, pour balayer la poussière derrière la porte.

Entrent OBERON *et* TITANIA *avec leur suite.*

OBERON.

Dans cette maison donnez douce lumière — par le feu mort et engourdi — Que chaque Elfe, chaque Esprit bondisse aussi léger que l'oiseau sur la branche, et après moi chantez ce dict et dansez agilement.

TITANIA.

D'abord redites cette chanson par cœur [3] : à chaque mot, une note fredonnée, et main dans la main, avec une grâce de fées, nous danserons et bénirons cette demeure.

---

[1] *A fortnight*. Les anglais comme les allemands disent une *quatorzaine* et non une *quinzaine*, pour deux semaines de sept jours. C'est évidemment plus logique.

[2] Briller sans flamme, *to glow*.

[3] *By rote*. Cette interprétation paraît acceptée sans conteste : et pourtant il semble que ce — *par cœur* — ne se rapporte à rien. De qui s'agit-il ? Est-ce Oberon qui fredonnera pendant que les autres chanteront ? Ou bien suppose-t-on qu'il va chanter d'abord et que les autres reprendront ensuite. Or le mot *rote* indique aussi un ancien instrument de musique, sorte de vielle ou de harpe. Le sens serait alors : — Accompagnez cette chanson avec la harpe, à *chaque mot une note*... La *rotte* est indiquée par Rabelais, dans le 3e Livre de Pantagruel, où il dit *ployant rotte* pour *playant*, jouant. Comparer la *Jota* espagnole.

CHANTS ET DANSE

OBERON.

Maintenant, jusqu'au point du jour [1], que chaque fée erre par ce palais. Nous irons au meilleur lit de noces qui par nous sera béni : et la race, qui y sera créée, toujours sera fortunée. Toujours les trois couples seront fidèles à s'aimer, et les taches de la main de Nature ne se poseront pas sur leur race, pas de signes, pas de becs de lièvre, pas de cicatrice, pas de marque étonnante, telles qu'il en est déploré aux naissances, ne seront sur leurs enfants.

« Avec cette rosée des champs, par nous consacrée, que chaque fée se mette en route, et bénisse toutes les chambres de ce palais d'une douce paix... Toujours il reposera en sûreté et son maître sera béni ! ...

« Décampez, pas d'arrêt... retrouvez-moi à la pointe du jour. (*Sortent Oberon, Titania et leur suite.*)

PUCK, *aux spectateurs.*

Si nous, Esprits, vous avons fait offense, pensez seulement à ceci — et tout sera réparé — que vous avez seulement dormi, tandis qu'apparaissaient ces visions. Et ce faible et léger thème, qui ne vaut pas plus qu'un rêve, nobles gens, ne le blâmez pas.

Si vous pardonnez, nous nous amenderons..

Et comme je suis un honnête Puck, si nous avons le bonheur, non gagné, d'échapper maintenant à la langue du serpent, nous ferons des progrès avant longtemps. Autrement appelez Puck un menteur.

Là-dessus, bonne nuit à tous ! Donnez-moi vos mains, si vous sommes amis, et Robin vous rendra vos bontés ! (*Il sort.*)

[1] *Till the break of day.* F. V. Hugo a commis une grave erreur en traduisant *jusqu'à la chute du jour.* Les Elfes et Esprits ne vagabondent que pendant la nuit.

NOTE. — Les derniers mots de Puck expliquent et résument cette fantaisie exubérante et joyeuse d'un homme de génie : « Supposez, dit-il aux spectateurs, que vous avez dormi, tandis que des visions traversaient votre sommeil. » Cette simple vérité — qu'il ne s'agit ici que d'une pièce joyeuse, une féerie analogue aux *Sept châteaux du Diable* ou à *la Biche au Bois* — ne peut être admise par nos critiques, qui, dès qu'on prononce le nom de Shakespeare, se croient obligés d'enfler la voix ou d'emboucher la trompette lyrique.

Certes, c'est rendre un juste hommage à cette œuvre que de reconnaître comme M. Mézières, « qu'elle est pleine de fraîcheur comme une œuvre de jeunesse et d'harmonie comme une œuvre de l'âge mûr. » Mais ce qu'on s'est bien gardé de viser — parce que cette constatation eut été considérée comme attentatoire à la gloire de Shakespeare — c'est que c'est avant tout pièce de folle et expansive gaieté. Il messiérait de se figurer l'auteur d'Hamlet riant un beau soir à pourpoint défait, s'amusant rondement aux burlesqueries de Bottom, aux âneries de Pyramus et de Thisby.

Puis Lysander, Demetrius, Helena, Hermia doivent être tenus pour personnages poétiques et quelque peu vaporeux, alors que leur rôle est d'amuser par les contradictions, les colères, les coqs à l'âne auxquels les induisent la malice d'Oberon et les maladresses de Puck. On se refuse à admettre que la scène où la petite Hermia et la grande Helena sont sur le point de se prendre aux cheveux soit du comique à entraîner les éclats de rire, comme la querelle grotesque de Lysander et de Demetrius.

Il suffit cependant de lire le texte pour se convaincre que la pièce implique de grands effets d'hilarité ; et il serait bon que nos français vissent, sur une scène anglaise, les ébats ridicules de Snug et de ses compagnons. On répète à satiété que Shakespeare a voulu nous entraîner dans le pays des rêves : disons des imbroglios, des quiproquos, et nous serons plus justes. Theseus, Hippolyta ne doivent pas être traités eux-mêmes comme personnages de tragédie, mais comme d'aimables compagnons qui ne reculent pas devant le calembourg.

Nous sommes possédés d'une telle manie de grandiosité que, pour un peu, nous nous inclinerions devant Oberon et Titania, comme représentants de l'autorité — roi et reine des Fées. Mais Oberon est un bon rieur ! Titania est une joyeuse commère qui a la langue bien pendue et qui, caressant les longues oreilles de Bottom, n'est rien moins que solennelle

Pour bien comprendre le *Songe d'une nuit d'été*, il faut se le représenter joué par des acteurs comiques, ayant le diable au corps, le masque hilare et la repartie vive. Et le grand défaut de nos lecteurs de Shakespeare, faussement éduqués par les quelques pièces qui ont été mises à la scène est de croire que les œuvres du grand Anglais doivent être interprétées avec une majestueuse lenteur. Dans le *Songe*, tout doit aller, venir, courir. Sylphes, elfes, génies, artisans, amoureux, tous doivent se mettre en un mouvement vif, amusant, égayant. Pas un instant, ils ne doivent se prendre au sérieux : qu'on imagine les scènes ainsi jouées, et elles prennent une incomparable allure.

Le vieil Egeus, lui-même, revendiquant les droits paternels, n'est en somme qu'un compère de revue et sa tirade accusatrice du premier acte d'un géronte plaisant, ce qui fait admirablement ressortir la résistance vive et audacieuse, de la petite Hermia, qui se rebiffe comme poule qu'on aguiche.

L'art du metteur en scène consiste à graduer toutes ces nuances de comique, depuis les ironies de Puck et les gentillesses plaisantes du quatuor amoureux jusqu'aux grosses bouffonneries de Bottom. Car où le génie de Shakespeare éclate le mieux, c'est justement dans cette gamme de divertissement : cela va de la finesse la plus ténue à la lourdeur la plus esclaffante. En ce *Songe*, on folâtre et on cabriole, on badine et on gambade. On ne s'y abstient de solennité et de prud'hommisme. C'est pièce à faire rire les honnêtes gens et c'est ainsi qu'elle doit être traitée.

M. Paul Meurice a adapté *Le Songe d'une nuit d'été* à la scène française, et la pièce a été représentée en 1886, à l'Odéon. La tentative fut honorable. Shakespeare-Rabelais s'est vaudevillisé. Beaucoup de traits spirituels ont dû être ajoutés, notamment au rôle de Bottom. « — Vous figurez-vous, honnêtes citadins, qu'assis sans méfiance sur l'herbe de ce bois, vous étendez machinalement la bras dans l'ombre et que tout-à-coup vous posez la main sur... *(Avec horreur.)* Oah ! — FLUTE. — Sur une petite fée ! Ah ! — BOTTOM. Jeune homme ! — LECOING. Je respecte vos scrupules, vertueux Bottom. Mais votre chasteté, mon pudique ami, est certainement au-dessus de toutes ces tentations, etc, etc. » Évidemment rien de tout cela n'est dans Shakespeare : mais il paraît que c'était nécessaire au public de l'Odéon. Il serait d'ailleurs aussi cruel qu'inutile d'insister. Que de crimes littéraires ne rachèterait pas le chœur qui clôt cet aimable adaptation.

> Point d'envie
> A la vie !
> C'est son tour,
> C'est le jour.

Après quels vers, Titania, Oberon, Puck et les fées disparaissent. Il y a longtemps que Shakespeare a disparu.

OTHELLO
— 1602 —

PERSONNAGES

LE DUC DE VENISE.
BRABANTIO, sénateur.
GRATIANO, frère de Brabantio.
LODOVICO, cousin de Brabantio.
OTHELLO, le Maure.
CASSIO, son lieutenant.
IAGO, son enseigne.
RODERIGO, gentilhomme vénitien.
MONTANO, prédécesseur d'Othello au gouvernement de Chypre.

DESDEMONA, fille de Brabantio et femme d'Othello.
EMILIA, femme de Iago.
BIANCA, courtisane, maîtresse de Cassio.

OFFICIERS, MESSAGERS, MUSICIENS, MATELOTS, SERVITEURS, CLOWN, HÉRAUT, ETC.

Au premier acte, à Venise. Aux actes suivants, au port de Chypre.

AVERTISSEMENT

Othello, Maure, vaillant soldat et habile capitaine, s'est mis au service de la République de Venise et déjà a remporté de grands succès contre ses ennemis les Ottomans. Il est l'objet de l'estime et de la confiance universelles. Il a séduit, par ses récits de batailles et d'aventures, Desdemona, la fille du sénateur Brabantio, et l'a enlevée. Brabantio, averti, traduit Othello devant le Sénat. Mais le Maure plaide et gagne sa cause, d'autant plus aisément qu'à ce moment même son concours est nécessaire contre les Turcs qui menacent Chypre. Desdemona réclame le droit de partir avec son mari. Brabantio lui jette une sorte de malédiction : — Elle a trompé son père, dit-il au Maure, elle peut te tromper.

Othello a un ennemi, son enseigne, Iago, scélérat envieux et perfide, exaspéré de n'avoir pas obtenu le grade de lieutenant : Iago se vengera d'Othello, en brisant son bonheur, en excitant sa jalousie, en l'amenant à soupçonner Desdemona et à la tuer. En cette âme criminelle, l'esprit d'intrigue et de machination atteint des proportions étonnantes. Par une série de manœuvres infâmes, de mensonges, de calomnies, il parvient à troubler la sécurité du Maure, à éveiller ses soupçons, à lui donner de fausses preuves de l'infidélité de Desdemona. Le Maure, affolé, tue Desdemona en l'étouffant dans son lit : mais aussitôt après le crime, la vérité se fait jour. Iago torturé avoue son crime et Othello se suicide sur le cadavre de Desdemona.

Le sujet de cette pièce est emprunté à une nouvelle de J.-B. Giraldi Cinthio, dans les *Hecatommithi*. (Les cent nouvelles).

(*Voir la Note à la fin de la pièce*).

ACTE PREMIER

SCÈNE PREMIÈRE

A Venise. — Une rue. Devant la maison de Brabantio.

Entrent RODERIGO *et* IAGO.

RODERIGO, à *Iago.*

Holà ! ne me parle jamais plus... je tiens cela à grand déplaisir, que toi, Iago, — qui as eu ma bourse comme si ses cordons étaient à toi — tu aies su cela...

IAGO.

Sang de Dieu ! mais vous ne voulez pas m'écouter. Si jamais j'ai rêvé rien de pareil, abhorrez-moi !

RODERIGO.

Tu m'as dit que tu le tenais en haine.

IAGO.

Méprisez-moi, si je ne le hais ! Trois grands de la cité, en personne, pour qu'il fît de moi son lieutenant, plusieurs fois lui ont ôté leur chapeau... et foi d'homme, je sais mon prix, et ne mérite pas une place moindre. Mais lui, comme amoureux de ses propres vanités et desseins, leur échappe, en des circonlocutions doublées, horriblement bourrées d'épithètes de guerre et en conclusion, ne satisfait pas mes intermédiaires : — « Car, en vérité, dit-il, j'ai déjà choisi mon officier ». Et quel était-il ? certes, un grand arithméticien, un Michaël Cassio, un Florentin, un compagnon qui se damne presque pour une belle femme [1], qui n'a jamais mis un escadron

---

[1] *Almost damned in a fair wife.* Ce passage est déclaré, par les commentateurs anglais eux-mêmes, tout à fait inintelligible. Comment se peut-il qu'il nous paraisse fort clair ? Cassio a des maîtresses, il est coureur. Nous le verrons avec Bianca, la courtisane ; et Iago, qui cherche toutes les médisances qu'on peut entasser contre lui, l'accuse d'être voué aux belles commères ou sorcières comme on est voué au diable ! Rien ne paraît plus simple. Et cependant F. V. Hugo a traduit par : — Un garçon presque condamné à la vue d'une jolie femme — et Schmidt imprime : — « Ininteligible ». Que le lecteur juge. On objecte que Cassio n'est pas le *mari* de Bianca. Le mot *wife* ne signifie pas forcément épouse. Le mot *Weib*, allemand, a de même le sens de commère, voire même de mégère.

en plaine et ne connaît pas plus la stratégie d'une bataille qu'une filandière[1], sinon dans les livres de théorie, sur lesquels les consuls à toge peuvent disserter aussi magistralement que lui. Pur bavardage, sans pratique, c'est tout son militariat. Mais lui, monsieur, eut cette nomination, et moi — dont tes yeux ont vu les preuves, à Rhodes, à Chypre, ou en d'autres lieux, chrétiens et payens — il faut que je sois mis sous le vent et en panne par ce faiseur de comptes, crédit et débit !... Lui, en bon temps, sera son lieutenant et moi — Dieu bénisse la remarque ! — l'enseigne de sa Maurerie[2] !

RODERIGO.

Par le ciel, j'aurais plutôt été son pendeur !

IAGO.

Mais il n'y a pas de remède, c'est la malédiction du service. Les préférences se forment d'après des lettres, des recommandations, et non par le droit d'ancienneté qui ferait de chaque second l'héritier du premier. Maintenant, monsieur, jugez vous-même si, en quelque justice, je suis tenu d'aimer le Maure.

RODERIGO.

Alors je ne le suivrais pas.

IAGO.

Oh ! monsieur, soyez tranquille. Je le suis pour garder mon tour sur lui... Nous ne pouvons pas être tous maîtres et tous les maîtres ne peuvent pas être sincèrement suivis. Vous remarquerez plus d'un imbécile, tout à son devoir et genoux pliés, qui, adorant sa propre servilité, porte le fardeau, hors son tour, comme l'âne de son maître, pour rien que la pitance : et quand il est vieux, cassé aux gages... fouettez-moi tels honnêtes imbéciles...

Je ne suis pas ce que je suis...

« Il y en a d'autres qui, ajustés en formes et visages de Devoir, gardent encore en eux-mêmes leurs cœurs à leur disposition, et, ne jetant à leurs lords que semblant de service, s'engraissent bien d'eux : et quand ils ont rempli leurs habits, se paient hommage à eux-mêmes. Ces compagnons-là ont de l'âme, et c'est ainsi que je professe moi-même. Car, monsieur, aussi sûr que vous êtes Roderigo, si j'étais le Maure, je ne voudrais pas être Iago. En le suivant, je ne suis que moi-même. Le ciel est mon juge, je ne fais rien par amour ni devoir ; et j'en ai l'air, pour mes fins particulières. Car lorsque mes actions visibles montreront extérieurement l'action naturelle et le visage de mon cœur, il ne s'en faudra pas de longtemps que je ne porte mon cœur sur ma manche pour que les corneilles le becquètent... je ne suis pas ce que je suis.

---

[1] *Spinster*, ouvrière qui file. On traduit d'ordinaire par vieille fille ou donzelle. *Spinster* n'a le sens de fille non mariée que dans la langue juridique.

[2] *Moorship* — mot forgé analogue à *Seigneurie*. A remarquer le procédé déjà signalé. Depuis le commencement de la scène, le spectateur ne sait pas de qui il s'agit.

RODERIGO.

Quelle pleine fortune est réservée à ce... Grosses-Lèvres, s'il peut mener cela à bien !

IAGO.

Appelez le père de la jeune fille [1]... éveillez-le !... mettez-vous après lui [2], empoisonnez son plaisir, dénoncez-le dans les rues... Enflammez ses parents [3], et quoiqu'il vive dans un climat fertile [4], empestez-le de mouches. Quoique sa joie soit de la joie, jetez dessus telles vexations qu'elle en perde la couleur !

RODERIGO.

Voici la maison de son père. Je vais l'appeler à haute voix.

IAGO.

Faites. Avec des accents de terreur, un hurlement sinistre, comme lorsque, par la nuit insouciante, le feu est signalé dans les cités populeuses.

RODERIGO, *criant*.

Hé ! Ho ! Brabantio ! Signor Brabantio ! Ho !

IAGO.

Éveillez-vous ! Hé ! Ho ! Brabantio ! Au voleur ! au voleur ! Voyez à votre maison, à votre fille, à vos sacs ! Au voleur ! au voleur !

BRABANTIO, *paraissant en haut, à la fenêtre*.

Quel est le motif de ces terribles appels ! Qu'est-ce qu'il y a ?

RODERIGO.

Signor, toute votre famille est-elle chez vous ?

IAGO.

Vos portes sont-elles fermées ?

BRABANTIO.

Hé ! pourquoi me demandez-vous cela ?

IAGO.

Plaies du Christ ! Monsieur, vous êtes volé ! par pudeur, mettez votre robe de chambre. Votre cœur est brûlé, vous avez perdu la moitié de votre âme. Juste maintenant, tout à fait maintenant, un vieux noir bélier saillit votre blanche brebis !... Debout, debout ! Éveillez les citoyens ronfleurs à coups de cloche, ou bien le diable vous fera grand-père ! Debout, vous dis-je !

Qu'est-ce qu'il y a là?

---

[1] *Call up her father.* — Seul le pronom *her*, se rapportant à l'être dont le père est désigné, indique qu'il s'agit d'une femme. Cette conversation est curieuse en ceci qu'ils parlent de faits ignorés du public et qui ne se révèlent que peu à peu.
[2] Othello.
[3] Les parents de Desdemona — *her Kinsmen*.
[4] Le sens serait plutôt — un climat sain.

BRABANTIO.

Avez-vous donc perdu l'esprit ?...

RODERIGO, *s'avançant*.

Très révérend signor, connaissez-vous ma voix.

BRABANTIO.

Moi ? Non ! Qui êtes-vous ?

RODERIGO.

Mon nom est Roderigo.

BRABANTIO.

A toi la pire des bienvenues ! Je t'ai sommé de ne pas hanter autour de mes portes. En honnête franchise tu m'as entendu dire que ma fille n'est pas pour toi ! Et maintenant, en rage folle, plein d'un souper et de boissons surexcitantes, en malicieuse bravade, tu viens troubler mon repos !

RODERIGO.

Monsieur ! Monsieur !

BRABANTIO.

Mais tu peux en être sûr... mon caractère et ma situation ont le pouvoir de te rendre cela fort amer...

RODERIGO.

De la patience, bon monsieur !

BRABANTIO.

Que me parles-tu de vol ? Nous sommes à Venise, ma maison n'est pas une grange !...

RODERIGO.

Très grave Brabantio, je viens à vous en âme simple et pure.

IAGO, *à Brabantio*.

Plaies du Christ ! monsieur, vous êtes de ceux qui ne servent pas Dieu, si le diable le leur défend. Parce que nous venons vous rendre service, vous croyez que nous sommes des rufians. Vous aurez votre fille couverte par un cheval de Barbarie ! Vous aurez vos neveux qui henniront après vous ! Vous aurez des coursiers pour cousins et des genets pour germains !

BRABANTIO.

Quel profane bandit es-tu ?

IAGO.

J'en suis un, monsieur, qui vient vous dire : votre fille et le Maure sont en train de faire la bête à deux dos [1].

BRABANTIO.

Tu es un misérable...

IAGO.

Vous êtes... un sénateur !

BRABANTIO.

De cela tu répondras ! Je te connais, Roderigo !

RODERIGO.

Monsieur, je répondrai de tout. Mais je vous demande si c'est de votre plaisir et

[1] Expression de Rabelais.

de votre sage consentement (et je le crois presque) que votre jolie fille, à cette malséante et sombre veillée de nuit, s'est transportée, sans pire ni meilleure garde qu'un manant de louage, un gondolier — vers les grossières étreintes d'un Maure lascif. Si cela vous est connu et de votre permission, lors nous vous avons fait torts impertinents et effrontés. Mais si vous ne savez pas cela, ma courtoisie me dit que nous eûmes rebuffade imméritée.

« Ne croyez pas, de par toute civilité, que je voudrais jouer et plaisanter aux dépens de votre dignité. Votre fille, si vous ne lui en avez donné permission — je vous le répète — a fait une grave révolte, en liant son devoir, sa beauté, son esprit et son avenir à un vagabond étranger, à un rouleur de ci et de là. Vite, ayez satisfaction. Si elle est dans sa chambre ou dans la maison, déchaînez sur moi la justice de l'État, pour ainsi vous avoir trompé.

BRABANTIO, à l'intérieur.

Battez le briquet! Holà! donnez-moi un bougeoir! Appelez tout mon monde. Cet accident n'est pas contraire à mon rêve... et la croyance à cela déjà m'oppresse... De la lumière, dis-je, de la lumière!... (Il disparaît.)

IAGO, à Brabantio.

Adieu. Je dois vous laisser. Il ne paraît ni convenable ni sain, en ma situation, d'être appelé en témoignage — comme je le serai, si je reste — contre le Maure. Je le sais, l'État — quoique ceci puisse le blesser de quelque ennui — ne peut en toute sécurité le renvoyer. Car il est embarqué, par de si hautes raisons, en les guerres de Chypre (qui juste maintenant sont en action) que, en leurs âmes, ils n'en ont pas un autre de sa taille pour conduire leurs affaires. C'est pourquoi, quoique je le haïsse autant que les peines de l'enfer, encore, par les nécessités de ma vie présente, je dois arborer le drapeau et le signe d'amour — ce qui n'est, en vérité, rien qu'un signe. Pour que vous puissiez le trouver sûrement, dirigez vers le Sagittaire [1] l'effort de leurs recherches : et je serai là avec lui. Là-dessus, adieu. (Il sort.)

BRABANTIO, entrant avec des serviteurs, porteurs de torches.

C'est un mal trop vrai!... Elle s'en est allée! Et ce qui reste à venir de ma vie méprisée n'est plus qu'amertume... Maintenant, Roderigo, où l'as-tu vue!... O malheureuse enfant!... Avec le Maure dis-tu?... Qui voudrait être père?... Comment as-tu su que c'était elle?... Oh! tu m'as trompé, au delà de toute idée!... Qui te l'a dit?... Ayez plus de flambeaux... levez-vous, tous mes parents!... Sont-ils mariés, croyez-vous [2]?

RODERIGO.

Vraiment, je crois qu'ils le sont.

BRABANTIO.

Oh! Ciel!... Comment est-elle sortie?... O trahison du sang!... Pères, désormais ne vous fiez plus à l'esprit de vos filles d'après ce que vous les verrez faire... N'y a-t-il pas des philtres par lesquels les convenances de la jeunesse et de la virginité peuvent être abusées!... N'avez-vous pas lu, Roderigo, choses de cette sorte?...

RODERIGO.

Oui, monsieur... en vérité...

[1] Bâtiment qui dépend de l'Arsénal de Venise.
[2] Tirade très intéressante à étudier, par l'incohérence des paroles qui jaillissent de ce cerveau troublé. C'est d'une grande habileté scénique.

BRABANTIO.

Appelez mon frère!... (A *Roderigo*.) Oh! pourquoi ne l'avez-vous pas eue! (*Donnant des ordres.*) Quelques-uns par un chemin, quelques-uns par un autre!... Savez-vous où nous pourrions les saisir, elle et le Maure?

RODERIGO.

Je crois que je puis le découvrir, s'il vous plaît d'avoir une bonne escorte et de venir avec moi.

BRABANTIO.

Je vous en prie, allez en avant. Je m'adresserai à toutes les maisons. Je puis commander à beaucoup — Ho là! prenez des armes! — et requérir [1] des officiers spéciaux de nuit... Allons, bon Roderigo... je reconnaîtrai votre peine... (*Ils sortent.*)

SCÈNE II

Une autre rue de Venise.

Entrent OTHELLO, IAGO *et des serviteurs.*

IAGO.

Quoique dans le métier de la guerre, j'aie tué des hommes, encore je tiens pour le tuf [2] même de la conscience de ne pas commettre de meurtre réfléchi. Je manque quelquefois d'iniquité, pour me servir moi-même. Neuf ou dix fois, j'ai pensé à le percer là sous les côtes...

OTHELLO.

C'est mieux comme cela.

IAGO.

Non. Mais il bavardait... il parlait en termes si ignobles, si provoquants contre

---

[1] *I may command at most — Get weapons, ho! and raise.* Il faut, croyons-nous, placer le — Ho! prenez des armes! — entre deux *moins* (—), de telle sorte que *raise* soit la suite de *I may command.* La phrase est ainsi plus logique, et répond à la recommandation de Roderigo : — Ayez une bonne escorte!

[2] *Stuff*, doublure, fond, trame — étoffe — tuf, qui signifie *dessous du sol*. Balzac a employé l'expression : — Le tuf de la conscience.

votre honneur, que — avec le très peu de dévotion que j'ai — j'avais grand peine à

A bas le voleur, à bas le voleur !

le supporter. Mais, je vous prie, messire, êtes-vous marié... bien serré ? Car, soyez-en sûr, le *magnifico*[1] est très armé, et a une voix, de puissance double en son effet, de celle du duc. Il vous divorcera et mettra sur vous restreinte et châtiment, autant que la loi, avec toute son influence, lui donnera de câble[2] pour les renforcer.

OTHELLO.

Laisse-le faire le méchant. Les services que j'ai rendus à la Seigneurie auront la langue plus haute que ses plaintes. Il y a encore à savoir — ce que je relèverai, quand je verrai que cette vanterie est un honneur — que je tiens la vie et l'être d'hommes de siège royal. Et mes mérites peuvent parler, sans bonnettes[3], à fortune aussi fière que celle que j'ai atteinte. Car sache-le, Iago, si ce n'est que j'aime la gentille Desdemona, je ne voudrais pas, pour la valeur de toute la mer, enfermer ma libre et vagabonde fortune entre des limites qui la circonscrivent... Mais vois ! quelles lumiè-res arrivent là-bas ?...

Entre CASSIO *à quelque distance avec des officiers portant des torches.*

IAGO.

C'est le père en émoi avec ses amis. Vous feriez mieux de rentrer.

OTHELLO.

Non. Il faut qu'on me trouve. Mon caractère, mon titre et mon âme parfaite me montreront sous mon juste aspect. Ce sont eux ?

IAGO.

Par Janus, je crois que non.

OTHELLO, *voyant Cassio qui s'avance.*

Les serviteurs du duc et mon lieutenant ! La bonté de la nuit sur vous, mes amis ! Quelles nouvelles ?

CASSIO.

Le duc vous salue, général, et requiert votre présence, en toute hâte, à l'instant même.

OTHELLO.

De quoi s'agit-il, croyez-vous ?

CASSIO.

Quelque chose de Chypre, autant que je puis deviner. Il y a une affaire un peu chaude. Les galères ont envoyé cette nuit une douzaine de messagers, se suivant l'un l'autre sur les talons. Beaucoup de nos consuls se sont levés, et s'étant réunis, sont déjà chez le duc. On vous a chaudement réclamé, et comme vous n'avez pas été trouvé à votre logis, le sénat a envoyé trois escouades différentes pour vous chercher.

---

[1] Iago raille les épithètes dont se gratifiaient les patriciens de Venise.
[2] Ne pas oublier que ce sont des marins qui parlent.
[3] *Unbonneted.* Ce passage est très controversé. Selon les uns, ce mot signifierait « — *Sans ôter mon chapeau.* Mais la structure même du mot est rebelle à ce sens, puisqu'il signifie : — *Sans bonnet.* D'autres ont pensé que le *bonnet* était le signe distinctif du patriciat vénitien, et qu'Othello voulait dire : — *Sans avoir besoin de leur dignités !* — Mais il est une interprétation qui n'a pas été proposée et que nous hasardons. Déjà nous avons remarqué que Shakespeare met dans la bouche des causeurs des termes de marine. Or *bonnet* signifie aussi *bonnette*, voile qu'on ajoute aux grandes voiles quand on a besoin de faire un effort de vitesse et de recevoir tout le vent. En ce cas, Othello voudrait dire : — *Sans avoir besoin de mettre toutes voiles dehors.* Ceci nous paraît logique et vraisemblable. — F. V. Hugo a esquivé la difficulté en écrivant : — *A défaut d'autres titres* — ce qui n'est pas dans le texte. Rabelais mentionne les voiles dites bonnettes.

OTHELLO.

Il est bien que ce soit vous qui m'ayez trouvé. Je veux seulement dire un mot dans cette maison et je vais avec vous. (*Il sort.*)

CASSIO, à *Iago.*

Enseigne, que fait-il ici?

IAGO.

Ma foi, cette nuit il a abordé une caraque[1] de terre ferme : si il y a preuve de prise légale, il est paré pour toujours.

CASSIO.

Je ne comprends pas.

IAGO.

Il est marié...

CASSIO.

A qui ? (*Othello rentre.*)

IAGO.

Parbleu, à... (*Voyant Othello et s'interrompant.*) Allons, capitaine, venez-vous ?...

OTHELLO.

Je suis à vous...

CASSIO.

Voici une autre troupe qui vous cherche.

Entrent BRABANTIO, RODERIGO, *et des officiers de nuit avec des torches et des armes.*

IAGO, à *Othello.*

C'est Brabantio... général, soyez avisé. Il vient à mauvaise intention.

OTHELLO.

Holà ! Arrêtez-vous là !...

RODERIGO, à *Brabantio.*

Signor, c'est le Maure.

BRABANTIO, *furieux.*

A bas, à bas le voleur! (*Ils dégainent des deux côtés.*)

IAGO.

Vous, Roderigo ! Venez, monsieur, je suis votre homme !

OTHELLO.

Relevez ces épées brillantes, car la rosée les rouillerait. (*à Brabantio.*) Signor, vous commanderez mieux avec vos années qu'avec vos armes.

BRABANTIO.

O toi, misérable voleur, où as-tu enfermé ma fille ? Damné que tu es, tu l'as ensorcelée ! Car je m'en rapporte à tout ce qui a du bon sens : si elle n'était pas liée par chaînes de magie, est-ce qu'une vierge — si tendre, belle et heureuse, si opposée au mariage qu'elle évitait les galants les plus riches et les mieux frisés — aurait jamais voulu, pour encourir la générale moquerie, courir loin de son gardien, vers le sein de suie d'un être tel que toi, objet de terreur et non de délice ? Que le monde me

---

[1] La caraque était un navire rond, le premier qui fut cuirassé de plaques de plomb fixées par des boulons d'airain.

juge, si ce n'est pas de grande évidence que tu as pratiqué sur elle de criminelles incantations, abusé sa délicate jeunesse avec des drogues et des pierres qui éveillent les sens... j'aurai cela en discussion. C'est probable et palpable à la croyance. Donc je t'appréhende et je t'attaque, comme un abuseur du monde, un praticien d'actes prohibés [1]... et, sans warrant, qu'on s'empare de lui. S'il résiste, contraignez-le à ses risques et périls...

OTHELLO.

Haut les mains, vous, des deux côtés, ceux de mon bord et les autres. Si ma réplique était de combattre, je l'aurais sue sans souffleur. (à *Brabantio*.) Où voulez-vous que j'aille pour répondre à votre accusation ?

BRABANTIO.

En prison, jusqu'à ce que le moment fixé par la loi et le cours de la session régulière t'appellent à répondre.

OTHELLO.

Et si j'obéis !... Comment satisfaire le duc dont les messagers sont là à mon côté, au sujet des présentes affaires de l'état, pour m'amener à lui ?

UN OFFICIER.

C'est vrai, très digne signor. Le duc est en conseil : et votre Noblesse elle-même, j'en suis sûre, est convoquée.

BRABANTIO.

Comment ! le duc en conseil ! A cette heure de nuit ! Emmenez-le. Ma cause n'est pas chose vaine. Le duc lui-même, ou n'importe qui de mes frères du Sénat, ne peuvent que ressentir cet outrage, comme s'il leur était propre. Car si de telles actions peuvent avoir libre cours, esclaves et payens devraient être nos hommes d'État. (*Ils sortent*.)

SCÈNE III

La chambre du conseil, à Venise.

Le Duc et Les Sénateurs *assis à une table. Officiers auprès d'eux.*

LE DUC.

Il n'y a pas de cohésion dans ces nouvelles, pour leur donner crédit.

PREMIER SÉNATEUR.

En vérité, elles sont sans concordance. Mes lettres disent cent sept galères.

LE DUC.

Et les miennes, cent quarante.

DEUXIÈME SÉNATEUR.

Et les miennes, deux cents. Mais quoiqu'elles ne tombent pas en parfait accord (car en ces circonstance où les rapports ne sont que conjectures, il y a souvent des différences) encore confirment-elles toutes la venue d'une flotte Turque sur Chypre.

---

[1] Ici encore il paraît évident que la ponctuation ordinaire est défectueuse. Car elle lie *out of warrant à inhibited acts*. Tandis que ce membre de phrase doit se joindre à *Lay hold upon him*. Brabantio agit de par son autorité, et sans mandat de justice.

LE DUC.

Oui, c'est possible, assez pour mériter discussion. Je ne suis pas rassuré par ces erreurs, mais j'interprète le fait principal en un sens effrayant.

UN MATELOT, *derrière le théâtre.*

Hé ! Holà ! Ho ! (*Entre un officier avec un matelot.*)

L'OFFICIER.

Un messager des galères.

LE DUC.

Eh bien, quelles affaires ?

LE MATELOT.

L'expédition Turque marche sur Rhodes. Aussi j'ai reçu l'ordre d'annoncer cela à l'État, de la part du signor Angelo.

Eh bien, quelles affaires!

LE DUC, *aux sénateurs.*

Que dites-vous de ce changement ?

PREMIER SÉNATEUR.

Cela ne peut être, par aucune cause raisonnable. C'est une parade pour nous mettre en défaut d'observation. Si nous considérons l'importance de Chypre pour les Turcs et comprenons que Chypre intéresse plus le Turc que Rhodes, qu'il peut l'emporter plus facilement — car Chypre n'est point actuellement en état de guerre et manque de toutes les ressources dont Rhodes est munie — si nous pensons à tout cela, nous ne devons pas croire le Turc assez malavisé pour laisser en dernier ce qui l'intéresse au premier chef, et négligeant une tentative d'un gain aisé, susciter et affronter un péril sans profit.

LE DUC.

Non, en toute confiance, le Turc n'est pas sur Rhodes.

L'OFFICIER.

Voici d'autres nouvelles.

UN MESSAGER, *entrant.*

Les Ottomans, révérends et gracieux seigneurs, gouvernant tout droit vers l'île de Rhodes, se sont adjoints là une arrière flotte.

PREMIER SÉNATEUR.
Là, c'est ce que je pensais. Combien, à ce que vous croyez ?
LE MESSAGER.
Trente voiles. Et maintenant ils virent de bord, retournent en arrière et franchement portent leurs desseins sur Chypre. Le signor Montano, votre fidèle et très vaillant serviteur, avec ses libres hommages, vous fait ces communications et vous prie de le croire.
LE DUC.
C'est certainement pour Chypre. Marcus Lucchese n'est-il pas en ville ?
PREMIER SÉNATEUR.
Il est maintenant à Florence.
LE DUC.
Écrivez-lui de notre part. Appelez-le, qu'il se hâte, sans délai. Dépêchez.
PREMIER SÉNATEUR.
Voici venir Brabantio et le vaillant Maure.

Entrent BRABANTIO, OTHELLO, IAGO, RODERIGO *et des officiers.*

LE DUC.
Vaillant Othello, il nous faut tout droit vous employer contre le général ennemi Ottoman. (A *Brabantio*.) Je ne vous avais pas vu. Bienvenu, noble signor. Nous manquions ce soir de vos conseils et de votre aide.
BRABANTIO.
Et moi, je manquais des vôtres. Que votre Grâce me pardonne. Ni ma situation ni rien que j'aie appris des affaires ne m'ont tiré du lit : non plus l'intérêt général n'a de prise sur moi : car ma douleur personnelle, comme un flot jaillissant hors de l'écluse [1], engloutit et dévore toutes autres tristesses, et reste encore elle-même.
LE DUC.
En vérité. Mais qu'est-ce donc ?
BRABANTIO.
Ma fille ! Oh ! ma fille !
UN SÉNATEUR.
Morte ?
BRABANTIO.
Oui, pour moi ! Elle a été abusée, volée, corrompue par caractères magiques et médecines achetées à des charlatans. Car une nature errer si perversement... n'étant ni incomplète, ni aveugle ni infirme de sens — elle ne le pourrait pas sans sorcellerie !...
LE DUC.
Qui que ce soit, qui, par ces criminels procédés, ait dérobé votre fille à elle-même et vous à elle, vous lirez vous-même le livre sanglant de la loi en son texte le plus sévère, d'après votre propre interprétation. Oui, quand même notre propre fils se trouverait sous votre accusation !...

[1] Textuellement — est de nature *si éclusienne* et envahissante — *so floodgate nature.*

BRABANTIO.

Humblement je remercie votre Grâce. Voici l'homme, ce Maure que maintenant, à ce qu'il semble, votre mandat spécial, a appelé ici, pour les affaires de l'État.

LE DUC et LES SÉNATEURS.

Nous en sommes désolés.

LE DUC, à *Othello*.

Mais, de votre côté, que pouvez-vous répondre ?

BRABANTIO.

Rien, sinon qu'il en est ainsi.

OTHELLO.

Très puissants, graves et révérends signors, mes nobles maîtres, bons et obéis, que j'aie enlevé la fille de ce vieillard, c'est très vrai. C'est vrai, je l'ai épousée. La tête et le front de mon offense ont cette étendue [1], pas davantage. Je suis rude en paroles et peu béni pour les phrases de paix. Car depuis que ces bras ont leur moelle de sept ans jusqu'à aujourd'hui, quelques neuf mois passés, ils avaient usé leur plus chère action sur le champ couvert de tentes [2]. Et de ce vaste monde je puis peu parler, sinon de ce qui touche aux faits de guerre et de bataille : aussi saurais-je peu parer ma cause, en parlant pour moi-même. Pourtant, de par votre gracieuse patience, je vais rondement vous fournir l'histoire — non fardée [3] — de toute mon aventure d'amour : par quels charmes, quelles drogues, quelles conjurations et quelle puissante magie (car c'est de pareilles manœuvres que je suis accusé) j'ai gagné sa fille.

BRABANTIO.

Une vierge jamais hardie ! d'esprit si tranquille et calme que son propre geste la faisait rougir [4]. Et elle, en dépit de la nature, de l'âge, du pays, du rang, de toute chose, tomber en amour pour ce qu'elle redoutait de regarder ! ce serait jugement estropié et très imparfait de déclarer que la perfection peut ainsi errer contre toutes règles de nature. Il faut donc découvrir par quelles pratiques d'un habile enfer cela peut être. Donc j'atteste encore qu'avec quelques mixtures puissantes sur le sang, ou quelque philtre ensorcelé à cet effet, il a agi sur elle !

LE DUC.

Attester cela, ce n'est pas une preuve [5], sans témoignages plus certains et plus manifestes que ces maigres apparences et pauvres probabilités de vulgaires semblants, que vous avancez contre lui.

PREMIER SÉNATEUR.

Mais parlez, Othello. Avez-vous, par manœuvres indirectes et forcées, subjugué,

---

[1] Évidemment l'expression nous paraît fort bizarre ; et nos adaptateurs se sont bien gardé de la signaler, substituant des phrases de leur cru — *Voilà la vérité sans voile et dans sa nudité* — *Voilà le chef de mon crime, vous le voyez de front*, etc. — Mais nous persistons à croire que les idées et les formes de Shakespeare sont plus intéressantes pour le lecteur que les ingéniosités des traducteurs.

[2] Dans les camps.

[3] *Unvarnished*, non vernie.

[4] *Her motion blushed herself.* Son geste la rougissait.

[5] Nous proposons ici une ponctuation différente de celle adoptée. Le sens est ainsi beaucoup plus logique.

empoisonné les affections de cette jeune fille ? Ou cela vint-il par requête et telle noble question que l'âme à l'âme adresse [1] ?

OTHELLO.

Je vous en prie, envoyez chercher la Dame au Sagittaire, et laissez-la parler de moi devant son père. Si vous me trouvez criminel, d'après ses dires, la confiance, l'emploi que je tiens de vous, enlevez tout cela, mais encore que votre sentence tombe sur ma vie !

LE DUC.

Allez chercher Desdemona.

OTHELLO, à Iago.

Enseigne, conduisez-les. Vous connaissez bien l'endroit. (*Sortent Iago et des suivants.*) Et jusqu'à ce qu'elle vienne, aussi sincèrement qu'au ciel je confesserai les vices de mon sang, aussi justement, à vos graves oreilles, je présenterai comment je me suis enrichi de l'amour de cette belle Dame — et elle du mien.

LE DUC.

Parlez, Othello.

OTHELLO.

Son père m'aimait : souvent il m'a invité ; il me questionnait sur l'histoire de ma vie, d'année en année, sur les batailles, les sièges, les aventures que j'ai traversés. Je courais à travers cela, même depuis mes jours d'enfance, jusqu'au moment où il m'invitait à ce récit. Et je parlais des conjonctures les plus désastreuses, d'accidents émouvants, sur terre et sur l'eau — d'évasions — ayant tenu à un cheveu [2] — dans d'imminents périls de mort, de ma capture par l'insolent ennemi, de ma vente comme esclave, puis de mon rachat et de l'histoire de mes voyages. Alors vastes cavernes et déserts vides, vides carrières, rocs et montagnes dont les têtes touchent le ciel, tel était le sujet de mon récit : et ainsi il se continuait, et sur les Cannibales qui se mangent les uns les autres, les Anthropophages et les hommes dont les têtes croissent au-dessous de leurs épaules [3].

« A écouter ces choses, Desdemona sérieusement se plaisait : mais les affaires de la maison l'attiraient au dehors. Avec une hâte aussi rapide qu'elle le pouvait, elle revenait, et d'une oreille avide dévorait mes discours. Ce qu'ayant observé, je pris une fois une heure favorable et trouvai bons moyens pour obtenir d'elle une prière, faite d'un cœur ardent, pour que je lui racontasse tout mon pèlerinage, dont elle n'avait entendu que des échantillons, mais sans complète attention. J'y consentis : et souvent je lui arrachai des larmes, en parlant de quelque coup de détresse que ma

---

[1] Le texte même de Shakespeare n'est-il pas suffisant? Comparez cette traduction (estimée) : — « Ou bien n'avez-vous réussi que par la persuasion ou par ces loyales requêtes qu'une âme soumet à une âme ».

[2] *Hair-breadth scapes.* Évasion de la largeur d'un cheveu.

[3] Une légende dont l'origine se perd dans le temps parle de peuples éthiopiens qui avaient la tête et les yeux dans la poitrine. Peut-être ne convient-il jamais de rejeter absolument ces prétendues fables qui peuvent être des ressouvenirs, très lointains, de races disparues. On a attribué ces étrangetés aux *Blémyes*, peuple hittite qui occupa une grande place dans l'histoire de la région Erythréenne. Voir une très curieuse nouvelle de J. H. Rosny, *les Xipéhus* et le livre de M. B. Dessault, *les Précurseurs de Ninive*. Shakespeare parle encore dans la *Tempête* de ces hommes monstrueux. Rabelais les a mentionnés sous le nom de Blemmes.

Les récits d'Othello.

jeunesse avait souffert. Mon histoire achevée, elle me paya mes peines par un monde de soupirs. Elle jura, disant : — « Sur ma foi, c'est étrange, cela passe l'étrange ! C'était pitié, c'était merveilleuse pitié ! » Elle eût voulu ne l'avoir pas entendu ; puis elle voulait que le ciel eût fait sien un homme pareil. Elle me remerciait et me déclarait que si j'avais un ami qui l'aimât, je n'aurais qu'à lui apprendre à raconter mon histoire et que cela la fiancerait. A cette suggestion, je parlai. Elle m'aima pour les dangers que j'avais traversés et je l'aimai de ce qu'elle en avait pitié.

« C'est la seule sorcellerie dont j'aie usé. Voici que vient la Dame, qu'elle en témoigne !

Entrent DESDEMONA, IAGO *et leur suite.*

LE DUC.

Je crois que ce récit gagnerait aussi ma fille. Bon Brabantio, ramassez de votre mieux les morceaux de cette affaire[1]. Les hommes usent encore mieux de leurs armes brisées que de leurs mains nues.

BRABANTIO.

Je vous en prie, écoutez-la. Si elle confesse qu'elle fut à demi la séductrice, malheur sur ma tête si mon blâme méchant tombe sur cet homme ! Avancez, gentille Madame : comprenez-vous à qui, dans toute cette noble compagnie, vous devez le plus obéissance ?

DESDEMONA.

Mon noble père, je comprends ici un double devoir : à vous, je suis liée pour la vie et l'éducation que je vous dois. Ma vie, mon éducation, tous deux, m'apprennent à vous respecter. Vous êtes le seigneur du devoir, je suis votre fille. Mais voici mon mari : et tel devoir que ma mère vous a rendu, vous préférant à son père, tel celui que je puis professer comme dû au Maure, mon seigneur.

BRABANTIO.

Dieu soit avec vous. J'ai fini. (*Au Duc.*) Plaise à votre Grâce, aux affaires de l'État... j'aurais mieux fait d'adopter un enfant que de le faire. Viens ici, Maure. Ici je te donne avec tout mon cœur ce que, si tu ne l'avais déjà, je voudrais de tout mon cœur préserver de toi. (*A sa fille.*) Pour votre salut, mon bijou, je suis content dans l'âme de n'avoir pas d'autres enfants. Car ton escapade m'apprendrait la tyrannie... à pendre des entraves après eux... (*Au Duc.*) J'ai fini, monseigneur.

LE DUC.

Permettez-moi de parler comme vous-même et d'émettre un avis qui, d'un degré, d'un pas, pourra aider ces amoureux en votre bienveillance. Quand remèdes sont passés, les douleurs sont finies, par la vue du pire, qui tout à l'heure était suspendu sur les espérances. Gémir sur un mal qui est passé et parti, est le plus court chemin pour attirer un mal nouveau. Quand la fortune prend ce qu'on n'a pu garer d'elle, la patience fait de son injure une dérision. Le volé, qui sourit, dérobe quelque chose au voleur : il se vole lui-même ; celui qui dépense une douleur inutile.

[1] Il semble que les traducteurs n'aient ni compris ni cherché à comprendre *take up this mangled matter*... en écrivant : *réparez cet éclat aussi bien que possible* — ou bien — *prenez au mieux cette méchante affaire*. Le sens est pourtant fort simple et toute la réplique se tient : — Eh bien, oui, dit le duc, il y a de la casse. Ramassez les morceaux, c'est ce qui vaudra le mieux. — C'est qu'aussi nous admettons difficilement qu'un duc ait des pensées aussi familières.

BRABANTIO.

Alors laissons le Turc nous dépouiller de Chypre. Nous ne l'aurons pas perdu, tant que nous pourrons sourire. Il supporte fort bien cet avis, celui qui ne supporte rien que le libre réconfort qu'il en entend. Mais celui-là supporte à la fois l'air et le chagrin qui, pour purger sa douleur, doit emprunter de la pauvre patience. Ces sentences, pour sucrer ou piquer, étant fortes des deux côtés, sont équivoques. Mais les mots sont des mots. Je n'ai jamais entendu dire que le cœur blessé ait été percé par l'oreille... Je vous en prie humblement, procédons aux affaires de l'État [1]...

LE DUC.

Le Turc, avec une très puissante expédition, tire sur Chypre. Othello, la force de la place vous est bien connue. Et quoique nous ayons là un délégué de valeur reconnue, cependant l'opinion publique, la souveraine maîtresse des choses, jette sur vous sa voix plus sûre. Donc vous devez consentir à ternir le brillant de votre nouvelle fortune par cette plus rude et violente expédition.

OTHELLO.

La tyrannique habitude, très grave sénateur, a fait pour moi de la couche d'acier et de pierre des batailles un lit de duvet trois fois cardé [2]. Je l'avoue, je trouve dans la dureté une prompte et naturelle ardeur : j'entreprends la présente guerre contre les Ottomans ; cependant, très humblement respectueux de l'État, je demande une situation convenable pour ma femme, le traitement, la représentation dus à son rang, avec telles accommodations et train de maison, que justifie sa naissance.

LE DUC.

S'il vous plaît, que cela soit chez son père.

BRABANTIO.

Je ne veux point cela.

OTHELLO.

Ni moi !

DESDEMONA.

Ni moi. Je ne voudrais point demeurer chez mon père et le mettre en pensées d'impatience, en étant sous ses yeux. Très gracieux duc, prêtez à mes explications une gracieuse oreille : et que je trouve dans votre voix une garantie pour assister ma simplicité.

LE DUC.

Que voudriez-vous, Desdemona ?

DESDEMONA.

Que j'aie aimé le Maure pour aller vivre avec lui, ma franche violence et l'orage de mes destinées le peuvent trompetter [3] au monde. Mon cœur est subjugué par la nature même de mon seigneur. J'ai vu le visage d'Othello dans son âme. Et à son honneur, à sa vaillance, j'ai consacré mon âme et ma destinée. Si bien, chers sei-

---

[1] En réalité, Brabantio a raison. Ce bon duc aurait pu s'abstenir de ces phrases prudhommesques qui ne peuvent guérir une douleur sincère.
[2] Évidemment cela signifie — *le plus doux des lits*. Mais il est intéressant de conserver la curieuse expression de Shakespeare.
[3] *May trumpet to the world*.

gneurs, que si je suis laissée en arrière, en parasite [1] de la paix, tandis qu'il va à la guerre, justement, ce pourquoi je l'aime, me sera enlevé et je souffrirai d'un lourd interim par sa chère absence. Laissez-moi partir avec lui.

OTHELLO.

Vos opinions, seigneurs ? Je vous en prie, laissez sa volonté suivre sa libre route. O ciel, atteste avec moi que je ne demande pas cela pour satisfaire le palais de mon appétit ni pour me complaire en la chaleur des jeunes affections, pour ma distincte et personnelle satisfaction — mais pour être sincère et bon pour son vœu.

Regarde-la, Maure.

Et que le ciel défende vos bonnes âmes de cette pensée que je négligerais vos grandes et sérieuses affaires, parce qu'elle serait avec moi. Non ! quand les jouets — ailés, légers — de Cupidon aveugleront en une lourdeur de débauche mes facultés actives et raisonnantes, et que mes déportements corrompront et souilleront mes affaires, alors que les ménagères fassent un poêlon de mon casque et que les plus misérables et bas adversaires [2] fassent tête à ma réputation !

LE DUC.

Qu'il soit fait comme vous en déciderez personnellement, soit qu'elle reste, soit qu'elle parte. L'affaire crie : — Hâte ! — et l'activité doit lui répondre. Il vous faut partir ce soir [3].

DESDEMONA.

Ce soir, My Lord ?

[1] *Moth of peace. Moth* signifie littéralement insecte du genre *Tinea* qui s'attache à la peau et la ronge. En un mot *la Teigne*. Ainsi dans *Coriolan*, Shakespeare emploie encore cette expression à propos des envahisseurs de la maison de Pénélope, en l'absence d'Ulysse.

[2] *Adversities* — Le mot est pris ici au même sens que dans *Troïlus et Cressida*. — *Well said, adversity !* Bien dit, misérable créature !

[3] Cette indication prouve que la première scène se passe à la fin de la nuit, la seconde au point du jour.

LE DUC.

Ce soir.

OTHELLO.

De tout mon cœur.

LE DUC.

A neuf heures du matin, nous nous rencontrerons encore ici. Othello, laissez quelque officier derrière vous, et il vous portera nos ordres, avec telles autres choses de titres et de dignité, comme il vous convient.

OTHELLO.

Plaise à votre grâce, je laisse mon enseigne. C'est un homme d'honneur et de confiance. Je confie à sa conduite ma femme et tout ce que votre bonne Grâce croira nécessaire de m'envoyer.

LE DUC.

Qu'il en soit ainsi. Bonsoir à chacun. (A *Brabantio*.) Et vous, noble Signor, si la vertu jamais ne manque de charme et de beauté, votre petit-fils sera plus beau qu'il ne sera noir.

PREMIER SÉNATEUR.

Adieu, brave Maure. Et usez-en bien avec Desdemona. (*Sortent le duc, les sénateurs et les officiers.*)

BRABANTIO, *à Othello*.

Regarde-la, Maure. Aie l'œil vif pour voir. Elle a trompé son père et peut te tromper...

OTHELLO.

Ma vie sur sa foi ! (*Brabantio sort. A Iago.*) Honnête Iago, je dois te confier ma Desdemona. Je te prie, que ta femme s'occupe d'elle. Ensuite amène-les en les meilleures conditions. Viens, Desdemona. Je n'ai qu'une heure d'amour, d'intérêts et arrangements de ce monde, à passer avec toi. Il nous faut obéir au temps. (*Sortent Othello et Desdemona.*)

RODERIGO.

Iago.

IAGO.

Que dis-tu, noble cœur ?

RODERIGO.

Que ferais-je, croyez-vous ?

IAGO.

Ouais, aller au lit et dormir.

Allons, sois un homme !

RODERIGO.

Je vais incontinent me noyer.

IAGO.

Bien, si tu le fais, je ne t'aimerai plus du tout après. Hé ! monsieur le fou !

RODERIGO.

C'est une folie de vivre, quand vivre est un tourment : et nous avons ordonnance de mourir, quand la mort est notre médecin.

IAGO.

O lâche ! J'ai regardé le monde, depuis quatre fois sept ans. Je puis distinguer un bienfait d'une injure. Je n'ai jamais trouvé un homme qui sût s'aimer lui-même [1]. Avant de dire que je voudrais me noyer pour une poule de Guinée [2], je changerai mon état d'homme contre celui d'un babouin.

RODERIGO.

Que faire ? Je te confesse, j'ai honte d'être aussi amoureux. Mais il n'est pas en ma vertu de corriger cela.

IAGO.

La vertu ! ma figue [3] ! c'est en nous-même que nous sommes tels ou tels. Nos corps sont nos jardins, dont nos vouloirs sont les jardiniers. Si bien que si nous voulons planter l'ortie ou semer la laitue, repiquer l'hysope ou arracher le thym, le fournir d'un genre d'herbe ou le débarrasser d'autres, l'avoir stérile par notre paresse ou cultivé avec industrie, hé bien ! le pouvoir, l'autorité de changer résident dans nos volontés. Si la balance de nos existences n'avait pas un plateau de raison pour équilibrer un autre plateau de sensualité, le sang et la bassesse de nos instincts nous conduiraient à d'anormales conclusions. Mais nous avons la raison pour rafraîchir nos mouvements de rage, nos aiguillons charnels, nos appétits déchaînés : d'où je conclus que ce que vous appelez amour, c'est une bouture ou un scion.

RODERIGO.

Cela ne peut être.

IAGO.

C'est simplement une incontinence de sang et une faiblesse de volonté. Allons, sois un homme ! Se noyer ! Noyer des chats et d'aveugles roquets ! Je fais profession d'être ton ami, et je déclare que je suis lié à ton mérite par des cables de fer de durable solidité. Jamais je ne pourrais te mieux servir que maintenant. Mets de l'argent dans ta bourse. Suis la guerre. Change ta physionomie avec une barbe d'emprunt. Je te dis, mets de l'argent dans ta bourse. Il ne se peut pas que Desdemona conserve longtemps son amour au Maure — mets de l'argent dans ta bourse — ni lui

[1] Des commentateurs ont cru qu'il fallait intercaler ici une négation — qui *ne* sut *pas* s'aimer lui-même — le sens est pourtant bien clair : — C'est mal s'aimer, mal prendre ses propres intérêts — commettre une sottise contre soi-même — que de s'aller noyer pour une femme.

[2] Expression d'argot qui signifie une prostituée. Il est intéressant d'ailleurs de rapporter le mot *Guinée*, de *guné*, femme en grec, de *gwinn*, en breton, de *guenon*, de *queen*, femme et reine, et de notre argot *gouine* qui a le sens de fille publique.

[3] Dans le patois du centre de la France, on a conservé l'expression *Ma Figue !* pour *ma foi !* Rabelais l'a employée, *Pantagruel* Liv. III, chap. II. Voir aussi Liv. IV, l'épisode des Papefigues. *Faire la figue* à quelqu'un, c'était lui montrer le poing fermé en passant le bout du pouce entre le médius et l'annulaire. Le point de départ se trouve dans la feuille de figuier dont se couvrit Adam. Au second acte Iago emploiera encore le mot *figue* dans un sens indécent.

le sien à elle. Cela commença par la violence et tu verras une correspondante séparation [1] — mets de l'argent dans ta bourse. — Ces Maures sont changeants dans leurs volontés — remplis ta bourse d'argent. Le mets — qui lui est maintenant aussi sucré que le fruit du caroubier [2] — à bref délai lui sera aussi amer que la coloquinte... elle changera de par sa jeunesse : quand elle sera rassasié de son corps, elle découvrira l'erreur de son choix... elle doit avoir du changement, elle le doit... donc mets de l'argent dans ta bourse... si tu sens le besoin de te damner, choisis une voie plus délicate que la noyade... Fais tout l'argent que tu pourras... si le sacrement et un vœu fragile, entre un barbare vagabond et une hypersubtile vénitienne, ne sont pas

Iago.

trop résistants pour mes habiletés et toute la tribu de l'enfer, tu jouiras d'elle... donc fais de l'argent. La vérole de te noyer ! c'est absolument intempestif ! Cherche plutôt à te faire pendre en arrivant à jouir qu'à te noyer sans y parvenir...

RODERIGO.

Te lieras-tu à mes espérances, si je marche à ce but ?

IAGO.

Tu es sûr de moi... va, fais de l'argent. Je t'ai dit souvent et je te redis encore et encore... je hais le Maure. Ma cause est en plein cœur, la tienne n'a pas de moindres motifs. Soyons unis dans notre revanche contre lui. Si tu peux le cocufier, tu fais à toi un plaisir — à moi un amusement. Il y a beaucoup d'évènements dans la

---

[1] Shakespeare emploie le mot *séquestration* qui en latin avait bien le sens de séparation, ce qui prouve d'ailleurs que, contrairement à l'opinion de Littré, l'étymologie de ce mot n'est pas *sequi*, mais bien *se-quaestus*.

[2] Guizot dit : — *aussi savoureux que les sauterelles*. Le mot est *Locusta* qui signifie la *caroube*, dont la pulpe est très sucrée et dont on fait des conserves. Il ne s'agit donc non plus ici ni d'acacia ni d'ananas.

matrice du temps et il en accouchera. En avant, marche¹!... munis toi d'argent. Nous reparlerons de tout cela demain. Adieu!

RODERIGO.

Où nous rencontrerons-nous, au matin?

IAGO.

A mon logis.

RODERIGO.

Je te verrai de bonne heure.

IAGO.

Va. Adieu. Entendez-vous, Roderigo?

RODERIGO.

Que dites-vous?

IAGO.

Plus de noyade, entendez-vous!

RODERIGO.

Je suis changé. Je vendrai tout mon bien.

IAGO.

Allez, adieu. Mettez assez d'argent dans votre bourse... (*Sort Roderigo.*) Ainsi fais-je de mon imbécile ma propre bourse : car je profanerais mon expérience acquise, si je perdais mon temps avec pareille bécasse, sinon pour mon amusement et mon profit. Je hais le Maure : on croit dans le public qu'il a rempli mon office dans mes draps. Je ne sais si c'est vrai. Mais moi, sur un simple soupçon de cette sorte, j'agirai comme sur une certitude. Il m'a à la bonne² : d'autant mieux mes desseins travailleront sur lui. Cassio est l'homme qu'il faut... voyons donc! Prendre sa place et donner de l'aile à mon désir³... Une double canaillerie!... Hé! Hé! Voyons donc! Après quelque temps, pour abuser l'oreille d'Othello... qu'il est trop familier avec sa femme... qu'il a un extérieur, allures polies à soupçonner... bâti à faire les femmes infidèles... le Maure est de ces natures franches et ouvertes qui croient honnêtes les hommes qui n'en ont que l'air et il sera aussi gentiment mené par le nez que le sont les ânes... J'ai l'affaire!... elle est engendrée... l'enfer et la nuit porteront cette monstrueuse naissance à la lumière du monde! (*Il sort.*)

¹ *Traverse, go!* commandement militaire.
² *He holds me well.*
³ *Plume up my desire*, expression originale, *donner l'essor.*

ACTE DEUXIÈME

SCÈNE PREMIÈRE

A Chypre. — La ville, auprès du port.

Entrent MONTANO *et deux gentilshommes.*

MONTANO.

De ce cap, que pouvez-vous distinguer en mer ?

PREMIER GENTILHOMME.

Rien du tout : de hautes vagues. Je ne puis entre le ciel et le niveau de l'eau découvrir une voile.

MONTANO.

Il me semble qu'à terre le vent a parlé haut : jamais coups plus rudes ne secouèrent nos remparts. Si cela a ainsi brigandé [1] sur mer, quelles côtes de chêne [2], quand les montagnes fondent sur elles, peuvent garder la mortaise ! Qu'apprendrons-nous par la suite ?

DEUXIÈME GENTILHOMME.

Une dislocation de la flotte Turque : car tenez-vous seulement sur la côte écumante, la houle semble relancer les nuages. La lame, secouée de vent, de sa haute et monstrueuse force, semble jeter l'eau à l'ours brûlant et éteindre les gardiens [3] du pôle à jamais immobile. Je n'ai jamais vu pareille tourmente, sur le flot exaspéré.

[1] *Ruffianed,* fait le brigand, le brutal.
[2] Les navires.
[3] La grande Ourse.

MONTANO.

A moins que la flotte Turque ne fut abrité en quelque baie, ils sont noyés. Il est impossible qu'ils aient pu supporter cela en pleine mer [1].

TROISIÈME GENTILHOMME, *entrant.*

Des nouvelles, messieurs ! Nos guerres sont finies. Cette deuxième tempête a si bien rossé les Turcs que leurs machinations font halte. Un vaillant vaisseau de Venise a vu un douloureux naufrage et la souffrance de la plus grande partie de leur flotte.

MONTANO.

Ho ! cela est-il vrai ?

TROISIÈME GENTILHOMME.

Le vaisseau, un Véronais, est entré ici ; Michaël Cassio, lieutenant du belliqueux Maure Othello, est venu à terre. Le Maure lui-même est en mer, envoyé à Chypre avec pleins pouvoirs.

MONTANO.

J'en suis content. C'est un digne gouverneur.

TROISIÈME GENTILHOMME.

Mais ce même Cassio — quoiqu'il parle avec joie de la perte des Turcs — paraît cependant triste et prie Dieu que le Maure soit sauf. Car ils étaient partis par une tempête d'une horrible violence.

MONTANO.

Fasse le ciel qu'il soit sauf ! Car je l'ai servi et l'homme commande en parfait soldat. Allons sur le rivage, aussi bien pour voir le vaisseau qui arrive que pour chercher des yeux le brave Othello, jusqu'à ce que la mer et le bleu de l'air se fassent indistincts à nos yeux.

TROISIÈME GENTILHOMME.

Venez : faisons cela. Car chaque minute est une attente de nouvelles arrivées. (*Entre Cassio.*)

CASSIO.

Merci aux vaillants de cette île guerrière qui ainsi font l'éloge du Maure. Oh ! que le ciel lui donne défense contre les éléments : car je l'ai perdu en mer dangereuse.

MONTANO.

Est-il sur un bon navire ?

CASSIO.

Son bâtiment est de forte charpente et son pilote de très experte et reconnue habileté. Donc mes espérances, non épuisées à mort, comptent courageusement sur la guérison [2].

DES VOIX, *au dehors.*

Une voile ! une voile ! une voile ! (*Entre un autre gentilhomme.*)

CASSIO.

Quel est ce bruit ?

---

[1] *Out,* hors de quelque port.

[2] *My hopes, not surfeited to death, stand in bold cure.* Il est certain qu'ici *Surfeited* est pris dans son sens étymologique *super-factum,* surmené, épuisé, et n'a pas la signification actuelle de — gorgé de nourriture, ivre, etc.

QUATRIÈME GENTILHOMME.

La ville est vide : sur le bord de la mer se tiennent des foules de peuple, criant : une voile !

CASSIO.

Mes espérances s'imaginent que c'est le gouverneur. (*Détonations.*)

DEUXIÈME GENTILHOMME.

Ils tirent les salves de courtoisie... donc des amis, tout au moins.

CASSIO.

Je vous en prie, monsieur, allez là-bas et dites-nous vraiment qui est arrivé.

DEUXIÈME GENTILHOMME.

J'y vais. (*Il sort.*)

MONTANO.

Mais, cher lieutenant, votre général est-il marié ?...

CASSIO.

Très heureusement. Il a conquis une vierge qui défie toute description, en la plus folle renommée... une femme qui surpasse les finesses de plume des panégyristes et dans l'essentielle enveloppe de la créature, porte toute perfection. (*Le second gentilhomme rentre.*) Eh bien ! qui est entré ?

DEUXIÈME GENTILHOMME.

C'est un certain Iago, enseigne du général.

CASSIO.

Il a eu très favorable et heureuse traversée. Les tempêtes, les hautes mers et les vents hurlants, les rocs dentelés[1], les sables amoncelés — traîtres tapis dans l'eau pour s'accrocher à la quille innocente — ont, comme s'ils avaient le sens de la beauté, renoncé à leur nature meurtrière, laissant passer la divine Desdemona.

MONTANO.

Qui est celle-là ?

CASSIO.

Elle, dont je parlais, la capitaine de notre grand capitaine, confiée à la conduite du vaillant Iago, dont l'arrivée anticipe sur notre croyance d'une avance de sept nuits. Grand Jupiter, protège Othello et pousse son vaisseau de ta propre et puissante haleine... qu'il puisse bénir cette baie avec son haut navire : fais que l'amour bien vite palpite aux bras de Desdemona, donne un feu renouvelé à nos esprits éteints et porte confort à Chypre tout entier !... Oh ! regardez !

Entrent DESDEMONA, EMILIA, IAGO, RODERIGO *et leur suite.*

CASSIO, *avec exaltation.*

Les richesses du navire sont venues à terre... Vous, hommes de Chypre, qu'elle ait vos agenouillements[2]... Salut à toi, Dame ! Et que la grâce du ciel, devant, derrière toi et de chaque côté, s'enroule autour de toi !...

DESDEMONA.

Je vous remercie, vaillant Cassio. Quelles nouvelles pouvez-vous me donner de mon Seigneur ?

[1] *Guttered.*
[2] C'est bien là l'homme dont parlait Iago, qui se damnerait pour une jolie femme.

Débarquement de Desdemona.

CASSIO.

Il n'est pas encore arrivé : et je ne sais rien sinon qu'il se porte bien et qu'il sera bientôt ici.

DESDEMONA.

Oh! mais j'ai peur!... Comment avez-vous perdu la conserve [1] ?

CASSIO.

La grande lutte de la mer et du ciel a séparé notre compagnonnage... Mais écoutez! Une voile! (*Cris au dehors :* — *Une voile! une voile!* — *On entend le canon.*)

DEUXIÈME GENTILHOMME.

On envoie le salut à la citadelle... c'est évidemment un ami...

CASSIO.

Allez aux nouvelles. (*Le gentilhomme sort.* — A Iago.) Bon enseigne, vous êtes le bienvenu! (A *Emilia*.) Bienvenue, Madame. (A *Iago*.) Que cela ne pique pas votre patience, cher Iago, si je prodigue mes politesses : c'est mon éducation qui me donne ces vives hardiesses de courtoisie. (*Il embrasse Emilia.*)

IAGO.

Monsieur, si elle vous donnait aussi souvent de ses lèvres qu'elle est pour moi généreuse de sa langue, vous en auriez assez...

DESDEMONA.

Hélas, elle ne parle pas!

IAGO.

Beaucoup trop, sur ma foi! Je trouve surtout cela quand j'ai envie de dormir. Parbleu, devant votre Seigneurie, je concède qu'elle fourre un peu sa langue dans son cœur et ne grogne qu'en pensée!...

EMILIA.

Vous avez peu motif de parler ainsi.

IAGO.

Allez, allez! Vous êtes des peintures [2] hors des portes, des grelots dans vos salons, des chats sauvages dans la cuisine, des saintes quand vous injuriez, des diables quand on vous offense, des flâneuses quand il faut être ménagères et des ménagères dans vos lits.

DESDEMONA.

Oh! Fi sur toi, calomniateur!

IAGO.

Non, c'est vrai, ou je ne suis qu'un Turc. Vous vous levez pour jouer et allez au lit pour travailler.

EMILIA.

Vous n'écrirez pas mon éloge.

IAGO.

Non, ne m'en chargez pas!

DESDEMONA.

Mais qu'écririez-vous sur moi, si vous deviez faire mon éloge?...

---

[1] *How lost you Company*, le terme de marine — *conserve* — rend exactement l'idée. Comment avez-vous cessé de naviguer de conserve ?

[2] Nous disons familièrement : — Vous êtes sages comme des images.

IAGO.

Oh! Gentille Dame, ne me mettez pas à cela... car je ne suis rien, si je ne critique pas [1]...

DESDEMONA.

Allons, essayez... Quelqu'un est-il allé au port?

IAGO.

Oui, Madame.

DESDEMONA.

Je ne suis pas gaie... mais je trompe sur ce que je suis en semblant toute autre... Allons! Comment feriez-vous mon éloge [2]...

IAGO.

Je m'en occupe : mais en vérité, mon invention se détache de ma caboche, comme la glu du frison [3] : elle arrache la cervelle et le tout. Mais ma muse est en travail et voici qu'elle est délivrée : « Si elle est blanche et spirituelle, blancheur et esprit, à l'avantage de l'un elle se sert de l'autre ».

DESDEMONA.

Bien prisé! Et si elle est noire et spirituelle.

IAGO.

« Si elle est noire et avec cela a de l'esprit, elle trouvera un blanc pour accommoder sa noirceur ».

DESDEMONA.

De pis en pis!

EMILIA.

Et si elle est blanche et bête!

IAGO.

Jamais elle ne fut si bête que blanche : car sa bêtise même l'a aidée à avoir un héritier.

DESDEMONA.

Ce sont vieux paradoxes, à faire rire les imbéciles dans les tavernes. Quelle misérable opinion as-tu de celles qui sont laides et bêtes?

IAGO.

Il n'en est pas de si bêtes et de si laides qui ne fassent mêmes malices que les belles et spirituelles.

---

[1] Et non comme l'a écrit F. V. Hugo : — « Je ne suis qu'un critique ». L'idée est beaucoup plus complète et suggestive. Iago est de ces esprits pointus qui, pessimistes endurcis, trouvent tout mauvais et ne peuvent prononcer deux mots sans égratigner quelqu'un. Ils voient tout en mal, la nature et les hommes. Ce sont eux qui, en plein soleil, se plaignent de la pluie à venir : s'ils parlent, ils blâment, ils déchiquètent, ils calomnient. Th. Barrière, dans ses Faux Bonshommes, a très bien noté le — *seulement* — qui vient à l'encontre de tout éloge. Enfin de cet esprit de malveillance, de haine latente, de critique quand même la France a connu le type complet dans le personnage politique qui s'est appelé le *Boulangiste*, incarnation parfaite du *Iago*, capable de tout.

[2] Le mot *éloge* ne répond pas exactement à l'expression *praise*, qui, en concordance avec l'étymologie, signifie *appréciation*. Ainsi en français du mot *priser* que nous trouvons avec son sens exact, *commissaire-priseur*, qui fixe la valeur, sans qu'il existe une présomption favorable ou défavorable. Il faut donc comprendre ici : — Comment ferais-tu mon portrait, mon estimation? Le patois rouchi a conservé *priserie* pour évaluation.

[3] Drap commun, à longs poils, qu'on fabriquait dans les Flandres. Le mot a été conservé dans le patois Montois.

DESDEMONA.

O lourde ignorance ! Tu estimes la pire au mieux. Mais quelle opinion conçois-tu de la femme tout à fait méritante, de celle qui, dans l'autorité de sa valeur, a justement le témoignage des méchants eux-mêmes !

IAGO.

Celle qui fut toujours belle et jamais vaniteuse, qui eut sa langue à sa disposition et cependant ne parla pas trop haut : qui ne manqua pas d'or et pourtant fut sans faste, qui a fui son désir tout en disant : — Si je voulais ! — qui, en colère et sa vengeance à sa portée, a ordonné à son affront de rester et à son déplaisir de fuir — celle qui en sagesse jamais ne fut si fragile que de changer la tête d'une morue pour la queue d'un saumon — qui voit des galants la suivre et ne regarde pas derrière — celle-là est une femme, si jamais pareille femme exista !

DESDEMONA.

Bonne à quoi ?

IAGO.

A faire teter des imbéciles et à débiter de la petite bière.

DESDEMONA.

O conclusion infirme et boiteuse ! Ne t'instruis pas d'après lui, Emilia, quoiqu'il soit ton mari ! Qu'en dites-vous, Cassio ? Y a-t-il plus profane et libertin conseiller ?

CASSIO, *bas, à Desdemona.*

Il parle familièrement [1], Madame : vous le pouvez goûter mieux en soldat, qu'en clerc.

IAGO, *à part, observant Desdemona et Cassio.*

Il la prend par la main... Hé ! bien dit, chuchote !... Avec aussi petite toile que celle-ci, j'attraperai une aussi grosse mouche que Cassio... Oui ! Souris-lui, va !... Je t'entraverai [2] dans ta propre courtoisie... (*Contrefaisant les gestes de Cassio.*) Vous dites vrai... c'est cela, en vérité !... Si pareils tours vous font sauter de votre lieutenance, mieux eût valu pour vous ne pas baiser si souvent vos trois doigts... à quoi vous êtes encore tout prêt pour jouer au Monsieur... (*Cassio fait le mouvement prévu.*) Très bien !... Bien baisé ! Excellente courtoisie !... C'est tout à fait cela !... Et encore vos doigts à vos lèvres !... Pour votre salut, je voudrais qu'ils fussent canules de clystère !... (*Fanfares.*) Le Maure, je reconnais sa fanfare ?

CASSIO.

C'est vrai !

DESDEMONA.

Allons au-devant de lui pour le recevoir.

CASSIO.

Ha !... le voici qui vient !

OTHELLO, *entrant, avec sa suite.* — *A Desdemona.*

O ma belle guerrière [3] !...

---

[1] *Home.* Ce sens est déjà visé dans *Hamlet*. Nous dirions volontiers : — Comme chez lui.
[2] *Gyve.* Ce mot serait très bien traduit par notre argot *piger*, de *piège, piéger*.
[3] Qui se douterait que ce mot a prêté à de longues dissertations, comme s'il n'était pas tout simple qu'un guerrier appelât sa femme — ma guerrière ! — L'expression est d'ailleurs familière à Ronsard, dans le sens de guerrière d'amour.

DESDEMONA.

Mon cher Othello!

OTHELLO.

Cela me donne surprise, grande comme ma joie, de vous voir ici avant moi. O joie de mon âme! Si après toute tempête vient pareil calme, puissent les vents souffler jusqu'à ce qu'ils aient éveillé la mort! Et que la barque qui roule gravisse les collines de la mer, hautes comme l'Olympe, et encore plonge aussi profond que l'enfer est loin du ciel! S'il était l'heure de mourir, ce serait maintenant être très heureux. Car,

O ma belle guerrière!

j'en ai peur, mon âme a sa joie si absolue qu'à pareil bonheur jamais pareil ne succèdera dans mes destins inconnus.

DESDEMONA.

Les cieux nous protègent! et que nos amours et nos joies grandissent, en même temps que croîtront nos jours.

OTHELLO.

Amen à ceci, douces Puissances! Je ne puis assez parler de cette joie, elle m'étreint la gorge [1]... c'est trop de joie... (*L'embrassant.*) Et ce baiser... et cet autre... que ce soient là les plus grands combats que jamais nos cœurs se livrent!...

IAGO, *à part.*

Oh! vous êtes bien accordés, maintenant! mais je baisserai les chanterelles qui font cette musique... en honnête homme que je suis!...

[1] *It stops me here.* Cela m'arrête ici — en montrant sa gorge.

OTHELLO, *à Desdemona.*

Allons, rendons-nous à la citadelle. (A *tous.*) Des nouvelles, mes amis ! Nos guerres sont finies, les Turcs sont noyés... comment va cette île, notre vieille connaissance ! (*A Desdemona.*) Miel[1], vous serez adoré à Chypre : j'ai trouvé chez eux grande affection. O ma douce, je bavarde à tort et à travers[2] et je m'affole de ma propre joie... (*A Iago.*) Je t'en prie, bon Iago, va à la baie et débarque mes coffres. Conduis le patron à la citadelle : c'est un bon et son mérite défie l'éloge. — Venez, Desdemona, une fois de plus bonne réunion à Chypre ! (*Sortent Othello, Desdemona et leur suite.*)

IAGO, *à Roderigo.*

Réjoins-moi immédiatement au port... viens ici... si tu es vaillant, si, comme on le dit, les plus bas des hommes, une fois en amour, ont en leur nature une noblesse plus grande que celle qui leur est innée — écoute-moi. Le lieutenant, cette nuit, veille dans la cour de garde. — D'abord, je dois te dire ceci — Desdemona est absolument enamourée de lui...

RODERIGO.

De lui ! ce n'est pas possible !

IAGO, *le doigt sur les lèvres.*

Pose ton doigt ainsi et laisse ton âme s'instruire. Remarque-moi avec quelle violence elle a d'abord aimé le Maure, rien que pour ses vantardises[3] et ses fantastiques mensonges. Et l'aimera-t-elle encore pour son bavardage ? Que ton cœur avisé n'y croie pas. Il faut que son œil trouve pâture et quel plaisir aura-t-elle à regarder le diable ? Quand le sang est calmé par... l'exercice actif, alors il faudrait — pour enflammer de nouveau et donner à la satiété un frais appétit un charme de physionomie, une symphatisation d'âge, de manières, de beautés — en quoi le Maure est défectueux ! Alors, par le manque de ces convenances requises, sa délicate tendresse se trouvera déçue et commencera à lui lever le cœur, elle détestera, elle abhorrera le Maure... la nature lui apprendra cela et la forcera à faire un second choix.

« Maintenant, monsieur, ceci acquis — comme c'est une très solide et inattaquable position — qui se trouve si haut placé sur le degré de cette fortune sinon Cassio ?... un drôle plein de volubilité, avec pas plus de conscience qu'il n'en faut pour revêtir les apparences de civilité et de politesse, afin de mieux cacher sa luxure et ses passions les plus secrètes et les plus désordonnées ? Qui sinon lui, lui !... un glissant et subtil drôle .. un fureteur d'occasions qui a un œil capable de prendre l'empreinte contrefaite de qualités, alors que pas une ne se présente de soi-même... un diabolique drôle !... de plus, le drôle est beau, jeune et a en lui toutes les qualités requises que recherchent la folie et les esprits pas mûrs... un pestilent et complet drôle[4]... et la femme l'a déjà trouvé !...

---

[1] *Honey*, ma douce comme miel. Comparer la *Chonette* des normands, petit nom donné aux femmes, et qui n'est peut-être pas le même que Fanchonette.

[2] *Out of fashion.* F. V. Hugo a écrit : *Sans ruse*, ce qui ne traduit nullement l'expression anglaise.

[3] *Bragging* — de la racine brag, celtique, donnant en Kymry, *bregal*, crier, en bas latin, *bragire*, d'où brailler — et *braire* qui, en patois normand, signifie se lamenter en criant. Le sens est bien ici — des braillements à propos de malheurs imaginaires.

[4] Ces répétitions de mot sont particulières à Iago. Comparer le — *Mets de l'argent dans ta bourse !* de la fin du premier acte.

RODERIGO.

Je ne puis croire cela d'elle : elle est pleine de qualités bénies[1] !

IAGO.

Bénie la queue de la figue[2] ! le vin qu'elle boit est fait de raisin... si elle avait été bénie, elle n'aurait jamais aimé le Maure ! Béni pudding ! Ne l'as-tu pas vue lui tapoter[3] la paume de la main ? Ne l'as-tu pas remarqué ?

RODERIGO.

Si fait, mais c'était simple courtoisie...

IAGO.

Luxure ! par cette main ! un indice, un obscur prologue à cette histoire de débauche et de sales pensées ! Ils ont rapproché leurs lèvres à ce point que leurs haleines s'embrassaient. Vilaines pensées, Roderigo ! quand ces échanges préparent la route, raide vient à portée le chef... le maître exercice, la conclusion incorporée[4]... Pssst !... Mais, mon cher, laissez-vous guider par moi. Je vous ai amené de Venise. Veillez cette nuit. Pour le mot d'ordre, je vous le donnerai. Cassio ne vous connaît pas. Je ne serai pas loin de vous. Trouvez quelque occasion d'irriter Cassio, soit en parlant trop fort soit en contrevenant à sa consigne, ou par tout autre moyen qu'il vous plaira et que l'occasion favorable vous fournira.

RODERIGO.

Bien !

IAGO.

Il est rageur[5] et très prompt à la colère... à l'occasion, il pourrait vous frapper de son bâton. Provoquez-le pour qu'il le fasse. Car, là-dessus, je provoquerai une mutinerie des gens de Chypre dont l'importance ne reviendra à calme niveau que par la destitution de Cassio. Ainsi vous aurez moins de chemin à imposer à vos désirs, par les moyens que j'aurai alors de les pousser en avant, l'obstacle étant très utilement écarté... sans quoi il n'y a rien à attendre pour notre succès...

RODERIGO.

Je ferai cela, si je peux trouver quelque occasion.

IAGO.

Je te la garantis. Rencontre-moi quelque part à la citadelle. Je dois faire débarquer les effets. Adieu.

RODERIGO.

Adieu. (*Il sort.*)

IAGO.

Que Cassio soit amoureux d'elle, je le crois vraiment. Qu'elle soit amoureuse de lui, c'est possible et de grande vraisemblance. Le Maure — quoique je ne puisse le souffrir, est de nature constante, affectueuse, noble. Et, j'ose le croire, il se montrera

---

[1] Le mot à mot vaut bien : — Elle est pleine des dispositions les plus vertueuses (Montégut) ou — Elle est pleine des plus angéliques dispositions (F. V. II.).
[2] Voir la note page 414.
[3] *Paddle*, forme de *pattle*, de *pat*, petit coup. Le patois normand a conservé *patocher*, et en réalité *tapoter* vient de *tap* ou *pat*.
[4] On pourrait écrire *in corpore*.
[5] *Rash*. Le patois central donne *rachoux*, galeux, méchant comme la gale.

pour Desdemona un très tendre époux... maintenant elle aussi je l'aime, non pas absolument sans quelque luxure — car à l'occasion je m'accommoderais d'un si grand péché — mais conduit à nourrir ma vengeance, en partie, parce que je soupçonne le Maure lascif d'avoir sauté sur ma selle... pensée qui comme un minéral empoisonné me mord [1] en dedans. Et rien ne peut, rien ne pourra contenter mon âme, jusqu'à ce que je sois de pair avec lui, femme pour femme, ou bien, manquant cela, jusqu'à ce que j'ai mis tout au moins le Maure en si forte jalousie que la raison ne puisse guérir. Pour ce faire, si cette pauvre friperie de Venise, que je tiens en laisse pour sa vivacité à chasser [2], garde la piste, j'aurai notre Michaël Cassio sur la hanche [3], je le déguiserai auprès du Maure sous l'habit d'un paillard... car j'ai peur que Cassio coiffe aussi mon bonnet de nuit [4]... je ferai que le Maure me remercie, m'aime, me récompense de faire de lui un âne de choix et d'avoir travaillé sur sa paix et son repos jusqu'à la rage... (*Se frappant le front.*) c'est là, mais encore confus. La pleine face de la canaillerie ne se voit jamais qu'à l'usé.

SCÈNE II

Une rue.

Entre Un Héraut, *avec une proclamation, suivi par le peuple.*

LE HÉRAUT, *lisant à haute voix.*
C'est le plaisir d'Othello, notre noble et vaillant général, que, sur certaines nouvelles actuellement arrivées, comportant la totale perdition de la flotte Turque, tout homme se mette lui-même en triomphe, les uns en dansant, les autres en faisant des feux de joie, chacun par telles réjouissances et divertissements où son goût l'attire. Car, outre ces profitables nouvelles, c'est la célébration des noces. Ainsi fut son plaisir que proclamation fut faite. Tous les offices du château sont ouverts ; et il y a pleine liberté de festoyer, depuis la présente heure de cinq jusqu'à ce que la cloche ait dit onze. Le ciel bénisse l'île de Chypre et notre noble général Othello. (*Il sort.*)

---

[1] *To gnaw.* Ce mot se retrouve dans le vieux roman sous la forme *gnac*, coup de dents, et dans le patois morvandiot, *gniaguer*, mordre. Le béarnais a *gniaca*, au même sens. All. *nagen*, ronger.

[2] Passage très contesté. *This poor of Venise, whom I trace...* ou bien *whom I trash...* le texte primitif est le premier. Ce qui a troublé les commentateurs, c'est qu'il n'y a pas *analogie* entre le mot *trash*, nullité, friperie, déchet — et *trace*, tenir en laisse, et qu'ils voudraient, en gardien acharné de l'honneur de Shakespeare, que le premier mot signifiât un chien, un limier quelconque. D'où la transformation de *trash* en *brach*, adopté naturellement par les traducteurs français. A notre avis, il faut respecter le texte. Ainsi qu'il arrive très souvent dans Shakespeare et dans beaucoup d'autres auteurs — le son du premier mot employé amène un mot de son analogue, qui entraîne lui-même à une métaphore, parfois peu concordante. Ce qui s'est passé ici. *Trash* a amené *trace*. En somme Iago parle crûment, grossièrement et n'est pas un rhétoricien qui tienne à équilibrer ses termes.

[3] Montégut a traduit : — *Je le tiendrai par les rognons.* Il n'est pas question de rognons. L'expression est empruntée aux combats de boxeurs. Quand un des deux adversaires, aveuglé, assommé, faiblit, son tenant le soutient en l'appuyant contre sa hanche. D'où — *avoir quelqu'un sur la hanche* — l'avoir à sa merci.

[4] Couche avec ma femme.

SCÈNE III [1]

Une salle dans le château.

Entrent OTHELLO, DESDEMONA, CASSIO *et la suite.*

OTHELLO.

Bon Michaël, veillez à la garde cette nuit : fixons-nous à nous-mêmes la limite honorable que ne doit pas franchir notre discrétion [2].

Le Héraut.

CASSIO.

Iago a ses instructions sur ce qu'il doit faire. Mais, néanmoins, j'y veillerai de mes propres yeux.

OTHELLO.

Iago est très honnête. Michaël, bonne nuit. Demain, à notre première heure, que je puisse causer avec vous. (*A Desdemona.*) Venez, mon cher amour — l'achat fait, les bénéfices doivent s'ensuivre. Ce profit est encore à venir entre vous et moi... Bonne nuit ! (*Sortent Othello, Desdemona et leur suite. — Entre Iago.*)

---

[1] Cette division de scène, qui ne se trouve pas dans les premières éditions de Shakespeare, est absolument inutile. On a prétendu que des soldats ne pouvaient pas causer et boire sur la place où le héraut venait faire sa proclamation. Cette impossibilité ne repose sur aucune raison sérieuse, et nous aurions supprimé ce changement de lieu, s'il n'en devait pas résulter une certaine gêne, en raison de la persistance des éditeurs anglais à la laisser subsister.

[2] Cassio est déjà légèrement ivre, ce qui explique d'autant mieux la recommandation d'Othello.

CASSIO.
Bienvenu, Iago. Nous allons à notre garde.
IAGO.
Pas à cette heure, lieutenant. Il n'est pas encore dix heures. Notre général nous

Du vin, holà!

a renvoyés de bonne heure, pour l'amour de sa Desdemona — de quoi nous ne le blâmerons pas! Il n'a pas encore fait joyeuse nuit avec elle : et elle est jouet digne de Jupiter!
CASSIO.
C'est une très exquise Dame.
IAGO.
Et je le garantis, qui tient bien la partie...

CASSIO.
Certes, c'est une très fraîche et délicate créature.

IAGO.
Et quel œil elle a ! Sur ma foi, il sonne paroles de provocation...

CASSIO.
Un œil inviteur, et pourtant, à mon avis, parfaitement modeste.

IAGO.
Et quand elle parle, n'est-ce pas une sonnerie à l'amour ?

CASSIO.
C'est vraiment une perfection !

IAGO.
Bien ! Bonheur à leurs draps !... Venez, lieutenant, j'ai là un cruchon [1] de vin et il y a là dehors une paire de galants Cypriotes, qui volontiers boiraient une mesure à la santé du noir Othello.

CASSIO.
Pas ce soir, bon Iago. J'ai pauvre et malheureuse cervelle pour la boisson. Je souhaiterais que, par courtoisie, on inventât quelque autre habitude de distraction.

IAGO.
Oh ! ce sont nos amis... Seulement une coupe !... Je boirai pour vous !...

CASSIO.
Je n'en ai bu qu'une ce soir, encore soigneusement baptisée, et voyez, quel changement cela fait ici [2]... Je suis malheureux de cette infirmité et n'ose éprouver ma faiblesse avec rien de plus...

IAGO.
Voyons, camarade, c'est une nuit de réjouissances... les galants le désirent.

CASSIO.
Où sont-ils ?

IAGO.
Ici à la porte. Je vous en prie, faites-les entrer.

CASSIO.
Je le ferai : mais cela me déplaît. (*Il sort.*)

IAGO.
Si je puis seulement lui ficher encore une coupe, avec celle qu'il a déjà bue ce soir, il sera plein de querelle et d'offenses, comme le chien de ma jeune maîtresse. Maintenant, mon malade imbécile, Roderigo, que l'amour a déjà mis à l'envers, a fait carousse ce soir en l'honneur de Desdemona — en profondes potées... et il est de garde ! Trois gars de Chypre — nobles esprits querelleurs, qui estiment leur honneur en méticuleuse valeur, de vrais membres de cette île belliqueuse — ont été par moi, cette nuit, grisés à coupes débordantes, et ils sont aussi de garde. Maintenant, dans ce troupeau d'ivrognes, que je puisse induire Cassio en quelque action qui soit offensante pour l'île... Mais le voici ! Si les résultats seulement réalisent mon rêve, mon bateau navigue librement, avec vent et courant...

---

[1] *A stoop*, mesure contenant deux litres et demi. Nous avons le mot *topette*, qui signifie une petite mesure de liquide, quatre à la chopine.
[2] Il montre son teint qui est légèrement congestionné.

CASSIO *rentre, avec* MONTANO *et des* GENTILSHOMMES.

CASSIO.

Devant le ciel, il m'ont déjà donné une tournée [1]...

MONTANO.

De bonne foi, une bien petite... pas plus d'une pinte, aussi vrai que je suis soldat.

IAGO.

Du vin ! Holà ! (*Chantant.*)

> Et que la canette [2] sonne, sonne !
> Et que la canette sonne, sonne.
> Un soldat est un homme,
> La vie n'est qu'un moment
> Donc, laissez boire le soldat !...

Du vin, garçon ! (*On apporte du vin.*)

CASSIO.

Devant le ciel [3], une excellente chanson !

IAGO.

Je l'ai apprise en Angleterre, où en vérité ils sont très puissants buveurs. Vos Danois, vos Germains et vos ventripotents Hollandais — à boire, holà ! — ne sont rien auprès de vos Anglais...

CASSIO.

Votre Anglais est-il donc si expert en boisson !

IAGO.

Ouais ! il vous boit facilement, votre Danois étant ivre mort... il ne sue même pas à culbuter votre Allemand... il fait vomir votre Hollandais, avant que le prochain pot puisse être rempli...

CASSIO.

A la santé de notre général !

MONTANO.

J'en suis, lieutenant ! et je vous fais raison !...

IAGO.

O douce Angleterre ! (*Chantant.*)

> Le roi Étienne était un digne pair [4].
> Ses culottes ne lui coûtaient qu'une couronne...
> Il les trouva de six pence en tout trop chères
> Pourquoi il appela le tailleur — canaille !
> C'en était un de haut renom
> Et vous n'êtes que de bas degré !...
> C'est l'orgueil qui pousse le pays en bas,
> Alors prends sur toi ton vieux manteau.

Du vin, holà !

---

[1] *Rouse*. Les Péruviens disent *hacer la rota*.
[2] *Canakin*, diminutif de *can*, pot, en patois normand *canne*, cruche.
[3] A noter la façon dont Cassio répète continuellement les mêmes mots. C'est d'excellente observation.
[4] Chanson populaire à laquelle il est fait allusion au IVe acte de *la Tempête*. Voir tome II.

CASSIO, *dont l'ivresse augmente.*
Oui... c'est une plus exquise chanson que l'autre.

IAGO.
Voulez-vous encore l'entendre ?

CASSIO.
Non !... Car je tiens pour indigne de sa place celui qui fait ces choses-là... bien... le ciel est au-dessus de tout... et il y a des âmes qui doivent être sauvées... et il y a des âmes... qui ne doivent pas être sauvées...

IAGO.
C'est vrai, bon lieutenant.

CASSIO.
Pour ma propre part — sans offense pour le général ni pour aucun homme de qualité — j'espère être sauvé...

IAGO.
Et j'en fais autant, bon lieutenant !

CASSIO.
Oui... mais, sauf votre permission... pas avant moi ! le lieutenant doit être sauvé avant l'enseigne... assez là-dessus... à nos affaires ! (*Il est très ivre, cherche à se lever, retombe.*) Pardonnez-nous nos péchés... Messieurs, voyons à nos affaires... ne croyez pas, messieurs, que je sois ivre... voilà mon enseigne... voilà... ma main droite et voilà... ma main gauche... je ne suis pas ivre... (*Se levant.*) je peux me tenir assez droit... et parler assez bien...

TOUS.
Excellemmment bien !

CASSIO.
Ouais ! très bien... alors... il ne faut pas croire que je suis ivre... (*Il sort.*)

MONTANO.
A la plate-forme, mes maîtres. Allons placer la garde...

IAGO.
Vous voyez le camarade qui s'est en allé en avant... c'est un soldat fait pour se tenir auprès de César et lui donner des conseils... et pourtant voyez son vice... de sa vertu c'est justement l'équinoxe, l'un aussi long que l'autre... c'est pitié pour lui ! J'ai peur que la confiance qu'Othello a mise en lui, en quelque mauvais temps de son infirmité, fasse trembler cette île...

MONTANO.
Mais est-il souvent ainsi ?

IAGO.
C'est toujours le prologue de son sommeil... il veillerait pendant deux tours d'horloge, si la boisson ne balançait son berceau...

MONTANO.
Il serait bien que le général fut informé de cela. Peut-être ne le voit-il pas : ou bien sa bonne nature estime la vertu apparente de Cassio et ne regarde pas ses vices... n'est-ce pas vrai ? (*Entre Roderigo.*)

IAGO.
Ah ! voilà Roderigo ! (*Allant à lui et lui parlant bas.*) Je vous prie... après le lieutenant... allez ! (*Sort Roderigo.*)

MONTANO.
Et c'est grande pitié que le noble Maure compromette un pareil grade, comme

Vous! canaille, gredin!

celui de son propre second, en faveur d'un homme en qui est greffée pareille infirmité!... Ce serait une bonne action de le dire au Maure...

IAGO

Pas moi, pour toute cette belle île ! J'aime bien Cassio, et voudrais faire beaucoup pour le guérir de ce mal... (*Bruit au dehors. Cris :* — A *l'aide !* A *l'aide !*)

Rentre CASSIO, *poussant devant lui* RODERIGO.

CASSIO.

Vous ! Canaille ! Gredin !...

MONTANO.

Qu'y-a-t-il, lieutenant !

CASSIO.

Un coquin !... m'enseigner mon devoir !... je vais aplatir le coquin dans une bouteille d'osier !...

RODERIGO.

M'aplatir !

CASSIO, *le frappant.*

Tu parles, canaille !...

MONTANO, *l'arrêtant.*

Non, bon lieutenant... je vous en prie, retenez votre main !...

CASSIO.

Lâchez-moi, monsieur, ou je vous cogne sur la caboche[1]...

MONTANO.

Venez, venez... vous êtes ivre !...

CASSIO

Ivre... (*Ils se battent à l'épée.*)

IAGO, *à part, à Roderigo.*

Dehors, vous dis-je. Allez-vous en et criez à l'émeute ! (*Roderigo sort — Feignant de s'interposer entre Cassio et Montano.*) Non, bon lieutenant !... hélas, messieurs !... A l'aide, holà !... lieutenant... messire Montano, messire ! — A l'aide, les maîtres !... voilà une bonne garde, en vérité... (*La cloche sonne.*) Quel est celui qui sonne la cloche ?... Diable, ho !... la ville va se lever... vœu de Dieu, lieutenant, arrêtez !... vous serez déshonoré pour toujours !... (*Entre Othello et sa suite.*)

OTHELLO.

Qu'arrive-t-il ici ?

MONTANO, *combat furieux.*

Je saigne encore !... je suis blessé à mort... qu'il meure !...

OTHELLO.

Sur votre vie, arrêtez !...

IAGO.

Arrêtez, arrêtez, lieutenant !... messire Montano, messieurs !... Avez-vous perdu tout sens de situation et de devoir... arrêtez, arrêtez !... le général vous parle... arrêtez, par pudeur !...

OTHELLO.

Voyons, voyons ! d'où est né ceci ? Sommes-nous changés en Turcs... pour nous

[1] *Mazzard,* Voir note d'*Hamlet,* page 105.

faire à nous-mêmes ce que le ciel a interdit aux Ottomans ? pour l'honneur chrétien, cessez cette lutte barbare... celui qui bouge d'un pas pour assouvir sa propre rage tient peu à son âme... au premier mouvement il meurt !... Imposez silence à cette effroyable cloche, elle épouvante l'île pour sa sécurité... Qu'est-ce qu'il y a, mes maîtres ?... Honnête Iago, qui semblez mort de douleur, parlez... qui a commencé cela ?... par ton affection, je te somme...

IAGO, *d'une voix entrecoupée.*

Je ne sais pas... tous des amis jusqu'à maintenant, à maintenant même... au quartier... en des termes comme la fiancée et le marié¹ se déshabillant pour le lit... et alors, subitement — comme si quelque planète avait affolé les hommes — les épées dehors et pointant l'une à la poitrine de l'autre... en sanglante opposition. Je ne puis rien dire du commencement de ces hargneux méfaits et je voudrais avoir perdu dans une action glorieuse les jambes qui m'ont amené à prendre part à tout cela !...

OTHELLO, *à Cassio.*

Comment advint-il, Michaël, que vous vous soyez ainsi oublié ?

CASSIO.

Je vous en prie, pardonnez-moi. Je ne puis parler.

OTHELLO, *à Montano.*

Digne Montano, d'habitude vous étiez civil... le monde a noté la tranquillité, la gravité de votre jeunesse et votre nom est grand dans la bouche des plus sages censeurs. Qu'y a-t-il pour que vous défassiez² ainsi votre réputation et dépensiez les richesses de votre renommée, pour acquérir le renom d'un batailleur de nuit ? Donnez-moi réponse à cela.

MONTANO.

Digne Othello, je suis blessé dangereusement... votre officier, Iago, peut vous informer... tandis que j'épargne mon parler qui me fait du mal — de tout ce que je sais... et je ne sais rien qui ait été dit ou fait par moi de blâmable cette nuit, à moins que la charité pour soi-même ne soit un vice, quand la violence vous attaque...

OTHELLO, *cherchant à se contenir.*

Maintenant, par le ciel, mon sang commence à dominer mes plus sûrs guides et la colère, obscurcissant mon meilleur jugement, tente de s'ouvrir le chemin... si une fois je bouge ou que je lève seulement ce bras, le meilleur d'entre vous s'abattra sous mon indignation... faites-moi connaître comment cette stupide querelle a commencé, qui l'a provoquée : et celui qui sera prouvé l'offenseur, fût-il jumeau avec moi, tous deux en une seule naissance, il me perdra³... Quoi ! dans une ville de guerre, encore farouche, où le cœur du peuple est encore comble de peur, organiser des querelles privées et domestiques, la nuit et dans le corps de garde de Sûreté !... C'est monstrueux !... Iago, qui a commencé ?

---

¹ *The bride and the groom. Groom* est une altération de *goom* qui signifie homme et n'est autre que le mot *Hom*, l'h étant prononcé comme *Gh*.

² *To unlace.* Défaire le lacis, la trame de... le patois normand donne *délâcher* qui a le même sens spécial que *délayer*. Mais la signification *lacis* se retrouve dans le mot *lacs*, filets, provençal, *lassal*.

³ Il ne sera plus rien pour moi.

MONTANO, à *Iago*.

Si par amitié partiale ou esprit de corps, tu dis plus ou moins que la vérité, tu n'es pas un soldat...

IAGO.

Ne me touche pas de si près. J'aimerais mieux avoir cette langue coupée hors ma bouche que de lui permettre d'offenser Michaël Cassio. Mais je suis persuadé que dire la vérité ne peut lui nuire... donc voici, général. Montano et moi étant à causer, alors arrive un camarade criant au secours... et Cassio le suivant avec l'épée, bien déterminé à travailler sur lui... seigneur, ce gentilhomme (*Il montre Montano.*) marche vers Cassio et essaie de l'arrêter. Moi-même je poursuis le criard de peur que par ses clameurs — et comme il arriva ! — la ville ne tombât en frayeur... lui, le pied rapide, esquiva mon dessein et je revins, plutôt parce que j'entendais cliqueter et tomber les épées, tandis que Cassio jurait à pleine voix — ce que, jusqu'à cette nuit, je n'aurais pu dire. Quand je revins — car ce fut court — je les trouvai tout près l'un de l'autre, en coups et assaut... juste comme ils étaient encore, lorsque vous-même... de l'affaire, je ne puis rien dire de plus... mais les hommes sont des hommes... le meilleur quelquefois s'oublie. Quoique Cassio lui ai fait quelque mal, comme les hommes en rage frappent ceux qu'ils aiment le mieux, encore est-il certain que Cassio, je crois, a reçu de celui qui s'est enfui quelque outrage que sa patience ne pouvait supporter...

Je suis blessé !

OTHELLO.

Je sais, Iago, que ton honnêteté et ton affection atténuent l'affaire, en la rendant légère pour Cassio... (*A Cassio.*) Cassio, je t'aime... mais jamais plus tu ne seras de mes officiers... (*Entre Desdemona et sa suite.*)... Vois, si mon gentil amour n'a point été forcé de se lever ?... (*A Cassio.*) Je ferai un exemple sur toi !...

DESDEMONA.

Que se passe-t-il donc, cher !

OTHELLO.

Tout est bien maintenant, ma douce. Va-t-en au lit... (*A Montano.*) Monsieur, pour vos blessures, je serai moi-même votre chirurgien... emmenez-le... (*On emmène Montano.*) Iago, observe avec soin la ville et calme ceux que ce vilain tumulte a troublés... Viens, Desdemona. C'est la vie du soldat que d'avoir ses sommeils calmants éveillés par l'alerte. (*Tous sortent, excepté Iago et Cassio.*)

IAGO, à *Cassio*.

Êtes-vous blessé, lieutenant ?

CASSIO.

Ah !... au-delà de toute chirurgie ?...

IAGO.

Mordieu, que le ciel vous en préserve!...

CASSIO.

Réputation! réputation! réputation!... Oh! j'ai perdu ma réputation... j'ai perdu la partie immortelle de moi-même et ce qui reste est bestial! Ma réputation, Iago, ma réputation[1]!...

IAGO.

Comme je suis un honnête homme, je croyais que vous aviez reçu quelque bles-

Ivre! moi!

sure corporelle... il y a plus de mal à cela que dans la réputation... la réputation est un vain et très faux préjugé... souvent acquise sans en être digne et perdue sans le mériter. Vous n'avez pas perdu de réputation du tout, à moins que vous ne vous réputiez vous-même le perdant. Quoi! camarade, mais il y a des moyens de reconquérir le général! Vous êtes maintenant cassé, dans un moment d'humeur, une punition plutôt de politique que de méchanceté: comme si quelqu'un battait son chien innocent, pour effrayer un lion menaçant!... Sollicitez-le de nouveau, et il est à vous.

CASSIO.

Je voudrais plutôt solliciter le mépris que de tromper un si bon commandant, sur un si léger, si ivrogne et si intempérant officier... Ivre!... et parler perroquet!... et se quereller! et crâner! jurer! parler *fustagno*[2] avec son ombre!... O toi, invisible

---

[1] Le vrai mot serait honneur.

[2] *To discourse fustian with one's own shadow*. — Tous les commentateurs expliquent ce passage comme visant un langage *amphigourique*, un galimatias — et le mot *fustian* viendrait d'une ville Espagnole, *Fustan*, où se serait fabriqué la futaine. Ce ne sont là que fantaisies. Il ne s'agit pas d'une

esprit du vin, si tu n'as pas de nom pour te faire connaître, laisse-moi t'appeler le diable !

IAGO.

Qui était-ce donc que vous poursuiviez avec votre épée ? Que vous avait-il fait ?

CASSIO.

Je ne sais pas.

IAGO.

Est-ce possible !

CASSIO.

Je me rappelle une masse de choses, mais rien distinctement... une querelle, mais rien du pourquoi... Oh ! que les hommes se mettent ainsi un ennemi dans la bouche pour qu'il leur vole la cervelle !... Que nous puissions, avec joie, gaieté, plaisir et applaudissements, nous transformer nous-mêmes en bêtes !

IAGO.

Oui, mais vous êtes maintenant assez bien. Comment vous êtes-vous ainsi reconquis ?

CASSIO.

Il a plu au Diable-Ivresse de céder la place au Diable-Colère... un défaut m'en a montré un autre, pour me mettre franchement en mépris de moi-même.

IAGO.

Allons, vous êtes un moraliste trop sévère... en raison du moment, de l'endroit et de la situation où se trouve ce pays, je désirerais de tout cœur que ceci ne fut pas advenu... mais puisque c'est comme c'est, arrangez cela pour votre propre bien.

CASSIO.

Je lui redemanderai ma place. Il me dira que je suis un ivrogne. Eussè-je autant de bouches que l'hydre, pareille réponse les clora toutes. Être maintenant un homme de sens, puis tout à coup un fou et immédiatement une bête ! O étrange ! Chaque coupe, hors de la règle, est maudite, et l'ingrédient, c'est le diable !

IAGO.

Allons, allons ! le vin est une bonne et familière créature, si on en use bien. Ne déclamez pas davantage contre lui. Et bon lieutenant, je crois... vous croyez que je vous aime...

CASSIO.

Je l'ai bien éprouvé, monsieur... Ivre ! moi !

IAGO.

Vous, ou tout homme vivant, on peut être quelquefois ivre, camarade !... Je vais vous dire ce que vous devrez faire. Le général, c'est maintenant la femme de notre général. Je puis dire cela en ce sens, puisqu'il s'est donné et voué à la contemplation,

---

ville d'Espagne, mais de *Fouchtan,* le port du vieux Caire. Or il se passait là, comme dans tous les ports, un fait de linguistique bien connu. On y parlait — comme aujourd'hui à Marseille, à Calais, à Liverpool, etc. un langage fait de tous les langages — comme le *sabir* franco-arabe — qui portait le nom de *Fouchtian, Fustian,* en italien *fustagno*. Tous les dictionnaires anglais répètent les mêmes erreurs et il n'est pas étonnant que les traducteurs français les aient adoptées. A *Fouchtan,* se fabriquaient la *futaine* et les *fustanelles* portées encore aujourd'hui par les Grecs. Ce langage était analogue au *Pidgin* anglo-chinois, qui est en train de faire le tour du monde. Aujourd'hui *Fustian* a pris place dans l'argot anglais et signifie *bon vin* — futaine, comme nous dirions du velours.

observation et évaluation de ses qualités et grâces. Confessez-vous franchement à elle. Importunez-la. Elle vous aidera à vous remettre dans votre place. Elle est de si franc, aimable, capable et béni caractère qu'elle tient pour un vice dans sa bonté si elle ne fait pas plus qu'elle n'en est requise. Cette jointure brisée, entre vous et son mari, suppliez-la d'y mettre l'éclisse [1], et ma fortune contre n'importe quel gage valant un nom que ce crack de votre affection [2] grandira plus fort qu'il n'était auparavant.

CASSIO.

Vous me conseillez bien.

IAGO.

Je l'affirme, dans la sincérité de mon affection et en honnête bienveillance.

CASSIO.

Je le crois franchement : et, de bonne heure, ce matin, j'irai prier la vertueuse Desdemona de s'entremettre pour moi. Je désespère de mes destinées, si là elles me font échec.

IAGO.

Vous êtes dans le vrai. Bonne nuit, lieutenant. Je dois faire ma ronde.

CASSIO.

Bonne nuit, honnête Iago. (*Il sort.*)

IAGO, *seul*.

Et alors qui dira que je joue le rôle d'un gredin, quand l'avis que je donne est franc et honnête, logique à la réflexion et en vérité, le moyen de reconquérir le Maure ? Car il est très aisé de déterminer Desdemona à se charger de toute honnête entreprise. Elle est bâtie aussi généreusement que les libres éléments. Et pour elle, gagner le Maure — fut-ce à renoncer à son baptême, à tous les sceaux et signes du péché racheté !... — son âme est si bien enchaînée à l'amour d'elle qu'elle peut nouer, dénouer, faire ce qui lui plaît, tant que son caprice joue à la divinité avec sa faiblesse. Donc comment suis-je un gredin de conseiller à Cassio cette démarche parallèle, tout droit pour son bien ? Divinités de l'enfer ! Quand les diables veulent inspirer les plus noirs péchés, ils suggèrent d'abord des visions célestes, comme je fais maintenant... car tandis que cet honnête imbécile pressera Desdemona de réparer sa fortune et qu'elle plaidera fortement sa cause auprès du Maure... moi je verserai cette pestilence dans son oreille — qu'elle ne lui demande son rappel que pour le plaisir de son corps, et, plus elle essaiera de lui faire du bien, plus elle détruira son propre crédit sur le Maure. Ainsi je tournerai sa vertu en piège à glu, et de sa propre bonté, je ferai le filet qui les attrapera tous... (*Entre Roderigo.*) Ah ! Roderigo !...

RODERIGO.

Ici je ne fais que suivre la chasse, non comme un chien courant, mais comme celui qui complète la meute. Mon argent est presque dépensé, j'ai été cette nuit excessivement bien rossé et je crois que l'issue de tout ceci sera — que j'aurai beaucoup d'expérience pour mes peines, puisque, sans plus d'argent du tout et un petit peu plus d'esprit, je retournerai à Venise.

[1] *To splinter*, l'expression a une précision que ne rend pas le mot *raccommoder*, ni surtout la traduction si fantaisiste de Guizot : — *Conjurez-la de renouer ce nœud d'amitié*...

[2] On trouve fréquemment dans Shakespeare, même en prose, ces interversions de termes. Ce n'est pas *the crack* qui grandira, mais *the cracked love*.

IAGO.

Quelles pauvres gens que les sans patience! Quelle blessure s'est jamais guérie sinon par degrés? Tu sais, nous travaillons avec notre esprit, et non avec de la sorcellerie, et l'esprit compte sur les délais de temps. Cela ne va-t-il pas bien? Cassio t'a battu et toi, par ce petit choc, tu as cassé Cassio. Quoique d'autres choses grandissent bellement à contre soleil, pourtant tels fruits, qui les premiers fleurissent, sont les premiers à mûrir. Contiens-toi un peu... par la messe, voilà le matin... Plaisir et activité font que les heures semblent courtes. Retire-toi! va où tu as billet de logement. Va-t-en, te dis-je. Tu en sauras davantage plus tard. Allons, va-t-en! (*Sort Roderigo.*) Il y a deux choses à faire. Ma femme doit agir sur sa maîtresse, pour Cassio. Je l'y enverrai. Moi-même, cependant, je dois tirer le Maure à part et l'amener brusquement au moment où il pourra trouver Cassio sollicitant sa femme... Oui, c'est là le moyen... n'affaiblissons pas nos résolutions par froideur ou retard. (*Il sort.*)

Cassio.

ACTE TROISIÈME

SCÈNE PREMIÈRE

Devant la citadelle.

Entre CASSIO avec des musiciens.

CASSIO

Mes maîtres, jouez ici ; je vous paierai de vos peines... quelque chose de court, et souhaitez le bonjour au général. (*Les musiciens jouent.*)

UN CLOWN, *entrant.*

Hé ! mes maîtres, vos instruments sont-ils donc allés à Naples[1] qu'ils parlent ainsi du nez ?...

PREMIER MUSICIEN.

Comment, monsieur, comment ?

LE CLOWN.

Sont-ils, je vous prie, dénommés instruments à vent ?

[1] Le pays des castrats.

PREMIER MUSICIEN.
Pardi, oui, monsieur, c'en est !...
LE CLOWN, *touchant un des instruments.*
Ho ! par où pend la queue...
PREMIER MUSICIEN.
Par où pend la queue ?
LE CLOWN.
Pardieu, monsieur, il en pend une à maints instruments à vent que je connais... Mais, mes maîtres, voilà de l'argent pour vous... et le général aime si fort votre musique qu'il désire de tout son cœur... que vous ne fassiez pas davantage de bruit...
PREMIER MUSICIEN.
Bien, monsieur, nous n'en ferons pas.
LE CLOWN.
Si vous avez quelque musique qui puisse ne pas être entendue, allez-y encore : car à ce qu'on dit, entendre de la musique, le général ne s'en soucie guère.
PREMIER MUSICIEN.
Nous n'en avons pas de cette sorte, monsieur.
LE CLOWN.
Alors mettez vos pipeaux dans vos sacs ; je vous renvoie... allez ! évanouissez-vous dans l'air... filez ! (*Les musiciens sortent.*)
CASSIO, *au Clown.*
Écoute, mon honnête ami...
LE CLOWN.
Non, je n'écoute pas votre honnête ami... je vous écoute.
CASSIO.
Je t'en prie, cesse tes quolibets. Voilà une pauvre pièce d'or pour toi : si la dame qui est attachée à la femme du général, a bougé, dis-lui qu'un certain Cassio réclame d'elle un petit entretien. Veux-tu ?
LE CLOWN.
Elle a bougé, messire. Si elle bouge par ici, je lui notifierai la chose. (*Entre Iago.*)
CASSIO.
Fais-le, mon bon ami... (*A Iago.*) Vous voilà à point, Iago !
IAGO.
Alors, vous ne vous êtes pas couché ?
CASSIO.
Hé ! non ! le jour avait paru avant que nous nous séparions. Je me suis permis, Iago, d'envoyer auprès de votre femme. Mon but est qu'elle veuille bien me procurer accès auprès de la vertueuse Desdemona.
IAGO.
Je vais l'envoyer chercher tout de suite, et j'aviserai à un moyen d'éloigner le Maure, pour que votre conversation et votre affaire soient plus libres.
CASSIO.
Je vous remercie humblement. (*Iago sort.*) Je n'ai jamais connu un florentin plus aimable ni plus honnête [1].

[1] Cassio est florentin, Iago est vénitien. Donc Cassio veut dire : — je n'ai jamais connu, même dans mon pays, homme plus aimable...

EMILIA, *entrant.*

Bonjour, bon lieutenant. Je suis désolée de vos ennuis. Mais tout ira bientôt mieux. Le général et sa femme sont en train d'en causer : et elle parle en votre faveur, fortement. Le Maure explique que celui que vous avez blessé est de grand renom à Chypre et de grandes relations et qu'en toute sagesse, il ne pourrait que vous refuser. Mais il protesté qu'il vous aime et n'a pas besoin d'autre recommandation que son affection pour saisir au front[1] la plus sûre occasion de vous relever...

CASSIO.

Pourtant, je vous supplie — si vous le jugez convenable et que cela soit possible, procurez-moi l'avantage d'un bref entretien avec Desdemona, seule.

EMILIA.

Je vous en prie, entrez. Je vous conduirai là où vous aurez occasion de parler à cœur ouvert.

CASSIO.

Je vous suis, tout à votre disposition. (*Ils sortent.*)

SCÈNE II [2]

Une chambre dans le même château.

Entrent OTHELLO, IAGO *et des gentilshommes.*

OTHELLO.

Iago, donnez ces lettres au pilote, et par son entremise, rendez mes devoirs au Conseil d'État. Après quoi, je ferai une tournée sur les travaux. Rejoignez-moi là.

IAGO.

Bien, mon bon seigneur, je le ferai.

OTHELLO.

Ces fortifications, messieurs, allons-nous les voir ?

LES GENTILHOMMES.

Nous accompagnerons Votre Seigneurie. (*Ils sortent.*)

SCÈNE III

Devant le château.

Entrent DESDEMONA, CASSIO *et* EMILIA.

DESDEMONA.

Sois assuré, bon Cassio, que je ferai tous mes efforts dans ton intérêt.

---

[1] Nous disons — aux cheveux.

[2] On sait que les indications de lieux de scène n'ont pas été laissées par Shakespeare, mais ont été établies par les commentateurs. En vérité, est-il nécessaire que cette scène et la suivante se passent en lieux différents ? Rien de plus simple que de laisser la scène suivante s'engager à l'intérieur du château puisque tous sortent et laissent la place libre. Il convient de se demander si Shakespeare a bien mérité le reproche — d'avoir trop multiplié les changements de scènes — ou si cette faute appartient à ses éditeurs.

Ces fortifications, messieurs...

EMILIA.

Bonne Madame, faites-le. Je sais que cela fait de la peine à mon mari, comme si l'affaire était la sienne propre.

DESDEMONA.

Oh! c'est un honnête personnage. Ne doutez pas, Cassio, je veux voir mon seigneur et vous [1] aussi bons amis qu'auparavant.

CASSIO.

Généreuse Dame, quoiqu'il advienne de Michaël Cassio, il n'est jamais que votre sincère serviteur.

DESDEMONA.

Je vous remercie, messire. Vous aimez mon seigneur. Vous l'avez connu depuis longtemps et soyez bien certain qu'il ne se tiendra éloigné de vous qu'à distance politique...

CASSIO.

Oui, mais, madame, cette politique peut durer si longtemps ou s'alimenter d'un régime si faible et si maigre ou si bien s'entretenir de quelque circonstance nouvelle, que, moi absent et mon poste pourvu, mon général oublie mon affection et mes services.

DESDEMONA.

N'aie pas ces doutes. Devant Emilia, ici, je te garantis ta place. Sois certain que quand je fais vœu d'amitié, je l'accomplis jusqu'au dernier article. Mon Seigneur n'aura pas de repos, je l'appriviserai par les veilles et lui parlerai au delà de toute patience. Son lit sera une école, sa table un confessionnal... j'intercalerai en toutes choses qu'il fera la requête de Cassio... donc, sois gai, Cassio! Car ta solliciteuse mourrait plutôt que d'abandonner ta cause.

Entrent au fond [2] OTHELLO *et* IAGO.

EMILIA, *à Desdemona.*

Madame, voici Monseigneur.

CASSIO.

Madame, je vais prendre congé.

DESDEMONA.

Pourquoi ? restez, vous m'entendrez parler.

CASSIO.

Madame, pas maintenant. Je suis très mal à l'aise et sans capacité pour mes propres affaires...

DESDEMONA.

Bien, bien, faites à votre guise. (*Cassio sort.*)

IAGO, *entre ses dents.*

Ah! je n'aime pas cela [3].

---

[1] Desdemona emploie indifféremment vis à vis de Cassio le *tu* ou le *vous*.

[2] C'est évidemment ce détail qui a suggéré le changement de scène. Pourquoi Othello et Iago ne se tiendraient-ils pas aussi bien à l'écart dans un intérieur. Question banale de mise en scène.

[3] Noter l'ingéniosité de ce point de départ — de toute l'intrigue criminelle de Iago.

OTHELLO.

Que dis-tu ?

IAGO.

Rien, My Lord... ou si... je ne sais pas quoi.

OTHELLO.

N'était-ce pas Cassio qui a quitté ma femme ?

IAGO.

Cassio, My Lord ?... Non, sûrement, je ne puis croire qu'il s'enfuirait, à la façon d'un coupable, en vous voyant arriver.

OTHELLO.

Je crois que c'était lui.

DESDEMONA, à *Othello.*

Hé bien, My Lord... j'étais ici en conversation avec un solliciteur, un homme qui languit d'être en votre disgrâce.

OTHELLO.

De qui voulez-vous parler ?

DESDEMONA.

Hé, de votre lieutenant Cassio. Mon bon Seigneur, si j'ai quelque grâce ou pouvoir pour vous toucher, acceptez une réconciliation immédiate. Car, si ce n'est pas un homme qui vous aime vraiment, qui a erré par ignorance et non par méchanceté, je n'ai point le discernement d'une honnête figure... je t'en prie, rappelle-le...

OTHELLO.

Est-il parti d'ici, là, tout de suite.

DESDEMONA.

Oui, c'est vrai ! Si abattu qu'il m'a laissé une partie de son chagrin. Je souffre avec lui. Bon amour, rappelle-le...

OTHELLO.

Pas tout de suite, douce Desdemona... une autre fois.

DESDEMONA.

Mais sera-ce bientôt ?

OTHELLO.

Le plus tôt, douce, pour vous.

DESDEMONA.

Sera-ce pour se soir, à souper.

OTHELLO.

Non, pas ce soir.

DESDEMONA.

Alors demain, à dîner.

OTHELLO.

Je ne dînerai pas à la maison. Je dois rejoindre les capitaines à la citadelle.

DESDEMONA.

Alors,... demain soir... ou mardi matin... ou mardi à midi... ou le soir... ou mercredi matin. Je t'en prie, fixe le moment, mais qu'il n'excède pas trois jours. Sur ma foi, il est repentant. Et encore son délit, pour notre vulgaire raison — sauf que, dit-on, la guerre réclame des exemples parmi les meilleurs — est à peine une faute à mériter une réprimande en particulier... quand viendra-t-il ? Dis-moi, Othello ! Je cherche dans mon âme ce que vous pourriez me demander et que je pourrais refuser ou n'accorder qu'avec hésitation... quoi ? Michaël Cassio qui venait me courtiser avec vous et, bien souvent, quand j'avais parlé de vous avec quelque défaveur, a pris votre parti... avoir tant à faire pour le ramener !... Croyez-moi, je pourrais faire beaucoup...

OTHELLO.

Je t'en prie, rien de plus... qu'il vienne quand il voudra. Je ne veux rien te refuser...

DESDEMONA.

Eh mais, ce n'est pas une grâce, c'est comme si je vous priais de mettre des gants ou de manger des plats nourrissants ou de vous tenir chaudement ou de vous soigner pour le profit particulier de votre propre personne... non, non, quand j'aurai une requête sur laquelle je voudrais vraiment éprouver votre amour, elle sera de gros poids et difficulté et effroyable à accorder.

OTHELLO.

Je ne te refuserai rien... là-dessus, je te conjure, accorde-moi ceci... de me laisser un peu à moi-même.

DESDEMONA.

Vais-je vous le refuser ? Non. Adieu, mon seigneur.

OTHELLO.

Adieu, ma Desdemona. Je te rejoindrai vite...

DESDEMONA.

Emilia, venez. (A *Othello*.) Qu'il soit fait comme vous le dicte votre caprice, Quel que vous soyez[1] je suis obéissante. (*Elle sort avec Emilia.*)

OTHELLO.

Excellente pauvrette[2] ! Que la perdition prenne mon âme, mais je t'aime !... et quand je ne t'aimerai pas, le chaos reviendra.

IAGO.

Mon noble seigneur...

OTHELLO.

Que dis-tu, Iago ?

IAGO.

Est-ce que Michaël Cassio, quand vous faisiez la cour à madame, connaissait votre amour ?

OTHELLO.

Certes, du premier point au dernier. Pourquoi cette question ?

IAGO.

Seulement pour la satisfaction de mon idée..., pas d'autre mal.

OTHELLO.

Et quelle est ton idée, Iago ?

---

[1] *Whatever you be*, en quelque disposition que vous soyez.
[2] *Wretch* signifie ordinairement *misérable*, voire *scélérat*. Ici le mot a un sens de gentille pitié. C'est ainsi qu'une mère appelle son bébé *monstre, horreur !*

Ah! je n'aime pas cela.

IAGO.
Je ne croyais pas qu'il fut lié avec elle.
OTHELLO.
Oh, si. Il venait très souvent avec nous.
IAGO.
Vraiment ?
OTHELLO.
Vraiment, oui, vraiment ! Vois-tu quelque chose là-dedans. N'est-il pas honnête ?
IAGO.
Honnête, My Lord ?
OTHELLO.
Oui, honnête.
IAGO.
My Lord, pour ce que j'en sais...
OTHELLO.
A quoi penses-tu ?
IAGO.
Penser, My Lord ?
OTHELLO, *le contrefaisant.*
Penser, My Lord ! Par le ciel, il me fait écho comme s'il y avait quelque monstre dans sa pensée, trop hideux pour être montré... tu veux dire quelque chose. Je t'ai entendu dire, juste maintenant — que tu n'aimais pas cela — quand Cassio a quitté ma femme... qu'est-ce que tu n'aimes pas ? Et quand je t'ai dit — il était de ma société pendant toute la durée de ma cour, tu t'es écrié : Vraiment ?... et tu as froncé tes sourcils, en bourse[1], comme si tu avais enfermé dans ta cervelle quelque horrible conception... Si tu m'aimes, montre-moi ta pensée.
IAGO.
My Lord, vous savez que je vous aime.
OTHELLO.
Je crois que oui et c'est parce que je te sais plein d'affection et d'honnêteté et parce que tu pèses tes mots avant de leur donner ton souffle — c'est pour cela que ces réticences de ta part m'effraient davantage. Pareilles choses, chez un faux et déloyal bandit, sont tours d'habitude. Mais chez un homme qui est juste, elles sont closes révélations s'échappant du cœur et que l'émotion ne peut retenir.
IAGO.
Pour Michaël Cassio, j'ose jurer que je le crois honnête.
OTHELLO.
Je le crois aussi.
IAGO.
Les hommes devraient être ce qu'ils paraissent ou bien, ce qu'ils ne sont pas, je voudrais qu'ils pussent ne pas le paraître.
OTHELLO.
Certainement... les hommes devraient être ce qu'ils paraissent.

[1] La comparaison est intéressante, les plis du front ressemblant aux froncements d'une bourse de cuir, serrée par le cordon.

IAGO.

Hé ! alors... je crois que Cassio est un honnête homme.

OTHELLO.

Non... il y a encore davantage là-dedans... je te prie, parle-moi d'après tes pensées, comme tu les rumines... et à tes pires pensées donne les pires paroles.

IAGO.

Mon bon Seigneur, pardonnez-moi. Quoique je sois tenu à tous les devoirs, je ne suis pas tenu à ce dont tous les esclaves sont libres... sortir mes pensées ! Oui, dites qu'elles sont viles et fausses... où est le palais dans lequel mauvaises pensées ne s'introduisent pas ? Quelle est la poitrine si pure, ou quelques soupçons malpropres ne tiennent leurs assises[1] et leurs audiences et n'aient leur session à côté des méditations légales ?

OTHELLO.

Tu conspires contre ton ami, Iago si tu crois qu'il lui est fait tort et que tu laisses son oreille étrangère à tes pensées.

IAGO.

Je vous supplie... quoique, par aventure, je sois vicieux à ma guise — parce que, je le confesse, c'est une plaie de ma nature que de soupçonner les méfaits et souvent ma défiance forge des fautes qui ne sont pas — je vous prie donc de ne pas tenir compte de quelqu'un qui conjecture si imparfaitement. Ne vous bâtissez pas des inquiétudes sur ses observations incohérentes et sans certitude. Il ne serait bon ni pour votre repos ni pour votre bien ni pour ma dignité d'homme, pour mon honnêteté ni pour ma sagesse, de vous laisser connaître mes pensées.

OTHELLO.

Que veux-tu dire ?

IAGO.

Bon renom, chez homme ou femme, mon cher Lord, est l'immédiat joyau de leurs âmes. Qui vole ma bourse vole une chose insignifiante... c'est quelque chose, ce n'est rien... elle était mienne, elle est sienne et a été l'esclave de milliers... mais celui, qui filoute ma bonne renommée, me dérobe ce qui ne l'enrichit pas et me fait vraiment pauvre.

OTHELLO.

Par le ciel, je connaîtrai ta pensée.

IAGO.

Vous ne le pourriez pas, si mon cœur était dans votre main... et ne le ferez pas, tant qu'il est sous ma garde.

OTHELLO, *cri de rage.*

Ha !

IAGO.

Oh ! prenez garde, My Lord, à la jalousie... c'est le monstre aux yeux verts, qui produit[2] la nourriture qu'il mange... ce cocu-là vit en joie qui, certain de son sort,

---

[1] *Leets*, d'où *lit de justice* qui n'est pas un siège ou un trône où siège le roi, mais dont l'étymologie se trouve dans *lis, litis*, procès.

[2] Il y a ici deux versions — *doth mock* — qui se moque de — ou *doth make*, qui fabrique, qui produit. Bien que la première vienne des anciennes éditions, cependant il faut choisir la seconde qui a seule un sens logique.

n'aime pas sa malfaitrice... mais, oh! quelles minutes damnées il compte, celui qui aime — et pourtant doute — qui soupçonne et qui pourtant aime de toutes ses forces !

OTHELLO.

O misère !

IAGO.

Pauvre et content, c'est être riche et assez riche ! Mais richesse infinie est aussi pauvre que l'hiver pour celui qui toujours craint d'être pauvre... Bon ciel ! les âmes de toute ma tribu, défends-les de la jalousie !

OTHELLO.

Quoi ? Pourquoi cela ? Crois-tu que je voudrais mener une vie de jalousie à suivre de continuels soupçons selon les phases de la lune ? Non, être une fois dans le doute c'est... une affaire une fois réglée... Échange-moi pour un bouc, le jour où je tournerai les intérêts de mon âme vers pareilles imaginations gonflées et boursouflées, assorties à tes déductions... Ce n'est pas me rendre jaloux que de dire de ma femme qu'elle est belle, qu'elle est de bonne santé [1], qu'elle aime la société, qu'elle est franche de langage, chante, joue et danse bien... Où est la vertu, ces choses sont plus vertueuses. Non plus de mes propres et faibles mérites je ne tirerai la moindre crainte ni soupçon d'un changement de sa part [2]. Car elle avait des yeux et elle m'a choisi... Non, Iago... avant de douter, je verrai... si je doute, je prouverai et, sur la preuve, il n'y aura rien de plus que ceci — arrière à la fois l'amour ou la jalousie !

IAGO.

J'en suis content. Car maintenant j'ai une raison pour vous montrer d'un esprit plus franc mon affection et le dévouement que je vous porte : donc, comme j'y suis tenu, recevez ceci de moi... je ne parle pas encore de preuve. Regardez votre femme, observez-la bien avec Cassio... usez de vos yeux... pas de jalousie, mais pas de sécurité. Je ne voudrais pas voir votre franche et noble nature trompée, de par sa bonté même... regardez-y. Je connais très bien le caractère de notre pays. A Venise, elles laissent le ciel voir les malices qu'elles n'osent pas montrer à leurs maris... leur meilleure conscience c'est — non de ne pas faire, mais de garder secret...

OTHELLO.

Dis-tu cela ?

IAGO.

Elle a trompé son père, en vous épousant... et c'était quand elle semblait frissonner et craindre vos regards qu'elle les aimait le plus...

OTHELLO.

Ainsi faisait-elle, oui !...

IAGO.

Eh bien, allez, elle qui si jeune pouvait se donner une telle apparence pour sceller les yeux de son père, serrés comme du chêne [3]... il croyait que c'était sorcellerie !...

---

[1] *Feeds well*, que la nourriture lui profite.

[2] *Her revolt*. Ici *revolt* est pris dans le sens du latin *revolvere*, se transformer (Tertullien).

[3] *Close as oak*, la comparaison est singulière, mais compréhensible. Pourtant on a proposé de substituer *wax*, cire. Mais *close as wax* ne donnerait pas une construction logique. Enfin F. V. Hugo a trouvé *comme sous le chaperon d'un faucon*. En l'absence de toute note ou explication, on ne sait où a été opérée cette découverte.

Mais je suis fort à blâmer... et je sollicite humblement votre pardon... pour vous trop aimer...

OTHELLO.

Je suis lié à toi à jamais.

IAGO.

Je vois, cela a un peu troublé vos esprits...

OTHELLO.

Pas un iota, pas un iota.

IAGO.

Soyez franc, je crains que si. J'espère, vous considérerez que ce qui a été dit vient de mon affection... Mais je vois combien vous êtes ému... je dois vous supplier de ne pas élargir mes paroles à plus grandes conclusions, à plus longue portée... qu'au soupçon...

OTHELLO.

Je ne le ferai pas.

IAGO.

Le fissiez-vous, Monseigneur, que mes paroles tomberaient en conséquences viles que mes pensées ne recherchent pas. Cassio est mon digne ami... Monseigneur, je vois que vous êtes ému...

OTHELLO.

Non, pas très ému! Je ne crois rien, sinon que Desdemona est honnête.

IAGO.

Qu'elle vive longtemps ainsi! et que vous viviez longtemps à le croire!

OTHELLO.

Et pourtant la nature, errant hors d'elle-même [1]...

IAGO.

Oui, voilà le point !... Comme aussi — pour être franc avec vous — de n'avoir point accepté de nombreux partis proposés, de son climat, de sa complexion, de son rang, ce à quoi, nous le voyons en toutes choses, tend la nature... Hé ! on pourrait sentir là-dedans, des goûts outrés, un déséquilibre mauvais, des pensées point naturelles... Mais pardonnez-moi ! je ne parle pas, dans l'espèce, exactement d'elle... quoique je puisse craindre que son opinion, revenant à meilleur jugement vous mette en comparaison avec les... formes de son pays et (peut-être [2]) se repente...

OTHELLO, *s'écartant brusquement.*

Adieu, adieu ! Si tu en vois plus, fais-m'en savoir plus... Occupe-toi d'observer ta femme... laisse-moi, Iago.

IAGO, *prêt à sortir.*

My Lord, je prends congé...

OTHELLO, *à part.*

Pourquoi me suis-je marié ?... Cette honnête créature, sans doute, en voit et en sait plus, beaucoup plus qu'elle n'en dévoile.

IAGO, *revenant.*

My Lord, je voudrais... je devrais supplier votre honneur de ne pas vous monter [3]

---

[1] C'est le sens de l'italien *Traviata*.
[2] La parenthèse est dans le texte.
[3] *To scan, ascendere.*

plus avant sur cette affaire. Laissez-la au temps. Et bien qu'il fut convenable que Cassio eût son poste (car, sûrement, il le remplit avec grande habileté) pourtant s'il vous plaisait de l'en tenir dehors quelque temps, vous découvririez par là et ce qu'il est et ce qu'il peut faire. Notez, si votre femme pousse à sa réintégration avec une forte et véhémente importunité, il pourra être vu beaucoup en cela. Jusque là, croyez de moi que je suis trop actif dans mes craintes — comme je le suis, j'ai digne cause de le craindre — et tenez-la pour innocente, j'en supplie votre Honneur.

OTHELLO.

Ne craignez rien de mon sang-froid.

IAGO.

Encore une fois, je prends congé. (*Il sort.*)

OTHELLO.

Ce compagnon est d'une excessive honnêteté et connaît, d'un esprit bien instruit, toutes les valeurs des actions humaines. Si j'ai la preuve qu'elle est hagarde [1], quand même ses liens seraient les chères fibres de mon cœur, je la sifflerais loin de moi et la laisserais, hors du vent, piller au hasard... Peut-être, parce que je suis noir et n'ai pas ces doux modes de conversation qu'ont les gens de salon [2]... ou bien parce que je décline sur le val des années (*avec une gaîté forcée*). Après tout, c'est peu de chose... elle est partie !... Je suis trompé et mon soulagement doit être... de l'abhorrer... O malédiction du mariage ! 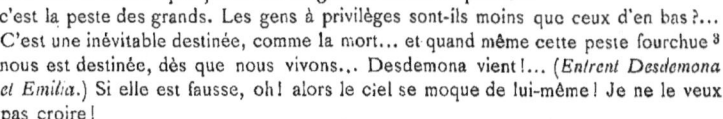 que nous puissions dire que ces délicates créatures sont nôtres... mais non point leurs passions ! J'aimerais mieux être un crapaud et vivre dans les miasmes d'un cachot que de laisser un coin de la chose que j'aime à l'usage des autres... pourtant c'est la peste des grands. Les gens à privilèges sont-ils moins que ceux d'en bas ?... C'est une inévitable destinée, comme la mort... et quand même cette peste fourchue [3] nous est destinée, dès que nous vivons... Desdemona vient !... (*Entrent Desdemona et Emilia.*) Si elle est fausse, oh ! alors le ciel se moque de lui-même ! Je ne le veux pas croire !

DESDEMONA.

Eh bien, mon cher Othello ! Votre dîner et les braves insulaires par vous invités attendent votre présence.

OTHELLO.

Je suis à blâmer.

DESDEMONA.

Pourquoi votre parole est-elle aussi faible ? Vous n'êtes pas bien ?

[1] Cette expression absolument française et qui n'a d'autre défaut que de n'être pas connue indique le faucon qui a été pris après une première mue et qui par conséquent est plus difficile à apprivoiser. Othello veut donc dire : Si Desdemona a déjà aimé... Pour le mot *hagard*, voir Littré. Toute la comparaison repose sur les coutumes de fauconnerie. Les *jesses*, liens, sont les fines lanières avec lesquelles on entrave les pattes du faucon — on siffle pour appeler ou chasser la bête.

[2] *Chamberers*, gens qui tiennent bien leur place dans une chambre, dans un boudoir. Le salon s'appelle aujourd'hui *parlour*, qui procède du même sens.

[3] *Forked*, à cornes de fourche.

OTHELLO, *portant la main à sa tête.*
J'ai une douleur au front, ici [1].

DESDEMONA.

Sur ma foi, c'est de trop veiller : (*Lui mettant son mouchoir autour du front.*) cela se passera. Laissez-moi seulement vous bander cela, fort, et en une heure, ce sera bien.

OTHELLO, *arrachant le mouchoir qui tombe à terre.*

Votre mouchoir est trop petit... laissez cela tranquille. Allez, j'entrerai avec vous.

DESDEMONA.

Je suis très fâchée que vous ne soyez pas bien. (*Othello sort avec Desdemona.*)

EMILIA, *seule, ramassant le mouchoir.*

Je suis aise d'avoir trouvé ce mouchoir. C'était son premier souvenir du Maure. Mon bourru de mari m'a cent fois priée de le dérober. Mais elle aime si fort ce gage (car il l'a conjurée de le garder toujours) qu'elle l'a toujours en réserve auprès d'elle, pour l'embrasser ou lui parler. J'en ferai ouvrer un pareil et le donnerai à Iago. Ce qu'il en veut faire, le ciel le sait, mais pas moi. Et moi... rien que pour complaire à sa fantaisie...

IAGO, *entrant.*

Hé bien ! que faites vous seule ici ?

EMILIA.

Ne grondez pas. J'ai une chose pour vous.

IAGO.

Une chose pour moi... c'est une chose commune...

EMILIA.

Ha !

IAGO.

Que d'avoir une femme bête...

EMILIA.

Oh ! c'est tout ? Qu'est-ce que vous me donnerez maintenant pour certain mouchoir ?...

IAGO.

Quel mouchoir ?

EMILIA.

Quel mouchoir ! Hé, celui que le Maure a donné à Desdemona et que si souvent vous m'avez priée de dérober...

IAGO.

Tu le lui as dérobé ?

EMILIA.

Non, ma foi. Elle l'a laissé tomber par négligence, et, comme j'étais là, j'en ai profité pour le ramasser. Tenez, le voilà... (*Elle lui montre le mouchoir.*)

IAGO.

Une bonne fille ! donne-le moi.

EMILIA.

Qu'est-ce que vous voulez en faire, que vous avez été si pressant à me le faire chiper...

[1] Allusion aux cornes.

IAGO, *le lui arrachant.*

Qu'est-ce que cela vous fait ?

EMILIA.

Si ce n'est pas pour quelque dessein d'importance, rendez-le moi. Pauvre dame ! elle deviendra folle, quand elle verra qu'il lui manque.

IAGO.

Qu'on ne vous sache pas là-dedans. J'en ai l'emploi. Allez, laissez-moi.., (*Emilia sort.*) Je vais perdre ce mouchoir dans le logis de Cassio, il le trouvera... Des riens, légers comme l'air, sont pour les jaloux confirmations faites comme preuves de la Sainte Écriture. Ceci pourra faire quelque chose. Le Maure déjà est tout changé par mon poison. Pensées dangereuses sont, par nature, des poisons qui d'abord sont à peine trouvées de mauvais goût, mais qui, par la moindre action sur le sang, brûlent comme des mines de soufre... je l'ai dit... (*Entre Othello, sans le voir — Iago, à part.*) Tenez, le voilà qui arrive... ni pavot ni mandragore ni tous les sirops engourdissants du monde ne te guériront jusqu'à ce doux sommeil que tu possédais hier,..

OTHELLO, *se croyant seul.*

Ha! Ha! Fausse pour moi !...

IAGO, *s'avançant.*

Allons, allons, général ! plus de cela !

OTHELLO.

Arrière ! Va-t-en ! tu m'as mis au chevalet[1]... je le jure, vaudrait mieux être beaucoup trompé que de ne le savoir qu'un peu !

IAGO.

Voyons, voyons, My Lord !

OTHELLO.

Quel sentiment avais-je de ses heures de luxure, à moi volées ! Je ne le voyais pas, je n'y pensais pas, je n'en souffrais pas ! La dernière nuit, j'ai bien dormi, j'étais libre et joyeux. Je n'ai pas trouvé les baisers de Cassio sur ses lèvres. Celui qui est volé — si ce qui lui est volé ne lui fait pas défaut — laissez-le ne rien savoir et il n'est pas volé du tout !...

IAGO.

Je suis fâché d'entendre cela.

OTHELLO.

J'aurais été heureux — si tout le camp, les pionniers, tout le monde, avaient tâté[2] de son doux corps — si je n'en avais rien su... ô maintenant pour jamais adieu à l'esprit tranquille ! adieu à la joie ! Adieu la troupe à plumets et les grandes guerres qui font de l'ambition une vertu ! adieu ! Adieu le cheval hennissant et la trompette vibrante, le tambour qui met l'esprit en branle, le fifre perce-oreilles, la royale bannière... et toute qualité, l'orgueil, la pompe et les exploits de glorieuse guerre !...

---

[1] *On the rack.* Le *rack* est un instrument qui sert à distendre les membres ; le corps étant étendu sur une plate-forme, deux rouleaux sont adaptés l'un à quelque distance de la tête, l'autre des pieds. Des cordes sont attachées aux pieds et aux mains et s'enroulent autour des rouleaux, qu'on fait tourner à l'aide de leviers, si bien que les cordes raccourcies étirent les bras et les jambes.

[2] *To taste* — c'est exactement le mot *tâter*, *taster*, mais peu à peu, le sens s'est spécialisé en anglais et est devenu *goûter*, le goût étant une des formes du tact, du toucher.

et vous, ô engins de mort, dont les rudes gosiers contrefont les furieuses clameurs de l'immortel Jupiter, adieu ! la tâche d'Othello est finie !

IAGO.

Est-il possible ?... mon Seigneur !...

OTHELLO.

Misérable ! ne manque pas de me prouver que mon amour est une catin !... n'y manque pas !... donne-moi la preuve oculaire ! (*Le prenant à la gorge.*) Ou par la valeur de mon âme éternelle, il vaudrait mieux pour toi être né chien que d'avoir à répondre à l'éveil de ma fureur !

IAGO.

Cela en est-il là ?

OTHELLO.

Fais-moi voir cela ! ou au moins prouve-le de telle sorte que la preuve n'ait ni angle, ni saillie [1] pour y pendre le soupçon... ou bien, malheur sur ta vie !

IAGO.

Mon noble Seigneur !

OTHELLO.

Si tu la calomnies et que tu me tortures, ne prie plus jamais ! renonce à tout remords... sur la tête de l'horreur accumule les horreurs... commets des actes qui fassent le ciel pleurer, toute la terre être stupéfiée... car tu ne peux ajouter rien à la damnation qui soit plus grand que cela !...

IAGO.

Oh ! grâce ! que le ciel me défende ! Êtes-vous un homme ! avez-vous une âme, avez-vous du sens ! Que Dieu soit avec vous ! reprenez mon emploi !... O misérable imbécile qui as vécu pour que de ton honnêteté on fît un vice !... O monde monstrueux !... Prends note, prends note, ô monde, que d'être droit et honnête, ce n'est pas sûr !... Je vous remercie pour cette leçon... car, dès maintenant, je n'aimerai plus un ami, puisque l'amour engendre telles offenses ! (*Il va pour sortir.*)

OTHELLO.

Non, reste... tu pourrais être honnête...

IAGO.

Je pourrais être sage... car l'honnêteté est une bête qui perd ce pour quoi elle travaille.

OTHELLO.

Par l'univers... je crois que ma femme est honnête et crois qu'elle ne l'est pas ! Je crois que tu es juste et crois que tu ne l'es pas... je veux avoir une preuve !... sa réputation qui était aussi fraîche que le visage de Diane est maintenant grimaçante et noire comme ma propre face... s'il y a là des cordes, des couteaux, du poison, du feu ou des vapeurs suffocantes... je n'endurerai pas cela ! je voudrais avoir satisfaction !...

IAGO.

Je vois, Seigneur, que vous êtes gorgé de passion. Je me repens de ce que j'ai mis en vous. Vous voudriez avoir satisfaction...

---

[1] *Hinge or loop.* — Il faut revenir au sens étymologique de ces deux mots : *hinge*, *eng*, angle — *loop*, *saillie*, loupe. Aujourd'hui *hinge* signifie charnière et *loop*, nœud.

OTHELLO.
Je voudrais... non... je veux!...
IAGO.
Et vous pouvez... mais comment? quelle satisfaction, mon Seigneur? Voudriez-vous, en voyeur, grossièrement assister bouche béante... la voir saillir [1]...
OTHELLO.
Mort et damnation! Ho!

Oh! du sang!

IAGO.
Il y aurait une ennuyeuse difficulté, je crois, à les amener à donner ce spectacle... Damnation sur eux, alors, si jamais yeux mortels — autres que les leurs — les voient au traversin... Quoi alors? Comment? Que dirai-je? Où est la satisfaction? Il est impossible que vous voyiez cela... fussent-ils aussi primitifs que des boucs, aussi chauds que des singes, aussi salaces que des loups en rut, fussent-ils de ces fous grossiers que l'inconscience fait des ivrognes! Et pourtant, je le dis, si les probabilités, si de fortes circonstances — qui mènent directement à la porte de la vérité — peuvent vous donner satisfaction... vous pouvez avoir cela.
OTHELLO.
Donne-moi une vivante raison qu'elle est déloyale...

[1] *Tupped.* Il y a lieu de se demander si le mot d'argot *toupie,* pour femme débauchée, n'a point pour racine *To Tup.* D'après Wedgwood, *toupi* signifiait en vieux français *bélier.*

IAGO

Je n'aime pas le métier... mais, puisque je suis entré si loin dans cette affaire, poussé par imbécile honnêteté et affection — j'irai de l'avant. Dernièrement je couchais avec Cassio, et troublé par une rage de dents, je ne pouvais dormir. Je l ai entendu dire dans son sommeil : « — Douce Desdemona, soyons prudents... cachons nos amours! » Et alors, Seigneur, il m'agrippait, me tordait la main, criant : « — O douce créature! » et alors de m'embrasser dur, comme s'il arrachait jusqu'aux racines des baisers qui croissaient sur mes lèvres... puis il posait sa jambe sur ma cuisse et soupirait et embrassait... et enfin il cria : « — Sort maudit qui t'a donnée au Maure! »

OTHELLO.

Oh! monstrueux! monstrueux!

IAGO.

Non, c'était seulement un rêve!

OTHELLO.

Mais cela dénotait une conclusion antérieure !,.. c'est d'un méchant soupçon, quoique ce soit un rêve!...

IAGO.

Et ceci peut aider à grouper d'autres preuves qui ne démontrent que légèrement.

OTHELLO, *éclatant*.

Je la déchirerai toute en pièces!

IAGO.

Non... soyez sage... nous ne voyons encore rien de fait... elle peut encore être honnête. Seulement, dites-moi ceci.,. n'avez-vous pas vu quelquefois un mouchoir, brodé de fraises, aux mains de votre femme...

OTHELLO.

Je lui en ai donné un pareil. Ce fut mon premier cadeau.

IAGO.

Je ne sais pas cela: mais avec un mouchoir pareil — je suis sûr qu'il était à votre femme — j'ai vu aujourd'hui Cassio s'essuyer la barbe...

OTHELLO.

Si c'est celui-là!...

IAGO.

Si c'est celui-là ou n'importe lequel des siens, cela parle contre elle avec les autres preuves...

OTHELLO.

Oh! que cet esclave ait quarante mille vies! une est trop pauvre, trop faible pour ma vengeance! Maintenant je vois que c'est vrai... Écoute, Iago. Tout mon fol amour, maintenant je le jette au ciel!... il est parti!... Lève-toi, noire vengeance, de ton profond cachot! Cède, ô amour, ta couronne et ton trône et ton cœur [1] à la haine tyrannique! Grossis, mon sein, sous ta charge, car elle est de langues d'aspic!

IAGO.

Je vous en prie, contenez-vous !

OTHELLO.

Oh! du sang, Iago, du sang!

[1] *Hearted throne.*

OTHELLO

IAGO.
Patience, vous dis-je. Vos intentions, d'aventure, peuvent changer...

OTHELLO.
Jamais. Comme en la mer Pontique [1], dont le courant glacé et le cours impulsif ne sentent jamais le reflux rétrograde, mais vont droit à la Prépontide et à l'Hellespont, — ainsi mes pensées sanglantes, d'un pas violent, jamais ne regarderont en arrière, jamais ne reflueront vers l'humble amour, jusqu'à ce qu'une vengeance, creuse et vaste, les engloutisse!... Et maintenant, par le ciel de marbre, là-bas, avec le respect que réclame un vœu sacré (*il s'agenouille*), j'engage ici ma parole...

IAGO.
Ne vous levez pas encore! (*Il s'agenouille*.) Soyez témoins, vous, lumières là-haut toujours brûlantes! Vous, éléments, qui nous enveloppez, tout alentour! Soyez témoins, qu'ici Iago cède la mise en œuvre de son esprit, de ses mains, de son cœur, au service d'Othello outragé! Qu'il commande et obéir sera ma façon de me repentir [2], si sanglante que soit la tâche! (*Tous deux se relèvent*.)

OTHELLO.
Je salue ton affection, non par de vains remercîments, mais en sincère acceptation et veux aussitôt te mettre à l'œuvre. D'ici trois jours que je t'entende dire que Cassio n'est plus vivant.

IAGO.
Mon ami est mort... c'est fait à votre requête... mais... laissez-la... vivre...

OTHELLO.
Qu'elle soit damnée, lascive coquette! Oh! qu'elle soit damnée! Allons, quitte-moi [3]. Je veux me retirer pour me procurer quelques rapides moyens de mort pour la belle diablesse. Maintenant tu es mon lieutenant.

IAGO.
Je suis à vous pour toujours. (*Ils sortent*.)

SCÈNE IV

Même lieu de scène.

Entrent DESDEMONA, EMILIA *et* LE CLOWN.

DESDEMONA.
Savez-vous, gamin [4], où demeure le lieutenant Cassio?

---

[1] La mer Noire.
[2] *To obey shall be in me remorse*. Nous proposons ce sens qui paraît logique et ressortissant au texte. On affirme que le mot *remorse* avait autrefois le sens de pitié. F. V. Hugo a écrit : — *L'obéissance sera de ma part tendresse d'âme*. — Montégut : — *Obéir sera pour moi acte de compatissante bonté*. Il semble que la traduction proposée soit beaucoup plus nette.
[3] *Go with me apart* — *vas à part d'avec moi* — et non : — *éloignons-nous*, ni — *viens avec moi en un lieu à l'écart* — ce qui est absolument contraire au sens.
[4] *Sirrah*, mot sans signification précise qui, selon celui qui le prononce ou celui à qui il est adressé, prend un sens plus ou moins familier ou dédaigneux. Ici, il ne doit être traduit ni par *drôle* ni par *maraud*.

LE CLOWN.

J'ose dire, il ment [1] n'importe où...

DESDEMONA.

Quoi, l'homme ?

LE CLOWN.

C'est un soldat ! dire qu'un soldat ment, c'est un coup d'épée.

DESDEMONA.

Va donc... où loge-t-il ?

LE CLOWN.

Vous dire où il loge, c'est vous dire où je mens.

DESDEMONA, à *Emilia.*

Peut-on rien tirer de lui ?

LE CLOWN.

Je ne sais pas où il loge : et pour moi, désigner un logement et dire — il demeure ici ou il demeure là — serait mentir par ma propre gorge.

DESDEMONA.

Pouvez-vous vous informer de lui et être fixé par renseignements ?

LE CLOWN.

Je catéchiserai le monde pour lui... ce qui est faire des questions et d'après les questions répondre.

DESDEMONA.

Cherchez-le : invitez-le à venir ici. Dites-lui que j'ai ému mon Seigneur en sa faveur et que, je l'espère, tout ira bien.

LE CLOWN.

Faire cela est dans le compas de l'esprit d'un homme, c'est pourquoi j'essaierai de le faire [2]. (*Il sort.*)

DESDEMONA.

Où aurais-je perdu ce mouchoir, Emilia ?

EMILIA.

Je ne sais pas, madame.

DESDEMONA.

Croyez-moi, j'aurais mieux aimé perdre ma bourse pleine de crusades [3]. Et si ce n'est que mon noble Maure est franc d'esprit et à l'abri de pareille bassesse, comme le sont les êtres jaloux, ce serait assez pour le mettre en mauvaises pensées.

EMILIA.

Il n'est pas jaloux ?

DESDEMONA.

Qui ? Lui ? Je crois que le soleil, sous lequel il est né, a retiré de lui tous ces défauts.

---

[1] *To lie,* signifie *demeurer* et *mentir.* Shakespeare use beaucoup de ce calembourg. Voir *Hamlet.* Nous nous dispensons d'à peu près.

[2] C'est toujours le même procédé : un intermède presque grotesque au milieu de l'action tragique et pourtant faisant corps avec elle.

[3] Monnaies marquées d'une croix.

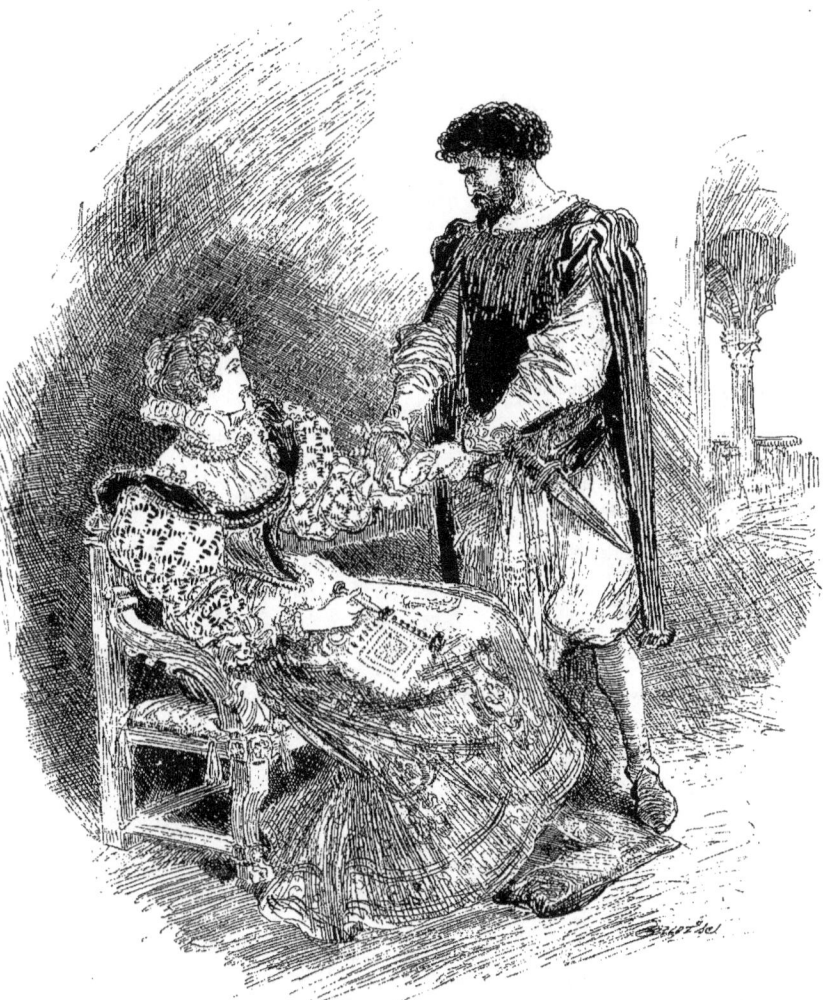

Cette main est morte, madame...

EMILIA.

Voyez, il vient ici.

DESDEMONA.

Je ne vais plus le quitter, jusqu'à ce qu'il ait rappelé Cassio. (*Entre Othello.*) Comment cela va-t-il, mon Seigneur ?

OTHELLO.

Bien, ma bonne Dame. (*A part.*) O ! dureté de feindre !... (*Haut.*) Comment allez-vous, Desdemona ?

DESDEMONA.

Bien, mon bon Seigneur.

OTHELLO.

Donnez-moi votre main. Cette main est moite, ma Dame.

DESDEMONA.

Elle n'a pas encore ressenti les effets de l'âge ni connu la tristesse.

OTHELLO.

Ceci indique la fécondité et... un cœur libéral. Chaude, chaude et moite ! Cette main, la vôtre, requiert séquestre de liberté, jeûne et prière, beaucoup de mortifications, de dévots exercices. Car il y a là un diable jeune et suant qui fréquemment se rebelle. C'est une bonne main, franche...

DESDEMONA.

Vous pouvez le dire, en vérité : car c'est cette main là qui a donné mon cœur.

OTHELLO.

Une main libérale ! Les cœurs, jadis, donnaient les mains, mais notre nouvelle devise est : — Des mains, non des cœurs.

DESDEMONA.

Je ne puis parler de cela... Voyons, votre promesse ?

OTHELLO.

Quelle promesse, ma poule ?

DESDEMONA.

J'ai envoyé prier Cassio de venir vous parler.

OTHELLO.

J'ai un mauvais et opiniâtre rhume qui me gêne... prêtez-moi votre mouchoir.

DESDEMONA, *lui présentant un mouchoir.*

Voici, My Lord.

OTHELLO.

Celui que je vous ai donné.

DESDEMONA.

Je ne l'ai pas sur moi.

OTHELLO.

Non ?

DESDEMONA.

Non, vraiment, My Lord...

OTHELLO.

C'est une faute. Ce mouchoir, une égyptienne l'a donné à ma mère. C'était une charmeresse qui pouvait presque lire les pensées des gens. Elle lui dit que tant qu'elle le garderait, il la rendrait aimable et soumettrait entièrement mon père à son amour, mais que si elle le perdait ou... en faisait don, les yeux de mon père la regarderaient avec dégoût et que son esprit irait à la chasse de nouvelles fantaisies. Elle, en mourant, me l'a donné et m'a ordonné, quand ma destinée serait de prendre femme, de le lui donner. Je l'ai fait : et prenez en soin, faites-en votre chéri comme de vos yeux précieux : le perdre... ou le donner serait telle perdition que rien ne pourrait lutter contre elle...

DESDEMONA.

Est-il possible ?

OTHELLO.

C'est vrai : il y a une magie dans son tissu. Une sibylle qui avait compté dans le monde deux cents révolutions du soleil, en prophétique fureur, a tissé cet ouvrage. Ce sont des vers consacrés qui ont produit la soie et elle a été teinte dans la mumie[1] en laquelle les gens habiles conservaient des cœurs de vierges...

DESDEMONA.

Quoi ! est-ce vrai ?

OTHELLO.

Très véritable. C'est pourquoi veillez-y bien.

DESDEMONA.

Alors que le ciel eut voulu que je ne l'eusse jamais vu !

OTHELLO.

Ha ! pourquoi ?

DESDEMONA.

Pourquoi me parlez-vous si sévèrement, si durement ?

OTHELLO.

Est-il perdu ? est-il parti ?... parlez, est-il égaré ?...

DESDEMONA.

Que le ciel nous bénisse !

OTHELLO.

Vous dites ?

DESDEMONA.

Il n'est pas perdu !... mais quoi donc... s'il l'était !

OTHELLO.

Ha !

DESDEMONA.

Je dis... il n'est pas perdu !

OTHELLO.

Allez le chercher... faites-le moi voir !

DESDEMONA.

Oui... je le puis... mais je ne le veux pas maintenant. Ceci est un tour pour me détourner de ma poursuite. Je vous en prie, que Cassio soit reçu de nouveau !

OTHELLO.

Allez me chercher le mouchoir... mon esprit se défie...

DESDEMONA.

Voyons, voyons, vous ne trouverez jamais homme plus capable.

---

[1] *Mumie*, gomme balsamique, carabe des persans — qui l'appellent *moum*, d'où *momie*, cadavre préparé avec cette matière.

OTHELLO.

Le mouchoir !

DESDEMONA.

Je vous en prie, parlez-moi de Cassio.

OTHELLO.

Le mouchoir!

DESDEMONA.

Un homme qui, de tout temps, a fondé sa bonne fortune sur votre affection, qui a partagé vos dangers.

OTHELLO.

Le mouchoir !

DESDEMONA.

En sincérité, vous êtes à blâmer !...

OTHELLO.

Arrière ! (Il la repousse et sort.)

EMILIA.

Cet homme n'est-il pas jaloux ?

DESDEMONA.

Je n'ai jamais vu cela auparavant. Sûrement, il y a quelque magie dans ce mouchoir. Je suis bien malheureuse de cette perte !

EMILIA.

Ce n'est pas une année ou deux qui nous montrent un homme. Ce ne sont tous que des estomacs et nous toutes ne sommes que leur nourriture : ils nous mangent avec appétit, et quand ils sont pleins, ils nous vomissent. Voyez ! Cassio et mon mari ! (Entrent Iago et Cassio.)

IAGO, à Cassio.

Il n'y a pas d'autre moyen. C'est elle qui doit le faire... (Apercevant Desdemona.) Hé là! quel bonheur ! Allez et sollicitez-la...

DESDEMONA.

Hé bien! bon Cassio ! qu'y a-t-il de nouveau pour vous ?

CASSIO.

Madame, ma précédente requête. Je vous supplie que, par vos vertueux moyens, je puisse encore vivre, et avoir une part [1] de son affection, à lui que j'honore de tout le dévouement de mon cœur. Je voudrais n'être pas retardé. Si mon offense était de nature mortelle, que ni les services passés ni mes présents chagrins, ni mes résolutions de futur mérite, ne pussent payer ma rançon, pour rentrer dans son affection, alors le savoir serait pour moi un bienfait. Alors, je m'envelopperai d'une résignation forcée et m'enfermerai en quelque autre carrière, à l'aumône du hasard !

[1] Littéral. Être un membre de...

Dieu vous sauve, ami Cassio.

DESDEMONA.

Hélas! trois fois gentil Cassio, mes adjurations ne sont pas maintenant dans la note. Mon Seigneur n'est pas mon Seigneur : et je ne le reconnaîtrais pas, s'il était altéré de visage comme de caractère. Aussi aidez-moi, vous, Esprits sanctifiés! J'ai parlé pour vous de mon mieux et me suis trouvée à la cible de son déplaisir, par mon franc langage! Il faut que vous soyez un peu patient. Ce que je pourrai, je le ferai : et plus que je n'ose pour moi-même. Que cela vous suffise!

IAGO.

Monseigneur est-il en colère ?

EMILIA.

Il sort justement d'ici, et certainement, en étrange agitation.

IAGO.

Peut-il être en colère ? J'ai vu le canon éparpiller des rangs entiers dans les airs et, comme le diable, emporter de ses bras même son propre frère... et peut-il être en colère ?... alors, pour un moment. Je vais le rejoindre. Il faut qu'il y ait quelque matière là-dedans, s'il est en colère...

DESDEMONA.

Je t'en prie, fais cela. (*Iago sort.*) Quelque chose du Sénat, bien sûr, ou de Venise : ou quelque complot secret révélé ici à Chypre contre lui... cela a troublé [1] son clair esprit. En pareil cas, les caractères des hommes bataillent avec les petites choses, quoique les grandes soient leur véritable objet. C'est tout à fait ainsi : car, que le doigt vous fasse mal, et cela amène nos autres membres, sains, en cette sensation de peine. Non, il nous faut le croire, les hommes ne sont pas des dieux, et ne pas attendre d'eux telles observances, bonnes pour le jour des noces. Gronde-moi beaucoup, Emilia : je faisais — laide guerrière [2] que je suis — le procès de sa méchanceté devant mon âme. Mais maintenant je trouve que j'ai suborné les témoins et que l'inculpation est fausse !

EMILIA.

Priez le ciel que ce soit affaire d'état, comme vous dites et non imagination ni fantaisie jalouse qui vous concerne.

DESDEMONA.

Malheureux jour ! Je ne lui donnai jamais de motif...

EMILIA.

Mais les âmes jalouses n'acceptent pas de telles réponses : elles ne sont jamais jalouses pour un motif, mais jalouses, parce qu'elles sont jalouses. C'est un monstre qui se procrée sur lui-même et naît de lui-même.

DESDEMONA.

Que le ciel garde de ce monstre l'esprit d'Othello.

EMILIA.

Ma Dame, ainsi soit-il !

DESDEMONA.

Je vais aller à sa recherche. Cassio, promenez-vous, ici, alentour. Si je le trouve, je produirai votre requête et chercherai à lui donner effet, de mon mieux.

---

[1] *To paddle*, troubler avec de la boue.
[2] Elle rappelle le nom que lui donne Othello dans l'intimité.

CASSIO.

Je remercie humblement votre Seigneurie. (*Sortent Desdémona et Emilia.*)

BIANCA[1], *entrant.*

Dieu vous sauve, ami Cassio.

CASSIO.

Que faites-vous hors de chez vous ?... Comment cela va-t-il, ma belle Bianca ? Sur ma foi, doux amour, je me rendais à votre maison.

BIANCA.

Et j'allais à votre logis, Cassio. Quoi ! rester dehors toute une semaine ? Sept jours et nuits ? Huit vingtaines et huit heures[2] ! Et les heures d'absence de l'amant sont plus ennuyeuses que cent soixante fois l'aiguille[3] ! O compte ennuyeux !

CASSIO.

Pardonnez-moi, Bianca : j'ai ces temps-ci été accablé de pensées de plomb : mais je vais, en temps plus fréquent, acquitter ce compte d'absence. (*Donnant à Bianca le mouchoir de Desdemona.*) Douce Bianca, copiez-moi ce travail.

BIANCA.

Oh, Cassio, d'où vient cela ? C'est quelque gage d'une plus nouvelle amie. De cette absence ressentie, maintenant je sens la cause. En est-ce là ! Bien, bien !

CASSIO.

Allez donc, femme ! jetez vos viles pensées aux dents du diable, d'où vous les tenez ! Vous êtes jalouse maintenant !... c'est de quelque maîtresse, un souvenir ! Non, en bonne vérité, Bianca.

BIANCA.

Alors à qui est-il ?

CASSIO.

Je ne sais pas, ma douce. Je l'ai trouvé dans ma chambre : j'aime beaucoup ce travail. Avant qu'il soit réclamé, comme il le sera assez probablement, je voudrais l'avoir, copié. Prends-le et fais cela. Et laisse-moi pour le moment.

BIANCA.

Vous laisser... pourquoi ?

CASSIO.

J'attends ici le général et pense que ce n'est ni convenable ni de ma volonté qu'il me voie ici avec une femme...

BIANCA.

Pourquoi ? je vous prie !

CASSIO.

Non que je ne vous aime pas !

BIANCA.

A moins que vous ne m'aimiez pas [4], je vous prie, conduisez-moi un petit

---

[1] Courtisane, maîtresse de Cassio.
[2] $8 \times 20 = 160 + 8 = 168 = 24 \times 7$. — Guizot a trouvé que 7 jours et 7 nuits faisaient 160 heures. F. V. Hugo aussi.
[3] Jeu d'idées facile à comprendre.
[4] Il suffit de supprimer le point et le remplacer par une virgule pour que le sens, resté obscur pour les traducteurs devienne très clair.

bout de chemin et dites-moi... si je vous verrai de bonne heure ce soir.

CASSIO.

C'est seulement un petit bout de chemin que je puis vous conduire. Car j'attends ici. Mais je vous verrai de bonne heure.

BIANCA.

C'est très bien. Je dois céder aux circonstances. (*Ils sortent.*)

ACTE QUATRIÈME

SCÈNE PREMIÈRE

Une salle dans le château.

Entrent OTHELLO et IAGO.

IAGO.

Voulez-vous le croire?

OTHELLO.

Le croire, Iago?

IAGO.

Oui... des baisers [1] en particulier...

OTHELLO.

Baisers non légitimes...

IAGO.

Ou bien être nue, au lit, avec son ami, une heure ou plus... sans penser à mal?...

OTHELLO.

Nue, au lit, Iago... et sans penser à mal? C'est hypocrisie contre le diable! Ceux qui prétendent à la vertu et font cela, le diable tente leur vertu et ils tentent le ciel.

IAGO.

S'ils ne font rien, c'est une glissade vénielle... mais si je donne à ma femme un mouchoir...

OTHELLO.

Quoi, alors?

IAGO.

Eh bien, il est à elle, My Lord, et étant à elle, elle peut, je crois, en disposer pour un autre homme.

[1] *To kiss.*

OTHELLO.

Elle est propriétaire [1] de son honneur aussi, peut-elle le donner ?

IAGO.

Son honneur est une essence qu'on ne voit pas. Elles l'ont bien souvent, sans l'avoir. Mais pour le mouchoir...

OTHELLO.

Par le ciel, je voudrais bien volontiers avoir oublié cela ! Tu as dit — oh ! cela vient sur ma mémoire comme fait le corbeau de mauvaise augure sur la maison infectée, — il avait mon mouchoir ?

IAGO.

Oui... eh bien ?

OTHELLO.

Ceci n'est pas si bon, maintenant.

IAGO.

Voyons... si j'avais dit : — je l'ai vu faire mal... ou le lui ai entendu dire. — Il y a par là des drôles qui, ayant, par importunes requêtes ou volontaire caprice de quelque maîtresse, convaincu ou... fourni [2] une femme, ne peuvent se tenir de bavarder...

OTHELLO.

A-t-il dit quelque chose ?

IAGO.

Il a dit, My Lord... Mais soyez bien assuré, rien de plus que ce qu'il niera par serment.

OTHELLO.

Qu'a-t-il dit ?

IAGO.

Ma foi, qu'il avait... je ne sais pas ce qu'il avait...

OTHELLO.

Quoi ? Quoi ?

IAGO.

Couché...

OTHELLO.

Avec elle ?

IAGO.

Avec elle... sur elle... ce que vous voudrez !

OTHELLO.

Couché avec elle ! Couché sur elle !... Nous disons : couché [3] sur elle, quand on calomnie une femme... mais coucher avec elle ! Cela est obscène.. (*Haletant, comme fou.*) Mouchoir... confession... mouchoir !... se confesser et être pendu pour sa peine... ou d'abord, être pendu... et puis confesser... je tremble à cela !... La nature

---

[1] *Protectress.* — Dans la loi anglaise, ce mot a conservé le sens de *propriétaire* premier d'un bail, qui doit intervenir en cas de substitution.

[2] *Supplied.* Iago a cette infernale inspiration d'exaspérer Othello par toutes sortes de termes infâmes que le malheureux applique à Desdemona.

[3] C'est l'éternel calembourg : *to lie, demeurer, se coucher* — et *to lie,* mentir. *To lie upon,* mentir sur, calomnier.

ne s'envelopperait pas elle-même de si ténébreuse passion, sans quelque fondement [1] — ce ne sont pas des mots qui me secouent ainsi... Pouah!... le nez, les oreilles, les lèvres!... Est-ce possible!... Confesser! mouchoir!... O démon! (*Il tombe évanoui.*)

IAGO.

Travaille, ma médecine, travaille! Ainsi on prend les crédules imbéciles! Et beaucoup de dignes et chastes dames, comme cela, tout innocentes, rencontrent des reproches... (*Se penchant vers Othello.*) Hé! Holà! My Lord! My Lord, dis-je! Othello!... (*Entre Cassio.*) Ah! Cassio!

CASSIO.

Qu'y-a-t-il?

IAGO.

Monseigneur est tombé en épilepsie. C'est la seconde attaque. Il en a eu une hier.

CASSIO.

Frottez-lui les tempes.

IAGO.

Non, arrêtez. La léthargie doit avoir son cours tranquille : sinon, sa bouche écume : et, après, il éclate en folie furieuse. Voyez, il bouge. Reculez-vous un peu. Il va vite se remettre. Quand il sera parti, je désirerais vivement causer avec vous. (*Sort Cassio. — A Othello.*) Comment va, général? Ne vous êtes-vous pas blessé à la tête?

OTHELLO.

Te moques-tu de moi?

IAGO.

Me moquer de vous! Non, par le ciel. Mais je voudrais vous voir supporter votre sort, comme un homme...

OTHELLO.

Un homme cornard est un monstre, une bête!

IAGO.

Il y a beaucoup de bêtes dans une cité populeuse et beaucoup de monstres citoyens.

OTHELLO.

A-t-il avoué?

IAGO.

Bon Seigneur, soyez un homme. Pensez-y, tout compagnon barbu pour peu qu'il soit attelé, peut tirer avec vous. Il y en a des millions, aujourd'hui en vie, qui couchent chaque nuit dans leurs lits malpropres qu'ils jurent être à eux seuls. Votre cas est meilleur. Oh! c'est une raillerie d'enfer, l'archi-moquerie de l'Ennemi que de baiser

---

[1] *Without some instruction.* — On a beaucoup discuté sur le sens de cette phrase. Tout dépend du sens donné au mot *instruction*. Guizot : *motif réel.* — F. V. Hugo : — *Grande cause.* — Montégut — *pressentiment de réalité.* Il nous a semblé qu'il fallait remonter à l'origine du mot *In — struere* — qui explique l'idée de construction, de bâtis. Cicéron emploie *instructus* pour *préparé, a qui on a fait la leçon. Instructio* se traduit par *disposition, arrangement.* C'est à ce dernier sens très logique, que nous nous sommes arrêtés. C'est un soupçon qui traverse l'esprit affolé d'Othello, et ainsi s'explique bien la phrase suivante : — Ce ne sont pas les mots prononcés par Iago qui me secouent ainsi... il y autre chose!... une substruction!

une impudique dans une couche qu'on croit sûre et de la supposer chaste! Non, laissez-moi savoir... et sachant ce que je suis, je sais ce qu'elle sera?

OTHELLO.

Oh! tu es raisonnable. C'est certain.

IAGO.

Tenez-vous un peu à l'écart : cachez-vous, seulement pour écouter avec patience. Tandis que vous étiez là, presque fou de douleur (une frénésie bien indigne d'un tel homme!) Cassio est venu ici. Je l'ai éloigné et lui ai donné bonne excuse de votre évanouissement. Je l'ai invité à revenir tout de suite et à causer ici avec moi, ce qu'il m'a promis. Cachez-vous seulement, et remarquez les grimaces, les airs railleurs, les visibles dédains qui logent en chaque région de sa face. Car je veux lui faire dire l'histoire à nouveau — où, comment, combien de fois, depuis combien de temps, et quand il s'est accouplé [1], quand il doit encore s'accoupler avec votre femme. Je dis, remarquez seulement ses gestes. Parbleu, patience ! ou je dirai que vous êtes en pleine folie et n'avez rien d'un homme...

OTHELLO.

Entends-tu, Iago, je serai très rusé dans ma patience, mais aussi — entends-tu ? — très sanguinaire.

IAGO.

Ce n'est pas perdu. Mais il y a temps pour tout. Voulez-vous vous écarter... (*Othello s'éloigne et se cache. — Iago, à part.*) Maintenant je questionnerai Cassio sur Bianca, une ménagère qui, en vendant ses faveurs, s'achète du pain et des habits. C'est une créature qui raffole de Cassio — comme c'est la peste des filles d'en tromper beaucoup et d'être trompées par un seul — lui, quand il parle d'elle, ne peut se retenir d'un excès de rire... le voilà ! Comme il sourira, Othello deviendra fou et sa jalousie de brute ignorante interprétera tout à fait en mal les sourires, les gestes, et la légèreté du pauvre Cassio... (*Entre Cassio.*) Comment cela va-t-il maintenant, lieutenant ?

CASSIO.

D'autant plus mal que vous me donnez le grade dont la perte me tue !

IAGO.

Travaillez bien Desdemona et vous êtes sûr de la chose. (*Baissant la voix.*) Maintenant, si cette affaire était au pouvoir de Bianca, comme vous l'expédieriez plus vite !...

CASSIO, *riant.*

Hélas! la pauvre coquine !

OTHELLO, *à part.*

Voyez, comme il rit déjà !

IAGO.

Je n'ai jamais vu une femme aimer autant un homme.

CASSIO.

Ha, pauvre friponne ! Je crois, ma foi, qu'elle m'aime.

OTHELLO, *à part.*

Voici qu'il se défend faiblement... et il rit !

---

[1] *To cope*, racine du latin *copula*, d'où *copuler* et *couple*.

IAGO.

Vous entendez, Cassio?

OTHELLO, à part.

Maintenant il le pousse à tout dire... Va donc! Bien dit, bien dit!

IAGO.

Elle donne à entendre que vous l'épouserez.

CASSIO, riant.

Ha! Ha! Ha!

OTHELLO, à part.

Triomphes-tu, Romain? Triomphes-tu [1]?

CASSIO.

Que je l'épouse!... Quoi! une professionnelle [2]! Je t'en prie, aie quelque charité pour mon esprit! Ne crois pas cela du tout! Ha! Ha! Ha!

OTHELLO, à part.

Oui, oui, oui, oui... ils rient, ceux qui gagnent!

IAGO.

Sur ma foi, le bruit court que vous l'épouserez.

CASSIO.

Je t'en prie, dis-tu vrai?

IAGO.

Autrement, je suis un vilain!

OTHELLO, à part.

M'avez-vous coiffé? Bien!...

CASSIO.

C'est une invention de cette guenon. Elle est persuadée que je l'épouserai, en raison de son amour et de ses illusions, mais non d'après ma promesse.

OTHELLO, à part.

Iago me fait signe... maintenant il commence l'histoire.

CASSIO.

Elle était là, justement, tout à l'heure. Elle me pourchasse partout. J'étais, l'autre jour, à causer, au bord de la mer, avec des Vénitiens... et voilà qu'arrive cette rien du tout : par cette main, elle me saute au cou...

OTHELLO, à part.

Criant — o cher Cassio! — c'est cela, son geste le prouve...

CASSIO.

Elle se pend, se berce, pleure... elle m'attire, me repousse... Ha! Ha! Ha!...

---

[1] Othello adresse cette exclamation à Cassio dont il compare l'impudence à celle du Romain traînant derrière son char les victimes de ses exploits.

[2] A customer.

OTHELLO, *à part.*
Maintenant il dit comment elle l'a attiré dans ma chambre... Oh! je vois votre nez, mais pas quel chien je vais y lancer.

CASSIO.
Bien, il faut que je la quitte.

IAGO.
Devant moi! tenez, la voici. (*Entre Bianca.*)

CASSIO.
C'est un vrai putois [1]!... et parfumé!... (*A Bianca.*) Que signifie cette poursuite?

BIANCA, *exaspérée.*
Que le diable et sa damnation vous poursuivent! Que signifie ce mouchoir que vous m'avez donné tout à l'heure? Je fus une belle bête de le prendre. Je dois copier tout le travail?... Une belle pièce de travail, que vous avez trouvée dans votre chambre, sans savoir qui l'a laissée là!... c'est le gage de quelque donzelle et il faut que je copie le travail!... le voilà! donnez-le à votre monture [2]... d'où qu'il vous vienne, je ne travaillerai pas là-dessus...

CASSIO.
Voyons, ma douce Bianca! voyons! voyons!

OTHELLO, *à part.*
Par le ciel, ce serait mon mouchoir!

BIANCA.
Si vous voulez venir souper ce soir, vous le pouvez : si vous ne voulez pas, venez la première fois que vous serez disposé. (*Elle sort.*)

IAGO.
Suivez-la, suivez-la!

CASSIO.
Ma foi, je le dois, autrement elle va crier dans la rue...

IAGO.
Y souperez-vous?

CASSIO.
Ma foi! J'en ai l'intention.

IAGO.
Bon. Je puis peut-être vous voir: car je voudrais un peu causer avec vous.

CASSIO.
Je vous en prie, venez, voulez-vous?

IAGO.
Allez. Ne dites rien de plus. (*Cassio sort.*)

OTHELLO, *s'approchant.*
Comment devrai-je le tuer, Iago?

IAGO.
Avez-vous remarqué comme il a ri de son infamie?

---

[1] *Pitchew.*
[2] *Hobby-horse,* cheval de bois, ou plus simplement un bâton sur lequel chevauchent les enfants. Voir dans *Hamlet* une allusion à ce jeu.

OTHELLO.

Oh ! Iago !

IAGO.

Et avez-vous vu le mouchoir !

OTHELLO.

Était-ce le mien ?

IAGO.

Le vôtre, par cette main ! Et pour voir combien il prise la femme stupide, votre femme !... elle le lui a donné et il l'a donné à sa catin !

OTHELLO.

Je voudrais l'avoir neuf ans à tuer ! Une jolie femme, une belle femme, une douce femme !

IAGO.

Non, vous oublierez cela.

OTHELLO.

Oui, qu'elle pourrisse et périsse et soit damnée ce soir... car elle ne vivra pas ! Non, mon cœur est changé en pierre. Je le frappe et cela blesse ma main. Oh ! le monde n'a pas une plus douce créature... elle pourrait coucher aux côtés d'un empereur et lui commander sa tâche !...

IAGO.

Non... ce n'est pas là votre route.

OTHELLO.

La hart sur elle ! Je dis seulement ce qu'elle est — si délicate avec son aiguille ! — une admirable musicienne ! — Oh ! elle charmerait la sauvagerie d'un ours !... De si haute et riche intelligence et imagination !...

IAGO.

Elle n'en est que pire.

OTHELLO.

Oh ! un millier et un millier de fois... et encore de si gentil caractère...

IAGO.

Oui, trop gentil [1]...

OTHELLO.

Oui, c'est certain. Mais cependant la pitié ! Iago, la pitié !...

IAGO.

Si vous êtes si amoureux de son iniquité, donnez-lui patente pour vous offenser. Car si cela ne vous touche pas, cela n'effleure personne...

OTHELLO.

Je veux la mettre en pièces !... Me faire cocu !...

IAGO.

Ho, c'est criminel de sa part.

OTHELLO.

Avec mon officier!

[1] La réplique de Iago prouve bien que le mot *condition* a ici le sens de caractère, comme à l'acte V de *Richard III* et ailleurs.

IAGO.
C'est le plus criminel ?
OTHELLO.
Procure-moi du poison, Iago !... ce soir... je ne veux pas discuter avec elle, de peur que son corps et sa beauté ne désarment encore mon âme !... ce soir, Iago !
IAGO.
Ne faites pas cela avec du poison. Étranglez-la dans son lit, le lit même qu'elle a souillé !
OTHELLO.
Bon ! C'est bon ! La justice de cela me plaît, très bon !
IAGO.
Et, pour Cassio, laissez-moi être son enterreur [1]. Vous en apprendrez davantage vers minuit...
OTHELLO.
Bon ! excellent ! (*On entend des trompettes.*) Que sont ces trompettes ?
IAGO.
Quelque chose de Venise, sûrement... (*Il regarde au dehors.*) C'est Lodovico, il vient de la part du duc, et voyez que votre femme est avec lui.

Entrent LODOVICO, DESDEMONA *et les gens de la suite.*

LODOVICO.
Dieu vous sauve, digne général.
OTHELLO.
De tout mon cœur, seigneur.
LODOVICO.
Le duc et les sénateurs de Venise vous saluent. (*Il lui remet une enveloppe.*)
OTHELLO.
Je baise l'instrument de leurs volontés. (*Il ouvre l'enveloppe et lit.*)
DESDEMONA.
Et quelles nouvelles, cousin Lodovico ?
IAGO, *à Lodovico.*
Je suis très content de vous voir, Signor, bienvenu à Chypre.
LODOVICO.
Je vous remercie. Comment va le lieutenant Cassio ?
IAGO.
Il vit, monsieur.
DESDEMONA, *à Lodovico.*
Cousin, il est tombé entre lui et mon Seigneur une désagréable rupture. Mais vous arrangerez tout cela.
OTHELLO, *qui écoute tout en lisant.*
En êtes-vous sûre ?
DESDEMONA.
Mon Seigneur ?...

[1] *Undertaker*, l'entrepreneur des pompes funèbres.

OTHELLO, *lisant.*
« Ceci, ne manquez pas de le faire, à votre loisir »...
LODOVICO, *à Desdemona.*
Il ne nous parle pas. Il est occupé de son papier. Y-a-t-il quelque discussion entre mon Seigneur et Cassio ?
DESDEMONA.
Une très malheureuse. Je ferais beaucoup pour les apaiser, pour l'amour que je porte à Cassio.
OTHELLO, *qui a entendu les derniers mots.*
Feu et soufre !
DESDEMONA.
Mon Seigneur ?...
OTHELLO.
Êtes-vous saine d'esprit ?...
DESDEMONA.
Quoi ? Est-il en colère ?
LODOVICO.
Peut-être cette lettre l'a-t-elle troublé ? Car, a ce que je crois, on lui ordonne de revenir, désignant Cassio pour son poste.
DESDEMONA.
Ma foi, je suis contente de cela.
OTHELLO.
En vérité !
DESDEMONA.
Mon Seigneur ?
OTHELLO.
Je suis content de voir que vous êtes folle.
DESDEMONA.
Comment, mon doux Othello.
OTHELLO, *la frappant.*
Démon !
DESDEMONA, *pleurant.*
Je n'ai pas mérité cela.

LODOVICO.
My Lord, ceci ne serait pas cru à Venise, quoique je dusse jurer que je l'ai vu. C'est beaucoup ! faites vos excuses, elle pleure !
OTHELLO.
O démon ! démon ! Si la terre pouvait être fécondée par les pleurs d'une femme, chaque goutte qu'elle laisse tomber montrerait un crocodile !... Hors de ma vue !...
DESDEMONA, *s'en allant.*
Je ne resterai pas pour vous offenser...

LODOVICO.

Vraiment, une dame obéissante ! (*A Othello.*) J'en supplie votre Seigneurie, rappelez-la...

OTHELLO.

Madame !...

DESDEMONA, *s'arrêtant.*

Mon seigneur ?...

OTHELLO, *à Lodovico.*

Que voudriez-vous d'elle, monsieur ?

LODOVICO.

Qui ! Moi ? My Lord ?

Démon !

OTHELLO.

Oui, vous avez dit que je devais la rappeler. Monsieur, elle peut tourner, retourner et encore s'en aller et revenir encore... et elle peut pleurer, monsieur, pleurer ! et elle est obéissante, comme vous dites — obéissante — très obéissante... (*A Desdemona.*) Continuez en vos larmes ! (*A Lodovico.*) En ce qui touche cela, monsieur... (*A Desdemona.*) O passion bien peinte !... (*A Lodovico.*) Je reçois l'ordre de revenir...(*A Desdemona.*) Allez-vous en. Je vous ferai demander tout à l'heure... (*A Lodovico.*) Monsieur, j'obéis à cet ordre et vais retourner à Venise... (*A Desdemona.*) Hors d'ici, arrière !... (*Desdemona sort.* — *A Lodovico.*) Cassio aura ma place. Et, messire, ce soir, je prie que nous puissions souper ensemble. Vous êtes bienvenu, messire, à Chypre !... (*Comme fou.*) Boucs et guenons !... (*Il sort.*)

LODOVICO.

Est-ce là le noble Maure que tout notre Sénat appelle — en tout et pour tout — l'homme compétent ?... et dont la solide vertu, ni par le coup d'un accident ni par les traits du hasard ne peut être effleurée ni transpercée ?

IAGO.

Il est fort changé.

LODOVICO.

Son esprit est-il sain ? N'est-il pas léger de cervelle ?

IAGO.

Il est ce qu'il est. Je ne puis même murmurer mes censures. Ce qu'il pourrait être — si, ce qu'il pourrait être, il ne l'est pas ! — je voudrais, pour le ciel, qu'il le fût !

LODOVICO.

Quoi ? frapper sa femme ?

IAGO.

Sur ma foi, cela n'était pas si bien ! Pourtant je voudrais savoir que ce coup fut le pire de tous.

LODOVICO.

Est-ce son habitude ! Ou bien ces lettres ont-elles travaillé son sang et engendré cette faute pour la première fois ?

IAGO.

Hélas ! Hélas ! Ce n'est pas honnête à moi de parler de ce que j'ai su et vu. Vous l'observerez, et ses propres actes le révèleront si bien que je pourrai économiser mes paroles. Suivez-le seulement et remarquez comment il continue...

LODOVICO.

Je suis fâché d'être ainsi déçu sur son compte... (*Ils sortent.*)

SCÈNE II

Une chambre dans le château.

Entrent OTHELLO *et* EMILIA.

OTHELLO.

Alors vous n'avez rien vu ?

EMILIA.

Ni rien entendu ni rien soupçonné !

OTHELLO.

Si, vous avez vu Cassio et elle ensemble.

EMILIA.

Mais alors je n'ai rien vu de mal : et j'ai entendu chaque syllabe que leur souffle a émise entre eux.

OTHELLO.

Comment ! ils ne chuchotaient pas ?

EMILIA.

Jamais.

OTHELLO.

Ni ne vous envoyaient au dehors ?

EMILIA.

Jamais.

OTHELLO.

... Pour chercher son éventail, ses gants, son masque ou rien du tout ?...

EMILIA.

Jamais, My Lord.

OTHELLO.

C'est étrange !

EMILIA.

J'oserais, My Lord, parier qu'elle est honnête, et placer mon âme comme enjeu. Si vous pensez autrement, repoussez votre pensée : elle abuse votre cœur. Si quelque misérable a mis ceci dans votre tête, que le ciel le récompense par la malédiction du serpent! Car si elle n'est pas honnête et chaste et fidèle, il n'y a pas un homme heureux, et la plus pure des femmes est criminelle comme la calomnie.

OTHELLO.

Priez-la de venir ici. Allez. (*Emilia sort.*) Elle en dit assez : encore n'est-ce qu'une simple entremetteuse qui pourrait n'en pas dire autant [1]. C'est une subtile catin, un cabinet, à serrure et à clef, de vilains secrets. Et pourtant elle s'agenouillera et priera. Je l'ai vûe le faire. (*Entrent Emilia et Desdemona.*)

DESDEMONA.

Mon Seigneur, quelle est votre volonté ?

OTHELLO.

Je vous en prie, poule, venez ici.

DESDEMONA.

Quel est votre bon plaisir ?

OTHELLO.

Laissez-moi voir vos yeux. Regardez-moi en face.

DESDEMONA.

Quel horrible fantaisie est-ce là ?

OTHELLO, *à Emilia*.

A votre fonction, madame [2]! Laissez les procréateurs seuls et fermez la porte. Et si quelqu'un vient, toussez ou criez : — Hem!... votre métier! votre métier!... allons, dépêchez! (*Emilia sort.*)

DESDEMONA, *s'agenouillant*.

Sur mes genoux, que signifient vos paroles ? Je comprends une fureur dans vos mots... mais non les mots eux-mêmes.

OTHELLO.

Ha! qui es-tu ?

DESDEMONA.

Votre femme, My Lord, votre femme sincère et loyale...

OTHELLO.

Va, jure-le. Damne-toi toi-même! A moins que — étant un être du ciel — les diables eux-mêmes craignent de te saisir... c'est pourquoi sois doublement damnée... jure que tu es honnête!

DESDEMONA.

Le ciel le sait en vérité!

OTHELLO.

Le ciel sait en vérité que tu es fausse comme l'enfer.

DESDEMONA.

Envers qui, My Lord? Envers qui? Comment suis-je fausse ?

OTHELLO.

O Desdemona! arrière, arrière, arrière!

---

[1] *That can not to say.* Comparez un passage de *Roméo et Juliette*, page 210, à propos du cuisinier qui pourrait *ne pas se lécher les doigts*. Au lieu de — *qui ne peut pas* — il faut traduire par — *qui peut ne pas* — et le sens devient très clair.

[2] A votre métier d'entremetteuse!

DESDEMONA.

Hélas! lourde journée!... pourquoi pleurez-vous ? Suis-je l'occasion de ces larmes, My Lord! Si, par hasard, vous soupçonnez mon père d'être l'instrument de votre rappel, ne posez pas votre blâme sur moi! si vous l'avez trompé, hé bien! moi aussi je l'ai trompé!

Votre femme, sincère et loyale!

OTHELLO.

S'il avait plu au ciel de m'éprouver par l'affliction, s'il avait fait pleuvoir sur ma tête nue toutes sortes de malheurs et de hontes, s'il m'avait plongé dans la pauvreté jusqu'aux lèvres, livrant à la captivité et moi-même et mes suprêmes espérances... j'aurais trouvé dans quelque partie de mon âme une goutte de patience... mais hélas! faire de moi une figure fixée, pour que l'heure du mépris y pointe son doigt à la marche lente¹ ! Ho ! Ho ! Je pourrais encore supporter cela ! Bien, très bien !... mais ici, où j'ai engrangé ¹ mon cœur, où il me faut vivre ou ne pouvoir supporter la vie... la fontaine d'où court la source de ma vie, ou bien est détournée et se dessèche... ou bien est retenue dans une citerne, pour que les ignobles crapauds s'y accouplent et engendrent ! — Tourne ta physionomie par ici... obéis, toi, jeune chérubin aux lèvres roses... oui, là, parais hideuse comme l'enfer !

DESDEMONA.

J'espère que mon noble Seigneur m'estime pour honnête !

OTHELLO.

Oh ! oui !... comme dans les boucheries les mouches d'été qui copulent même en bourdonnant ! O toi, mauvaise herbe, qui est si belle et fleures si doucement que les sens souffrent de toi !... Je voudrais que tu ne fusses jamais née !

DESDEMONA.

Hélas ! quel ignorant péché ai-je commis ?

OTHELLO.

Était-il fait, ce beau papier, ce livre très excellent, pour qu'on écrivit dessus : — putain !... Ce qu'elle a commis ?... Commis !... ô toi fille publique !... je ferais de mes joues des forges qui brûleraient en cendres toute pudeur, si seulement je disais tes actions !... ce que tu as commis ?... le ciel s'en bouche le nez et la lune en cligne... le vent maquereau, qui baise tout ce qu'il rencontre, s'étouffe dans les trous profonds de la terre et ne veut pas écouter !... ce que tu as commis, impudente catin !... (*Il la menace du geste.*)

DESDEMONA.

Par le ciel, ne me faites pas de mal !

OTHELLO.

N'êtes-vous pas une catin ?

DESDEMONA.

Non, comme je suis une chrétienne ! Si de conserver ce vase pour mon Seigneur, oin de tout autre attouchement illégal et criminel, c'est... ne pas être une catin, je ln'en suis pas une !

OTHELLO.

Quoi ! pas une putain ² !

DESDEMONA.

Non, comme je serai sauvée !...

OTHELLO.

Est-ce possible ?

DESDEMONA.

O ciel, pardonne-nous !

OTHELLO.

Alors, je vous crie merci ! Je vous prenais pour cette fourbe putain de Venise qui s'est mariée avec Othello !... (*Rentre Emilia.*) Vous, madame, qui tenez l'office,

---

¹ Phrase très obscure — il semble qu'il se compare à un signe, une figure, sur un cadran. L'aiguille du mépris, si lente et pourtant marchant toujours, le désigne à l'infamie. Ne pourrait-on pas encore supposer qu'Othello fait allusion à ce qui a dû se passer sous ses yeux dans les villes d'Orient — une tête (de malfaiteur) coupée et fixée à un poteau, et désignée par tous avec mépris de leur doigt tendu.

¹ *Garnered up* — mis en grange, en réserve.

² *Strumpet, whore,* tout le vocabulaire y passe.

contraire à celui de saint Pierre [1] et gardez la porte de l'enfer... vous, vous ! oui, vous !... nous avons fait notre affaire... voilà de l'argent pour vos peines... je vous en prie, tournez la clef et gardez notre secret !... (*Il sort.*)

EMILIA.

Hélas ! que peut concevoir ce gentilhomme ? (*Voyant Desdemona presque évanouie.*) Comment êtes-vous, madame ! comment êtes-vous, ma bonne Dame ?

DESDEMONA.

Sur ma foi, à demi-endormie...

EMILIA.

Bonne Dame, qu'y a-t-il avec mon Seigneur ?

DESDEMONA.

Avec qui ?

EMILIA.

Oui, avec mon Seigneur, madame...

DESDEMONA.

Qui est ton Seigneur ?

EMILIA.

Celui qui est le vôtre, douce Dame.

DESDEMONA.

Je n'en ai pas. Ne me parle pas, Émilia. Je ne puis pleurer et je n'ai d'autre réponse... sinon que je voudrais me jeter à l'eau. Je t'en prie, ce soir, pose sur mon lit mes draps de noce — souviens-toi ! — et va chercher ton mari...

EMILIA.

Voici un changement, en vérité ! (*Elle sort.*)

DESDEMONA.

Il est juste que je fusse traitée ainsi, c'est juste... Comment me suis-je comportée, pour qu'il ait pu accrocher la moindre confiance a ma très grande faute [2]...

EMILIA *rentre, avec* IAGO.

IAGO.

Quel est votre bon plaisir, madame ? Comment allez-vous ?

DESDEMONA.

Je ne puis dire... Ceux qui enseignent de jeunes bébés le font avec de gentils moyens et des punitions légères... il aurait dû me gronder ainsi... car, de bonne foi, je suis un enfant pour la gronderie...

---

[1] Saint Pierre garde les portes du ciel.
[2] Cette traduction est le mot à mot complet. — F. V. Hugo a dit : — *Comment me suis-je conduite de façon à lui inspirer le plus petit soupçon d'un si grand crime ?* sens qui a été adopté par les traducteurs français. Or cette phrase ne s'enchaîne pas avec la précédente : — *Il est juste...* Voici, selon nous, la suite des idées. Desdemona est hantée malgré elle par les reproches de son père : — Celle qui a trompé trompera — et dans sa détresse, elle se dit : — Hélas ! ma conduite précédente — — en trompant mon père — le pousse à n'avoir aucune confiance en moi. — *Stick the smallest opinion* attacher, clouer la plus petite croyance, confiance — *to my greatest abuse* — à ma plus grande faute. Enfin, en français régulier nous dirions : — Ne me suis-je pas conduite de telle façon qu'il ne pouvait, en raison de ma grande faute, avoir en moi la moindre confiance.

IAGO.

De quoi s'agit-il, madame ?

EMILIA.

Hélas, Iago, mon seigneur l'a traitée si fort de putain, il a jeté sur elle tant de colères et de termes grossiers que des cœurs loyaux ne le peuvent supporter !...

DESDEMONA.

Suis-je... ce mot, Iago ?

IAGO.

Quel mot, belle Dame ?...

Voici un changement !

DESDEMONA.

Ce mot qu'elle dit... que mon Seigneur a dit que j'étais.

EMILIA.

Il l'a appelée putain ! Un mendiant, dans son ivresse, n'aurait pas jeté de pareils termes sur sa gueuse[1].

IAGO.

Pourquoi a-t-il fait cela ?

DESDEMONA.

Je ne sais pas... je suis sûre... je ne suis pas cela !

IAGO.

Ne pleurez pas ! ne pleurez pas ! Ah ! le mauvais jour !

---

[1] *Callet*. Ce mot vient-il de *caille*, c'est douteux. Nous hasarderions cette hypothèse. Très souvent Shakespeare orthographie certains mots français d'après le son entendu. *Cagne, cagnette,* chienne, prostituée — expression qui subsiste dans nos patois — lui aurait suggéré *Callet*.

OTHELLO

EMILIA.
A-t-elle renoncé a de si nobles partis, à son père, à son pays, à ses amis pour être appelée... putain ! Qui cela ne ferait-il pas pleurer ?

DESDEMONA.
C'est mon misérable sort !

IAGO
Maudit soit-il pour cela !... comment cette crise lui est-elle venue !...

DESDEMONA.
Le ciel l'ignore...

EMILIA.
Que je sois pendue, si quelque éternel vilain, quelque gredin actif et insinuant, quelque cajoleur et trompeur esclave, n'a pas raconté cette calomnie... sinon, que je sois pendue !

IAGO.
Non, il n'y a pas d'homme pareil. C'est impossible.

DESDEMONA.
S'il en est quelqu'un, le ciel lui pardonne !

EMILIA.
Une corde pour lui pardonner ! et que l'enfer ronge ses os !... Pourquoi l'appeler putain ? Qui lui tient compagnie ? Quel endroit, quel temps, quelle forme, quelle vraisemblance ? Le Maure, abusé par quelque misérable gredin [1] — quelque bas et notoire gredin, quelque galeux gredin... ô ciel, puisses-tu dévoiler pareil compagnon, et mettre en toutes mains honnêtes un fouet pour claquer le bandit à travers le monde, de l'est à l'ouest !

IAGO.
Parlez en dedans de la porte [2]...

EMILIA.
Oh ! fi sur lui ! C'était quelque pareil monsieur qui avait tourné votre esprit du côté de la corde [3] et vous a fait me soupçonner avec le Maure...

IAGO.
Vous êtes une imbécile... allez !

DESDEMONA.
O bon Iago! que ferai-je pour regagner mon Seigneur ? Mon ami, allez le trouver. Car, par cette lumière du ciel, je ne sais pas comment je l'ai perdu. Ici je m'agenouille... si jamais ma volonté a péché contre son amour, en discours ou en pensée ou en fait — ou si mes yeux, mes oreilles, quelque autre sens ont pris plaisir à quelque autre forme — si encore aujourd'hui, comme toujours et dans l'avenir — m'eût-il secouée jusqu'à un misérable divorce — je ne l'aime pas tendrement, que toute consolation me soit abjurée ! La méchanceté peut beaucoup — et sa méchanceté peut détruire ma vie — mais jamais ne flétrira mon amour. Je ne puis dire... putain... cela

---

[1] Sans qu'elle le sache, ces injures tombent à plein sur son mari.
[2] Qu'on ne vous entende pas du dehors.
[3] Du mauvais côté — se dit d'une étoffe dont se voit le côté usé — qui montre la corde.

me fait horreur, maintenant que je parle le mot... quant à commettre l'acte qui pourrait me gagner cette appellation, la masse entière des vanités [1] du monde ne me le ferait pas faire...

IAGO.

Je vous en prie, contenez-vous : c'est seulement un caprice... l'affaire du Sénat l'offense et c'est vous qu'il gronde...

DESDEMONA.

Si ce n'était que cela !

IAGO.

C'est cela seulement, je vous le garantis. (*On entend une fanfare.*) Écoutez, voici que ces instruments nous assignent au souper, et les grands messagers de Venise y assistent. Rentrez et ne pleurez plus. Toutes choses iront bien. (*Sortent Desdemona et Emilia. — Rentre Roderigo.*) Hé, Roderigo !

RODERIGO.

Je ne trouve pas que tu agisses justement avec moi.

IAGO.

Qu'ai-je fait de contraire ?

RODERIGO.

Chaque jour tu te débarrasses de moi par quelque expédient, Iago : et, à ce qu'il me paraît, tu écartes de moi toute occasion plutôt que de m'apporter le moindre progrès ou espoir. En vérité, je ne veux plus endurer cela : et non plus ne suis disposé à supporter en paix ce que j'ai déjà bêtement souffert...

IAGO.

Voulez-vous m'écouter, Roderigo ?

RODERIGO.

Pardieu, j'ai trop écouté... car vos paroles et vos actions ne sont pas cousines du tout.

IAGO.

Vous m'accusez très injustement.

RODERIGO.

De rien qui ne soit vrai ! Je me suis épuisé au delà de mes moyens. Les joyaux que vous avez eus de moi, pour les remettre à Desdemona, auraient à moitié corrompu une religieuse [2]. Vous m'avez dit qu'elle les avait reçus et m'envoyait en retour des encouragements et des perspectives de prompte reconnaissance et rétribution. Mais je ne trouve ni l'une ni l'autre...

IAGO.

Bien ! allez ! très bien !

---

[1] *The world's mass of vanity* — Une masse de vanités égale à celle du monde — *Vanity* signifie ici *tout ce qui est en vain*, tout ce qui *n'est pas* l'amour et l'honneur.

[2] Il convient de signaler un procédé théâtral très particulier à Shakespeare. Quand commence cette scène, le spectateur croit qu'il s'agit uniquement d'une querelle bâtie sur la mystification dont Roderigo a été l'objet, au premier acte. Tout à coup, dans le dialogue, il s'aperçoit que Iago est un voleur et l'intérêt dramatique s'accroît encore de cette révélation nouvelle sur l'épouvantable perversité de ce scélérat. C'est ainsi que chaque scène a une signification bien tranchée et que tout concorde à l'effet décisif.

RODERIGO.

Très bien ! allez !... je ne puis pas aller, l'homme ! Et ce n'est pas très bien. Par cette main, je dis, que tout cela est infect [1], et je commence à me trouver dupé...

IAGO.

Très bien !

RODERIGO.

Je vous dis, ce n'est pas — très bien ! Je vais me faire connaître moi-même à Desdemona : si elle veut me rendre mes joyaux, j'abandonnerai mes projets et regretterai mes illégitimes sollicitations. Si non, soyez-en sûr, je tirerai satisfaction de vous.

IAGO.

Vous avez dit, maintenant?

RODERIGO.

Oui et je n'ai dit que ce que j'affirme intention de faire...

IAGO.

Allons ! maintenant je vois qu'il y a de la fougue en toi, et même, de ce moment, je bâtis sur toi une meilleure opinion qu'auparavant. Donne-moi la main, Roderigo. Tu as pris de moi une très juste défiance : mais pourtant je te le certifie, j'ai bâti très droit dans ton affaire.

RODERIGO.

Il n'y a guère paru.

IAGO.

Je te l'accorde, vraiment, il n'y paraissait pas. Et vos soupçons ne sont pas sans esprit et jugement. Mais Roderigo, si tu as réellement au dedans de toi — ce que j'ai plus grande raison de croire maintenant qu'auparavant — je veux dire résolution, courage et vaillance — comme cette nuit-ci l'a montré — si la nuit qui va suivre tu ne jouis pas de Desdemona, enlève-moi de ce monde par trahison et invente des engins contre ma vie !

RODERIGO.

Bien, qu'est-ce que c'est ? Est-ce dans les limites de la raison, de la mesure ?

IAGO.

Messire, il y a une Commission spéciale — arrivée de Venise — pour substituer Cassio à la place d'Othello.

RODERIGO.

Est-il vrai ? Quoi ! alors Othello et Desdemona retournent à Venise.

IAGO.

Oh, non ! Il va en Mauritanie et il emmène avec lui la belle Desdemona, à moins que son départ ne soit retardé par quelque accident... par exemple nul ne serait si déterminant que... l'éloignement de Cassio.

RODERIGO.

Que voulez-vous dire... éloigner Cassio ?

IAGO.

Eh ! en le rendant incapable de prendre la place d'Othello... en lui cassant la cervelle...

[1] *Scurvy,* scorbutique.

RODERIGO.
Et c'est là ce que vous voudriez me voir faire ?
IAGO.
Oui, si vous osez vous faire à vous-même profit et justice. Il soupe cette nuit avec une courtisane, et j'irai chez elle avec lui. Il ne sait rien encore de son honorable fortune. Si vous voulez guetter sa sortie de là — et j'arrangerai pour qu'elle tombe entre minuit et une heure — vous pouvez le surprendre à votre aise. Je serai tout près pour seconder votre attaque et il tombera entre nous deux. Allons ! ne restez pas ahuri, mais venez avec moi. Je vous démontrerai telle nécessité de cette mort, que vous vous jugerez obligé à la jeter sur lui. C'est maintenant grand temps de souper et la nuit marche à sa fin... à l'œuvre !
RODERIGO.
Je voudrais entendre de plus décisives raisons...
IAGO.
Et vous serez satisfait... (*Ils sortent.*)

SCÈNE III

Une autre chambre dans le château.

Entrent OTHELLO, LODOVICO, DESDEMONA, EMILIA *et leur suite.*

LODOVICO, à *Othello qui le reconduit.*
Je vous en prie, Seigneur, ne vous dérangez pas davantage [1].
OTHELLO.
Pardonnez-moi. Cela me fera du bien de marcher.
LODOVICO, à *Desdemona.*
Madame, bonne nuit : je remercie humblement votre Seigneurie.
DESDEMONA.
Votre Honneur est très bienvenu.
OTHELLO, à *Lodovico.*
Voulez-vous aller à pied, Messire ?... Hé, Desdemona !
DESDEMONA.
Mon Seigneur ?
OTHELLO.
Allez au lit dans l'instant. Je serai bientôt de retour. Renvoyez votre suivante. Voyez à ce que cela soit fait.
DESDEMONA.
Je le ferai, mon Seigneur. (*Sortent Othello, Lodovico et leur suite.*)
EMILIA.
Comment cela va-t-il maintenant ? Il paraît plus gentil qu'avant.
DESDEMONA.
Il dit qu'il va revenir tout de suite. Il m'a commandé de me mettre au lit et m'a ordonné de vous renvoyer.

[1] Formule très usuelle de politesse, que Montégut n'a pas comprise, en traduisant : — *Ne vous donnez pas de nouveaux ennuis.*

EMILIA.

De me renvoyer ?...

La romance du Saule.

DESDEMONA.

Tel a été son ordre. Donc, bonne Emilia, donnez-moi mon vêtement de nuit et adieu ! Il ne faut pas maintenant lui déplaire.

EMILIA.

Je voudrais que vous ne l'eussiez jamais vu !

DESDEMONA.

Oh! je ne le voudrais pas!... mon amour l'agrée à ce point que même sa dureté, ses rebuffades, ses regards irrités — défais mes épingles, s'il te plaît — ont en elles une grâce et un charme.

EMILIA.

J'ai mis au lit les draps que vous m'avez ordonné...

DESDEMONA.

Tout est égal... Bon Père! que sottes sont nos âmes¹! Si je meurs avant toi, je t'en prie, ensevelis-moi dans un de ces draps.

EMILIA.

Allons, allons... vous parlez...

DESDEMONA.

Ma mère avait une servante appelée Barbara. Elle était amoureuse. Et celui qu'elle aimait devint fou et l'abandonna. Elle avait une chanson... du Saule. C'était une vieille chose, mais elle exprimait son sort et elle est morte en la chantant. Cette chanson, ce soir, ne veut pas sortir de mon esprit... j'ai beaucoup à faire pour ne pas pencher ma tête, tout d'un côté et la chanter — comme la pauvre Barbara... je t'en prie, dépêche-toi!...

EMILIA.

Dois-je aller chercher votre robe de nuit ?...

DESDEMONA.

Non, défais-moi ici... ce Lodovico est un homme très bien.

EMILIA.

Un très bel homme !

DESDEMONA.

Et il parle bien.

EMILIA.

Je connais une dame à Venise qui aurait marché pieds nus jusqu'en Palestine, pour le contact de sa lèvre d'en bas ²...

DESDEMONA, *chantant*.

La pauvre âme, soupirant, était assise auprès d'un sycomore.
Chantez tous un saule vert.
Sa main sur son sein, sa tête sur son genou.
Chantez saule, saule, saule!...
Le frais ruisseau courait près d'elle et murmurait ses plaintes
Chantez saule, saule, saule
Les pleurs salés tombaient d'elle et amollissaient les pierres...

(*S'interrompant : à Emilia.*) Laisse cela de côté... (*Chantant.*)

Chantez saule, saule, saule

[1] *All is one... good father, how foolish are our minds.* — Le sentiment ici exprimé n'est pas très clair. Guizot a supprimé: *All is one.* — F. V. Hugo et Montégut ont laissé de côté: *Good father...* mais le sens n'y gagne rien. Il semble qu'il y ait là un aparté douloureux de Desdemona, découragée et peut-être, pensant, comme sans le vouloir, aux reproches de son père. — Et ce sens, se relierait bien avec les phrases attristées qu'elles va prononcer.
[2] D'une observation étonnante.

(*Parlé.*) Je t'en prie, hâte-toi. Il va venir tout de suite. (*Chantant.*)

Que personne ne le blâme, j'approuve son dédain...

(*Parlé.*) Non, ce n'est pas la suite. Écoute ! qui est-ce qui frappe ?

EMILIA.

C'est le vent.

DESDEMONA, *chantant.*

J'ai appelé mon amour faux amour : mais alors que me dit-il ?
Chante saule, saule, saule
Si je courtise plus de femmes, vous coucherez avec plus d'hommes [1]...

(*Parlé.*) Là, va-t-en ; bonne nuit, les yeux me cuisent [2]. Cela présage-t-il des larmes ?

EMILIA.

Cela ne veut rien dire [3].

DESDEMONA.

Je l'avais entendu dire aussi. Oh, ces hommes ! ces hommes ! Crois-tu, en conscience — dis-moi, Emilia — qu'il y a des femmes qui abusent leurs maris de si grossière façon ?

EMILIA.

Qu'il y en ait, cela ne fait pas question.

DESDEMONA.

Voudrais-tu commettre pareil acte pour le monde entier ?

EMILIA.

Eh mais, ne le voudriez-vous pas ?

DESDEMONA.

Non, par cette lumière du ciel !

EMILIA.

Ni moi... par cette lumière du ciel !... je pourrais le faire aussi bien dans le noir.

DESDEMONA.

Voudrais-tu commettre pareil acte pour le monde entier ?...

EMILIA.

Le monde est une énorme chose... c'est un grand prix pour un petit péché !

DESDEMONA.

En bonne vérité, je crois que tu ne le voudrais pas.

EMILIA.

Par ma vérité, je crois que je le voudrais... et puis le défaire, quand je l'aurais fait. Parbleu, je ne ferais pas cela pour une bague double [4], ni pour des mesures de linon, ni pour robes, jupons, chapeaux ou autre menue parure [5]... mais pour le monde

---

[1] Chanson populaire dont elle ne dit que quelques bribes. Le saule est en Angleterre l'arbre des amoureux désolés, comme en France, d'ailleurs, le saule pleureur.
[2] *Itch*, littéralement *me démangent.*
[3] Littéralement : — *cela n'est ni ici ni là* — idiotisme anglais.
[4] *A joint ring*, une bague faite de deux anneaux joints, comme nos alliances.
[5] *Exhibition*, chose qu'on exibe, dont on se pare.

entier! Eh! qui ne voudrait faire son mari cocu, pour en faire un monarque? Pour cela, je risquerais le purgatoire!

DESDEMONA.

Malédiction sur moi, si je commettais pareille faute pour le monde entier!

EMILIA.

Bah! la faute n'est faute que dans le monde : et ayant le monde pour votre peine, ce ne serait faute que dans votre monde, à vous, et vous en feriez bientôt une bonne action.

DESDEMONA.

Je ne crois pas qu'il y ait de pareilles femmes.

EMILIA.

Si fait, une douzaine... et autant par dessus le marché qu'en contiendrait le monde pour lequel elles joueraient. Mais je crois, c'est la faute de leurs maris, si les femmes tombent, c'est-à-dire qu'ils se relâchent de leurs devoirs et versent nos trésors dans des girons étrangers, ou bien ils éclatent en jalousies hargneuses, jetant sur nous leur despotisme, ou bien, ils nous frappent ou restreignent méchamment notre premier avoir. Oui, nous avons des rancunes : et si nous avons nos grâces, nous avons aussi nos vengeances. Que les maris le sachent, leurs femmes ont des sens comme eux. Elles voient, elles ont l'odorat et le palais sensible au doux et à l'acide, comme les ont les maris. Qu'est-ce donc qu'il font, quand ils nous changent pour d'autres ! Est-ce un sport ? Je crois que oui. Et l'affection est-elle en cause ? Je crois que oui. Est-ce leur fragilité qui s'égare ? Oui aussi... est-ce que nous n'avons pas d'affections ?... de désirs pour ce... sport ? et de la fragilité — comme en ont les hommes ! Alors qu'ils en usent bien avec nous... sinon, qu'ils le sachent, le mal que nous faisons, c'est leur mal qui nous' l'a appris !

DESDEMONA, *l'interrompant.*

Bonne nuit! bonne nuit!... que le ciel m'envoie la faculté non de tirer le mal du mal, mais par le mal, de devenir meilleure!

ACTE CINQUIÈME

SCÈNE PREMIÈRE

Une rue. Pleine nuit.

Entrent IAGO *et* RODERIGO.

IAGO.

Là! tiens-toi derrière ce bloc : tout de suite il va arriver. Porte ta rapière nue et plonge là tout droit [1]... Vite, vite!... ne crains rien. Je serai à ton coude. Ceci nous sauve ou nous perd. Penses-y et fixe fermement ta résolution...

RODERIGO.

Sois proche, à ma main. Je puis manquer mon coup.

IAGO.

Ici, à ta main. Sois solide et prends ton épée... (*Il s'écarte à une petite distance.*)

RODERIGO, *à part*.

Je n'ai pas grand goût à l'affaire et pourtant il m'a donné raisons satisfaisantes. C'est seulement un homme de moins [2]! En avant, mon épée... il est mort! (*Il va à son poste.*)

IAGO, *à part*.

J'ai gratté ce jeune bouton presque jusqu'au vif et il grossit jusqu'à la rage. Maintenant qu'il tue Cassio ou que Cassio le tue ou qu'ils se tuent tous les deux, chaque issue fait mon gain. Vive Roderigo et il m'appelle à large restitution d'or et de joyaux [3]

---

[1] *Home.* Cette expression est curieuse. Elle semble procéder de la rapidité avec laquelle on rentre *chez soi*, sans plus s'arrêter.

[2] *Gone*, un homme parti, qui s'en va.

[3] Cette histoire d'escroquerie est très intéressante pour l'intelligence du caractère de Iago qui n'est pas, comme l'ont dit les romantiques, le Démon du mal, mais tout simplement une basse et ignoble canaille.

que je lui ai chipés comme dons à Desdemona : il ne faut pas ! Si Cassio reste, il a dans sa vie une quotidienne beauté qui me rend laid [1] ; et de plus, le Maure peut me dévoiler à lui, et alors je suis en grand péril. Non, il doit mourir... mais voici, je l'entends qui vient. (*Entre Cassio.*)

RODERIGO.

Je reconnais son pas. C'est lui. (*Il s'élance et porte une botte à Cassio.*) Vilain, tu es mort !

CASSIO, *tirant son épée.*

Ce coup m'eût certes été ennemi, si ma cuirasse n'eût été meilleure que tu ne le crois. Je vais éprouver la tienne. (*Il frappe Roderigo.*)

RODERIGO.

Oh ! je suis tué ! (*Iago s'élance à son tour et frappe par derrière Cassio à la jambe, puis il s'enfuit.*)

CASSIO.

Ah ! je suis à jamais estropié !... Au secours ! Ho ! au meurtre ! au meurtre ! (*Il tombe.*)

OTHELLO, *entrant et se tenant à l'écart.*

La voix de Cassio !... Iago tient sa parole !

RODERIGO, *à terre.*

Oh ! misérable que je suis !

OTHELLO.

Oui ! c'est cela même...

CASSIO.

Ho ! du secours ! de la lumière ! un chirurgien !

OTHELLO.

C'est lui. O brave Iago, honnête et juste, qui as si noble sentiment des griefs de ton ami ! Tu me fais la leçon !... Mignonne, votre très cher gît mort et votre destin se hâte !... catin, j'arrive !... Hors de mon cœur ces charmes, tes yeux sont rayés... ton lit, taché de luxure, sera sali du sang de la luxure ! (*Il sort.*)

Entrent LODOVICO *et* GRATIANO.

CASSIO.

Hé ! Ho ! pas de garde ! pas de passants ! au meurtre ! au meurtre !

GRATIANO.

Il y a quelque accident. Le cri est sinistre...

CASSIO.

Au secours !

LODOVICO.

Écoutez !

RODERIGO.

O misérable vilain !

LODOVICO.

Deux ou trois gémissements... la nuit est profonde. Ce peuvent être des leurres... croyons-le, il n'est pas sûr d'aller à ces cris, sans plus de renfort

---

[1] En ces quelques mots, est résumée toute la théorie de la jalousie et de l'envie.

RODERIGO.

Personne ne vient ! Alors je saignerai jusqu'à la mort ! (*Entre Iago, avec de la lumière.*)

LODOVICO.

Écoutez !

GRATIANO.

En voici un qui vient en chemise, avec de la lumière et des armes.

IAGO.

Qui est là ? Qui fait ce bruit, qui crie au meurtre ?

LODOVICO.

Nous ne savons pas.

IAGO.

N'avez-vous pas entendu un cri ?

CASSIO.

Ici ! Ici ! pour le salut du ciel, secourez-moi !

IAGO.

Qu'est-ce qu'il y a ?

GRATIANO.

A ce que je crois, c'est l'enseigne d'Othello.

LODOVICO.

Lui-même, en vérité, un très vaillant camarade.

IAGO.

Qui êtes-vous, qui criez si douloureusement ?

CASSIO, *le reconnaissant*.

Iago !... je suis abîmé, démoli par des bandits !... donne moi du secours !

IAGO.

Oh moi ! lieutenant, quels bandits ont fait cela ?

CASSIO.

Je crois que l'un d'eux est quelque part, ici et ne peut pas s'enfuir.

IAGO.

Oh ! les traîtres bandits !... Qui êtes-vous là ? (A *Lodovico et à Gratiano.*) Venez, donnez-nous votre aide...

RODERIGO, *toujours à terre* [1].

Oh ! secourez-moi... ici !

CASSIO.

C'est l'un d'eux.

IAGO.

Oh ! canaille, assassin ! misérable ! (*Il frappe Roderigo*[2].)

RODERIGO, *retombant*.

Damné Iago !... chien inhumain ! Ho ! ho ! ho !...

IAGO.

Tuer les hommes dans les ténèbres ! Où sont ces sanglants voleurs ?... Quel

---

[1] Toute cette scène se passe dans l'obscurité la plus complète, ce qui explique les détails du dialogue, Cassio, Roderigo, Lodovico et Gratiano ne voyant rien de ce qui se passe autour d'eux, Iago seul ayant de la lumière et la dirigeant à son gré.

[2] C'est le procédé de Macbeth frappant les chambellans de Duncan.

silence dans la ville! Ho! au meurtre! au meurtre!... (A *Lodovico et à Gratiano.*) Qui pouvez-vous être?... êtes-vous des bons ou des mauvais?...

LODOVICO.

Comme vous nous éprouverez, estimez-nous.

IAGO, *le reconnaissant.*

Signor Lodovico?...

LODOVICO.

Lui-même, monsieur.

IAGO.

Je vous demande pardon. Voici Cassio blessé par des misérables.

GRATIANO.

Cassio?

IAGO, *se penchant vers Cassio.*

Comment cela va-t-il, frère?

CASSIO.

Ma jambe est coupée en deux.

IAGO.

Ah! que le ciel nous préserve! De la lumière, messieurs. Je vais bander cela avec ma chemise.

BIANCA. *entrant.*

Que se passe-t-il? Oh! qui est-ce qui a crié?

IAGO.

Qui est-ce qui a crié? (*Il lui montre Cassio.*)

BIANCA.

Oh! mon cher Cassio! mon doux Cassio? O Cassio, Cassio, Cassio!

IAGO, *à mi-voix.*

Une notable catin!... (*A Cassio.*) Cassio, pouvez-vous soupçonner les gens qui vous ont ainsi estropié?...

CASSIO.

Non.

GRATIANO.

Je suis navré de vous trouver en cet état. J'étais allé vous chercher...

IAGO.

Prêtez-moi une jarretière... c'est cela. Holà!... une chaise pour l'emporter aisément d'ici...

BIANCA.

Hélas, il s'évanouit!... O Cassio! Cassio! Cassio!...

IAGO.

Vous tous, messieurs, je soupçonne cette misérable d'être pour quelque chose dans ce crime. Patience un instant, bon Cassio... Venez, venez, prêtez-moi une lumière... (*Allant à Roderigo, étendu.*) Connaissons-nous ce visage ou non?... Hélas! mon ami, mon cher compatriote!... Roderigo! non!... si! certainement!... O ciel, Roderigo!...

GRATIANO.

Comment? de Venise?...

Je reconnais son pas.

IAGO.

Lui-même, monsieur. Le connaissiez-vous ?...

GRATIANO.

Si je le connais !... certes oui.

IAGO, *reconnaissant Gratiano* [1].

Signor Gratiano ?... je réclame votre aimable pardon... ces sanglants accidents doivent excuser mes manières, si négligentes à votre égard.

GRATIANO.

Je suis content de vous voir...

IAGO.

Comment allez-vous, Cassio ? Holà ! une chaise, une chaise !...

GRATIANO, *se penchant sur Roderigo*.

Roderigo !

IAGO.

Lui, lui ! c'est lui !... Ah ! voilà qui est bien dit !... la chaise... (*On apporte une chaise*.) Quelque brave homme pour l'emporter d'ici avec précautions. Je vais chercher le chirurgien du général... (*A Bianca*.) Pour vous, madame, dispensez-vous de ces peines. Celui qui gît, là, assassiné était mon cher ami. (*A Cassio*.) Quelle malice y avait-il entre vous ?...

CASSIO.

Pas l'ombre au monde. Et je ne connais pas l'homme...

IAGO, *à Bianca*.

Eh ! vous semblez bien pâle !... (*Aux porteurs*.) Emportez-le à l'abri de l'air [2]... (*Cassio et Roderigo sont emportés. — A Lodovico et à Gratiano*.) Restez, bons messieurs... (*A Bianca*.) Vous semblez bien pâle, madame !... remarquez-vous l'égarement de ses yeux ?... Si vous ouvrez de grands yeux, nous en entendrons davantage tout-à-l'heure... Examinez-la bien ! Je vous en prie, regardez-la, voyez-vous messieurs ? Oui, la culpabilité parlera, quand même les langues seraient hors d'usage...

EMILIA, *rentrant*.

Hélas ! qu'y-a-t-il ? Qu'y-a-t-il, mon mari ?

IAGO.

Cassio a été attaqué ici, dans la nuit, par Roderigo et des compagnons qui se sont échappés. Il est presque assassiné et Roderigo est mort...

EMILIA.

Hélas ! bon gentilhomme ! hélas ! bon Cassio !

IAGO.

Ceci est le fruit de la débauche... je t'en prie, Emilia, va et sache où Cassio a soupé cette nuit. (*A Bianca*.) Hé ! cela vous fait frissonner ?...

BIANCA.

Il a soupé chez moi : mais cela ne me fait pas frissonner.

IAGO.

Ouais, a-t-il soupé chez vous ?... je vous somme de venir avec moi !...

---

[1] Ou plutôt feignant de le reconnaître.
[2] *Out of the air*, dans une maison. L'expression se trouve déjà dans *Hamlet*.

EMILIA, *à Bianca.*

Fi! Fi sur toi, catin!...

BIANCA.

Je ne suis pas une catin : ma vie est aussi honnête que la vôtre, à vous qui m'injuriez!...

EMILIA.

Que la mienne!... Ah! fi sur toi!...

IAGO.

Bons gentilshommes, allons voir le pauvre Cassio pansé... (*A Bianca.*) Venez, madame, vous nous raconterez une autre histoire... Emilia, courez à la citadelle et dites à Monseigneur et à sa Dame ce qui est advenu... (*Aux autres.*) Voulez-vous venir, je vous prie. (*A part.*) Voici la nuit qui ou bien m'élève ou me perd à jamais! (*Ils sortent.*)

SCÈNE II

Une chambre à coucher. DESDEMONA, *au lit, dormant. Une lumière brûle.*

OTHELLO, *entrant, s'approche du lit, l'épée à la main, et contemple Desdemona.*

Voici la cause, mon âme, voici la cause!... ne me laissez pas vous la nommer, chastes étoiles! voici la cause!... Pourtant je ne veux pas verser son sang ni déchirer cette peau plus blanche que la neige, aussi lisse que l'albâtre des tombeaux [1]... (*Il pose son épée.*) Cependant elle doit mourir, sinon elle trahira d'autres hommes!... (*Il éteint la lumière.*) Éteignons la lumière, puis j'éteindrai cette lumière [2]... si je te souffle, toi, ministre de flamme, je puis encore ressusciter ta lueur première, si je me repens... mais une fois la tienne éteinte, toi, exquis modèle de la plus belle nature, je ne sais pas où est ce feu de Prométhée qui pourrait rallumer ta lumière... quand j'aurai cueilli ta rose, je ne pourrai lui donner de nouveau sa vitale croissance... il faudra qu'elle se flétrisse!... (*Il l'embrasse.*) Je te respire sur l'arbuste... Ô souffle embaumé, qui presque conseille à la justice de briser son glaive!... Un de plus! un de plus!... Sois ainsi quand tu seras morte... et je vais te tuer et ensuite t'aimer!... Un de plus et celui-ci le dernier, jamais si doux ne fut si fatal [3]!... Il faut que je pleure, mais ce sont larmes cruelles!... C'est douleur du ciel... elle frappe là où elle aime... Elle s'éveille!

DESDEMONA.

Qui est là? Othello!

OTHELLO.

Oui, Desdemona.

DESDEMONA.

Voulez-vous venir au lit, mon Seigneur.

OTHELLO.

Avez-vous prié ce soir, Desdemona?

---

[1] *Monumental.* Ce mot, en français comme en anglais, désigne particulièrement les monuments funèbres. Nous avons conservé longtemps l'expression — entrer au monument — pour — mourir.
[2] La vie de Desdemona.
[3] Le mot de *baiser* n'est pas prononcé.

DESDEMONA.

Oui, mon Seigneur.

OTHELLO.

Si vous vous souvenez de quelque crime, pas réconcilié avec le ciel et la grâce, implorez pour lui, tout de suite.

Je te respire sur l'arbuste.

DESDEMONA.

Eh là ! mon Seigneur, que voulez-vous dire par là ?

OTHELLO.

Bien... faites cela et soyez brève... je vais marcher [1]... je ne voudrais pas tuer une âme non préparée... non ! le ciel m'en défende !... je ne voudrais pas tuer ton âme...

DESDEMONA.

Parlez-vous de tuer...

[1] Me promener de long en large — *by and by*.

OTHELLO.

Oui, je le fais.

DESDEMONA.

Alors, que le ciel ait pitié sur moi !...

OTHELLO.

Amen, de tout mon cœur.

DESDEMONA.

Si vous dites cela, j'espère que vous ne me tuerez pas...

OTHELLO.

Ouais !...

Avez-vous prié, ce soir ?

DESDEMONA.

Et pourtant j'ai peur de vous... car vous êtes fatal[1], quand vos yeux roulent ainsi... pourquoi aurais-je peur, je ne sais pas... puisque je ne connais pas ma faute... mais pourtant, je sens... j'ai peur !

OTHELLO.

Songe à tes péchés !

DESDEMONA.

Ce sont les amours que je vous porte...

OTHELLO.

Oui... et pour cela tu meurs.

DESDEMONA.

Cette mort n'est pas naturelle... qui tue pour aimer... hélas ! pourquoi mordez-vous ainsi votre lèvre d'en bas ? Une sanglante passion secoue tout votre organisme... ce sont de mauvais présages... et pourtant encore j'espère, j'espère qu'ils ne pointent pas vers moi...

[1] Le romantisme avait soigneusement ramassé cette épithète. Antony avait l'air fatal.

OTHELLO.
Paix ! Tenez-vous tranquille !

DESDEMONA.
Je le veux bien... qu'est-ce qu'il y a ?

OTHELLO.
Ce mouchoir, que j'aimais tant et t'avais donné, tu l'as donné à Cassio.

DESDEMONA.
Non, par ma vie et mon âme... envoyez chercher cet homme et demandez-le lui...

OTHELLO.
Douce âme, prends garde, prends garde au parjure. Tu es sur ton lit de mort.

DESDEMONA.
Oui... mais pas encore pour mourir.

OTHELLO.
Si, tout de suite. Donc confesse-toi librement de ton péché : car de nier chaque détail avec serment ne peut reculer ni ébranler la forte conviction qui me fait gémir. Tu es à la mort !...

DESDEMONA.
Alors, que Dieu ait merci de moi !

OTHELLO.
Je dis — amen !

DESDEMONA.
Et avez-vous merci aussi... je ne vous ai jamais fait offense dans ma vie... jamais n'aimai Cassio que dans les limites générales où le ciel me permettait d'aimer... je ne lui ai jamais donné de gages...

OTHELLO.
Par le ciel, j'ai vu mon mouchoir dans ses mains. O femme parjure ! tu fais une pierre de mon cœur et m'oblige à appeler ce que veux faire un meurtre, que je croyais un sacrifice... j'ai vu le mouchoir !...

DESDEMONA.
Alors il l'a trouvé. Je ne le lui ai jamais donné... envoyez-le chercher et faites lui confesser la vérité.

OTHELLO.
Il a confessé...

DESDEMONA.
Quoi, mon Seigneur ?

OTHELLO.
Qu'il avait... joui de toi !...

DESDEMONA.
Comment ? contre la loi ?...

OTHELLO.
Oui.

DESDEMONA.
Il ne dira pas cela.

OTHELLO.
Non ! la bouche est arrêtée... l'honnête Iago en a reçu l'ordre.

DESDEMONA.

Ma peur devine alors... quoi ! est-il mort ?...

OTHELLO.

Eussent tous ses cheveux été des existences, ma grande vengeance avait de la haine [1] pour eux tous !...

DESDEMONA.

Hélas ! il a été trahi [2]... et je suis perdue...

OTHELLO.

Arrière, catin ! pleures-tu sur lui à ma face ?

DESDEMONA.

Oh ! bannissez-moi [3], mon Seigneur, mais ne me tuez pas !...

OTHELLO.

A bas, catin [4] !

DESDEMONA.

Tuez-moi demain... mais laissez-moi vivre cette nuit...

OTHELLO, *se jette sur elle et cherche à l'étouffer sous un oreiller.*

Non !... si vous vous débattez...

DESDEMONA, *cherchant à se dégager.*

Rien qu'une demi-heure.

OTHELLO.

Chose faite... il n'y a pas de délai !...

DESDEMONA.

Rien que le temps de dire une prière...

OTHELLO, *l'étouffant.*

Il est trop tard !

EMILIA, *au dehors, appelant.*

Mon Seigneur ! Mon Seigneur ! Holà ! Quoi ? Mon Seigneur !...

OTHELLO.

Quel bruit est-ce là ?... (*Se courbant sur le lit.*) Pas morte ! pas encore tout à fait morte... moi, qui suis cruel, suis encore miséricordieux. Je ne voudrais pas que tu languisses dans ta douleur... (*L'achevant.*) Ainsi, ainsi !...

EMILIA, *au dehors.*

Holà ! Ho ! Mon Seigneur !...

OTHELLO.

Qui est là ?

EMILIA, *même jeu.*

Oh, mon bon Seigneur, je voudrais vous dire un mot...

OTHELLO.

Oui, c'est Emilia... tout-à-l'heure !... (*Regardant Desdemona.*) Elle est morte !...

---

[1] *Stomach.* Voir note d'*Hamlet*, page 6.
[2] Tué par trahison.
[3] Comparer, dans *Roméo*, la scène où le mot — bannissement — produit un effet tout différent. Desdemona et Juliette n'aimaient point de la même façon.
[4] Il faut comprendre que pendant toute cette partie de la scène, Desdemona cherche à s'accrocher à lui.

(*Réfléchissant.*) Sans doute elle vient parler de la mort de Cassio... le bruit a été grand. (*Vers Desdemona.*) Ha! ne remuant plus! tranquille comme la tombe... (*Vers la porte.*) Entrera-t-elle? Serait-ce bien? (*Vers Desdemona.*) Je crois... elle bouge encore... Non! (*Réfléchissant.*) Quel est le mieux? Si elle entre, sûrement elle parlera à ma femme... ma femme! ma femme! quelle femme? je n'ai pas de femme!... Oh! heure lourde et insupportable! Il me semble qu'il devrait y avoir maintenant une horrible éclipse de soleil et de lune, le globe épouvanté béant à ce prodige.

EMILIA, *du dehors.*

Je vous supplie, il faut que je vous parle, ô mon bon Seigneur!

OTHELLO.

Je t'avais oubliée... entre, Emilia... (*Il va vers la porte, puis se ravisant, revient vers le lit.*) Doucement, un instant... que je tire les rideaux... (*Il va ouvrir la porte.*) Où es-tu?... qu'est-ce qui t'arrive maintenant?...

EMILIA, *entrant.*

Oh! mon bon Seigneur, là-bas un horrible meurtre a été commis...

OTHELLO.

Quoi? à l'instant?...

EMILIA.

A l'instant, mon Seigneur.

OTHELLO.

C'est de la faute de la lune, elle vient plus près de la terre que de coutume et rend les hommes fous.

EMILIA.

Cassio, My Lord, a tué un jeune vénitien appelé Roderigo.

OTHELLO.

Ne me tuez pas!

Roderigo tué! et Cassio tué!...

EMILIA.

Non, Cassio n'est pas tué!...

OTHELLO.

Cassio n'est pas tué? Alors le meurtre est hors de ton et la douce vengeance sonne faux...

DESDEMONA, *gémissant derrière les rideaux.*

Oh! injustement, injustement assassinée!...

EMILIA.

Hélas! quel cri est-ce là? (*Elle veut aller vers le lit.*)

OTHELLO.

Là! quoi?... (*Il saisit Emilia par le bras.*)

EMILIA.

Lâchez-moi [1]! Hélas! c'était la voix de ma Dame... Au secours! Ho! à l'aide!...

---

[1] C'est le véritable sens de l'expression *out!*

Si vous vous débattez!

(*Se penchant sur Desdemona.*) O Dame, parlez encore! douce Desdemona! Oh, douce maîtresse, parlez!

DESDEMONA.

D'une mort innocente... je meurs...

EMILIA.

Oh! qui a commis cette action?

DESDEMONA.

Personne, moi... moi-même!... Adieu! recommande-moi à mon cher Seigneur... Oh! adieu! (*Elle meurt.*)

OTHELLO.

Hé! comment aurait-elle été assassinée!...

EMILIA.

Hélas! qui le sait?

OTHELLO.

Vous l'avez entendu dire que c'était elle-même... ce n'était pas moi [1]...

EMILIA.

Elle l'a dit... je dois répéter la vérité...

OTHELLO.

Elle est allée, comme une menteuse, à l'enfer brûlant [2]... c'est moi qui l'ai tuée!...

EMILIA.

Oh! elle n'en est que plus ange et vous plus noir démon!

OTHELLO.

Elle tournait en folie et elle était une putain!...

EMILIA.

Tu la calomnies... et tu es un diable!

OTHELLO.

Elle était fausse comme l'eau...

EMILIA.

Tu es fou comme le feu de dire qu'elle était fausse... Oh! elle était célestement sincère!

OTHELLO.

Cassio l'a couverte... d'ailleurs demande à ton mari!... Oh! je serais damné aux toutes profondeurs de l'enfer si je n'avais, sur justes motifs, procédé à ces extrémités... Ton mari savait tout.

EMILIA.

Mon mari!

OTHELLO.

Ton mari.

EMILIA.

Qu'elle avait été fausse au lien nuptial,...

OTHELLO.

Oui, avec Cassio. Ah! si elle eût été vraie! Le ciel eût-il fait pour moi un autre monde d'une entière et parfaite pierre d'or, que je ne l'aurais pas vendue à ce prix!

---

[1] Trait d'étonnante instinctivité. Othello qui croit avoir accompli un acte de justice, commence par nier. Son caractère se rabaisse, mais c'est humain.
[2] Et tout à coup sa rage le reprend et il crie son aveu.

EMILIA, *réfléchissant.*

Mon mari ?

OTHELLO.

Oui. Ce fut lui qui me le dit d'abord. C'est un honnête homme et il hait la boue qui s'attache aux sales actions...

EMILIA.

Mon... mari ?...

OTHELLO.

A quoi bon cette répétition, femme ? Je dis, ton mari !...

EMILIA.

O maîtresse, la vilenie s'est moquée de l'amour... mon mari dit qu'elle était fausse ?...

OTHELLO.

Lui-même, femme. Je dis, ton mari... comprends-tu le mot... mon ami, ton mari, l'honnête, honnête Iago...

EMILIA.

S'il dit cela, puisse son âme pernicieuse pourrir d'un demi grain chaque jour ! Il ment jusqu'au cœur... elle était trop folle de son sale [1] choix !

OTHELLO, *furieux, la menaçant.*

Ha !

EMILIA.

Va, de mal en pis ! Cet acte, le tien, n'est pas plus digne du ciel que tu n'étais digne d'elle.

OTHELLO.

Silence... c'est mieux pour vous...

EMILIA.

Tu n'as point pour me faire du mal la moitié du pouvoir que j'ai pour souffrir... ô dupe ! ô imbécile ! aussi stupide que la boue !... je n'ai pas souci de ton épée... je te ferai connaître, dussé-je perdre vingt vies... Au secours ! au secours ! Ho ! Au secours ! Le Maure a tué ma maîtresse... au meurtre ! au meurtre !...

Entrent MONTANO, GRATIANO *et* IAGO.

MONTANO.

Qu'y a-t-il ?... Eh bien, général ?...

EMILIA.

Ah ! vous voilà, Iago !... vous avez bien agi pour que les hommes puissent placer leurs meurtres sur votre cou...

GRATIANO.

Qu'arrive-t-il ?

EMILIA, *à Iago.*

Donne un démenti à ce misérable, si tu es un homme !... il dit... que tu lui as affirmé que sa femme était infidèle... je le sais, tu ne l'as pas fait, tu n'es pas un pareil misérable !... parle, car mon cœur est plein...

---

[1] *Filthy* — le même mot est employé plus haut — *filthy deeds*, sales actions. Emilia a des exaspérations de femme du peuple.

IAGO.

Je lui ai dit ce que je pensais et n'ai affirmé rien de plus que ce qu'il a trouvé lui-même réel et vrai...

EMILIA.

Mais lui avez-vous jamais dit qu'elle était infidèle ?...

IAGO.

Je l'ai dit.

EMILIA.

Vous avez dit un mensonge, un odieux, un damné mensonge... sur mon âme, un mensonge... un infâme mensonge... elle infidèle avec Cassio !... avez-vous dit... avec Cassio ?

IAGO.

Avec Cassio, madame... allez, retenez votre langue...

EMILIA.

Je ne retiendrai pas ma langue... je suis forcé de parler. Ma maîtresse est étendue là, assassinée, dans son lit !...

TOUS.

Oh ! que les cieux nous préservent !...

EMILIA.

Et vos rapports ont amené le meurtre...

OTHELLO.

Hé ! ne vous ébahissez pas, mes maîtres... cela est vrai, absolument.

GRATIANO.

C'est une étrange vérité !

MONTANO.

O acte monstrueux !

EMILIA.

Vilenie ! Vilenie ! Vilenie !... je réfléchis... je réfléchis... je flaire... ô vilenie ! j'y avais songé !... je me tuerai de douleur ! Ô vilenie ! vilenie !...

IAGO.

Quoi ! êtes-vous folle ? Je vous somme d'aller à la maison...

EMILIA.

Bons gentilshommes, faites que j'aie loisir de parler... il est juste de lui obéir, mais pas maintenant... peut-être, Iago, je n'irai plus jamais à la maison...

OTHELLO, *hagard, cherchant à comprendre, se jette au cou de Desdemona.*

Ho ! Ho ! Ho ! (*Il sanglote.*)

EMILIA.

Oui, jette-toi à terre et rugis !... car tu as tué la plus douce innocente qui jamais ait levé les yeux...

OTHELLO, *se redressant.*

Oh ! elle était criminelle ! (*A Gratiano.*) Je vous reconnaissais à peine, oncle... ici gît votre nièce dont le souffle, oui ! par ces mains vient d'être arrêté ! Je sais, cet acte semble horrible et sinistre...

GRATIANO.

Pauvre Desdemona ! je suis aise que ton père soit mort... ton mariage lui fut, mortel et la pure douleur a coupé en deux le fil de sa vieillesse... cette vue l'entraînerait à cet excès de désespoir — oui ! — de maudire loin de lui son meilleur ange et de tomber avec les réprouvés !

OTHELLO.

C'est pitoyable... mais enfin Iago sait qu'elle a commis avec Cassio l'acte de honte... un millier de fois ! Cassio l'a confessé ; et elle a récompensé ses amoureux labeurs avec ce témoignage, ce gage d'amour qui lui avait été mon premier don. Je l'ai vu dans sa main. C'était un mouchoir, un antique gage que mon père donna à ma mère...

EMILIA.

O ciel ! ô célestes puissances !

IAGO, *à sa femme.*

Venez, tenez-vous tranquille !

EMILIA.

Cela éclatera, cela éclatera !... que je me tienne tranquille, monsieur ? Non ! Non, je parlerai, aussi libre que l'air... que le ciel et les hommes et le diable, que tous, tous, tous crient honte contre moi, je parlerai !

IAGO, *la menaçant.*

Soyez sage et allez à la maison !...

EMILIA.

Non ! (*Iago se précipite sur elle pour la frapper.*)

GRATIANO, *l'arrêtant.*

Fi ! Votre épée contre une femme !

EMILIA, *à Othello.*

Toi, Maure imbécile ! Ce mouchoir dont tu parles, je l'ai trouvé par hasard et je l'ai donné à mon mari : car souvent, avec une ténacité persistante [1] — plus que certes ne comportait pareille bagatelle ! — il m'avait priée de le voler.

IAGO.

Vilaine putain !...

EMILIA.

Elle, le donner à Cassio ! non, hélas ! je l'ai trouvé et l'ai donné à mon mari !...

IAGO.

Saleté, tu mens !

EMILIA.

Par le ciel, non, gentilshommes, je ne mens pas !... O stupide meurtrier ! Que pouvait faire pareil imbécile d'une si bonne femme ! (*Iago la frappe de son épée et s'enfuit.*)

OTHELLO.

N'y a-t-il donc pas de pierres dans le ciel, sauf celles qui servent pour le tonnerre !... Rare scélérat !...

GRATIANO.

Cette femme tombe... sûrement, il a tué sa femme !...

[1] *Solemn earnestness. Solemn* doit être pris ici dans le sens que lui donne Horace — *accoutumé, épété.*

EMILIA.

Oui, oui !... Couchez-moi aux côtés de ma maîtresse...

GRATIANO.

Il est parti, mais sa femme est tuée !

MONTANO.

C'est un insigne bandit ! Prenez cette arme que je viens d'enlever au Maure... venez, gardez la porte au dehors : ne le laissez pas passer, tuez-le plutôt. Je courrai après le misérable, car c'est un damné brigand. (*Sortent Montano et Gratiano.*)

OTHELLO.

Je ne suis plus un vaillant, car un chétif gamin m'enlève mon épée... mais pourquoi l'honneur survivrait-il à l'honnêteté ?... Que tout s'en aille !...

EMILIA, *se traînant vers le lit.*

Que présageait ta chanson, Dame ?... Écoute... peux-tu m'entendre ?... Je vais jouer au Cygne et mourir en musique... (*Fredonnant dans l'agonie.*) Saule, saule, saule !... Maure, elle était chaste... elle t'aimait, Maure cruel... que mon âme vienne en bénédiction, comme je dis vrai... ainsi parlant comme je pense, je meurs... je meurs... (*Elle meurt.*)

OTHELLO.

J'ai une autre arme dans cette chambre. C'est une épée d'Espagne, trempée dans l'eau glacée [1]... oh ! la voilà !... (*Criant devant la porte.*) Oncle, il faut que je sorte !

GRATIANO, *de l'intérieur.*

Si tu l'essaies, cela te coûtera cher. Tu n'as pas d'arme et par force dois te soumettre.

OTHELLO.

Alors rentre pour me regarder et me parler. Ou, si nu que je sois, je t'assaillerai !...

GRATIANO, *rentrant.*

Qu'y a-t-il ?

OTHELLO.

Regarde ! j'ai une arme... jamais meilleure ne se suspendit à la cuisse d'un soldat. J'ai vu le jour où, avec ce petit bras et cette bonne épée, je me frayai le chemin à travers des obstacles vingt fois plus forts que ton arrêt... Mais, vaine parade ! qui peut régler son destin ! Il n'en est plus ainsi... n'aie pas peur, quoique tu me voies armé. Ici est la fin de mon voyage, ici est ma borne et la vraie marque à terre [2] de ma dernière traversée... pourquoi reculez-vous épouvanté ? c'est peur perdue. Dirigez seulement un roseau contre la poitrine d'Othello et il recule... où irait Othello ?... (*Se penchant vers Desdemona.*) Hé ! de quoi as-tu l'air maintenant... ô fille mal-étoilée !... Pâle comme ta chemise !... Quand nous nous rencontrerons au compte suprême, ta vue précipitera mon âme du ciel et les démons la happeront ! Froide, Froide, ma fille ?... Juste comme ta chasteté !... O maudit, maudit esclave ! Fouettez-moi, vous, diables, loin de la possession de cette vue céleste ! Lancez-moi à travers les vents ! Rôtissez-moi dans le soufre ! Lavez-moi dans les gouffres sans fond du feu liquide ! O Desdemona, Desdemona ! Morte ! Morte ! Ho, Ho, Ho !...

[1] *Ice-brook* — quoique le sens soit très clair et vise expressément la trempe de l'acier, on a voulu voir ici une coquille, et Pope a substitué le mot *Ebro*, l'Èbre — une épée trempée dans l'Èbre. F.-V. Hugo a adopté cette version. Le détail est d'ailleurs insignifiant.

[2] *Sea mark*, amers, balise, marque à terre, point vers lequel se dirige le pilote (Fleming et Littré.)

Entrent LODOVICO, MONTANO, CASSIO, *porté sur une chaise,* IAGO, *prisonnier et des officiers.*

LODOVICO.
Où est ce féroce et très malheureux homme ?
OTHELLO.
Le voilà, celui qui fut Othello... me voilà.
LODOVICO.
Où est cette vipère ! Amenez ce misérable en avant !... (*On amène Iago.*)
OTHELLO.
Je regarde en bas... à ses pieds [1]... mais c'est une fable. Si tu es un diable, je ne puis te tuer... (*Il se jette sur Iago et le blesse.*)
LODOVICO.
Arrachez-lui son épée !...

IAGO.
Je saigne, Messire, mais je ne suis pas tué !
OTHELLO.
Je n'en suis pas fâché... je te voudrais avoir en vie... car, à mon sens, c'est bonheur de mourir.
LODOVICO.
O toi, Othello, qui fus naguère si bon, tombé dans les intrigues d'un esclave maudit, quels mots faudrait-il te dire ?...
OTHELLO.
Oh ! n'importe lesquels ! un honorable meurtrier, si vous voulez... car je n'ai rien fait pour la haine, mais tout pour l'honneur !...
LODOVICO.
Ce gredin a en partie confessé sa vilenie... Avez-vous comploté, lui et vous, la mort de Cassio ?
OTHELLO.
Oui.

CASSIO.
Cher général, jamais je ne vous ai donné motif...
OTHELLO.
Je le crois et demande votre pardon. (*A Lodovico.*) Voulez-vous, je vous prie, demander à ce demi-démon pourquoi il a ainsi enlacé [2] mon âme et mon corps.
IAGO.
Ne me demandez rien... vous savez ce que vous savez... de ce moment je ne prononcerai plus un mot.

---

[1] Pour voir s'ils sont fourchus, selon la légende satanique.
[2] *Ensnared* — pris au piège, au lacet.

LODOVICO.

Quoi ! pas même pour supplier ?...

GRATIANO.

Les tortures vous ouvriront les lèvres.

OTHELLO, à *Iago*.

Bien, tu fais au mieux...

LODOVICO, à *Othello*.

Messire, vous allez comprendre ce qui est advenu, ce que, je crois, vous ne savez pas. Voici une lettre trouvée dans la poche de Roderigo, assassiné. Et ici,

Amenez ce misérable !

une autre. L'une d'elle a trait à la mort de Cassio, devant être mise à exécution par Roderigo.

OTHELLO.

Misérable !

CASSIO.

Le plus grand des payens !

LODOVICO.

Puis voici un autre papier, de récriminations, trouvé aussi dans sa poche. Et celle-ci il semble que Roderigo voulait l'envoyer à ce damné vilain, mais que Iago, probablement, est venu dans l'intérim et lui a donné satisfaction.

OTHELLO.

Oh ! le pernicieux méchant ! Comment étiez-vous, Cassio, en possession de ce mouchoir qui appartenait à ma femme.

CASSIO.

Je l'ai trouvé dans ma chambre, et il a confessé lui-même — mais juste à présent — qu'il l'avait laissé tomber là, dans un spécial dessein qu'il a accompli, selon son désir...

OTHELLO.

O fou ! fou ! fou !

CASSIO.

Il y a, en outre, une lettre de Roderigo... comment il reproche à Iago de l'avoir fait m'insulter pendant la garde, d'où il advint que je fus cassé. Et tout à l'heure, après avoir longtemps paru mort, il a dit que Iago l'avait frappé, Iago qui l'avait aposté...

LODOVICO, *à Othello.*

Il vous faut quitter cette chambre et venir avec nous. Votre pouvoir et votre commandement vous sont retirés et Cassio gouverne à Chypre. Quant à ce misérable, s'il est quelque habile cruauté qui puisse le torturer beaucoup et le conserver longtemps, elle sera pour lui. (A *Othello.*) Vous, vous resterez étroitement prisonnier, jusqu'à ce que la nature de votre faute soit connue du Sénat vénitien... Allez, emmenez-le...

OTHELLO.

Doucement !... un mot ou deux, avant que vous partiez. J'ai rendu au Sénat quelques services et il le sait. Je n'insiste pas. Je vous prie, dans vos lettres, alors que vous relaterez ces faits malheureux, parlez de moi comme je suis : ne rien atténuer ni augmenter en mal. Alors parlez d'un homme qui n'a pas aimé sagement, mais trop bien ! d'un homme, non facilement jaloux, mais, une fois entraîné, tourmenté à l'extrême... d'un homme dont la main, comme celle du vil judéen [1], a jeté au loin une perle plus riche que toute sa tribu... d'un homme, dont les yeux abattus — bien qu'inaccoutumés au mode des larmes — versent des pleurs aussi abondamment que les arbres d'Arabie leurs gommes médicinales... écrivez cela et dites, en outre, qu'une fois, à Alep, alors qu'un méchant turc enturbanné battait un vénitien et outrageait l'État, je pris à la gorge le chien circoncis et le frappai... ainsi ! (*Il se frappe lui-même.*)

LODOVICO.

O période de sang !

GRATIANO.

Tout ce qui serait dit serait perdu...

OTHELLO, *se traînant vers Desdemona.*

Je t'ai baisée avant de te tuer... plus rien que ceci... me tuer moi-même et mourir sur un baiser. (*Il tombe sur le corps de Desdemona et meurt.*)

CASSIO.

Voilà ce que je redoutais, mais je croyais qu'il n'avait pas d'arme : il était grand par le cœur...

LODOVICO, *à Iago.*

O chien de Sparte, plus féroce que l'angoisse, la faim ou la mer ! regarde le fardeau tragique, sur ce lit... ceci est ton œuvre... cet objet empoisonne la vue, qu'on le cache !... Gratiano, gardez la maison et saisissez tout ce qui appartient au Maure car cela vous revient... (*A Cassio.*) A vous, Lord Gouverneur, reste le châtiment de

---

[1] Il y a deux versions : *indien* ou *judéen* — la première aurait trait à l'ignorance où étaient les indiens des richesses qu'ils possédaient — la seconde viserait Hérode et le meurtre de Mariamne. Nous n'avons aucune préférence.

cet infernal vilain... l'heure, le lieu, la torture. Oh! renforcez-la! moi-même, je vais tout droit à bord et le cœur lourd, je raconterai au Sénat ces lourdes actions! (*Ils sortent* [1].)

[1] Voici comment Lamartine comprenait Shakespeare. Il termine une pseudo étude — toute de compilation et de plagiat — par ces phrases typiques : Il n'y a rien dans tout cela qu'une horreur physique. On n'est pas poète pour si peu. Les bouchers feraient, à ce prix, les plus grandes tragédies du monde.

NOTE. — Au moment d'écrire cette note, nous avons relu la si intéressante étude que F.-V. Hugo a inscrite en tête d'Othello ; et nous avons été une fois de plus frappé de l'étrange perversion cérébrale, engendrée par le romantisme. Le panégyriste ici ne voit rien que de colossal, de démesuré, de gigantesque. Tout lui est un motif à dithyrambe si haut juché qu'en vérité on se demande si, en Shakespeare, on doit retrouver le Jehovah du Sinaï.

Tout est formidable : s'agit-il de se demander si Othello est noir ou simplement basané, la seconde hypothèse est affirmée par cette sortie bizarre : — Shakespeare a pu jeter le crépuscule sur le noble visage d'Othello ; il *n'y a point fait la nuit !*

L'union de Desdemona et d'Othello *symbolise* — la sympathique fusion de ces deux types primordiaux de la beauté humaine, le type caucasique et le type sémitique.

Schlegel avait découvert, en cette pièce — qu'il ne faut pas croiser les races et qu'une union mal assortie est nécessairement fatale ! — F.-V. Hugo lui affirme qu'il faut reconnaître là — la bataille décisive livrée par la passion au plus impassible de tous et que ce n'est pas un homme seulement qui succombe, *c'est l'humanité !*

Sans poursuivre cette chasse aux excès emphatiques, ramenons l'étude d'Othello à des proportions plus raisonnables, et disons tout de suite que le drame de Shakespeare n'est pas surhumain, mais profondément humain, ce qui est mieux — que le poète ne s'est pas perdu en considérations ethniques de croisements plus ou moins sélectifs, mais qu'il a montré l'opposition de caractères, de natures, développés sous des cieux différents — qu'enfin — et c'est là le point capital — il n'a pas rêvé un symbole embrassant l'humanité toute entière, mais qu'il a composé, avec un génie supérieur, avec une entente étonnante des combinaisons dramatiques, un drame poignant, terrible dont tous les protagonistes sont des êtres de chair et de sang, de cerveau aussi, de cerveau particulier et personnel, dont un seul peut-être synthétise un des côtés de la psychologie humaine. Et celui-là, c'est Iago, le méchant.

Otez Iago, le drame n'existe plus. Othello, soldat de fortune, qui — s'il est de naissance royale — n'a plus de couronne à sa portée, a été amené par les circonstances à consacrer ses services à la République de Venise. C'est un vaillant combattant, un marin de premier ordre, la fortune a toujours souri à ses efforts : il a conquis à la pointe de l'épée les plus hauts grades, il est tout puissant de par l'estime et la confiance qu'il inspire à tous, et quand le Turc menace Chypre, c'est à lui que tout aussitôt pense le peuple, c'est lui qu'appelle le Sénat pour lui décerner le commandement de la flotte.

Entre temps, admis chez le sénateur Brabantio, Othello y a rencontré sa fille Desdemona : Pressé de raconter ses aventures et ses exploits, il s'est laissé entraîner : c'est un homme dans la force de l'âge, vigoureux, passionné, avec en plus une faconde toute orientale. La jeune Desdemona l'a écouté avec admiration, avec ce ravissement mêlé d'une sorte de crainte qui a si fort empire sur l'imagination des femmes : elle a aimé Othello, qui, redoutant à bon droit que Brabantio, le *magnifico* de Venise, ne voulut pas donner sa fille à celui qu'il considérait comme de race inférieure, l'a enlevée et secrètement épousée.

Qu'Othello soit un violent, ses exploits même donnent la mesure de son caractère. Il n'a même pas essayé de vaincre la résistance de Brabantio, il n'a pas songé à recourir aux bons offices du Duc — qui, sans doute, eût été favorable à ses vœux. Il a agi en soldat, disons même en soudard. Et ce n'est pas sans quelque motif que Brabantio lui jettera l'anathème.

De son côté, Desdemona — si douce, si patiente, si soumise — a subi, sans résistance, la domination de cette vigueur qui s'imposait à elle : elle s'est attachée par la pitié, — *Cosi fan tutte* — puis elle s'est donné toute entière, âme et corps, à ne jamais plus se reprendre. Elle a suivi le précepte de l'évangile, elle a quitté son père pour son mari, et elle ne saura même pas que le vieux Brabantio est mort de l'avoir perdue. Son premier amour a posé sur elle une empreinte si forte qu'elle s'est liée à son admiration, son respect, — comme d'un nain devant un géant — n'a fait que grandir.

Othello du reste de manières aisées, de cœur généreux, d'amour élégant et vigoureux.

Mais qu'on le remarque bien, Othello n'est pas le jaloux-né, le jaloux *en soi*, comme Harpagon est l'avare, comme Tartufe est l'hypocrite. Au contraire, Othello a confiance en sa femme, il l'aime avec tout l'abandon d'un homme qui se sait aimé, qui sait pourquoi il est aimé. Le jaloux n'a pas besoin d'être poussé à la jalousie par des suggestions étrangères : il l'est de nature, de tempérament, il l'est quand même et toujours, il tire le soupçon de lui-même, la défiance de son propre fonds. Rien de cela en Othello, en qui ne préexiste qu'un tempérament violent, oriental, africain. C'est un *suggestible*, dans toute l'acceptation du mot. Que Iago dirige ses violences vers un autre but que l'infidélité de sa femme, il foncera comme le taureau qui voit rouge. Othello est le jaloux occasionnel : encore une fois, ce n'est pas un type, c'est un homme, ou encore c'est le type de l'homme, vigoureux de sang, mais faible de cerveau qui, n'ayant pas assez de force pour penser lui-même, se laisse endoctriner par autrui.

Quel serait — hors du drame — l'avenir de ce

couple : Desdemona se fatiguerait-elle d'être petite en face d'un si grand ? Regretterait-elle, en cette vie d'aventures, l'existence plus calme que lui eût procurée une union avec un époux de son pays et de sa caste ?... Othello serait-il infidèle ?..
Toutes ces hypothèses sont peu probables. On peut répondre de la fidélité de Desdemona, et si quelque écart était à reprocher à Othello — ce qui paraît possible, Othello paraissant de nature fort brûlante — sa femme trouverait certes en son amour la force du pardon.

Donc, devant ce ménage d'origine romanesque, l'avenir s'ouvre joyeux, en dépit des colères du vieux Brabantio, et à moins de supposer quelque intervention surnaturelle, la malédiction paternelle risque fort de rester impuissante.

C'est alors que paraît Iago.

Voici le véritable pivot du drame. Ici est toute l'invention du poète, concentrée en ce caractère dont l'originalité est exceptionnelle et qui témoigne d'un esprit formé à l'observation par l'expérience de la vie. En toute sincérité, il semble que Shakespeare a connu Iago. Des traits qu'il a accumulés, pas un qui ne soit senti, vécu pour ainsi dire. Iago est un possédé de méchanceté, il personnifie ce que, deux siècles après Shakespeare, Edgar Poë a appelé le Démon de la Perversité. Il fait le mal parce qu'il hait le bien, tout simplement, et quand il cherche à se donner pour prétexte une prétendue infidélité de sa femme avec le Maure, il n'y croit pas lui-même : mais il agira comme si elle était réelle.

« Cette tendance accablante à faire le mal, dit Edgar Poë, n'admet aucune analyse, aucune résolution en éléments ultérieurs : nous perpétrons certaines actions simplement à cause que nous sentons que nous ne le devrions pas. »

Tel Iago. Il se sait mauvais, pervers : et obéissant à une loquacité que Poë a également notée, il faut qu'il s'explique lui-même, qu'il se révèle, qu'il s'analyse. Il s'avoue méchant, scélérat. Il hait et proclame sa haine. Est-ce haine du seul Othello — ou même de Cassio dont la beauté de formes le fait paraître laid ? Non, il hait tout. Nous l'avons indiqué déjà dans une note, le tempérament d'Iago n'est pas unique. Au contraire. Il a pour racine première la vanité, la conviction de sa propre supériorité, et partant la certitude de l'universelle injustice qui ne la reconnaît pas. Iago, soldat, est persuadé qu'il a le génie des batailles et s'irrite que pour un poste de premier lieutenant, on lui préfère Cassio, un calculateur. C'est exactement ce qui se passe de nos jours où le dernier des donneurs de coups se croit, pour peu qu'on le pousse un peu, supérieur à ce polytechnicien qui se contente de calculer sur le papier la trajectoire des projectiles. Cassio est instruit, il a bonne tenue et conduite, il ne boit pas, se sachant la tête peu solide —

donc Iago le hait parce que tous l'estiment. Il hait Desdemona parce qu'elle est douce et polie, parce qu'elle est heureuse, et il s'efforcera même de lui débiter, en face, des impolitesses inconvenantes. Il n'a d'esprit que pour la méchante satire. *He is nothing if not critical*.. Écoutez les conversations de la plupart des ratés et vous comprendrez cette expression si parfaitement vraie. Est-ce qu'on peut s'amuser en société, si on ne dit du mal de quelqu'un? Du même vice, procèdent tous les vices de Iago. Il faut qu'il critique, il faut qu'il étonne son interlocuteur par les boutades de son scepticisme hargneux. Il est de ceux — nous en connaissons même dans le monde littéraire — qu'exaspère tout éloge adressé à autrui.

Chez beaucoup, fort heureusement, ces tendances à la revanche restent à l'état embryonnaire. L'occasion ne leur est pas offerte de prouver qu'eux aussi peuvent s'élever, au détriment d'autrui. Ils restent dans leur boue d'envie et ne s'en désenlisent pas. D'autres, comme Iago, trouvent une voie ouverte et s'y jettent éperdûment. Si on ne leur casse la tête à temps, ces gens commettent le crime avec une sorte de volupté sadique. Leurs rancunes s'assouvissent et le plus souvent ils crèvent d'avoir dégorgé leur poison.

Shakespeare avait dû rencontrer de ces monstres ; qui sait si son ami Southampton n'eut pas un de ces ennemis, lâches et sinistres ?...

Sur le bonheur d'Othello et de Desdemona, le poète lâche Iago, dont par des malchances éventuelles les machinations, absurdes en soi, réussissent. Mais aussi, c'est qu'il a en face de lui, non pas un héros de tragédie, mais un homme, Othello, le semi barbare, brûlant de colères natives, instinctif plutôt que civilisé, dont l'esprit est rebelle au raisonnement net et précis. Iago sait bien ce qu'il fait : il exaspère plus brutalement qu'ingénieusement ces rages latentes. Là où un autre que le Maure exigerait des explications et une ruse aurait percé à jour l'infâme et le ridicule de ces délations. Othello, en qui il y a de l'enfant, accepte tout, souffre et se laisse niaisement torturer. Non, Othello n'est pas l'humanité, c'est un homme, des plus naïfs, des moins maîtres de lui, un arabe vindicatif et soupçonneux, au cœur héroïquement généreux mais à la cervelle débile.

Et c'est justement entre les nuances si subtiles et si exactes d'un caractère — non tout d'une pièce — mais aux aspects multiples et mobiles, que se révèle superbement le génie dramatique de Shakespeare.

Avec notre passion de grossissement maladroit, nous avons fait d'Othello une tragédie suprahumaine : erreur, c'est un drame, un drame vivant où palpitent de la vraie chair, de la vraie cervelle et où coule du vrai sang. Voltaire n'y a rien compris, lui dans sa *Zaïre* — plagiat d'*Othello* — a supprimé Iago. C'est une monomanie académique chez nous de vouloir à toute force ériger des types éternels : Othello, Desdemona sont des types contingents, et par cela même, profondément vrais.

Jusqu'à ce stupide Roderigo, pris sur le vif, bellâtre riche qui croit, sur la foi d'Iago, que Desdemona se laissera acheter par des présents et des bijoux : et comme Iago se gausse de lui en le volant ! Ce patricien, nul et bon à rien, mais capable de tout, se laissera pousser à l'assassinat, tout en s'avouant qu'il ne comprend guère ce qu'il fait. Il est si bête, qu'il vaut à peine la colère, mais à coup sûr il est digne de tout mépris. Et quel détail excellent que celui de ses lettres, trouvées dans sa poche à l'adresse d'Iago, et que sa couardise stupide l'a empêché d'envoyer à leur adresse. Celui-là aussi est un type de circonstance, mais si complet, si nettement campé.

Ainsi encore de celui d'Emilia, qui hait son mari et en a peur, qui lui obéit pour l'amadouer ; qui, sans moralité, prêche l'adultère avec à peine quelques réserves. Tête folle et meublée de malsaines pensées, prête à toutes les intrigues et que les injures d'Othello atteignent sans grande injustice, mais cœur point gangrené, ainsi que le prouve son exaltation devant le cadavre de sa maîtresse !... Et c'est elle qui, en son instinct de bête révoltée, dit au Maure ce qu'il faut qu'il entende enfin : — Stupide ! Stupide assassin !

Il n'est pas un personnage, de si mince importance soit-il, auquel Shakespeare ne prête une physionomie intéressante : Bianca, la courtisane amoureuse, n'est-elle pas absolument dans son rôle quand elle reproche à Cassio d'avoir reçu un don d'une autre maîtresse !... et quel mot plus vrai que ce : — Je suis aussi honnête que vous ! — qu'elle lance à Emilia.

Un mot encore sur Desdemona : pour plus justement admirer la création du poète, il convient, non de détruire ses proportions, mais au contraire de la placer en la posture où l'a mise le poète. C'est une enfant et rien qu'une enfant, naïve, enthousiaste, imprudente et amoureuse. Elle n'a ni raison, ni force, ni résistance, type d'un féminisme complet, dans le sens excessif d'infériorité physique et morale. Elle ne raisonne pas, elle ne discute pas, elle ne juge pas. Ses coquetteries sont enfantines, ses insistances sont maladroites, sa bonté est inhabile. Elle n'en est que plus intéressante : n'ayant rien d'une héroïne, elle est d'autant plus émouvante dans sa résignation, et je ne sache rien de plus poignant que ce cri de la pauvrette, demandant un dernier délai : — Encore une demi-heure ! On devine que pour l'entraîner loin de la maison de son père, il a suffi à Othello de lui prendre le bras et de lui dire : — Venez ! Elle est incapable d'initiative comme d'énergie résistante. Elle se laisse tuer comme elle s'est laissée aimer. Elle plaît par sa faiblesse même et quand elle fredonne la romance du Saule, on pleure de la sentir si complètement incapable de se défendre ; et si les femmes s'irritent quelque peu de la sentir si débile, les hommes au contraire ont quelque fierté de rencontrer si parfaite soumission, si complet anéantissement devant leur puissance.

Othello est le plus beau des drames — mais n'a — et fort heureusement — rien d'une tragédie : ni classique, ni romantique, c'est une œuvre vraie en sa conception et parfaite en sa réalisation.

M. Louis de Grammont a fait représenter en 1882, sur le théâtre de l'Odéon, une très intéressante traduction d'*Othello*, à laquelle ne s'appliquent aucun des reproches que nous avons déjà adressés aux adaptations théâtrales des drames de Shakespeare. Elle est exacte, élégante et d'une sincérité rigoureuse.

LES
JOYEUSES COMMÈRES DE WINDSOR
— 1601 —

PERSONNAGES

Sir John FALSTAFF.
FENTON.
SHALLOW, juge de province.
SLENDER, cousin de Shallow.
M. FORD,} petits bourgeois de Windsor
M. PAGE,}
William PAGE, un gamin, fils de M. Page.
Sir Hugh EVANS, pasteur Welche (du pays de Galles).
Dr CAIUS, médecin français.

L'Hôte de l'auberge de la Jarretière.
BARDOLPH, PISTOL, NYM, la clique de Falstaff.
ROBIN, page de Falstaff.
SIMPLE, domestique de Slender.
RUGBY, domestique du Dr Caïus.
Mistress FORD.
Mistress PAGE.
Mistress Anne PAGE, sa fille.
Mistress QUICKLY, servante du Dr Caïus.

La scène se passe à Windsor ou aux environs.

AVERTISSEMENT

Sir John Falstaff, vieux batailleur, débauché et quelque peu voleur, est venu échouer, avec sa bande, à l'Hôtel de la Jarretière. Nous le retrouverons plus jeune dans les drames d'Henry IV. Ici, réduit à *marcher sur ses tiges*, il cherche des trucs pour attraper de l'argent. Il a remarqué deux femmes de Windsor, bonnes commères, rieuses et d'une fraîcheur grasse de quarantaine. Il imagine de les courtiser toutes les deux, comptant qu'elles puiseront, pour lui, des subsides dans la bourse de leurs maris. Mais les deux braves dames se communiquent les billets reçus et complotent de lui donner telle leçon que désormais lui passe toute tentation de recommencer. On lui accorde des rendez-vous : au premier, sur le point d'être surpris par le mari, il se laisse fourrer dans un panier de linge sale qu'on va vider dans les boues de la Tamise; au second, il est forcé de se déguiser en vieille femme et reçoit une atroce volée de coups de bâton. Pourtant il se laisse encore entraîner par son incurable vanité et accepte un dernier rendez-vous, à minuit, dans le parc de Windsor. Là, les maris, Page et Ford, de complicité avec leurs femmes, organisent une mascarade fantastique, dans laquelle Falstaff est encore berné et rossé. Il fait amende honorable et on lui pardonne. A cette trame déjà serrée, viennent se mêler des personnages grotesques, écorchant la langue, bêtes et ridicules au delà de toute expression, Slender, Shallow, Caïus. La pièce doit être tenue dès la première scène pour une grosse bouffonnerie, exubérante, folle même, jouée avec un entrain endiablé.

(*Voir la Note à la fin de la pièce*).

Les Joyeuses Commères de Windsor

ACTE PREMIER

SCENE PREMIÈRE

A Windsor, devant la maison de Page.

Entrent le Juge SHALLOW, SLENDER *et Sir* HUGH EVANS.

SHALLOW.
Sir Hugh, ne me sollicitez pas : je veux faire de cela affaire de chambre étoilée [1]. Fut-il vingt Sir John Falstaff, il n'abusera pas Robert Shallow, esquire [2].

SLENDER.
Juge de paix dans le comté de Glocester et *coràm* [3].

SHALLOW.
Oui, cousin Slender, et *cust-alorum* [4].

SLENDER.
Oui, et *ratolorum* aussi : et un gentilhomme de naissance, maître pasteur : qui s'écrit lui-même : *Armigero* [5], sur tout bill, warrant, quittance ou obligation... *Armigero*.

SHALLOW.
Oui, nous faisons cela et l'avons fait en tout temps, ces trois cents ans passés !

SLENDER.
Tous ses successeurs, partis avant lui, l'ont fait. Et tous ses ancêtres qui vien-

---

[1] Tribunal d'État institué par les Tudors.
[2] Titre sans signification précise, qui vise l'homme au-dessus de la roture, mais non un gentilhomme. Aujourd'hui tout anglais — qui n'est pas du peuple — ajoute les lettres *esq.* à son nom. Différence entre un *homme* et un *monsieur*.
[3] Mot latin qui signifie : — *en présence de*. Les libellés de jugement commençant par les mots : — *Par devant* (coràm), Slender prend ce mot pour un titre.
[4] Pour *custos rotulorum*, gardien des rôles judiciaires. Slender défigure encore plus le mot en prononçant *ratolorum*. Nous connaissons ce genre de plaisanteries : — Je me suis bien amusée aux *sept petites chaises*, dit une bonne dame — pour *steeple chase*.
[5] Chevalier, homme d'armes.

dront après lui, le pourront faire. Ils peuvent porter la douzaine de brochets blancs [1], sur leur cotte.

SHALLOW.

C'est une vieille cotte !

EVANS.

La douzaine de *poux blancs* convient bien à une vieille cotte : cela sied bien, passant [2]. C'est une bête familière à l'homme et qui signifie : — Amour.

SHALLOW.

Le brochet est poisson frais ; le poisson salé est une vieille cotte [3].

SLENDER.

Je puis écarteler [4], cousin ?

SHALLOW.

Vous le pouvez, en vous mariant.

EVANS.

C'est vexant [5], certes, s'il l'écartèle.

SHALLOW.

Pas d'un iota !...

EVANS.

Si fait, par Notre Dame : s'il a un quart de votre cotte, il y aura seulement un quart pour vous, en mes humbles conjectures : mais c'est tout un. Si Sir John Falstaff a commis envers vous des offenses, je suis d'Église et serai content de montrer mon bon vouloir, pour amener apaisement et compromis entre vous.

SHALLOW.

Le Conseil en informera. Il y a riotte.

EVANS.

Ce n'est pas l'affaire du Conseil d'informer d'une riotte : il n'y a pas crainte de

---

[1] Nous entrons dans la série des jeux de mots. Brochet se dit *luce*, qui se prononce *louce*. Evans entend dans ce dernier sens et comprend le mot *louse* qui veut dire *pou*.

[2] Ces plaisanteries roulent sur le blason. On dit — *un lion passant* — pour un lion marchant, sur l'écu.

[3] Phrase restée incomprise. Une légende raconte que Shakespeare dans sa jeunesse fut persécuté par Sir Lucy, pour avoir chassé des daims sur ses domaines. L'anecdote est très contestée. Pourtant il paraît vraisemblable que ces facéties sur les *luces*, brochets, viennent la confirmer. Quant au poisson salé — *salt fish* — l'édition de Knight suggère l'idée d'une plaisanterie sur *salt*, salé — et *saltant*, sautant, terme héraldique qui viendrait en réponse au mot *passant*. Mais il est certain que, malgré tous efforts, ces jeux de mots et d'idées, sans doute très clairs au XVIᵉ siècle, restent pour nous parfaitement obscurs. Naturellement la joyeuseté bien connue de Guizot s'est évertuée à trouver des équivalents : il a remplacé les *brochets* par des *loups de mer*, et les *poux* par des *loulous*, nom populaire, affirme-t-il, de ce genre d'insectes ! Montégut a remplacé les *brochets* par des poulets — poux laids !!

[4] *Quarter*. — Partager l'écu en quatre, pour inscrire les alliances familiales. Ne pas oublier que Slender étant le cousin de Shallow, porte les mêmes armes que lui.

[5] En vous mariant, *by marrying* — à quoi Evans réplique : — *It is marring*... en jouant sur le mot. Le calembour se pourrait rendre en employant la langue romane qui donne le verbe *marrir*, affliger, chagriner. D'où nous est resté l'adjectif *marri*. Rappelons que le mot *écarteler* signifie : diviser en quatre quarts.

Dieu dans une riotte [1]. Le Conseil, voyez-vous, entend informer de la loi de Dieu et non pas d'une riotte [2]. Prenez avis [3] de cela.

SHALLOW.

Ha ! sur ma vie, si j'étais de nouveau jeune, l'épée terminerait cela !

EVANS.

Il est meilleur que vos amis soient l'épée et terminent cela : et il y a une autre opinion dans ma cervelle qui, par aventure, apporte bonnes suggestions. Il y a Anne Page qui est la fille de maître Page, et qui est une gentille virginité.

SLENDER.

Mistress Anne Page ? Elle a le cheveu brun et parle petit comme une femme.

EVANS.

C'est la vraie personne de tout l'univers, juste comme vous la désirez : et sept cents livres de monnaies et d'or et d'argent, voilà ce que son grand-père, sur son lit de mort (Dieu lui délivre une joyeuse résurrection !) lui a donné, quand elle sera en état de passer l'âge de dix-sept ans. Ce serait un bon mouvement si nous laissions là nos brouilles et broutilles [4] et réclamions un mariage entre maître Abraham et mistress Anne Page.

SHALLOW.

Son grand-père lui a-t-il laissé sept cents livres ?

EVANS.

Oui, et son père lui fera encore un meilleur denier...

SHALLOW.

Je connais la jeune demoiselle : elle a d'excellents dons.

EVANS.

Sept cents livres et des espérances, c'est d'excellents dons.

SHALLOW.

Bien : voyons l'honnête maître Page. Falstaff est-il là ?

EVANS.

Dois-je vous dire un mensonge ? Je méprise un menteur comme je méprise quiconque est faux, ou comme je méprise quiconque n'est pas vrai. Le chevalier [5], Sir John, est là. Et je vous en supplie, laissez-vous conduire par vos bien-voulants. (*Allant à*

---

[1] Evans est du pays de Galles, comme le D' Caïus est français. Tous deux ont une abominable façon de prononcer la langue anglaise, qu'on ne saurait comparer qu'à l'accent de nos pires patoisants. Naturellement il est impossible de rendre ces nuances dans une traduction, puisqu'elles n'ont de valeur que dans l'original même. Nous n'essaierons donc pas de les reproduire, ne voulant pas suivre en cela l'exemple de nos prédécesseurs qui prêtent aux deux personnages des jargons inacceptables. Nous n'avons pu nous résoudre à identifier l'accent d'un gallois parlant l'anglais, à celui d'un allemand écorchant le français.

[2] Ce mot *riotte* (*riot*, anglais) signifie querelle, et par extension émeute. Il appartient à la vieille langue française et c'est très justement que l'Académie lui a rendu sa place dans son Dictionnaire de 1877.

[3] Evans prononce *vizaments* pour *advisements* et ainsi de suite.

[4] *Pribbles et prabbles*. Mots forgés par Evans.

[5] *The Knight*, titre exactement analogue à celui de chevalier des temps féodaux et qui se conférait avec le même cérémonial. Ce n'est pas tout à fait la noblesse, mais cela y confine. Le titulaire de la *Knighthood* a le droit de faire précéder son nom de baptême du mot *Sir*, *Sir John*, *Sir Edwards*.

la porte de la maison et frappant.) Je veux frapper à la porte, pour maître Page. Hé ! Holà ! Dieu bénisse votre maison !

PAGE, *entrant.*

Qui est là ?

EVANS [1].

Là est la bénédiction de Dieu et votre ami et le juge Shallow. Et voici le jeune maître Slender, qui, par aventure, vous dira une autre histoire, si les choses grandissent à votre guise.

Master Page, je suis aise de vous voir.

PAGE.

Je suis aise de voir vos Excellences en bonne santé. Je vous remercie pour votre venaison, maître Shallow.

SHALLOW.

Master Page, je suis aise de vous voir. Grand bien cela fasse à votre bon cœur ! J'aurais désiré la venaison meilleure. Elle était mal tuée. Comment va mistress Page ? — et je vous aime toujours, de tout mon cœur, las ! de tout mon cœur !

PAGE.

Monsieur, je vous remercie.

SHALLOW.

Monsieur, je vous remercie... par oui et non, je le fais.

PAGE.

Je suis aise de vous voir, bon maître Slender.

---

[1] Il est bien entendu que tous ces personnages sont des grotesques et que leurs allures, leur costume doivent être tenus dans le ton de la comédie, un peu outrée.

SLENDER.

Comment va votre lévrier fauve, monsieur ? J'ai entendu dire qu'il avait été dépassé à Cotsale [1].

PAGE.

Cela n'a pu être jugé, monsieur.

SLENDER.

Vous ne l'avouerez pas, vous ne l'avouerez pas !

SHALLOW.

Il ne l'avouera pas — c'est votre faute, c'est votre faute — c'est un bon chien.

PAGE.

Un mâtin, monsieur.

Vous vous plaindrez de moi !

SHALLOW.

Monsieur, c'est un bon chien et un beau chien... peut-on dire plus ? Il est bon et beau... (*Changeant de ton.*) Sir John Falstaff est-il ici ?

PAGE.

Monsieur, il est céans. Et je voudrais pouvoir mettre mes bons offices entre vous.

EVANS.

C'est parlé comme des chrétiens doivent parler.

SHALLOW.

Il m'a fait tort, master Page.

PAGE.

Monsieur, il le confesse de cette même façon.

SHALLOW.

Si c'est confessé, ce n'est pas redressé. N'est-il pas vrai, master Page ? Il m'a fait tort, certes, il m'a... en un mot, il m'a fait tort, croyez-moi. Robert Shallow, esquire, dit qu'on lui a fait tort.

[1] Aux courses de lévriers qui se tenaient en cette localité.

PAGE.

Voici que vient Sir John.

Entrent Sir JOHN FALSTAFF, BARDOLPH, NYM *et* PISTOL [1].

FALSTAFF.

Hé, maître Shallow. Vous vous plaindrez de moi au roi ?

SHALLOW.

Chevalier, vous avez battu mes gens, tué mon daim et ouvert de force ma loge [2]...

FALSTAFF.

Mais je n'ai point baisé la fille de votre garde...

SHALLOW.

Bah ! une épingle !... il faudra en répondre...

FALSTAFF.

Je veux répondre tout de suite — j'ai fait tout cela — voilà qui est répondu.

SHALLOW.

Le Conseil saura cela...

FALSTAFF.

Sera-t-il meilleur pour vous que cela soit connu du Conseil !... On rira de vous.

EVANS.

Pauca verba, Sir John, de bonnes paroles...

FALSTAFF.

De bonnes paroles... de bon choux [3] ! — Slender, je vous ai cassé la tête ? qu'est-ce que vous avez contre moi ?

SLENDER.

Pardieu, monsieur, j'ai affaire dans ma tête contre vous, et contre vos gredins de chipe-lapins, Bardolph, Nym et Pistol. Ils m'ont emmené à la taverne, m'ont saoulé et ensuite ont vidé mes poches.

BARDOLPH, *menaçant Slender*.

Espèce de fromage de Banbury [4] !

SLENDER.

Ouais ! ce n'est pas l'affaire !...

PISTOL, *même jeu*.

Eh bien ! quoi ? Méphistophélès !

SLENDER.

Ouais ! ce n'est pas l'affaire !...

NYM, *avec un geste du tranchant de la main*.

A découper [5], je dis ! *pauca, pauca !*... a découper... c'est mon caractère !

---

[1] Falstaff, bedonnant, énorme, tête de vieux reître joyeux. Quant à ses trois acolytes, notre théâtre en offre le type dans les *Cocardasse et Passepoil* du *Bossu*.
[2] *Lodge*, pavillon de chasse.
[3] Calembourg. *Good words* — paroles se dit *words*, mais Evans prononce *worts* qui signifie un genre de choux. Falstaff ne manque pas l'occasion de dire une facétie.
[4] Fromage très mince. Allusion à la maigreur de Slender.
[5] *Slice*, couper en tranches très minces, comme par les majordomes des tranches de bœuf, de jambon ou de fromage.

SLENDER, à *Shallow*.

Où est Simple, mon laquais ? Pouvez-vous le dire, cousin ?

EVANS.

Paix, je vous en prie ! Maintenant comprenons ! il y a trois arbitres dans cette affaire, à ce que je comprends — c'est master Page, *videlicet*, master Page — et il y a moi-même, *videlicet*, moi-même... et le tiers parti est, dernièrement et finalement, mon hôte de la Jarretière...

PAGE.

Nous trois, pour entendre et finir cela entre eux.

EVANS.

Très bien. Je ferai un résumé de cela dans mon livre de notes, et après cela, nous travaillerons sur la cause, avec aussi grande discrétion que nous pourrons.

FALSTAFF.

Pistol !

PISTOL.

Il écoute avec ses oreilles [1]...

EVANS.

Le diable et sa dame ! Quelle phrase est-ce là... il écoute avec ses oreilles ! Ce sont des affectations !

FALSTAFF.

Pistol, avez-vous chipé la bourse de maître Slender ?

SLENDER.

Oui, par ces gants, il l'a fait — ou je veux ne pouvoir jamais plus rentrer dans ma propre grande chambre... — sept groats en Mill [2] — six pence et deux palets du roi Edward, qui me coûtent deux shillings deux pence la pièce à Yead le meunier [3] oui, par ces gants !

FALSTAFF.

Est-ce juste, Pistol !

EVANS.

Non, c'est injuste, si c'est un chipe-bourse !

PISTOL.

Ha ! toi ! étranger de montagne !... (A *Falstaff*.) Sir John et mien maître, je le défie en combat, de ce sabre de laiton... parole de démenti ici, sur tes *labras* [4]... parole de démenti ! Bave et écume, tu mens !..

SLENDER, *se tournant vers Nym*.

Par ces gants, alors c'était lui !

NYM.

Prenez-y garde, sir, et assez de bonnes blagues ! Je vous dirai — gare à la trappe ! — si vous lancez sur moi vos blagues de crocheteur... c'est leur vraie qualification...

---

[1] *He hears with ears*, jeu de mots qu'on pourrait rendre par *il ouït avec ses ouïes*.
[2] Vieille monnaie, pièces de six pence (0.60 c.) frappées en 1561.
[3] *Yeak Miller* — *Yead* est une abréviation d'*Edward*. Quant à *Miller*, c'est peut-être simplement un nom propre, à moins que le mot soit employé dans le sens de vieil argot le voleur.
[4] *Labras*, mot espagnol — *Lips*, lèvres.

SLENDER, *montrant Bardolph*.

Par ce chapeau ! alors c'était celui-là, à la face rouge. Car quoique je ne puisse pas me rappeler ce que j'ai fait, quand vous m'avez saoulé, pourtant je ne suis pas tout à fait un âne !

FALSTAFF.

Qu'est-ce que vous dites, Jean l'Ecarlate [1]...

BARDOLPH.

Quoi, messire ? Pour ma part, je dis que le gentleman s'est saoulé hors de ses cinq sentences...

EVANS.

C'est-à-dire de ses cinq sens. Fi ! Quelle ignorance !

BARDOLPH.

Et étant paf [2], messire, il était, comme on dit, avec son comptant [3] et ainsi, en conclusion a dépassé la limite...

SLENDER.

Ouais ! vous parliez Latin [4] aussi ! Mais ça ne fait rien... je ne me saoulerai plus jamais, tant que je vivrai, qu'en honnête et civile compagnie du bon dieu : car, cette fois, si je me saoule, je me saoulerai avec ceux qui ont la crainte de Dieu et non avec de misérable saoulards !

EVANS.

Que Dieu me juge, voilà une vertueuse résolution !

FALSTAFF.

Vous entendez, gentlemen, toutes ces affaires sont niées, vous l'entendez !

Entrent mistress ANNE PAGE *avec du vin : mistress* FORD *et mistress* PAGE *la suivent.*

PAGE.

Non, ma fille, porte le vin dedans. Nous boirons à l'intérieur... (*Sort Anne Page.*)

SLENDER [5].

O ciel ! c'est mistress Anne Page.

PAGE.

Tiens, mistress Ford !

---

[1] *Scarlet and John*. La même expression se retrouve dans la 2ᵉ partie d'Henry IV, acte V, Scène III. Silence chante : — *And Robin Hood, Scarlet and John*. — On a inféré de là que *Scarlet and John* étaient deux compagnons de Robin Hood. Or ni dans Henri IV, ni dans le présent passage, il n'est établi que *Scarlet and John* soit un appel à deux personnes, d'ailleurs non mentionnées dans le *Songe* où Puck — Robin Hood — est toujours en scène. Ici, visiblement Falstaff ne s'adresse qu'au seul Bardolph. Une autre interprétation se présente. Le costume de Robin Hood est mi-parti, *rouge et jaune*. N'y aurait-il pas là un jeu de mots sur le français *jaune* et l'anglais *John* ?

[2] *Fap*. C'est le même mot retourné.

[3] *Cashiered* — de *Cash*, argent comptant. Le membre de phrase suivant est très obscur et les interprétations varient.

[4] Il est évident que — parler latin — est pris ici dans déraisonner, de ne pas savoir ce qu'on dit. On lit dans Villon : — Je n'entends pas votre latin... vous parlez mal.

[5] Slender est un type de benêt, genre Joerisse.

Slender et miss Page

FALSTAFF.

Mistress Ford, par ma vérité, vous êtes la très bien rencontrée... si vous permettez, belle mistress. (*Il l'embrasse.*)

PAGE.

Femme, souhaite à ces gentlemen la bienvenue. Venez, nous avons un paté chaud de venaison à diner ; venez, gentlemen, j'espère que nous allons boire à fond toute mésintelligence. (*Tous sortent, excepté Shallow, Slender et Evans.*)

SLENDER.

Plutôt que quarante shillings, je voudrais avoir ici mon livre de chansons et sonnets !... (*Entre Simple.*) Hé ! Simple ! Où avez-vous été ? Je dois me servir moi-même, le dois-je ? Vous n'avez pas sur vous le Livre d'Enigmes, l'avez-vous ?

SIMPLE.

Le livre d'Enigmes ! Ne l'avez-vous pas prêté à Alice Shortcake, dernièrement, à l'Allhallowmas[1], deux semaines avant Michaëlmas.

SHALLOW.

Venez, cousin, venez, cousin. Nous restons là pour vous. Un mot avec vous, cousin... pardieu, celui-ci, cousin.... il y a — comme il y avait — une manière d'offre, faite de loin ici par Sir Hugh... me comprenez-vous ?

SLENDER.

Oui, Sir, vous me trouverez raisonnable. S'il en est ainsi, je ferai ce qui est de raison.

SHALLOW.

Non, mais comprenez-moi...

SLENDER.

Je ne fais que cela, Sir.

EVANS.

Prêtez l'oreille à ses motions, Slender. Je vous décrirai l'affaire, si vous êtes en capacité pour cela.

SLENDER.

Hé, je ferai comme dit mon cousin Shallow. Je vous prie, pardonnez-moi. Il est juge de paix dans son pays, si simple que je sois.

EVANS.

Mais ce n'est pas la question. La question, c'est concernant votre mariage.

SHALLOW.

Oui, voilà le point, monsieur.

EVANS.

Parbleu, ce l'est... le vrai point de la chose... quant à mistress Anne Page.

SLENDER.

Alors s'il en est ainsi, je l'épouserai, à toutes demandes raisonnables.

EVANS.

Mais pouvez-vous affectionner la femme ? Permettez-nous d'exiger de recevoir

---

[1] La messe de tous les saints (*Hallow*), la Toussaint, quatorze jours avant la messe de saint Michel, dit Simple. Or la *Saint Michel* est le 29 Septembre, un mois et plus avant la Toussaint. Est-ce un coq à l'âne ou une erreur ? Il est à remarquer que Shakespeare méconnait souvent les règles de l'église — *une messe du soir* dans Roméo, ici la date de la saint Michel.

cela de votre bouche ou de vos lèvres : car divers philosophes prétendent que les lèvres sont parties de la bouche... donc, avec précision, pouvez-vous porter votre bon vouloir à la jeune fille ?

SHALLOW.

Cousin Abraham Slender, pouvez-vous l'aimer ?

SLENDER.

Je l'espère, Sir — je le ferai, comme il conviendra à quelqu'un qui voudrait agir en raison.

EVANS.

Mais par les Lords de Dieu et leurs Ladies, il vous faut parler positablement [1] si vous pouvez porter vos désirs vers elle.

SHALLOW.

C'est là ce qu'il faut : voulez-vous, sur bon douaire, l'épouser ?

SLENDER.

Je ferais chose plus grande que celle-là, à votre requête, cousin, en toute raison.

SHALLOW.

Non, concevez-moi, concevez-moi, doux cousin. Ce que je fais, c'est pour vous plaire, cousin. Pensez-vous aimer la fille ?

SLENDER.

Je l'épouserai, Sir, à votre requête. Mais s'il n'y a pas grand amour au commencement, le ciel peut encore le décroître [2], à meilleure accointance, quand nous serons mariés et aurons plus d'occasion de nous connaître l'un l'autre. J'espère que de par familiarité grandira plus de mépris [3]... mais si vous dites : épousez-la ! — je l'épouserai, à quoi je suis librement dissolu... et dissolûment [4]...

EVANS.

C'est vraiment réponse en discrétion : sauf que la faute est dans le mot — dissolûment — le mot est, en accord avec le sens — résolument — ce qu'il veut dire est bon...

SHALLOW.

Oui, je crois que mon cousin veut dire bien.

SLENDER.

Oui, ou autrement je voudrais que je pusse être pendu là ! (*Entre Anne Page.*)

SHALLOW.

Voici venir la belle mistress Anne... je voudrais être jeune, mistress Anne, en votre honneur !

ANNE.

Le dîner est sur la table. Mon père requiert la compagnie de vos Honneurs.

SHALLOW.

Je vais me rendre auprès de lui, belle mistress Anne.

---

[1] *Possitable* pour *positively*. Ces personnages écorchent tous les mots à plaisir.
[2] Il dit *décroître*, *decrease*, pour *accroître*, *increase*.
[3] *Contempt*, mépris — pour *content*, satisfaction.
[4] Pour — résolu — et — résolument.

EVANS.

La volonté de Dieu soit bénie! Je ne veux pas être absent aux grâces [1]... (*Sortent Shallow et Evans.*)

ANNE, *à Slender.*

Plaira-t-il à votre Honneur d'entrer, Sir?

SLENDER.

Non, je vous remercie... pour sûr... de tout mon cœur... je suis très bien...

ANNE.

Le dîner vous attend, Sir.

SLENDER.

Je ne suis pas un... affamé, je vous remercie, pour sûr. (A *Simple.*) Allez, manant, car pour tout, vous êtes mon valet... allez, servez mon cousin Shallow. (*Sort Simple.*) Un juge de paix quelquefois peut être l'obligé de son ami pour un valet. Je garde seulement encore trois valets et un gamin, jusqu'à ce que ma mère soit morte. Mais quoique cela, je vis encore comme un pauvre gentilhomme de naissance.

ANNE.

Je ne veux pas rentrer sans votre Honneur : ils ne s'asseoiraient pas, jusqu'à ce que vous veniez.

SLENDER.

Sur ma foi, je ne mangerai rien. Je vous remercie autant que si j'avais mangé...

ANNE.

Je vous en prie, Sir, entrez!

SLENDER.

J'aimerais mieux me promener ici, je vous remercie. Je me suis démoli le tibia l'autre jour, en jouant de l'épée et de la dague avec un maître d'escrime... trois bottes contre un plat de pruneaux à l'étouffé, et par ma foi, je ne puis, depuis lors, supporter l'odeur de la chère chaude... Pourquoi vos chiens aboient-ils comme ça? Est-ce qu'il y a des ours dans la ville?...

ANNE.

Je crois qu'il y en a, Sir. J'en ai entendu parler.

SLENDER.

J'aime bien ce sport : je leur chercherais querelle aussi vite que n'importe quel homme en Angleterre... vous êtes effrayée, quand vous voyez l'ours détaché, ne l'êtes-vous pas?

ANNE.

Si, certainement, Sir!

SLENDER.

Ceci est maintenant pour moi du manger et du boire. J'ai vu Sackerson détaché, vingt fois, et je l'ai pris par la chaîne. Mais, je vous garantis, les femmes ont si fort crié et frissonné que ça passait tout. Mais les femmes, en vérité, ne peuvent pas les supporter. Ce sont des choses rudes et mal favorisées !

---

[1] *At the grace.* Les traducteurs français, ferrés sur le rituel religieux, ont corrigé cette expression impropre et l'ont remplacée par le *benedicite.* Ce Shakespeare prend d'incroyables licences! Or les anglais disent les grâces au commencement du repas.

PAGE, *entrant.*

Venez, gentil maître Slender, venez. Nous vous attendons.

SLENDER.

Je ne mangerai rien, je vous remercie.

PAGE.

Par le coq et la pie[1] ! vous n'aurez pas à choisir, venez ! venez ! (*Il le pousse en avant.*)

SLENDER.

Non, je vous prie, montrez le chemin.

PAGE.

En avant, Sir.

SLENDER.

Mistress Anne, vous-même irez la première.

ANNE.

Pas moi, Sir. Je vous en prie, passez...

SLENDER.

Vrai, je n'irai pas le premier... vrai, là ! je ne veux pas vous faire cet outrage...

ANNE.

Je vous prie, Sir.

SLENDER.

J'aime mieux être impoli qu'ennuyeux... vous vous outragez vous-même, à, en vérité ! (*Ils sortent.*)

Donnez-lui cette lettre !...

SCÈNE II

Même lieu de scène.

Entrent Sir Hugh EVANS *et* SIMPLE.

EVANS, *à Simple.*

Allez votre chemin et demandez la maison du Docteur Caïus, quel est le chemin : et là demeure une mistress Quickly, qui est dans la manière de sa nourrice ou de sa nourrice sèche ou sa lessiveuse, sa blanchisseuse et sa repasseuse.

SIMPLE.

Bien, Sir.

EVANS.

Non, il y a mieux encore. Donnez-lui cette lettre, car c'est une femme qui est tout à fait de l'accointance de mistress Page : et la lettre est pour la prier et requérir de solliciter les sentiments de votre maître auprès de mistress Anne Page. Je vous prie,

---

[1] Juron de sens douteux. On croit que *Cock* est une déformation de *God,* dieu, et que *pie* était le nom des livres de l'Église romaine, à cause de l'apparence blanche et noire des grosses lettres sur papier blanc. Ce serait en ce cas juron d'anti-papiste. On suppose encore que *Cock and pie* serait une allitération de *Pea cock,* paon.

partez. Je veux mettre une conclusion à mon dîner ; il y a à venir des pommes et du fromage. (*Ils sortent.*)

SCÈNE III

Une chambre à l'Auberge de la Jarretière.

Entrent FALSTAFF, L'HÔTE, BARDOLPH, NYM, PISTOL *et* ROBIN.

FALSTAFF.

Mon hôte de la Jarretière !...

L'HÔTE.

Que dit mon gros garnement [1] ! Parle scholairement et sagement...

FALSTAFF.

Vraiment, mon hôte, je dois jeter dehors quelques-uns de ma suite...

L'HÔTE.

Écarte, mon brave Hercule, casse ! Qu'ils filent... trotte, trotte !...

FALSTAFF.

Je suis céans, à dix livres la semaine...

L'HÔTE.

Tu es un empereur, César, Késar et Phézar [2]. J'entretiendrai Bardolph : il tirera, il percera... dis-je bien, mon brave Hector !

FALSTAFF.

Fais cela, mon bon hôte.

L'HÔTE.

J'ai dit. Qu'il me suive. (*A Bardolph.*) Que je te voie faire mousser et coller. Je suis d'une parole. Suis-moi. (*Il sort.*)

FALSTAFF.

Bardolph, suis-le. Robinettier [3], c'est un bon état. Un vieux manteau fait une jaquette neuve. Un valet sec fait un robinettier frais. Va, adieu.

BARDOLPH.

C'est une vie que j'ai désirée. Je ferai fortune. (*Il sort.*)

PISTOL.

O bas individu ! Meurt de faim [4] ! vas-tu donc manier le fausset !

---

[1] *Bully-rook.* Les commentateurs n'ont pu se mettre d'accord sur le sens de ce mot. Il n'en est pas d'ailleurs qui ait eu fortunes plus diverses. Dans l'argot anglais, *Bully* s'entend du plus abject des souteneurs. Par contre, le peuple l'emploie comme terme d'admiration bienveillante : — *A bully-fellow !* un brave garçon ! — *A bully woman !* une brave femme ! — Les américains l'emploient aussi dans un sens favorable : — *It is bully !* c'est rudement bien !... Aucune indication dans les patois ni dans la langue française. Il faut donc s'en tenir au sens général : l'hôte traite Falstaff familièrement, mais avec une évidente sympathie. M. Charles Mackay tire *Bully* du celtique *Buile,* beau, superbe. — Quant à *Rook,* c'est évidemment le même mot que *Rogue,* qui signifie grédin, mais s'emploie aussi comme terme de tendresse, dans le sens qu'une mère donne au mot Horreur ! appliqué gentiment à l'enfant qu'elle adore.

[2] Plaisanteries obscures même pour les anglais. Le dernier mot — Pheezar — reste incompris. Il semble être tiré du mot *Pheeze,* qui signifie aujourd'hui *peigner, friser,* mais qui, paraît-il, aurait eu le sens de *battre* ou tourmenter. D'autres enfin croient que *Pheezar* n'est que la déformation de *Vizard,* masque.

[3] *Tapster,* l'homme qui tire à la barrique, qui fait jouer le robinet, la canelle.

[4] *Hungarian !* Littéralement Hongrois. Mais le mot est forgé du substantif *Hunger,* faim.

NYM.

Il a été fait après boire. Le mot [1] n'est-il pas drôle ? Son âme n'est pas héroïque et voilà le mot de la chose...

FALSTAFF.

Je suis aise d'être ainsi quitte de cette boîte à amadou [2]. Ses vols étaient trop évidents : sa filouterie ressemblait à un maladroit chanteur, il ne gardait pas la mesure.

NYM.

Le bon esprit, c'est de voler dans la pause d'une minute.

PISTOL.

Déplacer, dit le sage [3]. Voler! pouah! une figue [4] pour la phrase!

FALSTAFF, *montrant ses bottes.*

Or, messieurs [5], voici que mes talons sont presque dehors.

PISTOL.

Hé! alors, laissez venir les durillons.

FALSTAFF.

Il n'y a pas de remède. Il faut que j'attrape des lapins [6], il faut que je truque...

PISTOL.

Jeunes corbeaux doivent avoir leur pâture...

FALSTAFF.

Qui de vous connaît Ford, en cette ville ?

PISTOL.

Je connais l'individu. Il est de bonne substance.

Mon hôte de la Jarretière.

FALSTAFF.

Mes honnêtes gars, je vais vous dire quel est mon tour [7]...

PISTOL.

Deux yards et plus.

FALSTAFF.

Pas de plaisanteries, à présent, Pistol. Oui, je suis à la taille de deux yards de tour : mais maintenant je n'ai plus rien à dépenser [8]; je suis à la recherche d'un truc...

---

[1] Nym va répéter sans cesse le mot *humour*, plaisanterie, facétie.

[2] *Tinder box. Tinder,* toute matière qui comme le chiffon s'enflamme à une étincelle. Falstaff fait allusion au nez enflammé de Bardolf.

[3] Nodier a dit, dans *Jean Sbogar,* le vol n'est qu'un déplacement.

[4] Voir dans *Othello,* la note page 414.

[5] *I am almost out at heels,* je suis presque hors de mes bottes, jusqu'aux talons — je n'ai plus le sou — en français, on dit : — je marche sur mes tiges — ou bien sur la chrétienté.

[6] Que je braconne.

[7] *What I am about.* Il y a ici un jeu de mots difficile à comprendre pour un français. Falstaff dit en réalité : — je vais vous dire ce que je suis *sur le point de faire* — c'est exactement le sens de *what I am about* — mais en même temps *about* signifie *autour.* Donc Pistol entend : — je vais vous dire ce que je suis *autour,* comme tour de taille — et il répond à l'énorme Falstaff : — Deux yards. — Il est impossible de rendre ce calembourg par des mots appropriés.

[8] Ici encore un jeu de mots intraduisible — taille, *waist* — dépense, *waste*.

Bref, je songe à faire l'amour à la femme de Ford : j'ai surpris en elle de la complaisance, elle discourt, elle fait les honneurs [1], elle donne l'œillade d'invitation. Je puis traduire en acte son style familier : et la plus obscure parole de sa conduite, mise nettement en anglais, c'est — je suis à Sir John Falstaff !

PISTOL.

Il l'a bien étudiée et bien traduite... de l'honnêteté en anglais.

NYM.

L'ancre est à fond. Ce mot passera-t-il ?

FALSTAFF.

Maintenant le bruit court qu'elle a le gouvernement de la bourse de son mari. Elle a des légions d'angelots [2]...

PISTOL.

Levez autant de diables, et je dis : — A elle, mon garçon !

NYM.

Le mot jaillit. C'est bon. Égayez-moi les angelots !...

FALSTAFF.

Je lui ai écrit une lettre que voici et ici une autre à la femme de Page, qui tout à l'heure me faisait aussi les doux yeux, examinant mes attraits [3] de ses plus judicieuses paupières : parfois le rayon de sa vue dorait mon pied, parfois mon ventre imposant.

PISTOL.

Alors le soleil brillait sur une colline de crottin.

NYM.

Je te remercie pour ce mot-là !

FALSTAFF.

Oh ! elle parcourait mon extérieur avec une si dévorante attention, que l'appétit de son œil semblait m'écorcher comme une glace ardente. Voici une autre lettre pour elle. Elle aussi porte la bourse. Elle est comme pays de Guyane, tout or et richesse. Je serai leur caissier, à elles deux, et elles seront mes échiquières [4]... Elles seront mes Indes, est et ouest, et je commercerai avec les deux. Va, porte cette lettre à mistress Page et toi, celle-ci à mistress Ford. Nous ferons fortune, mes gens, nous ferons fortune !

PISTOL, *avec une altitude pleine de dignité.*

Vais-je devenir Pandarus de Troie [5] et à mon côté porter l'acier ? Alors, que Lucifer prenne tout !

NYM, *même jeu.*

Je ne courrai pas de vile blague. Voici, prenez la lettre de blague. Je veux garder une conduite d'honneur.

---

[1] *She discourses, she carves — to carve*, littéralement découper. Smith indique le sens : — *montrer grande courtoisie et affabilité* — ce qui s'expliquerait par cette circonstance, l'hôtesse découpant et servant chacun avec un sourire.

[2] Pièces de monnaie.

[3] *My parts*. On dit *a man of parts*, plein de qualités physiques et morales.

[4] Le ministre des finances s'appelle le chancelier de l'échiquier.

[5] Type de l'entremetteur. V. *Troïlus et Cressida.*

LES JOYEUSES COMMÈRES DE WINDSOR

Canaille! hors d'ici!

FALSTAFF, *à Robin.*
Hé, manant, porte ces deux lettres, adroitement. Vogue comme ma pinasse [1] vers

[1] *Pinnace,* petit bâtiment long et étroit. V. Littré.

ces rêves d'or... (*A Nym et à Pistol.*) Canaille, hors d'ici, en avant! évanouissez-vous comme pierres de grêle, allez! trottez, traînez vos sabots ailleurs! cherchez un gîte! faites vos paquets! Falstaff apprendra l'esprit du jour. Économie à la française, canailles que vous êtes! moi et un page en livrée! (*Sortent Falstaff et Robin.*)

PISTOL.

Que les vautours agrippent tes boyaux! Gourde et fullam [1] nous aident et haut et bas trompent le riche et le pauvre! J'aurai des testons en poche, quand tu seras à la manque, vil turc phrygien!

NYM.

J'ai des opérations dans ma tête qui sont manières de revanche.

PISTOL.

Veux-tu te revenger?

NYM.

Par l'Éther et son étoile.

PISTOL.

Par esprit... ou par acier?

NYM.

Avec les deux choses, moi! Je révélerai la chose [2] de cet amour... à Page.

PISTOL.

Et moi, à Ford... en plus, je révélerai comment Falstaff, vil varlet, veut tâter de sa colombe, s'emparer de son or et polluer sa douce couche...

NYM.

Ma plaisanterie ne sera pas tiède. J'incendierai Page à se servir de poison!... je veux qu'il soit possédé par la jaunisse, car une révolution d'esprit est dangereuse! Voilà mon vrai caractère!

PISTOL.

Tu es le Mars des malcontents. Je te seconde. Troupe, en avant!

SCÈNE IV

Une chambre dans la maison du Docteur Caïus.

Entrent mistress QUICKLY, SIMPLE *et* RUGBY.

MRS QUICKLY [3].

Hé! John Rugby! je t'en prie, allez à la lucarne et voyez si vous pouvez voir venir mon maître, maître Docteur Caïus : s'il vient, ma foi, et qu'il trouve quelqu'un dans la maison, il y aura ici un vieil abuseur de la patience de Dieu et de l'anglais du Roi!

RUGBY.

J'irai veiller.

---

[1] Dés pipés. — Les *gourds* étaient creusés, en forme de gourde, et ainsi vidés étaient plus légers — les *fullams* — corruption de *full-ones* étaient creusés et remplis d'une matière qui les alourdissait.
[2] Toujours le mot *humour* prenant tous les sens dans la bouche de Nym.
[3] Mistress s'exprime en anglais par l'abréviation *Mrs*. Nous l'employons.

MrS QUICKLY.

Allez !... et nous aurons pour ça, ce soir de bonne heure, un posset, oui, sur ma foi à la dernière fin du feu de charbon de mer [1]. (*Sort Rugby.*) Un honnête et aimable garçon, de bon vouloir, comme jamais serviteur ne viendra dans la maison : et je vous le garantis, pas diseur de contes ni faiseur de querelles. Son pire défaut c'est qu'il est adonné à la prière. Il est un peu entêté de ce côté là. Personne qui n'ait son défaut ?... mais laissons cela... Pierre Simple, vous dites que c'est votre nom ?...

SIMPLE.

Oui, par faute d'un meilleur.

MrS QUICKLY.

Et master Slender est votre maître ?

SIMPLE.

Oui, en vérité.

MrS QUICKLY.

Est-ce qu'il ne porte pas une grande barbe ronde, comme le couteau à parer d'un gantier...

SIMPLE.

Non, en vérité. Il a seulement une petite maigre face, avec une petite barbe jaune, une barbe, couleur de Caïn.

MrS QUICKLY.

Un homme d'esprit très doux, n'est-ce pas ?

SIMPLE.

Oui, en vérité. Seulement un homme aussi actif de ses mains que qui que ce soit entre ceci et sa tête [2]. Il s'est battu avec un garennier [3]...

MrS QUICKLY.

Comment dites-vous ? — Oh ! je dois me rappeler ! Ne porte-t-il pas haut la tête, comme ceci ? et toute raide d'ailleurs...

SIMPLE.

Oui, en vérité, il fait ça.

MrS QUICKLY.

Bien ! que le ciel n'envoie pas à Anne Page pire fortune ! Dites à maître pasteur Evans, que je ferai ce que je puis pour votre maître. Anne est une bonne fille... et je désire...

RUGBY, *entrant.*

Alerte ! Holà ! Voilà mon maître qui vient !

MrS QUICKLY.

Nous allons tous être attrapés ! (*Ouvrant la porte d'un cabinet.*) Courez là-dedans, bon jeune homme, entrez dans le cabinet. (*Elle referme la porte sur Simple.*) Il ne reste pas longtemps... Hé ! John Rugby ! John, hé ! John, je dis !... Allez, John, allez vous informer de mon maître. Je me doute... il n'est pas bien qu'il ne vienne pas à la maison... (*Chantonnant.*) Et à bas, à bas, à bas [4] !...

[1] *Sea — coal —* Charbon tiré des mines et apporté par mer, par opposition au *Char-coal*, produit par la lente combustion du bois, dans les forêts du pays.
[2] Avec un geste désignant la ceinture.
[3] *Warrener* — gardien de garenne.
[4] C'est la chanson que chante Ophélie. Voir la note page 94.

DOCTEUR CAÏUS [1], *entrant.*

Qu'est-ce que vous chantez ! Je n'aime pas beaucoup ces niaiseries. Je vous prie, allez me chercher, dans le cabinet, *un bottier vert*... une boîte, verte boîte. Entendez-vous ce que je dis ?... verte, une boîte !

MrS QUICKLY.

Eh oui !... je vais la chercher. (*A part.*) Je suis aise qu'il n'y soit pas allé lui-même. S'il avait trouvé le jeune homme, il aurait été corne-fou [2] !

CAÏUS.

Fe ! Fe ! Fe ! Fe [3] *! ma foi, il fait fort chaud. Je m'en vais à la cour — la grande affaire.*

MrS QUICKLY, *revenant avec une botte.*

Est-ce celle-là, monsieur ?

CAÏUS.

Oui, mettez-le au mon pocket ; dépêche vite. Où est ce gredin de Rugby ?

RUGBY.

Ici, monsieur.

CAÏUS.

Vous êtes John Rugby et vous êtes Jack [4] Rugby. Allons, prenez votre rapière et suivez-moi sur les talons à la cour.

RUGBY.

Elle est prête, monsieur, ici, dans le vestibule.

CAÏUS.

Par ma foi, je tarde trop longtemps... Moi de Dieu ! *qu'ai-je oublié* ? Il y a dans mon cabinet quelques simples que je ne voudrais pas pour un monde laisser derrière moi.

MrS QUICKLY.

Ah moi ! Il va trouver là le jeune homme et sera fou !

CAÏUS, *ouvrant la porte du cabinet.*

O *diable, diable !* qu'y-a-t-il dans mon cabinet ! (*Tirant Simple dehors.*) Vilenie ! Larron !... Rugby, ma rapière.

MrS QUICKLY.

Bon maître, soyez calme !...

CAÏUS.

Et pourquoi serais-je calme [5] ?

MrS QUICKLY.

Le jeune homme est un honnête homme.

CAÏUS.

Qu'est-ce que l'honnête homme fait dans mon cabinet ? Il n'y a pas d'honnête homme qui ait à venir dans mon cabinet !

---

[1] Celui-ci écorche l'Anglais avec un abominable accent français. Les mots en italique sont en français dans le texte.

[2] *Horn-mad* — fou jusqu'aux cornes, ou comme une bête cornue. Mais le mot, simplement traduit, n'a-t-il pas une excellente saveur ?

[3] Interjection, faite d'une expiration d'air. Nous l'employons souvent.

[4] *Être un Jack*, un imbécile. Le *Jeannot* français.

[5] *Be content*, dit Mrs Quickly — *Wherefore shall I be content ? Content* est pris en deux sens différents, le premier — *contenez-vous !* le second — *Pourquoi serais-je content !*

MrS QUICKLY.

Je vous en supplie, ne soyez pas si flegmatique [1]. Écoutez la vérité. Il était venu pour une commission... à moi... de la part du pasteur Hugh.

CAÏUS.

Bien !

SIMPLE.

Et, sur ma foi, pour la prier de...

Mrs QUICKLY, *lui coupant la parole.*

Paix, je vous prie !

Dans mon cabinet !

CAÏUS, *à mistress Quickly.*

Paix à votre langue ! (*A Simple.*) Dites votre histoire.

SIMPLE.

Pour prier cette honnête demoiselle, votre servante, de dire une bonne parole a mistress Anne Page, pour mon maître.

MrS QUICKLY.

C'est tout, vrai, là ! Mais je ne mettrais jamais mon doigt dans le feu, pas besoin !

CAÏUS

Sir Hugh vous a envoyé ?... Rugby, *baillez*-moi du papier... arrêtez-vous un petit instant... (*Il écrit.*)

[1] Le mot *flegmatique* s'interprète en français *froid, impassible.* Or le mot grec originaire *phlegma*, signifie chaleur, embrasement, inflammation, de *phlegô*, brûler. Nous avons le mot *phlegmasie*, inflammation. Shakespeare a donc conservé le sens premier du mot qui signifie ici *irrité, furieux.*

Mrs QUICKLY, *bas à Simple.*

Je suis contente qu'il soit paisible. S'il avait été ému à fond, vous l'auriez entendu crier si fort !... et d'une mélancolie [1] !... mais malgré ça, l'homme, je ferai pour votre maître du mieux que je pourrai. Et le oui et le non, vraiment, c'est le docteur Français, mon maître (*S'interrompant.*) — je peux l'appeler mon maître, voyez-vous ! car je garde sa maison, et je lave, tords, brasse, boulange, récure, dresse le manger et le boire, fais les lits et fais tout moi-même...

SIMPLE.

C'est une grosse charge, pour tenir dans la main d'un seul corps.

Mrs QUICKLY.

Vous avisez-vous de cela ? Vous trouverez que c'est une grosse charge... et se lever de bonne heure et se coucher tard... mais tout de même (à vous dire à l'oreille, je ne devrais pas dire un mot de ça !) mon maître lui-même est en amour avec mistress Anne Page... mais tout de même, ça — je connais le cœur d'Anne — ça n'est ni ici ni là !

CAÏUS, *à Simple.*

Vous, Jack-Singe, donnez cette lettre à Sir Hugh... Bigre [2], c'est un cartel. Je lui couperai la gorge dans le parc et j'apprendrai à un teigneux de Jack-Singe de prêtre à se mêler... à faire... Vous pouvez filer. Il n'est pas bon pour vous de rester ici... bigre ! je lui couperai ses deux boulettes [3], tout à fait ! Bigre, il n'aura plus une boulette à jeter à son chien ! (*Il poursuit Simple qui se sauve.*)

Mrs QUICKLY.

Hélas ! il parle seulement pour son ami !

CAÏUS.

Ça ne fait rien pour qui... ne me dites-vous pas que j'aurai Anne Page pour moi-même ? Bigre ! je tuerai ce Jack-Prêtre et j'ai désigné mon hôte *de Jarterre* pour mesurer nos armes... bigre ! je veux moi-même avoir Anne Page !

Mrs QUICKLY.

Monsieur, la fille vous aime et tout sera bien. Nous devons donner aux gens permission de bavarder, hé [4] ! parbleu !

CAÏUS.

Rugby, venez à la cour avec moi... Bigre ! si je n'ai pas Anne Page, je vous flanquerai la tête hors de ma porte... Suivez mes talons, Rugby. (*Sortent Caïus et Rugby.*)

---

[1] Ici encore le mot est pris dans son sens étymologique — Bile noire !

[2] *By gar :* on suppose que Shakespeare fait prononcer *God — Gar —* à son docteur français, ce qui est passablement extraordinaire. On a rappelé aussi que le mot *gar* a, en vieux saxon, le sens d'*arme*, de *javelot*, ce qui donnerait : — Par mon arme ! — Cette interprétation est encore plus invraisemblable. Ne pourrait-on pas supposer que les deux mots réunis *Bygar*, sont une exclamation très française : — *Bigre* ou *bougre !*

[3] *Stones.*

[4] Ici intervient un juron *good jer* dont le sens n'est pas bien déterminé. On croit que c'est une déformation des mots *good — year*, bonne année. — Schmidt parle d'un mot français *goujère* qui aurait signifié la syphilis, et qui nous est totalement inconnu. Il serait plus vraisemblable d'admettre que *good — year* a eu ce sens argotique que l'on trouve très clairement indiqué à l'acte V du *Roi Lear* — comme venant de *bonne année, étrenne.* Nous avons, à peu près avec la même signification, le mot *étrenner.* Mais Mrs Quickly n'emploie ici ces mots que comme léger juron.

MrS QUICKLY.

Vous aurez pour votre compte une [1]... tête d'imbécile !... Non, je connais l'idée d'Anne là dessus. Pas une jeunesse à Windsor ne connaît mieux que moi l'idée d'Anne ni ne pourrait faire plus que moi avec elle, dieu merci !

FENTON, *au dehors.*

Qu'est-ce qui est là dedans, holà ?

MrS QUICKLY.

Mon Dieu, qui est là ? Approchez de la maison, je vous prie.

FENTON, *entrant* [2].

Hé, bonne femme, comment va ?

MrS QUICKLY.

Au mieux qu'il plaise à votre Honneur de demander.

FENTON.

Quelles nouvelles ? Comment va gentille mistress Anne ?

MrS QUICKLY.

En sincérité, Sir... elle est jolie, et honnête et gentille... et une qui est votre amie, je peux vous dire ça en passant... j'en remercie Dieu !

FENTON.

Ferai-je quelque chose de bon, crois-tu ? Ne perdrai-je pas ma peine ?

MrS QUICKLY, *montrant le ciel.*

Vrai, Sir, tout est dans ses mains, là-haut ! Mais, tout de même, maître Fenton, je peux jurer sur un livre qu'elle vous aime... est-ce que votre Honneur n'a pas un poireau au-dessus de l'œil ?

FENTON.

Oui, pardieu ! j'en ai un ! Mais quoi ?

MrS QUICKLY.

Bien... il y a là une histoire qui pend... de bonne foi, c'est une malicieuse petite [3] Nanette ! Mais je le déteste [4], la plus honnête fille qui ait jamais cassé son pain !... nous avons eu une heure de causerie sur ce poireau. Je ne rirai jamais comme en compagnie de cette fille ! Mais, vrai, elle est trop adonnée à la *malicolie* [5], à la rêvasserie... mais pour vous... bien, allez donc !

FENTON.

Bien, je la verrai aujourd'hui. Tiens ! voilà de l'argent pour toi ! Que j'aie ta voix de mon côté ! Si tu la vois avant moi, recommande-moi.

MrS QUICKLY.

Le ferai-je ?... ma foi, nous le ferons... et j'en dirai à Votre Honneur davantage sur le poireau, la première fois que nous serons en confidences... et sur d'autres poursuivants...

---

[1] Mrs Quickly emploie le mot *An*, une — qui fait calembourg avec *Anne*. Nos paysans diraient aussi *Ane tete*.
[2] Fenton, jeune homme élégant et sympathique.
[3] *Such another nan* — les allemands ont dans le même sens *auch so eine*.
[4] Méprise pour : — *Je l'atteste !*
[5] Méprise pour *mélancolie*.

FENTON.

Bien, adieu. Je suis très pressé...

Mrs QUICKLY.

Adieu à Votre Honneur... (*Seule.*) Vrai, un honnête gentleman... mais Anne ne l'aime pas... car je connais l'idée d'Anne aussi bien que personne... assez là dessus !... qu'est-ce que j'ai oublié ?... (*Elle sort.*)

ACTE DEUXIÈME

SCÈNE PREMIÈRE

Devant la maison de Page.

Entre MISTRESS PAGE, *une lettre à la main.*

Mrs PAGE.

Quoi! ai-je esquivé les lettres d'amour aux temps de ma beauté pour y être maintenant en butte? Voyons? (*Elle lit.*)

Ne ne demandez pas la raison pourquoi je vous aime : car quoique l'amour emploie la raison pour son directeur [1], *il ne l'admet pas pour son conseiller. Vous n'êtes pas jeune, moi non plus, allons-y donc, il y a sympathie. Vous êtes gaie, moi aussi. Ho! Ho! voici plus de sympathie. Vous aimez le vin sec, et moi aussi! Désireriez-vous meilleure sympathie? Qu'il te suffise, mistress Page (du moins, si l'amour d'un soldat peut suffire) que je t'aime. Je ne dirai pas : — aie pitié de moi — ce n'est pas une phrase de soldat. Mais je dis, aime moi. — Par moi*

Ton propre vrai chevalier — qui de jour et de nuit — ou par toute lumière — avec toute sa force — combattra pour toi!... John Falstaff.

---

[1] *Precisian.* Le mot semble incompris. On le remplace, pour faciliter la besogne, par *physician*, médecin, mais le texte exact donne *precisian*. Quand on ne peut résoudre un problème, il ne convient pas d'en supprimer les termes. Or, le dictionnaire Littré lui-même donne au mot *precisian* un sens très net — membre d'une secte anglaise de rigoristes. Il est donc très naturel que la raison soit considérée comme le tyran de l'amour, comme son mentor et directeur (de conscience). Walter Scott emploie le mot *precisian* au deuxième chapitre de Kenilworth, pour qualifier une confrérie de puritains.

LIV. 69.

Quel Hérode de juiverie est-ce là !... O mauvais, mauvais monde ! un homme qui est bien près d'être mis en pièces par l'âge, se montrer en jeune galant ! Quelle légèreté cet ivrogne flamand a-t-il pu attraper — au nom du diable ! — dans ma conversation, qu'il ose m'assaillir de cette façon ! Comment, il n'a pas été trois fois en ma compagnie !... que lui aurai-je dit ?... J'ai été très frugale de gaieté, Dieu me pardonne ! Oui, je proposerai un bill au Parlement pour la mise à bas des hommes ! Comment me vengerai-je de lui ! car vengée, je le serai, aussi sûr que ses tripes sont faites de puddings [1]... (*Entre mistress Ford.*)

MI'S FORD.

Mistress Page ! croyez-moi, j'allais chez vous.

MI'S PAGE.

Et croyez-moi, je venais chez vous. Vous avez l'air très mal...

MI'S FORD.

Non, je ne croirai jamais ça !... j'ai le contraire à montrer.

MI'S PAGE.

Ma foi si, à mon idée, vous avez cet air là...

MI'S FORD.

Soit, je l'ai. Mais je vous le dis, je pourrais vous montrer le contraire. O mistress Page, donnez-moi un conseil...

MI'S PAGE.

Qu'est-ce qu'il y a, ma bonne dame.

MI'S FORD.

O ma bonne dame, si ce n'était par une bagatelle de scrupule, je pourrais parvenir à un tel honneur !

MI'S PAGE.

A la potence la bagatelle, ma bonne dame, et prenez l'honneur !... Qu'est-ce que c'est !... passez les bagatelles... qu'est-ce que c'est ?

MI'S FORD.

Si je voulais aller en enfer pour un moment... éternel ou à peu près, je serais... chevalièrée [2].

MI'S PAGE.

Quoi ! c'est pas vrai [3] !... Sir Alice Ford [4] !... ces chevalières-là font l'amour [5] et ainsi tu ne changerais pas l'article de ta gentilhommerie...

MI'S FORD.

Nous perdons notre temps [6]... tenez, lisez, lisez !... concevez comment je puis

[1] *Pudding*, dont nous avons fait *boudin*.
[2] *Knighted*, faite chevalière.
[3] *Thou liest.* — Littéralement *tu mens !* mais, tandis que dans ces langues du nord ces mots sont d'usage courant — un belge vous dit sans mauvaise intention que vous mentez — l'expression a en français un caractère injurieux qui n'est pas dans l'intention de mistress Page.
[4] On sait que les chevalières ont le droit de placer le mot *Sir* devant leur prénom.
[5] *These knights will hack...* Cette phrase et celle qui la suit ont été traduites de la façon la plus fantaisiste. — *Tu serais un chevalier bâtard* (Guizot). — *Cet honneur-là deviendra banal* (F. V. H.). — *Des chevaliers comme toi n'auraient pas d'éperons* (Montégut). Schmidt ne sait quel sens attribuer à *to hack*. Or, en suivant le mot à mot — et en donnant au mot *hack* le sens de *se louer, se prostituer pour de l'argent* — on arrive à une suite d'idées très logiques. V. le Dictionnaire de Fleming et Tibbins.
[6] Littéralement, *nous brûlons la lumière du jour.* Voir *Roméo et Juliette*, page 150, réplique de Mercutio.

être chevalièrée ! J'aurai la pire opinion des gros hommes, tant que j'aurai un œil pour faire une différence entre les faces des hommes... et pourtant il ne jurait pas !... il vantait la modestie des femmes ! et si raisonnablement, si moralement réprouvait toute inconvenance ! j'aurais juré que ses dispositions allaient de pair avec la vérité de ses paroles... mais elles ne se tiennent pas et vont de compagnie, pas plus que le centième psaume, sur l'air de *Manches vertes* [1] ! Quelle tempête, je le demande, a jeté cette baleine, avec tant de tonnes d'huile dans le ventre, sur la côte de Windsor ? Comment me vengerai-je de lui ? Je crois que le mieux serait de l'entretenir dans l'espérance, jusqu'à ce que le mauvais feu de la luxure l'ait fondu dans sa propre graisse ! Avez-vous jamais entendu rien de pareil ?

MrS PAGE.

Lettre pour lettre... il n'y a que le nom de Page et de Ford qui diffère !... à ta grande consolation, dans ce mystère de mauvaises réputations, voilà la sœur jumelle de ta lettre... mais que la tienne hérite la première, car je le jure, ce ne sera jamais la mienne. Je garantis qu'il a un millier de ces lettres, avec une place en blanc pour différents noms — plus de mille, sûr ! — et celles-ci sont de la seconde édition. Il les imprimera sans doute : car peu lui importe ce qu'il met sous presse, quand il voudrait nous y mettre toutes deux. J'aimerais mieux être une géante et coucher sous le mont Pelion ! Ouais, je trouverais vingt colombes lascives [2], avant un seul homme chaste !

MrS FORD, *comparant les deux lettres*.

Mais oui ! c'est tout à fait la même ! La main, les mots !... Mais qu'est-ce qu'il pense de nous !...

MrS PAGE.

Eh ! je n'en sais rien ! Cela me fait presque rager contre ma propre honnêteté ! Je me traiterais moi-même comme quelqu'un avec qui je ne serais pas liée à fond. Car, pour sûr, à moins qu'il n'ait reconnu en moi quelque tare, que je ne connais pas moi-même, il ne m'aurait pas abordée avec cette furie !

MrS FORD.

Un abordage, vous appelez çà ! Je suis bien sure que je le garderai plus haut que le pont [3] !...

MrS PAGE.

Et moi aussi ! S'il vient sous mes écoutilles, je n'irai plus jamais à la mer ! Vengeons-nous de lui. Assignons-lui un rendez-vous : donnons-lui une apparence de confort, pour son projet, et tirons-le de l'avant, avec de jolies amorces de délais, jusqu'à ce qu'il ait mis ses chevaux en gage à mon hôte de la Jarretière.

MrS FORD.

Oui, je consentirai à toute méchanceté contre lui, pourvu que cela ne souille pas la délicatesse de notre honnêteté. Oh, si mon mari avait vu cette lettre ! C'était donner éternel aliment à sa jalousie !

---

[1] Chanson populaire, Nous disions — comme sur l'air de *Larifla !*
[2] Pour une habitante de la campagne, Mrs Page paraît avoir trop bonne opinion de la chasteté des colombes.
[3] Probablement : Il ne serait pas sur le pont, mais pendu à une vergue.

Les lettres de Falstaff.

MRS PAGE.

Tenez, regardez, voilà qu'il vient ! Et mon brave mari aussi... il est aussi loin de jalousie que moi de lui en donner cause... et, je peux le dire, c'est une immesurable distance !...

MRS FORD.

Vous êtes la plus heureuse de nous deux...

MRS PAGE.

Entendons nous ensemble contre ce chevalier de graisse... venez par ici... (*Elles sortent.*)

Entrent FORD, PISTOL, PAGE *et* NYM.

FORD.

Bon ! j'espère que cela n'est pas.

PISTOL.

En certaines affaires, l'espoir est un chien à queue coupée... Sir John convoite ta femme.

FORD.

Hé, monsieur, ma femme n'est pas jeune !

PISTOL.

Il courtise à la fois en haut et en bas, à la fois, riche et pauvre, à la fois, jeune et vieille, l'une comme l'autre, Ford. Il aime ta galimafrée [1] !... Ford, prends garde !

FORD.

Aimer ma femme !

PISTOL.

D'un foie chaud à brûler. Préviens cela ou va, comme le Sire Actéon, avec Couronne-de-bois [2] sur tes talons... Oh ! le nom est odieux !

FORD.

Quel nom, monsieur ?

PISTOL.

La corne, te dis-je... adieu ! Prends garde, ouvre l'œil. Car les voleurs rôdent la nuit, Prends garde, avant que vienne l'été et que le coucou chante. Partons, Sir caporal Nym. Croyez-le, Page. Il parle avec sens. (*Il sort.*)

FORD.

Je serai patient. Je trouverai le fin de la chose.

NYM.

Et ceci est vrai. (*A Page.*) Je n'aime pas la blague de mentir. Il m'a fait tort en

---

[1] *Gallimaufry.* Ce vieux mot dont l'origine est inconnue signifiait autrefois en français, un ragoût préparé avec toutes sortes de restes. Aujourd'hui nous appelons *galimafrée* une personne qui a de grosses joues. Mais ici *galimafrée* a ce sens : — Il aime ta cuisine, tes gros plats, *ton pot-au-feu.* — Et d'après cette dernière expression, le peuple n'appelle-t-il pas la femme — *le pot-au-feu.* Le mot vise donc et la mangeaille et Mrs Ford. *Maufry, màfrée,* doivent être rapprochés de notre patois *baufrée* (pr. *bâfrée*) qui signifie une grosse quantité de victuaille.

[2] *Ringwood.* Le mot porte une majuscule, ce qui fait supposer qu'il s'agit du nom d'un chien. Ce nom est d'ailleurs une allusion évidente au cocuage. Et Pistol se sert de cette image pour ne pas prononcer d'abord le mot dieux de corne. F. V. Hugo a supprimé le — à tes talons — qui fait toute la difficulté du passage. C'est plus simple.

quelques blagues : j'aurais bien porté la blague de lettre à votre femme. Mais j'ai une épée et elle mordra selon mon besoin. Il aime votre femme. C'est cela, en court et en long [1]. Mon nom est caporal Nym et Falstaff aime votre femme. Adieu, je n'aime pas l'*odeur* du pain et du fromage et il y a l'*odeur* de ça... adieu [2] ! (*Il sort.*)

PAGE.

L'*odeur* de ça, dit-il ! voilà un gaillard qui chasse l'humour hors de son esprit...

FORD, *à part.*

Je vais chercher après Falstaff.

PAGE, *à part.*

Je n'ai jamais entendu un gredin aussi marmotteur et aussi affecté !

FORD, *à part.*

Si je trouve la chose, bien !

PAGE, *à part.*

Je ne croirai pas un tel chinois [3], quand même le prêtre de la ville me le recommanderait pour un franc-parleur.

FORD, *à part.*

C'est un bon et sensé camarade... bien ! (*Rentrent les dames Ford et Page.*)

PAGE.

Ha, ha ! Meg ?...

MRS PAGE.

Où allez-vous, George ?... entendez-vous ?...

MRS FORD.

Eh bien, mon doux Frank. Pourquoi es-tu en mélancolie ?...

FORD.

Moi ! de la mélancolie ! je ne suis pas en mélancolie... allez à la maison, allez.

MRS FORD.

Ma foi, tu as quelque idée crochue en tête !... venez-vous, mistress Page.

MRS PAGE.

Je suis à vous... Viendrez-vous dîner, George ? (*A Mrs Ford.*) Regardez, qui vient là... elle sera notre messagère auprès ce gueux de chevalier !... (*Entre mistress Quickly.*)

MRS FORD.

Vrai, je pensais à elle. Elle arrangera cela.

MRS PAGE, *à Mrs Quickly.*

Vous êtes venue pour voir ma fille Anne ?

MRS QUICKLY.

Oui, pour sûr ; et, je vous prie, comment va la bonne mistress Anne ?

MRS PAGE.

Entrez avec nous et voyez-la. Nous aurons avec vous une heure de causette. (*Sortent les trois femmes.*)

---

[1] *In short and in long.*

[2] Encore une fois, *Nym* emploie à tort et à travers le mot *humour*. Cette répétition est intraduisible en français. Tous les mots soulignés remplacent le mot *humour*. Walter Scott parle quelque part de ces *bravi* de Shakespeare, Pistol, Nym, etc., qui, dit-il, avaient leurs *humours* ou bizarreries particulières.

[3] *Cataian*, la Chine étant dénommée le Cathay. Cependant il est à remarquer que le patois normand a conservé *cataud*, *catis*, dans le sens d'*hypocrite*, comme le chat, *cat*.

PAGE.

Eh bien, maître Ford ?

FORD.

Vous avez entendu ce que ce gredin m'a dit... oui ou non ?...

PAGE.

Oui, et vous avez entendu ce que l'autre m'a dit.

FORD.

Croyez-vous qu'il y ait en eux de la vérité.

PAGE.

A la potence, les gueux. Je ne crois pas que le chevalier ferait de ces ouvertures-là. Mais ceux qui l'accusent d'intentions vis-à-vis de nos femmes sont une paire d'hommes qu'il a renvoyés... de vrais bandits, maintenant qu'ils sont hors de son service.

FORD.

C'étaient ses hommes ?

PAGE.

Pardieu oui !

FORD.

Je n'en aime pas mieux ça... Il demeure à la Jarretière ?...

PAGE.

Eh oui, il y demeure. S'il avait projet de pareille expédition sur ma femme, je la lâcherais sur lui : et ce qu'il en attraperait de plus que des gros mots, que cela tombe sur ma tête !...

FORD.

Je ne doute pas de ma femme. Mais je n'aimerais pas les laisser ensemble. Un homme peut être trop confiant. Je voudrais qu'il ne me tombât rien sur la tête. Je ne peux pas en être content.

PAGE.

Regardez, voilà mon hôtelier de la Jarretière qui arrive en criant. Ou il a du liquide dans la caboche ou de l'argent dans sa bourse, quand il a l'air si joyeux... (*Entrent* L'HÔTE *et le Juge* SHALLOW.) Hé bien, mon hôtelier !

L'HÔTE.

Eh bien, mon gros sacripant [1]... tu es un gentil garçon !... (A *Shallow*.) Dites donc, cavalier juge.

SHALLOW.

Je vous suis, mon hôte, je vous suis. Bon soir et vingt de plus, bon maître Page ! Maître Page, voulez-vous venir avec nous... nous avons un amusement tout prêt...

L'HÔTE.

Dis-lui, cavalier juge, dis-lui, mon sacripant !

SHALLOW.

Monsieur, c'est une bataille qui va être livrée entre Sir Hugh, le prêtre welche et Caïus, le docteur français.

FORD, *attirant l'hôte à l'écart*.

Mon bon hôte de la Jarretière, un mot...

[1] *Bully rook.* Cette grosse facétie ne s'adresse pas, on le voit, à Falstaff seul.

L'HÔTE.
Qu'est-ce que tu dis, mon sacripant?... (*Ils vont à part.*)
SHALLOW, *à Page.*
Voulez-vous venir avec nous pour assister à ça. Mon joyeux hôte est chargé de mesurer les épées ; et je crois qu'il leur a assigné des rendez-vous différents. Car, croyez-moi, j'entends dire que le curé n'est pas un plaisantin. Écoutez, je vous dirai ce que sera notre farce.
L'HÔTE, *à Ford.*
N'as-tu pas quelque affaire contre mon chevalier, mon hôte-cavalier ?...
FORD.
Non, je l'atteste : mais je vous donnerai une potée de vin brûlé si vous me donnez une introduction près de lui, en lui disant que je m'appelle Brook... seulement pour une plaisanterie.
L'HÔTE.
La main, mon gros. Tu auras l'entrée et la sortie, dis-je bien? et ton nom sera Brook. C'est un joyeux chevalier. Venez-vous, mes cœurs [1] !
SHALLOW.
Nous sommes à vous, mon hôte.
PAGE.
J'ai entendu dire que le français était de bonne adresse à la rapière.
SHALLOW.
Bah! je pourrais vous en dire davantage... aux temps présents, vous vous tenez à distance, avec vos passes, vos estocades et je ne sais quoi... c'est le cœur, maître Page... c'est là, c'est là!... J'ai vu le temps où avec ma longue épée je vous aurais fait, vous, ces quatre grands compagnons, filer comme des rats.
L'HÔTE.
Ici, les gars, ici, ici ! Nous remuons-nous ?
PAGE.
Nous sommes à vous... j'aurais mieux aimé apprendre qu'ils se chamaillent, plutôt que de se battre. (*Sortent l'Hôte, Shallow et Page.*)
FORD.
Quoique Page soit un imbécile avec sa sécurité et se base si fermement sur la fragilité de sa femme, moi je ne puis chasser si aisément mes idées. Elle s'est trouvée en sa compagnie à la maison de Page, et ce qu'ils ont fait là, je n'en sais rien. Bien, je vais creuser cela : j'aurai un déguisement pour sonder Falstaff. Si je la trouve honnête, je ne perdrai pas ma peine... si elle est... autrement, c'est de la peine bien employée (*Il sort.*)

Page et Ford.

---

[1] Il y a ici doute sur le texte. *Hearts* ou *an heirs*. Ce dernier mot ne présente pas un sens connu. D'après Mackay, une étymologie celtique donnerait *tout de suite*. Le détail est d'ailleurs de peu d'importance.

SCÈNE II

Une chambre à l'Hôtel de la Jarretière.

Entrent FALSTAFF *et* PISTOL.

FALSTAFF.

Je ne te prêterai pas un penny.

PISTOL.

Bien, alors le monde est mon huître et je l'ouvrirai avec mon épée... je vous rendrais la somme en services...

FALSTAFF.

Pas un penny. J'ai consenti, monsieur, à ce que vous missiez mon crédit en gage. J'ai tourmenté mes bons amis à fin de trois répits pour vous et votre compagnon de brancart, Nym. Autrement, vous auriez regardé à travers la grille [1], comme un couple de babouins. Je me suis damné à l'enfer, en jurant aux gentlemen mes amis que vous étiez bons soldats et rudes gaillards, et quand mistress Bridget a perdu le manche de son éventail, j'ai pris cela sur mon honneur que vous ne l'aviez pas...

PISTOL.

N'as-tu pas partagé ! N'as-tu pas eu quinze pence !...

FALSTAFF.

Raisonne, mon gueux, raisonne, crois-tu que je vais mettre mon âme en danger, gratis ? En un mot, ne te pends plus à moi, je ne suis pas le gibet qu'il te faut. Va-t'en. Un conteau court et une foule !... à votre manoir de Pickt-Hatch [2] ! Vous ne porterez pas de lettres pour moi, canaille ?... Vous vous appuyez sur votre honneur !... Comment ! toi, de bassesse sans limites, c'est tout au plus si je puis garder bien précis les termes de mon propre honneur, moi, moi, moi-même quelquefois, abandonnant à ma main gauche la crainte du ciel et cachant mon honneur dans mon nécessaire, je suis forcé de tergiverser, d'aller le long de la haie, de tripotailler... Et vous, canaille, vous abritez vos loques, votre face de chat de montagne, vos phrases de barreaux rouges [3] et vos jurons de fanfarons, sous le toit de votre honneur ! Vous ne ferez pas cela, vous !

PISTOL.

Je me repens. Que veux-tu de plus d'un homme !

ROBIN, *entrant.*

Messire, il y a une femme qui voudrait vous parler.

FALSTAFF.

Fais-la entrer.

MrS QUICKLY, *entrant.*

Je donne le bonjour à Votre Honneur.

---

[1] En prison pour dettes.
[2] D'après la légende, nom d'une maison de prostitution au temps de la reine Élisabeth. Nous proposerions une autre interprétation, *To Pick*, crocheter — *Hatch*-porte. Le manoir de *Cambriole*, de *Brise-porte.*
[3] De cabaret.

FALSTAFF.

Bonjour, bonne dame.

MRS QUICKLY.

Pas dame, s'il plaît à Votre Honneur...

FALSTAFF.

Bonne pucelle, alors.

MRS QUICKLY.

Je le jurerais... comme était ma mère, la première heure où je suis née.

FALSTAFF.

Je crois la jureuse. Qu'avez-vous pour moi ?

MRS QUICKLY, *l'appelant à l'écart.*

Pourrai-je glisser à Votre Honneur, un mot ou deux ?...

FALSTAFF.

Deux mille, belle femme... et je te glisserai mon ouïe.

MRS QUICKLY.

Il y a une mistress Ford, messire... je vous prie, venez un peu plus près par ici... je demeure moi-même avec maître docteur Caïus.

FALSTAFF

Bien, allez ! Mistress Ford, dites-vous...

MRS QUICKLY.

Votre Honneur dit très vrai... je prie Votre Honneur, venez un peu plus près, par ici.

FALSTAFF.

Je te garantis, personne n'écoute... ce sont mes gens, mes propres gens.

MRS QUICKLY.

Sont-ils cela ! Que le ciel les bénisse et les fasse ses serviteurs...

FALSTAFF.

Bien !... Mistress Ford... quoi d'elle ?

MRS QUICKLY.

Eh bien ! Sir... c'est une bonne créature. Seigneur ! Seigneur ! Votre Honneur est un libertin !... Bien, que le ciel vous pardonne et à nous tous, je l'en prie !

FALSTAFF, *impatienté.*

Mistress Ford !... allons, mistress Ford ?...

MRS QUICKLY.

Parbleu, voilà le court et le long de la chose. Vous l'avez mise en telle canarie[1] que c'en est merveilleux. Le meilleur courtisan de tous, quand la cour est à Windsor, ne l'aurait jamais mise en une canarie pareille. Pourtant il y a eu des chevaliers et des lords et des gentlemen, avec leurs carrosses... je vous garantis, carrosses sur carrosses, lettre sur lettre, cadeau sur cadeau... fleurant si doucement — tout musc !

---

[1] Les commentateurs prétendent ne pas comprendre ce passage. Il est pourtant fort simple. Il suffit d'ouvrir Littré ou Ogilvie ou Fleming pour y trouver *Canarie* dans le sens de danse grotesque — importée, disait-on, des Canaries et où les danseurs imitaient les gestes des sauvages. L'expression équivaut donc à : — Vous lui avez fait danser une sarabande !... — *Canary* a aussi un autre sens argotique. On appelle un souverain d'or un *canary*, comme nous disons un *jaunet*, de la couleur du serin de Canarie.

— et si bruissant, je vous le garantis, de soie et d'or... et en termes si alligants [1]!... et avec tel vin et tel sucre des meilleurs et des plus beaux, qu'ils auraient gagné le cœur de toutes les femmes... et je vous garantis, ils n'ont jamais pu obtenir d'elle un clignement d'œil... moi-même, j'ai eu vingt angelots qu'on m'a donnés ce matin : mais je défie tous les anges — de n'importe quelle sorte, comme on dit — sauf dans la voie de la modestie. Et je vous garantis, ils n'auraient jamais pu l'amener même à siroter un verre avec le plus prude d'entre eux... et pourtant il y avait là des comtes, oui et ce qui est mieux, des pensionnaires [2]... mais je vous garantis, pour elle, c'est tous les mêmes !...

FALSTAFF.

Mais qu'est-ce qu'elle dit pour moi ? Soyez brève, ma bonne madame Mercure.

Mrs QUICKLY.

Parbleu, elle a reçu votre lettre... pour quoi elle vous remercie un millier de fois : et elle vous donne notification que son mari sera en absence de sa maison entre dix et onze.

FALSTAFF.

Dix et onze ?

Mrs QUICKLY.

Oui, pour sûr et alors vous pouvez venir et voir le tableau, qu'elle dit, que vous savez. Master Ford, son mari, sera hors de la maison. Hélas ! la douce femme mène une méchante vie avec lui... C'est un homme très jaloux... elle mène avec lui une hargneuse vie ! bon cœur !

FALSTAFF.

Dix et onze. Femme, recommande-moi à elle... je ne la manquerai pas.

Mrs QUICKLY.

C'est ça, vous dites bien. Mais j'ai un autre message pour Votre Honneur. Mistress Page a aussi ses cordiales recommandations pour vous. Et laissez-moi vous dire dans l'oreille que c'est une *vartueuse*, et civile et modeste femme et une — je vous le dis — qui ne vous négligera dans sa prière du matin ni du soir, plus que personne à Windsor, qui que soit l'autre — et elle m'a chargé de dire à Votre Honneur que son mari est rarement hors de chez lui : mais qu'elle espère que le moment viendra. Je n'ai jamais connu une femme si toquée d'un homme. Sûrement, je crois que vous avez des charmes, oui, vrai !...

FALSTAFF.

Non, je te l'assure. Sauf l'attraction de mes bonnes qualités je n'ai pas d'autres charmes...

Mrs QUICKLY.

Pour ça bénédiction sur votre cœur !...

FALSTAFF.

Mais je te prie, dis moi ceci : la femme de Ford et la femme de Page, se sont-elles appris l'une à l'autre à quel point elles m'aiment ?...

---

[1] Ce mot paraît être employé pour élégant. Mais Schmidt affirme qu'*élégant*, n'est pas un mot Shakespearien. Il est vrai qu'il déclare par contre ne pas le comprendre. On pourrait rattacher *alligant* au patois normand *alligeant*, alléchant.

[2] Gentilshommes attachés au service particulier du souverain, gentilshommes de la Chambre, sortes de gardes du corps.

MRS QUICKLY.

Ça serait une plaisanterie, vrai ! Elles n'ont pas si peu de grâce, j'espère .. ça serait un tour, vrai !... seulement mistress Page désire que vous lui envoyiez votre petit page ; son mari a une merveilleuse infection [1] pour le petit page, et vrai, master Page est un honnête homme... pas une femme à Windsor n'a meilleure vie qu'elle : faire ce qu'elle veut, dire ce qu'elle veut, tout prendre, tout payer, aller au lit quand ça lui plaît, se lever quand ça lui plaît, tout est comme elle veut. Et, vrai, elle le mérite. Car s'il y a une charmante femme à Windsor, elle en est une... il faut envoyer votre page, pas de remède !...

FALSTAFF.

Bien, je le ferai.

MRS QUICKLY.

Oui, mais faites-le. Et, voyez-vous, il pourra aller et venir entre vous deux : et en tous cas, ayez un mot de passe, que vous puissiez connaître l'idée l'un de l'autre et que le garçon jamais n'ait besoin de rien comprendre. Car il n'est pas bon que les enfants sachent de malices. Les vieux, vous savez, ont de la discrétion, comme on dit, et savent leur monde...

FALSTAFF.

Porte-toi bien : recommande-moi à toutes deux. Voici ma bourse. Je suis encore ton débiteur... (*A Robin.*) Garçon, file avec cette femme... Ces nouvelles me réjouissent ! (*Sortent Mrs Quickly et Robin.*)

PISTOL.

Cette gueuse est une des courrières de Cupidon. Forçons de voiles : en chasse, haut les bastingages... faites feu ! Elle est ma prise ou que l'océan nous avale tous ! (*Il sort.*)

FALSTAFF, *à lui-même.*

Que dis-tu de ça, vieux Jack ? va ton chemin ! je ferai de ton vieux corps plus que je n'ai fait... Veulent-elles donc encore courir après toi ! vas-tu donc, après avoir tant dépensé, être maintenant un gagneur d'argent ? Bon corps, je te remercie. Laisse-les dire que c'est gros... pourvu que ce soit joliment fait, qu'importe !

BARDOLPH, *entrant.*

Sir John, il y a là en bas un maître Brook qui voudrait causer avec vous et faire votre connaissance : et il a envoyé à votre Honneur, du vin sec, pour le coup du matin...

FALSTAFF.

Brook, c'est son nom ?...

BARDOLPH.

Oui, Sir.

FALSTAFF.

Faites-le entrer... (*Sort Bardolph.*) Pareils Brooks [2] sont les bienvenus, quand ils débordent de pareil vin. Ha ! Ha ! Dame Ford et dame Page, vous ai-je bloquées ?... En avant ! *Via !*

---

[1] *Sic,* pour affection.
[2] Jeu de mot sur *brook* qui signifie ruisseau. C'est le *bru* de la langue romane. Il faut savoir que le nom de *Ford* signifie *gué* et que c'est par analogie qu'il a pris le nom de *Brook.*

J'ai là un sac d'argent.

Rentre BALDOLPH *avec* FORD, *déguisé.*

FORD.

Dieu vous bénisse, Sir.

FALSTAFF.

Et vous aussi, Sir. Vous voulez me parler?...

FORD.

Je fais excuse pour m'imposer à vous, avec si peu de préparation.

FALSTAFF.

Vous êtes le bienvenu. Qu'est-ce que vous voulez?... (A *Bardolf*.) Gratifie-nous de ton départ, tireur... (*Bardolph sort*.)

FORD.

Sir, je suis un gentleman qui a beaucoup dépensé. Mon nom est Brook.

FALSTAFF.

Bon maître Brook, je désire faire mieux votre connaissance.

FORD.

Bon Sir John, je sollicite la vôtre : pas pour vous être à charge. Car je dois vous faire comprendre, je crois être mieux que vous en posture de prêteur, ce qui m'a quelque peu encouragé à cette intrusion non préparée. Car, on dit, si monnaie va devant, toutes voies sont ouvertes.

FALSTAFF.

Monnaie est un bon soldat, Sir, et va de l'avant.

FORD.

Vrai! et j'ai là un sac d'argent qui me gêne. Si vous vouliez m'aider à le porter, Sir John, prenez tout ou la moitié, pour m'alléger du fardeau.

FALSTAFF.

Sir, je ne sais comment je puis mériter d'être votre porteur.

FORD.

Je vous le dirai, Sir, si vous voulez me donner audience.

FALSTAFF.

Parlez, bon master Brook. Je serai aise d'être votre serviteur.

FORD.

Sir, je sais que vous êtes un érudit... je serai bref avec vous — et vous avez été de longue date un homme de moi connu, quoique je n'aie eu jamais moyens aussi bons que désirs de faire votre connaissance. Je vous découvrirai une chose, en quoi je dois placer toutes ouvertes mes propres imperfections. Mais, bon Sir John, quand vous aurez un œil sur mes folies, quand vous les entendrez développer, tournez-en un autre sur le registre des vôtres — de sorte que j'échappe aux reproches d'autant plus facilement que vous savez vous-même combien il est facile d'être un pécheur...

FALSTAFF.

Très bien, Sir. Continuez.

FORD.

Il y a une damoiselle dans cette ville, le nom de son mari est Ford.

FALSTAFF.

Bien, Sir.

FORD.

Je l'aime depuis longtemps, et je vous proteste, j'ai beaucoup dépensé pour elle. Je l'ai suivie avec une tenacité d'adorateur, j'ai accaparé les opportunités de la rencontrer; j'ai nourri les plus légères occasions qui pouvaient, même chichement, me permettre de la voir : non seulement j'ai acheté maints présents pour les lui donner, mais j'ai donné largement à beaucoup pour savoir ce qu'elle aimerait lui être donné... bref, je l'ai poursuivie, comme l'amour m'a poursuivi, c'est à dire, sur l'aile de toutes occasions. Mais quoi que j'aie mérité, ou dans mon sentiment ou dans mes procédés, de récompense, j'en suis sûr, je n'ai pas reçu une seule... à moins que l'expérience ne soit un bijou, que j'ai acheté à un prix infini et qui m'a appris à dire ceci :

> Amour fuit comme une ombre, quand amour poursuit la réalité,
> Poursuivant ce qui fuit et fuyant ce qui poursuit.

FALSTAFF.

N'avez-vous pas reçu de sa part promesse de satisfaction ?

FORD.

Jamais.

FALSTAFF.

L'avez-vous importunée pour ce résultat...

FORD.

Jamais.

FALSTAFF.

Mais alors de quelle qualité est votre amour ?

FORD.

Comme une belle maison, bâtie sur le terrain d'autrui... si bien que j'ai perdu mes constructions, par méprise de l'endroit où je les ai érigées.

FALSTAFF.

Dans quel but m'avez-vous développé tout ceci ?

FORD.

Quand je vous aurai dit cela, je vous aurai tout dit. Quelques-uns affirment que, quoiqu'elle paraisse honnête quant à moi, pourtant, en d'autres lieux, elle répand sa gaieté si loin qu'il y a de mauvaises idées bâties sur elle. Maintenant, Sir John, voici le cœur de mon dessein : vous êtes un gentleman d'excellente naissance, d'admirable discours, de grandes relations, authentique en votre situation et personnalité, généralement loué pour ses nombreuses qualités de guerrier, d'homme de cour et de savant...

FALSTAFF.

Oh ! Sir !

FORD.

Croyez-le, car vous le savez. — Ici il y a de l'argent. Dépensez-le, dépensez-le, dépensez plus, dépensez tout ce que j'ai. Seulement donnez-moi, en échange, autant de votre temps qu'il en faut pour établir un siège autour de l'honnêteté de la femme de Ford... usez de votre art de séduction... gagnez-la à vous donner consentement... si quelqu'un le peut, vous le pouvez aussi tôt que n'importe qui...

FALSTAFF.

Conviendrait-il bien à la véhémence de votre affection que je pusse gagner ce dont vous voudriez jouir? Il me semble, vous vous prescrivez à vous-même remède bien antinaturel.

FORD.

Oh! comprenez mon plan. Elle se repose si sûrement sur l'excellence de son honnêteté que la folie de mon âme n'ose pas se présenter elle-même. Elle est trop brillante pour être regardée en face. Maintenant si je pouvais venir à elle avec quelque découverte à la main, mes désirs auraient exemple et argument pour se recommander eux-mêmes. Je pourrais la tirer hors de la garde de sa pureté, de sa réputation, de ses vœux de mariage et de ses mille autres défenses, qui sont pour l'instant trop fortement en bataille contre moi... Que dites-vous de cela, Sir John.

FALSTAFF.

Maître Brook, je prendrai d'abord quelque liberté avec votre argent; maintenant, donnez-moi votre main : et enfin, comme je suis un gentleman, vous pourrez, si vous voulez, jouir de la femme de Ford.

FORD.

Oh! mon bon monsieur!

FALSTAFF.

Maître Brook, je dis que vous pourrez...

FORD.

Ne vous privez pas d'argent, Sir John, vous n'en manquerez pas.

FALSTAFF.

Ne vous privez pas de mistress Ford, maître Brook, vous ne la manquerez pas. Je dois me trouver avec elle — je puis vous le dire — sur son propre rendez-vous. Au moment même où vous veniez à moi, sa servante — ou entremetteuse — me quittait. Je vous le dis, je serai avec elle entre dix et onze : car, à cette heure, cette canaille de jaloux, son mari, sera dehors. Venez me trouver ce soir. Vous saurez comment j'expédie ça!

FORD.

Une bénédiction que votre connaissance! Connaissez-vous Ford, Sir.

FALSTAFF.

A la potence, ce pauvre gueux de cocu! Et encore ai-je tort de l'appeler pauvre. On dit que cette canaille de jaloux complaisant a des masses de monnaie : en quoi sa femme me semble pleine de charme. J'userai d'elle comme de la clef de son coffre de coquin de cocu... et voilà ma moisson rentrée!

FORD.

Je voudrais que vous connaissiez Ford... afin de pouvoir l'éviter, si vous le voyiez.

FALSTAFF.

A la hart, cette canaille d'ouvrier en beurre salé! Je l'épouvanterai à le mettre hors d'esprit ! Je le terrifierai avec mon bâton... qui pendra comme un météore sur ses cornes de cocu ! Maître Brook, vous verrez, je prédominerai sur ce manant et vous coucherez avec sa femme... venez me voir, de bonne heure, ce soir. Ford est une canaille et j'aggraverai ses titres... toi, maître Brook, tu le reconnaîtras pour une canaille et un cocu ! Viens ce soir, de bonne heure !... (*Il sort.*)

FORD, *seul.*

Quel damné gredin d'épicurien [1] ! Mon cœur est prêt à craquer de colère ! Qui oserait dire que c'est là imprévoyante jalousie ? Ma femme a envoyé vers lui, l'heure est fixée, le pacte est fait ! Aurait-on cru cela ? Voyez l'enfer d'avoir une femme fausse ! Mon lit souillé, mes coffres mis à sac, ma réputation mordue,... et je ne recevrai pas seulement cet infâme tort, mais je resterai sous la qualification de termes abominables... de celui-là même qui me porte tort !... Des termes ! des noms ! Amaimon [2] sonne bien ! Lucifer, bien ! Barbason, bien ! Au moins ce sont des qualifications de diables, des noms de démons... mais cocu ! cocu complaisant ! Le diable lui-même n'a pas pareil nom. Page est un âne, un âne confiant ! Il aura foi en sa femme, il ne sera pas jaloux ! J'aurais plutôt foi en un flamand pour mon beurre, au curé Hugh le Welche pour mon fromage, à un irlandais pour ma bouteille d'eau de vie, ou à un voleur pour promener mon cheval hongre — qu'à ma femme pour elle-même !... et elle complote et elle rumine et elle imagine ! Et ce que dans leur cœur elles croient devoir faire, elles se cassent le cœur pourvu qu'elles le fassent ! Le ciel soit loué de ma jalousie !... L'heure, c'est onze heures... je préviendrai ça, je démasquerai ma femme, me vengerai de Falstaff et rirai de Page ! Je vais m'en occuper, plutôt trois heures trop tôt qu'une minute trop tard. Fi ! Fi ! Fi ! Cocu ! Cocu ! Cocu ! (*Il sort.*)

SCÈNE III

Le parc de Windsor.

Entrent CAIUS *et* RUGBY.

CAÏUS.

Jack Rugby.

RUGBY.

Monsieur ?

CAÏUS.

Quelle heure, Jack ?

RUGBY.

Il est passé l'heure, monsieur, où Sir Hugh avait promis de vous rencontrer.

CAÏUS.

Bigre ! il a sauvé son âme en ne venant pas. Il a bien prié sa Bible... qu'il n'est pas venu ! Bigre, Jack Rugby, il serait déjà mort, s'il était venu !

RUGBY.

Il est avisé, monsieur. Il savait que votre Honneur l'aurait tué, s'il était venu.

---

[1] De pourceau.
[2] Un des quatre rois de l'enfer. Barbason est une sorte de Robin des Bois. Voir la démonologie de Wierus. Quant à *Amaimon*, c'est évidemment Mammon.

CAÏUS.

Bigre! le hareng n'est pas mort, aussi je le tuerai! Prenez votre rapière, Jack. Je vais vous dire comment je le tuerai.

RUGBY.

Hé! monsieur, je ne sais pas l'escrime.

CAÏUS.

Vilain! prenez votre rapière!

RUGBY.

Restez tranquille. Voilà du monde...

Entrent L'HÔTE, SHALLOW *et* PAGE.

L'HÔTE.

Dieu te bénisse, mon gros docteur!

SHALLOW.

Et vous sauve, maître docteur Caïus.

PAGE.

Bonjour, bon maître docteur.

SLENDER.

Je vous dis bonjour, monsieur.

CAÏUS.

Pourquoi êtes-vous — un, deux, trois, quatre — tous venus.

L'HÔTE.

Pour voir le combat, pour te voir porter des bottes, pour te voir transpercer, pour te voir de ci, pour te voir de là... pour te voir passer tes pointes, tes estocades, tes ripostes, tes rompages, tes coups de bas... Est-il mort, mon Ethiopien? Est-il mort, mon Francisco? Ha, mon gros! Que dit mon Esculape, mon Galien, mon cœur de sureau!... Ha! est-il mort, gros Pissat! Est-il mort?

CAÏUS.

Bigre, il est le plus lâche Jack-Prêtre du monde. Il n'a pas montré sa face.

L'HÔTE.

Tu es un roi de Catalogne, mon Pot-de-Chambre [1]! Hector de Grèce, mon gars!

CAÏUS.

Je vous prie, portez témoignage que je suis resté six ou sept... deux ou trois heures à l'attendre et qu'il n'est pas venu.

SHALLOW.

C'est le plus sage des deux, maître docteur. C'est un soigneur d'âmes et vous un soigneur de corps. Si vous voulez vous battre, vous irez au contrepoil [2] de vos professions. N'est-ce pas vrai, maître Page?

---

[1] Si l'injure amicale — Pissat — n'est pas très compréhensible, ici l'allusion est plus nette. *Castalion king, urinal!* — On trouve dans le patois normand *Castelognie* et dans Cotgrave *Castalaigne*, pour Catalogne. Or, la faïence de Catalogne est connue, et il est admissible que les vases de nuit portaient le nom de Rois de Catalogne.

[2] *Against the hair,* contre le poil de... l'équivalence des deux expressions est évidente. Montégut a traduit : *contre les cocardes de...*

PAGE.

Maître Shallow, vous avez été vous-même un grand batailleur, quoique maintenant un homme de paix.

SHALLOW.

Cordieu! maître Page, quoique je sois vieux et homme de paix, quand je vois une épée dehors, les doigts me grattent d'en faire une : Bien que nous soyons juges et docteurs et hommes d'église, maître Page, il y a en nous du sel de la jeunesse... nous sommes fils de femmes, maître Page!...

PAGE.

C'est vrai, maître Shallow.

SHALLOW.

Cela se trouvera, maître Page. Maître Docteur Caïus, je suis venu pour vous ramener à la maison. Je suis assermenté pour la paix : vous vous êtes montré un sage médecin et Sir Hugh s'est montré lui-même un sage et patient homme d'église... il faut venir avec moi, docteur.

L'HÔTE.

Pardon, ma pratique, mon juge!... (A Caïus.) Un mot, Purin [1] !

CAÏUS.

Purin ! Qu'est-ce que c'est que ça ?

L'HÔTE.

Purin, dans notre langue anglaise, c'est courage, mon gros.

CAÏUS.

Bigre ! j'ai autant de purin qu'un Anglais ! Ce gredin de Jack de chien de prêtre ! Bigre ! moi lui couper les oreilles !

L'HÔTE.

Il t'écrabouillera[2], serré, mon gros.

CAÏUS.

Écrabouiller, qu'est-ce que c'est que ça ?

L'HÔTE.

Ça veut dire qu'il te fera des excuses.

CAÏUS.

Bigre ! je vois ça, il m'écrabouillera !... car, bigre, je veux des excuses !

L'HÔTE.

Et je l'y provoquerai ou l'enverrai promener.

CAÏUS.

Je vous remercie.

L'HÔTE.

Et mieux que ça, mon gros !... mais d'abord, (Aux autres, à part.) maître juge et maître Page et aussi cavalero Slender, allez par la ville à Frogmore...

PAGE.

Sir Hugh est là, hein?

---

[1] Suite des plaisanteries sur l'urine. *Muck water*, eau de fumier, purin.
[2] *Clapperclaw*. Le sel de cette scène consiste en ce que, le Docteur Caïus étant français et ne comprenant que les mots usuels, l'Hôte l'injurie, en employant des expressions d'argot familier, dont il lui donne ensuite une explication absolument fantaisiste.

L'HÔTE.

Il est là. Voyez en quelle humeur il est. Et j'amènerai le docteur par les champs... ne sera-ce pas bien ?

SHALLOW.

Nous allons faire ça... Adieu, bon maître docteur! (*Sortent* PAGE, SHALLOW *et* SLENDER.)

CAÏUS.

Bigre, moi, je veux tuer le prêtre. Car il parle, comme un Jack-Singe qu'il est, à Anne Page.

L'HÔTE.

Fais-le mourir. Mais, d'abord, rengaîne ton impatience, jette de l'eau froide sur ta colère. Viens avec moi à travers champs jusqu'à Frogmore. Je te conduirai là où se trouve mistress Anne Page, dans une ferme, à une fête et tu lui feras la cour... Hein ? le jeu est fait [1] ? Est-ce bien dit ?

CAÏUS.

Bigre, je vous remercie pour ça ! Bigre, je vous aime et je vous procurerai de bonnes pratiques, des comtes, des chevaliers, des lords, des gentlemen, mes patients.

L'HÔTE.

C'est pourquoi je serai ton second contre Anne Page. Est-ce bien dit ?...

CAÏUS.

Bigre ! c'est bon et bien dit !

L'HÔTE.

Alors filons.

CAÏUS.

Suis mes talons, Jack Rugby. (*Ils sortent.*)

[1] *Cried game.* Jeu crié, allusion aux enfants qui crient — fait! — pour avertir que le jeu est prêt, par exemple que l'un d'eux est caché.

Pistol et Nym.

ACTE TROISIÈME

SCÈNE PREMIÈRE

Un champ auprès de Frogmore.

Entrent Sir Hugh EVANS *et* SIMPLE.

EVANS.

Je vous en prie, bon serviteur de maître Slender et de votre nom l'ami Simple, de quel côté avez-vous cherché maître Caïus, qui s'intitule lui-même Docteur en Physique ?

SIMPLE.

Parbleu, Sir, partout, vers la cité, vers le parc... route du vieux Windsor et partout, sauf route de la ville...

EVANS.

Je vous requiers véhémentement de chercher aussi de ce côté là.

SIMPLE.

Je vais le faire, Sir. (*Il s'éloigne.*)

EVANS.

Bénie soit mon âme ! Suis-je assez plein de colère et trépignant d'esprit !... je serai content s'il m'a trompé... que je suis mélancolique !... je veux lui cogner ses pots de chambre sur sa caboche de gredin, quand je trouverai bonne occasion pour ce travail... Bénie mon âme !... (*Il chante.*)

> Aux basses rivières, aux chutes de qui
> Mélodieux oiseaux chantent madrigaux.
> Là nous ferons nos lits de roses
> Et un millier d'odorants bouquets...
> Aux basses rivières...

Merci de moi ! j'ai grande disposition à pleurer.

Mélodieux oiseaux chantant madrigaux,
Comme quand j'étais assis à Babylone...
Et au milieu d'odorants bouquets
Aux basses rivières...

SIMPLE, *revenant.*

Là-bas ! il vient, de ce côté, Sir Hugh.

EVANS.

Il est le bienvenu.

Aux basses rivières, aux sources de qui...

Le ciel favorise le droit !... quelles armes a-t-il ?

SIMPLE.

Pas d'armes, Sir. Voici mon maître, master Shallow, et un autre gentleman... venant de Frogmore... par-dessus la barrière, de ce côté...

EVANS.

Je vous prie, donnez-moi mon manteau... ou bien gardez-le sur votre bras...

Entrent PAGE, SHALLOW *et* SLENDER.

SHALLOW.

Hé ! maître pasteur ! Bonjour, mon cher Sir Hugh ! Éloigner un joueur de ses dés et un bon étudiant de ses livres, voilà qui est merveilleux !

SLENDER, *soupirant.*

Ah ! douce Anne Page [1] !

PAGE.

Dieu vous garde, bon Sir Hugh !

EVANS.

Qu'il vous bénisse du salut de sa miséricorde, vous tous !

SHALLOW.

Quoi ! l'épée et la sainte parole ! étudiez vous donc tous les deux, maître pasteur ?

PAGE.

Et encore jeune, avec votre pourpoint et vos culottes, par ce rude jour de rhumatismes !

EVANS.

A cela y a des raisons... et des causes.

PAGE.

Nous sommes venus à vous pour vous rendre bon service, maître pasteur.

EVANS.

Très bien. Qu'est-ce que c'est ?

PAGE.

Il y a là-bas un très révérend gentleman qui, sans doute, ayant reçu tort de quelqu'un, est tout à fait hors de gravité et de patience... comme vous n'en vîtes jamais.

---

[1] Pendant toute la scène Slender ne fait que soupirer son : — Douce Anne Page !

SHALLOW.

J'ai vécu quatre vingtaines d'années et plus. Je n'ai jamais entendu homme de sa situation, gravité et éducation, si loin du respect de soi-même.

EVANS.

Qui est-ce !

PAGE.

Je crois que vous le connaissez... maître Docteur Caïus, le renommé médecin français.

EVANS.

Vœu de Dieu et sa passion de mon cœur! J'aimerais autant que vous me parliez d'une assiette de soupe !

PAGE.

Pourquoi ?

EVANS.

Il n'a pas plus connaissance d'Hippocrate ou de Galien!... et de plus, c'est un gredin, le plus couard gredin avec qui vous puissiez désirer lier connaissance.

PAGE, *à Shallow.*

Je vous le garantis, c'est l'homme qui devait se battre avec lui...

SLENDER.

O douce Anne Page!

SHALLOW, *à Page.*

Il me paraît ainsi, à voir ses armes... gardez-les à distance... voici le Dr Caïus.

Entrent L'HÔTE, CAIUS *et* RUGBY

PAGE.

Non, bon maître Pasteur, rengaînez votre outil !

SHALLOW.

Et faites-en autant, bon maître Docteur.

L'HÔTE.

Désarmez-les et laissons-les se disputer... qu'ils gardent leurs membres entiers et hachent notre anglais [1]...

CAÏUS, *bas à Evans.*

Je vous prie, laissez-moi vous dire un mot à l'oreille... pourquoi ne voulez-vous pas vous rencontrer avec moi...

EVANS, *bas à Caïus.*

Je vous prie, usez de patience... tout à l'heure.

CAÏUS, *haut.*

Bigre, vous êtes le couard, le Jack-Chien, le Jack-Singe !

EVANS, *bas à Caïus.*

Je vous prie, ne soyons pas des objets de risée aux gaîtés des autres... je désire votre amitié et je vais d'une façon ou d'une autre vous faire des excuses. (*Haut.*) Je vous casserai vos pots de chambre sur votre crête de coq de coquin, pour manquer à vos rencontres et rendez-vous !

[1] On devine l'effet burlesque de cette scène entre un gallois et un français, estropiant l'anglais à qui mieux mieux. Ainsi chez nous, un anglais et un auvergnat.

CAÏUS.

Diable! — Jack Rugby, mon hôte de la Jarretière, n'ai-je pas posé pour lui, pour le tuer? N'étais-je pas à l'endroit que j'avais indiqué?

EVANS.

Comme je suis une âme de chrétien, à présent, voyez-vous, voici l'endroit qui avait été fixé... j'en appelle à mon hôte de la Jarretière...

L'HÔTE.

Paix, vous dis-je. Gallia et Galle, français et welche, soigneur d'âme et soigneur de corps!...

CAÏUS, *éclatant de rire.*

Ah! c'est très bon! excellent!

L'HÔTE.

Paix, dis-je. Écoutez mon hôte de la Jarretière. Suis-je politique? Suis-je subtil? Suis-je un Machiavel? Perdrai-je mon docteur? Non, il me donne des potions et des motions [1]... Perdrai-je mon pasteur? mon prêtre? mon Sir Hugh? Non. Il me donne des proverbes et des non-verbes [2]... Donne-moi ta main, être terrestre!... C'est ça... donne-moi ta main, être céleste!... C'est ça!... Enfants de l'art, je vous ai trompés tous deux. Je vous ai envoyés à de fausses places. Vos cœurs sont puissants, vos peaux sont entières, que le vin brûlé serve de conclusion!... Allons, mettez leurs épées en gage... Suivez-moi, gars de paix, suivez, suivez, suivez!...

SHALLOW.

Ma foi, un hôte enragé!... Suivez, gentlemen, suivez...

SLENDER.

Oh! douce Anne Page!... (*Sortent Shallow, Slender, Page et l'Hôte.*)

CAÏUS.

Ho! comprends-je? Avez-vous fait des sots de nous deux! Ha! Ha!

EVANS.

C'est bien. Il a fait de nous ses choses à moqueries! Je vous demande, soyons amis et cognons-nous tous deux la cervelle pour nous venger de cette teigne, de ce scorbutique et filou compagnon, l'hôte de la Jarretière...

CAÏUS.

Bigre, de tout mon cœur... il m'a promis de me conduire où est Anne Page. Bigre, il m'a trompé aussi.

EVANS.

Bien, je lui cognerai la caboche [3]... je vous prie, suivez-moi. (*Ils sortent.*)

---

[1] *Des consultations.* Cette homophonie est dans le texte.
[2] C'est-à-dire des mots si estropiés qu'ils ne sont plus des mots.
[3] *His noddles.* Ce mot fantaisiste pour *tête* a été conservé dans l'argot populaire.

SCÈNE II

Dans la rue, à Windsor.

Entrent Mistress PAGE *et* ROBIN.

Mrs PAGE.

Non, suivez votre chemin, petit galant. Vous êtes fait pour suivre, mais maintenant vous conduisez... qu'aimeriez-vous mieux conduire mes yeux ou regarder les talons de votre maître ?

ROBIN.

J'aimerais mieux, pour sûr, aller devant vous comme un homme que le suivre comme un nain.

Mrs PAGE.

Oh, vous êtes un petit flatteur, maintenant, je vois, vous serez courtisan.

FORD, *entrant.*

Bonne rencontre, mistress Page. Où allez-vous !

Mrs PAGE.

Vrai, Sir, voir votre femme. Est-elle à la maison ?

FORD.

Oui, et aussi désœuvrée qu'elle peut l'être, par manque de compagnie. Je crois, si vos maris étaient morts, vous pourriez vous marier toutes les deux.

Mrs PAGE.

Soyez-en sûr... à d'autres maris...

FORD, *montrant Robin.*

D'où vous vient ce gentil coq de girouette [1].

Mrs PAGE.

Je ne peux vous dire qui diable [2] est le nom de celui dont mon mari l'a eu. Petit, comment appelez-vous le nom de votre chevalier ?

ROBIN.

Sir John Falstaff.

FORD.

Sir John Falstaff !

Mrs PAGE.

Lui, lui-même. Je ne peux me rappeler le nom de personne... il y a une telle liaison entre mon brave mari et lui !... Vrai, votre femme est chez elle ?

FORD.

Vrai, elle y est.

Mrs PAGE.

Votre congé, Sir ! Je suis malade tant que je ne l'ai pas vue ? (*Elle sort avec Robin.*)

FORD.

Page a-t-il de la cervelle ? A-t-il des yeux ? A-t-il des idées ?... pour sûr, elles dorment, et il ne s'en sert pas. Ouais, ce gamin portera une lettre à vingt milles aussi

---

[1] *Weather-Cock,* coq qui marque le temps.
[2] Diable, *Dickens.*

facilement qu'un canon tirerait au point blanc à douze vingtaines de yards [1]... Il met une rallonge [2] à l'inclination de sa femme : il donne à sa folie activité et facilité, et maintenant elle va chez ma femme et le gamin de Falstaff avec elle ! Tout homme entendrait chanter cet orage dans le vent... et le gamin de Falstaff avec elle ! Bons complots ! et bien conduits. Nos femmes en révolte partagent ensemble la damnation. Bien ! je vais le surprendre, puis torturer ma femme, arracher le voile emprunté de la modestie dont madame Page a l'apparence et dénoncer Page lui-même pour un Actéon tranquille et volontaire... et a ces violents procédés, tous mes voisins crieront bravo ! (*L'horloge sonne.*) L'horloge me donne ma réplique [3] et ma certitude m'ordonne des recherches : je vais trouver là Falstaff. Je serai estimé pour cela plutôt que raillé : car c'est aussi positif que la terre est ferme, Falstaff est là... je vais y aller.

Entrent PAGE, SHALLOW, SLENDER, L'HOTE, Sir Hugh EVANS, CAIUS *et* RUGBY.

TOUS.

Bonne rencontre, master Ford.

FORD.

Sur ma foi, une bonne compagnie ! J'ai bonne chère à la maison, et je vous prie, venez tous avec moi.

SHALLOW.

Je dois m'excuser, maître Ford.

SLENDER.

Et ainsi dois-je, Sir. Nous avons pris rendez-vous pour dîner avec mistress Anne et je ne voudrais pas rompre avec elle pour plus d'argent que je ne pourrais dire.

SHALLOW.

Nous languissons après un mariage entre Anne Page et mon cousin Slender et aujourd'hui nous voulons avoir notre réponse.

SLENDER.

J'espère que j'ai votre bon vouloir, père Page.

PAGE.

Vous l'avez, master Slender. Je tiens tout pour vous. Mais ma femme, maître docteur, est tout à fait pour vous.

CAÏUS.

Oui, bigre ! et la fille est en amour de moi. Ma nourrice Quickly me l'a tant dit !

L'HÔTE.

Que dites-vous du jeune maître Fenton ! Il bat des entrechats, il danse, il a des yeux de jeunesse, il écrit des vers, il parle dimanche [4], il fleure Avril et Mai, il l'emportera, il l'emportera ! C'est dans sa poche [5] qu'il l'emportera...

[1] A 240 mètres, en tenant compte de ceci, que le yard n'est que de 91 centimètres.
[2] *To piece out*, mettre une pièce qui accroît l'étoffe.
[3] *My cue*. Expression de théâtre qui se trouve dans le *Songe d'une nuit d'été*, page 354.
[4] *He speaks holiday*, expression charmante — avoir toujours le parler des dimanches.
[5] *In his buttons*, littéralement *dans ses boutons*.

PAGE.

Pas de mon consentement, je vous le promets. Le gentleman n'a rien : il a tenu compagnie avec le Prince écervelé et Poins [1]... il est de trop haute région, il en sait trop. Non, il ne nouera pas le moindre nœud de sa fortune avec le doigt de ma propre chair [2]. S'il la prend, qu'il la prenne tout simplement. La richesse que j'ai dépend de mon consentement et mon consentement ne va pas de ce chemin-là..

FORD.

Je prie, de tout cœur, quelques-uns d'entre vous, chez moi pour dîner. Outre la bonne chère, vous aurez du divertissement. Je vous montrerai un monstre. Maître docteur, il faut venir, et vous aussi, maître Page... et vous aussi, maître Page... et vous, Sir Hugh.

SHALLOW.

Adieu, portez-vous bien. Nous aurons cour plus libre chez maître Page. (*Sortent Shallow et Slender.*)

CAÏUS.

Va à la maison, John Rugby. Je viens tout de suite. (*Sort Rugby.*)

L'HÔTE.

Adieu, mes cœurs ! je vais retrouver mon honnête chevalier Falstaff et boire du canarie avec lui...

FORD, *à part.*

Je crois que je boirai d'abord avec lui du vin de la pipe [3]... je le ferai danser. Venez vous, bons amis...

TOUS.

Nous vous suivons, pour voir le monstre... (*Ils sortent.*)

SCÈNE III

Une chambre dans la maison de Ford.

Entrent MISTRESS FORD *et* MISTRESS PAGE.

MrS FORD.

Eh, Jean ! eh ! Robert !

MrS PAGE.

Vite ! Vite ! Où est le panier à lessive ?

MrS FORD.

J'en réponds... Allons, Robin, dis-je !...

Entrent des domestiques avec un panier.

MrS PAGE.

Venez ! Venez !...

---

[1] Personnages que l'on retrouvera dans Henri IV.

[2] *My substance,* ma fille, ma chair et mon sang.

[3] *Pipewine.* Il y a là un calembourg facile à comprendre. Le vrai sens du mot *pipe* en français, comme en anglais, est chalumeau, musette. Il est vrai que nous l'avons remplacé par *pipeau*, en oubliant l'origine. D'autre part, *pipe* signifie également dans les deux langues tonneau. — Donc vin de la pipe — et vin du pipeau — qui le fera danser.

Mrs FORD.
Là, déposez-le !...
Mrs PAGE.
Donnez vos ordres à vos gens. Il faut faire vite...
Mrs FORD.
Eh bien, comme je vous l'ai déjà dit, Jean et Robert, tenez-vous prêts, tout proche, dans la brasserie : et quand tout à coup je vous appellerai, venez sur le champ, et sans la moindre pause ni hésitation, prenez ce panier sur vos épaules... ceci fait, filez avec en toute hâte et portez-le au milieu des blanchisseuses, dans le pré Datchet, et là videz-le dans le fossé boueux, tout près du bord de la Tamise...
Mrs PAGE.
Vous ferez bien cela ?
Mrs FORD.
Je le leur ai dit encore et encore !... ils ne manquent pas d'ordre. Allez et revenez quand on vous appellera. (*Sortent les domestiques.*)
Mrs PAGE.
Voici le petit Robin. (*Entre Robin.*)
Mrs FORD.
Hé bien ! mon petit émouchet, quelles nouvelles ?
ROBIN.
Mon maître, Sir John, est entré par la porte de derrière et il requiert votre compagnie.
Mrs PAGE.
Vous petit Jack-Carême [1], nous avez-vous été fidèle ?...
ROBIN.
Oui, je le jure. Mon maître ne sait pas que vous êtes ici, et il m'a menacé de me mettre en éternelle liberté, si je vous dis rien de lui. Car il jure, il me jettera dehors !
Mrs PAGE.
Tu es un bon garçon : cette discrétion de ta part sera ton tailleur, car elle te fera un pourpoint neuf et des culottes... je vais me cacher.
Mrs FORD.
C'est cela !... Va dire à ton maître que je suis seule. Mrs Page, rappelez-vous votre réplique ! (*Robin sort.*)
Mrs PAGE.
Je garantis la chose. Si je ne joue pas bien, sifflemoi ! (*Elle sort.*)
Mrs FORD.
En avant maintenant. Nous allons arranger ce paquet humide et malsain, ce gros potiron [2] d'eau... nous lui apprendrons à distinguer les tourterelles des geais [3] !
FALSTAFF, *entrant.*
(*Il fredonne.*) L'ai-je attrapé, mon joyau du ciel ? (*Parlé.*) Ah ! maintenant que je

---

[1] Petite marionnette rembourrée d'étoffe qu'on jette à l'eau pendant le Carême.
[2] *Pumpion*. Par quelle métamorphose ce mot s'est-il transporté dans l'argot français pour signifier de l'argent, des *pimpions* ? Peut-être à cause de la forme des pépins de potiron.
[3] Le mot *Jay* signifie aussi en argot *prostituée* — probablement fille gaie, de joie.

meure, car j'ai vécu assez longtemps. Ceci est le terme de mes ambitions... ô toi ! heure bénie !

MRS FORD.

O doux Sir John !

FALSTAFF.

Mistress Ford, je ne sais pas enjôler, je ne sais pas babiller, mistress Ford. Maintenant pêcherai-je dans mon souhait ? Je voudrais que ton mari fut mort. Je dirai cela devant le meilleur des Lords, je veux faire de toi ma Lady !

MRS FORD.

Moi, votre Lady, Sir John ! Hélas ! je serais une pitoyable Lady !

FALSTAFF.

Fais que la Cour de France m'en montre une pareille ! Je vois comment ton œil rivaliserait le diamant... tu as la vraie courbure en arc des sourcils, qui convient à la coiffure en Vaisseau, à la coiffure en Vaillance ou à toute coiffure de mode Vénitienne !

MRS FORD.

Un simple mouchoir, Sir John. Mes sourcils ne s'accommodent de rien autre... et encore, pas bien !

FALSTAFF.

Tu es une traîtresse de dire cela... tu ferais une absolue dame de Cour, et la ferme conformation de ton pied donnerait à ta démarche un excellent mouvement, dans un vertugadin [1] à demi cercle. Je vois ce que tu serais, si la fortune ne t'avait été ennemie. La nature est ton amie. Viens, tu ne peux pas le cacher...

MRS FORD.

Croyez-moi, il n'y a en moi rien de pareil.

FALSTAFF.

Qui m'a fait t'aimer ?... Sois bien persuadée, il y a en toi quelque chose d'extraordinaire. Viens, je ne sais pas enjôler, ni te dire : — Tu es ceci ou cela ! comme beaucoup de ces grasseyeurs de bourgeons d'aubépines, qui viennent comme femmes en habits d'hommes et fleurent comme Bucklersbury [2] au temps des simples... je ne peux pas ! mais je t'aime... personne que toi !... et tu le mérites !...

MRS FORD.

Ne me trahissez pas, Sir. J'ai peur que vous n'aimiez mistress Page.

FALSTAFF.

Tu pourrais aussi bien dire que j'aime à passer par la porte du Counter [3], qui m'est haïssable autant que la fumée d'un four à chaux.

MRS FORD.

Bien. Le ciel sait combien je vous aime : et vous le découvrirez un jour.

FALSTAFF.

Reste dans ces idées. Je le mérite.

---

[1] *Farthingale.* Qui sait si ce mot n'est pas une déformation de *vertugadin.* Il s'agit en tous cas des mêmes jupons à cerceaux qui au XVIII siècle s'appelèrent des paniers.
[2] Rue de Londres où étaient établis les herboristes. Nous dirions : — Rue des Lombards.
[3] La prison pour dettes,

Mrs FORD.

Certes, je dois le dire, vous le méritez... ou alors je ne serais pas dans ces idées là.

ROBIN, *de l'extérieur.*

Mistress Ford, mistress Ford! voici mistress Page, à votre porte, qui sue, qui souffle, qui semble une sauvage et a besoin de vous parler, tout de suite.

FALSTAFF.

Il ne faut pas qu'elle me voie. Je vais me cacher derrière la tapisserie.

Mrs FORD.

Oui, oui, je vous en prie. C'est une femme si cancanière!

Falstaff se cache. Entrent MISTRESS PAGE *et* ROBIN.

Mrs FORD.

Qu'est-ce qu'il y a? qu'est-ce qu'il y a?

Mrs PAGE.

O mistress Ford, qu'avez-vous fait? Vous êtes déshonorée, vous êtes culbutée, vous êtes perdue pour toujours!...

Mrs FORD.

Qu'est-ce qu'il y a, ma bonne mistress Page.

Mrs PAGE.

Une belle affaire, mistress Ford! ayant un honnête homme pour mari de lui donner un tel motif de suspicion...

Mrs FORD.

Quel motif de suspicion?...

Mrs PAGE.

Quel motif de suspicion?... Fi de vous! Combien je me suis méprise sur vous!

Mrs FORD.

Mais en quoi, hélas? qu'est-ce qu'il y a?

Mrs PAGE.

Votre mari vient ici, madame, avec tous les officiers de Windsor, pour chercher un gentleman qui, dit-il, est à cette heure, ici, dans votre maison, de votre consentement et pour profiter méchamment de son absence... Vous êtes perdue!

Mrs FORD, *bas.*

Parlez plus fort!... (*Haut.*) Cela n'est pas, j'espère!

Mrs PAGE.

Priez le ciel que cela ne soit pas et que vous n'ayez pas ici un pareil homme. Car ce qu'il y a de certain, c'est que votre mari vient ici avec la moitié de Windsor aux talons, pour chercher le particulier. Je viens devant pour vous le dire: si vous vous savez innocente, j'en suis aise. Mais si vous avez un ami ici, mettez-le, mettez-le dehors. Ne vous affolez pas: rappelez tout votre sens, défendez votre réputation ou dites adieu pour toujours à votre bonne existence!

Mrs FORD.

Que faire? Il y a là un gentleman, mon cher ami: et je ne crains pas tant ma propre honte que son péril. Plutôt qu'un millier de livres, j'aimerais mieux qu'il fût hors de la maison.

MRS PAGE.

Par pudeur, ne vous arrêtez jamais à... vous aimeriez mieux... et vous aimeriez mieux. Votre mari est là, tout près, pensez à quelque moyen de départ. Dans la maison... vous ne pouvez le cacher!... Regardez! voici un panier!... s'il est de raisonnable stature, il peut se tasser dedans : et jetez du linge sur lui, comme si cela allait à la lessive... c'est le moment du blanchissage, envoyez-le par vos deux hommes au pré de Datchet...

MRS FORD.

Il est trop grand pour entrer là-dedans. Que faire ?...

FALSTAFF, *apparaissant.*

Laissez-moi voir ça! laissez-moi voir ça! Oh! laissez-moi voir ça... j'irai dedans, j'irai dedans... Suivez le conseil de votre amie... j'irai dedans!

MRS PAGE.

Quoi! Sir John Falstaff!... Chevalier, est-ce là votre lettre!

FALSTAFF.

Je t'aime, je n'aime que toi !... Aide-moi à me sauver... laisse-moi me fourrer là-dedans... jamais je ne... (*Il entre dans le panier: elles le couvrent de linge sale.*)

MRS PAGE, *à Robin.*

Garçon, aidez-moi à couvrir votre maître. Mistress Ford, appelez vos hommes... (*A Falstaff.*) Et vous, faux chevalier!...

MRS FORD.

Hé! Jean! Robert! Jean! (*Robin sort. Entrent les domestiques.*) Enlevez ce linge, ici, vite! Où est la perche.[1] à seau ? Ah! comme vous êtes maladroits! Portez ça à la blanchisseuse, au pré de Datchet... Vite, allons!

Entrent FORD, CAIUS *et Sir* HUGH EVANS.

FORD, *à ses amis.*

Je vous prie, approchez : si je suspecte sans cause, alors faites une partie à mes dépens, et je serai votre jouet, je le mériterai!... (*Aux porteurs.*) Hé ! où portez-vous cela ?

LES DOMESTIQUES.

A la blanchisseuse, pour sûr!

MRS FORD.

Hé! qu'avez-vous à faire avec ce qu'ils portent ? Il ne vous reste plus qu'à vous mêler de la lessive!

FORD.

La lessive! je voudrais pouvoir me passer mes cornes à la lessive! Lessive, cornes, lessive!... Oui, lessive! je vous le garantis, cornes [2]!... et de la saison encore... ça se verra! (*Les domestiques sortent avec le panier.*) Messieurs, j'ai rêvé cette nuit. Je vous conterai mon rêve. Voici, voici, voici mes clefs : montez dans mes chambres,

---

[1] Guizot s'est mépris sur la forme du panier en disant : — Passez la perche dans les deux anses.
— Le panier se porte en passant la perche sous l'anse unique et large, comme on fait d'un seau d'eau.
[2] *Buck* signifie à la fois *lessive* et *cerf* — cornes de cerf.

cherchez, fouillez... je vous garantis que nous débusquerons le renard... laissez-moi d'abord fermer cette issue... et maintenant en chasse ! !

PAGE.

Bon maître Ford, contenez-vous. Vous vous faites trop de mal.

FORD.

Très vrai, maître Page !... Allons, gentlemen ! vous verrez la chasse tout de suite. Suivez-moi ! (*Il sort.*)

EVANS.

Ce sont des humeurs très fantastiques et des jalousies !

CAÏUS.

Bigre ! ce ne sont pas façons de France... on n'est pas jaloux en France.

PAGE.

Voyons, suivons-le, messieurs. Voyons le résultat de ses recherches... (*Sortent* PAGE, EVANS *et* CAÏUS.)

MRS PAGE.

Tout cela n'est-il pas deux fois excellent ?

MRS FORD.

Je ne sais ce qui me plaît le mieux, que mon mari soit attrapé ou Sir John...

MRS PAGE.

Dans quel état était-il, quand votre mari a demandé qui était dans le panier ?

MRS FORD.

Je suis presque effrayée du besoin qu'il aura de se laver... le jeter ainsi dans l'eau lui sera tout bénéfice.

MRS PAGE.

Le diable le pende, ce déshonnête lascar[2] !... Je voudrais que tous ceux du même train fussent dans la même détresse !...

MRS FORD.

Je crois que mon mari avait quelque soupçon spécial que Falstaff était ici, car je ne l'ai jamais vu jusqu'ici en si grosse jalousie.

MRS PAGE.

Je vais monter un coup pour vérifier ça : et nous jouerons encore de nouveaux tours à Falstaff. Sa maladie de débauché n'aura pas cédé à cette médecine-là.

MRS FORD.

Si nous envoyions cette stupide carogne, mistress Quickly, lui porter des excuses de ce qu'on l'ait jeté à l'eau et lui donner nouvelle espérance, pour lui infliger nouveau châtiment ?...

MRS PAGE.

Faisons cela : faites-le appeler pour demain huit heures, à fin d'excuses...

---

[1] *Uncape.* On n'est pas d'accord sur la signification de ce mot que Schmidt pense équivaloir à *uncouple*, découplez les chiens. *Uncape* pourrait plutôt signifier : — décoiffez ! — ce qui serait cri de fauconnerie.

[2] *Rascal*, canaille, mot passé dans notre argot familier, sous la forme inversée *lascar*.

Rentrent FORD, PAGE, CAIUS *et Sir* Hugh EVANS.

FORD.

Je ne peux pas le trouver : peut-être le gredin s'est vanté de ce qu'il ne pouvait accomplir.

Mrs PAGE, *à son amie.*

Vous entendez ?

Mrs FORD.

Oui, oui, silence !... (A *Ford.*) Vous en usez bien avec moi, maître Ford, pas vrai ?

FORD.

Oui... c'est vrai !...

Mrs FORD.

Que le ciel vous fasse meilleur que vos pensées.

FORD.

Amen !

Mrs PAGE.

Vous vous faites puissamment tort, maître Ford.

FORD.

Oui, oui... je dois supporter ça...

EVANS.

S'il y a quelqu'un dans la maison, dans les chambres, dans les coffres, dans les armoires... que le ciel me pardonne mes péchés au jour du jugement.

CAÏUS.

Bigre... et à moi aussi... il n'y a personne.

PAGE.

Fi ! Fi ! maître Ford, vous n'avez pas honte ! Quel Esprit, quel diable vous suggère cette imagination. Je ne voudrais pas avoir maladie de ce genre-là, pour le trésor du château de Windsor !

FORD.

C'est ma faute, maître Page. J'en souffre.

EVANS.

Vous souffrez de mauvaise conscience. Votre épouse est une honnête femme, comme j'en voudrais une en cinq mille et même en cinq cents...

CAÏUS.

Bigre ! je vois que c'est une honnête femme !

FORD.

Bien ! Je vous ai promis un dîner. Venez, venez, promenons-nous dans le parc... je vous prie, pardonnez-moi. Je vous dirai plus tard pourquoi j'ai fait cela. Viens, ma femme ! Venez, mistress Page... je vous en prie, pardonnez-moi... je vous en prie de tout mon cœur, pardonnez-moi !

PAGE.

Entrons, messieurs. Mais, croyez-moi, nous nous moquerons de lui. Je vous invite pour demain matin, chez moi, à déjeuner : après quoi nous aurons une chasse aux oiseaux. J'ai un beau faucon pour le bois. Cela va-t-il ?...

FORD.
Parfaitement.

EVANS.
S'il y en a déjà un, je ferai deux dans la compagnie.

CAÏUS.
Et s'il y en a un ou deux, je ferai trois.

EVANS.
Plein vos dents, dégoûtant¹ !

FORD.
Passez donc, maître Page.

EVANS, à *Caïus*.
Je vous prie, rappellez-vous demain ce pouilleux de gredin, mon Hôte de la Jarretière.

CAÏUS.
C'est bien !... bigre, de tout mon cœur !

EVANS.
Un pouilleux de gredin, avec ses farces et ses moqueries ! (*Ils sortent.*)

SCÈNE IV

Une chambre dans la maison de Page.

Entrent FENTON *et* MISTRESS ANNE PAGE.

FENTON.
Je vois, je ne puis gagner l'affection de ton père. Aussi ne me renvoie plus à lui, douce Nanette.

ANNE.
Hélas ! quoi alors ?

FENTON.
Hé ! il faut être toi-même. Il objecte que je suis de trop grande naissance et que, ma situation étant gâtée par mes dépenses, je cherche seulement à la relever avec sa fortune. En outre, il place devant moi d'autres barrières, mes querelles passées, mes mauvaises fréquentations, et il me dit qu'il est impossible que je t'aime, toi, mais bien un héritage !...

ANNE.
Peut-être bien qu'il dit la vérité.

FENTON.
Non ! que le ciel m'assiste dans ma vie à venir. Aussi bien, je le confesserai, la fortune de ton père fut le premier motif de ma recherche, Anne. Puis, en te courtisant, je t'ai trouvée de plus de valeur que les empreintes d'or ou les sommes scellées dans des sacs ; et ce sont aujourd'hui les richesses de toi-même que je vise...

---

¹ Nos traducteurs suppriment cette réplique, et les commentateurs pudiques l'ignorent. Voici ce qu'elle signifie. Caïus dit : — *I will be the third,* je serai le troisième. Mais en sa qualité de français, il prononce *Turd* qui signifie : — M... D'où la riposte d'Evans, qui équivaut en français à la réplique : — Mâche

ANNE.

Gentil maître Fenton, recherchez encore l'affection de mon père, recherchez-la encore, monsieur. Si l'occasion et de très humbles démarches ne peuvent y réussir, eh bien, alors !... écoutez par ici... (*Ils causent en aparté.*)

Entrent SHALLOW, SLENDER *et* MISTRESS QUICKLY.

SHALLOW.

Brisez leur colloque, mistress Quickly. Mon cousin parlera pour lui-même.

SLENDER.

Je ferai trait ou flèche là-dedans ! A la grâce de Dieu, il ne s'agit que de se risquer...

SHALLOW.

Ne vous épouvantez pas...

SLENDER.

Non, elle ne m'épouvantera pas... je n'ai pas souci de ça... mais tout de même j'ai peur...

Mrs QUICKLY, *à Anne*.

Entendez-vous, maître Slender voudrait vous dire un mot.

ANNE.

J'y vais... (*Bas, à Fenton.*) C'est celui que mon père choisit. Oh ! que tout un monde de méchants et vils défauts paraît beau à travers trois cents livres[1] de rente !...

Mrs QUICKLY.

Et comment va ce bon maître Fenton ? Je vous prie, un mot avec vous. (*Elle l'emmène à part.*)

SHALLOW, *à Slender*.

Elle vient !... à elle, cousin !... ô mon garçon, tu as eu un père !

SLENDER.

J'ai eu un père, mistress Anne. Mon oncle peut vous dire de ses bons tours... je vous prie, mon oncle, dites à mistress Anne le tour, quand mon père vola deux oies, dans un poulailler, bon oncle !

SHALLOW.

Mistress Anne, mon cousin vous aime.

SLENDER.

Ah oui, je le fais... autant que j'aime n'importe quelle femme du Comte de Glocester.

SHALLOW.

Il vous donnera le train d'une damoiselle...

SLENDER.

Ah oui, je le ferai, viennent chiens à queue courte ou longue, au-dessous du rang d'esquire.

SHALLOW.

Il vous fera donation de cent-cinquante livres.

ANNE.

Bon maître Shallow, laissez-le faire sa cour lui-même.

[1] Livres sterling, bien entendu : — 7,500 francs.

SHALLOW.

Pardieu, je vous remercie... je vous remercie de ce soulagement... elle vous appelle, cousin. Je vous laisse... (*Il s'écarte.*)

ANNE.

Et maintenant, maître Slender?

SLENDER.

Maintenant, bonne mistress Anne?

ANNE.

Quelles sont vos volontés?

SLENDER.

Mes volontés!... Cœur de Dieu, c'est une jolie farce, vrai! Je n'ai pas encore écrit mes volontés [1], grâce au ciel! Je ne suis pas une créature malade, j'en remercie le ciel!

ANNE.

Je veux dire, maître Slender, que voulez-vous de moi?

SLENDER.

Vraiment, et de ma propre part, je veux de vous peu de chose ou même rien du tout. Votre père et mon oncle ont eu des pourparlers... Si c'est ma chance, bien! Si ça ne l'est pas, heureux qui aura la part!... Ils peuvent vous dire comment va la chose, mieux que moi... tenez, vous pouvez demander à votre père, le voilà qui vient.

Entrent PAGE *et* MISTRESS PAGE.

PAGE.

Bonjour, maître Slender!... Aime-le, ma fille Anne... (*Apercevant Fenton.*) Hé bien! que fait ici maître Fenton? Vous me blessez, monsieur, en hantant ainsi chez moi. Je vous ai dit, monsieur, que j'ai disposé de ma fille.

FENTON.

Ah! maître Page, ne vous impatientez pas.

MRS PAGE.

Mon cher maître Fenton, ne venez pas chez mon enfant.

PAGE.

Ce n'est pas mariage pour vous.

FENTON.

Monsieur, voulez-vous m'écouter.

PAGE.

Non, cher monsieur Fenton. Venez, maître Shallow, venez, mon fils Slender. Entrons. Connaissant mes intentions, vous me blessez, maître Fenton. (*Sortent Page, Shallow et Slender.*)

MRS QUICKLY, *à Fenton.*

Parlez à mistress Page.

FENTON.

Bonne mistress Page, aimant votre fille en l'honnête façon que je fais, forcément,

---

[1] Dans le sens de *dernières volontés, testament.*

contre tous échecs, procédés et rebuffades, je dois mettre en avant le drapeau de mon amour et ne point faire retraite. Accordez-moi votre bon vouloir.

ANNE.

Bonne mère, ne me mariez pas à cet imbécile, là-bas !

MIS PAGE.

Ce n'est pas mon intention. Je vous cherche un meilleur mari.

MIS QUICKLY.

C'est mon maître, le maître Docteur...

ANNE.

Hélas ! j'aimerais mieux être vite mise en terre et être boulée [1] à mort avec les navets !

MIS PAGE.

Venez, ne vous troublez pas. Mon cher maître Fenton, je ne serai pour vous ni amie ni ennemie. Je demanderai à ma fille comment elle vous aime, et selon ce que je la trouverai, je serai disposée. Jusque là, adieu, monsieur. Il faut qu'elle rentre. Son père serait en colère.

FENTON.

Adieu, bonne madame... adieu, Nanette. (*Sortent mistress Page et Anne.*)

MIS QUICKLY.

Maintenant, celui-ci fait mon affaire... Comment, je dis, vous voulez jeter votre enfant à un imbécile et à un médecin... regardez-moi maître Fenton... celui-là est mon affaire...

FENTON.

Je te remercie et te prie, à un moment, ce soir, donne cette bague à ma douce Nanette. Voilà pour tes peines. (*Il sort.*)

MIS QUICKLY.

Maintenant que Dieu t'envoie bonne fortune ! Il a un bon cœur. Une femme courrait à travers le feu et l'eau pour un pareil bon cœur. Mais pourtant je voudrais que mon maître eût Mistress Anne... ou bien je voudrais que ce fût maître Slender... ou bien, pour sûr, je voudrais que ce fût maître Fenton... je ferai ce que je pourrai pour tous les trois, car, je l'ai promis et je serai aussi bonne que ma parole, mais spécialement pour maître Fenton. Bien ! il faut que j'aille faire à Sir John Falstaff une autre commission de la part de mes deux maîtresses... quelle bête je suis de lâcher ça !

---

[1] *Bowled.* C'est par erreur qu'on traduit *lapidée*. Le mot anglais vise le travail fait avec la bêche qui roule ce que renferme la terre. C'est également le sens conservé dans nos campagnes, notamment de l'Est, où on boule — on retourne — la terre. Dans le patois Saintongeois, *bouler*, remuer en tout sens. Enfin le mot *bouler*, dans notre langue familière, signifie *rouler*. Envoyer *bouler*, rouler, promener, quelqu'un.

SCÈNE V

Une chambre à l'Hôtel de la Jarretière.

Entrent FALSTAFF *et* BARDOLH.

FALSTAFF.

Dis donc, Bardolph !

BARDOLPH.

Présent, Sir.

FALSTAFF.

Va me chercher un quart de vin sec. Mets une rôtie dedans. *(Sort Bardolph.)* Ai-je vécu pour être porté dans un panier, comme une charretée de rebuts de boucherie et pour être jeté dans la Tamise ? Bon, si je suis encore servi d'un autre tour, je veux avoir la cervelle dehors et mise au beurre et donnée à un chien pour don de nouvelle année. Les gueux m'ont fichu à la rivière avec aussi peu de remords que s'ils avaient noyé les petits d'une chienne, encore aveugles, quinze d'une seule ventrée ! Et vous pouvez savoir par ma taille que j'ai une certaine alacrité à plonger. Le fond fût-il aussi creux que l'enfer, j'irais en bas ! J'aurais été noyé, si la côte n'avait été rocheuse et peu profonde... une mort que j'abhorre, car l'eau gonfle un homme... et quelle belle chose j'aurais été, quand j'aurais été gonflé ! J'aurais été une momie montagne[1].

BARDOLPH, *rentrant, avec du vin.*

BARDOLPH.

Il y a mistress Quickly qui veut vous parler.

FALSTAFF.

Viens, laisse-moi verser un peu de vin sec dans la Tamise : car mon ventre est froid comme si j'avais avalé des boules de neige, en fait de pilules à rafraîchir les rognons... *(Il boit.)* Fais-la entrer.

Mrs QUICKLY, *entrant.*

Avec votre permission... je vous demande pardon... je donne le bonjour à votre Honneur.

FALSTAFF, *à Bardolph.*

Écarte de moi ce calice... va me brasser une potée de vin sec, bellement !...

BARDOLPH.

Avec des œufs, Sir ?

FALSTAFF.

En nature, simplement... je ne veux pas de sperme de poulet dans mon breuvage... *(Sort Bardolph.)* Eh bien ?

Mrs QUICKLY.

Eh bien, Sir, je viens vers votre Honneur de la part de mistress Ford !...

---

[1] Colossale.

FALSTAFF.

De mistress Ford !... j'ai assez de l'onde [1] !... j'ai été jeté dans l'onde... j'ai mon ventre plein d'onde.

Mrs QUICKLY.

Triste jour, hélas ! Bon cœur que ce n'était pas sa faute... elle s'en prend si fort à ses gens !... ils ont mal compris leur érection [2]...

FALSTAFF.

Comme moi la mienne... de bâtir sur les promesses d'une bête de femme.

Mrs QUICKLY.

Bon ! mais elle se lamente, Sir, que ça nâvrerait votre cœur de voir ça ! Son mari va ce matin à la chasse aux oiseaux... elle désire que vous veniez encore la voir une fois entre huit et neuf. Je dois lui porter vite votre réponse. Elle vous fera des excuses, je vous le garantis.

FALSTAFF.

Bien, je lui rendrai visite. Dis-le lui, et prie-la de songer à ce que c'est qu'un homme... qu'elle considère sa fragilité et alors qu'elle juge de mon mérite.

Mrs QUICKLY.

Je le lui dirai.

FALSTAFF.

Fais-le. Entre neuf et dix, tu dis ?

Mrs QUICKLY.

Entre huit et neuf, Sir.

---

[1] *Ford* signifie *gué*, et dans le langage poétique *l'onde*.
[2] *Érection* pour *direction*.

FALSTAFF.

Bien, va-t-en !... je ne la manquerai pas.

MRS QUICKLY.

La paix soit avec vous, Sir. (*Elle sort.*)

FALSTAFF.

Je m'émerveille de n'avoir pas entendu parler de maître Brook. Il m'a envoyé un mot... que je reste à la maison. J'aime bien son argent ! Ah ! le voilà !

FORD, *entrant sous le nom de* BROOK.

Dieu vous bénisse, Sir.

FALSTAFF.

Hé, maître Brook, vous venez pour savoir ce qui s'est passé entre moi et la femme de Ford ?

FORD.

C'est ça, Sir John, c'est mon affaire.

FALSTAFF.

Maître Brook, je ne vous mentirai pas. Je suis allé chez elle à l'heure qu'elle m'avait fixée.

FORD.

Et comment avez-vous réussi, Sir ?

FALSTAFF.

Pas favorablement du tout, maître Brook.

FORD.

Comment cela, Sir ? Avait-elle changé de détermination ?

FALSTAFF.

Non, maître Brook : mais le chétif cornard de mari, maître Brook, plongé dans une continuelle alarme de jalousie, m'arrive à l'instant même de notre rencontre, après embrassements, baisers et protestations, c'est à dire, le prologue de notre comédie. Et à ses talons une cohue de ses compagnons, provoqués et instigués par sa colère à chercher dans sa maison l'amoureux de sa femme.

FORD.

Et pendant ce temps-là, vous étiez là ?

FALSTAFF.

Eh oui ! j'étais là.

FORD.

Et vous a-t-il cherché ? Et ne vous a-t-il pas trouvé ?

FALSTAFF.

Vous allez savoir. Par bonne fortune, une mistress Page arrive, renseigne sur l'approche de Ford, et, d'après son invention et une distraction de mistress Ford, on me fourre dans un panier à lessive !...

FORD.

Un panier à lessive !

FALSTAFF.

Par le Seigneur, un panier a lessive ! on me bourre dedans avec des chemises sales et cotillons, bas, chaussettes sales et serviettes graisseuses ! ce qui, maître Brook, était le plus atroce mélange d'ignobles odeurs qui eût jamais offensé une narine !

FORD.

Et combien de temps êtes-vous resté là-dedans ?

FALSTAFF.

Eh, vous allez voir, maître Brook, ce que j'ai souffert à mener une femme à mal pour votre compte. Étant donc empilé dans le panier, une couple de gredins de valets de Ford sont appelés par leur maîtresse et chargés de me porter, sous l'appellation de linge sale, à Dutchet-lane. Ils me prennent sur leurs épaules, rencontrent le gredin de jaloux à la porte qui leur demande une ou deux fois ce qu'ils avaient dans leur panier. Je claquais de peur que le lunatique gredin voulut y chercher lui-même. Mais le destin, ordonnant qu'il serait cocu, retint sa main. Bien. Il passa outre pour ses recherches, et me voilà porté comme linge sale. Mais suivez bien, maître Brook. Je souffrais les affres de trois multiples morts : primo, une intolérable peur d'être découvert par ce jaloux pourri de castrat à clochette[1] : puis d'être tordu tête au talon comme au bon acier de Bilbao tête à pointe dans la circonférence d'un tonneau ; et enfin d'être amarré là, comme dans une forte distillation, avec des hardes puantes qui fermentaient dans leur propre graisse... songez à ça, un homme de ma race[2], songez à ça ! moi qui suis aussi sensible à la chaleur que du beurre... un homme de continuels transpiration et dégel... ce fut miracle que d'échapper à la suffocation ! Et au plus haut degré de ce bain, quand j'étais plus qu'à demi cuit dans la graisse comme un plat de Hollande, être jeté dans la Tamise et dans ses vagues, être à chaleur rouge refroidi comme un fer à cheval ! songez à cela — tout grésillant[3] ! — Songez à cela, maître Brook.

FORD.

Bien sérieusement, Sir, je suis désolé que pour mon profit vous ayez souffert tout cela. Alors mon cas est désespéré : vous ne voudrez plus entreprendre la dame !...

FALSTAFF.

Maître Brook, je veux être jeté dans l'Etna comme je l'ai été dans la Tamise, plutôt que de la laisser ainsi. Son mari est allé ce matin chasser l'oiseau[4] : j'ai reçu d'elle une nouvelle ambassade, pour rendez-vous. L'heure, entre huit et neuf, maître Brook.

FORD.

Il est déjà huit heures sonnées.

FALSTAFF.

Est-ce vrai ? Alors je vais me rendre à mon rendez-vous. Venez me voir à votre convenable loisir et vous saurez comment j'aurai réussi. Et la conclusion sera couronnée par vous qui jouirez d'elle. Adieu. Vous la possèderez, maître Brook ! maître Brook, vous cocufierez Ford ! (Il sort.)

FORD, seul.

Hum ! est-ce une vision ? Est-ce un rêve ? Dors-je ? Maître Ford, éveillez-vous ; éveillez-vous, maître Ford : il y a un trou de fait dans votre meilleur habit, maître Ford !

[1]. *Bell wether*, le mouton qui porte la clochette et conduit le troupeau.
[2] *Of my kydney*, littéralement de mon rognon ! sorti de reins pareils à ceux de ma race !
[3] *Hissing hot*, chaud à siffler.
[4] *To bird*. Nous avons le terme *oiseler*, tendre des pièges, pour des gluaux aux oiseaux: mais ce mot n'est connu que des spécialistes.

Voilà ce que c'est que d'être marié ! Voilà ce que c'est que d'avoir du linge et des paniers à lessive ! Bien ! je vais proclamer moi-même ce que je suis. Je viendrai maintenant surprendre le paillard. Il est chez moi. Il ne peut pas m'échapper : il est impossible qu'il le puisse !... il ne peut pas se fourrer dans une bourse d'un sou ni dans la boîte à poivre. Mais de peur que l'assiste le diable qui le guide, je chercherai dans des endroits impossibles. Quoique, ce que je suis, je ne puisse pas l'éviter, du moins être ce que je ne voudrais pas, ne me rendra pas apprivoisé ! Si j'ai des cornes à rendre fou, que le proverbe me suive, je serai corne-fou¹ ! (*Il sort.*)

¹ Fou furieux comme une bête à cornes. Voir note plus haut, page 540.

ACTE QUATRIÈME

SCÈNE PREMIÈRE

Dans la rue.

Entrent Mistress PAGE, Mistress QUICKLY *et le petit* WILLIAM.

Mrs PAGE.

Est-il déjà chez maître Ford, crois-tu?

Mrs QUICKLY.

Pour sûr, il y est ou va y être tout de suite : mais vrai, il est courageusement [1] furieux pour avoir été jeté à l'eau. Mistress Ford vous prie de venir immédiatement.

Mrs PAGE.

Je serai chez elle tout à l'heure : je vais seulement conduire mon jeune homme à l'école. Tenez, voilà son maître qui vient : c'est jour de jeu [2], je vois. (*Entre Sir Hugh Evans.*) Eh bien, Sir Hugh, pas de classe aujourd'hui ?

EVANS.

Non. Maître Slender a permission de laisser jouer les garçons.

Mrs QUICKLY.

Bénédiction de mon cœur!

Mrs PAGE.

Sir Hugh, mon mari dit que mon fils ne profite en rien au monde de ses livres. Je vous en prie, posez-lui des questions sur son rudiment...

EVANS.

Venez ça, William. Tenez votre tête droite... venez.

Mrs PAGE.

Avance, polisson. Tenez votre tête droite... répondez à votre maître... n'ayez pas peur.

EVANS.

William, combien y a-t-il de nombres dans les noms?

---

[1] *Courageous.* Elle dit *courageusement* pour *rageusement.*
[2] *Playing-day,* jour de congé.

WILLIAM.

Deux.

Mrs QUICKLY.

Vrai, je croyais qu'il y avait un nombre de plus : puisqu'on dit les noms de Dieu [1]...

EVANS.

Paix à vos bavardages !... William, comment dit-on *beau?*

WILLIAM.

Pulcher.

Mrs QUICKLY.

Des *poulcats* [2] !... il y a de plus belles choses que des *poulcats*, bien sûr.

EVANS.

Vous êtes une femme très simple ! Paix, je vous prie. Que signifie *lapis*, William.

WILLIAM.

Une pierre.

EVANS.

Et comment dit-on pierre, William?...

WILLIAM.

Caillou.

EVANS.

Mais non... on dit *lapis*. Je vous en prie, rappelez-vous ça, dans votre cervelle.

WILLIAM.

Lapis.

EVANS.

C'est bien, William. Qui est-ce, William, qui prête les articles ?

WILLIAM.

Les articles sont empruntés aux pronoms [3] et se déclinent ainsi — *Singulariter, nominativo, hic, haec, hoc.*

EVANS.

Nominativo, hig, hag, hog. Notez, je vous prie : *Genitivo, hujus.* Bien, quel est le cas accusatif ?

WILLIAM.

Accusativo, hinc.

EVANS.

Je vous prie, remémorez-vous, enfant. *Accusativo, hing, hang, hog*[4]...

Mrs QUICKLY.

Le cochon pendu [5], c'est le latin de *lard*, je vous le garantis.

---

[1] C'est par erreur qu'on lit dans toutes les traductions : — puisqu'on parle des nombres impairs. — On a confondu *odds nouns,* avec *od's* (pour *god's*) *nouns.* Et en effet la réplique n'a de sens que parce que Mrs Quickly pense aux trois noms de Dieu, le père, le fils et le Saint Esprit. Toute cette scène est émaillée de quiproquos, de calembourgs qui seront expliqués aussi clairement que possible, sans maladroite tentative de substitutions plus ou moins équivalentes.

[2] *Polecats,* putois.

[3] Puisque les articles sont empruntés aux pronoms, donc les pronoms *prêtent* les articles.

[4] Evans prononce à la façon du pays de Galles, pour *hunc, hanc, hoc. Hang, hog* donnent le sens *pendez le cochon,* d'où la réplique suivante.

[5] *Hang* — *hog* — pendre — cochon — ainsi comprend Mrs Quickly.

EVANS.

Laissez-là vos bêtises, femme. Quel est le cas vocatif, William?

WILLIAM.

O — *vocativo* O.

EVANS.

Souvenez-vous, William, le vocatif est *caret* [1].

MRS QUICKLY.

Et c'est une bonne racine!

EVANS.

Finissez donc, femme!...

MRS PAGE.

Paix!

EVANS.

Quel est votre cas génitif pluriel, William?

WILLIAM.

Le cas génitif?

EVANS.

Oui.

WILLIAM.

Génitif — *horum, harum, horum* [2]...

MRS QUICKLY.

Foin du cas de Jenny [3]! fi sur elle!... ne la nomme jamais, mon enfant, si elle est une catin!..

EVANS.

Par pudeur, femme!...

MRS QUICKLY.

Vous avez tort d'apprendre à un enfant de pareils mots. Il lui apprend à faire des saletés [4], ce qu'ils apprennent assez vite tout seuls et à appeler les catins!... Fi sur vous!

EVANS.

Femme, es-tu lunatique! n'as-tu pas la compréhension de tes cas et du nombre des genres?... Tu es la plus stupide chrétienne créature que je puisse rêver...

MRS PAGE, *à Mrs Quickly*.

Je t'en prie, tiens-toi tranquille!

EVANS.

Montrez-moi maintenant, William, quelques déclinaisons de vos pronoms...

WILLIAM.

Pour sûr, j'ai oublié...

---

[1] L'article n'a pas de vocatif. Donc, à la place de vocatif, dans le rudiment, se trouve le mot *caret* — manque. Cette confusion donne lieu à la méprise suivante, *caret* — prononcé *carette* et *carotte*.
[2] Ici il s'agit du mot *whore*, catin — qui ressemble au mot latin, *horum*.
[3] Elle croit entendre au lieu de *genitif horum* — *Jenny is a whore*. Jenny est une catin.
[4] Les mots *hic, hæc* sont entendus par Mrs Quickly comme *to hick and to hack* dont il est impossible de préciser le sens.

EVANS.

C'est *qui, quæ, quod*. Si vous oubliez vos *quis*, vos *quæs* et vos *quods,* il faudra vous déculotter [1]. Allez votre chemin et jouez, allez!

Mrs PAGE.

Il est meilleur écolier que je ne croyais.

EVANS.

Il a une bonne solide mémoire. Adieu, mistress Page.

Mrs PAGE.

Adieu, bon Sir Hugh. (*Evans sort.*) Allez à la maison, gamin... Venez, nous restons trop longtemps! (*Ils sortent.*)

SCÈNE II

Une chambre dans la maison de Ford.

Entrent FALSTAFF *et* Mistress FORD.

FALSTAFF.

Mistress Ford, votre chagrin a avalé ma souffrance. Je vois, vous êtes subjuguée par votre amour et je vous paie de retour à l'épaisseur d'un cheveu, non seulement, mistress Ford, dans le simple office d'amour, mais dans tout l'accoutrement, compliment et cérémonial d'icelui. Mais êtes-vous sûre de votre mari, maintenant?

Mrs FORD.

Il est à la chasse aux oiseaux, doux Sir John.

Mrs PAGE, *du dehors.*

Hé! Holà! Commère Ford! Hé! Holà!

---

[1] *You must be breeches.* — Il semble qu'il manque *out of* ou quelque chose d'équivalent. *Breeches,* culottes. Tous les commentateurs ont adopté le sens *déculotter, fouetter* qui paraît logique.

MRS FORD.

Entrez dans la chambre, Sir John. (*Sort Falstaff.*)

MRS PAGE, *entrant.*

Eh bien, doux cœur ! Qui donc est à la maison, en dehors de vous ?

MRS FORD.

Hé, personne, sauf mon personnel.

MRS PAGE.

Vraiment ?

MRS FORD.

Non, certainement... (*A part.*) Parlez plus fort !

MRS PAGE.

Vrai, je suis aise que vous n'ayez personne ici.

MRS FORD.

Pourquoi ?

MRS PAGE.

Pourquoi, chère dame. Mais votre mari est de nouveau dans ses vieilles lunes. Il a entrepris là-bas mon mari, et il invective toute l'humanité mariée ! et il maudit toutes les filles d'Ève, quelle que soit leur couleur ! Et il se donne des coups de poing[1] sur le front en criant : — Sortez donc ! Sortez donc ! que toutes rages, vues jusqu'ici, sembleraient douceur, civilité et patience auprès de la fureur où il est à présent ! Je suis aise que le gros chevalier ne soit pas ici...

MRS FORD.

Comment ! est-ce qu'il en parle ?

MRS PAGE.

Rien que de lui : et il jure qu'il a été emporté, la dernière fois qu'il le cherchait, dans un panier. Il affirme à mon mari qu'il est maintenant ici, et il les a détournés, lui et la compagnie, de leur chasse pour faire nouvelle vérification de ses soupçons. Mais je suis aise que le chevalier ne soit pas ici. Il verra toute sa sottise !...

MRS FORD.

Est-ce qu'il est près d'ici, mistress Page ?

MRS PAGE.

Tout près, au bout de la rue. Il sera ici en un rien de temps !

MRS FORD.

Je suis perdue !... le chevalier est ici !...

MRS PAGE.

Ha !... alors vous êtes absolument déshonorée, et lui, c'est un homme mort. Quelle femme vous êtes !... Qu'il s'en aille, qu'il s'en aille ! Plutôt la honte que le meurtre !

MRS FORD.

Par où s'en irait-il ? Où le fourrer ? Le mettrai-je encore dans le panier !

FALSTAFF, *rentrant.*

Non, je n'irai plus dans le panier. Ne puis-je sortir avant qu'il arrive ?

MRS PAGE.

Hélas, trois des frères de maître Ford gardent la porte avec des pistolets pour que

---

[1] *Buffet.* Le mot *buffet* est d'ancien dialecte normand et aujourd'hui le patois a conservé *Buffe,* pour *coup, soufflet.* L'argot français a *baffre.*

personne ne sorte. Autrement vous pourriez filer avant sa venue. Mais qu'est-ce que vous faites ici ?

FALSTAFF.

Que ferai-je ?... Je vais grimper [1] dans la cheminée !

MRS FORD.

C'est toujours là que d'habitude ils déchargent leurs fusils à oiseaux. Grimpez dans le trou du four.

FALSTAFF.

Où est-ce ?

MRS FORD.

Il cherchera là, ma parole !... rien, ni armoire, ni coffre, ni caisse, ni malle, ni puits, ni cave... il a une liste-memento de ces places et y va d'après sa note !... il n'y a pas une cachette pour vous dans la maison.

FALSTAFF.

Alors je vais sortir !...

MRS PAGE.

Si vous sortez, tel que vous êtes, vous êtes mort, Sir John. A moins que vous ne sortiez déguisé !...

MRS FORD.

Comment pourrions-nous le déguiser ?...

MRS PAGE.

Hélas ! je ne sais pas. Il n'y a pas de robe de femme assez large pour lui. Autrement il pourrait mettre un chapeau, un voile et un capuchon... et ainsi se sauver.

FALSTAFF.

Bons cœurs, inventez quelque chose. Toute extrémité plutôt qu'un malheur !

MRS FORD.

La tante de ma servante, la grosse femme de Brentford a une robe là haut.

MRS PAGE.

Ma parole, elle lui servira. Elle est aussi grosse que lui. Et il y a son chapeau à franges et son voile aussi... vite en haut, Sir John !

MRS FORD.

Allez, allez, doux Sir John. Mistress Page et moi allons chercher du linge pour votre tête.

MRS PAGE

Vite, vite ! nous allons vous habiller tout de suite. Mettez la robe en attendant... (*Sort Falstaff*.)

MRS FORD.

Je voudrais que mon mari put le rencontrer sous cette forme. Il ne peut pas souffrir la vieille femme de Brentford. Il jure que c'est une sorcière, lui interdit la maison et a menacé de la battre.

MRS PAGE.

Que le ciel le conduise au bâton de ton mari... et qu'après ça, le diable garde le bâton !

[1] *To creep up*, Patois normand, *grippon*, grimper.

MRS FORD.

Mais est-ce qu'il vient, mon mari ?

MRS PAGE.

Mais oui, très sérieusement, il vient. Et il parle du panier aussi, n'importe comment il ait eu ce renseignement.

MRS FORD.

Nous éclaircirons ça. Car je vais dire à mes hommes d'emporter de nouveau le panier, pour qu'il le rencontre à la porte, comme l'autre fois.

MRS PAGE.

Bien. Mais il va être ici tout de suite. Habillons l'autre comme la sorcière de Brentford.

MRS FORD.

Je vais d'abord dire à mes hommes ce qu'ils ont à faire avec le panier. Monte, je t'apporterai du linge pour lui tout de suite. (*Elle sort.*)

MRS PAGE.

Qu'on le pende, ce malhonnête valet ! Nous ne pouvons assez le malmener. Nous laisserons une preuve, par ce que nous ferons, que des femmes peuvent être gaies et encore honnêtes. Nous ne faisons rien que souvent rire et nous amuser. C'est vieux, mais c'est vrai : — Cochon tranquille mange toute l'ordure [1].

MRS FORD, *rentrant avec deux domestiques.*

Allez, messieurs, prenez de nouveau le panier sur vos épaules. Votre maître est juste à la porte. S'il vous ordonne de le poser à terre, obéissez. Vite, dépêchez ?

PREMIER DOMESTIQUE.

Allons, allons, enlevons !

DEUXIÈME DOMESTIQUE.

Fasse le ciel qu'il ne soit pas encore plein de chevalier...

PREMIER DOMESTIQUE.

J'espère que non. J'aimerais autant porter autant de plomb.

Entrent FORD, PAGE, SHALLOW, CAIUS *et* SIR HUGH EVANS,
avec les domestiques portant le panier.

FORD.

Oui, mais si cela est prouvé vrai, maître Page, avez-vous quelque moyen encore de me désaffoler [2] ! Déposez le panier, vilain... que quelqu'un appelle ma femme — et vous, jeune homme dans un panier, sortez de là ! Ô canaille de ruffians ! il y a une bande, une clique, un paquet, un complot contre moi. Mais maintenant le diable en sera pour sa honte ! Holà ! femme ! dis-je ! Venez, venez tout de suite ! Voyons quelles honnêtes hardes vous envoyez là-bas à blanchir !

---

[1] F. V. Hugo traduit : « Il n'est pire eau que l'eau qui dort. » C'est évidemment le même sens. Mais ce n'est pas le dicton visé par Shakespeare et qui est plus intéressant, dans une œuvre anglaise, qu'un proverbe français. Guizot a traduit *draff* par *tout ce qu'il trouve*, ce qui détruit le sens.
[2] *Unfool* — Sens très clair — et non *décocufier* (Montégut) ou *railler* (F. V. Hugo).

PAGE.

Ah ! cela est trop : maître Ford, vous n'irez pas plus longtemps sans être attaché !... il faut qu'on vous lie les ailes [1] !

EVANS.

Oui, c'est un lunatique ! Il est furieux comme un chien enragé ! (*Entre mistress Ford.*)

FORD.

Je dis comme vous, monsieur !... Venez ici, mistress Ford, l'honnête épouse, la modeste épouse la vertueuse créature qui a un imbécile de jaloux pour mari ! Je suspecte sans cause, mistress, hein ?

Mrs FORD.

Que le ciel me soit témoin, je dis oui, si vous me suspectez en quelque déshonnêteté.

FORD.

Bien dit, face de bronze ! Continuez !... (*Arrachant le linge du panier.*) Hors de là, manant !

PAGE.

C'est trop !

Mrs FORD.

Vous n'avez pas honte ! Laissez ces hardes tranquilles !

FORD, *même jeu.*

Je vais vous trouver tout de suite !

EVANS.

C'est déraisonnable ! Voulez-vous enlever les hardes de votre femme... Arrière !

FORD.

Videz le panier, je l'ordonne.

Mrs FORD.

Voyons, mon homme, voyons !

FORD.

Maître Page, comme je suis un homme, il y a eu quelqu'un de transporté hors de ma maison hier dans ce panier. Pourquoi n'y serait-il pas de nouveau ? Je suis sûr qu'il est dans ma maison. Mes renseignements sont vrais. Ma jalousie est raisonnable... arrachez-moi tout le linge !

Mrs FORD.

Si vous trouvez là un homme, il mourra de la mort d'une puce.

PAGE.

Il n'y a pas d'homme !

SHALLOW.

Par ma fidélité, ce n'est pas bien, maître Ford, cela vous fait tort.

EVANS.

Maître Ford, il vous faut prier et ne pas suivre les imaginations de votre propre cœur. C'est des jalousies !

FORD.

Bien, il n'est pas là où je le cherche.

[1] *To pinion.* — Terme de fauconnerie.

PAGE.

Non ni ailleurs sinon dans votre cervelle.

FORD.

Aidez-moi à fouiller ma maison cette seule fois. Si je ne trouve pas ce que je cherche, n'essayez pas de colorer mon extravagance, que je sois pour toujours votre plastron de table... qu'on dise de moi — Jaloux comme Ford — qui a poursuivi une noisette creuse comme l'amant de sa femme. Donnez-moi encore une fois satisfaction, encore une fois cherchez avec moi.

Mrs FORD.

Holà ! mistress Page ! Descendez, vous et la vieille. Mon mari veut aller dans la chambre.

FORD.

La vieille ! quelle vieille est-ce là !

Mrs FORD.

Hé bien, c'est la tante de ma servante, de Brentford.

FORD.

Une sorcière, une gueuse[1], une vieille gueuse de menteuse ! Ne lui avais-je pas interdit ma maison ! Elle vient en commission, hein ! Nous sommes des imbéciles, nous ne savons pas ce qui se passe sous la profession de diseuse de bonne aventure. Elle travaille par charmes, par lettres magiques, par la figure et autres farces[2] comme celle-là, hors de notre élément. Nous ne savons rien. Descendez, vous, sorcière, vous, monstre ! Descendez, vous dis-je !

Mrs FORD.

Oh non ! non ! mon bon, mon doux mari !... mes bons messieurs, ne le laissez pas frapper la vieille femme ! (*Entre Falstaff en vêtements de femme, conduit par Mistress Page.*)

Mrs PAGE.

Venez, mère Prat, donnez-moi votre main.

FORD.

Je vais la *pratiquer*[3] moi-l... Hors de ma porte, sorcière, vous torchon, vous friperie, vous putois, vous, rogne... (*Il la bâtonne.*) dehors ! dehors ! je vous conjurerai, je vous dirai la bonne aventure ! (*Falstaff se sauve.*)

Mrs PAGE.

Vous n'êtes pas honteux ! Vous avez tué la pauvre femme !

Mrs FORD.

Oui, il le fera... c'est un bel honneur pour vous !

FORD.

Qu'on la pende, la sorcière !

EVANS.

Par oui et par non, je crois en effet que la femme est une sorcière... je n'aime pas

---

[1] *A quean*, une gouine — argot français.
[2] *Daubery* — français dauber, se *moquer* — En anglais le sens s'est tout à fait déplacé. Aujourd'hui un *dauber* est un mauvais peintre, un barbouilleur, ne valant pas mieux que le maçon qui crépit — *daubs* — un mur
[3] Jeu de mots — *Prat* — pratiquer.

quand une femme a une grande barbe... j'ai guetté une grande barbe sous son voile...
FORD.
Voulez-vous me suivre, messieurs ? Je vous en prie, suivez. Voyez seulement l'issue de ma jalousie. Si je ne crie pas à la piste, n'ayez jamais foi en moi quand j'ouvrirai de nouveau la voie...
PAGE.
Obéissons encore une fois à son caprice. Venez, gentlemen ! (*Sortent Page, Ford, Shallow et Evans.*)
MrS PAGE.
Croyez-moi, il l'a battu pitoyablement.
MrS FORD.
Non, par la messe, il ne l'a pas fait. Il l'a battu, il me semble, très impitoyablement [1]...
MrS PAGE.
Je ferais consacrer le bâton et je le pendrais au dessus de l'autel. Il a fait méritoire service.
MrS FORD.
Que pensez-vous ? Nous faut-il, du droit de notre féminité et avec le témoignage d'une bonne conscience, le poursuivre de plus longue vengeance ?
MrS PAGE.
Le démon de la luxure est, pour sûr, chassé hors de lui ; à moins que le diable l'ait en toute propriété, avec amendes et répétition, il ne viendra jamais, je crois, sur la voie de perdition, s'attaquer à nous.
MrS FORD.
Dirons-nous à nos maris comment nous l'avons arrangé ?
MrS PAGE.
Oui, de toutes les façons, ne serait-ce que pour arracher les visions de la cervelle de votre mari. Et s'ils trouvent dans leur volonté que le pauvre gros vicieux de chevalier doit être maltraité davantage, nous deux serons encore les exécutrices.
MrS FORD.
Je garantirais qu'ils le voudront déshonorer publiquement. Et, à mon avis, il n'y aurait de conclusion à la plaisanterie s'il n'était publiquement déshonoré.
MrS PAGE.
Venez avec cette idée à la forge pour lui donner forme. Je ne voudrais pas que les choses refroidissent. (*Elles sortent.*)

SCÈNE III

Une chambre à l'Auberge de la Jarretière.

Entrent L'HÔTE *et* BARDOLPH.

BARDOLPH.
Monsieur, les germains [2] désirent avoir trois de vos chevaux. Le Duc lui-même sera demain à la Cour et ils vont à sa rencontre.

---
[1] *Pitifully, unpitifully* — les deux langues, ce qui est rare, prêtent au même jeu de mots.
[2] *The Germans.* Les anglais n'ont jamais adopté le nom d'allemands.

L'HÔTE.

Quel Duc serait-ce donc, qui vient si secrètement ? Je n'entends pas parler de lui à la Cour. Laisse-moi parler à ces gentlemen. Parlent-ils anglais ?

BARDOLPH.

Oui, Sir. Je vais vous les envoyer.

L'HÔTE.

Ils auront mes chevaux, mais je les ferai payer, je les salerai [1]. Ils ont eu ma maison une semaine à leurs ordres ; j'ai renvoyé mes autres clients, il faut qu'ils marchent... Je les salerai. Viens. (*Ils sortent.*)

SCÈNE IV

Une chambre dans la maison de Ford.

Entrent PAGE, FORD, Mistress PAGE, Mistress FORD *et Sir* Hugh EVANS.

EVANS.

C'est une des meilleures inventions de femmes que j'aie jamais vues !

PAGE.

Et vous a-t-il envoyé ces deux lettres au même instant...

Mrs PAGE.

Dans l'espace d'un quart d'heure.

FORD.

Pardonne-moi, femme. Désormais fais ce que tu veux. Je soupçonnerais plutôt le soleil d'être froid que toi d'être coquette. A présent ton honneur est debout, en celui qui était un hérétique, aussi ferme que sa foi.

PAGE.

C'est bien, c'est bien, assez! ne soyez pas aussi excessif dans la soumission que dans l'offense. Mais que notre complot aille de l'avant. Laissons nos femmes une fois encore, pour nous donner un spectacle public, fixer un rendez-vous au vieux gros chevalier, pour que nous puissions le prendre et lui faire disgrâce.

FORD.

Pas de meilleur moyen que celui dont elles ont parlé.

PAGE.

Comment ! lui envoyer le mot — qu'elles le rencontreront dans le parc à minuit. Fi ! Fi ! il n'y viendra jamais.

EVANS.

Vous dites qu'il a été jeté dans la rivière, qu'il a été grièvement battu, comme vieille femme. Il me semble, il doit y avoir en lui terreurs telles qu'il ne viendrait pas. Je crois, sa chair est punie, il n'aura pas de désirs !

PAGE.

Je le crois aussi.

---

[1] *I will sauce them.* Je les assaisonnerai, je les poivrerai, toutes expressions équivalentes en français.

Mrs FORD.

Combinez seulement comment vous en userez avec lui, quand il viendra et laissez-nous combiner comment l'amener là.

Mrs PAGE.

Il y a un vieux conte qui s'en va ainsi : Herne le chasseur, autrefois garde de la forêt de Windsor vient, au temps d'hiver, au tranquille minuit, se promener en rond autour d'un chêne, avec de grandes rudes cornes, et là il dessèche l'arbre et s'en prend au bétail, il fait tourner le lait de vache en sang et secoue des chaînes de la plus hideuse et effroyable manière. Vous avez entendu parler de ce démon. Et vous savez bien, les vieux à tête faible et superstitieuse ont reçu et ont transmis à notre temps ce conte de Herne comme vrai.

PAGE.

Certes, et il n'en manque pas qui ont peur, en nuit profonde, de passer auprès du chêne de Herne. Mais où tend cela ?

Mrs FORD.

Parbleu, c'est notre projet, que Falstaff se rencontre avec nous, à ce chêne, déguisé comme Herne, avec de grandes cornes sur la tête.

PAGE.

Bien. Ne mettons pas en doute qu'il viendra et sous cette forme. Quand vous l'aurez amené là, qu'est-ce qu'on fera de lui ? Quel est votre plan ?

Mrs PAGE.

Nous y avons songé et voici : Nanette Page, ma fille et mon petit garçon et trois ou quatre enfants de leur taille, nous les habillerons en lutins, en farfadets, en fées, vert et blanc, avec sur leurs têtes des ronds de bougies de cire et des crécelles aux mains : tout à coup, quand Falstaff, elle et moi, viendrons justement de nous rejoindre, qu'ils s'élancent à la fois d'une fosse de scieur de long, avec une chanson discordante. A leur vue, nous deux, en grande épouvante, nous enfuirons. Alors tous l'encercleront tout autour et, à la façon des fées, pinceront le malpropre chevalier et lui demanderont pourquoi, à cette heure de la fête des fées, il ose, sous forme profane, fouler leurs sentiers secrets...

Mrs FORD.

Et jusqu'à ce qu'il ait dit la vérité, que les fausses fées le pincent dur et le brûlent avec leurs bougies.

Mrs PAGE.

La vérité une fois connue, nous nous présenterons tous, décornerons l'Esprit et le reconduirons chez lui, à Windsor, au milieu des moqueries...

FORD.

Il faut que les enfants soient exercés, sinon ils ne pourront jamais.

EVANS.

J'apprendrai aux enfants ce qu'ils auront à faire, et moi-même, en Jack-Singe, je brûlerai le chevalier avec ma bougie...

FORD.

Cela sera excellent. J'irai leur acheter des masques.

Mrs PAGE.

Ma Nanette sera la Reine de toutes les fées, bien costumée en robe blanche.

PAGE.

Et moi j'achèterai cette soie... (*A part.*) et pendant ce temps-là Master Slender enlèvera ma Nanette et l'épousera à Eton... (*Haut.*) Allons, envoyons tout de suite chez Falstaff !

FORD.

Non, je vais encore aller le trouver sous le nom de Brook. Il me dira tout son projet. Sûrement, il viendra.

Mrs PAGE.

N'ayez pas peur. Allez, achetez-nous des costumes et l'attirail de nos lutins.

EVANS.

Allons-y. Ce sont admirables plaisirs et très honnêtes canailleries. (*Sortent Ford, Page et Evans.*)

Mrs PAGE.

Allez, mistress Ford. Envoyez vite chez Sir John pour connaître ses idées. (*Sort mistress Ford.*) J'irai chez le docteur : il a mon bon vouloir et nul que lui ne se mariera avec Nanette Page. Ce Slender, quoique bien nanti en biens, est un idiot ; et c'est lui que mon mari préfère à tous. Le docteur est bien argenté et ses amis sont puissants à la Cour. C'est lui et personne que lui qui l'aura, quand vingt mille plus dignes viendraient la demander.

SCÈNE V

Une chambre à l'Auberge de la Jarretière.

Entrent L'HÔTE *et* SIMPLE.

L'HÔTE.

Qu'est-ce que tu voulais avoir, rustre ! quoi, peau épaisse ! Parle, souffle, discute ! bref, court, vite, crac !

SIMPLE.

Eh, parbleu, monsieur, je viens parler à Sir John Falstaff de la part de mon maître Slender.

L'HÔTE.

C'est ici sa chambre, sa maison, son castel, son lit fixe et son lit à roulettes [1]. C'est peint partout avec l'histoire de l'enfant prodigue, tout frais tout nouveau. Va, frappe et appelle. Il te parlera comme un anthropophagénien. Frappe, te dis-je.

SIMPLE.

Il y a une vieille femme, une grosse femme, qui est entrée dans sa chambre. Je me permettrai de rester là, monsieur, jusqu'à ce qu'elle descende. Je viens pour lui parler, vrai !

L'HÔTE.

Ha ! une grosse femme ! le chevalier doit avoir été volé ! Je vais l'appeler !... Mon gros chevalier, mon gros Sir John, parle de tes poumons de militaire. Es-tu là ? C'est ton hôte, ton Ephesien [2], qui t'appelle.

---

[1] Lit qui se poussait sous le lit fixe.
[2] Incompris à moins qu'il n'y ait là quelque rapport avec *Euphues,* le roman de Lilly.

FALSTAFF, *en haut.*

Qu'est-ce qu'il y a mon hôte ?

L'HÔTE.

Il y a là un bohémien Tartare qui attend l'arrivée en bas de la grosse femme. Fais-la descendre, mon gros, fais-la descendre. Mes chambres sont honorables ! Fi !... des tête à tête ! Fi !

FALSTAFF, *entrant.*

Il y avait, mon hôte, une grosse femme tout à l'heure avec moi. Mais elle est partie.

SIMPLE.

Je vous en prie, Sir, n'était-ce pas la sage-femme de Brentford ?

FALSTAFF.

Oui, ce l'était, coque de moule ! Qu'est-ce que vous lui vouliez ?

SIMPLE.

Mon maître, Sir, mon maître Slender, m'a envoyé vers elle, en la voyant passer par les rues, pour savoir, Sir, si un certain Nym, Sir, qui lui a escroqué une chaîne, a la chaîne, oui ou non.

FALSTAFF.

J'ai parlé de ça avec la grosse femme.

SIMPLE.

Et je vous prie, Sir, qu'est-ce qu'elle dit ?

FALSTAFF.

Parbleu, elle dit que le même homme, qui a escroqué à maître Slender sa chaîne, la lui a filoutée.

SIMPLE.

J'aurais voulu pouvoir parler à la femme elle-même. J'avais à parler d'autres choses avec elle, de sa part.

FALSTAFF.

De quelles choses ? Dis-nous les.

L'HÔTE.

Allons, allons, vite !

SIMPLE.

Je ne peux pas les cacher, Sir ?

FALSTAFF.

Cache-les... tu es mort !

SIMPLE.

Eh bien, Sir, ce n'était rien qu'à cause de Mistress Anne Page... savoir si c'était la destinée de mon maître de l'avoir oui ou non.

FALSTAFF.

C'est sa destinée, ce l'est !

SIMPLE.

Quoi, Sir ?

FALSTAFF.

De l'avoir... ou non. Va, je dis que la femme m'a dit ça !

SIMPLE.

Puis-je être assez hardi pour dire ça, Sir ?...

FALSTAFF.

Oui, Sir Manant[1]. Qui serait plus hardi !

SIMPLE.

Je remercie Votre Honneur. Je rendrai mon maître tout content avec ces renseignements. (*Il sort.*)

L'HÔTE.

Tu es un vrai clerc, Sir John, tu es un vai clerc. Alors il y avait une femme savante[1] avec toi ?

FALSTAFF.

Oui, elle y était, mon hôte : et elle m'a enseigné plus de savoir que jamais je n'en n'ai appris auparavant dans toute ma vie. Et je n'ai rien payé pour ça, j'ai été payé pour mon instruction !

BARDOLPH, *entrant.*

Alerte ! Hélas, Sir !... Filouterie ! pure filouterie !

L'HÔTE.

Où sont mes chevaux ? C'est bien d'eux que tu parles, *varletto !*

BARDOLPH.

Ils filent avec les filous : car à peine ai-je eu dépassé Eton, ils m'ont jeté — de la croupe de l'un d'eux — dans une mare de boue : et donné de l'éperon ! et filé ! comme trois diables Germains, trois docteurs Faustus !

L'HÔTE.

Vilain, ils sont allés tout simplement rejoindre le duc... ne dis pas qu'ils se sont sauvés... les Germains sont d'honnêtes gens ! (*Entre Sir Hugh Evans.*)

EVANS.

Où est mon hôte ?

L'HÔTE.

Qu'est-ce qu'il y a, monsieur ?

EVANS.

Prenez garde à vos pratiques. Il y a un ami à moi qui arrive de la ville : il m'a dit qu'il y a trois cousins germains qui ont escroqué tous les hôteliers de Reading, de Maidenhead, de Colebrook, en chevaux et argent. Je vous le dis par bon vouloir, voyez-vous. Vous êtes avisé et plein de trucs et de bonnes amusettes, il n'est pas convenable que vous soyez filouté... adieu ! (*Il sort. Entre le Docteur Caïus.*)

CAÏUS.

Où est mon Hôte de la Jarretière ?

---

[1] *Sir Tike. Tike* du celtique *Tiak*, laboureur équivaut au mot *Clown, colonus.* Voir Hamlet page 102. Guizot a confondu *Tike* et *Tick*, mouche appelée *tique.* Quant à F. V Hugo, il traduit par *Messire Claude*, sans expliquer pourquoi.

[1] *Wise Woman*, sage femme ou femme sage ou femme savante, le mot prête comme en français à diverses plaisanteries.

L'HÔTE.

Ici, maître Docteur en perplexité et douteux dilemne.

CAÏUS.

Je ne peux pas dire ce que c'est que ça. Mais on me dit que vous faites de grands préparatifs pour un duc de Germanie. Sur ma foi, il n'y a pas de duc que la cour sache à venir. Je vous le dis par bon vouloir. Adieu ! (*Il sort.*)

L'HÔTE.

Haro ! Haro [1] ! Misérables !... allez ! assistez-moi, chevalier ! Je suis perdu !... filez, courez, Haro ! Haro ! misérables ! je suis perdu ! (*Sortent l'Hôte et Bardolph.*)

FALSTAFF.

Je voudrais que le monde pût être filouté ! Car j'ai été filouté et encore battu ! Si cela arrivait à l'oreille de la cour — comment j'ai été transformé et comment ma transformation a été trempée et bâtonnée — il me feraient suer toute ma graisse, goutte à goutte, et en feraient enduit pour bottes de pêcheurs ! Je garantis qu'ils me fouetteraient avec leurs beaux esprits jusqu'à ce que je fusse crête basse [2] comme une poire séchée. Je n'ai jamais prospéré depuis que je me suis parjuré moi-même au *primero* [3]. Bien, si mon souffle est encore assez long pour que je dise mes prières, je me repentirai. (*Entre Mistress Quickly.*) Hé ! d'où venez-vous ?

MrS QUICKLY.

Des deux parts, pour sûr.

FALSTAFF.

Que le diable enlève une des parts et sa dame l'autre et qu'elles soient toutes deux logées ! J'ai plus souffert pour leur compte, plus que la misérable faiblesse de la nature humaine n'en peut supporter...

MrS QUICKLY.

Et n'ont-elles pas souffert ? Si fait, je vous le garantis, spécialement une d'elles, mistress Ford, bon cœur ! a été battue à noirs et à bleus que vous ne pourriez pas voir un point blanc sur elle.

FALSTAFF.

Qu'est-ce que tu me parles de noirs et de bleus ! J'ai été battu moi-même à toutes les couleurs de l'arc-en-ciel : et j'ai failli être appréhendé pour la servante de Brentford : si ce n'était que mon admirable dextérité d'esprit, ma façon de contrefaire une vieille femme, m'ont délivré, le gredin de constable m'aurait mis aux fers, aux fers communs, comme une sorcière !

MrS QUICKLY.

Sir, laissez-moi causer avec vous dans votre chambre : vous entendrez comment vont les choses, et je vous le garantis, à votre satisfaction : voici une lettre qui vous en dira quelque chose. Bons cœurs !.., que c'est à faire de vous mettre ensemble ! Pour sûr, un de vous doit avoir mal servi le ciel que vous êtes ainsi traversés...

FALSTAFF.

Monte dans ma chambre. (*Ils sortent.*)

[1] *Hue and cry* — Le vieux français avait *à Hu et à cri* ! les charretiers ont conservé le *Hu* ! D'où le mot *huer*.

[2] *Crest-fallen* — dans le sens *d'aplati*.

[3] La prime, sorte de brelan où il faut une combinaison de quatre cartes formant un point supérieur à trente.

SCÈNE VI

Une autre chambre à l'Auberge de la Jarretière.

Entrent FENTON *et* l'HOTE.

L'HÔTE.

Maître Fenton, ne me parlez pas : mon esprit est lourd, je veux tout lâcher !

FENTON.

Écoute-moi seulement. Aide-moi dans mon dessein, et, comme je suis un gentleman, je te donnerai cent livres en or de plus que votre perte[1].

L'HÔTE.

Je vous écouterai, maître Fenton : et tout au moins, je vous garderai le secret.

FENTON.

Entre temps je vous ai informé du cher amour que je porte à la belle Anne Page, qui, en retour, a répondu à mon affection — autant que du moins elle peut faire un choix — tout à fait selon mon désir. J'ai reçu d'elle une lettre de tel contenu que vous en seriez émerveillé. La plaisanterie est là si bien lardée dans mon affaire que l'une ne peut être révélée, seule, sans que les deux soient montrées... là dedans le gros Falstaff a un grand rôle. (*Montrant la lettre.*) Je vous montrerai là tout entier le plan de la farce. Écoutez, mon bon hôte. Cette nuit, au chêne d'Herne, juste entre minuit et une heure, ma douce Nanette représentera la Reine des Fées. Le projet, le voici. Sous ce déguisement, tandis que les autres farces iront leur train, son père lui a ordonné de s'enfuir avec Slender et d'aller à Eton avec lui pour s'y marier incontinent. Elle a consenti... Maintenant, Sir, sa mère, absolument entêtée contre ce mariage et tenant ferme pour le docteur Caïus, a arrangé qu'il l'enlèverait, pendant que les autres seraient tout occupés du jeu et, au Doyenné, où un prêtre les attend, il l'épouserait, tout de suite. A ce complot de sa mère, elle a paru obéissante, et elle a fait en apparence promesse au docteur... Maintenant, voici le reste. Son père a décidé qu'elle serait toute en blanc, et que, sous cet habit, quand Slender verra le moment, la prendra par la main et la priera de venir, elle s'en aille avec lui... Sa mère a inventé, pour mieux la signaler au docteur — car tous seront déguisés et masqués — qu'elle soit en vert, avec une robe flottante, des rubans pendants, tout pimpants autour de sa tête : et quand le docteur verra l'occasion propice, il lui pincera la main et, à ce signal, la jeune fille a consenti à s'en aller avec lui.

L'HÔTE.

Qui prétend-elle tromper, son père ou sa mère ?

FENTON.

Tous les deux, mon bon hôte, pour s'en aller... avec moi. Et il reste ici à ce que vous procuriez le vicaire qui m'attende à l'église entre minuit et une heure et, au titre légitime du mariage, donne à nos cœurs cérémonie d'union.

[1] *I'll give* THEE... *more than* YOUR *loss.*

L'HÔTE.

Bien, organisez votre projet. Je me charge du vicaire. Amenez la fille, le prêtre ne manquera pas.

FENTON.

Et je te serai à jamais reconnaissant... et en outre, je te donnerai tout de suite une récompense. (*Ils sortent.*)

ACTE CINQUIÈME

SCÈNE PREMIÈRE

Une chambre à l'Auberge de la Jarretière.

Entrent FALSTAFF *et* MISTRESS QUICKLY.

FALSTAFF.

Je t'en prie, assez de bavardages. Va. Je marcherai. C'est la troisième fois. J'espère, la chance est au nombre impair. Va-t-en, te dis-je. On dit qu'il y a quelque chose de divin dans les nombres impairs, pour naissance, fortune ou mort... va-t-en !

Mrs QUICKLY.

Je vous fournirai une chaîne, et je ferai mon possible pour vous avoir une paire de cornes.

FALSTAFF.

Dehors, te dis-je ! le temps passe. La tête droite et trotte ! (*Sort Mrs Quickly. — Entre Ford.*) Ha, Ha ! Maître Brook ! Maître Brook, la chose sera conclue cette nuit ou jamais. Soyez dans le Parc vers minuit, au chêne d'Herne et vous verrez des merveilles.

FORD.

N'êtes-vous pas allé hier chez elle, Sir, comme vous m'avez dit en avoir été prié ?

FALSTAFF.

Je suis allé chez elle, maître Brook, comme vous voyez, comme un pauvre vieil homme. Mais j'en suis revenu, maître Brook, comme une pauvre vieille femme. Ce même gredin, son mari, a en lui, maître Brook, le plus bel enragé de diable de jalousie, qui jamais mena frénésie. Je vous raconterai ça. Il m'a battu grièvement, sous la forme d'une femme. Car sous la forme d'un homme, maître Brook, je ne crains pas Goliath avec une bobine de tisserand, parce que je sais que la vie est une navette. Je suis pressé, venez avec moi. Je vous raconterai tout, maître Brook. Depuis que j'ai plumé les oies, joué au truand et fouetté la toupie, je ne savais pas jusqu'à maintenant ce que c'était que d'être battu. Suivez-moi. Je vous dirai d'étranges choses sur ce gredin de Ford, dont je serai vengé cette nuit et dont je remettrai la femme entre vos mains. Suivez-moi. D'étranges choses sont à portée, maître Brook ! Suivez-moi !

SCÈNE II

Dans le parc de Windsor.

Entrent PAGE, SHALLOW et SLENDER.

PAGE.

Venez, venez : nous nous coucherons dans le fossé du château, jusqu'à ce que nous voyions les lumières de nos fées. Souviens-toi de ma fille, mon fils Slender.

SLENDER.

Ah oui ! pour sûr ! J'ai parlé avec elle et nous avons un mot de passe, comment nous reconnaître l'un l'autre. Je viendrai à elle, en blanc et crierai : — *Mum !* Elle crie : — Budget [1] ! Et c'est comme ça que nous nous reconnaîtrons l'un l'autre.

SHALLOW.

C'est excellent. Mais à quoi bon votre *Mum* et son *Budget ?* Le blanc la désignera assez bien. Il a sonné six heures.

PAGE.

La nuit est noire ; la lumière et les Esprits y feront bien. Le ciel favorise notre jeu ! Personne ne veut le mal que le Malin [2] et nous le reconnaissons à ses cornes. (*Ils sortent.*)

SCÈNE III

Une rue de Windsor.

Entrent Mrs PAGE, Mrs FORD et le Docteur CAIUS.

Mrs PAGE.

Maître Docteur, ma fille est en vert. Quand vous verrez le moment, prenez-la

---

[1] *Mum-budjet* semble être une expression consacrée dont chacun dit une partie comme mot d'ordre. Quant à savoir ce qu'elle signifie, c'est plus malaisé. *Mum* est encore employé en argot pour imposer silence. *Mum's the word*, taisez-vous. Quant à *budget*, aucune explication n'est fournie. Peut-être faudrait-il chercher dans la ligne du mot — *bouquète* (V. *Dictionnaire Rouchi d'Hécart*.) qu signifie le jeu d'osselets. En effet, il semble bien que *Mum-Budget* soit une expression de jeu d'enfants. Cotgrave traduit par *avoir le bec gelé*, Howell dit que jouer à *mum-budget*, c'est demeurer coi. Cette dernière interprétation, inexpliquée d'ailleurs, pourrait s'appuyer sur le mot *to budge*, bouger, remuer, *mum* étant une négation qui ainsi appliquée donnerait : — *Ne bougez plus* ! Dans l'ancien argot anglais, *Mum* signifiait lèvre.

[2] *Evil*, mal — *Devil*, diable. L'équivoque française est bien indiquée.

par la main, et tout de suite avec elle au Doyenné, enlevez ça rapidement. Allez en avant dans le parc. Nous deux devons aller ensemble.

CAÏUS.

Je sais ce que j'ai à faire, adieu !

Mrs PAGE.

Portez-vous bien, Sir. (*Sort Caïus.*) Mon mari ne s'amusera pas de la déconvenue de Falstaff autant qu'il ragera du mariage de sa fille avec le Docteur. Mais ça ne fait rien : plutôt petite criaillerie que gros brisement de cœur !

Mrs FORD.

Où est Nanette à présent et sa troupe de fées ? Et le diable de Gallois, Hugh ?

Mrs PAGE.

Ils sont tous blottis dans un creux, tout près du chêne d'Herne, leurs lumières éteintes, de sorte qu'à l'instant même de notre rencontre avec Falstaff, ils se déploient dans la nuit.

Mrs FORD.

Cela ne pourra que le rendre fou !

Mrs PAGE.

Si cela ne le rend pas fou, du moins il sera bien bafoué. Si cela le rend fou, il sera bafoué tout de même.

Mrs FORD.

Nous allons joliment le trahir !

Mrs PAGE.

Contre pareils impudents et leur paillardise, ceux qui les trahissent ne sont pas des traîtres.

Mrs FORD.

L'heure marche. Au chêne, au chêne !

SCÈNE IV

Dans le parc de Windsor.

Entre Sir Hugh EVANS *avec des fées et des lutins* [1].

EVANS.

Trotte, trotte, les fées. Venez et souvenez-vous de vos rôles. Soyez hardis, je vous prie. Suivez-moi dans le trou et quand je vous donnerai le mot, faites comme je vous ai dit... allons, allons... trotte, trotte !... (*Ils sortent.*)

SCÈNE V

Une autre partie du parc [2].

Entre FALSTAFF, *déguisé, avec une tête de cerf.*

FALSTAFF.

La cloche de Windsor a frappé deux coups : la minute passe. Maintenant que

---

[1] Le mot *Fairies* signifie tous les personnages, mâles ou femelles, qui appartiennent au royaume des Fées. Du reste, en vieux français, *Féé* signifiait enchanté et *Fée* est le féminin de *Féé*. On pourrait le rendre par *Fadets*, qui est resté dans nos patois.

[2] Ces multiples changements de lieux sont absolument inutiles.

les dieux à sang chaud m'assistent ! Souviens-toi, Jupin, que tu fus un taureau pour ton Europa. Amour se posa sur tes cornes... ô puissant amour... qui, en certains cas, fais une bête d'un homme, et en d'autres, un homme d'une bête ! Tu fus aussi, Jupiter, un cygne, pour l'amour de Leda... oh, omnipotent amour, comme le Dieu glissait près de la forme d'une oie ! — Une faute première commise en la forme d'une bête ! ô Jupin, une faute bestiale !... et puis une autre faute sous l'apparence d'une volaille... pense à cela, Jupin, une vilaine faute [1] !... Quand les dieux ont le derrière si chaud [2], que peuvent faire les pauvres hommes ! Pour moi, je suis ici un cerf de Windsor et le plus gros, je suppose, de la forêt. O Jupin, envoie-moi une froide saison de rut, ou alors qui pourrait me blâmer de pisser mon suif !... qui vient là ? ma biche ?

Entrent Mistress FORD *et* Mistress PAGE.

Mrs FORD.

Sir John ! es-tu là, mon cerf, mon cerf [3] mâle !

FALSTAFF.

Ma biche à queue noire ! Que le ciel pleuve des pommes de terre ? Qu'il tonne sur l'air des *Feuilles vertes* ! Qu'il grêle des confitures de baisers et qu'il neige des panicauts [4]... qu'il vienne une tempête de provocation... (*La prenant dans ses bras.*) Voilà où je m'abrite !

Mrs FORD.

Doux cœur, Mistress Page est venue avec moi...

FALSTAFF.

Partagez-moi comme un daim de cadeau, chacune une hanche. Je garderai mes

---

[1] Jeu de mots sur *fowl*, volaille, et *foul*, sale, vilain. Guizot et F. V. Hugo ont dit : — péché *volage* — parce que, dit Guizot, il a fallu chercher un équivalent à cette plaisanterie. Le fallait-il vraiment ?
[2] *Back*.
[3] Il y a ici un jeu de mots sur *deer*, cerf, et *dear*, chéri.
[4] Sorte de chardons auxquels on attribue des propriétés aphrodisiaques.

côtes pour moi, mes épaules pour le camarade de cette promenade et mes cornes, je les lègue à vos maris... Suis-je un garde des bois ?... Ho ! Ha ! Parlé-je comme Herne le chasseur !... Oui, maintenant Cupidon est un enfant de conscience : il me fait sa restitution. Comme je suis un cœur fidèle, bienvenue !... (*On entend un grand bruit.*)

MrS PAGE.

Hélas ! quel bruit ?...

MrS FORD.

Dieu pardonne nos péchés !

FALSTAFF.

Qu'est-ce que ça pourrait être ?...

MrS FORD *et* MrS PAGE.

Sauvons-nous ! Sauvons-nous ! (*Elles s'enfuient.*)

FALSTAFF.

Je crois que le diable ne veut pas m'avoir pour damné, de peur que l'huile qu'il y a en moi mette l'enfer en feu... sans cela, il ne me traverserait pas ainsi !...

Entrent Sir HUGH EVANS, *en satyre*, MISTRESS QUICKLY *et* PISTOL, ANNE PAGE, *en reine des fées, accompagnée de ses fées et d'autres personnages de féérie, avec des chandelles de cire sur leurs chapeaux.*

MrS QUICKLY.

Fées, noires, grises, vertes et blanches, vous, gais compagnons du clair de lune, et des ombres de la nuit, vous, hardis orphelins de la fatalité, obéissez à votre devoir et à votre qualité... crieur Hobgoblin, faites l'appel des fées [1].

PISTOL.

Elfes, écoutez vos noms. Silence, vous autres, jouets de l'air ! Cricri, tu vas sauter dans les cheminées de Windsor : là ou tu trouves les feux non ratissés, et les âtres non balayés, alors pince les servantes aussi bleu que mûres... notre rayonnante reine déteste les salopes et la saloperie.

FALSTAFF.

Ce sont des fées... celui qui leur parle en meurt !... je vais fermer les yeux et me coucher. Nul ne doit regarder leurs ébats... (*Il se couche face contre terre.*)

EVANS.

Où est Bède [2] ? Allez et quand vous trouverez une fille qui, avant de s'endormir, a dit trois fois ses prières, éveillez les organes de sa fantaisie [3] et qu'elle dorme aussi profondément que l'enfance sans souci. Mais celles qui dorment et ne pensent pas à leurs péchés, pincez-les, bras, jambes, dos, épaules, côtes et mollets.

MrS QUICKLY.

En route, en route ! Inspectez le château de Windsor, elfes, dedans et dehors : répandez, lutins, dans chaque chambre sacrée, de la bonne chance et qu'elle y

[1] *Make the fairy O-yes!* Faites-le — oh ! oui ! — des Fées. C'est-à-dire adressez la question : — Un tel êtes-vous là ? — pour qu'il soit répondu — oh ! oui !
[2] *Bede* pour *Bead*, petite chose, atome.
[3] *Raise up the organs of her fantasy*, idée qui ne semble pas s'accorder avec le sommeil profond et sans souci.

demeure, jusqu'au perpétuel jugement, aussi intacte qu'elle est méritée, digne du possesseur et lui-même digne d'elle. Les nombreuses chaises de l'Ordre, voyez à les fourbir avec des extraits de baume et de toutes fleurs précieuses : qu'à jamais soient bénies les belles stalles et les cottes d'armes et les nombreux cimiers, avec leur loyal blason ! Et par la nuit, fées des prairies, attention ! vous chanterez, chanterez, comme dans le cercle de la Jarretière... en rond. Et l'empreinte que laisse votre ronde, faites-la toute verte, plus fraîche et plus fertile que tout champ qui se voie. Et — *Hony* [1] *soit qui mal y pense* — écrivez cela, en touffes d'émeraude, fleurs pourpres, bleues et blanches, comme saphirs, perles et riches broderies bouclés au dessus du genou plié de la belle chevalerie. Les Fées usent des fleurs pour caractères !... En avant, dispersez-vous ! mais jusqu'à une heure, n'oublions pas autour du chêne de Herne le chasseur notre danse accoutumée.

EVANS.

Je vous prie, attachez la main à la main ! tenez-vous en ordre, que vingt vers luisants soient nos lanternes pour guider notre ronde, en mesure, autour de l'arbre : Mais... arrêtez ! je flaire un homme de la moyenne terre [2].

FALSTAFF.

Que les cieux me défendent contre ce lutin welche, de peur qu'il ne me transforme en un morceau de fromage.

PISTOL.

Vil ver, tu as été disgracié à la naissance même.

Mrs QUICKLY.

Touchez-moi le bout de son doigt du feu d'épreuve. S'il est chaste, la flamme descendra en arrière et ne lui fera pas de mal. Mais s'il tressaille, c'est la chair d'un cœur corrompu.

PISTOL.

L'épreuve, allons !

EVANS.

Allons, le bois prendra-t-il feu ? (*Ils le brûlent avec leurs bougies.*)

FALSTAFF.

Ho ! Ho ! Ho !

Mrs QUICKLY.

Corrompu, corrompu et infecté de désirs !... Autour de lui, fées, chantez une chanson de mépris, et, en tournant, encore pincez-le en mesure.

EVANS.

C'est juste : vraiment il est plein de luxure et d'iniquités.

CHANSONS.

Fi des fantaisies pécheresses !
Fi de débauche et de luxure !
Débauche n'est qu'un feu de sang,
Allumé par désirs impudiques,
Nourri dans le cœur et dont la flamme aspire,

---

[1] Les Anglais ne mettent qu'un *N* à Honny. En effet ils écrivent *honour, honesty*.
[2] *The middle earth* : La terre qui est entre le ciel et l'enfer.

>Comme les pensées la poussent, plus haut et plus haut.
>Pincez-le, fées, toutes ensemble.
>Pincez-le pour ses vilenies
>Pincez-le, brûlez-le et tournez autour de lui
>Jusqu'à ce que chandelles, étoiles et lune soient éteintes.[1]

Pendant la chanson, les fées pincent Falstaff. D'un côté vient le docteur Caïus qui enlève une fée habillée en vert : d'un autre côté Slender enlève une fée en blanc : puis Fenton arrive qui enlève Anne Page. Toutes les fées s'enfuient. Falstaff ôte sa tête de cerf et se dresse.

Entrent PAGE, MISTRESS PAGE *et* MISTRESS FORD *qui s'emparent de lui.*

PAGE.

Non, ne fuyez pas ! Je crois que nous vous avons attrapé maintenant ! N'y-a-t-il ici que Herne le chasseur pour vous tirer d'affaire !

MrS PAGE.

Je vous en prie, allons, ne menons pas la plaisanterie trop loin. Eh bien, bon Sir John, comment aimez-vous les femmes de Windsor ? Et vous, mon mari... (*Elle montre les cornes.*) Cette belle paire ne convient-elle pas à la forêt mieux qu'à la ville?

FORD.

Eh ! Sir, quel est le cocu maintenant ? — Maître Brook, Falstaff est un gredin, un gredin de cocu ! Voilà ses cornes, maître Brook, et, maître Brook, il n'a joui de rien qui soit à Ford, excepté de son panier à lessive, de son bâton et de vingt livres d'argent — et qu'il faudra payer à maître Brook : ses chevaux sont saisis pour la somme, maître Brook !

MrS FORD.

Sir John, nous avons eu mauvaise chance. Nous ne pouvions jamais nous rencontrer. Je ne vous prendrais plus pour amoureux, mais je vous compterai toujours pour mon cerf [1].

FALSTAFF.

Je commence à percevoir qu'on a fait de moi un âne.

FORD.

Oui, et un bœuf aussi. Pour les deux les preuves existent.

FALSTAFF.

Et ce ne sont pas des fées ! Deux ou trois fois, j'ai eu dans l'idée que ce n'était pas des fées : et pourtant, ma conscience coupable, la soudaine surprise de mes facultés m'amenaient à accepter ces grosses sottises, en dépit [2] de toute rime et raison, comme croyance possible que c'étaient des fées. Voyez maintenant comme l'esprit peut devenir un Jack-Carême, quand il est à mauvais emploi.

EVANS.

Sir John Falstaff, servez Dieu, laissez-la vos vices et les fées ne vous pinceront plus.

---

[1] Plaisanterie déjà indiquée sur *deer*, cerf, et *dear*, chéri.
[2] *In despite the teeth of all rhyme and reason.* — Cette expression — *in despite of the teeth* — en dépit des dents répond au vieux français — *maugré ses dents* — qui veut dire *malgré tout*, quand même.

FORD.
Bien dit, Sir Hugh.

EVANS, *à Ford*.
Et laissez-la aussi vos jalousies, je vous prie.

FORD, *à Evans*.
Je ne me défierai plus de ma femme maintenant, jusqu'à ce que vous puissiez lui faire la cour en bon anglais...

FALSTAFF.
Ai-je mis ma cervelle à sécher au soleil qu'elle manque de matière pour prévenir une aussi grosse attrape ? Suis-je monté par un bouc welche ? Aurai-je un bonnet de drap frison [1] ! Il est temps qu'on m'étrangle avec un morceau de fromage grillé !

EVANS.
Fromage n'est pas bon pour donner du beurre. Votre ventre est tout beurre.

FALSTAFF.
Fromage et beurre ! Ai-je vécu pour subir les brocards d'un individu qui fait des fritures d'anglais ? C'est assez pour démolir la luxure et les équipées de nuit [2], par tout le royaume.

MIS PAGE.
Eh bien, Sir John, croyez-vous, quand même nous aurions poussé la vertu hors de nos cœurs par la tête et les épaules et nous nous serions données sans scrupules à l'enfer, croyez-vous que jamais le diable aurait pu faire de vous notre délice ?

FORD.
Quoi ? un hachis de pudding ! un sac de filasse ?

MIS PAGE.
Un homme soufflé !

PAGE.
Vieux, refroidi, fané, avec des entrailles intolérables.

FORD.
Un qui est aussi médisant que Satan !

PAGE.
Et aussi pauvre que Job !

FORD.
Et aussi méchant que sa femme !

EVANS.
Et adonné aux fornications et aux tavernes et au vin d'Espagne et aux autres et à l'hydromel et aux boissons et aux blasphèmes et aux insolences et aux querelles et cœtera [3] !...

FALSTAFF.
Bien, je suis votre plastron. Vous avez le pas sur moi : je suis à bas. Je ne suis

[1] *A cox-comb*, un bonnet de fou, en forme de crête de coq.
[2] *The late-walking*, nous disons aujourd'hui le *noctambulisme*.
[3] *Pribbles and prabbles*, mots dont le sens réside surtout dans l'onomatopée, ainsi que nous avons en français *des criques et des craques*, *de bric et de broc*, etc.

pas capable de répondre à cette flanelle [1] welche... L'ignorance elle-même peut s'exercer à mes dépens [2]. Usez de moi comme vous voudrez !

FORD.

Pardieu, Sir, nous allons vous porter à Windsor, chez un certain maître Brook, auquel vous avez escroqué de l'argent et pour qui vous vouliez faire l'entremetteur : au dessus et par dessus tout ce que vous avez souffert ce sera, je crois, pour vous mordante affliction que de rendre cet argent.

Mrs FORD.

Non, mon mari, laissez aller cela, ce sera votre amende. Abandonnez cette somme, et ainsi nous serons tous bons amis.

FORD.

Bien. Voici ma main. A la fin tout est pardonné [3].

PAGE.

Et maintenant sois joyeux, chevalier. Tu mangeras ce soir chez moi un bon posset [4], et je veux que tu te moques de ma femme qui maintenant se moque de toi, dis lui que Slender a épousé sa fille.

Mrs PAGE, *à part*.

Les docteurs doutent de ça : si Anne Page est ma fille, elle est maintenant la femme du Docteur Caïus.

SLENDER, *entrant*.

Holà ! Ho ! Ho ! père Page !

PAGE.

Mon fils, eh bien, mon fils, avez-vous dépêché l'affaire.

SLENDER.

Dépêché !... Je défie le meilleur du comté de Glocester de savoir ça... sinon, là, que je sois pendu !...

PAGE.

Quoi donc, fils ?

SLENDER.

Je suis allé là-bas à Eton pour épouser mistress Anne Page... et c'était un grand lourdaud de garçon ! Si ça n'avait été dans l'église, je l'aurais secoué... ou il m'aurait secoué ! Si je n'avais pas cru que c'était Anne Page, que jamais je ne bouge plus... et c'était le gars d'un maître de poste !

---

[1] La flanelle se faisant au pays de Galles. — Ainsi nous dirions : — Je n'ai pas à répondre à ce morceau de drap d'Elbeuf !... pour un habitant d'Elbeuf. Montégut a préféré transformer *flannel* en *flamine*, prêtre romain !

[2] *Is a plummet over me,* passage dont l'obscurité a défié tous les commentaires. *Plummet* est littéralement un plomb de sonde. En torturant l'idée, on arrive à ceci : « L'ignorance elle-même à plus de profondeur, de valeur que moi » ou encore en prenant le sens de fil à plomb : « L'ignorance a plus d'aplomb, de rectitude que moi ». Ces interprétations n'ont évidemment rien de satisfaisant. Mais il est un sens auquel il semble qu'on n'ait pas songé. En blason, *plumeté* signifie *parsemé de mouchetures ayant la forme d'un bouquet de plumes.* Il est admissible que Falstaff emprunte une comparaison à l'art héraldique, et la phrase signifierait : — L'ignorance elle-même me mouchète, m'éclabousse — ce qui rentrerait dans la logique du dialogue.

[3] Ces deux dernières répliques sont omises par Montégut et F. V. Hugo.

[4] Voir la note, Macbeth, page 258.

PAGE.
Sur ma vie, alors, vous avez pris ce qu'il ne fallait pas...

SLENDER.
Quel besoin avez-vous de me dire ça ? Je le crois, puisque j'ai pris un garçon pour une fille. Si je l'avais épousé — car il était tout à fait en appareil de femme — je n'aurais pas voulu de lui.

PAGE.
Eh ! c'est votre propre sottise ! Ne vous ai-je pas dit que vous reconnaîtriez ma fille à sa parure !

SLENDER.
Je suis allé à celle en blanc et j'ai crié *Mum* et elle a crié *Budget !* comme nous en étions convenus, Anne et moi. Et pourtant ça n'était pas Anne, c'était le gars d'un maître de poste !

EVANS.
Jésus ! master Slender, ne pouvez-vous pas voir si vous épousez un garçon !

PAGE.
Oh ! je suis vexé, à plein cœur ! Que dois-je faire ?

Mrs PAGE.
Bon George, ne soyez pas en colère. Je connaissais votre projet : j'ai changé en vert le costume de votre fille, et, en vérité, elle est maintenant avec le docteur au Doyenné et là, mariée !

CAÏUS, *entrant.*
Où est mistress Page ? Bigre, je suis filouté ! J'ai épousé un *garçon* ¹ un gars ! un *paysan*, bigre ! un gars ! ce n'est pas Anne Page ! Bigre ! je suis filouté !

Mrs PAGE.
Pourquoi ? Avez-vous pris celle en vert ?

CAÏUS.
Eh oui, bigre ! et c'est un garçon !... Bigre, je vais ameuter tout Windsor. (*Il sort.*)

FORD.
C'est étrange... qui a pris la vrai Anne ?

PAGE.
Mon cœur a des craintes... voici maître Fenton... (*Entrent Fenton et Anne Page.*) Eh bien maître Fenton ?

ANNE.
Pardon, bon père ! ma bonne mère, pardon !

PAGE.
Eh bien, mistress ! par quel hasard n'êtes-vous pas parti avec maître Slender ?

Mrs PAGE.
Pourquoi n'êtes-vous pas partie avec le maître Docteur, ma fille ?

¹ En français dans le texte, ainsi que le mot *paysan*.

FENTON.

Vous l'affolez. Écoutez la vérité. Vous l'auriez mariée très indignement, là où il n'y avait nul échange d'amour. La vérité est qu'elle et moi, depuis longtemps engagés, sommes maintenant si sûrement liés, que rien ne peut nous séparer. C'est une offense sainte qu'elle a commise. Et cette tromperie perd le nom de fraude, de désobéissance, de toute appellation contre le devoir, puisqu'aussi elle a évité, esquivé un millier d'heures d'irréligieuse malédiction, dont un mariage forcé l'eût accablée.

FORD.

Ne nous exaspèrons pas. Il n'y a pas de remède. En amour, le ciel lui-même guide les états. L'argent achète la terre, mais les épouses sont vendues par le destin.

FALSTAFF.

Je suis content, quoique vous ayez pris position pour me frapper, que votre flèche ait glissé !

PAGE.

Bien ! quel remède ? Fenton, que le ciel te donne joie ! Ce qui ne peut être esquivé [1] doit être embrassé !

FALSTAFF.

Quand courent les chiens de nuit, toutes sortes de cerf sont chassés.

EVANS.

Je danserai et mangerai des prunes à votre noce.

MrS PAGE.

Bien, je ne ferai pas plus longtemps la moue. Maître Fenton, que le ciel vous donne beaucoup, beaucoup de joyeux jours ! Bon mari, allons-nous-en tous à la maison, rire de cette aventure autour d'un feu de campagne... Sir John et tout le monde.

FORD.

Parfaitement !... Sir John, vous allez tenir parole à maître Brook... car cette nuit, il va coucher avec mistress Ford. (*Ils sortent.*)

---

[1] *Eschewed*, exactement le mot français *esquivé* — roman, *échivé*.

NOTE. — Napoléon, nous apprend Mme de Rémusat, reprochait à Henri IV d'avoir manqué de gravité. Nos critiques ne sont pas éloignés d'adresser le même blâme à Shakespeare. Du génie, soit, mais quel manque de tenue ! C'est qu'en effet en France, depuis la désastreuse époque où Louis XIV a façonné nos âmes à la grandiosité, il n'est pas tenu à éloge de se montrer trop gai. Il convient que, même en ses rires, l'honnête homme, comme on dit, sache garder la mesure. Peut-être admettra-t-on le rire du Titan, mais point celui du gai et exubérant compagnon qui, les coudes sur la table, s'esclaffe, et, sans souci du qu'en dira-t-on, profère de grosses et sonores bêtises pour s'amuser, soi et ses amis. L'Esprit ne doit rire que du bout des lèvres : et on n'est pas éloigné de faire un crime à notre Molière des grosses facéties de Scapin ou du *Bourgeois gentilhomme*.

Quant à Shakespeare, bien qu'en ces dernières années l'indulgence lui ait été acquise, cependant les critiques les plus autorisés ne manquent pas de glisser quelques réserves au sujet de ses énormes drôleries ; Hugo, qui n'était point cependant d'humeur triste, mentionne à peine les *Joyeuses Commères*. Par contre son fils, en un élan de romantisme échevelé, a accumulé, à propos de Falstaff, les hyperboles les plus étonnantes.

— Supprimez de l'art cette création : un vide énorme se fait dans l'art... C'est une personne et c'est un type... il se nomme Falstaff et il s'appelle Légion... Ce grotesque unique est né du prodigieux accouplement du sensuel et de l'idéal... Le sublime a pour fantôme le grotesque. »

Ainsi pendant quatre pages.

Si nous nous réservons d'étudier plus complètement cette amusante figure, dans la note qui suivra les deux Henri IV, nous pouvons dès à présent tenter de la remettre au point ; et sans qu'il soit nécessaire, croyons-nous, d'enfourcher Pégase ou d'aller déranger Satan, Falstaff nous apparaît comme un personnage comique, de large envergure, bien campé, bien complet et en posture de provoquer le rire, selon l'intention du poète. Mais il messied de le retirer de son cadre pour le jucher, comme géant du rire, sur quelque mont colossal.

Il se mêle admirablement aux faits et aux personnages de la Comédie qui, n'en déplaise à nos critiques officiels, est excellente de tous points, comme farce et comme pièce d'observation, et il faut encore ajouter qu'elle est des mieux faites, des plus habilement combinées, et qu'elle doit encore servir de modèle à nos faiseurs de vaudevilles et de scènes comiques.

Comme protagonistes, nos deux commères sont d'une excellente vérité. Ce sont bien là deux bonnes bourgeoises de quarante ans, fraîches, grasses, avenantes, n'ayant aucune des mièvreries des femmes de cour, et honnêtes, tout simplement, parce qu'elles sont heureuses, dans le milieu qui leur plaît, et que leurs maris sont de braves gens. Le goût français, jusqu'ici, ne s'accommode guère de ces sortes de personnages. Nos grosses bourgeoises de théâtre doivent, par principes d'un esthétisme obligatoire, être des commères ridicules, amoureuses bien entendu. La simple honnêteté ne nous apparaît pas comme scénique. La fidélité au mari, ou mieux à l'état de ménage, nous semble quelque peu bas. Et il ne nous conviendrait pas d'en faire le ressort d'une pièce. Là est donc, pour nous, la véritable hardiesse de Shakespeare. Non pas que, ainsi que l'a écrit M. Mézières par une évidente erreur, il ne se trouve dans Shakespeare, femmes parjures ni fausses, observation superficielle à laquelle répondent la Gertrude d'Hamlet et Lady Macbeth ; non point qu'il outre la morale au point de ne point admettre que certaines en aient l'irrespect, ainsi que le prouvent les théories d'Emilia à Desdemona. Mais sans pruderie, avec un sentiment vrai de la réalité, il a développé cette idée — que des femmes peuvent être gaies sans être impudiques, selon l'observation très juste d'une des deux commères. Pas un instant la vanité ne leur monte au nez : la recherche de Falstaff leur apparaît, dès la première minute, ridicule, absurde, grotesque. Elles n'ont pas d'autre pensée que de faire des gorges chaudes à ses dépens : d'ailleurs Mrs Ford dit très justement : — Faut-il que j'aie esquivé jusqu'ici les lettres d'amour pour en être accablée aujourd'hui ! — Donc elles n'ont même pas coqueté : elles représentent cette classe d'honnêtes femmes qui, occupées de leur ménage, de leurs enfants, de leur lessive, se contentent parfaitement du conjugalisme moyen, estimant qu'elles ont à remplir une mission de ménagères et de bonnes compagnes.

Ce qui trompe Falstaff, c'est qu'à la cour le rire de la femme cache toujours une arrière-pensée : n'étant jamais franc, il confine au badinage érotique. Il n'en va pas ainsi chez nos belles et bonnes commères, qui sont toute franchise et épanouissement.

Les deux maris sont eux-mêmes bien posés. — Ford a confiance en sa femme. Mais au fond il est encore amoureux d'elle et il admet fort bien qu'on puisse courtiser ses belles couleurs et sa robuste santé. Il n'a pas honte d'être jaloux. Il l'avoue, il le crie sur les toits. Il n'use d'aucun compromis, il ne tergiverse pas. Ce mot de cocu quelui ressasse Falstaff, dans une scène qui rappelle celle où Iago torture le Maure par ses allusions brutales à l'accouplement de Desdemona avec Cassio, fait horreur à ce brave homme, dont on le sent bien, le cœur souffrirait de l'accident plus encore que l'amour-propre. Type très naturel dans cette bourgeoisie non corrompue, aussi naturel, d'ailleurs, que celui de Page, le bon confiant, qui pas un instant ne croit à la félonie de sa femme.

Point encore très intéressant, il y a pourtant lutte entre Page et sa femme, mais lutte absolument courtoise au sujet du mariage de Mrs Anne.

Par une seconde erreur, plus singulière peut-être que la première, M. Mézières — dans son honorable désir de montrer en Shakespeare un homme du monde imbu des principes de morale en cours dans nos salons — affirme « qu'il entoure d'une auréole de dignité et de noblesse la physionomie du père de famille... remplissant leur devoir avec autant de fermeté que d'intelligence. » Le lecteur a-t-il oublié le ridicule Polonius, et, quant à l'autorité paternelle, n'est-elle pas singulièrement amoindrie par la brutalité du père Capulet ou par les exigences autoritaires d'Egeus?..

Et, en ce qui concerne les *Joyeuses Commères*, comment justifier cette dernière observation : « L'amour finit par triompher, mais sans que cette victoire affaiblisse l'autorité du père. » Eh bien, et le mariage de Fenton avec Anne Page. Le père, la mère, présentaient chacun leur candidat. Conclusion : Anne s'enfuit avec un troisième qu'ils repoussaient. Cela n'affaiblit-il pas quelque peu l'autorité du père?

Notre faute, c'est de vouloir toujours affubler les personnages de Shakespeare des qualités ou des défauts des nôtres. Ce qui ressort au contraire des combinaisons du poète anglais, c'est que, dans son pays, le respect de la conscience individuelle prime tout. Capulet, brutalement autoritaire, est odieux. Page et sa femme, voulant contraindre les sentiments de leur fille, sont ridicules. Ce qui triomphe, c'est la volonté personnelle de l'enfant, et les pères, auxquels on a résisté, s'inclinent devant ces manifestations de conscience. Si on devait tirer quelques conséquences de ces observations, c'est que l'esprit de Shakespeare, largement ouvert à l'équité, était dégagé de toute intolérance catholique et estimait à sa juste valeur le dogme de l'autorité.

Ces quatre personnages des *Joyeuses Commères*, en qui d'ordinaire on ne voit que des comparses de Falstaff, sont, au contraire, des êtres bien vivants, de belle venue et de justes proportions. Ceci est de la comédie et de la saine comédie, à laquelle vient se mêler alors le puissant bouffon qu'est Falstaff.

Shakespeare l'a choisi à dessein pour le tentateur des deux bonnes commères. Car si quelque considération devait troubler leur quiétude morale, ce serait la qualité de — Knight — qui appartient à Sir John. Le respect excessif des Anglais pour les titres justifierait une faiblesse, et la vertu des Dames Ford et Page se rehausse du peu d'effet que ce mot — chevalier — produit sur leur entendement. Du reste, elles ont de la noblesse à la fois dédain et quelque crainte.

Fenton ne trouve pas grâce auprès des époux Page, qui estiment bien plus — en leur qualité de bourgeois — quelques sacs d'écus bien pleins et une conduite régulière. Notez même, en passant, que la qualité d'étranger — de Français — du Dr Caïus ne prévaut pas un seul moment contre lui. De bons maris — ceux qu'ils espèrent tels, bien entendu — plutôt que des chevaliers, beaux viveurs et sans le sou.

Du reste, Falstaff, tout chevalier qu'il est, a cent raisons de ne point émouvoir celle qu'il suppose de si facile conquête. Son infatuation grotesque s'oppose à ce qu'il se voie tel qu'il est, obèse, hachis de pudding, sac de filasse, médisant, pauvre et méchant. Sa chevalerie se croit tellement supérieure à cette bourgeoisaille, qu'il écrit ses deux billets comme sommation d'un conquérant à villes ouvertes. Sans l'exubérante gaieté de Shakespeare, il serait parfaitement odieux, mais, en fait, c'est un personnage excentrique à la façon de Bilboquet des *Saltimbanques* ou de *Robert Macaire*. Comme ces deux fantoches, c'est un vicieux de fonds, dont le cynisme amuse par son excès même. Bien plus, c'est l'alcoolique crapuleux, ayant, entre deux ivresses, les saillies stupéfiantes et les blagues formidables. Que de nobles ruines conservent comme dernière fortune une audace et un orgueil, encore séduisants pour quelques naïfs! Mais contre le robuste bon sens de ces Windsoriens, toutes ses manigances ne prévalent point : et c'est sans scrupule que les deux commères offrent son dos à une raclée de coups de bâton. Et à ce propos, comment encore M. Mézières a-t-il pu écrire que Shakespeare évite à dessein les scènes où la main et leur pied jouent leur rôle. Cette monomanie de découvrir en lui un auteur de — bon goût — s'accorde-t-elle avec les coups dont Capulet menace Juliette, avec le horion très réel qu'Othello administre à Desdemona, avec les coups de trique dévolus à Falstaff. Et que dire de ces manifestations parfaitement physiques — brûlures et pinçons sur le chêne de Herne ? De ces coups, Shakespeare ne fait pas une question de principes, pas plus que de leur absence. Il cogne quand il faut et quand il le veut. C'est faute à notre académicien dont les études sont d'ailleurs si excellentes — que de toujours vouloir établir des systèmes là où il n'y a que des occasions.

Shakespeare — d'ailleurs — n'a pas philosophé en cette facétie exhilarante : il a amoncelé tout ce qui pouvait provoquer le gros rire de la foule. Les prétendants d'Anne Page, Slender, Caïus, Sir Hugh Evans, sont bons pantins de fête foraine, avec leur stupidité, leur prononciation grotesque, leurs fautes de langue. Avec une habileté qui prouve un fonds de joyeuseté personnelle, Shakespeare ne laisse pas un seul instant respirer son public. Le moindre comparse, — tel que — Mon Hôte de la Jarretière — concourt à l'effet, remplit un vide, fait le pont entre deux scènes de vrai comique. Ainsi encore de la scène drôlatique où Sir Hugh interroge le petit Page. Ainsi surtout des trois sacripants qui entourent Falstaff, l'un avec son nez cramoisi, que nous retrouverons dans Henri IV, les deux autres avec leur dignité idiote, quand ils s'avisent de refuser un mandat, digne de Pandarus de Troie, sans oublier cette excellente Mrs Quickly, qui voudrait contenter tout le monde pour toucher de toutes mains. Il est bien entendu que, physiquement, le costume, les allures, les attributs comiques de ces divers guignols ajoutent à l'irrésistible effet de leur balourdise ou de leur excentricité.

Nos adaptateurs ont passé auprès des *Joyeuses Commères* sans y toucher, sans doute parce que cette grosse bouffonnerie ne leur paraissait viable, ni à la Comédie Française, ni à l'Odéon. Mais notre conviction absolue est que, sur un théâtre populaire, elle aurait devant le bon public, devant les gais compagnons, un succès très réel, à cette condition unique d'être outrancière dans la gaieté, dans la fantaisie, adaptée et écrite avec cette seule préoccupation qui fut celle de Shakespeare, faire rire avec une œuvre à l'emporte-pièce, admirablement charpentée et tout à fait honnête et de saine morale.

Un dernier mot. — Le titre exact serait : les joyeuses *Épouses* de Windsor. — Il nous a paru meilleur de conserver le titre traditionnel, de même que nous n'avons pas modifié celui du *Songe d'une Nuit d'été* qui devrait rigoureusement s'écrire — d'une nuit de mi-été. Ces pièces sont trop connues pour que leurs titres puissent être changés.

TABLE
DU TOME PREMIER

Préface du Traducteur.	v
Lettre de M. Victorien Sardou.	vi
HAMLET. — Personnages et Avertissement.	2
ACTE I. Scène I. La plate-forme du château d'Elseneur.	3
Scène II. Au château d'Elseneur.	8
Scène III. Dans la maison de Polonius.	16
Scène IV. Sur la plate-forme.	20
Scène V. Une partie écartée de la plate-forme. Hamlet et le spectre. .	23
ACTE II. Scène I. Dans la maison de Polonius.	30
Scène II. Une galerie au château. Les comédiens.	34
ACTE III. Scène I. Au château.	53
Scène II. La représentation.	58
Scène III. La chambre du roi. La prière.	72
Scène IV. La chambre de la Reine.	74
ACTE IV. Scène I. La chambre de la Reine.	81
Scène II. Une pièce du château.	82
Scène III. Autre salle.	83
Scène IV. Une plaine en Danemark. Fortinbras.	85
Scène V. Chez la Reine. La folie d'Ophélie.	87
Scène VI. Au château. Le message à Horatio.	95
Scène VII. Au château. Le Roi et Laertes.	96
ACTE V. Scène I. Le cimetière. Les fossoyeurs.	102
Scène II. Duel et Dénouement.	113
Note sur *Hamlet*.	126
ROMÉO ET JULIETTE. — Personnages et Avertissement.	130
Prologue.	131
ACTE I. Scène I. La place de Mantoue. La bataille.	131

ŒUVRES DE SHAKESPEARE

Scène II. Dans la rue. 141
Scène III. La maison des Capulets. La nourrice. 144
Scène IV. Avant d'entrer au bal. 148
Scène V. Le bal. Roméo et Juliette. 152
Le Chœur. 157
ACTE II. Scène I. Les murs du jardin. 159
Scène II. Le jardin. 160
Scène III. La cellule du frère Laurence. 166
Scène IV. La rue. Benvolio. Mercutio. Roméo et la nourrice. 168
Scène V. Le jardin des Capulet. Juliette et la nourrice. 175
Scène VI. La cellule de frère Laurence. Le frère, Roméo, Juliette. . . 179
ACTE III. Scène I. Place publique. Mercutio, Benvolio, Tybalt, Roméo. Duel et mort de Mercutio. Duel et mort de Tybalt. Le Prince. . . 181
Scène II. Chez Capulet. Juliette. La Nourrice. 187
Scène III. La cellule. Frère Laurence. Roméo. La Nourrice. 192
Scène IV. Chez Capulet. Pâris, Capulet et Lady Capulet. 195
Scène V. Juliette. Roméo. L'alouette puis Capulet maudissant sa fille. 198
ACTE IV. Scène I. La cellule. Frère Laurence. Pâris. Juliette. 206
Scène II. Chez Capulet. Juliette consent au mariage avec Pâris. . . . 209
Scène III. Juliette boit le narcotique. 211
Scène IV. Chez Capulet. Préparatifs de noce. 212
Scène V. Juliette endormie. Désespoir du père, etc. Intermède des musiciens. 213
ACTE V. Scène I. A Mantoue. Roméo apprend la mort de Juliette. L'apothicaire. 219
Scène II. A Vérone. Frère Laurence apprend que son messager n'a pas rejoint Roméo. 221
Scène III. Au cimetière. Le monument des Capulet. Roméo et Pâris. Duel. Mort de Pâris. Roméo et Juliette. Mort de Roméo. Réveil de Juliette. Elle se tue. Frère Laurence. Le Prince. Dénouement. 233
Note sur *Roméo et Juliette* 233

MACBETH. — Personnages et Avertissement. 238

ACTE I. Scène I. Les sorcières. 239
Scène II. Un camp auprès de Fores. Duncan, Malcolm et ses fils. Le soldat blessé. 240
Scène III. La bruyère. Les sorcières. Macbeth et Banquo. 242
Scène IV. Dans le palais. Duncan, Lenox ; Macbeth. 248
Scène V. Au château d'Inverness. Lady Macbeth, puis Macbeth. . . . 250
Scène VI. Arrivée de Duncan au château de Macbeth. 251
Scène VII. Lady Macbeth et Macbeth. Hésitations et résolution. . . . 254
ACTE II. Scène I. Au château de Macbeth. Les hallucinations de Macbeth. Le poignard. 256
Scène II. Macbeth a commis le meurtre. 258
Scène III. Le portier. Découverte du crime. Fuite des enfants de Duncan. 261
Scène IV. Rosse et le vieillard. 267
ACTE III. Scène I. Au palais de Fores. Macbeth et les assassins. 270
Scène II. Macbeth et Lady Macbeth. 274
Scène III. L'assassinat de Banquo. 276
Scène IV. Le banquet. Le spectre de Banquo. 278
Scène V. Les bruyères. Les sorcières. Hécate. 280
Scène VI. Au palais de Fores. Lenox et le Lord 284

ACTE IV. Scène I. Une caverne. Les sorcières. Les apparitions. 287
       Scène II. A Tife. Lady Macduff. Scène de l'enfant. Les assassins. . . 293
       Scène III. En Angleterre. Au palais. Malcolm et Macduff. Puis Rosse. 293
ACTE V Scène I A Dunsinane. La folie de Lady Macbeth. 305
       Scène II. L'armée anglaise en marche contre Dunsinane. 307
       Scène III. A Dunsinane. Macbeth prêt à combattre. 308
       Scène IV. La campagne. L'armée anglaise. 310
       Scène V. A Dunsinane. Macbeth. Mort de Lady Macbeth. Les messagers. 311
       Scène VI. Dans la plaine. La forêt qui marche. 314
       Scène VII. Dans la plaine. Macbeth. Mort du jeune Siward. Combat de Macbeth et de Macduff. Mort de Macbeth. Dénouement . . 314
       Note sur *Macbeth*. 319

LE SONGE D'UNE NUIT D'ÉTÉ. Personnages et Avertissement. 324

ACTE I. Scène I. Dans le palais, à Athènes. Theseus, Hyppolyta, Hermia, Helena, Lysander, Demetrius et le père Egeus. Puis Lysander, Hermia et Helena. 325
       Scène II. Dans un cottage. Snug, Bottom, etc. Les comédiens improvisés. 331
ACTE II. Scène I Un bois près d'Athènes. Puck, la Fée, puis rencontre et querelle d'Oberon et Titania, puis querelle de Demetrius et et d'Helena. 336
       Scène III. Dans le bois. Le sommeil de Titania. Chanson des fées. Lysander et Hermia. Puis Demetrius et Helena. Les enchantements de Puck. 353
ACTE III. Scène I. Dans le bois. La répétition des comédiens. La tête d'âne de Bottom. Titania amoureuse de Bottom. 349
       Scène II. Oberon et Puck. Puis Demetrius et Hermia, puis Lysander et Helena. L'imbroglio. La querelle des deux jeunes filles. Le duel. 356
ACTE IV. Scène I. Dans le bois. Titania et Bottom. Délivrance de Titania et de Bottom. Thésée et la réconciliation générale. 369
       Scène II. Dans la maison de Peter Quince. Le retour de Bottom . . . 376
ACTE V. Scène I. A Athènes. Le palais de Thésée. La représentation de Pyramus et Thisby. 378
       Scène II Le cortège des Fées. Couplet de Puck. 390
       Note sur *Le Songe d'une nuit d'Été*. 392

OTHELLO. Personnages et Avertissement. 394

ACTE I. Scène I. A Venise. Brabantio, Roderigo, Iago. 395
       Scène II. Une rue. Iago et Othello, puis Cassio. Othello appelé au Sénat. Intervention de Brabantio. 400
       Scène III. La chambre du conseil. Le duc. Brabantio, Desdemona et Othello. Menace du père. Roderigo et Iago. 404
ACTE II. Scène I. A Chypre. Arrivée de Cassio. Puis d'Iago et de Desdemona. Puis d'Othello. Complot d'Iago et de Roderigo. 417
       Scène II. Une rue. Proclamation du Héraut. 427
       Scène III. Dans le château. Cassio enivré. La querelle avec Roderigo. Le duel avec Montano. Intervention d'Othello. Cassio cassé de son grade. Iago conseille à Cassio de s'adresser à Desdemona. 428

ACTE III Scène I. Devant la citadelle. Les musiciens. 441
       Scène II. Othello et les gentilshommes. 443
       Scène III. Dans le château. Cassio et Desdemona. Othello et Iago. Premières insinuations. Othello et Desdemona. Perte du mouchoir. Emilia et Iago. Seconde scène de Iago et Othello. Serment de vengeance. 443
       Scène IV. Othello, Desdemona. Le mouchoir. Bianca et Cassio. . . . 459
ACTE IV. Scène I. Dans le château. Othello et Iago. Othello caché. Iago et Cassio. Arrivée de Lodovico. Othello frappe Desdemona. 469
       Scène II. Dans le château. Othello et Emilia. Puis Othello et Desdemona. Puis Desdemona, Iago et Emilia. Puis Iago et Roderigo. 479
       Scène III. Desdemona et Emilia. La romance du Saule. 488
ACTE V. Scène I. Une rue. L'assassinat de Cassio et de Roderigo. 493
       Scène II. La chambre de Desdemona. Le meurtre. 499
       Note sur *Othello*. 515

LES JOYEUSES COMMÈRES DE WINDSOR. — Personnages et Avertissement. 520

ACTE I. Scène I. Devant la maison de Page. Entrée de Falstaff. 521
       Scène II Même lieu. Docteur Evans et Simple. 533
       Scène III. A l'auberge de la Jarretière. Les plans de Falstaff. Querelle avec Nym et Pistol. 534
       Scène IV. Chez le Docteur Caius. Mrs Quickly. Fenton. 538
ACTE II. Scène I. Devant la maison de Page. Les deux lettres. Dénonciation de Nym et de Pistol à Page et à Ford. 545
       Scène II. A l'auberge de la Jarretière. Mrs Quickly et Falstaff. Puis M. Ford. 553
       Scène III. Le Parc de Windsor. La mystification de Caius. 561
ACTE III. Scène I. Un champ auprès de Frogmore. Le duel de Caius et d'Evans.
       Scène II. Dans la rue à Windsor. La jalousie de Ford. 570
       Scène III. Une chambre chez Ford. Le panier à lessive. 572
       Scène IV. Chez Page. Anne Page et Fenton. La demande de Slender. 580
       Scène V. A l'Hôtel de la Jarretière Falstaff, mrs Quickly. Puis Ford. Le nouveau rendez-vous. 584
ACTE IV. Scène I. Le magister et le petit William Page. 589
       Scène II. Falstaff déguisé et battu. 593
       Scène III. A l'Auberge de la Jarretière. 600
       Scène IV. Chez Ford. Le complot contre Falstaff. 601
       Scène V. Falstaff accepte le rendez-vous dans la forêt. 603
       Scène VI. A la Jarretière. L'Hôte et Fenton. 607
ACTE V. Scène I. A la Jarretière. Falstaff et Mrs Quickly. 609
       Scène II. Dans le parc de Windsor. 610
       Scène III. Une rue de Windsor. 610
       Scène IV. Dans le parc. 611
       Scène V. Dans le parc. Le châtiment de Falstaff. 611
       Note sur *les Joyeuses Commères de Windsor*. 621

GRAVURES

HAMLET

Hamlet à la Cour.	1
Hamlet.	6
Sur la plate-forme.	8
Le spectre.	9
Le château d'Elseneur.	12
Laertes et Ophélia.	17
Hamlet, Horatio et Marcellus.	20
Polonius.	22
Hamlet et le spectre.	24
La révélation du spectre.	25
Guildenstern et Rosencranz.	29
Polonius et Reynaldo.	30
Hamlet chez Ophélia.	33
Le Roi recevant les dépêches de Norvège.	41
Les comédiens.	47
Comédien récitant des vers tragiques.	49
Ophélia.	52
La galerie du château.	53
Hamlet et Ophélia. — A la nonnerie!	57
La comédie devant le Roi.	65
Le Roi en prière.	73
La mort de Polonius.	75
Hamlet emportant le corps de Polonius.	80
Le Roi et la Reine.	81
Fortinbras et son armée.	86
La folie d'Ophélia.	89
La fureur de Laertes. — Misérable, rends-moi mon père!	97
Le Roi et Laertes.	99
Ophélia noyée.	101
L'Église du Cimetière.	102
Hélas! pauvre Yorick.	108
Dans la fosse d'Ophélia. Laertes et Hamlet.	112
Le duel.	121
Hamlet tue le Roi.	124
La Reine boit le breuvage empoisonné.	125

ROMÉO ET JULIETTE

Le balcon.	129
Une place de Vérone.	132
La querelle des valets.	134
L'émeute populaire.	136
Capulet contre Montaigu.	137
La nourrice.	145
L'entrée du bal.	149
La Reine Mab.	152
Rencontre de Juliette et de Roméo.	153
Les musiciens.	158
Roméo franchit la muraille.	159
Frère Laurence cueillant des simples.	164
Benvolio et Mercutio.	168
Une rue de Vérone.	169
Juliette et la nourrice.	176
Frère Laurence unit Roméo et Juliette.	177
Frère Laurence.	180
Roméo et Mercutio.	184
Le duel entre Mercutio et Tybalt.	185
Désespoir de Juliette.	189
Désespoir de Roméo.	193
C'est le rossignol...	197
Malédiction de Juliette par son père.	201
Juliette et sa mère.	204
Juliette et sa nourrice.	205
Dans la cellule de frère Laurence.	206
Juliette et frère Laurence.	208
Juliette va prendre le narcotique.	211
Désespoir de Capulet au chevet de sa fille.	216
Les musiciens.	218
A Mantoue.	219
L'apothicaire.	221
Au Cimetière. Pâris et son page.	223
Roméo force la porte du tombeau.	224
Roméo et Pâris blessé à mort.	225
Frère Laurence au Cimetière.	227
Dans le tombeau. Réveil de Juliette.	229
Juliette se poignardant.	232

MACBETH

Les sorcières.	237
Les sorcières et le chaudron.	239
Le récit du soldat.	241
Les prédictions des sorcières.	244
Duncan et Macbeth.	249
Le château de Macbeth.	252
Banquo arrivant au château de Macbeth.	256

Macbeth.	258
Lady Macbeth et les deux poignards.	260
Le portier du château.	262
Oh! Horreur! Horreur!	265
Rosse et le vieillard.	268
Fuite des fils de Duncan.	269
Macbeth roi. Banquo soupçonneux.	270
Macbeth et les assassins.	272
Les assassins guettent Banquo.	277
Le spectre de Banquo..	281
Macbeth et Lady Macbeth.	283
Hécate.	286
Le Val des sorcières.	287
Les apparitions (2 dessins).	290
La lignée de Banquo.	292
Lady Macduff et son fils.	294
Meurtre de Lady Macduff.	297
Macduff et Malcolm.	300
Il n'a pas d'enfants!	302
Colère de Macduff.	303
La folie de Lady Macbeth.	304
La tâche de sang.	305
A la forêt de Birnam.	311
Macbeth et les messagers.	312
L'armée et la forêt.	313
Combat de Macbeth et du fils de Siward.	316
La tête de Macbeth.	318

LE SONGE D'UNE NUIT D'ÉTÉ

Titania et l'âne.	323
Theseus et Hippolyta.	326
Helena et Hermia.	329
La troupe de Peter Quince.	332
Nick Bottom.	335
Le bois des Elfes.	336
La Vierge de mer.	340
Demetrius et Helena.	342
Le sommeil de Titania.	344
Oberon enchante les yeux de Titania.	345
A l'aide, Lysander!	348
La répétition.	349
La tête d'âne.	352
Titania et Bottom.	353
Bottom et les Elfes.	355
La ronde des fées.	356
Helena, Lysander et Demetrius.	360
Lysander et Demetrius bernés par Puck.	368
Les fées.	369
Le réveil de Titania.	372
La chasse de Thesée.	373
Le sommeil des deux couples.	374
Bottom.	376
Acteur attachant son masque.	377
Philostrate lisant le programme.	378
Les acteurs de Pyramus et Thisby.	381
La lune et le lion.	385
Le cortège d'Oberon et de Titania.	389
Puck.	391

OTHELLO

Imprécations d'Émilia.	393
Iago et Roderigo.	396
Brabantio à sa fenêtre.	397
Iago et Roderigo.	400
Brabantio à la rencontre d'Othello.	401
Le Duc de Venise.	405
Les récits d'Othello à Desdemona.	409
La malédiction de Brabantio.	412
Iago et Roderigo.	413
Iago.	415
Une caraque.	416
Au port de Chypre.	417
Desdemona, Emilia et Cassio.	420
O ma belle guerrière.	424
Le Héraut.	428
Du vin, hola!	429
Cassio et Roderigo.	433
Montano blessé.	436
Cassio. — Ivre, moi!	437
Cassio.	440
Les musiciens.	441
Othello inspectant les fortifications.	444
Iago. — Oh! je n'aime pas cela!	448
Emilia ramasse le mouchoir.	453
Othello à genoux : Du sang!	457
Othello et Desdemona. Cette main est moite.	461
Desdemona priant Othello pour Cassio.	464
Cassio et Bianca.	465
Othello.	468
Les envoyés de Venise.	469
Iago et Cassio. Othello écoutant.	473
Lodovico.	477
Othello frappant Desdemona.	478
Desdemona à genoux devant Othello.	481
Emilia et Desdemona.	484
Desdemona.	485
La romance du Saule.	489
Othello serre Desdemona dans ses bras.	492
Le meurtre de Cassio.	493
Roderigo quette Cassio.	497
Othello et Desdemona endormie.	500
Avez-vous prié, ce soir?	501
Ne me tuez pas!	504
Si vous vous débattez!	505
Iago enchaîné.	507
Othello se tue.	514

LES JOYEUSES COMMÈRES

Les Joyeuses Commères.	519
Master Page, je suis aise de vous voir.	524
Falstaff. — Vous vous plaindrez de moi.	525
Slender et Miss Page.	529
Evans et Simple.	533
Mon hôte de la Jarretière.	535
Falstaff chasse Nym et Pistol.	537
Caïus, Simple et Mrs Quickly.	541

TABLE DU TOME PREMIER

Fenton et Mrs Quickly.	544	Falstaff jeté dans la Tamise.	585
Les deux commères et Mrs Quickly.	545	Falstaff buvant.	588
Les deux lettres de Falstaff.	548	Le maître d'école et le petit Page.	592
Page et Ford.	552	Falstaff et Mrs Ford.	593
Falstaff et Ford, sous le nom de Brook.	557	Falstaff rossé.	597
Falstaff.	560	Désespoir de Mon Hôte de la Jarretière.	605
Pistol et Nym.	563	Fenton et Miss Page.	608
Le panier à lessive.	564	Elfes et diables.	609
Le duel de Caïus et d'Evans.	568	Falstaff et les deux commères.	612
Caïus, Evans.	569	Falstaff au chêne de Herne.	616
Falstaff dans le panier.	576	Slender et Caïus.	619
Miss Page et sa mère.	583	Falstaff vaincu.	620

Imprimerie de Poissy. — S. LEJAY.

FASCICULE N° 2.   60 CENTIMES.

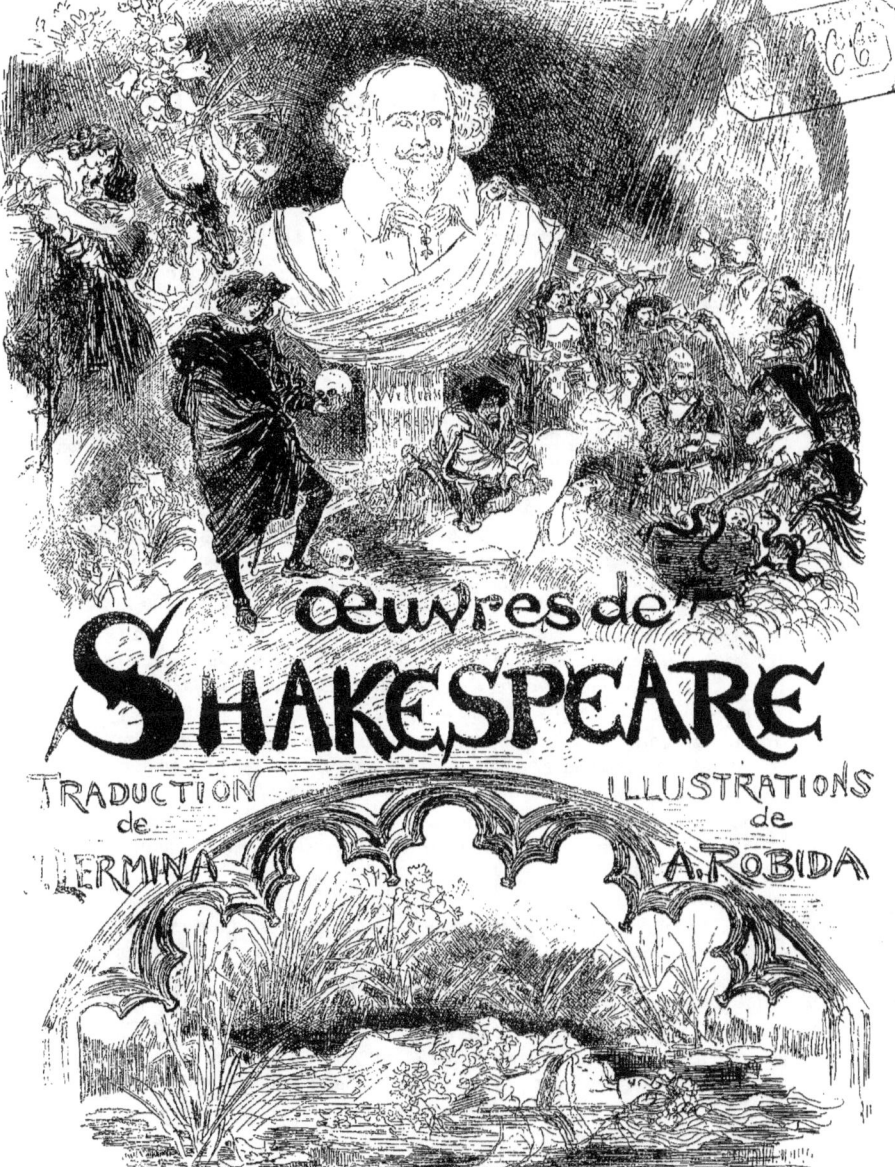

L. BOULANGER, ÉDITEUR, 90, BOULEVARD MONTPARNASSE, PARIS

OEUVRES
DE
WILLIAM SHAKESPEARE

TRADUCTION NOUVELLE DE

JULES LERMINA

L'auteur de cette traduction — faite non point sur les traductions existantes, mais sur le texte lui-même — n'a d'autre prétention que de donner au lecteur la sensation exacte et précise de l'œuvre de Shakespeare. Il estime que, derrière l'œuvre interprétée, la personnalité du traducteur doit s'effacer. Il faut qu'à travers lui — qui n'est rien — transparaisse nettement le génie de l'auteur, avec ses qualités et ses défauts, avec sa couleur propre, avec ses beautés et ses difformités.

Il s'agit pour les lecteurs français non de retrouver en un auteur étranger les caractères du théâtre français, mais au contraire de saisir ceux qui sont spéciaux à une autre nation. Il convient de leur montrer non ce qu'eût été Shakespeare, s'il était né de ce côté du détroit, mais de les initier à ce qu'il est, et de leur donner la faculté d'apprécier, par l'intermédiaire de la langue française, les particularités de la langue anglaise. Qu'on ne cherche donc pas en cette traduction les équivalences plus ou moins ingénieuses auxquelles se sont complu jusqu'ici les transformateurs de Shakespeare. Ici il est lui-même, en toute sincérité, avec ses rudesses natives et ses incohérences géniales, très clair d'ailleurs et parfaitement compréhensible, à l'aide de quelques notes aussi rares que possible.

Le traducteur voudrait que grâce à son travail on éprouvât cette impression qu'on lit Shakespeare, dans le texte anglais et que, par une sorte de prodige, on comprend une langue qu'on n'a pas apprise.

En ce mot à mot mis au point, il s'est peu soucié à l'occasion de quelques incorrections syntaxiques, du moment qu'elles restituaient exactement la forme de son modèle.

Quant aux termes violents, excessifs même dont usait souvent Shakespeare, il ne s'est pas reconnu le droit de les atténuer. Que Shakespeare soit comme il est ou qu'il ne soit pas. Sit ut est aut not sit.

Seulement, pour faciliter l'intelligence de ce théâtre admirable, il a jugé utile de multiplier les indications de mise en scène, qui font, dans le texte primitif, presque complètement défaut. C'est la seule initiative qu'il ait cru devoir prendre, estimant que cet éclaircissement nécessaire laisse l'œuvre intacte. Ce n'est pas être vrai que de rester volontairement obscur.

Le traducteur avoue donc franchement son ambition : il ne redoute que de n'en avoir pas rempli l'objet.

J. L.

FASCICULE N° 3.   60 CENTIMES.

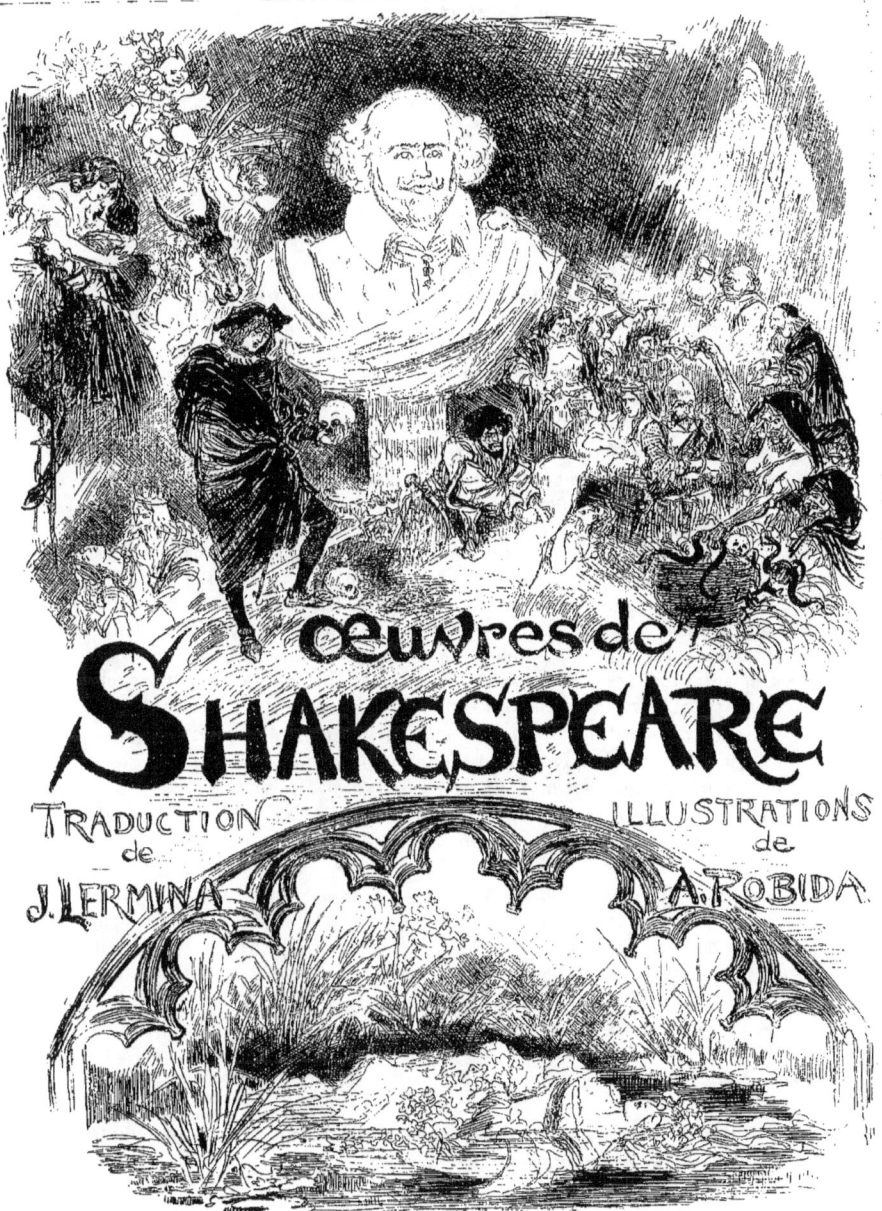

L. BOULANGER, ÉDITEUR, 90, BOULEVARD MONTPARNASSE, PARIS

OEUVRES
DE
WILLIAM SHAKESPEARE
TRADUCTION NOUVELLE DE
JULES LERMINA

L'auteur de cette traduction — faite non point sur les traductions existantes, mais sur le texte lui-même — n'a d'autre prétention que de donner au lecteur la sensation exacte et précise de l'œuvre de Shakespeare. Il estime que, derrière l'œuvre interprétée, la personnalité du traducteur doit s'effacer. Il faut qu'à travers lui — qui n'est rien — transparaisse nettement le génie de l'auteur, avec ses qualités et ses défauts, avec sa couleur propre, avec ses beautés et ses difformités.

Il s'agit pour les lecteurs français non de retrouver en un auteur étranger les caractères du théâtre français, mais au contraire de saisir ceux qui sont spéciaux à une autre nation. Il convient de leur montrer non ce qu'eut été Shakespeare, s'il était né de ce côté du détroit, mais de les initier à ce qu'il est, et de leur donner la faculté d'apprécier, par l'intermédiaire de la langue française, les particularités de la langue anglaise. Qu'on ne cherche donc pas en cette traduction les équivalences plus ou moins ingénieuses auxquelles se sont complu jusqu'ici les transformateurs de Shakespeare. Ici il est lui-même, en toute sincérité, avec ses rudesses natives et ses incohérences géniales, très clair d'ailleurs et parfaitement compréhensible, à l'aide de quelques notes aussi rares que possible.

Le traducteur voudrait que grâce à son travail on éprouvât cette impression qu'on lit Shakespeare, dans le texte anglais et que, par une sorte de prodige, on comprend une langue qu'on n'a pas apprise.

En ce mot à mot mis au point, il s'est peu soucié à l'occasion de quelques incorrections syntaxiques, du moment qu'elles restituaient exactement la forme de son modèle.

Quant aux termes violents, excessifs même dont usait souvent Shakespeare, il ne s'est pas reconnu le droit de les atténuer. Que Shakespeare soit comme il est ou qu'il ne soit pas. Sit ut est aut not sit.

Seulement, pour faciliter l'intelligence de ce théâtre admirable, il a jugé utile de multiplier les indications de mise en scène, qui font, dans le texte primitif, presque complètement défaut. C'est la seule initiative qu'il ait cru devoir prendre, estimant que cet éclaircissement nécessaire laisse l'œuvre intacte. Ce n'est pas être vrai que de rester volontairement obscur.

Le traducteur avoue donc franchement son ambition : il ne redoute que de n'en avoir pas rempli l'objet.

J. L.

FASCICULE N° 4.   60 CENTIMES.

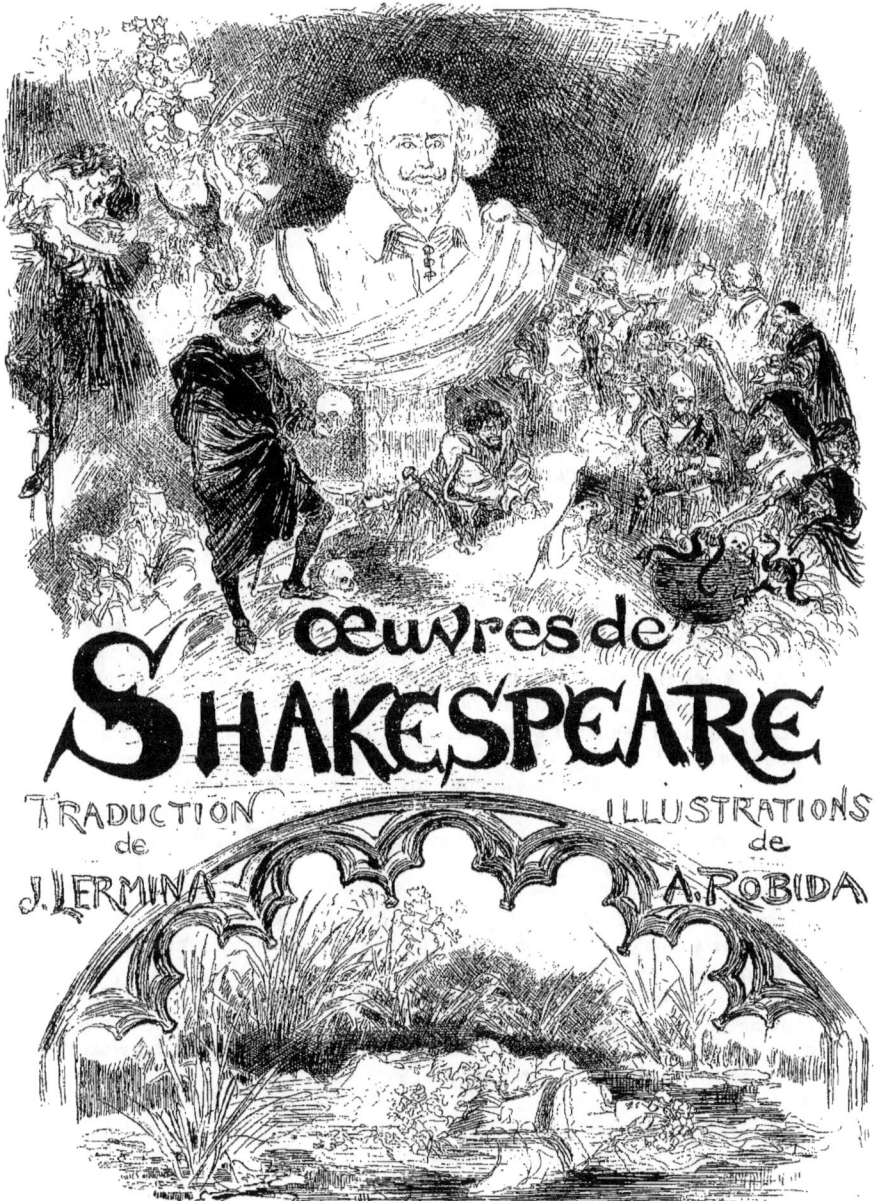

L. BOULANGER, ÉDITEUR, 90, BOULEVARD MONTPARNASSE, PARIS

OEUVRES
DE
WILLIAM SHAKESPEARE

TRADUCTION NOUVELLE DE

JULES LERMINA

L'auteur de cette traduction — faite non point sur les traductions existantes, mais sur le texte lui-même — n'a d'autre prétention que de donner au lecteur la sensation exacte et précise de l'œuvre de Shakespeare. Il estime que, derrière l'œuvre interprétée, la personnalité du traducteur doit s'effacer. Il faut qu'à travers lui — qui n'est rien — transparaisse nettement le génie de l'auteur, avec ses qualités et ses défauts, avec sa couleur propre, avec ses beautés et ses difformités.

Il s'agit pour les lecteurs français non de retrouver en un auteur étranger les caractères du théâtre français, mais au contraire de saisir ceux qui sont spéciaux à une autre nation. Il convient de leur montrer non ce qu'eut été Shakespeare, s'il était né de ce côté du détroit, mais de les initier à ce qu'il est, et de leur donner la faculté d'apprécier, par l'intermédiaire de la langue française, les particularités de la langue anglaise. Qu'on ne cherche donc pas en cette traduction les équivalences plus ou moins ingénieuses auxquelles se sont complu jusqu'ici les transformateurs de Shakespeare. Ici il est lui-même, en toute sincérité, avec ses rudesses natives et ses incohérences géniales, très clair d'ailleurs et parfaitement compréhensible, à l'aide de quelques notes aussi rares que possible.

Le traducteur voudrait que grâce à son travail on éprouvât cette impression qu'on lit Shakespeare, dans le texte anglais et que, par une sorte de prodige, on comprend une langue qu'on n'a pas apprise.

En ce mot à mot mis au point, il s'est peu soucié à l'occasion de quelques incorrections syntaxiques, du moment qu'elles restituaient exactement la forme de son modèle.

Quant aux termes violents, excessifs même dont usait souvent Shakespeare, il ne s'est pas reconnu le droit de les atténuer. Que Shakespeare soit comme il est ou qu'il ne soit pas. Sit ut est aut not sit.

Seulement, pour faciliter l'intelligence de ce théâtre admirable, il a jugé utile de multiplier les indications de mise en scène, qui font, dans le texte primitif, presque complètement défaut. C'est la seule initiative qu'il ait cru devoir prendre, estimant que cet éclaircissement nécessaire laisse l'œuvre intacte. Ce n'est pas être vrai que de rester volontairement obscur.

Le traducteur avoue donc franchement son ambition : il ne redoute que de n'en avoir pas rempli l'objet.

J. L.

ORDRE DES PIÈCES PUBLIÉES

HAMLET.
ROMÉO ET JULIETTE.
MACBETH.
LE SONGE D'UNE NUIT D'ÉTÉ.
OTHELLO.
LES JOYEUSES COMMÈRES DE WINDSOR.
JULES CÉSAR.
LA TEMPÊTE.
LE ROI LEAR.
LE MARCHAND DE VENISE.
    Etc.

CONDITIONS DE LA SOUSCRIPTION

Le Théâtre de Shakespeare sera publié en fascicules in-4° de 32 pages chacun, contenant de nombreuses gravures.

Le prix du fascicule est de **60 CENTIMES**, il en paraît un tous les quinze jours.

L'ouvrage formera trois ou quatre volumes.

On peut s'abonner pour un volume au prix de DOUZE FRANCS.

LA GUÉRISON DES MIGRAINES

Toutes les médications essayées jusqu'à ces temps derniers contre la migraine, — et Dieu sait si elles sont innombrables, — n'ont donné aucun résultat véritablement satisfaisant.

Quelques-unes des derniers remèdes en grande vogue donnent souvent un soulagement plus ou moins complet, mais ce n'est toujours qu'à doses massives ou répétées : d'où il s'ensuit que, bienfaisants dans certains cas, nuisibles dans d'autres, ils laissent parfois des suites plus ou moins désagréables ou même graves.

Il n'en est pas de même pour la **Cérébrine**, qui remplit toutes les conditions désirables, sans jamais occasionner d'inconvénients ; on pourrait en continuer l'emploi indéfiniment, et tout le monde, le malade comme le médecin, peut se rendre compte immédiatement de ses effets, puisque, une seule dose, prise à n'importe quel moment d'un accès, fait disparaître en moins de 10 à 15 minutes les migraines et les névralgies les plus violentes. L'expérience a démontré que, sous son influence, les accès s'éloignent de plus en plus pour disparaître complètement, sans qu'il en résulte jamais aucun inconvénient pour la santé.

La **Cérébrine** n'est pas un remède secret ; sa composition est bien définie. Elle est sous la forme d'une liqueur limpide, agréable à l'œil et au goût et se prend à la dose d'une 1/2 cuillerée à une cuillerée à soupe. Elle agit merveilleusement contre le *Tic douloureux de la face, les névralgies faciales, intercostales, rhumatismales, sciatiques et vésicales*, contre le *zona, le vertigo stomacal*, et tout particulièrement contre les *coliques périodiques*.

La *Cérébrine bromée* agit plus spécialement chez les personnes très nerveuses et chez les neurasthéniques ; la *Cérébrine iodée* chez les arthritiques.

La *Cérébrine quiniée* est employée spécialement et avec le plus grand succès au début des *rhumes*, de la *grippe* et de l'*influenza*. (*Voir la notice*).

On peut se procurer la Cérébrine dans tous les pays par l'intermédiaire des pharmaciens et chez **Eugène Fournier** (Pausodun), *Pharmacie du Printemps*, 114, *rue de Provence, à Paris*.

Le prix du flacon est de **5** francs, franco **5** fr. **85** ; celui du 1/2 flacon **3** francs, franco-poste **3** fr. **50** ; et celui de deux flacons échantillons (*C. simple et C. bromée*), franco-poste **2** fr. **60**.

PAIN DE SOYA

 DESVILLES
CONTRE

Le Diabète et l'Obésité

PLUSIEURS FOIS MÉDAILLÉ AUX EXPOSITIONS

Approuvé par l'*Académie de Médecine*, séance du 29 Mai 1888

Conclusions de M. le Dr DUJARDIN-BEAUMETZ, président.

« Le *Soya* donne une farine très azotée, supérieure même par les chiffres de matières protéiques à la « viande. Aussi peut-on faire avec cette farine, des pains et des gâteaux, d'un goût assez agréable, qui ne « contiennent qu'un chiffre assez minime de substances amylacées et sucrées. Il y a donc avantage à « substituer, dans l'alimentation des *diabétiques*, ces pains et ces gâteaux ; les pains de gluten les mieux faits « et provenant des meilleures marques, renfermant toujours, au maximum, de 15 à 16 0/0 de matières « amylacées ou sucrées ».

Le pain de **Soya Desvilles** est préparé avec la farine déshuilée du soja, haricot du Japon, ne renfermant que 3 0/0 d'amidon. Son goût est agréable, il a de la mie et se conserve frais plusieurs jours.

Ce pain a, comme on peut s'en convaincre, une grande supériorité sur celui de gluten et autres pains pour diabétiques. — **Prix : la boîte de 12 pains : 6 francs.**

SOYATINE, OU PAIN DE SOYA DESVILLES SEC

La **Soyatine** a le grand avantage de se conserver indéfiniment, pourvu qu'elle soit mise à l'abri de l'humidité et des insectes qui en sont très friands. Il est donc possible d'en faire une ample provision pour la campagne ou les voyages. Elle a du reste la propriété de se ramollir facilement, en ayant soin de l'humecter avec un peu d'eau. — **La boîte de 1 kilo : 4 francs.**

Dépôt Général : GRANDE PHARMACIE HYGIÉNIQUE : 24, rue Étienne-Marcel, PARIS.
ON TROUVE DANS LA MÊME MAISON :

LE **SUCRIN DESVILLES** qui remplace le sucre : la boîte de 100 pastilles............ 2 fr.	LIQUEURS de dessert diverses :
CHOCOLAT ANTIDIABÉTIQUE : le kilo........ 8 et 10 fr.	Chartreuse, Anisette, Noyau, Curaçao, Breu de noix. — Vin de quinquina antidiabétique. — Pastilles comprimées de rhubarbe, de chlorate de potasse, etc., sans sucre.
GAUFRETTES DE DESSERT AU SOYA : la boîte...... 4 fr.	
VIN DE KOLA PHOSPHATÉ, du Dr PRAHEL : la bout. 6 fr.	
NOTICE FRANCO SUR DEMANDE	Etc., etc.

Imprimerie de Poissy. — S. LEJAY.

ORDRE DES PIÈCES PUBLIÉES

HAMLET.
ROMÉO ET JULIETTE.
MACBETH.
LE SONGE D'UNE NUIT D'ÉTÉ.
OTHELLO.
LES JOYEUSES COMMÈRES DE WINDSOR.
JULES CÉSAR.
LA TEMPÊTE.
LE ROI LEAR.
LE MARCHAND DE VENISE.
     Etc.

CONDITIONS DE LA SOUSCRIPTION

Le Théâtre de Shakespeare sera publié en fascicules in-4° de 32 pages chacun, contenant de nombreuses gravures.

Le prix du fascicule est de **60 CENTIMES**, il en paraît un tous les quinze jours.

L'ouvrage formera trois ou quatre volumes.

On peut s'abonner pour un volume au prix de DOUZE FRANCS.

LA GUÉRISON DES MIGRAINES

Toutes les médications essayées jusqu'à ces temps derniers contre la migraine, — et Dieu sait si elles sont innombrables, — n'ont donné aucun résultat véritablement satisfaisant.

Quelques-uns des derniers remèdes en grande vogue donnent souvent un soulagement plus ou moins complet, mais ce n'est toujours qu'à doses massives ou répétées : d'où il s'ensuit que, bienfaisants dans certains cas, nuisibles dans d'autres, ils laissent parfois des suites plus ou moins désagréables ou même graves.

Il n'en est pas de même pour la **Cérébrine**, qui remplit toutes les conditions désirables, sans jamais occasionner d'inconvénients ; on pourrait en continuer l'emploi indéfiniment, et tout le monde, le malade comme le médecin, peut se rendre compte immédiatement de ses effets, puisque une seule dose, prise à n'importe quel moment d'un accès, fait disparaître en moins de 10 à 15 minutes les migraines et les névralgies les plus violentes. L'expérience a démontré que, sous son influence, les accès s'éloignent de plus en plus pour disparaître complètement, sans qu'il en résulte jamais aucun inconvénient pour la santé.

La **Cérébrine** n'est pas un remède secret ; sa composition est bien définie. Elle est sous la forme d'une liqueur limpide, agréable à l'œil et au goût et se prend à la dose d'une 1/2 cuillerée à une cuillerée à soupe. Elle agit merveilleusement contre le *Tic douloureux de la face*, les *névralgies faciales, intercostales, rhumatismales, sciatiques et vésicales*, contre le zona, le vertige stomacal, et tout particulièrement contre les *coliques périodiques*.

La *Cérébrine bromée* agit plus spécialement chez les personnes très nerveuses et chez les neurasthéniques ; la *Cérébrine iodée* chez les arthritiques.

La *Cérébrine quiniée* est employée spécialement et avec le plus grand succès au début des *rhumes*, de la *grippe* et de l'*influenza*. (*Voir la notice*).

On peut se procurer la Cérébrine dans tous les pays par l'intermédiaire des pharmaciens et chez **Eugène Fournier** (Pausodun), *Pharmacie du Printemps*, 114, *rue de Provence*, à Paris.

Le prix du flacon est de 5 francs, franco 5 fr. 85 ; celui du 1/2 flacon 3 francs, franco-poste 3 fr. 50 ; et celui de deux flacons échantillons (*C. simple* et *C. bromée*), franco-poste 2 fr. 60.

PAIN DE SOYA

DESVILLES
CONTRE

Le Diabète et l'Obésité

PLUSIEURS FOIS MÉDAILLÉ AUX EXPOSITIONS

Approuvé par l'*Académie de Médecine*, séance du 29 Mai 1888

Conclusions de M. le Dr DUJARDIN-BEAUMETZ, président.

« Le *Soya* donne une farine très azotée, supérieure même par les chiffres de matières protéiques à la
« viande. Aussi peut-on faire avec cette farine, des pains et des gâteaux, d'un goût assez agréable, qui ne
« contiennent qu'un chiffre assez minime de substances amylacées et sucrées. Il y a donc avantage à
« substituer, dans l'alimentation des *diabétiques*, ces pains et ces gâteaux ; les pains de gluten les mieux faits
« et provenant des meilleures marques, renfermant toujours, au maximum, de 15 à 16 0/0 de matières
« amylacées ou sucrées. »

Le pain de **Soya Desvilles** est préparé avec la farine déshuilée du soya, haricot du Japon, ne renfermant que 3 0/0 d'amidon. Son goût est agréable, il a de la mie et se conserve frais plusieurs jours.

Ce pain a, comme on peut s'en convaincre, une grande supériorité sur celui de gluten et autres pains pour diabétiques. — Prix : la boîte de 12 pains : 6 francs.

SOYATINE, OU PAIN DE SOYA DESVILLES SEC

La **Soyatine** a le grand avantage de se conserver indéfiniment, pourvu qu'elle soit mise à l'abri de l'humidité et des insectes qui en sont très friands. Il est donc possible d'en faire une ample provision pour la campagne ou les voyages. Elle a du reste la propriété de se ramollir facilement, en ayant soin de l'humecter avec un peu d'eau. — La boîte de 1 kilo : 4 francs.

Dépôt Général : GRANDE PHARM.⁽ᴵᴱ⁾ HYGIÉNIQUE : 24, rue Étienne-Marcel, PARIS.

ON TROUVE DANS LA MÊME MAISON :

LE SUCRIN DESVILLES qui remplace le sucre : la boîte de 100 pastilles............ 2 fr.	LIQUEURS de dessert diverses :
CHOCOLAT ANTIDIABÉTIQUE : le kilo........... 8 et 10 fr.	Chartreuse, Anisette, Noyau, Curaçao, Brou de noix. — Vin de quinquina antidiabétique. — Pastilles comprimées de rhubarbe, de chlorate de potasse, etc., sans sucre.
GAUFRETTES DE DESSERT AU SOYA : la boîte........... 4 fr.	
VIN DE KOLA PHOSPHATÉ du Dr PRAHEL : la bout. 6 fr.	
NOTICE FRANCO SUR DEMANDE	Etc., etc.

Imprimerie de Poissy. — S. LEJAY.

ORDRE DES PIÈCES PUBLIÉES

HAMLET.
ROMÉO ET JULIETTE.
MACBETH.
LE SONGE D'UNE NUIT D'ÉTÉ.
OTHELLO.
LES JOYEUSES COMMÈRES DE WINDSOR.
JULES CÉSAR.
LA TEMPÊTE.
LE ROI LEAR.
LE MARCHAND DE VENISE.
    Etc.

CONDITIONS DE LA SOUSCRIPTION

Le Théâtre de Shakespeare sera publié en fascicules in-4° de 32 pages chacun, contenant de nombreuses gravures.

Le prix du fascicule est de **60 CENTIMES**, il en paraît un tous les quinze jours.

L'ouvrage formera trois ou quatre volumes.

On peut s'abonner pour un volume au prix de DOUZE FRANCS.

LA GUÉRISON DES MIGRAINES

Toutes les médications essayées jusqu'à ces temps derniers contre la migraine, — et Dieu sait si elles sont innombrables, — n'ont donné aucun résultat véritablement satisfaisant.

Quelques-uns des derniers remèdes en grande vogue donnent souvent un soulagement plus ou moins complet, mais ce n'est toujours qu'à doses massives ou répétées : d'où il s'ensuit que, bienfaisants dans certains cas, nuisibles dans d'autres, ils laissent parfois des suites plus ou moins désagréables ou même graves.

Il n'en est pas de même pour la **Cérébrine**, qui remplit toutes les conditions désirables, sans jamais occasionner d'inconvénients ; on pourrait en continuer l'emploi indéfiniment, et tout le monde, le malade comme le médecin, peut se rendre compte immédiatement de ses effets, puisqu'une seule dose, prise à n'importe quel moment d'un accès, fait disparaître en moins de 10 à 15 minutes les migraines et les névralgies les plus violentes. L'expérience a démontré que, sous son influence, les accès s'éloignent de plus en plus pour disparaître complètement, sans qu'il en résulte jamais aucun inconvénient pour la santé.

La **Cérébrine** n'est pas un remède secret ; sa composition est bien définie. Elle est sous la forme d'une liqueur limpide, agréable à l'œil et au goût et se prend à la dose d'une 1/2 cuillerée à une cuillerée à soupe. Elle agit merveilleusement contre le *Tic douloureux de la face, les névralgies faciales, intercostales, rhumatismales, sciatiques et vésicales*, contre le *zona, le vertige stomacal* et tout particulièrement contre les *coliques périodiques*.

La *Cérébrine bromée* agit plus spécialement chez les personnes très nerveuses et chez les neurasthéniques ; la *Cérébrine iodée* chez les arthritiques.

La *Cérébrine quiniée* est employée spécialement et avec le plus grand succès au début des *rhumes*, de la *grippe* et de l'*influenza*. (*Voir la notice*).

On peut se procurer la Cérébrine dans tous les pays par l'intermédiaire des pharmaciens et chez **Eugène Fournier** (Pausodun), *Pharmacie du Printemps*, 114, *rue de Provence, à Paris*.

Le prix du flacon est de 5 francs, franco 5 fr. 85 ; celui du 1/2 flacon 3 francs, franco-poste 3 fr. 50 ; et celui de deux flacons échantillons (*C. simple* et *C. bromée*), franco-poste 2 fr. 60.

PAIN DE SOYA

 **DESVILLES**
CONTRE

Le Diabète et l'Obésité

PLUSIEURS FOIS MÉDAILLÉ AUX EXPOSITIONS

Approuvé par l'*Académie de Médecine*, séance du 29 Mai 1888

Conclusions de M. le Dr DUJARDIN-BEAUMETZ, président.

« Le *Soya* donne une farine très azotée, supérieure même par les chiffres de matières protéiques à la « viande. Aussi peut-on faire avec cette farine, des pains et des gâteaux, d'un goût assez agréable, qui ne « contiennent qu'un chiffre assez minime de substances amylacées et sucrées. Il y a donc avantage à « substituer, dans l'alimentation des *diabétiques*, ces pains et ces gâteaux ; les pains de gluten les mieux faits « et provenant des meilleures marques, renferment toujours, au maximum, de 15 à 16 0/0 de matières « amylacées ou sucrées ».

Le pain de **Soya Desvilles** est préparé avec la farine déshuilée du soya, haricot du Japon, ne renfermant que 3 0/0 d'amidon. Son goût est agréable, il a de la mie et se conserve frais plusieurs jours.

Ce pain a, comme on peut s'en convaincre, une grande supériorité sur celui de gluten et autres pains pour diabétiques. — Prix : la boîte de 12 pains : 6 francs.

SOYATINE, OU PAIN DE SOYA DESVILLES SEC

La **Soyatine** a le grand avantage de se conserver indéfiniment, pourvu qu'elle soit mise à l'abri de l'humidité et des insectes qui en sont très friands. Il est donc possible d'en faire une ample provision pour la campagne ou les voyages. Elle a du reste la propriété de se ramollir facilement, en ayant soin de l'humecter avec un peu d'eau. — La boîte de 1 kilo : **4** francs.

Dépôt Général : GRANDE PHARMACIE HYGIÉNIQUE : 24, rue Étienne-Marcel, PARIS.

ON TROUVE DANS LA MÊME MAISON :

LE SUCRIN DESVILLES qui remplace le sucre : la boîte de 100 pastilles............ 2 fr.	LIQUEURS de dessert diverses :
CHOCOLAT ANTIDIABÉTIQUE : le kilo............ 8 et 10 fr.	Chartreuse, Anisette, Noyau, Curaçao, Brou de noix. — Vin de quinquina antidiabétique. — Pastilles comprimées de rhubarbe, de chlorate de potasse, etc., sans sucre.
GAUFRETTES DE DESSERT AU SOYA : la boîte........ 4 fr.	
VIN DE KOLA PHOSPHATÉ du Dr PRABEL : la bout. 6 fr.	
NOTICE FRANCO SUR DEMANDE	Etc., etc.

Imprimerie de Poissy. — S. LEJAY.

FASCICULE N° 5.　　　　　　　　　　　60 CENTIMES.

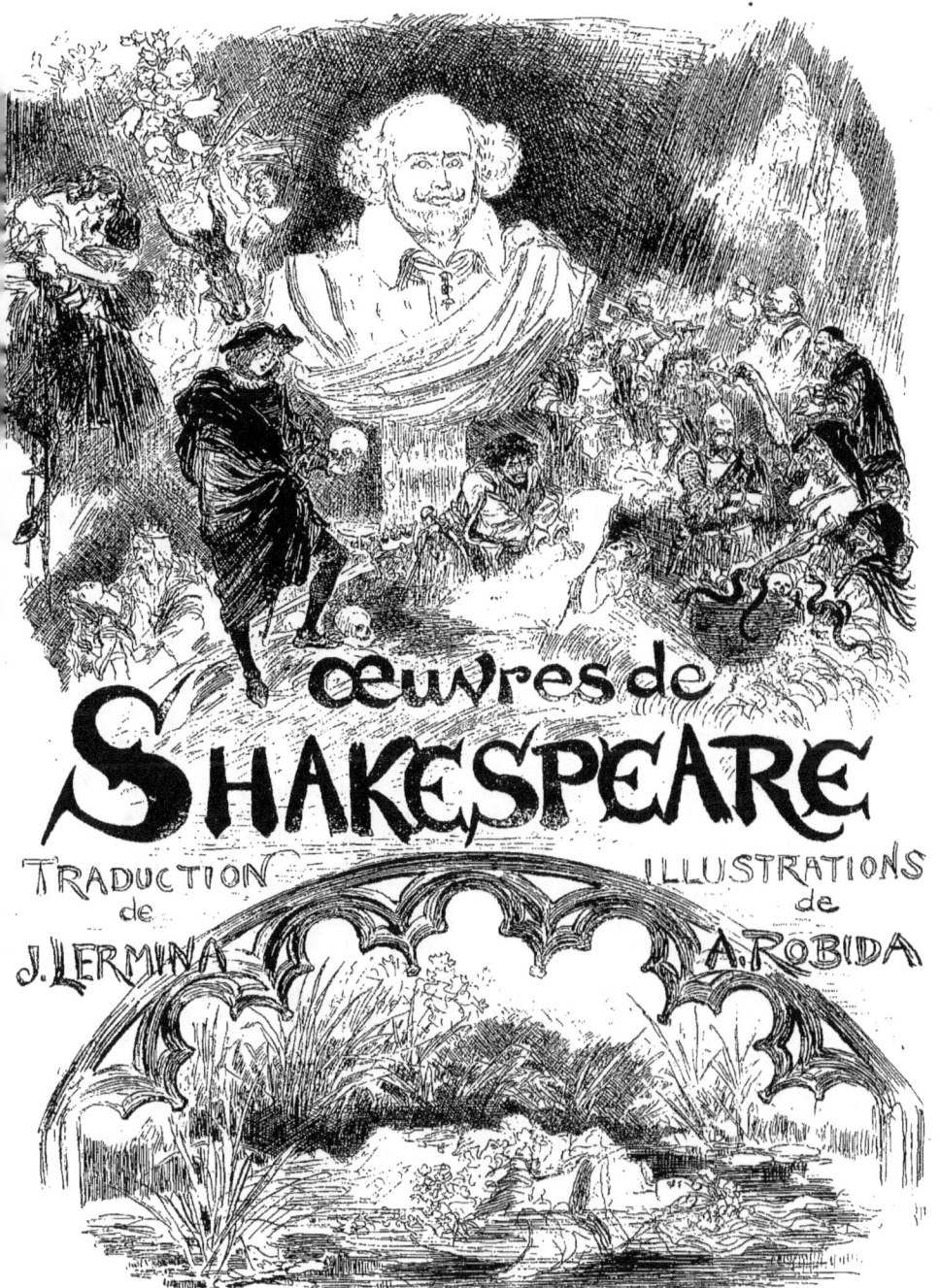

OEUVRES
DE
WILLIAM SHAKESPEARE

TRADUCTION NOUVELLE DE

JULES LERMINA

L'auteur de cette traduction — faite non point sur les traductions existantes, mais sur le texte lui-même — n'a d'autre prétention que de donner au lecteur la sensation exacte et précise de l'œuvre de Shakespeare. Il estime que, derrière l'œuvre interprétée, la personnalité du traducteur doit s'effacer. Il faut qu'à travers lui — qui n'est rien — transparaisse nettement le génie de l'auteur, avec ses qualités et ses défauts, avec sa couleur propre, avec ses beautés et ses difformités.

Il s'agit pour les lecteurs français non de retrouver en un auteur étranger les caractères du théâtre français, mais au contraire de saisir ceux qui sont spéciaux à une autre nation. Il convient de leur montrer non ce qu'eût été Shakespeare, s'il était né de ce côté du détroit, mais de les initier à ce qu'il est, et de leur donner la faculté d'apprécier, par l'intermédiaire de la langue française, les particularités de la langue anglaise. Qu'on ne cherche donc pas en cette traduction les équivalences plus ou moins ingénieuses auxquelles se sont complu jusqu'ici les transformateurs de Shakespeare. Ici il est lui-même, en toute sincérité, avec ses rudesses natives et ses incohérences géniales, très clair d'ailleurs et parfaitement compréhensible, à l'aide de quelques notes aussi rares que possible.

Le traducteur voudrait que grâce à son travail on éprouvât cette impression qu'on lit Shakespeare, dans le texte anglais et que, par une sorte de prodige, on comprend une langue qu'on n'a pas apprise.

En ce mot à mot mis au point, il s'est peu soucié à l'occasion de quelques incorrections syntaxiques, du moment qu'elles restituaient exactement la forme de son modèle.

Quant aux termes violents, excessifs même dont usait souvent Shakespeare, il ne s'est pas reconnu le droit de les atténuer. Que Shakespeare soit comme il est ou qu'il ne soit pas. Sit ut est aut not sit.

Seulement, pour faciliter l'intelligence de ce théâtre admirable, il a jugé utile de multiplier les indications de mise en scène, qui font, dans le texte primitif, presque complètement défaut. C'est la seule initiative qu'il ait cru devoir prendre, estimant que cet éclaircissement nécessaire laisse l'œuvre intacte. Ce n'est pas être vrai que de rester volontairement obscur.

Le traducteur avoue donc franchement son ambition : il ne redoute que de n'en avoir pas rempli l'objet.

J. L.

FASCICULE N° 6.   60 CENTIMES.

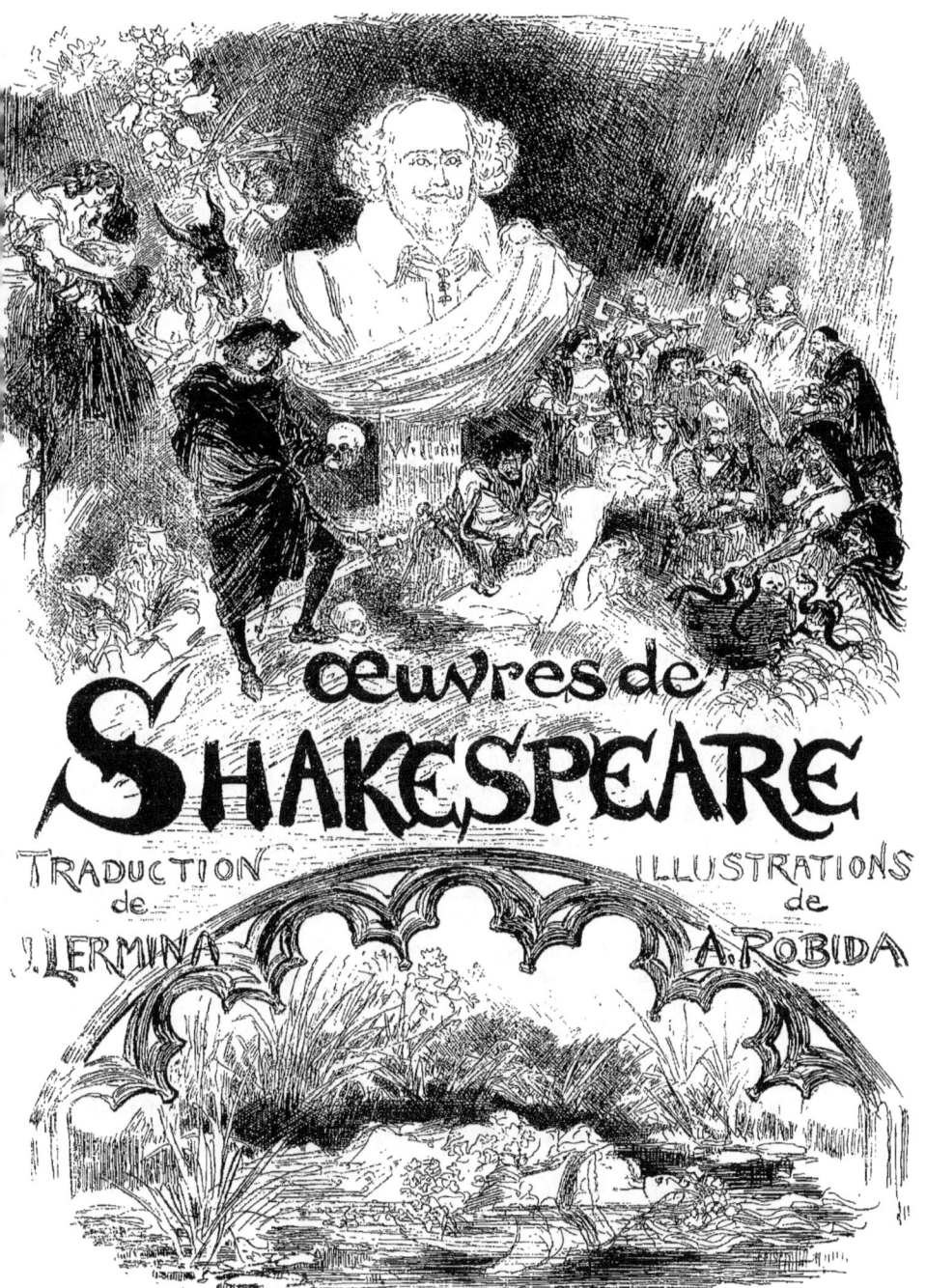

L. BOULANGER, ÉDITEUR, 90, BOULEVARD MONTPARNASSE, PARIS

ŒUVRES
DE
WILLIAM SHAKESPEARE

TRADUCTION NOUVELLE DE

JULES LERMINA

L'auteur de cette traduction — faite non point sur les traductions existantes, mais sur le texte lui-même — n'a d'autre prétention que de donner au lecteur la sensation exacte et précise de l'œuvre de Shakespeare. Il estime que, derrière l'œuvre interprétée, la personnalité du traducteur doit s'effacer. Il faut qu'à travers lui — qui n'est rien — transparaisse nettement le génie de l'auteur, avec ses qualités et ses défauts, avec sa couleur propre, avec ses beautés et ses difformités.

Il s'agit pour les lecteurs français non de retrouver en un auteur étranger les caractères du théâtre français, mais au contraire de saisir ceux qui sont spéciaux à une autre nation. Il convient de leur montrer non ce qu'eut été Shakespeare, s'il était né de ce côté du détroit, mais de les initier à ce qu'il est, et de leur donner la faculté d'apprécier, par l'intermédiaire de la langue française, les particularités de la langue anglaise. Qu'on ne cherche donc pas en cette traduction les équivalences plus ou moins ingénieuses auxquelles se sont complu jusqu'ici les transformateurs de Shakespeare. Ici il est lui-même, en toute sincérité, avec ses rudesses natives et ses incohérences géniales, très clair d'ailleurs et parfaitement compréhensible, à l'aide de quelques notes aussi rares que possible.

Le traducteur voudrait que grâce à son travail on éprouvât cette impression qu'on lit Shakespeare, dans le texte anglais et que, par une sorte de prodige, on comprend une langue qu'on n'a pas apprise.

En ce mot à mot mis au point, il s'est peu soucié à l'occasion de quelques incorrections syntaxiques, du moment qu'elles restituaient exactement la forme de son modèle.

Quant aux termes violents, excessifs même dont usait souvent Shakespeare, il ne s'est pas reconnu le droit de les atténuer. Que Shakespeare soit comme il est ou qu'il ne soit pas. Sit ut est aut not sit.

Seulement, pour faciliter l'intelligence de ce théâtre admirable, il a jugé utile de multiplier les indications de mise en scène, qui font, dans le texte primitif, presque complètement défaut. C'est la seule initiative qu'il ait cru devoir prendre, estimant que cet éclaircissement nécessaire laisse l'œuvre intacte. Ce n'est pas être vrai que de rester volontairement obscur.

Le traducteur avoue donc franchement son ambition : il ne redoute que de n'en avoir pas rempli l'objet.

J. L.

FASCICULE N° 7.   60 CENTIMES.

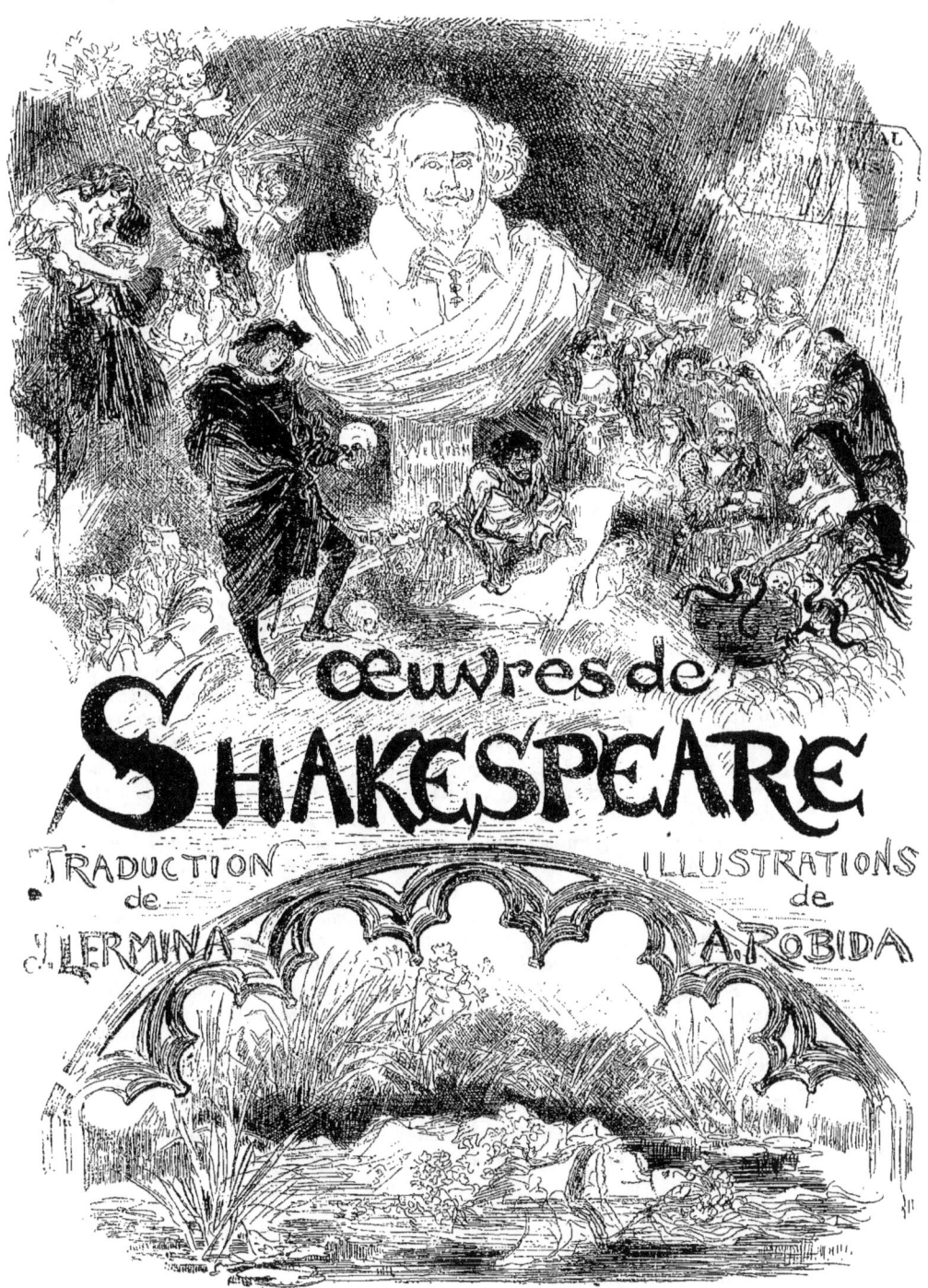

L. BOULANGER, ÉDITEUR, 90, BOULEVARD MONTPARNASSE, PARIS

ŒUVRES
DE
WILLIAM SHAKESPEARE

TRADUCTION NOUVELLE DE
JULES LERMINA

L'auteur de cette traduction — faite non point sur les traductions existantes, mais sur le texte lui-même — n'a d'autre prétention que de donner au lecteur la sensation exacte et précise de l'œuvre de Shakespeare. Il estime que, derrière l'œuvre interprétée, la personnalité du traducteur doit s'effacer. Il faut qu'à travers lui — qui n'est rien — transparaisse nettement le génie de l'auteur, avec ses qualités et ses défauts, avec sa couleur propre, avec ses beautés et ses difformités.

Il s'agit pour les lecteurs français non de retrouver en un auteur étranger les caractères du théâtre français, mais au contraire de saisir ceux qui sont spéciaux à une autre nation. Il convient de leur montrer non ce qu'eut été Shakespeare, s'il était né de ce côté du détroit, mais de les initier à ce qu'il est, et de leur donner la faculté d'apprécier, par l'intermédiaire de la langue française, les particularités de la langue anglaise. Qu'on ne cherche donc pas en cette traduction les équivalences plus ou moins ingénieuses auxquelles se sont complu jusqu'ici les transformateurs de Shakespeare. Ici il est lui-même, en toute sincérité, avec ses rudesses natives et ses incohérences géniales, très clair d'ailleurs et parfaitement compréhensible, à l'aide de quelques notes aussi rares que possible.

Le traducteur voudrait que grâce à son travail on éprouvât cette impression qu'on lit Shakespeare, dans le texte anglais et que, par une sorte de prodige, on comprend une langue qu'on n'a pas apprise.

En ce mot à mot mis au point, il s'est peu soucié à l'occasion de quelques incorrections syntaxiques, du moment qu'elles restituaient exactement la forme de son modèle.

Quant aux termes violents, excessifs même dont usait souvent Shakespeare, il ne s'est pas reconnu le droit de les atténuer. Que Shakespeare soit comme il est ou qu'il ne soit pas. Sit ut est aut not sit.

Seulement, pour faciliter l'intelligence de ce théâtre admirable, il a jugé utile de multiplier les indications de mise en scène, qui font, dans le texte primitif, presque complètement défaut. C'est la seule initiative qu'il ait cru devoir prendre, estimant que cet éclaircissement nécessaire laisse l'œuvre intacte. Ce n'est pas être vrai que de rester volontairement obscur.

Le traducteur avoue donc franchement son ambition : il ne redoute que de n'en avoir pas rempli l'objet.

J. L.

ORDRE DES PIÈCES PUBLIÉES

HAMLET.
ROMÉO ET JULIETTE.
MACBETH.
LE SONGE D'UNE NUIT D'ÉTÉ.
OTHELLO.
LES JOYEUSES COMMÈRES DE WINDSOR.
JULES CÉSAR.
LA TEMPÊTE.
LE ROI LEAR.
LE MARCHAND DE VENISE.
     Etc.

CONDITIONS DE LA SOUSCRIPTION

Le Théâtre de Shakespeare sera publié en fascicules in-4° de 32 pages chacun, contenant de nombreuses gravures.

Le prix du fascicule est de **60 CENTIMES**, il en paraît un tous les quinze jours.

L'ouvrage formera trois ou quatre volumes.

On peut s'abonner pour un volume au prix de DOUZE FRANCS.

LA GUÉRISON DES MIGRAINES

Toutes les médications essayées jusqu'à ces temps derniers contre la migraine, — et Dieu sait si elles sont innombrables, — n'ont donné aucun résultat véritablement satisfaisant.

Quelques-uns des derniers remèdes en grande vogue donnent souvent un soulagement plus ou moins complet, mais ce n'est toujours qu'à doses massives ou répétées : d'où il s'ensuit que, bienfaisants dans certains cas, nuisibles dans d'autres, ils laissent parfois des suites plus ou moins désagréables ou même graves.

Il n'en est pas de même pour la **Cérébrine**, qui remplit toutes les conditions désirables, sans jamais occasionner d'inconvénients ; on pourrait en continuer l'emploi indéfiniment, et tout le monde, le malade comme le médecin, peut se rendre compte immédiatement de ses effets, puisque une seule dose, prise à n'importe quel moment d'un accès, fait disparaître en moins de 10 à 15 minutes les migraines et les névralgies les plus violentes. L'expérience a démontré que, sous son influence, les accès s'éloignent de plus en plus pour disparaître complètement, sans qu'il en résulte jamais aucun inconvénient pour la santé.

La **Cérébrine** n'est pas un remède secret ; sa composition est bien définie. Elle est sous la forme d'une liqueur limpide, agréable à l'œil et au goût et se prend à la dose d'une 1/2 cuillerée à une cuillerée à soupe. Elle agit merveilleusement contre le *Tic douloureux de la face*, *les névralgies faciales, intercostales, rhumatismales, sciatiques et vésicales*, contre le *zona, le vertige stomacal*, et tout particulièrement contre les *coliques périodiques*.

La *Cérébrine bromée* agit plus spécialement chez les personnes très nerveuses et chez les neurasthéniques ; la *Cérébrine iodée* chez les arthritiques.

La *Cérébrine quiniée* est employée spécialement et avec le plus grand succès au début des *rhumes*, de la *grippe* et de l'*influenza*. (*Voir la notice*).

On peut se procurer la Cérébrine dans tous les pays par l'intermédiaire des pharmaciens et chez **Eugène Fournier** (Pausodun), *Pharmacie du Printemps, 114, rue de Provence, à Paris*.

Le prix du flacon est de **5 francs**, franco **5 fr. 85** ; celui du 1/2 flacon **3 francs**, franco-poste **3 fr. 50** ; et celui de deux flacons échantillons (*C. simple et C. bromée*), franco-poste **2 fr. 60**.

PAIN DE SOYA

 DESVILLES

CONTRE

Le Diabète et l'Obésité

PLUSIEURS FOIS MÉDAILLÉ AUX EXPOSITIONS

Approuvé par l'*Académie de Médecine*, séance du 29 Mai 1888

Conclusions de M. le Dr DUJARDIN-BEAUMETZ, président.

« Le *Soya* donne une farine très azotée, supérieure même par les chiffres de matières protéiques à la viande. Aussi peut-on faire avec cette farine, des pains et des gâteaux, d'un goût assez agréable, qui ne contiennent qu'un chiffre assez minime de substances amylacées et sucrées. Il y a donc avantage à substituer, dans l'alimentation des *diabétiques*, ces pains et ces gâteaux ; les pains de gluten les mieux faits et provenant des meilleures marques, renfermant toujours, au maximum, de 15 à 16 0/0 de matières amylacées ou sucrées ».

Le pain de **Soya Desvilles** est préparé avec la farine déshuilée du soya, haricot du Japon, ne renfermant que 3 0/0 d'amidon. Son goût est agréable, il a de la mie et se conserve frais plusieurs jours.

Ce pain a, comme on peut s'en convaincre, une grande supériorité sur celui de gluten et autres pains pour diabétiques. — Prix : la boîte de 12 pains : **6 francs**.

SOYATINE, OU PAIN DE SOYA DESVILLES SEC

La **Soyatine** a le grand avantage de se conserver indéfiniment, pourvu qu'elle soit mise à l'abri de l'humidité et des insectes qui en sont très friands. Il est donc possible d'en faire une ample provision pour la campagne ou les voyages. Elle a du reste la propriété de se ramollir facilement, en ayant soin de l'humecter avec un peu d'eau. — La boîte de 1 kilo : **4 francs**.

Dépôt Général : **GRANDE PHARMACIE HYGIÉNIQUE** : 24, rue Étienne-Marcel, PARIS.

ON TROUVE DANS LA MÊME MAISON :

LE SUCRIN DESVILLES qui remplace le sucre : la boîte de 100 pastilles.......... 2 fr.
CHOCOLAT ANTIDIABÉTIQUE : le kilo.......... 8 et 10 fr.
GAUFRETTES DE DESSERT AU SOYA : la boîte.......... 4 fr.
VIN DE KOLA PHOSPHATÉ du Dr PRAHEL : la bout. 6 fr.
NOTICE FRANCO SUR DEMANDE

LIQUEURS de dessert diverses :
Chartreuse, Anisette, Noyau, Curaçao, Brou de noix. — Vin de quinquina antidiabétique. — Pastilles comprimées de rhubarbe, de chlorate de potasse, etc., sans sucre.
Etc., etc.

Imprimerie de Poissy. — S. LEJAY.

ORDRE DES PIÈCES PUBLIÉES

HAMLET.
ROMÉO ET JULIETTE.
MACBETH.
LE SONGE D'UNE NUIT D'ÉTÉ.
OTHELLO.
LES JOYEUSES COMMÈRES DE WINDSOR.
JULES CÉSAR.
LA TEMPÊTE.
LE ROI LEAR.
LE MARCHAND DE VENISE.
    Etc.

CONDITIONS DE LA SOUSCRIPTION

Le Théâtre de Shakespeare sera publié en fascicules in-4° de 32 pages chacun, contenant de nombreuses gravures.

Le prix du fascicule est de 60 CENTIMES, il en paraît un tous les quinze jours.

L'ouvrage formera trois ou quatre volumes.

On peut s'abonner pour un volume au prix de DOUZE FRANCS.

LA GUÉRISON DES MIGRAINES

Toutes les médications essayées jusqu'à ces temps derniers contre la migraine, — et Dieu sait si elles sont innombrables, — n'ont donné aucun résultat véritablement satisfaisant.

Quelques-uns des derniers remèdes en grande vogue donnent souvent un soulagement plus ou moins complet, mais ce n'est toujours qu'à doses massives ou répétées : d'où il s'ensuit que, bienfaisants dans certains cas, nuisibles dans d'autres, ils laissent parfois des suites plus ou moins désagréables ou même graves.

Il n'en est pas de même pour la **Cérébrine**, qui remplit toutes les conditions désirables, sans jamais occasionner d'inconvénients ; on pourrait en continuer l'emploi indéfiniment, et tout le monde, le malade comme le médecin, peut se rendre compte immédiatement de ses effets, puisque une seule dose, prise à n'importe quel moment d'un accès, fait disparaître en moins de 10 à 15 minutes les migraines et les névralgies les plus violentes. L'expérience a démontré que, sous son influence, les accès s'éloignent de plus en plus pour disparaître complètement, sans qu'il en résulte jamais aucun inconvénient pour la santé.

La Cérébrine n'est pas un remède secret ; sa composition est bien définie. Elle est sous la forme d'une liqueur limpide, agréable à l'œil et au goût et se prend à la dose d'une 1/2 cuillerée à une cuillerée à soupe. Elle agit merveilleusement contre le *Tic douloureux de la face*, *les névralgies faciales*, *intercostales*, *rhumatismales*, *sciatiques* et *vésicales*, contre le *zona*, le *vertige stomacal*, et tout particulièrement contre les *coliques périodiques*.

La *Cérébrine bromée* agit plus spécialement chez les personnes très nerveuses et chez les neurasthéniques ; la *Cérébrine iodée* chez les arthritiques.

La *Cérébrine quiniée* est employée spécialement et avec le plus grand succès au début des *rhumes*, de la *grippe* et de l'*influenza*. (*Voir la notice*).

On peut se procurer la Cérébrine dans tous les pays par l'intermédiaire des pharmaciens et chez **Eugène Fournier** (Pausodun), *Pharmacie du Printemps*, 114, *rue de Provence, à Paris*.

Le prix du flacon est de 5 francs, franco **5 fr. 85** ; celui du 1/2 flacon 3 francs, franco-poste **3 fr. 50** ; et celui de deux flacons échantillons (*C. simple* et *C. bromée*), franco-poste **2 fr. 60**.

PAIN DE SOYA

 DESVILLES CONTRE

Le Diabète et l'Obésité

PLUSIEURS FOIS MÉDAILLÉ AUX EXPOSITIONS

Approuvé par l'*Académie de Médecine*, séance du 29 Mai 1888

Conclusions de M. le Dr DUJARDIN-BEAUMETZ, président.

« Le *Soya* donne une farine très azotée, supérieure même par les chiffres de matières protéiques à la « viande. Aussi peut-on faire avec cette farine, des pains et des gâteaux, d'un goût assez agréable, qui ne « contiennent qu'un chiffre assez minime de substances amylacées et sucrées. Il y a donc avantage à « substituer, dans l'alimentation des *diabétiques*, ces pains et ces gâteaux ; les pains de gluten les mieux faits « et provenant des meilleures marques, renfermant toujours, au maximum, de 15 à 16 0/0 de matières « amylacées ou sucrées »

Le pain de **Soya Desvilles** est préparé avec la farine déshuilée du soya, haricot du Japon, ne renfermant que 3 0/0 d'amidon. Son goût est agréable, il a de la mie et se conserve frais plusieurs jours.

Ce pain a, comme on peut s'en convaincre, une grande supériorité sur celui de gluten et autres pains pour diabétiques. — Prix : la boîte de 12 pains : **6 francs**.

SOYATINE, OU PAIN DE SOYA DESVILLES SEC

La **Soyatine** a le grand avantage de se conserver indéfiniment, pourvu qu'elle soit mise à l'abri de l'humidité et des insectes qui en sont très friands. Il est donc possible d'en faire une ample provision pour la campagne ou les voyages. Elle a du reste la propriété de se ramollir facilement, en ayant soin de l'humecter avec un peu d'eau. — La boîte de 1 kilo : **4 francs**.

Dépôt Général : **GRANDE PHARMACIE HYGIÉNIQUE : 24, rue Étienne-Marcel, PARIS**.

ON TROUVE DANS LA MÊME MAISON :

LE SUCRIN DESVILLES qui remplace le sucre : la boîte de 100 pastilles.............. 2 fr.	LIQUEURS de dessert diverses :
CHOCOLAT ANTIDIABÉTIQUE : le kilo....... 8 et 10 fr.	Chartreuse, Anisette, Noyau, Curaçao, Brou de noix. — Vin de quinquina antidiabétique. — Pastilles comprimées de rhubarbe, de chlorate de potasse, etc., sans sucre.
GAUFRETTES DE DESSERT AU SOYA : la boîte....... 4 fr.	
VIN DE KOLA PHOSPHATÉ du Dr PRAHEL : la bout. 6 fr.	
NOTICE FRANCO SUR DEMANDE	Etc., etc.

Imprimerie de Poissy. — S. LEJAY.

ORDRE DES PIÈCES PUBLIÉES

HAMLET.
ROMÉO ET JULIETTE.
MACBETH.
LE SONGE D'UNE NUIT D'ÉTÉ.
OTHELLO.
LES JOYEUSES COMMÈRES DE WINDSOR.
JULES CÉSAR.
LA TEMPÊTE.
LE ROI LEAR.
LE MARCHAND DE VENISE.
    Etc.

CONDITIONS DE LA SOUSCRIPTION

Le Théâtre de Shakespeare sera publié en fascicules in-4° de 32 pages chacun, contenant de nombreuses gravures.

Le prix du fascicule est de **60 CENTIMES**, il en paraît un tous les quinze jours.

L'ouvrage formera trois ou quatre volumes.

On peut s'abonner pour un volume au prix de **DOUZE FRANCS**.

LA GUÉRISON DES MIGRAINES

Toutes les médications essayées jusqu'à ces temps derniers contre la migraine, — et Dieu sait si elles sont innombrables, — n'ont donné aucun résultat véritablement satisfaisant.

Quelques-uns des derniers remèdes en grande vogue donnent souvent un soulagement plus ou moins complet, mais ce n'est toujours qu'à doses massives ou répétées : d'où il s'ensuit que, bienfaisants dans certains cas, nuisibles dans d'autres, ils laissent parfois des suites plus ou moins désagréables ou même graves.

Il n'en est pas de même pour la **Cérébrine**, qui remplit toutes les conditions désirables, sans jamais occasionner d'inconvénients ; on pourrait en continuer l'emploi indéfiniment, et tout le monde, le malade comme le médecin, peut se rendre compte immédiatement de ses effets, puisque une seule dose, prise à n'importe quel moment d'un accès, fait disparaître en moins de 10 à 15 minutes les migraines et les névralgies les plus violentes. L'expérience a démontré que, sous son influence, les accès s'éloignent de plus en plus pour disparaître complètement, sans qu'il en résulte jamais aucun inconvénient pour la santé.

La Cérébrine n'est pas un remède secret ; sa composition est bien définie. Elle est sous la forme d'une liqueur limpide, agréable à l'œil et au goût et se prend à la dose d'une 1/2 cuillerée à une cuillerée à soupe. Elle agit merveilleusement contre le *Tic douloureux de la face*, *les névralgies faciales, intercostales, rhumatismales, sciatiques et vésicales*, contre le zona, le vertige stomacal, et tout particulièrement contre les *coliques périodiques*.

La *Cérébrine bromée* agit plus spécialement chez les personnes très nerveuses et chez les neurasthéniques ; la *Cérébrine iodée* chez les arthritiques.

La *Cérébrine quiniée* est employée spécialement et avec le plus grand succès au début des *rhumes*, de la *grippe* et de l'*influenza*. (*Voir la notice*).

On peut se procurer la Cérébrine dans tous les pays par l'intermédiaire des pharmaciens et chez **Eugène Fournier** (Pausodun), *Pharmacie du Printemps*, 114, rue de Provence, à Paris.

Le prix du flacon est de 5 francs, franco 5 fr. 85 ; celui du 1/2 flacon 3 francs, franco-poste 3 fr. 50 ; et celui de deux flacons échantillons (*C. simple* et *C. bromée*), franco-poste 2 fr. 60.

PAIN DE SOYA

 DESVILLES CONTRE

Le Diabète et l'Obésité

PLUSIEURS FOIS MÉDAILLÉ AUX EXPOSITIONS

Approuvé par l'*Académie de Médecine*, séance du 29 Mai 1888

Conclusions de M. le Dr DUJARDIN-BEAUMETZ, président.

« Le *Soya* donne une farine très azotée, supérieure même par les chiffres de matières protéiques à la viande. Aussi peut-on faire avec cette farine, des pains et des gâteaux, d'un goût assez agréable, qui ne contiennent qu'un chiffre assez minime de substances amylacées et sucrées. Il y a donc avantage à substituer, dans l'alimentation des *diabétiques,* ces pains et ces gâteaux ; les pains de gluten les mieux faits et provenant des meilleures marques, renfermant toujours, au maximum, de 15 à 16 0/0 de matières amylacées ou sucrées ».

Le pain de **Soya Desvilles** est préparé avec la farine déshuilée du soya, haricot du Japon, ne renfermant que 3 0/0 d'amidon. Son goût est agréable, il a de la mie et se conserve frais plusieurs jours.

Ce pain a, comme on peut s'en convaincre, une grande supériorité sur celui de gluten et autres pains pour diabétiques. — Prix : la boîte de 12 pains : **6** francs.

SOYATINE, OU PAIN DE SOYA DESVILLES SEC

La **Soyatine** a le grand avantage de se conserver indéfiniment, pourvu qu'elle soit mise à l'abri de l'humidité et des insectes qui en sont très friands. Il est donc possible d'en faire une ample provision pour la campagne ou les voyages. Elle a du reste la propriété de se ramollir facilement, en ayant soin de l'humecter avec un peu d'eau. — La boîte de 1 kilo : **4** francs.

Dépôt Général : GRANDE PHARMACIE HYGIÉNIQUE : 24, rue Étienne-Marcel, PARIS.

ON TROUVE DANS LA MÊME MAISON :

LE SUCRIN DESVILLES qui remplace le sucre : la boîte de 100 pastilles........ 2 fr.	LIQUEURS de dessert diverses :
CHOCOLAT ANTIDIABÉTIQUE : le kilo........ 8 et 10 fr.	Chartreuse, Anisette, Noyau, Curaçao, Brou de noix. — Vin de quinquina antidiabétique. — Pastilles comprimées de rhubarbe, de chlorate de potasse, etc., sans sucre.
GAUFRETTES DE DESSERT AU SOYA : la boîte........ 4 fr.	
VIN DE KOLA PHOSPHATÉ du Dr PRAHEL : la bout. 6 fr.	
NOTICE FRANCO SUR DEMANDE	Etc., etc.

Imprimerie de Poissy. — S. LEJAY.

FASCICULE N° 9. 60 CENTIMES.

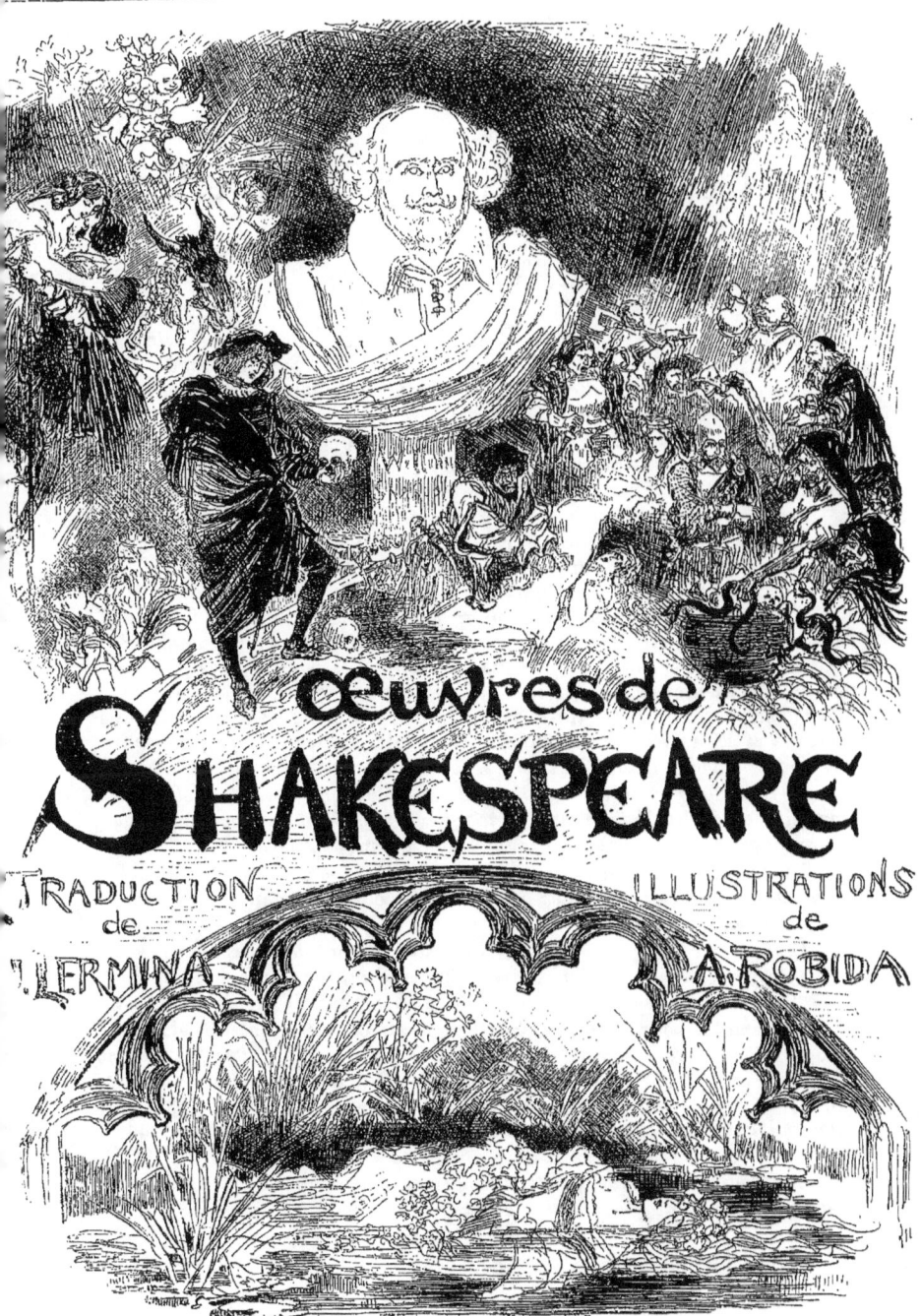

œuvres de
SHAKESPEARE

TRADUCTION de J. LERMINA — ILLUSTRATIONS de A. ROBIDA

L. BOULANGER, ÉDITEUR, 90, BOULEVARD MONTPARNASSE, PARIS

OEUVRES
DE
WILLIAM SHAKESPEARE
TRADUCTION NOUVELLE DE
JULES LERMINA

L'auteur de cette traduction — faite non point sur les traductions existantes, mais sur le texte lui-même — n'a d'autre prétention que de donner au lecteur la sensation exacte et précise de l'œuvre de Shakespeare. Il estime que, derrière l'œuvre interprétée, la personnalité du traducteur doit s'effacer. Il faut qu'à travers lui — qui n'est rien — transparaisse nettement le génie de l'auteur, avec ses qualités et ses défauts, avec sa couleur propre, avec ses beautés et ses difformités.

Il s'agit pour les lecteurs français non de retrouver en un auteur étranger les caractères du théâtre français, mais au contraire de saisir ceux qui sont spéciaux à une autre nation. Il convient de leur montrer non ce qu'eut été Shakespeare, s'il était né de ce côté du détroit, mais de les initier à ce qu'il est, et de leur donner la faculté d'apprécier, par l'intermédiaire de la langue française, les particularités de la langue anglaise. Qu'on ne cherche donc pas en cette traduction les équivalences plus ou moins ingénieuses auxquelles se sont complu jusqu'ici les transformateurs de Shakespeare. Ici il est lui-même, en toute sincérité, avec ses rudesses natives et ses incohérences géniales, très clair d'ailleurs et parfaitement compréhensible, à l'aide de quelques notes aussi rares que possible.

Le traducteur voudrait que grâce à son travail on éprouvât cette impression qu'on lit Shakespeare, dans le texte anglais et que, par une sorte de prodige, on comprend une langue qu'on n'a pas apprise.

En ce mot à mot mis au point, il s'est peu soucié à l'occasion de quelques incorrections syntaxiques, du moment qu'elles restituaient exactement la forme de son modèle.

Quant aux termes violents, excessifs même dont usait souvent Shakespeare, il ne s'est pas reconnu le droit de les atténuer. Que Shakespeare soit comme il est ou qu'il ne soit pas. Sit ut est aut not sit.

Seulement, pour faciliter l'intelligence de ce théâtre admirable, il a jugé utile de multiplier les indications de mise en scène, qui font, dans le texte primitif, presque complètement défaut. C'est la seule initiative qu'il ait cru devoir prendre, estimant que cet éclaircissement nécessaire laisse l'œuvre intacte. Ce n'est pas être vrai que de rester volontairement obscur.

Le traducteur avoue donc franchement son ambition : il ne redoute que de n'en avoir pas rempli l'objet.

J. L.

FASCICULE N° 9.   60 CENTIMES.

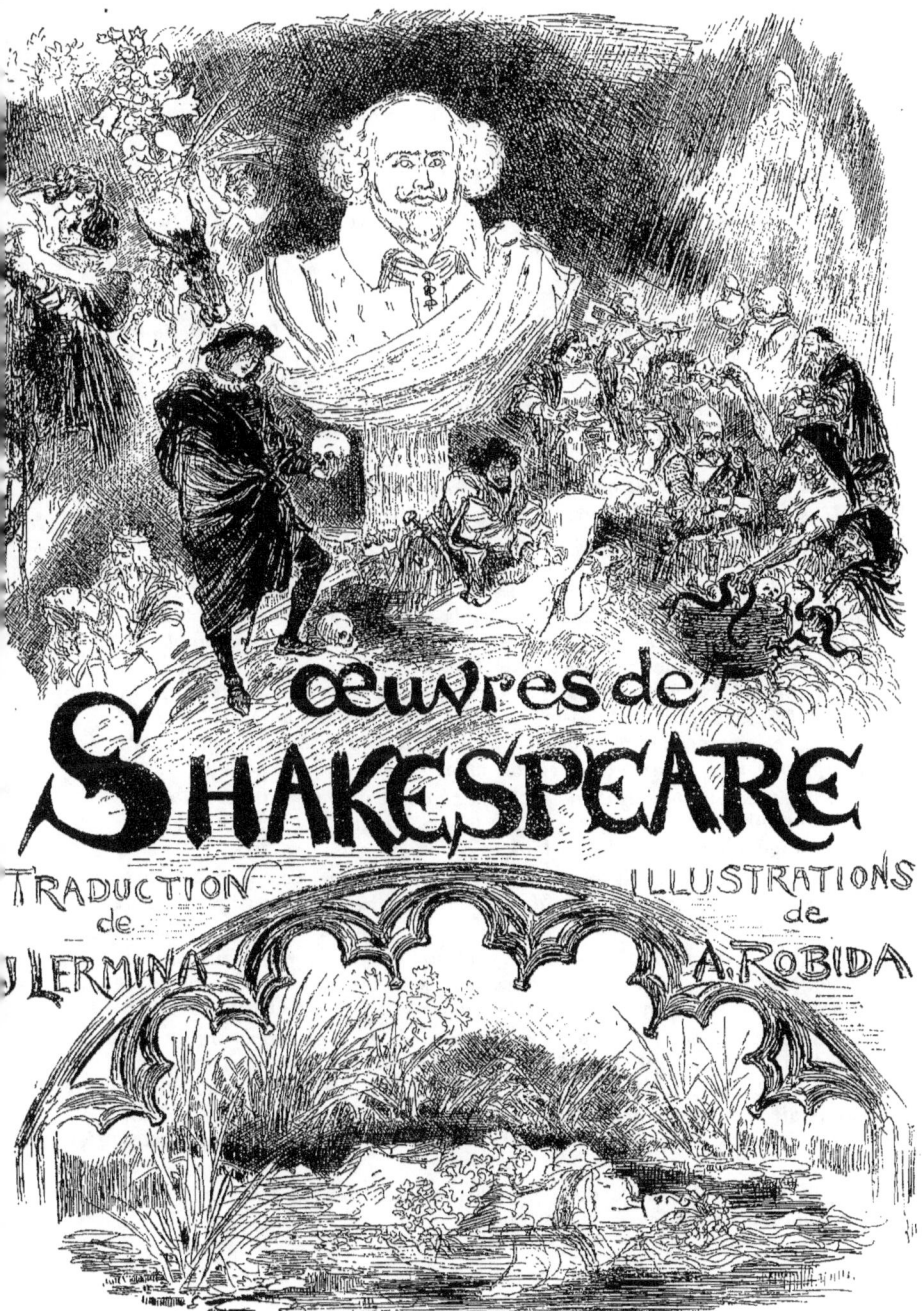

Œuvres de SHAKESPEARE

TRADUCTION de J. LERMINA   ILLUSTRATIONS de A. ROBIDA

L. BOULANGER, ÉDITEUR, 90, BOULEVARD MONTPARNASSE, PARIS

OEUVRES
DE
WILLIAM SHAKESPEARE
TRADUCTION NOUVELLE DE
JULES LERMINA

L'auteur de cette traduction — faite non point sur les traductions existantes, mais sur le texte lui-même — n'a d'autre prétention que de donner au lecteur la sensation exacte et précise de l'œuvre de Shakespeare. Il estime que, derrière l'œuvre interprétée, la personnalité du traducteur doit s'effacer. Il faut qu'à travers lui — qui n'est rien — transparaisse nettement le génie de l'auteur, avec ses qualités et ses défauts, avec sa couleur propre, avec ses beautés et ses difformités.

Il s'agit pour les lecteurs français non de retrouver en un auteur étranger les caractères du théâtre français, mais au contraire de saisir ceux qui sont spéciaux à une autre nation. Il convient de leur montrer non ce qu'eût été Shakespeare, s'il était né de ce côté du détroit, mais de les initier à ce qu'il est, et de leur donner la faculté d'apprécier, par l'intermédiaire de la langue française, les particularités de la langue anglaise. Qu'on ne cherche donc pas en cette traduction les équivalences plus ou moins ingénieuses auxquelles se sont complu jusqu'ici les transformateurs de Shakespeare. Ici il est lui-même, en toute sincérité, avec ses rudesses natives et ses incohérences géniales, très clair d'ailleurs et parfaitement compréhensible, à l'aide de quelques notes aussi rares que possible.

Le traducteur voudrait que grâce à son travail on éprouvât cette impression qu'on lit Shakespeare, dans le texte anglais et que, par une sorte de prodige, on comprend une langue qu'on n'a pas apprise.

En ce mot à mot mis au point, il s'est peu soucié à l'occasion de quelques incorrections syntaxiques, du moment qu'elles restituaient exactement la forme de son modèle.

Quant aux termes violents, excessifs même dont usait souvent Shakespeare, il ne s'est pas reconnu le droit de les atténuer. Que Shakespeare soit comme il est ou qu'il ne soit pas. Sit ut est aut not sit.

Seulement, pour faciliter l'intelligence de ce théâtre admirable, il a jugé utile de multiplier les indications de mise en scène, qui font, dans le texte primitif, presque complètement défaut. C'est la seule initiative qu'il ait cru devoir prendre, estimant que cet éclaircissement nécessaire laisse l'œuvre intacte. Ce n'est pas être vrai que de rester volontairement obscur.

Le traducteur avoue donc franchement son ambition : il ne redoute que de n'en avoir pas rempli l'objet.

J. L.

FASCICULE N° 10.   60 CENTIMES.

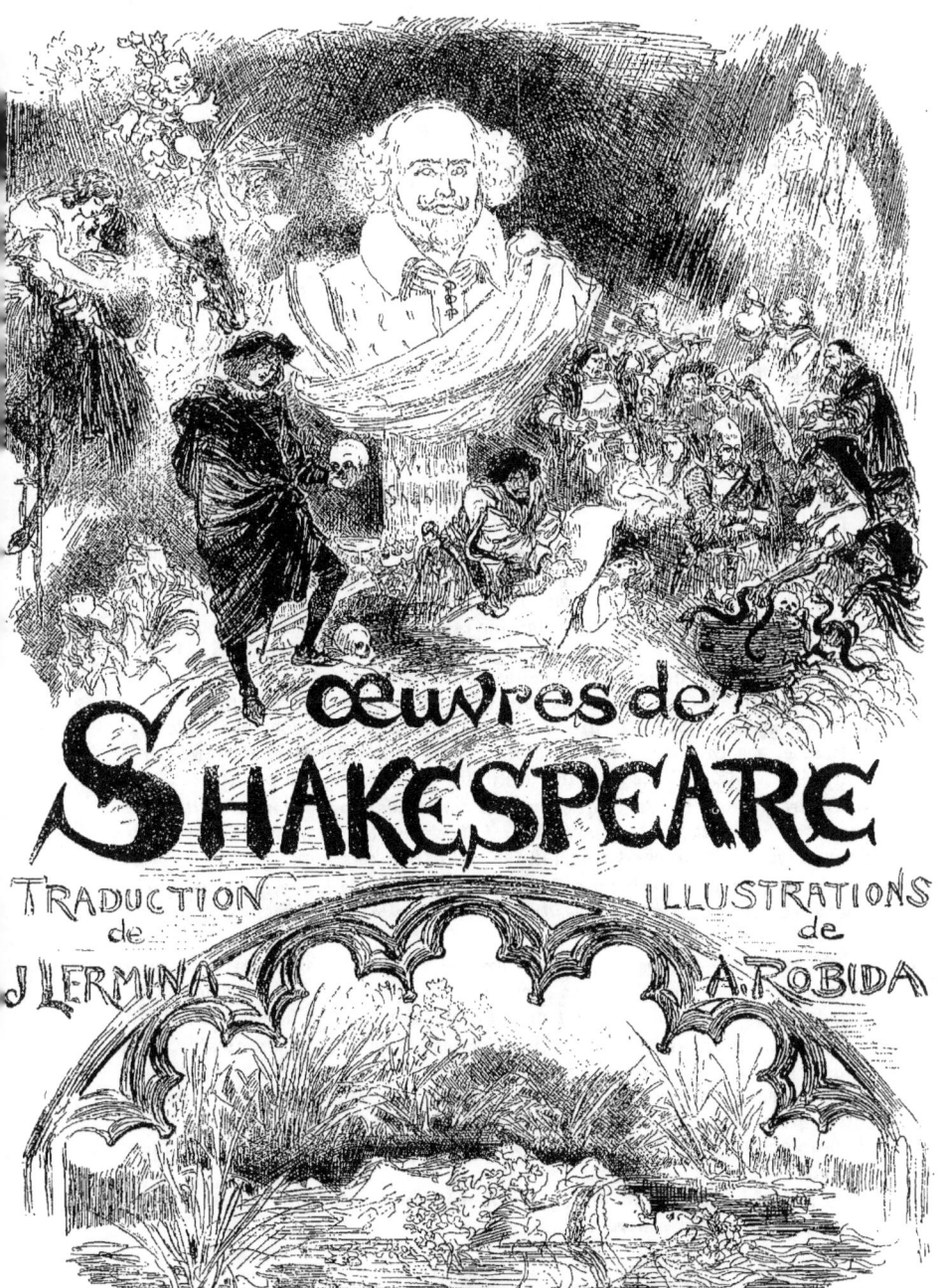

L. BOULANGER, ÉDITEUR, 90, BOULEVARD MONTPARNASSE, PARIS

ŒUVRES
DE
WILLIAM SHAKESPEARE
TRADUCTION NOUVELLE DE
JULES LERMINA

L'auteur de cette traduction — faite non point sur les traductions existantes, mais sur le texte lui-même — n'a d'autre prétention que de donner au lecteur la sensation exacte et précise de l'œuvre de Shakespeare. Il estime que, derrière l'œuvre interprétée, la personnalité du traducteur doit s'effacer. Il faut qu'à travers lui — qui n'est rien — transparaisse nettement le génie de l'auteur, avec ses qualités et ses défauts, avec sa couleur propre, avec ses beautés et ses difformités.

Il s'agit pour les lecteurs français non de retrouver en un auteur étranger les caractères du théâtre français, mais au contraire de saisir ceux qui sont spéciaux à une autre nation. Il convient de leur montrer non ce qu'eût été Shakespeare, s'il était né de ce côté du détroit, mais de les initier à ce qu'il est, et de leur donner la faculté d'apprécier, par l'intermédiaire de la langue française, les particularités de la langue anglaise. Qu'on ne cherche donc pas en cette traduction les équivalences plus ou moins ingénieuses auxquelles se sont complu jusqu'ici les transformateurs de Shakespeare. Ici il est lui-même, en toute sincérité, avec ses rudesses natives et ses incohérences géniales, très clair d'ailleurs et parfaitement compréhensible, à l'aide de quelques notes aussi rares que possible.

Le traducteur voudrait que grâce à son travail on éprouvât cette impression qu'on lit Shakespeare, dans le texte anglais et que, par une sorte de prodige, on comprend une langue qu'on n'a pas apprise.

En ce mot à mot mis au point, il s'est peu soucié à l'occasion de quelques incorrections syntaxiques, du moment qu'elles restituaient exactement la forme de son modèle.

Quant aux termes violents, excessifs même dont usait souvent Shakespeare, il ne s'est pas reconnu le droit de les atténuer. Que Shakespeare soit comme il est ou qu'il ne soit pas. Sit ut est aut not sit.

Seulement, pour faciliter l'intelligence de ce théâtre admirable, il a jugé utile de multiplier les indications de mise en scène, qui font, dans le texte primitif, presque complètement défaut. C'est la seule initiative qu'il ait cru devoir prendre, estimant que cet éclaircissement nécessaire laisse l'œuvre intacte. Ce n'est pas être vrai que de rester volontairement obscur.

Le traducteur avoue donc franchement son ambition : il ne redoute que de n'en avoir pas rempli l'objet.

J. L.

ORDRE DES PIÈCES PUBLIÉES

HAMLET.
ROMÉO ET JULIETTE.
MACBETH.
LE SONGE D'UNE NUIT D'ÉTÉ.
OTHELLO.
LES JOYEUSES COMMÈRES DE WINDSOR.
JULES CÉSAR.
LA TEMPÊTE.
LE ROI LEAR.
LE MARCHAND DE VENISE.
    Etc.

CONDITIONS DE LA SOUSCRIPTION

Le Théâtre de Shakespeare sera publié en fascicules in-4° de 32 pages chacun, contenant de nombreuses gravures.

Le prix du fascicule est de **60 CENTIMES**, il en paraît un tous les quinze jours.

L'ouvrage formera trois ou quatre volumes.

On peut s'abonner pour un volume au prix de douze francs.

LA GUÉRISON DES MIGRAINES

Toutes les médications essayées jusqu'à ces temps derniers contre la migraine, — et Dieu sait si elles sont innombrables, — n'ont donné aucun résultat véritablement satisfaisant.

Quelques-uns des derniers remèdes en grande vogue donnent souvent un soulagement plus ou moins complet, mais ce n'est toujours qu'à doses massives ou répétées : d'où il s'ensuit que, bienfaisants dans certains cas, nuisibles dans d'autres, ils laissent parfois des suites plus ou moins désagréables ou même graves.

Il n'en est pas de même pour la **Cérébrine**, qui remplit toutes les conditions désirables, sans jamais occasionner d'inconvénients ; on pourrait en continuer l'emploi indéfiniment, et tout le monde, le malade comme le médecin, peut se rendre compte immédiatement de ses effets, puisque une seule dose, prise à n'importe quel moment d'un accès, fait disparaître en moins de 10 à 15 minutes les migraines et les névralgies les plus violentes. L'expérience a démontré que, sous son influence, les accès s'éloignent de plus en plus pour disparaître complètement, sans qu'il en résulte jamais aucun inconvénient pour la santé.

La **Cérébrine** n'est pas un remède secret ; sa composition est bien définie. Elle est sous la forme d'une liqueur limpide, agréable à l'œil et au goût et se prend à la dose d'une 1/2 cuillerée à une cuillerée à soupe. Elle agit merveilleusement contre le *Tic douloureux de la face*; les *névralgies faciales, intercostales, rhumatismales, sciatiques et vésicales*, contre le *zona, le vertige stomacal*, et tout particulièrement contre les *coliques périodiques*.

La *Cérébrine bromée* agit plus spécialement chez les personnes très nerveuses et chez les neurasthéniques ; la *Cérébrine iodée* chez les arthritiques.

La *Cérébrine quiniée* est employée spécialement et avec le plus grand succès au début des *rhumes*, de la *grippe* et de l'*influenza*. (Voir la notice).

On peut se procurer la Cérébrine dans tous les pays par l'intermédiaire des pharmaciens et chez **Eugène Fournier** (Pausoudin), *Pharmacie du Printemps*, 114, rue de Provence, à Paris.

Le prix du flacon est de 5 francs, franco 5 fr. 85 ; celui du 1/2 flacon 3 francs, franco-poste **3 fr. 50** ; et celui de deux flacons échantillons (*C. simple* et *C. bromée*), franco-poste **2 fr. 60**.

PAIN DE SOYA

 DESVILLES
CONTRE

Le Diabète et l'Obésité

PLUSIEURS FOIS MÉDAILLÉ AUX EXPOSITIONS

Approuvé par l'*Académie de Médecine*, séance du 29 Mai 1888

Conclusions de M. le Dr DUJARDIN-BEAUMETZ, président.

« Le *Soya* donne une farine très azotée, supérieure même par les chiffres de matières protéiques à la viande. Aussi peut-on faire avec cette farine, des pains et des gâteaux, d'un goût assez agréable, qui ne contiennent qu'un chiffre assez minime de substances amylacées et sucrées. Il y a donc avantage à substituer, dans l'alimentation des *diabétiques*, ces pains et ces gâteaux ; les pains de gluten les mieux faits et provenant des meilleures marques, renfermant toujours, au maximum, de 15 à 16 0/0 de matières amylacées ou sucrées ».

Le pain de **Soya Desvilles** est préparé avec la farine déshuilée du soya, haricot du Japon, ne renfermant que 3 0/0 d'amidon. Son goût est agréable, il a de la mie et se conserve frais plusieurs jours.

Ce pain a, comme on peut s'en convaincre, une grande supériorité sur celui de gluten et autres pains pour diabétiques. — Prix : la boîte de 12 pains : **6 francs**.

SOYATINE, OU PAIN DE SOYA DESVILLES SEC

La **Soyatine** a le grand avantage de se conserver indéfiniment, pourvu qu'elle soit mise à l'abri de l'humidité et des insectes qui en sont très friands. Il est donc possible d'en faire une ample provision pour la campagne ou les voyages. Elle a du reste la propriété de se ramollir facilement, en ayant soin de l'humecter avec un peu d'eau. — La boîte de 1 kilo : **4 francs**.

Dépôt Général : **GRANDE PHARMACIE HYGIÉNIQUE** : 24, rue Étienne-Marcel, PARIS.

ON TROUVE DANS LA MÊME MAISON :

LE SUCRIN DESVILLES qui remplace le sucre : la boîte de 100 pastilles............ 2 fr.	LIQUEURS de dessert diverses :
CHOCOLAT ANTIDIABÉTIQUE : le kil........... 8 et 10 fr.	Chartreuse, Anisette, Noyau, Curaçao, Brou de noix. — Vin de quinquina antidiabétique. — Pastilles comprimées de rhubarbe, de chlorate de potasse, etc., sans sucre.
GAUFRETTES DE DESSERT AU SOYA : la boîte......... 4 fr.	
VIN DE KOLA PHOSPHATÉ du Dr PRAHEL : la bout. 6 fr.	
NOTICE FRANCO SUR DEMANDE	Etc., etc.

Imprimerie de Poissy. — S. LEJAY.

ORDRE DES PIÈCES PUBLIÉES

HAMLET.
ROMÉO ET JULIETTE.
MACBETH.
LE SONGE D'UNE NUIT D'ÉTÉ.
OTHELLO.
LES JOYEUSES COMMÈRES DE WINDSOR.
JULES CÉSAR.
LA TEMPÊTE.
LE ROI LEAR.
LE MARCHAND DE VENISE.
      Etc.

CONDITIONS DE LA SOUSCRIPTION

Le Théâtre de Shakespeare sera publié en fascicules in-4° de 32 pages chacun, contenant de nombreuses gravures.

Le prix du fascicule est de **60 CENTIMES**, il en paraît un tous les quinze jours.

L'ouvrage formera trois ou quatre volumes.

On peut s'abonner pour un volume au prix de DOUZE FRANCS.

LA GUÉRISON DES MIGRAINES

Toutes les médications essayées jusqu'à ces temps derniers contre la migraine, — et Dieu sait si elles sont innombrables, — n'ont donné aucun résultat véritablement satisfaisant.

Quelques-uns des derniers remèdes en grande vogue donnent souvent un soulagement plus ou moins complet, mais ce n'est toujours qu'à doses massives ou répétées : d'où il s'ensuit que, bienfaisants dans certains cas, nuisibles dans d'autres, ils laissent parfois des suites plus ou moins désagréables ou même graves.

Il n'en est pas de même pour la **Cérébrine**, qui remplit toutes les conditions désirables, sans jamais occasionner d'inconvénients ; on pourrait en continuer l'emploi indéfiniment, et tout le monde, le malade comme le médecin, peut se rendre compte immédiatement de ses effets, puisque une seule dose, prise à n'importe quel moment d'un accès, fait disparaître en moins de 10 à 15 minutes les migraines et les névralgies les plus violentes. L'expérience a démontré que, sous son influence, les accès s'éloignent de plus en plus pour disparaître complètement, sans qu'il en résulte jamais aucun inconvénient pour la santé.

La **Cérébrine** n'est pas un remède secret; sa composition est bien définie. Elle est sous la forme d'une liqueur limpide, agréable à l'œil et au goût et se prend à la dose d'une 1/2 cuillerée à une cuillerée à soupe. Elle agit merveilleusement contre le *Tic douloureux de la face*, les *névralgies faciales, intercostales, rhumatismales, sciatiques et vésicales*, contre le *zona*, le *vertige stomacal*, et tout particulièrement contre les *coliques périodiques*.

La *Cérébrine bromée* agit plus spécialement chez les personnes très nerveuses et chez les neurasthéniques ; la *Cérébrine iodée* chez les arthritiques.

La *Cérébrine quinée* est employée spécialement et avec le plus grand succès au début des *rhumes*, de la *grippe* et de l'*influenza*. (*Voir la notice*).

On peut se procurer la Cérébrine dans tous les pays par l'intermédiaire des pharmaciens et chez **Eugène Fournier** (Pausodun), *Pharmacie du Printemps*, 114, *rue de Provence, à Paris*.

Le prix du flacon est de 5 francs, franco 5 fr. 85 ; celui du 1/2 flacon 3 francs, franco-poste 3 fr. 50 ; et celui de deux flacons échantillons (*C. simple* et *C. bromée*), franco-poste 2 fr. 60.

PAIN DE SOYA

 DESVILLES
CONTRE

Le Diabète et l'Obésité

PLUSIEURS FOIS MÉDAILLÉ AUX EXPOSITIONS

Approuvé par l'*Académie de Médecine*, séance du 29 Mai 1888

Conclusions de M. le Dr DUJARDIN-BEAUMETZ, président.

« Le *Soya* donne une farine très azotée, supérieure même par les chiffres de matières protéiques à la viande. Aussi peut-on faire avec cette farine, des pains et des gâteaux, d'un goût assez agréable, qui ne contiennent qu'un chiffre assez minime de substances amylacées et sucrées. Il y a donc avantage à substituer, dans l'alimentation des *diabétiques*, ces pains et ces gâteaux; les pains de gluten les mieux faits et provenant des meilleures marques, renferment toujours, au maximum, de 15 à 16 0/0 de matières amylacées ou sucrées ».

Le pain de **Soya Desvilles** est préparé avec la farine déshuilée du soya, haricot du Japon, ne renfermant que 3 0/0 d'amidon. Son goût est agréable, il a de la mie et se conserve frais plusieurs jours.

Ce pain a, comme on peut s'en convaincre, une grande supériorité sur celui de gluten et autres pains pour diabétiques. — Prix : la boîte de 12 pains : 6 francs.

SOYATINE, OU PAIN DE SOYA DESVILLES SEC

La **Soyatine** a le grand avantage de se conserver indéfiniment, pourvu qu'elle soit mise à l'abri de l'humidité et des insectes qui en sont très friands. Il est donc possible d'en faire une ample provision pour la campagne ou les voyages. Elle a du reste la propriété de se ramollir facilement, en ayant soin de l'humecter avec un peu d'eau. — La boîte de 1 kilo : **4 francs**.

Dépôt Général : **GRANDE PHARMACIE HYGIÉNIQUE** : 24, rue Étienne-Marcel, PARIS.
ON TROUVE DANS LA MÊME MAISON :

LE SUCRIN DESVILLES qui remplace le sucre : la boîte de 100 pastilles............ 2 fr.	LIQUEURS de dessert diverses :
CHOCOLAT ANTIDIABÉTIQUE : le kilo......... 8 et 10 fr.	Chartreuse, Anisette, Noyau, Curaçao, Brou de noix. — Vin de quinquina antidiabétique. — Pastilles comprimées de rhubarbe, de chlorate de potasse, etc., sans sucre.
GAUFRETTES DE DESSERT AU SOYA : la boîte........ 4 fr.	
VIN DE KOLA PHOSPHATÉ du Dr PRAHEL : la bout. 6 fr.	Etc., etc.
NOTICE FRANCO SUR DEMANDE	

Imprimerie de Poissy. — S. LEJAY.

ORDRE DES PIÈCES PUBLIÉES

HAMLET.
ROMÉO ET JULIETTE.
MACBETH.
LE SONGE D'UNE NUIT D'ÉTÉ.
OTHELLO.
LES JOYEUSES COMMÈRES DE WINDSOR.
JULES CÉSAR.
LA TEMPÊTE.
LE ROI LEAR.
LE MARCHAND DE VENISE.
   Etc.

CONDITIONS DE LA SOUSCRIPTION

Le Théâtre de Shakespeare sera publié en fascicules in-4° de 32 pages chacun, contenant de nombreuses gravures.

Le prix du fascicule est de 60 CENTIMES, il en paraît un tous les quinze jours.

L'ouvrage formera trois ou quatre volumes.

On peut s'abonner pour un volume au prix de DOUZE FRANCS.

LA GUÉRISON DES MIGRAINES

Toutes les médications essayées jusqu'à ces temps derniers contre la migraine, — et Dieu sait si elles sont innombrables, — n'ont donné aucun résultat véritablement satisfaisant.

Quelques-uns des derniers remèdes en grande vogue donnent souvent un soulagement plus ou moins complet, mais ce n'est toujours qu'à doses massives ou répétées : d'où il s'ensuit que, bienfaisants dans certains cas, nuisibles dans d'autres, ils laissent parfois des suites plus ou moins désagréables ou même graves.

Il n'en est pas de même pour la **Cérébrine**, qui remplit toutes les conditions désirables, sans jamais occasionner d'inconvénients ; on pourrait en continuer l'emploi indéfiniment, et tout le monde, le malade comme le médecin, peut se rendre compte immédiatement de ses effets, puisque une seule dose, prise à n'importe quel moment d'un accès, fait disparaître en moins de 10 à 15 minutes les migraines et les névralgies les plus violentes. L'expérience a démontré que, sous son influence, les accès s'éloignent de plus en plus pour disparaître complètement, sans qu'il en résulte jamais aucun inconvénient pour la santé.

La Cérébrine n'est pas un remède secret ; sa composition est bien définie. Elle est sous la forme d'une liqueur limpide, agréable à l'œil et au goût et se prend à la dose d'une 1/2 cuillerée à une cuillerée à soupe. Elle agit merveilleusement contre le *Tic douloureux de la face*, *les névralgies faciales, intercostales, rhumatismales, sciatiques et vésicales*, contre le zona, le vertige stomacal, et tout particulièrement contre les *coliques périodiques*.

La *Cérébrine bromée* agit plus spécialement chez les personnes très nerveuses et chez les neurasthéniques ; la *Cérébrine iodée* chez les arthritiques.

La *Cérébrine quiniée* est employée spécialement et avec le plus grand succès au début des *rhumes*, de la *grippe* et de l'*influenza*. (Voir la notice).

On peut se procurer la Cérébrine dans tous les pays par l'intermédiaire des pharmaciens et chez **Eugène Fournier** (Pausodan), *Pharmacie du Printemps*, 114, *rue de Provence*, à Paris.

Le prix du flacon est de 5 francs, franco 5 fr. 85 ; celui du 1/2 flacon 3 francs, franco-poste 3 fr. 50 ; et celui de deux flacons échantillons (*C. simple* et *C. bromée*), franco-poste 2 fr. 60.

PAIN DE SOYA

 **DESVILLES**
CONTRE

Le Diabète et l'Obésité

PLUSIEURS FOIS MÉDAILLÉ AUX EXPOSITIONS

Approuvé par l'*Académie de Médecine*, séance du 29 Mai 1888

Conclusions de M. le Dr DUJARDIN-BEAUMETZ, président.

« Le *Soya* donne une farine très azotée, supérieure même par les chiffres de matières protéiques à la « viande. Aussi peut-on faire avec cette farine, des pains et des gâteaux, d'un goût assez agréable, qui ne « contiennent qu'un chiffre assez minime de substances amylacées et sucrées. Il y a donc avantage à « substituer, dans l'alimentation des *diabétiques*, ces pains et ces gâteaux ; les pains de gluten les mieux faits « et provenant des meilleures marques, renfermant toujours, au maximum, de 15 à 16 0/0 de matières « amylacées ou sucrées ».

Le pain de **Soya Desvilles** est préparé avec la farine déshuilée du soya, haricot du Japon, ne renfermant que 3 0/0 d'amidon. Son goût est agréable, il a de la mie et se conserve frais plusieurs jours.

Ce pain a, comme on peut s'en convaincre, une grande supériorité sur celui de gluten et autres pains pour diabétiques. — Prix : la boîte de 12 pains : **6** francs.

SOYATINE, OU PAIN DE SOYA DESVILLES SEC

La **Soyatine** a le grand avantage de se conserver indéfiniment, pourvu qu'elle soit mise à l'abri de l'humidité et des insectes qui en sont très friands. Il est donc possible d'en faire une ample provision pour la campagne ou les voyages. Elle a du reste la propriété de se ramollir facilement, en ayant soin de l'humecter avec un peu d'eau. — La boîte de 1 kilo : **4** francs.

Dépôt Général : GRANDE PHARMACIE HYGIÉNIQUE : 24, rue Étienne-Marcel, PARIS.

ON TROUVE DANS LA MÊME MAISON :

LE SUCRIN DESVILLES qui remplace le sucre : la boîte de 100 pastilles .... 2 fr. CHOCOLAT ANTIDIABÉTIQUE : le kilo .... 8 et 10 fr. GAUFRETTES DE DESSERT AU SOYA : la boîte .... 4 fr. VIN DE KOLA PHOSPHATÉ du Dr PRAHEL : la bout. 6 fr. NOTICE FRANCO SUR DEMANDE	LIQUEURS de dessert diverses : Chartreuse, Anisette, Noyau, Curaçao, Brou de noix. — Vin de quinquina antidiabétique. — Pastilles comprimées de rhubarbe, de chlorate de potasse, etc., sans sucre. Etc., etc.

Imprimerie de Poissy. — S. LEJAY.

FASCICULE N° 11. 60 CENTIMES.

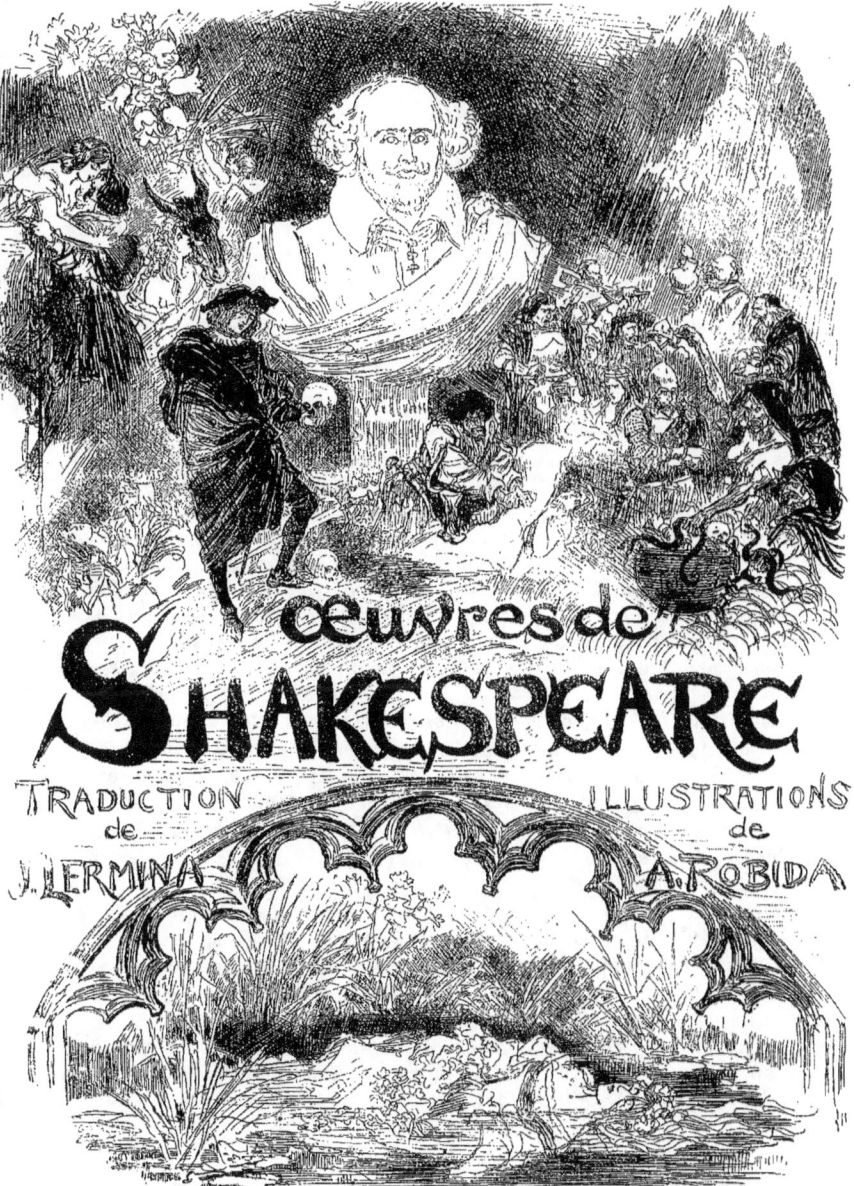

L. BOULANGER, ÉDITEUR, 90, BOULEVARD MONTPARNASSE, PARIS

ŒUVRES
DE
WILLIAM SHAKESPEARE

TRADUCTION NOUVELLE DE

JULES LERMINA

L'auteur de cette traduction — faite non point sur les traductions existantes, mais sur le texte lui-même — n'a d'autre prétention que de donner au lecteur la sensation exacte et précise de l'œuvre de Shakespeare. Il estime que, derrière l'œuvre interprétée, la personnalité du traducteur doit s'effacer. Il faut qu'à travers lui — qui n'est rien — transparaisse nettement le génie de l'auteur, avec ses qualités et ses défauts, avec sa couleur propre, avec ses beautés et ses difformités.

Il s'agit pour les lecteurs français non de retrouver en un auteur étranger les caractères du théâtre français, mais au contraire de saisir ceux qui sont spéciaux à une autre nation. Il convient de leur montrer non ce qu'eut été Shakespeare, s'il était né de ce côté du détroit, mais de les initier à ce qu'il est, et de leur donner la faculté d'apprécier, par l'intermédiaire de la langue française, les particularités de la langue anglaise. Qu'on ne cherche donc pas en cette traduction les équivalences plus ou moins ingénieuses auxquelles se sont complu jusqu'ici les transformateurs de Shakespeare. Ici il est lui-même, en toute sincérité, avec ses rudesses natives et ses incohérences géniales, très clair d'ailleurs et parfaitement compréhensible, à l'aide de quelques notes aussi rares que possible.

Le traducteur voudrait que grâce à son travail on éprouvât cette impression qu'on lit Shakespeare, dans le texte anglais et que, par une sorte de prodige, on comprend une langue qu'on n'a pas apprise.

En un mot mis au point, il s'est peu soucié à l'occasion de quelques incorrections syntaxiques, du moment qu'elles restituaient exactement la forme de son modèle.

Quant aux termes violents, excessifs même dont usait souvent Shakespeare, il ne s'est pas reconnu le droit de les atténuer. Que Shakespeare soit comme il est ou qu'il ne soit pas. Sit ut est aut not sit.

Seulement, pour faciliter l'intelligence de ce théâtre admirable, il a jugé utile de multiplier les indications de mise en scène, qui font, dans le texte primitif, presque complètement défaut. C'est la seule initiative qu'il ait cru devoir prendre, estimant que cet éclaircissement nécessaire laisse l'œuvre intacte. Ce n'est pas être vrai que de rester volontairement obscur.

Le traducteur avoue donc franchement son ambition : il ne redoute **que de n'en avoir pas rempli l'objet.**

J. L.

FASCICULE N° 12.   60 CENTIMES.

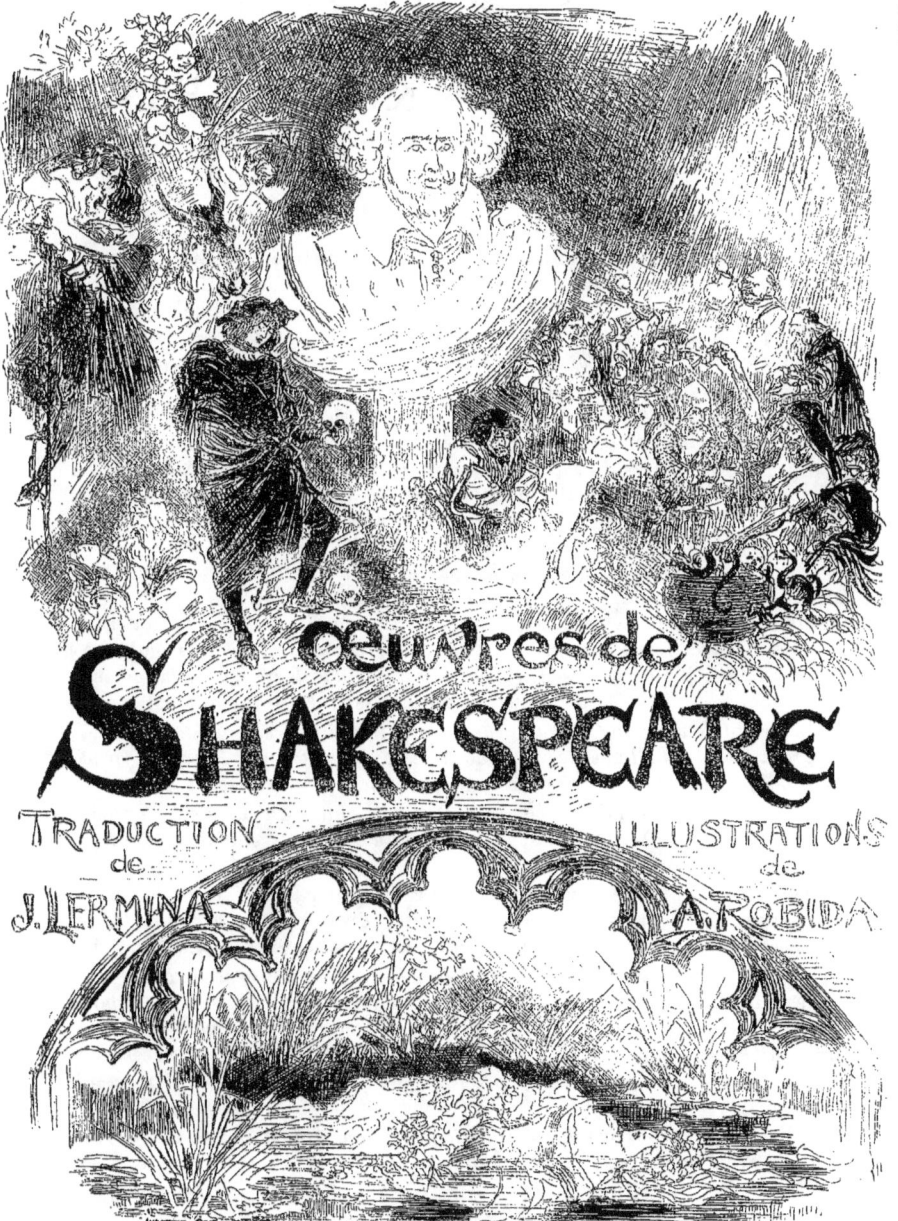

L. BOULANGER, ÉDITEUR, 90, BOULEVARD MONTPARNASSE, PARIS

OEUVRES
DE
WILLIAM SHAKESPEARE

TRADUCTION NOUVELLE DE

JULES LERMINA

L'auteur de cette traduction — faite non point sur les traductions existantes, mais sur le texte lui-même — n'a d'autre prétention que de donner au lecteur la sensation exacte et précise de l'œuvre de Shakespeare. Il estime que, derrière l'œuvre interprétée, la personnalité du traducteur doit s'effacer. Il faut qu'à travers lui — qui n'est rien — transparaisse nettement le génie de l'auteur, avec ses qualités et ses défauts, avec sa couleur propre, avec ses beautés et ses difformités.

Il s'agit pour les lecteurs français non de retrouver en un auteur étranger les caractères du théâtre français, mais au contraire de saisir ceux qui sont spéciaux à une autre nation. Il convient de leur montrer non ce qu'eut été Shakespeare, s'il était né de ce côté du détroit, mais de les initier à ce qu'il est, et de leur donner la faculté d'apprécier, par l'intermédiaire de la langue française, les particularités de la langue anglaise. Qu'on ne cherche donc pas en cette traduction les équivalences plus ou moins ingénieuses auxquelles se sont complu jusqu'ici les transformateurs de Shakespeare. Ici il est lui-même, en toute sincérité, avec ses rudesses natives et ses incohérences géniales, très clair d'ailleurs et parfaitement compréhensible, à l'aide de quelques notes aussi rares que possible.

Le traducteur voudrait que grâce à son travail on éprouvât cette impression qu'on lit Shakespeare, dans le texte anglais et que, par une sorte de prodige, on comprend une langue qu'on n'a pas apprise.

En ce mot à mot mis au point, il s'est peu soucié à l'occasion de quelques incorrections syntaxiques, du moment qu'elles restituaient exactement la forme de son modèle.

Quant aux termes violents, excessifs même dont usait souvent Shakespeare, il ne s'est pas reconnu le droit de les atténuer. Que Shakespeare soit comme il est ou qu'il ne soit pas. Sit ut est aut not sit.

Seulement, pour faciliter l'intelligence de ce théâtre admirable, il a jugé utile de multiplier les indications de mise en scène, qui font, dans le texte primitif, presque complètement défaut. C'est la seule initiative qu'il ait cru devoir prendre, estimant que cet éclaircissement nécessaire laisse l'œuvre intacte. Ce n'est pas être vrai que de rester volontairement obscur.

Le traducteur avoue donc franchement son ambition : il ne redoute que de n'en avoir pas rempli l'objet.

J. L.

FASCICULE N° 13.   60 CENTIMES.

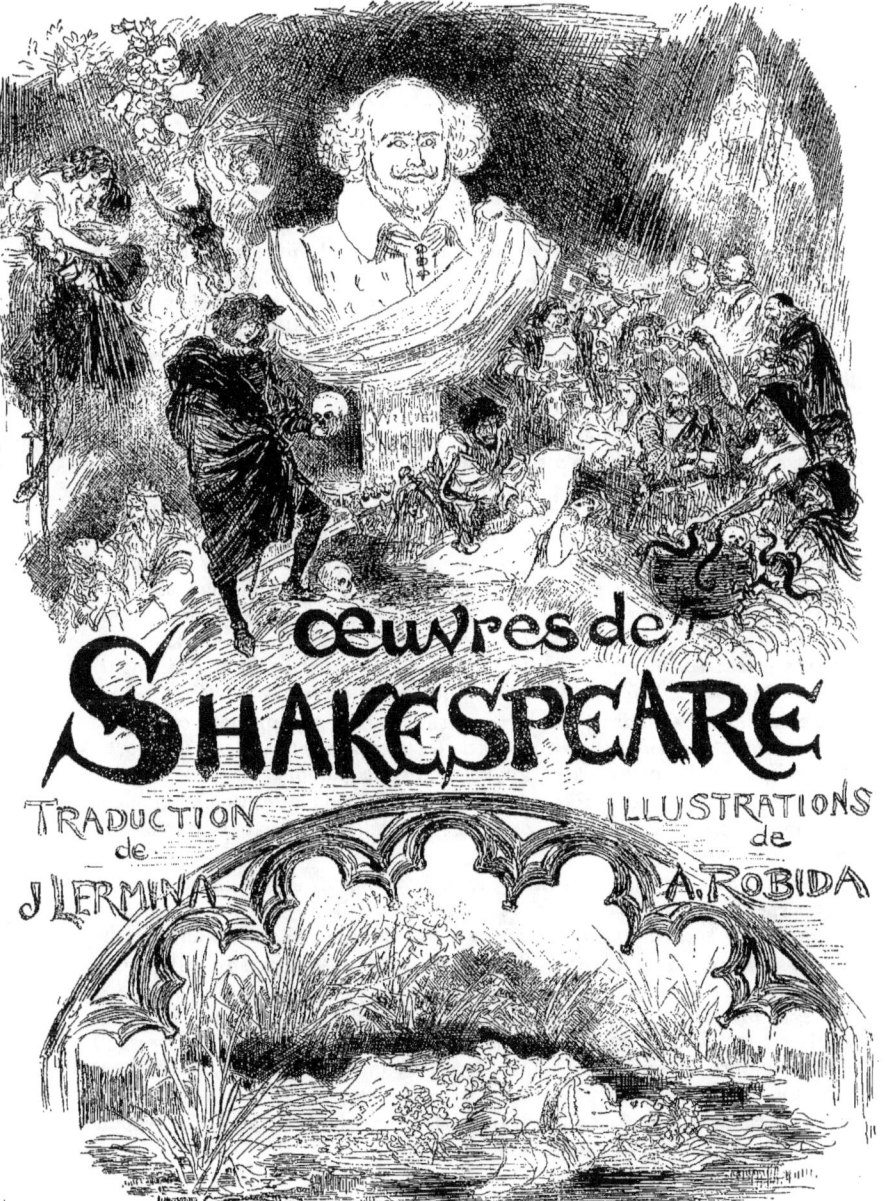

L. BOULANGER, ÉDITEUR, 90, BOULEVARD MONTPARNASSE, PARIS

ŒUVRES
DE
WILLIAM SHAKESPEARE
TRADUCTION NOUVELLE DE
JULES LERMINA

  L'auteur de cette traduction — faite non point sur les traductions existantes, mais sur le texte lui-même — n'a d'autre prétention que de donner au lecteur la sensation exacte et précise de l'œuvre de Shakespeare. Il estime que, derrière l'œuvre interprétée, la personnalité du traducteur doit s'effacer. Il faut qu'à travers lui — qui n'est rien — transparaisse nettement le génie de l'auteur, avec ses qualités et ses défauts, avec sa couleur propre, avec ses beautés et ses difformités.

  Il s'agit pour les lecteurs français non de retrouver en un auteur étranger les caractères du théâtre français, mais au contraire de saisir ceux qui sont spéciaux à une autre nation. Il convient de leur montrer non ce qu'eût été Shakespeare, s'il était né de ce côté du détroit, mais de les initier à ce qu'il est, et de leur donner la faculté d'apprécier, par l'intermédiaire de la langue française, les particularités de la langue anglaise. Qu'on ne cherche donc pas en cette traduction les équivalences plus ou moins ingénieuses auxquelles se sont complu jusqu'ici les transformateurs de Shakespeare. Ici il est lui-même, en toute sincérité, avec ses rudesses natives et ses incohérences géniales, très clair d'ailleurs et parfaitement compréhensible, à l'aide de quelques notes aussi rares que possible.

  Le traducteur voudrait que grâce à son travail on éprouvât cette impression qu'on lit Shakespeare, dans le texte anglais et que, par une sorte de prodige, on comprend une langue qu'on n'a pas apprise.

  En ce mot à mot mis au point, il s'est peu soucié à l'occasion de quelques incorrections syntaxiques, du moment qu'elles restituaient exactement la forme de son modèle.

  Quant aux termes violents, excessifs même dont usait souvent Shakespeare, il ne s'est pas reconnu le droit de les atténuer. Que Shakespeare soit comme il est ou qu'il ne soit pas. Sit ut est aut not sit.

  Seulement, pour faciliter l'intelligence de ce théâtre admirable, il a jugé utile de multiplier les indications de mise en scène, qui font, dans le texte primitif, presque complètement défaut. C'est la seule initiative qu'il ait cru devoir prendre, estimant que cet éclaircissement nécessaire laisse l'œuvre intacte. Ce n'est pas être vrai que de rester volontairement obscur.

  Le traducteur avoue donc franchement son ambition : il ne redoute que de n'en avoir pas rempli l'objet.

J. L.

ORDRE DES PIÈCES PUBLIÉES

HAMLET.
ROMÉO ET JULIETTE.
MACBETH.
LE SONGE D'UNE NUIT D'ÉTÉ.
OTHELLO.
LES JOYEUSES COMMÈRES DE WINDSOR.
JULES CÉSAR.
LA TEMPÊTE.
LE ROI LEAR.
LE MARCHAND DE VENISE.
    Etc.

CONDITIONS DE LA SOUSCRIPTION

Le Théâtre de Shakespeare sera publié en fascicules in-4° de 32 pages chacun, contenant de nombreuses gravures.

Le prix du fascicule est de **60 CENTIMES**, il en paraît un tous les quinze jours.

L'ouvrage formera trois ou quatre volumes.

On peut s'abonner pour un volume au prix de DOUZE FRANCS.

LA GUÉRISON DES MIGRAINES

Toutes les médications essayées jusqu'à ces temps derniers contre la migraine, — et Dieu sait si elles sont innombrables, — n'ont donné aucun résultat véritablement satisfaisant.

Quelques-uns des derniers remèdes en grande vogue donnent souvent un soulagement plus ou moins complet, mais ce n'est toujours qu'à doses massives ou répétées : d'où il s'ensuit que, bienfaisants dans certains cas, nuisibles dans d'autres, ils laissent parfois des suites plus ou moins désagréables ou même graves.

Il n'en est pas de même pour la **Cérébrine**, qui remplit toutes les conditions désirables, sans jamais occasionner d'inconvénients ; on pourrait en continuer l'emploi indéfiniment, et tout le monde, le malade comme le médecin, peut se rendre compte immédiatement de ses effets, puisque une seule dose, prise à n'importe quel moment d'un accès, fait disparaître en moins de 10 à 15 minutes les migraines et les névralgies les plus violentes. L'expérience a démontré que, sous son influence, les accès s'éloignent de plus en plus pour disparaître complètement, sans qu'il en résulte jamais aucun inconvénient pour la santé.

La **Cérébrine** n'est pas un remède secret ; sa composition est bien définie. Elle est sous la forme d'une liqueur limpide, agréable à l'œil et au goût et se prend à la dose d'une 1/2 cuillerée à une cuillerée à soupe. Elle agit merveilleusement contre le *Tic douloureux de la face*, les *névralgies faciales, intercostales, rhumatismales, sciatiques et vésicales*, contre le *zona*, le *vertige stomacal*, et tout particulièrement contre les *coliques périodiques*.

La *Cérébrine bromée* agit plus spécialement chez les personnes très nerveuses et chez les neurasthéniques ; la *Cérébrine iodée* chez les arthritiques.

La *Cérébrine quinine* est employée spécialement et avec le plus grand succès au début des *rhumes*, de la *grippe* et de l'*influenza*. (*Voir la notice*).

On peut se procurer la Cérébrine dans tous les pays par l'intermédiaire des pharmaciens et chez **Eugène Fournier** (Pausodun), *Pharmacie du Printemps*, 114, rue de Provence, à Paris.

Le prix du flacon est de **5** francs, franco **5 fr. 85** ; celui du 1/2 flacon 3 francs, franco-poste **3 fr. 50** ; et celui de deux flacons échantillons (*C. simple* et *C. bromée*), franco-poste **2 fr. 60**.

PAIN DE SOYA

 **DESVILLES**
CONTRE

Le Diabète et l'Obésité

PLUSIEURS FOIS MÉDAILLÉ AUX EXPOSITIONS

Approuvé par l'*Académie de Médecine*, séance du 29 Mai 1888

Conclusions de M. le Dr DUJARDIN-BEAUMETZ, président.

« Le *Soya* donne une farine très azotée, supérieure même par les chiffres de matières protéïques à la viande. Aussi peut-on faire avec cette farine, des pains et des gâteaux, d'un goût assez agréable, qui ne contiennent qu'un chiffre assez minime de substances amylacées et sucrées. Il y a donc avantage à substituer, dans l'alimentation des *diabétiques*, ces pains et ces gâteaux ; les pains de gluten les mieux faits et provenant des meilleures marques, renfermant toujours, au maximum, de 15 à 16 0/0 de matières amylacées ou sucrées ».

Le pain de **Soya Desvilles** est préparé avec la farine déshuilée du soya, haricot du Japon, ne renfermant que 3 0/0 d'amidon. Son goût est agréable, il a de la mie et se conserve frais plusieurs jours.

Ce pain a, comme on peut s'en convaincre, une grande supériorité sur celui de gluten et autres pains pour diabétiques. — Prix : la boîte de 12 pains : **6** francs.

SOYATINE, OU PAIN DE SOYA DESVILLES SEC

La **Soyatine** a le grand avantage de se conserver indéfiniment, pourvu qu'elle soit mise à l'abri de l'humidité et des insectes qui en sont très friands. Il est donc possible d'en faire une ample provision pour la campagne ou les voyages. Elle a du reste la propriété de se ramollir facilement, en ayant soin de l'humecter avec un peu d'eau. — La boîte de 1 kilo : **4** francs.

Dépôt Général : **GRANDE PHARMACIE HYGIÉNIQUE** : 24, rue Étienne-Marcel, PARIS.

ON TROUVE DANS LA MÊME MAISON :

LE SUCRIN DESVILLES qui remplace le sucre : la boîte de 100 pastilles............ 2 fr.	**LIQUEURS** de dessert diverses :
CHOCOLAT ANTIDIABÉTIQUE : le kilo........ 8 et 10 fr.	Chartreuse, Anisette, Noyau, Curaça, Brou de noix. — Vin de quinquina antidiabétique. — Pastilles comprimées de rhubarbe, de chlorate de potasse, etc., sans sucre.
GAUFRETTES DE DESSERT AU SOYA : la boîte....... 4 fr.	
VIN DE KOLA PHOSPHATÉ du Dr PRAHEL : la bout. 6 fr.	
NOTICE FRANCO SUR DEMANDE	Etc., etc.

Imprimerie de Poissy. — S. LEJAY.

ORDRE DES PIÈCES PUBLIÉES

HAMLET.
ROMÉO ET JULIETTE.
MACBETH.
LE SONGE D'UNE NUIT D'ÉTÉ.
OTHELLO.
LES JOYEUSES COMMÈRES DE WINDSOR.
JULES CÉSAR.
LA TEMPÊTE.
LE ROI LEAR.
LE MARCHAND DE VENISE.
    Etc.

CONDITIONS DE LA SOUSCRIPTION

Le Théâtre de Shakespeare sera publié en fascicules in-4° de 32 pages chacun, contenant de nombreuses gravures.

Le prix du fascicule est de **60 CENTIMES**, il en paraît un tous les quinze jours.

L'ouvrage formera trois ou quatre volumes.

On peut s'abonner pour un volume au prix de DOUZE FRANCS.

LA GUÉRISON DES MIGRAINES

Toutes les médications essayées jusqu'à ces temps derniers contre la migraine, — et Dieu sait si elles sont innombrables, — n'ont donné aucun résultat véritablement satisfaisant.

Quelques-uns des derniers remèdes en grande vogue donnent souvent un soulagement plus ou moins complet, mais ce n'est toujours qu'à doses massives ou répétées : d'où il s'ensuit que, bienfaisants dans certains cas, nuisibles dans d'autres, ils laissent parfois des suites plus ou moins désagréables ou même graves.

Il n'en est pas de même pour la **Cérébrine**, qui remplit toutes les conditions désirables, sans jamais occasionner d'inconvénients ; on pourrait en continuer l'emploi indéfiniment, et tout le monde, le malade comme le médecin, peut se rendre compte immédiatement de ses effets, puisque une seule dose, prise à n'importe quel moment d'un accès, fait disparaître en moins de 10 à 15 minutes les migraines et les névralgies les plus violentes. L'expérience a démontré que, sous son influence, les accès s'éloignent de plus en plus pour disparaître complètement, sans qu'il en résulte jamais aucun inconvénient pour la santé.

La **Cérébrine** n'est pas un remède secret ; sa composition est bien définie. Elle est sous la forme d'une liqueur limpide, agréable à l'œil et au goût et se prend à la dose d'une 1/2 cuillerée à une cuillerée à soupe. Elle agit merveilleusement contre le *Tic douloureux de la face, les névralgies faciales, intercostales, rhumatismales, sciatiques et vésicales*, contre le *zona, le vertige stomacal*, et tout particulièrement contre les *coliques périodiques*.

La *Cérébrine bromée* agit plus spécialement chez les personnes très nerveuses et chez les neurasthéniques ; la *Cérébrine iodée* chez les arthritiques.

La *Cérébrine quinée* est employée spécialement et avec le plus grand succès au début des *rhumes, de la grippe* et de l'*influenza*. (*Voir la notice*).

On peut se procurer la *Cérébrine* dans tous les pays par l'intermédiaire des pharmaciens et chez **Eugène Fournier** (Pausodun), *Pharmacie du Printemps*, 114, rue de Provence, à Paris.

Le prix du flacon est de 5 francs, franco **5 fr. 85** ; celui du 1/2 flacon 3 francs, franco-poste **3 fr. 50** ; et celui de deux flacons échantillons (*C. simple* et *C. bromée*), franco-poste **2 fr. 60**.

PAIN DE SOYA
DESVILLES
CONTRE
Le Diabète et l'Obésité

PLUSIEURS FOIS MÉDAILLÉ AUX EXPOSITIONS

Approuvé par l'*Académie de Médecine*, séance du 29 Mai 1888

Conclusions de M. le Dr DUJARDIN-BEAUMETZ, président.

« Le *Soya* donne une farine très azotée, supérieure même par les chiffres de matières protéiques à la « viande. Aussi peut-on faire avec cette farine, des pains et des gâteaux, d'un goût assez agréable, qui ne « contiennent qu'un chiffre assez minime de substances amylacées et sucrées. Il y a donc avantage à « substituer, dans l'alimentation des *diabétiques*, ces pains et ces gâteaux ; les pains de gluten les mieux faits « et provenant des meilleures marques, renfermant toujours, au maximum, de 15 à 16 0/0 de matières « amylacées ou sucrées. »

Le pain de **Soya Desvilles** est préparé avec la farine déshuilée du soya, haricot du Japon, ne renfermant que 3 0/0 d'amidon. Son goût est agréable, il a de la mie et se conserve frais plusieurs jours.

Ce pain a, comme on peut s'en convaincre, une grande supériorité sur celui de gluten et autres pains pour diabétiques. — Prix : la boîte de 12 pains : **6 francs**.

SOYATINE, OU PAIN DE SOYA DESVILLES SEC

La **Soyatine** a le grand avantage de se conserver indéfiniment, pourvu qu'elle soit mise à l'abri de l'humidité et des insectes qui en sont très friands. Il est donc possible d'en faire une ample provision pour la campagne ou les voyages. Elle a du reste la propriété de se ramollir facilement, en ayant soin de l'humecter avec un peu d'eau. — La boîte de 1 kilo : **4 francs**.

Dépôt Général : **GRANDE PHARMACIE HYGIÉNIQUE : 24, rue Étienne-Marcel, PARIS**.

ON TROUVE DANS LA MÊME MAISON :

LE SUCRIN DESVILLES qui remplace le sucre : la boîte de 100 pastilles .... 2 fr.	LIQUEURS de dessert diverses :
CHOCOLAT ANTIDIABÉTIQUE : le kilo .... 8 et 10 fr.	Chartreuse, Anisette, Noyau, Curaçao, Brou de noix. — Vin de quinquina antidiabétique. — Pastilles comprimées de rhubarbe, de chlorate de potasse, etc., sans sucre.
GAUFRETTES DE DESSERT AU SOYA : la boîte .... 4 fr.	
VIN DE KOLA PHOSPHATÉ du Dr PRAHEL : la bout. 6 fr.	
NOTICE FRANCO SUR DEMANDE	Etc., etc.

Imprimerie de Poissy. — S. LEJAY.

ORDRE DES PIÈCES PUBLIÉES

HAMLET.
ROMÉO ET JULIETTE.
MACBETH.
LE SONGE D'UNE NUIT D'ÉTÉ.
OTHELLO.
LES JOYEUSES COMMÈRES DE WINDSOR.
JULES CÉSAR.
LA TEMPÊTE.
LE ROI LEAR.
LE MARCHAND DE VENISE.
      Etc.

CONDITIONS DE LA SOUSCRIPTION

Le Théâtre de Shakespeare sera publié en fascicules in-4° de 32 pages chacun, contenant de nombreuses gravures.

Le prix du fascicule est de **60 CENTIMES**, il en paraît un tous les quinze jours.

L'ouvrage formera trois ou quatre volumes.

On peut s'abonner pour un volume au prix de douze francs.

LA GUÉRISON DES MIGRAINES

Toutes les médications essayées jusqu'à ces temps derniers contre la migraine, — et Dieu sait si elles sont innombrables, — n'ont donné aucun résultat véritablement satisfaisant.

Quelques-uns des derniers remèdes en grande vogue donnent souvent un soulagement plus ou moins complet, mais ce n'est toujours qu'à doses massives ou répétées : d'où il s'ensuit que, bienfaisants dans certains cas, nuisibles dans d'autres, ils laissent parfois des suites plus ou moins désagréables ou même graves.

Il n'en est pas de même pour la **Cérébrine**, qui remplit toutes les conditions désirables, sans jamais occasionner d'inconvénients ; on pourrait en continuer l'emploi indéfiniment, et tout le monde, le malade comme le médecin, peut se rendre compte immédiatement de ses effets, puisque une seule dose, prise à n'importe quel moment d'un accès, fait disparaître en moins de 10 à 15 minutes les migraines et les névralgies les plus violentes. L'expérience a démontré que, sous son influence, les accès s'éloignent de plus en plus pour disparaître complètement, sans qu'il en résulte jamais aucun inconvénient pour la santé.

La Cérébrine n'est pas un remède secret ; sa composition est bien définie. Elle est sous la forme d'une liqueur limpide, agréable à l'œil et au goût et se prend à la dose d'une 1/2 cuillerée à une cuillerée à soupe. Elle agit merveilleusement contre le *Tic douloureux de la face*, *les névralgies faciales*, *intercostales*, *rhumatismales*, *sciatiques et vésicales*, contre le *zona*, *le vertige stomacal*, et tout particulièrement contre les *coliques périodiques*.

La *Cérébrine bromée* agit plus spécialement chez les personnes très nerveuses et chez les neurasthéniques ; la *Cérébrine iodée* chez les arthritiques.

La *Cérébrine quiniée* est employée spécialement et avec le plus grand succès au début des *rhumes*, de la *grippe* et de l'*influenza*. (*Voir la notice*).

On peut se procurer la Cérébrine dans tous les pays par l'intermédiaire des pharmaciens et chez **Eugène Fournier** (Pausodun), *Pharmacie du Printemps*, 114, *rue de Provence, à Paris*.

Le prix du flacon est de 5 francs, franco **5 fr. 85** ; celui du 1/2 flacon 3 francs, franco-poste **3 fr. 50** ; et celui de deux flacons échantillons (*C. simple et C. bromée*), franco-poste **2 fr. 60**.

PAIN DE SOYA

 **DESVILLES**
CONTRE

Le Diabète et l'Obésité

PLUSIEURS FOIS MÉDAILLÉ AUX EXPOSITIONS

Approuvé par l'*Académie de Médecine*, séance du 29 Mai 1888

Conclusions de M. le Dr DUJARDIN-BEAUMETZ, président.

« Le *Soya* donne une farine très azotée, supérieure même par les chiffres de matières protéiques à la « viande. Aussi peut-on faire avec cette farine, des pains et des gâteaux, d'un goût assez agréable, qui ne « contiennent qu'un chiffre assez minime de substances amylacées et sucrées. Il y a donc avantage à « substituer, dans l'alimentation des *diabétiques*, ces pains et ces gâteaux ; les pains de gluten les mieux faits « et provenant des meilleures marques, renfermant toujours, au maximum, de 15 à 16 0/0 de matières « amylacées ou sucrées ».

Le pain de **Soya Desvilles** est préparé avec la farine déshuilée du soya, haricot du Japon, ne renfermant que 3 0/0 d'amidon. Son goût est agréable, il a de la mie et se conserve frais plusieurs jours.

Ce pain a, comme on peut s'en convaincre, une grande supériorité sur celui de gluten et autres pains pour diabétiques. — Prix : la boîte de 12 pains : **6** francs.

SOYATINE, OU PAIN DE SOYA DESVILLES SEC

La **Soyatine** a le grand avantage de se conserver indéfiniment, pourvu qu'elle soit mise à l'abri de l'humidité et des insectes qui en sont très friands. Il est donc possible d'en faire une ample provision pour la campagne ou les voyages. Elle a du reste la propriété de se ramollir facilement, en ayant soin de l'humecter avec un peu d'eau. — La boîte de 1 kilo : **4** francs.

Dépôt Général : GRANDE PHARMACIE HYGIÉNIQUE : 24, rue Étienne-Marcel, PARIS.

ON TROUVE DANS LA MÊME MAISON :

LE SUCRIN DESVILLES qui remplace le sucre : la boîte de 100 pastilles............ 2 fr.	LIQUEURS de dessert diverses :
CHOCOLAT ANTIDIABÉTIQUE : le kilo......... 8 et 10 fr.	Chartreuse, Anisette, Noyau, Curaça, Brou de noix. — Vin
GAUFRETTES DE DESSERT AU SOYA : la boîte......... 4 fr.	de quinquina antidiabétique. — Pastilles comprimées de
VIN DE KOLA PHOSPHATÉ du Dr PRAHEL : la bout. 6 fr.	rhubarbe, du chlorate de potasse, etc., sans sucre.
NOTICE FRANCO SUR DEMANDE	Etc., etc.

Imprimerie de Poissy. — S. LEJAY.

FASCICULE N° 14.   60 CENTIMES.

L. BOULANGER, ÉDITEUR, 90, BOULEVARD MONTPARNASSE, PARIS

ŒUVRES
DE
WILLIAM SHAKESPEARE
TRADUCTION NOUVELLE DE
JULES LERMINA

L'auteur de cette traduction — faite non point sur les traductions existantes, mais sur le texte lui-même — n'a d'autre prétention que de donner au lecteur la sensation exacte et précise de l'œuvre de Shakespeare. Il estime que, derrière l'œuvre interprétée, la personnalité du traducteur doit s'effacer. Il faut qu'à travers lui — qui n'est rien — transparaisse nettement le génie de l'auteur, avec ses qualités et ses défauts, avec sa couleur propre, avec ses beautés et ses difformités.

Il s'agit pour les lecteurs français non de retrouver en un auteur étranger les caractères du théâtre français, mais au contraire de saisir ceux qui sont spéciaux à une autre nation. Il convient de leur montrer non ce qu'eut été Shakespeare, s'il était né de ce côté du détroit, mais de les initier à ce qu'il est, et de leur donner la faculté d'apprécier, par l'intermédiaire de la langue française, les particularités de la langue anglaise. Qu'on ne cherche donc pas en cette traduction les équivalences plus ou moins ingénieuses auxquelles se sont complu jusqu'ici les transformateurs de Shakespeare. Ici il est lui-même, en toute sincérité, avec ses rudesses natives et ses incohérences géniales, très clair d'ailleurs et parfaitement compréhensible, à l'aide de quelques notes aussi rares que possible.

Le traducteur voudrait que grâce à son travail on éprouvât cette impression qu'on lit Shakespeare, dans le texte anglais et que, par une sorte de prodige, on comprend une langue qu'on n'a pas apprise.

En ce mot à mot mis au point, il s'est peu soucié à l'occasion de quelques incorrections syntaxiques, du moment qu'elles restituaient exactement la forme de son modèle.

Quant aux termes violents, excessifs même dont usait souvent Shakespeare, il ne s'est pas reconnu le droit de les atténuer. Que Shakespeare soit comme il est ou qu'il ne soit pas. Sit ut est aut not sit.

Seulement, pour faciliter l'intelligence de ce théâtre admirable, il a jugé utile de multiplier les indications de mise en scène, qui font, dans le texte primitif, presque complètement défaut. C'est la seule initiative qu'il ait cru devoir prendre, estimant que cet éclaircissement nécessaire laisse l'œuvre intacte. Ce n'est pas être vrai que de rester volontairement obscur.

Le traducteur avoue donc franchement son ambition : il ne redoute que de n'en avoir pas rempli l'objet.

J. L.

FASCICULE Nº 15.   60 CENTIMES.

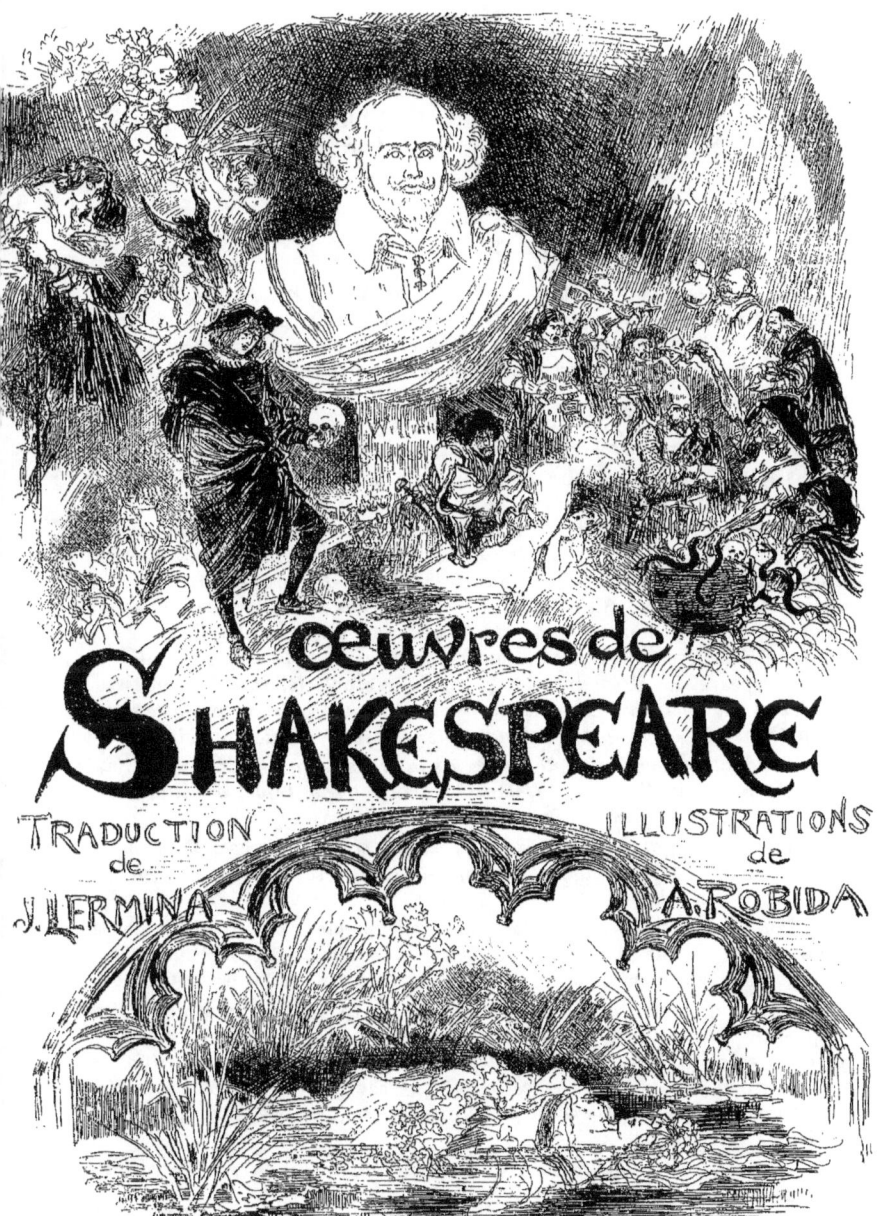

L. BOULANGER, ÉDITEUR, 90, BOULEVARD MONTPARNASSE, PARIS

ŒUVRES
DE
WILLIAM SHAKESPEARE
TRADUCTION NOUVELLE DE
JULES LERMINA

L'auteur de cette traduction — faite non point sur les traductions existantes, mais sur le texte lui-même — n'a d'autre prétention que de donner au lecteur la sensation exacte et précise de l'œuvre de Shakespeare. Il estime que, derrière l'œuvre interprétée, la personnalité du traducteur doit s'effacer. Il faut qu'à travers lui — qui n'est rien — transparaisse nettement le génie de l'auteur, avec ses qualités et ses défauts, avec sa couleur propre, avec ses beautés et ses difformités.

Il s'agit pour les lecteurs français non de retrouver en un auteur étranger les caractères du théâtre français, mais au contraire de saisir ceux qui sont spéciaux à une autre nation. Il convient de leur montrer non ce qu'eut été Shakespeare, s'il était né de ce côté du détroit, mais de les initier à ce qu'il est, et de leur donner la faculté d'apprécier, par l'intermédiaire de la langue française, les particularités de la langue anglaise. Qu'on ne cherche donc pas en cette traduction les équivalences plus ou moins ingénieuses auxquelles se sont complu jusqu'ici les transformateurs de Shakespeare. Ici il est lui-même, en toute sincérité, avec ses rudesses natives et ses incohérences géniales, très clair d'ailleurs et parfaitement compréhensible, à l'aide de quelques notes aussi rares que possible.

Le traducteur voudrait que grâce à son travail on éprouvât cette impression qu'on lit Shakespeare, dans le texte anglais et que, par une sorte de prodige, on comprend une langue qu'on n'a pas apprise.

En ce mot à mot mis au point, il s'est peu soucié à l'occasion de quelques incorrections syntaxiques, du moment qu'elles restituaient exactement la forme de son modèle.

Quant aux termes violents, excessifs même dont usait souvent Shakespeare, il ne s'est pas reconnu le droit de les atténuer. Que Shakespeare soit comme il est ou qu'il ne soit pas. Sit ut est aut not sit.

Seulement, pour faciliter l'intelligence de ce théâtre admirable, il a jugé utile de multiplier les indications de mise en scène, qui font, dans le texte primitif, presque complètement défaut. C'est la seule initiative qu'il ait cru devoir prendre, estimant que cet éclaircissement nécessaire laisse l'œuvre intacte. Ce n'est pas être vrai que de rester volontairement obscur.

Le traducteur avoue donc franchement son ambition : il ne redoute que de n'en avoir pas rempli l'objet.

J. L.

FASCICULE N° 16.   60 CENTIMES.

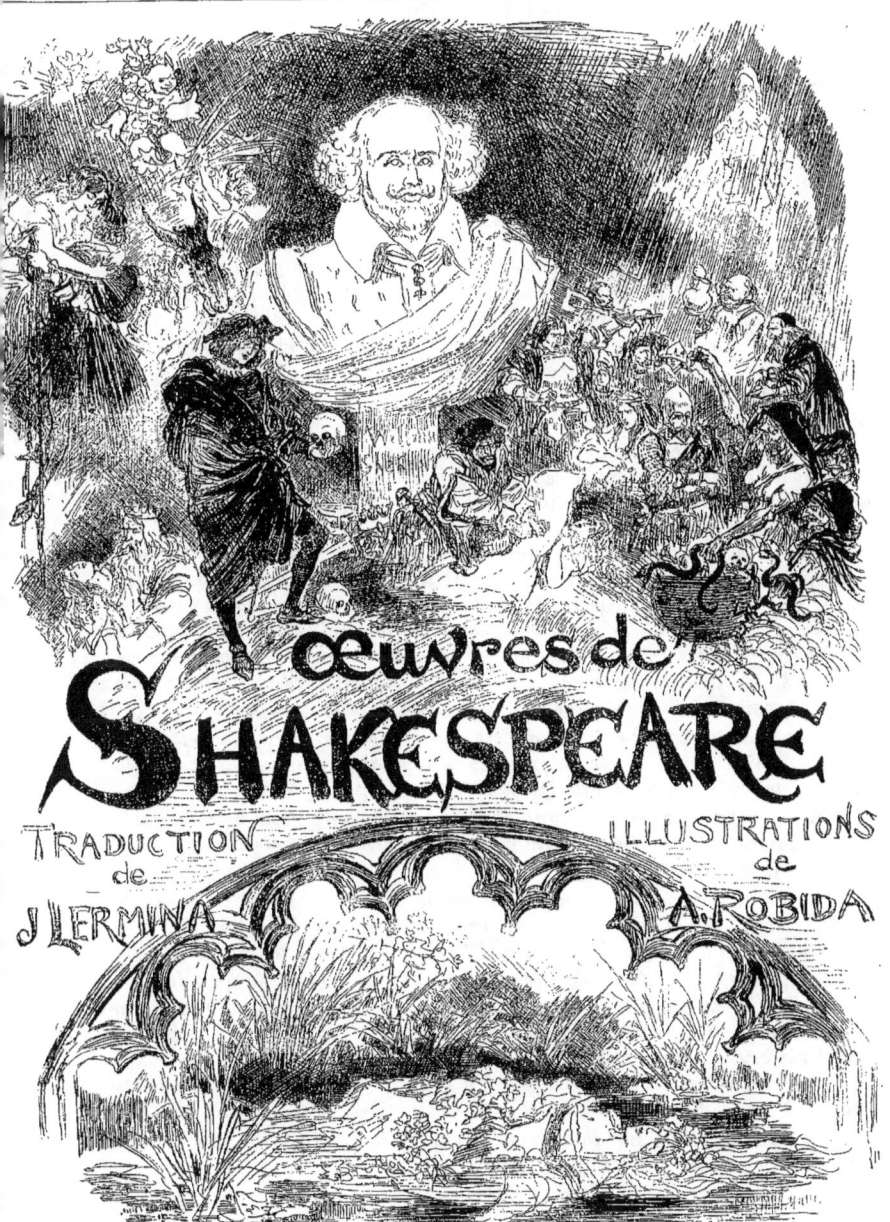

L. BOULANGER, ÉDITEUR, 90, BOULEVARD MONTPARNASSE, PARIS

OEUVRES
DE
WILLIAM SHAKESPEARE
TRADUCTION NOUVELLE DE
JULES LERMINA

L'auteur de cette traduction — faite non point sur les traductions existantes, mais sur le texte lui-même — n'a d'autre prétention que de donner au lecteur la sensation exacte et précise de l'œuvre de Shakespeare. Il estime que, derrière l'œuvre interprétée, la personnalité du traducteur doit s'effacer. Il faut qu'à travers lui — qui n'est rien — transparaisse nettement le génie de l'auteur, avec ses qualités et ses défauts, avec sa couleur propre, avec ses beautés et ses difformités.

Il s'agit pour les lecteurs français non de retrouver en un auteur étranger les caractères du théâtre français, mais au contraire de saisir ceux qui sont spéciaux à une autre nation. Il convient de leur montrer non ce qu'eut été Shakespeare, s'il était né de ce côté du détroit, mais de les initier à ce qu'il est, et de leur donner la faculté d'apprécier, par l'intermédiaire de la langue française, les particularités de la langue anglaise. Qu'on ne cherche donc pas en cette traduction les équivalences plus ou moins ingénieuses auxquelles se sont complu jusqu'ici les transformateurs de Shakespeare. Ici il est lui-même, en toute sincérité, avec ses rudesses natives et ses incohérences géniales, très clair d'ailleurs et parfaitement compréhensible, à l'aide de quelques notes aussi rares que possible.

Le traducteur voudrait que grâce à son travail on éprouvât cette impression qu'on lit Shakespeare, dans le texte anglais et que, par une sorte de prodige, on comprend une langue qu'on n'a pas apprise.

En ce mot à mot mis au point, il s'est peu soucié à l'occasion de quelques incorrections syntaxiques, du moment qu'elles restituaient exactement la forme de son modèle.

Quant aux termes violents, excessifs même dont usait souvent Shakespeare, il ne s'est pas reconnu le droit de les atténuer. Que Shakespeare soit comme il est ou qu'il ne soit pas. Sit ut est aut not sit.

Seulement, pour faciliter l'intelligence de ce théâtre admirable, il a jugé utile de multiplier les indications de mise en scène, qui font, dans le texte primitif, presque complètement défaut. C'est la seule initiative qu'il ait cru devoir prendre, estimant que cet éclaircissement nécessaire laisse l'œuvre intacte. Ce n'est pas être vrai que de rester volontairement obscur.

Le traducteur avoue donc franchement son ambition : il ne redoute que de n'en avoir pas rempli l'objet.

J. L.

ORDRE DES PIÈCES PUBLIÉES

HAMLET.
ROMÉO ET JULIETTE.
MACBETH.
LE SONGE D'UNE NUIT D'ÉTÉ.
OTHELLO.
LES JOYEUSES COMMÈRES DE WINDSOR.
JULES CÉSAR.
LA TEMPÊTE.
LE ROI LEAR.
LE MARCHAND DE VENISE.
    Etc.

CONDITIONS DE LA SOUSCRIPTION

Le Théâtre de Shakespeare sera publié en fascicules in-4° de 32 pages chacun, contenant de nombreuses gravures.

Le prix du fascicule est de **60 CENTIMES**, il en paraît un tous les quinze jours.

L'ouvrage formera trois ou quatre volumes.

On peut s'abonner pour un volume au prix de DOUZE FRANCS.

LA GUÉRISON DES MIGRAINES

Toutes les médications essayées jusqu'à ces temps derniers contre la migraine, — et Dieu sait si elles sont innombrables, — n'ont donné aucun résultat véritablement satisfaisant.

Quelques-uns des derniers remèdes en grande vogue donnent souvent un soulagement plus ou moins complet, mais ce n'est toujours qu'à doses massives ou répétées : d'où il s'ensuit que, bienfaisants dans certains cas, nuisibles dans d'autres, ils laissent parfois des suites plus ou moins désagréables ou même graves.

Il n'en est pas de même pour la **Cérébrine**, qui remplit toutes les conditions désirables, sans jamais occasionner d'inconvénients ; on pourrait en continuer l'emploi indéfiniment, et tout le monde, le malade comme le médecin, peut se rendre compte immédiatement de ses effets, puisque une seule dose, prise à n'importe quel moment d'un accès, fait disparaître en moins de 10 à 15 minutes les migraines et les névralgies les plus violentes. L'expérience a démontré que, sous son influence, les accès s'éloignent de plus en plus pour disparaître complètement, sans qu'il en résulte jamais aucun inconvénient pour la santé.

La Cérébrine n'est pas un remède secret ; sa composition est bien définie. Elle est sous la forme d'une liqueur limpide, agréable à l'œil et au goût et se prend à la dose d'une 1/2 cuillerée à une cuillerée à soupe. Elle agit merveilleusement contre le *Tic douloureux de la face*, *les névralgies faciales, intercostales, rhumatismales, sciatiques et vésicales*, contre le *zona*, le *vertige stomacal*, et tout particulièrement contre les *coliques périodiques*.

La *Cérébrine bromée* agit plus spécialement chez les personnes très nerveuses et chez les neurasthéniques ; la *Cérébrine iodée* chez les arthritiques.

La *Cérébrine quinée* est employée spécialement et avec le plus grand succès au début des *rhumes*, de la *grippe* et de l'*influenza*. (*Voir la notice*).

On peut se procurer la Cérébrine dans tous les pays par l'intermédiaire des pharmaciens et chez **Eugène Fournier** (Pausodun), *Pharmacie du Printemps*, 114, rue de Provence, à Paris.

Le prix du flacon est de 5 francs, franco 5 fr. 85 ; celui du 1/2 flacon 3 francs, franco-poste 3 fr. 50 ; et celui de deux flacons échantillons (C. simple et C. bromée), franco-poste 2 fr. 60.

PAIN DE SOYA

DESVILLES
CONTRE
Le Diabète et l'Obésité
PLUSIEURS FOIS MÉDAILLÉ AUX EXPOSITIONS
Approuvé par l'*Académie de Médecine*, séance du 29 Mai 1888

Conclusions de M. le Dr DUJARDIN-BEAUMETZ, président.

« Le *Soya* donne une farine très azotée, supérieure même par les chiffres de matières protéiques à la viande. Aussi peut-on faire avec cette farine, des pains et des gâteaux, d'un goût assez agréable, qui ne contiennent qu'un chiffre assez minime de substances amylacées et sucrées. Il y a donc avantage à substituer, dans l'alimentation des *diabétiques*, ces pains et ces gâteaux ; les pains de gluten les mieux faits et provenant des meilleures marques, renfermant toujours, au maximum, de 15 à 16 0/0 de matières amylacées ou sucrées ».

Le pain de **Soya Desvilles** est préparé avec la farine déshuilée du soya, haricot du Japon, ne renfermant que 3 0/0 d'amidon. Son goût est agréable, il a de la mie et se conserve frais plusieurs jours.

Ce pain a, comme on peut s'en convaincre, une grande supériorité sur celui de gluten et autres pains pour diabétiques. — Prix : la boîte de 12 pains : **6** francs.

SOYATINE, OU PAIN DE SOYA DESVILLES SEC

La **Soyatine** a le grand avantage de se conserver indéfiniment, pourvu qu'elle soit mise à l'abri de l'humidité et des insectes qui en sont très friands. Il est donc possible d'en faire une ample provision pour la campagne ou les voyages. Elle a du reste la propriété de se ramollir facilement, en ayant soin de l'humecter avec un peu d'eau. — La boîte de 1 kilo : **4** francs.

Dépôt Général : GRANDE PHARMACIE HYGIÉNIQUE : 24, rue Étienne-Marcel, PARIS.

ON TROUVE DANS LA MÊME MAISON :

LE SUCRIN DESVILLES qui remplace le sucre : la boîte de 100 pastilles............ 2 fr.	LIQUEURS de dessert diverses :
CHOCOLAT ANTIDIABÉTIQUE : le kilo............ 8 et 10 fr.	Chartreuse, Anisette, Noyau, Curaçao, Brou de noix. — Vin
GAUFRETTES DE DESSERT AU SOYA : la boîte............ 4 fr.	de quinquina antidiabétique. — Pastilles comprimées de
VIN DE KOLA PHOSPHATÉ du Dr PRAHEL : la bout. 6 fr.	rhubarbe, de chlorate de potasse, etc., sans sucre.
NOTICE FRANCO SUR DEMANDE	Etc., etc.

Imprimerie de Poissy. — S. LEJAY.

ORDRE DES PIÈCES PUBLIÉES

HAMLET.
ROMÉO ET JULIETTE.
MACBETH.
LE SONGE D'UNE NUIT D'ÉTÉ.
OTHELLO.
LES JOYEUSES COMMÈRES DE WINDSOR.
JULES CÉSAR.
LA TEMPÊTE.
LE ROI LEAR.
LE MARCHAND DE VENISE.
      Etc.

CONDITIONS DE LA SOUSCRIPTION

Le Théâtre de Shakespeare sera publié en fascicules in-4° de 32 pages chacun, contenant de nombreuses gravures.

Le prix du fascicule est de **60 CENTIMES**, il en paraît un tous les quinze jours.

L'ouvrage formera trois ou quatre volumes.

On peut s'abonner pour un volume au prix de DOUZE FRANCS.

LA GUÉRISON DES MIGRAINES

Toutes les médications essayées jusqu'à ces temps derniers contre la migraine, — et Dieu sait si elles sont innombrables, — n'ont donné aucun résultat véritablement satisfaisant.

Quelques-uns des derniers remèdes en grande vogue donnent souvent un soulagement plus ou moins complet, mais ce n'est toujours qu'à doses massives ou répétées : d'où il s'ensuit que, bienfaisants dans certains cas, nuisibles dans d'autres, ils laissent parfois des suites plus ou moins désagréables ou même graves.

Il n'en est pas de même pour la **Cérébrine**, qui remplit toutes les conditions désirables, **sans jamais occasionner d'inconvénients** ; on pourrait en continuer l'emploi indéfiniment, et tout le monde, le malade comme le médecin, peut se rendre compte immédiatement de ses effets, puisque une seule dose, prise à n'importe quel moment d'un accès, fait disparaître en moins de 10 à 15 minutes les migraines et les névralgies les plus violentes. L'expérience a démontré que, sous son influence, les accès s'éloignent de plus en plus pour disparaître complètement, sans qu'il en résulte jamais aucun inconvénient pour la santé.

La Cérébrine n'est pas un remède secret ; sa composition est bien définie. Elle est sous la forme d'une liqueur limpide, agréable à l'œil et au goût et se prend à la dose d'une 1/2 cuillerée à une cuillerée à soupe. Elle agit merveilleusement contre le *Tic douloureux de la face*, *les névralgies faciales, intercostales, rhumatismales, sciatiques et vésicales*, contre le *zona*, *le vertige stomacal*, et tout particulièrement contre les *coliques périodiques*.

La *Cérébrine bromée* agit plus spécialement chez les personnes très nerveuses et chez les neurasthéniques ; la *Cérébrine iodée* chez les arthritiques.

La *Cérébrine quinquinée* est employée spécialement et avec le plus grand succès au début des *rhumes*, de la *grippe* et de l'*influenza*. (*Voir la notice*).

On peut se procurer la Cérébrine dans tous les pays par l'intermédiaire des pharmaciens et chez **Eugène Fournier** (Pausodun), *Pharmacie du Printemps, 114, rue de Provence, à Paris*.

Le prix du flacon est de 5 francs, franco 5 fr. 85 ; celui du 1/2 flacon 3 francs, franco-poste 3 fr. 50 ; et celui de deux flacons échantillons (*C. simple et C. bromée*), franco-poste 2 fr. 60.

PAIN DE SOYA

 **DESVILLES**
CONTRE

Le Diabète et l'Obésité

PLUSIEURS FOIS MÉDAILLÉ AUX EXPOSITIONS

Approuvé par l'*Académie de Médecine*, séance du 29 Mai 1888

Conclusions de M. le Dr DUJARDIN-BEAUMETZ, président.

« Le *Soya* donne une farine très azotée, supérieure même par les chiffres de matières protéiques à la viande. Aussi peut-on faire avec cette farine, des pains et des gâteaux, d'un goût assez agréable, qui ne contiennent qu'un chiffre assez minime de substances amylacées et sucrées. Il y a donc avantage à substituer, dans l'alimentation des *diabétiques*, ces pains et ces gâteaux ; les pains de gluten les mieux faits et provenant des meilleures marques, renfermant toujours, au maximum, de 15 à 16 0/0 de matières amylacées ou sucrées ».

Le pain de **Soya Desvilles** est préparé avec la farine déshuilée du soya, haricot du Japon, ne renfermant que 3 0/0 d'amidon. Son goût est agréable, il a de la mie et se conserve frais plusieurs jours.

Ce pain a, comme on peut s'en convaincre, une grande supériorité sur celui de gluten et autres pains pour diabétiques. — Prix : la boîte de 12 pains : **6** francs.

SOYATINE, OU PAIN DE SOYA DESVILLES SEC

La **Soyatine** a le grand avantage de se conserver indéfiniment, pourvu qu'elle soit mise à l'abri de l'humidité et des insectes qui en sont très friands. Il est donc possible d'en faire une ample provision pour la campagne ou les voyages. Elle a du reste la propriété de se ramollir facilement, en ayant soin de l'humecter avec un peu d'eau. — La boîte de 1 kilo : **4** francs.

Dépôt Général : **GRANDE PHARMACIE HYGIÉNIQUE : 24, rue Étienne-Marcel, PARIS.**
ON TROUVE DANS LA MÊME MAISON :

LE **SUCRIN DESVILLES** qui remplace le sucre : la boîte de 100 pastilles............ 2 fr.
CHOCOLAT ANTIDIABÉTIQUE : le kilo............ 8 et 10 fr.
GAUFRETTES DE DESSERT AU SOYA : la boîte............ 4 fr.
VIN DE KOLA PHOSPHATÉ du Dr PRAHEL : la bout. 6 fr.
NOTICE FRANCO SUR DEMANDE

LIQUEURS de dessert diverses :
Chartreuse, Anisette, Noyau, Curaçao, Brou de noix. — Vin de quinquina antidiabétique. — Pastilles comprimées de rhubarbe, de chlorate de potasse, etc., sans sucre.
Etc., etc.

Imprimerie de Poissy. — S. LEJAY.

ORDRE DES PIÈCES PUBLIÉES

HAMLET.
ROMÉO ET JULIETTE.
MACBETH.
LE SONGE D'UNE NUIT D'ÉTÉ.
OTHELLO.
LES JOYEUSES COMMÈRES DE WINDSOR.
JULES CÉSAR.
LA TEMPÊTE.
LE ROI LEAR.
LE MARCHAND DE VENISE.
    Etc.

CONDITIONS DE LA SOUSCRIPTION

Le Théâtre de Shakespeare sera publié en fascicules in-4° de 32 pages chacun, contenant de nombreuses gravures.

Le prix du fascicule est de **60 CENTIMES**, il en paraît un tous les quinze jours.

L'ouvrage formera trois ou quatre volumes.

On peut s'abonner pour un volume au prix de DOUZE FRANCS.

LA GUÉRISON DES MIGRAINES

Toutes les médications essayées jusqu'à ces temps derniers contre la migraine, — et Dieu sait si elles sont innombrables, — n'ont donné aucun résultat véritablement satisfaisant.

Quelques-uns des derniers remèdes en grande vogue donnent souvent un soulagement plus ou moins complet, mais ce n'est toujours qu'à doses massives ou répétées : d'où il s'ensuit que, bienfaisants dans certains cas, nuisibles dans d'autres, ils laissent parfois des suites plus ou moins désagréables ou même graves.

Il n'en est pas de même pour la **Cérébrine**, qui remplit toutes les conditions désirables, sans jamais occasionner d'inconvénients ; on pourrait en continuer l'emploi indéfiniment, et tout le monde, le malade comme le médecin, peut se rendre compte immédiatement de ses effets, puisque une seule dose, prise n'importe quel moment d'un accès, fait disparaître en moins de 10 à 15 minutes les migraines et les névralgies les plus violentes. L'expérience a démontré que, sous son influence, les accès s'éloignent de plus en plus pour disparaître complètement, sans qu'il en résulte jamais aucun inconvénient pour la santé.

La **Cérébrine** n'est pas un remède secret ; sa composition est bien définie. Elle est sous la forme d'une liqueur limpide, agréable à l'œil et au goût et se prend à la dose d'une 1/2 cuillerée à une cuillerée à soupe. Elle agit merveilleusement contre le *Tic douloureux de la face*, les *névralgies faciales, intercostales, rhumatismales, sciatiques* et *vésicales*, contre le zona, le vertige stomacal, et tout particulièrement contre les *coliques périodiques*.

La *Cérébrine bromée* agit plus spécialement chez les personnes très nerveuses et chez les neurasthéniques ; la *Cérébrine iodée* chez les arthritiques.

La *Cérébrine quinée* est employée spécialement et avec le plus grand succès au début des *rhumes*, de la *grippe* et de l'*influenza*. (*Voir la notice*).

On peut se procurer la Cérébrine dans tous les pays par l'intermédiaire des pharmaciens et chez **Eugène Fournier** (Pausodun), *Pharmacie du Printemps*, 114, *rue de Provence, à Paris*.

Le prix du flacon est de 5 francs, franco 5 fr. 85 ; celui du 1/2 flacon 3 francs, franco-poste 3 fr. 50 ; et celui de deux flacons échantillons (*C. simple* et *C. bromée*), franco-poste 2 fr. 60.

PAIN DE SOYA

 DESVILLES CONTRE

Le Diabète et l'Obésité

PLUSIEURS FOIS MÉDAILLÉ AUX EXPOSITIONS

Approuvé par l'*Académie de Médecine*, séance du 29 Mai 1888

Conclusions de M. le Dr DUJARDIN-BEAUMETZ, président.

« Le *Soya* donne une farine très azotée, supérieure même par les chiffres de matières protéiques à la viande. Aussi peut-on faire avec cette farine, des pains et des gâteaux, d'un goût assez agréable, qui ne contiennent qu'un chiffre assez minime de substances amylacées et sucrées. Il y a donc avantage à substituer, dans l'alimentation des *diabétiques*, ces pains et ces gâteaux ; les pains de gluten les mieux faits et provenant des meilleures marques, renferment toujours, au maximum, de 15 à 16 0/0 de matières amylacées ou sucrées ».

Le pain de **Soya Desvilles** est préparé avec la farine déshuilée du soya, haricot du Japon, ne renfermant que 3 0/0 d'amidon. Son goût est agréable, il a de la mie et se conserve frais plusieurs jours.

Ce pain a, comme on peut s'en convaincre, une grande supériorité sur celui de gluten et autres pains pour diabétiques. — Prix : la boite de 12 pains : **6** francs.

SOYATINE, OU PAIN DE SOYA DESVILLES SEC

La **Soyatine** a le grand avantage de se conserver indéfiniment, pourvu qu'elle soit mise à l'abri de l'humidité et des insectes qui en sont très friands. Il est donc possible d'en faire une ample provision pour la campagne ou les voyages. Elle a du reste la propriété de se ramollir facilement, en ayant soin de l'humecter avec un peu d'eau. — La boite de 1 kilo : **4** francs.

Dépôt Général : **GRANDE PHARMACIE HYGIÉNIQUE** : 24, rue Étienne-Marcel, PARIS.

ON TROUVE DANS LA MÊME MAISON :

LE SUCRIN DESVILLES qui remplace le sucre : la boite de 100 pastilles.................. 2 fr.
CHOCOLAT ANTIDIABÉTIQUE : le kilo............ 8 et 10 fr.
GAUFRETTES DE DESSERT AU SOYA : la boite......... 4 fr.
VIN DE KOLA PHOSPHATÉ du Dr PRAHEL : la bout. 6 fr.
NOTICE FRANCO SUR DEMANDE

LIQUEURS de dessert diverses :

Chartreuse, Anisette, Noyau, Curaça, Brou de noix. — Vin de quinquina antidiabétique. — Pastilles comprimées de rhubarbe, de chlorate de potasse, etc., sans sucre.

Etc., etc.

Imprimerie de Poissy. — S. LEJAY.

FASCICULE N° 17.   60 CENTIMES.

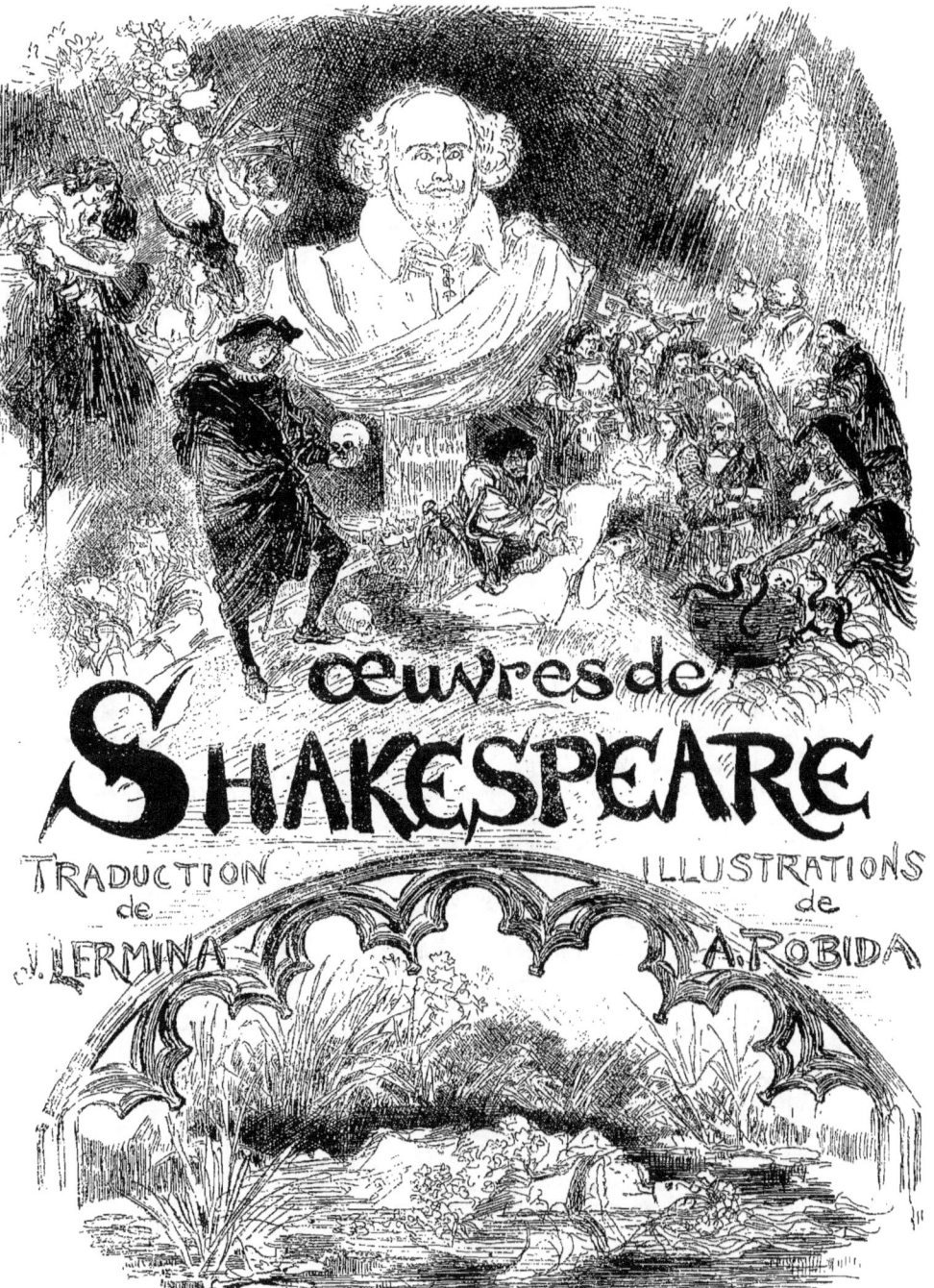

L. BOULANGER, ÉDITEUR, 90, BOULEVARD MONTPARNASSE, PARIS

ŒUVRES
DE
WILLIAM SHAKESPEARE
TRADUCTION NOUVELLE DE
JULES LERMINA

L'auteur de cette traduction — faite non point sur les traductions existantes, mais sur le texte lui-même — n'a d'autre prétention que de donner au lecteur la sensation exacte et précise de l'œuvre de Shakespeare. Il estime que, derrière l'œuvre interprétée, la personnalité du traducteur doit s'effacer. Il faut qu'à travers lui — qui n'est rien — transparaisse nettement le génie de l'auteur, avec ses qualités et ses défauts, avec sa couleur propre, avec ses beautés et ses difformités.

Il s'agit pour les lecteurs français non de retrouver en un auteur étranger les caractères du théâtre français, mais au contraire de saisir ceux qui sont spéciaux à une autre nation. Il convient de leur montrer non ce qu'eût été Shakespeare, s'il était né de ce côté du détroit, mais de les initier à ce qu'il est, et de leur donner la faculté d'apprécier, par l'intermédiaire de la langue française, les particularités de la langue anglaise. Qu'on ne cherche donc pas en cette traduction les équivalences plus ou moins ingénieuses auxquelles se sont complu jusqu'ici les transformateurs de Shakespeare. Ici il est lui-même, en toute sincérité, avec ses rudesses natives et ses incohérences géniales, très clair d'ailleurs et parfaitement compréhensible, à l'aide de quelques notes aussi rares que possible.

Le traducteur voudrait que grâce à son travail on éprouvât cette impression qu'on lit Shakespeare, dans le texte anglais et que, par une sorte de prodige, on comprend une langue qu'on n'a pas apprise.

En ce mot à mot mis au point, il s'est peu soucié à l'occasion de quelques incorrections syntaxiques, du moment qu'elles restituaient exactement la forme de son modèle.

Quant aux termes violents, excessifs même dont usait souvent Shakespeare, il ne s'est pas reconnu le droit de les atténuer. Que Shakespeare soit comme il est ou qu'il ne soit pas. Sit ut est aut not sit.

Seulement, pour faciliter l'intelligence de ce théâtre admirable, il a jugé utile de multiplier les indications de mise en scène, qui font, dans le texte primitif, presque complètement défaut. C'est la seule initiative qu'il ait cru devoir prendre, estimant que cet éclaircissement nécessaire laisse l'œuvre intacte. Ce n'est pas être vrai que de rester volontairement obscur.

Le traducteur avoue donc franchement son ambition : il ne redoute que de n'en avoir pas rempli l'objet.

J. L.

FASCICULE N° 18.   60 CENTIMES.

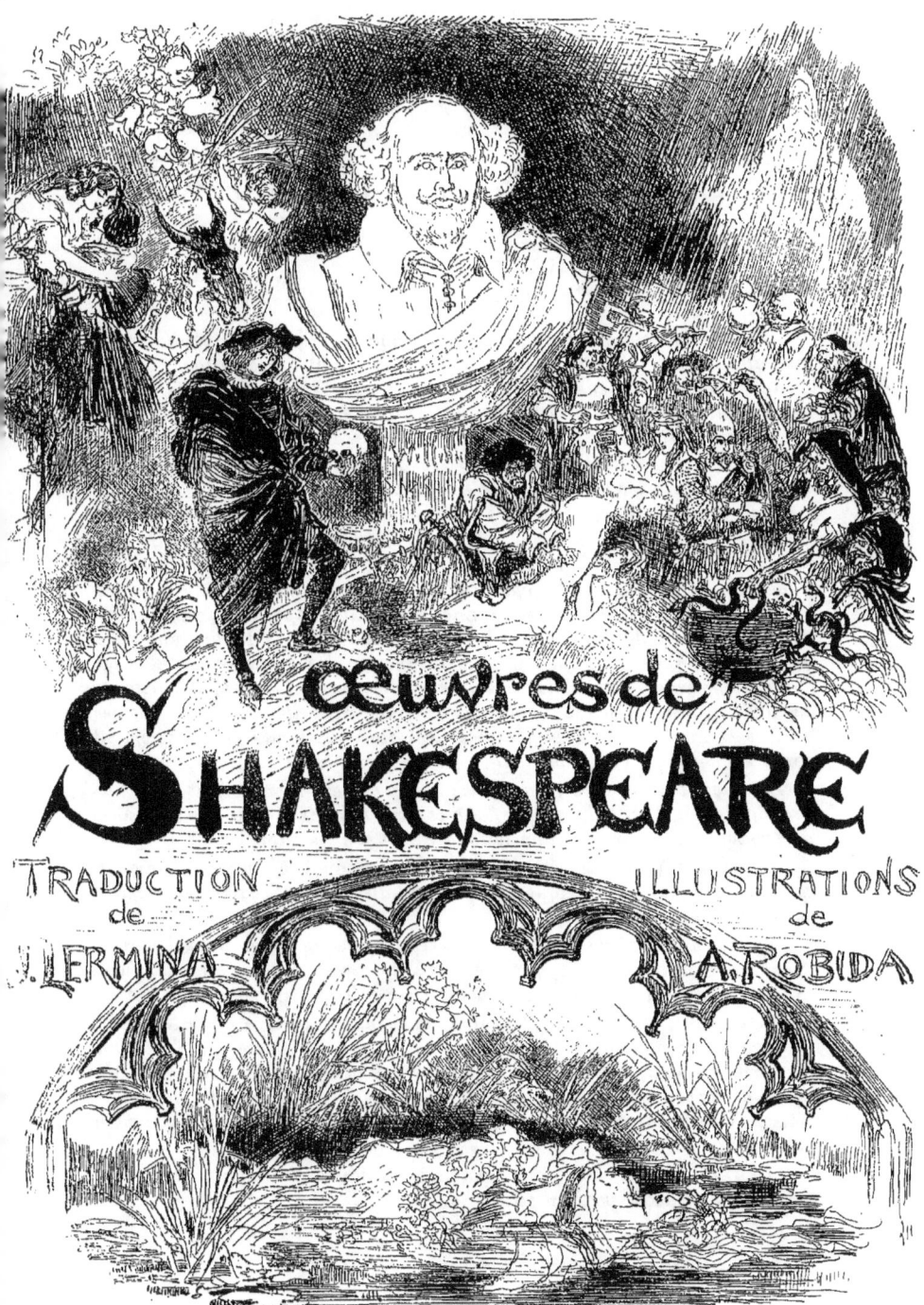

ŒUVRES
DE
WILLIAM SHAKESPEARE

TRADUCTION NOUVELLE DE

JULES LERMINA

L'auteur de cette traduction — faite non point sur les traductions existantes, mais sur le texte lui-même — n'a d'autre prétention que de donner au lecteur la sensation exacte et précise de l'œuvre de Shakespeare. Il estime que, derrière l'œuvre interprétée, la personnalité du traducteur doit s'effacer. Il faut qu'à travers lui — qui n'est rien — transparaisse nettement le génie de l'auteur, avec ses qualités et ses défauts, avec sa couleur propre, avec ses beautés et ses difformités.

Il s'agit pour les lecteurs français non de retrouver en un auteur étranger les caractères du théâtre français, mais au contraire de saisir ceux qui sont spéciaux à une autre nation. Il convient de leur montrer non ce qu'eût été Shakespeare, s'il était né de ce côté du détroit, mais de les initier à ce qu'il est, et de leur donner la faculté d'apprécier, par l'intermédiaire de la langue française, les particularités de la langue anglaise. Qu'on ne cherche donc pas en cette traduction les équivalences plus ou moins ingénieuses auxquelles se sont complu jusqu'ici les transformateurs de Shakespeare. Ici il est lui-même, en toute sincérité, avec ses rudesses natives et ses incohérences géniales, très clair d'ailleurs et parfaitement compréhensible, à l'aide de quelques notes aussi rares que possible.

Le traducteur voudrait que grâce à son travail on éprouvât cette impression qu'on lit Shakespeare, dans le texte anglais et que, par une sorte de prodige, on comprend une langue qu'on n'a pas apprise.

En ce mot à mot mis au point, il s'est peu soucié à l'occasion de quelques incorrections syntaxiques, du moment qu'elles restituaient exactement la forme de son modèle.

Quant aux termes violents, excessifs même dont usait souvent Shakespeare, il ne s'est pas reconnu le droit de les atténuer. Que Shakespeare soit comme il est ou qu'il ne soit pas. Sit ut est aut not sit.

Seulement, pour faciliter l'intelligence de ce théâtre admirable, il a jugé utile de multiplier les indications de mise en scène, qui font, dans le texte primitif, presque complètement défaut. C'est la seule initiative qu'il ait cru devoir prendre, estimant que cet éclaircissement nécessaire laisse l'œuvre intacte. Ce n'est pas être vrai que de rester volontairement obscur.

Le traducteur avoue donc franchement son ambition : il ne redoute que de n'en avoir pas rempli l'objet.

J. L.

ORDRE DES PIÈCES PUBLIÉES

HAMLET.
ROMÉO ET JULIETTE.
MACBETH.
LE SONGE D'UNE NUIT D'ÉTÉ.
OTHELLO.
LES JOYEUSES COMMÈRES DE WINDSOR.
JULES CÉSAR.
LA TEMPÊTE.
LE ROI LEAR.
LE MARCHAND DE VENISE.
   Etc.

CONDITIONS DE LA SOUSCRIPTION

Le Théâtre de Shakespeare sera publié en fascicules in-4° de 32 pages chacun, contenant de nombreuses gravures.

Le prix du fascicule est de 60 CENTIMES, il en paraît un tous les quinze jours.

L'ouvrage formera trois ou quatre volumes.

On peut s'abonner pour un volume au prix de DOUZE FRANCS.

LA GUÉRISON DES MIGRAINES

Toutes les médications essayées jusqu'à ces temps derniers contre la migraine, — et Dieu sait si elles sont innombrables, — n'ont donné aucun résultat véritablement satisfaisant.

Quelques-uns des derniers remèdes en grande vogue donnent souvent un soulagement plus ou moins complet, mais ce n'est toujours qu'à doses massives ou répétées : d'où il s'ensuit que, bienfaisants dans certains cas, nuisibles dans d'autres, ils laissent parfois des suites plus ou moins désagréables ou même graves.

Il n'en est pas de même pour la **Cérébrine**, qui remplit toutes les conditions désirables, **sans jamais occasionner d'inconvénients**; on pourrait en continuer l'emploi indéfiniment, et tout le monde, le malade comme le médecin, peut se rendre compte immédiatement de ses effets, puisque une seule dose, prise à n'importe quel moment d'un accès, fait disparaître en moins de 10 à 15 minutes les migraines et les névralgies les plus violentes. L'expérience a démontré que, sous son influence, les accès s'éloignent de plus en plus pour disparaître complètement, sans qu'il en résulte jamais aucun inconvénient pour la santé.

La Cérébrine n'est pas un remède secret; sa composition est bien définie. Elle est sous la forme d'une liqueur limpide, agréable à l'œil et au goût et se prend à la dose d'une 1/2 cuillerée à une cuillerée à soupe. Elle agit merveilleusement contre le *Tic douloureux de la face*, *les névralgies faciales, intercostales, rhumatismales, sciatiques et vésicales*, contre le *zona*, le *vertige stomacal*, et tout particulièrement contre les *coliques périodiques*.

La *Cérébrine bromée* agit plus spécialement chez les personnes très nerveuses et chez les neurasthéniques; la *Cérébrine iodée* chez les arthritiques.

La *Cérébrine quiniée* est employée spécialement et avec le plus grand succès au début des *rhumes*, de la *grippe* et de l'*influenza*. (*Voir la notice*).

On peut se procurer la Cérébrine dans tous les pays par l'intermédiaire des pharmaciens et chez **Eugène Fournier** (Pausodun), *Pharmacie du Printemps*, 114, rue de Provence, à Paris.

Le prix du flacon est de 5 francs, franco 5 fr. 85; celui du 1/2 flacon 3 francs, franco-poste 3 fr. 50; et celui de deux flacons échantillons (*C. simple* et *C. bromée*), franco-poste 2 fr. 60.

PAIN DE SOYA

 DESVILLES CONTRE

Le Diabète et l'Obésité

PLUSIEURS FOIS MÉDAILLÉ AUX EXPOSITIONS

Approuvé par l'*Académie de Médecine*, séance du 29 Mai 1888

Conclusions de M. le Dr DUJARDIN-BEAUMETZ, président.

« Le *Soya* donne une farine très azotée, supérieure même par les chiffres de matières protéïques à la viande. Aussi peut-on faire avec cette farine, des pains et des gâteaux, d'un goût assez agréable, qui ne contiennent qu'un chiffre assez minime de substances amylacées et sucrées. Il y a donc avantage à substituer, dans l'alimentation des *diabétiques*, ces pains et ces gâteaux; les pains de gluten les mieux faits et provenant des meilleures marques, renfermant toujours, au maximum, de 15 à 16 0/0 de matières amylacées ou sucrées ».

Le pain de **Soya Desvilles** est préparé avec la farine déshuilée du soya, haricot du Japon, ne renfermant que 3 0/0 d'amidon. Son goût est agréable, il a de la mie et se conserve frais plusieurs jours.

Ce pain a, comme on peut s'en convaincre, une grande supériorité sur celui de gluten et autres pains pour diabétiques. — Prix : la boîte de 12 pains : **6** francs.

SOYATINE, OU PAIN DE SOYA DESVILLES SEC

La **Soyatine** a le grand avantage de se conserver indéfiniment, pourvu qu'elle soit mise à l'abri de l'humidité et des insectes qui en sont très friands. Il est donc possible d'en faire une ample provision pour la campagne ou les voyages. Elle a du reste la propriété de se ramollir facilement, en ayant soin de l'humecter avec un peu d'eau. — La boîte de 1 kilo, **4** francs.

Dépôt Général : GRANDE PHARMACIE HYGIÉNIQUE : 24, rue Étienne-Marcel, PARIS.

ON TROUVE DANS LA MÊME MAISON :

LE SUCRIN DESVILLES qui remplace le sucre : la boîte de 100 pastilles............ 2 fr. **CHOCOLAT ANTIDIABÉTIQUE** : le kilo............ 8 et 10 fr. **GAUFRETTES DE DESSERT AU SOYA** : la boîte......... 4 fr. **VIN DE KOLA PHOSPHATÉ** du Dr PRAHEL : la bout. 6 fr. NOTICE FRANCO SUR DEMANDE	LIQUEURS de dessert diverses : Chartreuse, Anisette, Noyau, Curaçao, Brou de noix. — Vin de quinquina antidiabétique. — Pastilles comprimées de rhubarbe, de chlorate de potasse, etc., sans sucre. Etc., etc.

Imprimerie de Poissy. — S. LEJAY.

ORDRE DES PIÈCES PUBLIÉES

HAMLET.
ROMÉO ET JULIETTE.
MACBETH.
LE SONGE D'UNE NUIT D'ÉTÉ.
OTHELLO.
LES JOYEUSES COMMÈRES DE WINDSOR.
JULES CÉSAR.
LA TEMPÊTE.
LE ROI LEAR.
LE MARCHAND DE VENISE.
    Etc.

CONDITIONS DE LA SOUSCRIPTION

Le Théâtre de Shakespeare sera publié en fascicules in-4° de 32 pages chacun, contenant de nombreuses gravures.

Le prix du fascicule est de 60 CENTIMES, il en paraît un tous les quinze jours.

L'ouvrage formera trois ou quatre volumes.

On peut s'abonner pour un volume au prix de DOUZE FRANCS.

LA GUÉRISON DES MIGRAINES

Toutes les médications essayées jusqu'à ces temps derniers contre la migraine, — et Dieu sait si elles sont innombrables, — n'ont donné aucun résultat véritablement satisfaisant.

Quelques-uns des derniers remèdes en grande vogue donnent souvent un soulagement plus ou moins complet, mais ce n'est toujours qu'à doses massives ou répétées: d'où il s'ensuit que, bienfaisants dans certains cas, nuisibles dans d'autres, ils laissent parfois des suites plus ou moins désagréables ou même graves.

Il n'en est pas de même pour la **Cérébrine**, qui remplit toutes les conditions désirables, sans jamais occasionner d'inconvénients; on pourrait en continuer l'emploi indéfiniment, et tout le monde, le malade comme le médecin, peut se rendre compte immédiatement de ses effets, puisqu'une seule dose, prise à n'importe quel moment d'un accès, fait disparaître en moins de 10 à 15 minutes les migraines et les névralgies les plus violentes. L'expérience a démontré que, sous son influence, les accès s'éloignent de plus en plus pour disparaître complètement, sans qu'il en résulte jamais aucun inconvénient pour la santé.

La Cérébrine n'est pas un remède secret; sa composition est bien définie. Elle est sous la forme d'une liqueur limpide, agréable à l'œil et au goût et se prend à la dose d'une 1/2 cuillerée à une cuillerée à soupe. Elle agit merveilleusement contre le *Tic douloureux de la face*, les *névralgies faciales, intercostales, rhumatismales, sciatiques et vésicales*, contre le *zona*, le *vertige stomacal*, et tout particulièrement contre les *coliques périodiques*.

La *Cérébrine bromée* agit plus spécialement chez les personnes très nerveuses et chez les neurasthéniques; la *Cérébrine iodée* chez les arthritiques.

La *Cérébrine quiniée* est employée spécialement et avec le plus grand succès au début des *rhumes*, de la *grippe* et de l'*influenza*. (*Voir la notice*).

On peut se procurer la Cérébrine dans tous les pays par l'intermédiaire des pharmaciens et chez **Eugène Fournier** (Pausodun), *Pharmacie du Printemps*, 114, *rue de Provence, à Paris*.

Le prix du flacon est de 5 francs, franco 5 fr. 85; celui du 1/2 flacon 3 francs, franco-poste 3 fr. 50; et celui de deux flacons échantillons (*C. simple* et *C. bromée*), franco-poste 2 fr. 60.

PAIN DE SOYA

 DESVILLES CONTRE

Le Diabète et l'Obésité

PLUSIEURS FOIS MÉDAILLÉ AUX EXPOSITIONS

Approuvé par l'*Académie de Médecine*, séance du 29 Mai 1888

Conclusions de M. le Dr DUJARDIN-BEAUMETZ, président.

« Le *Soya* donne une farine très azotée, supérieure même par les chiffres de matières protéiques à la « viande. Aussi peut-on faire avec cette farine, des pains et des gâteaux, d'un goût assez agréable, qui ne « contiennent qu'un chiffre assez minime de substances amylacées et sucrées. Il y a donc avantage à « substituer, dans l'alimentation des *diabétiques*, ces pains et ces gâteaux; les pains de gluten les mieux faits « et provenant des meilleures marques, renfermant toujours, au maximum, de 15 à 16 0/0 de matières « amylacées ou sucrées ».

Le pain de **Soya Desvilles** est préparé avec la farine déshuilée du soya, haricot du Japon, ne renfermant que 3 0/0 d'amidon. Son goût est agréable, il a de la mie et se conserve frais plusieurs jours.

Ce pain a, comme on peut s'en convaincre, une grande supériorité sur celui de gluten et autres pains pour diabétiques. — Prix : la boîte de 12 pains : 6 francs.

SOYATINE, OU PAIN DE SOYA DESVILLES SEC

La **Soyatine** a le grand avantage de se conserver indéfiniment, pourvu qu'elle soit mise à l'abri de l'humidité et des insectes qui en sont très friands. Il est donc possible d'en faire une ample provision pour la campagne ou les voyages. Elle a du reste la propriété de se ramollir facilement, en ayant soin de l'humecter avec un peu d'eau. — La boîte de 1 kilo : 4 francs.

Dépôt Général : GRANDE PHARMACIE HYGIÉNIQUE : 24, rue Étienne-Marcel, PARIS.

ON TROUVE DANS LA MÊME MAISON :

LE SUCRIN DESVILLES qui remplace le sucre : la boîte de 100 pastilles........................ 2 fr. CHOCOLAT ANTIDIABETIQUE : le kilo........... 8 et 10 fr. GAUFRETTES DE DESSERT AU SOYA : la boîte........... 4 fr. VIN DE KOLA PHOSPHATE. du Dr PRAHEL : la bout. 6 fr. NOTICE FRANCO SUR DEMANDE	LIQUEURS de dessert diverses : Chartreuse, Anisette, Noyau, Curaçao, Brou de noix. — Vin de quinquina antidiabétique. — Pastilles comprimées de rhubarbe, de chlorate de potasse, etc., sans sucre. Etc., etc.

Imprimerie de Poissy. — S. LEJAY.

FASCICULE N° 19.   60 CENTIMES.

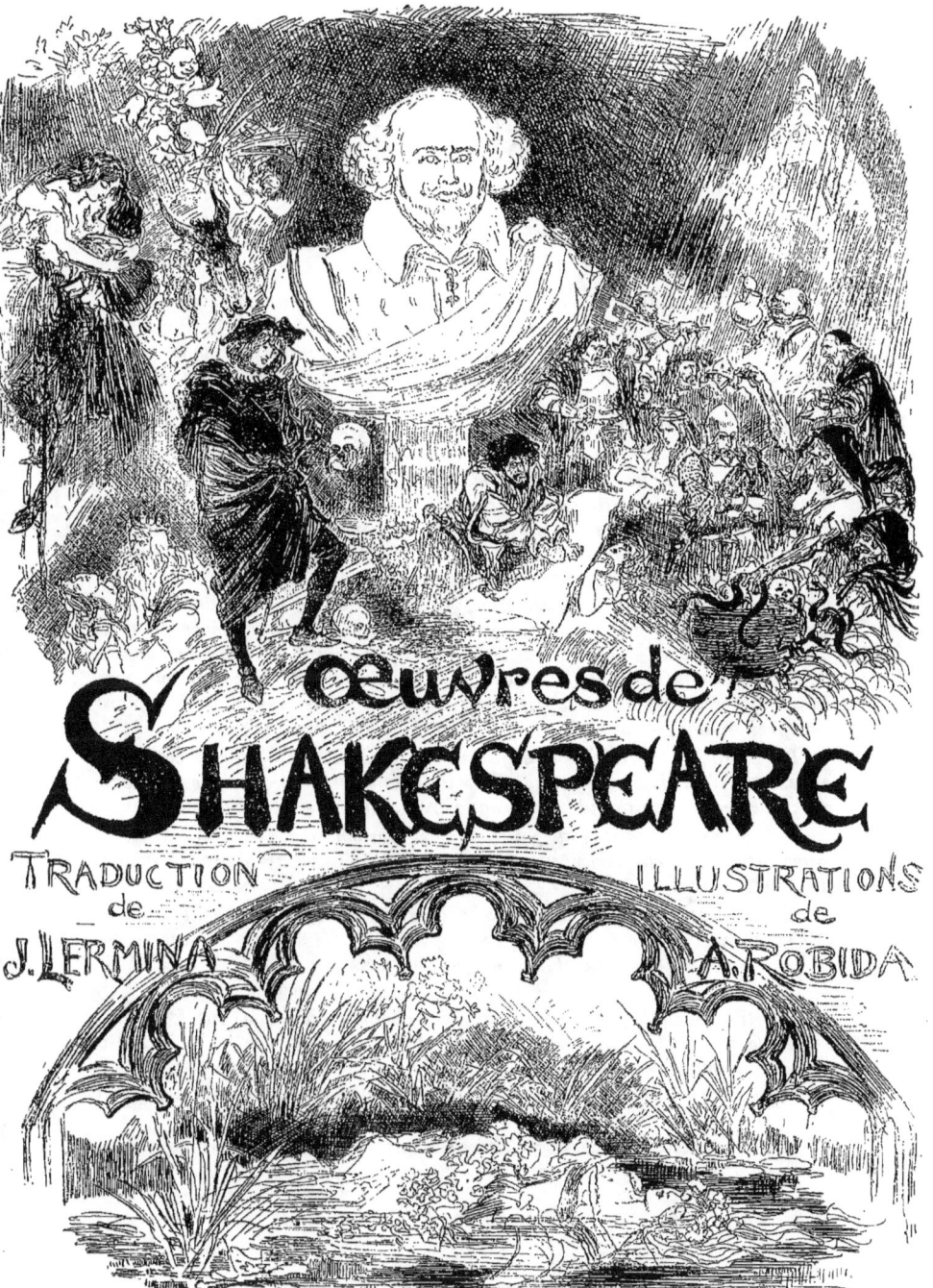

ŒUVRES
DE
WILLIAM SHAKESPEARE
TRADUCTION NOUVELLE DE
JULES LERMINA

L'auteur de cette traduction — faite non point sur les traductions existantes, mais sur le texte lui-même — n'a d'autre prétention que de donner au lecteur la sensation exacte et précise de l'œuvre de Shakespeare. Il estime que, derrière l'œuvre interprétée, la personnalité du traducteur doit s'effacer. Il faut qu'à travers lui — qui n'est rien — transparaisse nettement le génie de l'auteur, avec ses qualités et ses défauts, avec sa couleur propre, avec ses beautés et ses difformités.

Il s'agit pour les lecteurs français non de retrouver en un auteur étranger les caractères du théâtre français, mais au contraire de saisir ceux qui sont spéciaux à une autre nation. Il convient de leur montrer non ce qu'eût été Shakespeare, s'il était né de ce côté du détroit, mais de les initier à ce qu'il est, et de leur donner la faculté d'apprécier, par l'intermédiaire de la langue française, les particularités de la langue anglaise. Qu'on ne cherche donc pas en cette traduction les équivalences plus ou moins ingénieuses auxquelles se sont complu jusqu'ici les transformateurs de Shakespeare. Ici il est lui-même, en toute sincérité, avec ses rudesses natives et ses incohérences géniales, très clair d'ailleurs et parfaitement compréhensible, à l'aide de quelques notes aussi rares que possible.

Le traducteur voudrait que grâce à son travail on éprouvât cette impression qu'on lit Shakespeare, dans le texte anglais et que, par une sorte de prodige, on comprend une langue qu'on n'a pas apprise.

En ce mot à mot mis au point, il s'est peu soucié à l'occasion de quelques incorrections syntaxiques, du moment qu'elles restituaient exactement la forme de son modèle.

Quant aux termes violents, excessifs même dont usait souvent Shakespeare, il ne s'est pas reconnu le droit de les atténuer. Que Shakespeare soit comme il est ou qu'il ne soit pas. Sit ut est aut not sit.

Seulement, pour faciliter l'intelligence de ce théâtre admirable, il a jugé utile de multiplier les indications de mise en scène, qui font, dans le texte primitif, presque complètement défaut. C'est la seule initiative qu'il ait cru devoir prendre, estimant que cet éclaircissement nécessaire laisse l'œuvre intacte. Ce n'est pas être vrai que de rester volontairement obscur.

Le traducteur avoue donc franchement son ambition : il ne **redoute** que de n'en avoir pas rempli l'objet.

J. L.

FASCICULE N° 20.   60 CENTIMES.

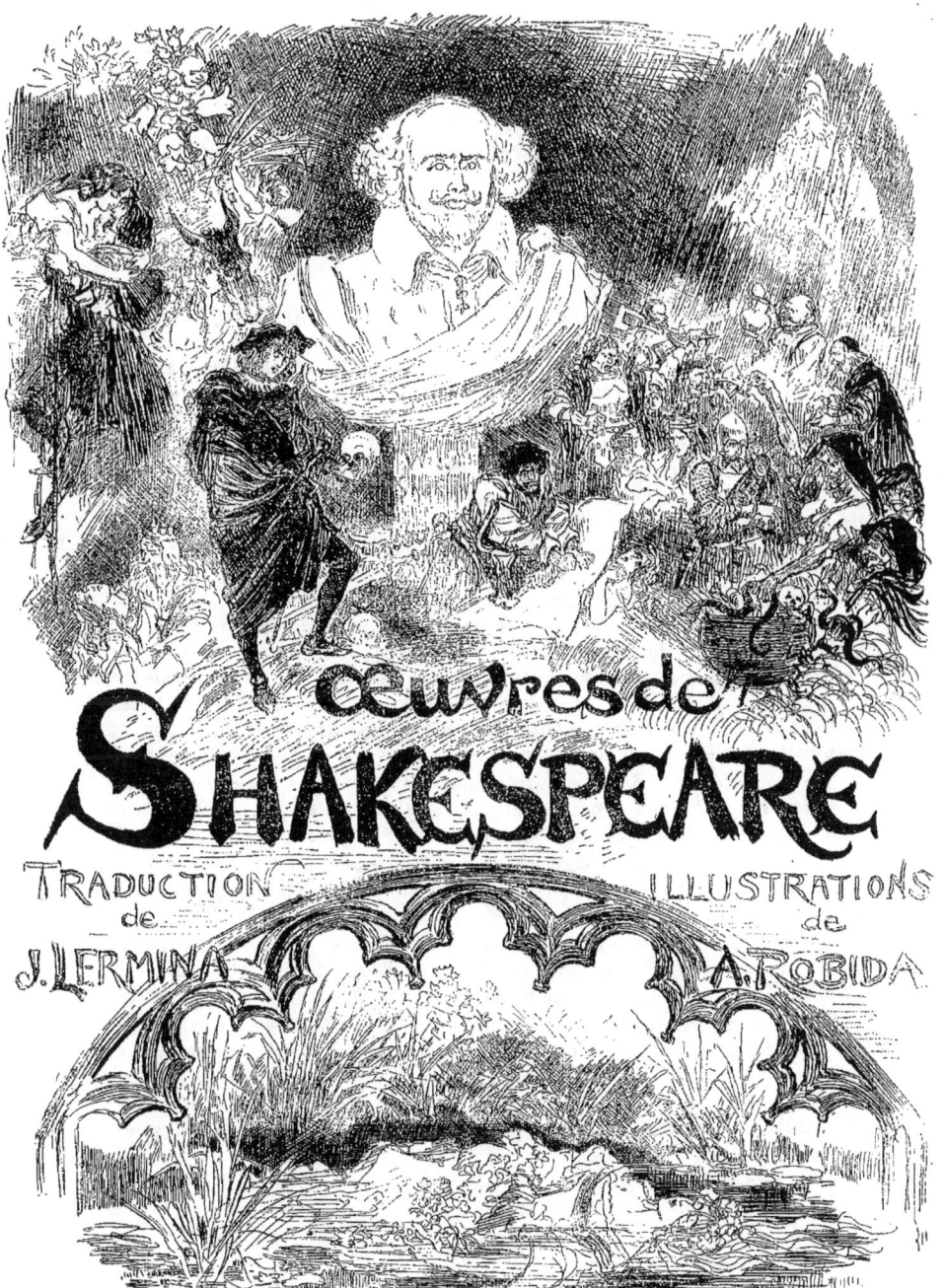

L. BOULANGER, ÉDITEUR, 90, BOULEVARD MONTPARNASSE, PARIS

ŒUVRES
DE
WILLIAM SHAKESPEARE
TRADUCTION NOUVELLE DE
JULES LERMINA

L'auteur de cette traduction — faite non point sur les traductions existantes, mais sur le texte lui-même — n'a d'autre prétention que de donner au lecteur la sensation exacte et précise de l'œuvre de Shakespeare. Il estime que, derrière l'œuvre interprétée, la personnalité du traducteur doit s'effacer. Il faut qu'à travers lui — qui n'est rien — transparaisse nettement le génie de l'auteur, avec ses qualités et ses défauts, avec sa couleur propre, avec ses beautés et ses difformités.

Il s'agit pour les lecteurs français non de retrouver en un auteur étranger les caractères du théâtre français, mais au contraire de saisir ceux qui sont spéciaux à une autre nation. Il convient de leur montrer non ce qu'eut été Shakespeare, s'il était né de ce côté du détroit, mais de les initier à ce qu'il est, et de leur donner la faculté d'apprécier, par l'intermédiaire de la langue française, les particularités de la langue anglaise. Qu'on ne cherche donc pas en cette traduction les équivalences plus ou moins ingénieuses auxquelles se sont complu jusqu'ici les transformateurs de Shakespeare. Ici il est lui-même, en toute sincérité, avec ses rudesses natives et ses incohérences géniales, très clair d'ailleurs et parfaitement compréhensible, à l'aide de quelques notes aussi rares que possible.

Le traducteur voudrait que grâce à son travail on éprouvât cette impression qu'on lit Shakespeare, dans le texte anglais et que, par une sorte de prodige, on comprend une langue qu'on n'a pas apprise.

En ce mot à mot mis au point, il s'est peu soucié à l'occasion de quelques incorrections syntaxiques, du moment qu'elles restituaient exactement la forme de son modèle.

Quant aux termes violents, excessifs même dont usait souvent Shakespeare, il ne s'est pas reconnu le droit de les atténuer. Que Shakespeare soit comme il est ou qu'il ne soit pas. Sit ut est aut not sit.

Seulement, pour faciliter l'intelligence de ce théâtre admirable, il a jugé utile de multiplier les indications de mise en scène, qui font, dans le texte primitif, presque complètement défaut. C'est la seule initiative qu'il ait cru devoir prendre, estimant que cet éclaircissement nécessaire laisse l'œuvre intacte. Ce n'est pas être vrai que de rester volontairement obscur.

Le traducteur avoue donc franchement son ambition : il ne redoute que de n'en avoir pas rempli l'objet.

J. L.

ORDRE DES PIÈCES PUBLIÉES

HAMLET,
ROMÉO ET JULIETTE.
MACBETH.
LE SONGE D'UNE NUIT D'ÉTÉ.
OTHELLO.
LES JOYEUSES COMMÈRES DE WINDSOR.
JULES CÉSAR.
LA TEMPÊTE.
LE ROI LEAR.
LE MARCHAND DE VENISE.
    Etc.

CONDITIONS DE LA SOUSCRIPTION

Le Théâtre de Shakespeare sera publié en fascicules in-4° de 32 pages chacun, contenant de nombreuses gravures.

Le prix du fascicule est de **60 CENTIMES**, il en paraît un tous les quinze jours.

L'ouvrage formera trois ou quatre volumes.

On peut s'abonner pour un volume au prix de DOUZE FRANCS.

LA GUÉRISON DES MIGRAINES

Toutes les médications essayées jusqu'à ces temps derniers contre la migraine, — et Dieu sait si elles sont innombrables, — n'ont donné aucun résultat véritablement satisfaisant.

Quelques-uns des derniers remèdes en grande vogue donnent souvent un soulagement plus ou moins complet, mais ce n'est toujours qu'à doses massives ou répétées : d'où il s'ensuit que, bienfaisants dans certains cas, nuisibles dans d'autres, ils laissent parfois des suites plus ou moins désagréables ou même graves.

Il n'en est pas de même pour la **Cérébrine**, qui remplit toutes les conditions désirables, sans jamais occasionner d'inconvénients ; on pourrait en continuer l'emploi indéfiniment, et tout le monde, le malade comme le médecin, peut se rendre compte immédiatement de ses effets, puisque une seule dose, prise à n'importe quel moment d'un accès, fait disparaître en moins de 10 à 15 minutes les migraines et les névralgies les plus violentes. L'expérience a démontré que, sous son influence, les accès s'éloignent de plus en plus pour disparaître complètement, sans qu'il en résulte jamais aucun inconvénient pour la santé.

La **Cérébrine** n'est pas un remède secret ; sa composition est bien définie. Elle est sous la forme d'une liqueur limpide, agréable à l'œil et au goût et se prend à la dose d'une 1/2 cuillerée à une cuillerée à soupe. Elle agit merveilleusement contre le *Tic douloureux de la face*, *les névralgies faciales, intercostales, rhumatismales, sciatiques et vésicales*, contre le zona, le vertige stomacal, et tout particulièrement contre les *coliques périodiques*.

La *Cérébrine bromée* agit plus spécialement chez les personnes très nerveuses et chez les neurasthéniques ; la *Cérébrine iodée* chez les arthritiques.

La *Cérébrine quiniée* est employée spécialement et avec le plus grand succès au début des *rhumes*, de la *grippe* et de l'*influenza*. (*Voir la notice*).

On peut se procurer la Cérébrine dans tous les pays par l'intermédiaire des pharmaciens et chez **Eugène Fournier** (Pausodun), *Pharmacie du Printemps, 114, rue de Provence, à Paris*.

Le prix du flacon est de 5 francs, franco 5 fr. 85 ; celui du 1/2 flacon 3 francs, franco-poste 3 fr. 50 ; et celui de deux flacons échantillons (*C. simple* et *C. bromée*), franco-poste 2 fr. 60.

PAIN DE SOYA

 **DESVILLES**
CONTRE

Le Diabète et l'Obésité

PLUSIEURS FOIS MÉDAILLÉ AUX EXPOSITIONS

Approuvé par l'*Académie de Médecine*, séance du **29 Mai 1888**

Conclusions de M. le Dr DUJARDIN-BEAUMETZ, président.

« Le *Soya* donne une farine très azotée, supérieure même par les chiffres de matières protéiques à la viande. Aussi peut-on faire avec cette farine, des pains et des gâteaux, d'un goût assez agréable, qui ne contiennent qu'un chiffre assez minime de substances amylacées et sucrées. Il y a donc avantage à substituer, dans l'alimentation des *diabétiques*, ces pains et ces gâteaux ; les pains de gluten les mieux faits et provenant des meilleures marques, renfermant toujours, au maximum, de 15 à 16 0/0 de matières amylacées ou sucrées. »

Le pain de **Soya Desvilles** est préparé avec la farine déshuilée du soya, haricot du Japon, ne renfermant que 3 0/0 d'amidon. Son goût est agréable, il a de la mie et se conserve frais plusieurs jours.

Ce pain a, comme on peut s'en convaincre, une grande supériorité sur celui de gluten et autres pains pour diabétiques. — Prix : la boîte de 12 pains : **6** francs.

SOYATINE, OU PAIN DE SOYA DESVILLES SEC

La **Soyatine** a le grand avantage de se conserver indéfiniment, pourvu qu'elle soit mise à l'abri de l'humidité et des insectes qui en sont très friands. Il est donc possible d'en faire une ample provision pour la campagne ou les voyages. Elle a du reste la propriété de se ramollir facilement, en ayant soin de l'humecter avec un peu d'eau. — La boîte de 1 kilo : **4** francs.

Dépôt Général : GRANDE PHARM. CIE HYGIÉNIQUE : 24, rue Étienne-Marcel, PARIS.

ON TROUVE DANS LA MÊME MAISON :

LE **SUCRIN DESVILLES** qui remplace le sucre : la boîte de 100 pastilles.......................... 2 fr.	**LIQUEURS** de dessert diverses :
CHOCOLAT ANTIDIABÉTIQUE : le kilo........... 8 et 10 fr.	Chartreuse, Anisette, Noyau, Curaçao, Brou de noix. — Vin de quinquina antidiabétique. — Pastilles comprimées de rhubarbe, de chlorate de potasse, etc., sans sucre.
GAUFRETTES DE DESSERT AU SOYA : la boîte.... 4 fr.	
VIN DE KOLA PHOSPHATÉ du Dr PRAHEL : la bout. 6 fr.	
NOTICE FRANCO SUR DEMANDE	Etc., etc.

Imprimerie de Poissy. — S. LEJAY.

ORDRE DES PIÈCES PUBLIÉES

HAMLET.
ROMÉO ET JULIETTE.
MACBETH.
LE SONGE D'UNE NUIT D'ÉTÉ.
OTHELLO.
LES JOYEUSES COMMÈRES DE WINDSOR.
JULES CÉSAR.
LA TEMPÊTE.
LE ROI LEAR.
LE MARCHAND DE VENISE.
    Etc.

CONDITIONS DE LA SOUSCRIPTION

Le Théâtre de Shakespeare sera publié en fascicules in-4° de 32 pages chacun, contenant de nombreuses gravures.

Le prix du fascicule est de **60 CENTIMES**, il en paraît un tous les quinze jours.

L'ouvrage formera trois ou quatre volumes.

On peut s'abonner pour un volume au prix de DOUZE FRANCS.

LA GUÉRISON DES MIGRAINES

Toutes les médications essayées jusqu'à ces temps derniers contre la migraine, — et Dieu sait si elles sont innombrables, — n'ont donné aucun résultat véritablement satisfaisant.

Quelques-uns des derniers remèdes en grande vogue donnent souvent un soulagement plus ou moins complet, mais ce n'est toujours qu'à doses massives ou répétées : d'où il s'ensuit que, bienfaisants dans certains cas, nuisibles dans d'autres, ils laissent parfois des suites plus ou moins désagréables ou même graves.

Il n'en est pas de même pour la **Cérébrine**, qui remplit toutes les conditions désirables, sans jamais occasionner d'inconvénients ; on pourrait en continuer l'emploi indéfiniment, et tout le monde, le malade comme le médecin, peut se rendre compte immédiatement de ses effets, puisque une seule dose, prise à n'importe quel moment d'un accès, fait disparaître en moins de 10 à 15 minutes les migraines et les névralgies les plus violentes. L'expérience a démontré que, sous son influence, les accès s'éloignent de plus en plus pour disparaître complètement, sans qu'il en résulte jamais aucun inconvénient pour la santé.

La **Cérébrine** n'est pas un remède secret ; sa composition est bien définie. Elle est sous la forme d'une liqueur limpide, agréable à l'œil et au goût et se prend à la dose d'une 1/2 cuillerée à une cuillerée à soupe. Elle agit merveilleusement contre le *Tic douloureux de la face*, les *névralgies faciales, intercostales, rhumatismales, sciatiques et vésicales*, contre le *zona*, le *vertige stomacal*, et tout particulièrement contre les *coliques périodiques*.

La *Cérébrine bromée* agit plus spécialement chez les personnes très nerveuses et chez les neurasthéniques ; la *Cérébrine iodée* chez les arthritiques.

La *Cérébrine quinée* est employée spécialement et avec le plus grand succès au début des *rhumes*, de la *grippe* et de l'*influenza*. *(Voir la notice.)*

On peut se procurer la Cérébrine dans tous les pays par l'intermédiaire des pharmaciens et chez **Eugène Fournier** (Pausodun), *Pharmacie du Printemps, 114, rue de Provence, à Paris.*

Le prix du flacon est de 5 francs, franco 5 fr. 85 ; celui du 1/2 flacon 3 francs, franco-poste 3 fr. 50 ; et celui de deux flacons échantillons (*C. simple* et *C. bromée*), franco-poste 2 fr. 60.

PAIN DE SOYA

 **DESVILLES**
CONTRE

Le Diabète et l'Obésité

PLUSIEURS FOIS MÉDAILLÉ AUX EXPOSITIONS

Approuvé par l'*Académie de Médecine*, séance du 29 Mai 1888

Conclusions de M. le Dr DUJARDIN-BEAUMETZ, président.

« Le *Soya* donne une farine très azotée, supérieure même par les chiffres de matières protéiques à la viande. Aussi peut-on faire avec cette farine, des pains et des gâteaux, d'un goût assez agréable, qui ne contiennent qu'un chiffre assez minime de substances amylacées et sucrées. Il y a donc avantage à substituer, dans l'alimentation des *diabétiques*, ces pains et ces gâteaux ; les pains de gluten les mieux faits et provenant des meilleures marques, renfermant toujours, au maximum, de 15 à 16 0/0 de matières amylacées ou sucrées ».

Le pain de **Soya Desvilles** est préparé avec la farine déshuilée du soya, haricot du Japon, ne renfermant que 3 0/0 d'amidon. Son goût est agréable, il a de la mie et se conserve frais plusieurs jours.

Ce pain a, comme on peut s'en convaincre, une grande supériorité sur celui de gluten et autres pains pour diabétiques. — Prix : la boîte de 12 pains : **6 francs.**

SOYATINE, OU PAIN DE SOYA DESVILLES SEC

La **Soyatine** a le grand avantage de se conserver indéfiniment, pourvu qu'elle soit mise à l'abri de l'humidité et des insectes qui en sont très friands. Il est donc possible d'en faire une ample provision pour la campagne ou les voyages. Elle a du reste la propriété de se ramollir facilement, en ayant soin de l'humecter avec un peu d'eau. — La boîte de 1 kilo : **4 f**. inos.

Dépôt Général : GRANDE PHARM⁹ⁿᵉ C¹ᵉ HYGIÉNIQUE : 24, rue Étienne-Marcel, PARIS.
ON TROUVE DANS LA MÊME MAISON :

LE SUCRIN DESVILLES qui remplace le sucre : la boîte de 100 pastilles .... 2 fr.	LIQUEURS de dessert diverses :
CHOCOLAT ANTIDIABÉTIQUE : le kilo .... 8 et 10 fr.	Chartreuse, Anisette, Noyau, Curaçao, Brou de noix. — Vin
GAUFRETTES DE DESSERT AU SOYA : la boîte........ 4 fr.	de quinquina antidiabétique. — Pastilles comprimées de
VIN DE KOLA PHOSPHATÉ du Dr PRAHEL : la bout. 6 fr.	rhubarbe, de chlorate de potasse, etc., sans sucre.
NOTICE FRANCO SUR DEMANDE.	Etc., etc.

Imprimerie de Poissy. — S. LEJAY.

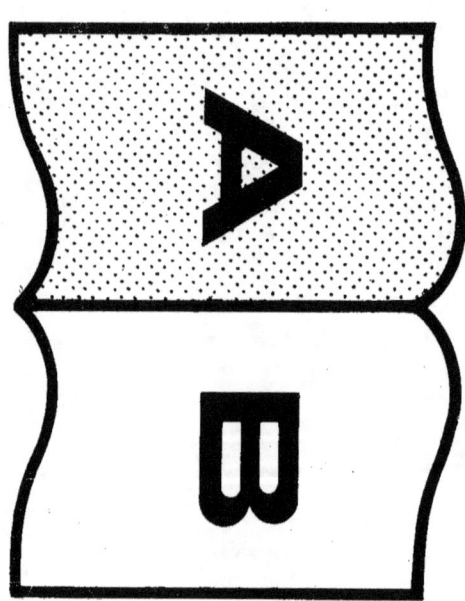

Contraste insuffisant
NF Z 43-120-14

Texte détérioré — reliure défectueuse

NF Z 43-120-11

www.ingramcontent.com/pod-product-compliance
Lightning Source LLC
Chambersburg PA
CBHW050320020526
44117CB00031B/1263